大学赤本シリーズ

554

龍谷大学

一般選抜入試

教学社

は　し　が　き

おかげさまで，大学入試の「赤本」は，今年で創刊70周年を迎えました。

これまで，入試問題や資料をご提供いただいた大学関係者各位，掲載許可をいただいた著作権者の皆様，各科目の解答や対策の執筆にあたられた先生方，そして，赤本を使用してくださったすべての読者の皆様に，厚く御礼を申し上げます。

以下に，創刊初期の「赤本」のはしがきを引用します。これからも引き続き，受験生の目標の達成や，夢の実現を応援してまいります。

本書を活用して，入試本番では持てる力を存分に発揮されることを心より願っています。

編者しるす

＊　＊　＊

学問の塔にあこがれのまなざしをもって，それぞれの志望する大学の門をたたかんとしている受験生諸君！　人間として生まれてきた私たちは，自己の欲するままに，美しく，強く，そして何よりも人間らしく生きることをねがっている。しかし，一朝一夕にして，この純粋なのぞみが達せられることはない。私たちの行く手には，絶えずさまざまな試練がまちかまえている。この試練を克服していくところに，私たちのねがう真に人間的な世界がはじめて開かれてくるのである。

人生最初の最大の試練として，諸君の眼前に大学入試がある。この大学入試は，精神的にも身体的にも，大きな苦痛を感ぜしめるであろう。あるスポーツに熟達するには，たゆみなき，はげしい練習を積み重ねることが必要であるように，私たちは，計画的・持続的な努力を払うことによって，この試練を克服し，次の一歩を踏みだすことができる。厳しい試練を経たのちに，はじめて満足すべき成果を獲得できるのである。

本書は最近の入学試験の問題に，それぞれ解答を付し，さらに問題をふかく分析することによって，その大学独特の傾向や対策をさぐろうとした。本書を一般の参考書とあわせて使用し，まとはずれのない，効果的な受験勉強をされるよう期待したい。

（昭和35年版「赤本」はしがきより）

挑む人の、いちばんの味方

1954 年に大学入試の過去問題集を刊行してから 70 年。赤本は大学に入りたいと思う受験生を応援しつづけてきました。これからも，苦しいとき落ち込むときにそばで支える存在でいたいと思います。

そして，勉強をすること，自分で道を決めること，努力が実ること，これらの喜びを読者の皆さんが感じることができるよう，伴走をつづけます。

そもそも赤本とは…

受験生のための大学入試の過去問題集！

70年の歴史を誇る赤本は，500点を超える刊行点数で全都道府県の370大学以上を網羅しており，過去問の代名詞として受験生の必須アイテムとなっています。

なぜ受験に過去問が必要なのか？

大学入試は大学によって問題形式や頻出分野が大きく異なるからです。

赤本の掲載内容

傾向と対策

これまでの出題内容から，問題の「**傾向**」を分析し，来年度の入試に向けて具体的な「**対策**」の方法を紹介しています。

問題編・解答編

- 年度ごとに問題とその解答を掲載しています。
- 「**問題編**」ではその年度の試験概要を確認したうえで，実際に出題された過去問に取り組むことができます。
- 「**解答編**」には高校・予備校の先生方による解答が載っています。

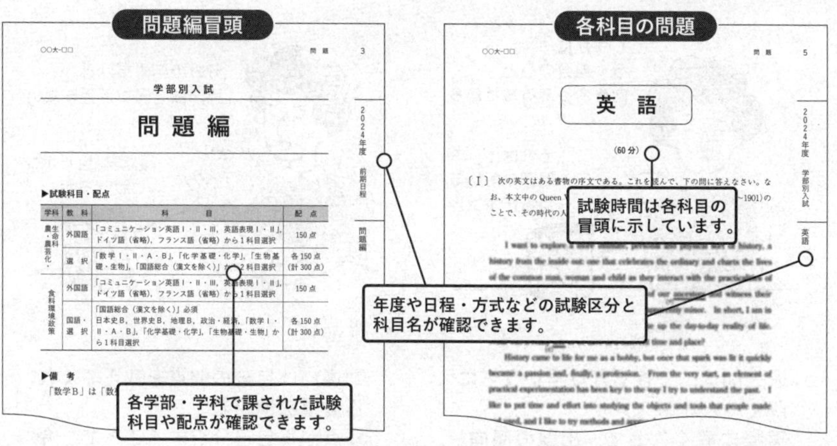

他にも，大学の基本情報や，先輩受験生の合格体験記，在学生からのメッセージなどが載っていることがあります。

掲載内容について

著作権上の理由やその他編集上の都合により問題や解答の一部を割愛している場合があります。なお，指定校推薦入試，社会人入試，編入学試験，帰国生入試などの特別入試，英語以外の外国語科目，商業・工業科目は，原則として掲載しておりません。また試験科目は変更される場合がありますので，あらかじめご了承ください。

受験勉強は

過去問に始まり，

STEP 1

なにはともあれ

まずは解いてみる

しずかに…
今，自分の心と
向き合ってるんだから

ムーン

それは
問題を解いて
からだホン!

過去問は，**できるだけ早いうちに解く**のがオススメ！
実際に解くことで，**出題の傾向，問題のレベル，今の自分の実力**がつかめます。

STEP 2

じっくり具体的に

弱点を分析する

間違いは自分の弱点を教えてくれる**貴重な情報源**。
弱点から自己分析することで，**今の自分に足りない力や苦手な分野**が見えてくるはず！

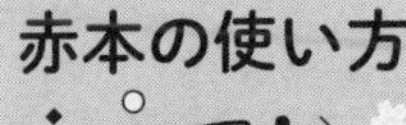

合格者があかす
赤本の使い方

傾向と対策を熟読
（Fさん／国立大合格）
大学の出題傾向を調べるために，赤本に載っている「傾向と対策」を熟読しました。

繰り返し解く
（Tさん／国立大合格）
1周目は問題のレベル確認，2周目は苦手や頻出分野の確認に，3周目は合格点を目指して，と過去問は繰り返し解くことが大切です。

赤本の使い方 解説

過去問に終わる。

STEP 3

志望校にあわせて

苦手分野の重点対策

参考書や問題集を活用して，苦手分野の**重点対策**をしていきます。**過去問を指針**に，合格へ向けた具体的な学習計画を立てましょう！

STEP 1 ▶ 2 ▶ 3

サイクルが大事！

実践を繰り返す

STEP 1〜3を繰り返し，実力アップにつなげましょう！
出題形式に慣れることや，**時間配分を考えること**も大切です。

目標点を決める
（Yさん／私立大合格）
赤本によっては合格者最低点が載っているので，それを見て目標点を決めるのもよいです。

時間配分を確認
（Kさん／私立大学合格）
赤本は時間配分や解く順番を決めるために使いました。

添削してもらう
（Sさん／私立大学合格）
記述式の問題は先生に添削してもらうことで自分の弱点に気づけると思います。

新課程入試Q&A

2022年度から新しい学習指導要領（新課程）での授業が始まり，2025年度の入試は，新課程に基づいて行われる最初の入試となります。ここでは，赤本での新課程入試の対策について，よくある疑問にお答えします。

Q1. 赤本は新課程入試の対策に使えますか？

A. もちろん使えます！

OK

旧課程入試の過去問が新課程入試の対策に役に立つのか疑問に思う人もいるかもしれませんが，心配することはありません。旧課程入試の過去問が役立つのには次のような理由があります。

● 学習する内容はそれほど変わらない

新課程は旧課程と比べて科目名を中心とした変更はありますが，学習する内容そのものはそれほど大きく変わっていません。また，多くの大学で，既卒生が不利にならないよう「経過措置」がとられます（Q3参照）。したがって，出題内容が大きく変更されることは少ないとみられます。

● 大学ごとに出題の特徴がある

これまでに課程が変わったときも，各大学の出題の特徴は大きく変わらないことがほとんどでした。入試問題は各大学のアドミッション・ポリシーに沿って出題されており，過去問にはその特徴がよく表れています。過去問を研究してその大学に特有の傾向をつかめば，最適な対策をとることができます。

出題の特徴の例	・英作文問題の出題の有無 ・論述問題の出題（字数制限の有無や長さ） ・計算過程の記述の有無

新課程入試の対策も，赤本で過去問に取り組むところから始めましょう。

Q2. 赤本を使う上での注意点はありますか？

A. 志望大学の入試科目を確認しましょう。

過去問を解く前に，過去の出題科目（問題編冒頭の表）と 2025 年度の募集要項とを比べて，課される内容に変更がないかを確認しましょう。ポイントは以下のとおりです。科目名が変わっていても，実際は旧課程の内容とほとんど同様のものもあります。

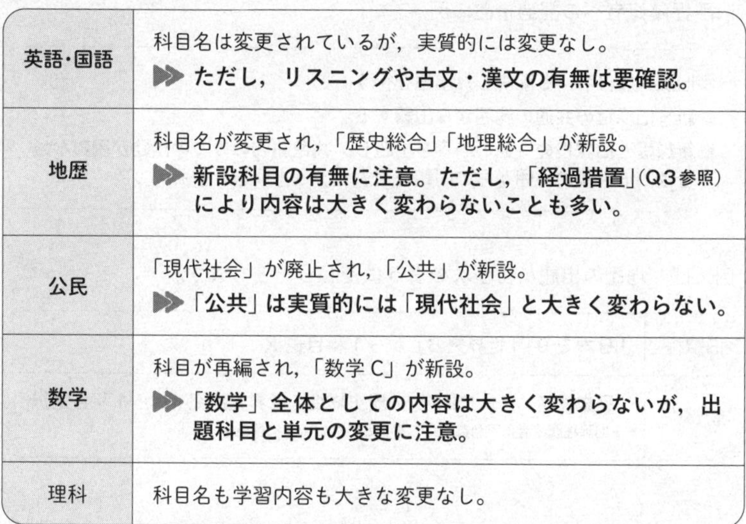

英語・国語	科目名は変更されているが，実質的には変更なし。 **▶▶ ただし，リスニングや古文・漢文の有無は要確認。**
地歴	科目名が変更され，「歴史総合」「地理総合」が新設。 **▶▶ 新設科目の有無に注意。ただし，「経過措置」(Q3参照) により内容は大きく変わらないことも多い。**
公民	「現代社会」が廃止され，「公共」が新設。 **▶▶「公共」は実質的には「現代社会」と大きく変わらない。**
数学	科目が再編され，「数学 C」が新設。 **▶▶「数学」全体としての内容は大きく変わらないが，出題科目と単元の変更に注意。**
理科	科目名も学習内容も大きな変更なし。

数学については，科目名だけでなく，どの単元が含まれているかも確認が必要です。例えば，出題科目が次のように変わったとします。

旧課程	「数学Ⅰ・数学Ⅱ・数学 A・数学 B（数列・ベクトル）」
新課程	「数学Ⅰ・数学Ⅱ・数学 A・**数学 B（数列）**・**数学 C（ベクトル）**」

この場合，新課程では「数学C」が増えていますが，単元は「ベクトル」のみのため，実質的には旧課程とほぼ同じであり，過去問をそのまま役立てることができます。

Q3.「経過措置」とは何ですか？

A. 既卒の旧課程履修者への対応です。

多くの大学では，既卒の旧課程履修者が不利にならないように，出題において「経過措置」が実施されます。措置の有無や内容は大学によって異なるので，募集要項や大学のウェブサイトなどで確認しておきましょう。

○旧課程履修者への経過措置の例

- 旧課程履修者にも配慮した出題を行う。
- 新・旧課程の共通の範囲から出題する。
- 新課程と旧課程の共通の内容を出題し，共通範囲のみでの出題が困難な場合は，旧課程の範囲からの問題を用意し，選択解答とする。

例えば，地歴の出題科目が次のように変わったとします。

旧課程	「日本史B」「世界史B」から１科目選択
新課程	「**歴史総合**，日本史探究」「**歴史総合**，世界史探究」から１科目選択※ ※旧課程履修者に不利益が生じることのないように配慮する。

「歴史総合」は新課程で新設された科目で，旧課程履修者には見慣れないものですが，上記のような経過措置がとられた場合，新課程入試でも旧課程と同様の学習内容で受験することができます。

要チェックだホン

新課程の情報はWEBもチェック！
より詳しい解説が赤本ウェブサイトで見られます。
https://akahon.net/shinkatei/

科目名が変更される教科・科目

	旧課程	新課程
国語	国語総合 国語表現 現代文A 現代文B 古典A 古典B	現代の国語 言語文化 論理国語 文学国語 国語表現 古典探究
地歴	日本史A 日本史B 世界史A 世界史B 地理A 地理B	歴史総合 日本史探究 世界史探究 地理総合 地理探究
公民	現代社会 倫理 政治・経済	公共 倫理 政治・経済
数学	数学Ⅰ 数学Ⅱ 数学Ⅲ 数学A 数学B 数学活用	数学Ⅰ 数学Ⅱ 数学Ⅲ 数学A 数学B 数学C
外国語	コミュニケーション英語基礎 コミュニケーション英語Ⅰ コミュニケーション英語Ⅱ コミュニケーション英語Ⅲ 英語表現Ⅰ 英語表現Ⅱ 英語会話	英語コミュニケーションⅠ 英語コミュニケーションⅡ 英語コミュニケーションⅢ 論理・表現Ⅰ 論理・表現Ⅱ 論理・表現Ⅲ
情報	社会と情報 情報の科学	情報Ⅰ 情報Ⅱ

大学のサイトも見よう

目　次

2022 年度 問題と解答

●一般選抜入試前期日程： 1 月 29 日実施分

掲載内容についてのお断り

- 一般選抜入試前期日程のうち，代表的な 1 日程を掲載しています。
- 一般選抜入試中期日程・後期日程は掲載していません。
- 短期大学部については，2025 年度以降，学生募集停止につき，2024 年度実施分より掲載を省略しています。

大学情報

基本情報

学部・学科の構成

大　学

●**心理学部**　1・2年：深草キャンパス／3・4年：大宮キャンパス
心理学科

●**文学部**　1・2年：深草キャンパス／3・4年：大宮キャンパス
真宗学科
仏教学科
哲学科（哲学専攻，教育学専攻）
歴史学科（日本史学専攻，東洋史学専攻，仏教史学専攻，文化遺産学専攻）
日本語日本文学科
英語英米文学科

●**経済学部**　深草キャンパス
現代経済学科
国際経済学科

●経営学部　深草キャンパス

経営学科

商学科（2025 年 4 月新設予定）*

＊ 2024 年 4 月，文部科学省に設置届出書類提出。設置計画は予定であり，内容に変更が生じる可能性があります。

●法学部　深草キャンパス

法律学科

●政策学部　深草キャンパス

政策学科

●国際学部　深草キャンパス

国際文化学科

グローバルスタディーズ学科

●先端理工学部　瀬田キャンパス

数理・情報科学課程

知能情報メディア課程

電子情報通信課程

機械工学・ロボティクス課程

応用化学課程

環境科学課程*

＊ 2025 年 4 月「環境生態工学課程」から名称変更。

●社会学部　瀬田キャンパス（2025 年 4 月より深草キャンパスに移転）

総合社会学科（2025 年 4 月新設予定）*

＊ 2024 年 4 月，文部科学省に設置届出書類提出。設置計画は予定であり，内容に変更が生じる可能性があります。

●農学部　瀬田キャンパス

生命科学科

農学科

食品栄養学科

食料農業システム学科

大学院

文学研究科 / 経済学研究科 / 経営学研究科 / 法学研究科 / 政策学研究科 / 国際学研究科 / 先端理工学研究科 / 社会学研究科 / 実践真宗学研究科 / 農学研究科

大学所在地

大宮キャンパス

深草キャンパス

瀬田キャンパス

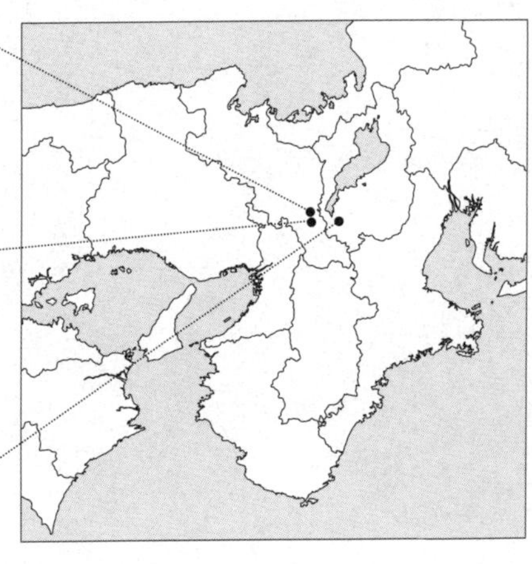

深草キャンパス　〒612-8577　京都市伏見区深草塚本町 67
大宮キャンパス　〒600-8268　京都市下京区七条通大宮東入大工町 125-1
瀬田キャンパス　〒520-2194　大津市瀬田大江町横谷 1-5

入試データ

入試状況（志願者数・倍率など）

○倍率は受験者数÷合格者数で算出。

○共通テスト併用方式，共通テスト利用入試は１カ年分のみ掲載。

○合格最低点は得点調整（中央値補正）後のもので，中央値は50点である。

2024年度　入試状況

●一般選抜入試（前期日程）

区分			型	入試方式	募集人員	志願者数	受験者数	合格者数	倍率	合格最低点
心理	心理		文系	スタンダード	68	946	930	145	6.41	199
			文系	高得点科目重視		667	653	104	6.28	278
文	真宗		文系	スタンダード	34	305	303	201	1.51	127
			文系	高得点科目重視		175	173	116	1.49	175
	仏教		文系	スタンダード	28	213	209	119	1.76	137
			文系	高得点科目重視		141	138	79	1.75	198
	哲	哲学	文系	スタンダード	18	203	198	55	3.60	187
			文系	高得点科目重視		162	153	42	3.64	264
		教育学	文系	スタンダード	17	197	195	49	3.98	176
			文系	高得点科目重視		121	121	31	3.90	238
	歴史	日本史学	文系	スタンダード	22	434	426	72	5.92	205
			文系	高得点科目重視		401	390	68	5.74	280
		東洋史学	文系	スタンダード	16	202	200	72	2.78	174
			文系	高得点科目重視		171	169	62	2.73	249
		仏教史学	文系	スタンダード	14	111	109	18	6.06	173
			文系	高得点科目重視		93	91	16	5.69	238
		文化遺産学	文系	スタンダード	9	165	161	33	4.88	196
			文系	高得点科目重視		186	181	35	5.17	274

（表つづく）

区分		型	入試方式	募集人員	志願者数	受験者数	合格者数	倍率	合格最低点
文	日本語日本文	文系	スタンダード	25	387	380	52	7.31	204
		文系	高得点科目重視		347	344	48	7.17	279
	英語英米文	文系	スタンダード	20	396	388	104	3.73	176
		文系	高得点科目重視		228	222	60	3.70	243
		文系	英語重視	2	61	59	26	2.27	316
経済	現代経済 国際経済 (学部で一括募集)	文系	スタンダード	165	1,860	1,829	480	3.81	180
		文系	高得点科目重視		1,147	1,125	301	3.74	250
経営	経営	文系	スタンダード	160	1,708	1,683	251	6.71	193
		文系	高得点科目重視		1,106	1,087	157	6.92	267
法	法律	文系	スタンダード	140	1,026	1,003	320	3.13	177
		文系	高得点科目重視		688	673	214	3.14	242
政策	政策	文系	スタンダード	92	1,550	1,524	326	4.67	181
		文系	高得点科目重視		955	940	199	4.72	253
国際	国際文化	文系	スタンダード	77	708	699	191	3.66	174
		文系	高得点科目重視		400	390	104	3.75	247
		文系	英語重視	5	136	136	54	2.52	310
	グローバルスタディーズ	文系	スタンダード	17	282	277	70	3.96	171
		文系	高得点科目重視		155	152	40	3.80	241
		文系	英語重視	5	92	90	36	2.50	301
先端理工	数理・情報科学	理系	スタンダード	31	180	174	106	1.64	145
		理系	高得点科目重視		127	125	77	1.62	206
	知能情報メディア	理系	スタンダード	31	248	241	87	2.77	179
		理系	高得点科目重視		173	166	61	2.72	244
	電子情報通信	理系	スタンダード	31	250	242	157	1.54	144
		理系	高得点科目重視		165	154	99	1.56	200
	機械工学・ロボティクス	理系	スタンダード	33	277	266	133	2.00	154
		理系	高得点科目重視		173	169	84	2.01	213
	応用化学	理系	スタンダード	30	211	203	142	1.43	144
		理系	高得点科目重視		138	132	92	1.43	202
	環境生態工学	理系	スタンダード	30	168	164	121	1.36	113
		理系	高得点科目重視		109	104	76	1.37	154
社会	社会	文系	スタンダード	40	1,037	1,027	223	4.61	181
		文系	高得点科目重視		608	599	135	4.44	250
	コミュニティマネジメント	文系	スタンダード	30	577	570	110	5.18	175
		文系	高得点科目重視		326	325	65	5.00	242

（表つづく）

区	分	型	入試方式	募集人員	志願者数	受験者数	合格者数	倍率	合格最低点
社会	現代福祉	文系	スタンダード	44	679	670	132	5.08	174
		文系	高得点科目重視		374	366	72	5.08	242
農	生命科	理系	スタンダード	28	300	294	95	3.09	173
		理系	高得点科目重視		229	222	70	3.17	236
	農	理系	スタンダード	31	216	210	77	2.73	166
		理系	高得点科目重視		156	153	58	2.64	230
	食品栄養	理系	スタンダード	25	196	194	51	3.80	185
		理系	高得点科目重視		148	147	38	3.87	254
	食料農業システム	文系	スタンダード	22	301	299	46	6.50	174
		文系	高得点科目重視		196	193	29	6.66	239
		理系	スタンダード	10	84	83	27	3.07	166
		理系	高得点科目重視		59	59	19	3.11	237

(配点)スタンダード方式：科目 100 点＋科目 100 点＋科目 100 点＝300 点満点
高得点科目重視方式：高得点科目 200 点＋科目 100 点＋科目 100 点＝400 点満点
英語重視方式：英語 400 点＋高得点科目 100 点＝500 点満点

●一般選抜入試（中期日程）

区	分		型	入試方式	募集人員	志願者数	受験者数	合格者数	倍率	合格最低点
心理	心理		文系	スタンダード	25	420	290	31	9.35	205
			文系	高得点科目重視		292	199	21	9.48	271
文	真宗		文系	スタンダード	22	135	83	50	1.66	124
			文系	高得点科目重視		101	62	38	1.63	166
	仏教		文系	スタンダード	17	85	65	29	2.24	141
			文系	高得点科目重視		48	29	13	2.23	197
	哲	哲学	文系	スタンダード	11	69	49	14	3.50	175
			文系	高得点科目重視		66	49	14	3.50	246
		教育学	文系	スタンダード	10	59	44	17	2.59	171
			文系	高得点科目重視		37	32	13	2.46	226
	歴史	日本史学	文系	スタンダード	9	149	103	3	34.33	226
			文系	高得点科目重視		132	88	4	22.00	307
		東洋史学	文系	スタンダード	11	99	60	26	2.31	161
			文系	高得点科目重視		91	48	21	2.29	222
		仏教史学	文系	スタンダード	8	67	47	33	1.42	145
			文系	高得点科目重視		59	39	28	1.39	197
		文化遺産学	文系	スタンダード	5	69	50	7	7.14	209
			文系	高得点科目重視		69	47	7	6.71	275

（表つづく）

区分		型	入試方式	募集人員	志願者数	受験者数	合格者数	倍率	合格最低点
文	日本語日本文	文系	スタンダード	16	132	104	15	6.93	197
		文系	高得点科目重視		110	84	12	7.00	264
	英語英米文	文系	スタンダード	12	102	67	14	4.79	174
		文系	高得点科目重視		63	39	8	4.88	222
		文系	英語重視	2	28	20	10	2.00	288
経済	現代経済 国際経済 (学部で一括募集)	文系	スタンダード	70	786	529	84	6.30	180
		文系	高得点科目重視		494	315	50	6.30	253
経営	経営	文系	スタンダード	60	701	492	75	6.56	188
		文系	高得点科目重視		478	323	51	6.33	254
法	法律	文系	スタンダード	60	470	302	82	3.68	173
		文系	高得点科目重視		320	207	58	3.57	242
政策	政策	文系	スタンダード	41	713	481	60	8.02	186
		文系	高得点科目重視		472	301	37	8.14	259
国際	国際文化	文系	スタンダード	30	309	180	36	5.00	174
		文系	高得点科目重視		196	98	20	4.90	246
		文系	英語重視	5	120	68	11	6.18	340
	グローバルスタディーズ	文系	スタンダード	10	121	79	14	5.64	170
		文系	高得点科目重視		73	46	8	5.75	256
		文系	英語重視	2	58	36	10	3.60	310
先端理工	数理・情報科学	理系	スタンダード	17	65	45	16	2.81	167
		理系	高得点科目重視		52	37	13	2.85	226
	知能情報メディア	理系	スタンダード	17	89	50	25	2.00	152
		理系	高得点科目重視		52	29	14	2.07	214
	電子情報通信	理系	スタンダード	17	89	40	24	1.67	155
		理系	高得点科目重視		60	26	16	1.63	205
	機械工学・ロボティクス	理系	スタンダード	19	111	67	34	1.97	145
		理系	高得点科目重視		84	45	23	1.96	192
	応用化学	理系	スタンダード	16	71	29	13	2.23	148
		理系	高得点科目重視		52	21	11	1.91	193
	環境生態工学	理系	スタンダード	16	80	29	8	3.63	159
		理系	高得点科目重視		45	15	4	3.75	195
社会	社会	文系	スタンダード	26	388	240	56	4.29	174
		文系	高得点科目重視		238	148	35	4.23	241
	コミュニティマネジメント	文系	スタンダード	20	242	164	33	4.97	174
		文系	高得点科目重視		162	102	20	5.10	224

(表つづく)

区分		型	入試方式	募集人員	志願者数	受験者数	合格者数	倍率	合格最低点
社会	現代福祉	文系	スタンダード	13	318	221	46	4.80	172
		文系	高得点科目重視		191	118	24	4.92	244
農	生命科	理系	スタンダード	12	109	69	21	3.29	160
		理系	高得点科目重視		81	46	15	3.07	209
	農	理系	スタンダード	20	85	49	14	3.50	164
		理系	高得点科目重視		69	37	11	3.36	220
	食品栄養	理系	スタンダード	13	105	46	13	3.54	162
		理系	高得点科目重視		81	32	11	2.91	224
	食料農業システム	文系	スタンダード	14	142	105	29	3.62	161
		文系	高得点科目重視		98	68	20	3.40	212
		理系	スタンダード	8	40	22	5	4.40	160
		理系	高得点科目重視		34	19	5	3.80	221

(配点)スタンダード方式：科目 100 点＋科目 100 点＋科目 100 点＝300 点満点
高得点科目重視方式：高得点科目 200 点＋科目 100 点＋科目 100 点＝400 点満点
英語重視方式：英語 400 点＋高得点科目 100 点＝500 点満点

●一般選抜入試（後期日程）

区分			型	入試方式	募集人員	志願者数	受験者数	合格者数	倍率	合格最低点
心理	心理		文系	スタンダード	3	59	55	7	7.86	143
			文系	高得点科目重視		40	35	4	8.75	216
文	真宗		文系	スタンダード	4	59	57	18	3.17	122
			文系	高得点科目重視		31	31	9	3.44	194
	仏教		文系	スタンダード	3	24	24	6	4.00	122
			文系	高得点科目重視		11	11	2	5.50	198
	哲	哲学	文系	スタンダード	5	28	27	8	3.38	126
			文系	高得点科目重視		19	17	5	3.40	212
		教育学	文系	スタンダード	5	33	33	7	4.71	125
			文系	高得点科目重視		16	16	3	5.33	192
	歴史	日本史学	文系	スタンダード	5	40	37	3	12.33	146
			文系	高得点科目重視		30	29	2	14.50	229
		東洋史学	文系	スタンダード	3	62	61	9	6.78	132
			文系	高得点科目重視		30	29	4	7.25	211
		仏教史学	文系	スタンダード	3	23	21	7	3.00	121
			文系	高得点科目重視		11	11	4	2.75	187
		文化遺産学	文系	スタンダード	3	28	27	5	5.40	129
			文系	高得点科目重視		18	17	3	5.67	199

（表つづく）

区　分		型	入試方式	募集人員	志願者数	受験者数	合格者数	倍率	合格最低点
文	日本語日本文	文系	スタンダード	5	47	41	10	4.10	135
		文系	高得点科目重視		45	38	12	3.17	211
	英語英米文	文系	スタンダード	5	60	59	6	9.83	139
		文系	高得点科目重視		28	28	3	9.33	214
経済	現代経済 国際経済 (学部で一括募集)	文系	スタンダード	13	302	293	47	6.23	133
		文系	高得点科目重視		181	175	27	6.48	202
経営	経営	文系	スタンダード	15	189	182	21	8.67	136
		文系	高得点科目重視		117	111	14	7.93	213
法	法律	文系	スタンダード	19	140	133	15	8.87	136
		文系	高得点科目重視		102	97	10	9.70	213
政策	政策	文系	スタンダード	11	165	156	20	7.80	134
		文系	高得点科目重視		94	87	11	7.91	209
国際	国際文化	文系	スタンダード	11	44	44	5	8.80	144
		文系	高得点科目重視		28	28	3	9.33	214
	グローバルスタディーズ	文系	スタンダード	2	35	34	3	11.33	144
		文系	高得点科目重視		14	13	1	13.00	236
先端理工	数理・情報科学	理系	スタンダード	4	14	14	3	4.67	135
		理系	理系科目重視		10	8	1	8.00	222
	知能情報メディア	理系	スタンダード	4	26	21	5	4.20	141
		理系	理系科目重視		13	13	3	4.33	215
	電子情報通信	理系	スタンダード	4	20	17	5	3.40	112
		理系	理系科目重視		10	10	2	5.00	200
	機械工学・ロボティクス	理系	スタンダード	5	32	27	12	2.25	91
		理系	理系科目重視		16	13	6	2.17	138
	応用化学	理系	スタンダード	4	22	21	6	3.50	108
		理系	理系科目重視		14	12	3	4.00	190
	環境生態工学	理系	スタンダード	4	27	27	3	9.00	128
		理系	理系科目重視		14	14	1	14.00	179
社会	社会	文系	スタンダード	14	68	63	5	12.60	141
		文系	高得点科目重視		42	36	2	18.00	244
	コミュニティマネジメント	文系	スタンダード	12	56	54	12	4.50	122
		文系	高得点科目重視		20	20	4	5.00	207
	現代福祉	文系	スタンダード	13	46	46	26	1.77	103
		文系	高得点科目重視		21	21	10	2.10	159

（表つづく）

区分		型	入試方式	募集人員	志願者数	受験者数	合格者数	倍率	合格最低点
農	生命科	理系	スタンダード	4	20	20	3	6.67	135
		理系	高得点科目重視		16	16	2	8.00	237
	農	理系	スタンダード	4	20	20	9	2.22	104
		理系	高得点科目重視		13	13	6	2.17	176
	食品栄養	理系	スタンダード	5	31	26	2	13.00	135
		理系	高得点科目重視		18	15	1	15.00	210
	食料農業システム	文系	スタンダード	2	19	19	1	19.00	141
		文系	高得点科目重視		15	15	1	15.00	225
		理系	スタンダード	2	13	11	1	11.00	153
		理系	高得点科目重視		12	12	1	12.00	207

(配点)スタンダード方式：科目 100 点＋科目 100 点＝200 点満点
高得点科目重視方式：高得点科目 200 点＋科目 100 点＝300 点満点
理系科目重視方式：理系科目 200 点＋英語 100 点＝300 点満点

●共通テスト併用方式（前期日程）

区分			型	入試方式	志願者数	受験者数	合格者数	倍率	合格最低点
心理	心理		文系	2科目	378	368	195	1.89	202
			文系	数学	33	33	15	2.20	166
文	真宗		文系	2科目	49	49	36	1.36	156
	仏教		文系	2科目	43	43	29	1.48	167
	哲	哲学	文系	2科目	71	71	36	1.97	200
		教育学	文系	2科目	67	67	26	2.58	202
	歴史	日本史学	文系	2科目	208	204	37	5.51	236
		東洋史学	文系	2科目	57	57	24	2.38	208
		仏教史学	文系	2科目	47	47	35	1.34	190
		文化遺産学	文系	2科目	137	135	18	7.50	235
	日本語日本文		文系	2科目	132	131	32	4.09	228
	英語英米文		文系	2科目	65	64	16	4.00	220
			文系	リスニング	21	21	11	1.91	205
経済	現代経済 国際経済 （学部で一括募集）		文系	2科目	484	472	241	1.96	195
			文系	数学	57	54	30	1.80	165
経営	経営		文系	2科目	445	434	129	3.36	209
法	法律		文系	2科目	331	326	183	1.78	195
政策	政策		文系	2科目	343	336	170	1.98	196

（表つづく）

区分		型	入試方式	志願者数	受験者数	合格者数	倍率	合格最低点
国際	国際文化	文系	2科目	189	186	103	1.81	193
		文系	リスニング	77	76	36	2.11	203
	グローバルスタディーズ	文系	2科目	56	56	39	1.44	180
		文系	リスニング	42	42	30	1.40	195
先端理工	数理・情報科学	理系	理工2科目	38	37	20	1.85	152
		理系	理工3科目	24	24	16	1.50	285
	知能情報メディア	理系	理工2科目	42	42	13	3.23	194
		理系	理工3科目	29	28	11	2.55	363
	電子情報通信	理系	理工2科目	72	70	40	1.75	167
		理系	理工3科目	42	41	29	1.41	299
	機械工学・ロボティクス	理系	理工2科目	45	45	22	2.05	169
		理系	理工3科目	29	29	13	2.23	369
	応用化学	理系	理工2科目	45	44	26	1.69	157
		理系	理工3科目	41	41	31	1.32	298
	環境生態工学	理系	理工2科目	28	26	12	2.17	145
		理系	理工3科目	26	24	15	1.60	223
社会	社会	文系	2科目	367	365	174	2.10	197
	コミュニティマネジメント	文系	2科目	174	172	92	1.87	189
	現代福祉	文系	2科目	222	217	128	1.70	181
農	生命科	理系	農学2科目	128	128	59	2.17	176
	農	理系	農学2科目	93	91	41	2.22	178
	食品栄養	理系	農学2科目	81	79	33	2.39	188
	食料農業システム	文系	2科目	102	102	50	2.04	181
		理系	農学2科目	34	34	18	1.89	173

(配点)文系型2科目方式：独自試験100点＋共通テスト200点＝300点満点
文系型数学方式：独自試験100点＋共通テスト数学200点＝300点満点
文系型リスニング方式：独自試験200点＋共通テスト英語リスニング100点＝300点満点
理系型理工2科目方式：独自試験100点＋共通テスト200点＝300点満点
理系型理工3科目方式：独自試験300点＋共通テスト300点＝600点満点
理系型農学2科目方式：独自試験100点＋共通テスト200点＝300点満点

●共通テスト併用方式（中期日程）

区分		型	入試方式	志願者数	受験者数	合格者数	倍率	合格最低点
心理	心理	文系	2科目	73	21	4	5.25	235
		文系	3科目	89	44	28	1.57	251

（表つづく）

区分			型	入試方式	志願者数	受験者数	合格者数	倍率	合格最低点
文	真宗		文系	2科目	10	1	1	1.00	210
			文系	3科目	4	2	1	2.00	200
	仏教		文系	2科目	3	2	1	2.00	210
			文系	3科目	2	1	1	1.00	200
	哲	哲学	文系	2科目	9	3	1	3.00	244
			文系	3科目	18	12	7	1.71	237
		教育学	文系	2科目	12	9	3	3.00	235
			文系	3科目	13	11	9	1.22	229
	歴史	日本史学	文系	2科目	22	8	1	8.00	291
			文系	3科目	28	17	4	4.25	304
		東洋史学	文系	2科目	10	2	1	2.00	217
			文系	3科目	13	5	2	2.50	217
		仏教史学	文系	2科目	5	3	1	3.00	237
			文系	3科目	7	3	1	3.00	237
		文化遺産学	文系	2科目	19	7	3	2.33	258
			文系	3科目	23	13	4	3.25	258
	日本語日本文		文系	2科目	30	22	3	7.33	272
			文系	3科目	28	17	11	1.55	267
	英語英米文		文系	2科目	7	2	1	2.00	230
			文系	3科目	6	2	1	2.00	235
			文系	外国語	8	5	4	1.25	168
経済	現代経済 国際経済 (学部で一括募集)		文系	2科目	77	20	6	3.33	235
			文系	3科目	64	31	23	1.35	233
経営	経営		文系	2科目	59	13	3	4.33	252
			文系	3科目	63	35	19	1.84	241
法	法律		文系	2科目	47	7	3	2.33	254
			文系	3科目	38	21	10	2.10	251
政策	政策		文系	2科目	42	7	3	2.33	240
			文系	3科目	46	28	17	1.65	235
国際	国際文化		文系	2科目	25	5	1	5.00	256
			文系	3科目	20	11	2	5.50	273
			文系	外国語	29	10	2	5.00	207
	グローバルスタディーズ		文系	2科目	4	2	—	—	—
			文系	3科目	9	3	1	3.00	264
			文系	外国語	10	4	3	1.33	202

(表つづく)

区分		型	入試方式	志願者数	受験者数	合格者数	倍率	合格最低点
先端理工	数理・情報科学	理系	理工3科目	11	8	3	2.67	320
	知能情報メディア	理系	理工3科目	6	3	1	3.00	350
	電子情報通信	理系	理工3科目	23	13	8	1.63	252
	機械工学・ロボティクス	理系	理工3科目	23	11	5	2.20	317
	応用化学	理系	理工3科目	12	5	3	1.67	257
	環境生態工学	理系	理工3科目	7	1	1	1.00	325
社会	社会	文系	2科目	40	6	2	3.00	226
		文系	3科目	35	17	8	2.13	233
	コミュニティマネジメント	文系	2科目	25	3	1	3.00	226
		文系	3科目	21	12	5	2.40	240
	現代福祉	文系	2科目	29	7	3	2.33	224
		文系	3科目	31	14	7	2.00	235
農	生命科	理系	農学2科目	50	29	17	1.71	167
	農	理系	農学2科目	50	29	9	3.22	173
	食品栄養	理系	農学2科目	51	25	15	1.67	175
	食料農業システム	文系	2科目	17	7	5	1.40	198
		文系	3科目	18	12	9	1.33	217
		理系	農学2科目	17	8	3	2.67	173

(配点)文系型2科目方式：独自試験200点＋共通テスト200点＝400点満点
文系型3科目方式：独自試験100点＋共通テスト300点＝400点満点
文系型外国語方式：独自試験200点＋共通テスト外国語100点＝300点満点
理系型理工3科目方式：独自試験200点＋共通テスト300点＝500点満点
理系型農学2科目方式：独自試験100点＋共通テスト200点＝300点満点

●共通テスト併用方式（後期日程）

区分			型	入試方式	志願者数	受験者数	合格者数	倍率	合格最低点
心理	心理		文系	1科目	14	13	4	3.25	157
文	真宗		文系	1科目	15	15	11	1.36	129
	仏教		文系	1科目	6	6	3	2.00	128
	哲	哲学	文系	1科目	9	9	5	1.80	144
		教育学	文系	1科目	9	9	6	1.50	143
	歴史	日本史学	文系	1科目	25	23	7	3.29	154
		東洋史学	文系	1科目	14	13	6	2.17	138
		仏教史学	文系	1科目	6	6	5	1.20	129
		文化遺産学	文系	1科目	14	13	3	4.33	140

（表つづく）

区分		型	入試方式	志願者数	受験者数	合格者数	倍率	合格最低点
文	日本語日本文	文系	1科目	16	15	6	2.50	154
	英語英米文	文系	1科目	18	17	4	4.25	153
経済	現代経済 国際経済 (学部で一括募集)	文系	1科目	72	67	33	2.03	140
経営	経営	文系	1科目	62	58	20	2.90	146
法	法律	文系	1科目	50	46	6	7.67	151
政策	政策	文系	1科目	40	37	7	5.29	151
国際	国際文化	文系	1科目	15	14	4	3.50	147
	グローバルスタディーズ	文系	1科目	5	4	2	2.00	147
先端理工	数理・情報科学	理系	理工2科目	2	2	1	2.00	211
	知能情報メディア	理系	理工2科目	5	4	1	4.00	238
	電子情報通信	理系	理工2科目	5	4	1	4.00	238
	機械工学・ロボティクス	理系	理工2科目	5	5	2	2.50	182
	応用化学	理系	理工2科目	2	—	—	—	—
	環境生態工学	理系	理工2科目	4	4	1	4.00	238
社会	社会	文系	1科目	14	13	7	1.86	136
	コミュニティマネジメント	文系	1科目	11	11	5	2.20	136
	現代福祉	文系	1科目	11	11	9	1.22	122
農	生命科	理系	農学1科目	8	7	2	3.50	147
	農	理系	農学1科目	4	3	3	1.00	115
	食品栄養	理系	農学1科目	10	10	4	2.50	126
	食料農業システム	文系	1科目	9	9	1	9.00	149
		理系	農学1科目	2	2	1	2.00	149

(配点)文系型1科目方式：独自試験100点＋共通テスト100点＝200点満点
理系型理工2科目方式：独自試験100点＋共通テスト200点＝300点満点
理系型農学1科目方式：独自試験100点＋共通テスト100点＝200点満点

●共通テスト利用入試（前期日程）

区分		入試方式	募集人員	志願者数	受験者数	合格者数	倍率	合格最低点
心理	心理	2科目	5	187	187	82	2.28	213
		3科目	12	239	239	125	1.91	205
		4科目	7	92	92	67	1.37	387
文	真宗	2科目	4	32	32	28	1.14	143
		3科目	2	44	43	34	1.26	145
		4科目	2	10	10	10	1.00	288

（表つづく）

区分			入試方式	募集人員	志願者数	受験者数	合格者数	倍率	合格最低点
文	仏教		2科目	4	36	36	30	1.20	145
			3科目	2	39	39	36	1.08	145
			4科目	2	6	6	6	1.00	288
	哲	哲学	2科目	3	50	50	21	2.38	214
			3科目	4	101	101	42	2.40	214
			4科目	2	51	51	37	1.38	385
		教育学	2科目	3	54	54	32	1.69	200
			3科目	4	86	86	37	2.32	197
			4科目	2	36	36	23	1.57	375
	歴史	日本史学	2科目	3	57	57	20	2.85	222
			3科目	4	167	167	69	2.42	219
			4科目	2	76	76	41	1.85	417
		東洋史学	2科目	2	21	21	16	1.31	191
			3科目	4	48	48	28	1.71	189
			4科目	2	19	19	15	1.27	358
		仏教史学	2科目	2	12	12	8	1.50	176
			3科目	4	53	53	25	2.12	175
			4科目	1	9	9	8	1.13	325
		文化遺産学	2科目	1	36	36	9	4.00	220
			3科目	3	88	88	27	3.26	218
			4科目	2	30	30	20	1.50	409
	日本語日本文		2科目	4	78	78	23	3.39	220
			3科目	4	166	166	51	3.25	221
			4科目	3	70	70	38	1.84	409
	英語英米文		2科目	4	71	71	44	1.61	206
			3科目	4	98	98	43	2.28	200
			4科目	3	22	22	15	1.47	368
経済	現代経済 国際経済 (学部で一括募集)		2科目	12	317	315	122	2.58	208
			3科目	30	537	537	391	1.37	176
			4科目	6	201	201	163	1.23	352
経営	経営		2科目	10	428	425	240	1.77	200
			3科目	15	536	535	254	2.11	192
			4科目	5	180	180	117	1.54	369
法	法律		2科目	9	230	229	166	1.38	192
			3科目	15	370	368	238	1.55	189
			4科目	5	119	119	95	1.25	368

(表つづく)

区	分	入試方式	募集人員	志願者数	受験者数	合格者数	倍率	合格最低点
政策	政策	2科目	6	194	194	81	2.40	207
		3科目	10	284	283	178	1.59	180
		4科目	5	66	66	53	1.25	349
国際	国際文化	2科目	8	289	289	173	1.67	202
		3科目	14	229	229	183	1.25	165
		4科目	6	37	37	31	1.19	327
	グローバルスタディーズ	2科目	6	128	128	88	1.45	201
		3科目	8	107	107	89	1.20	170
		4科目	4	14	14	12	1.17	359
先端理工	数理・情報科学	数学重視	2	81	81	31	2.61	197
		理科重視	2	23	23	10	2.30	198
		5科目	2	44	44	20	2.20	320
	知能情報メディア	数学重視	2	97	97	35	2.77	204
		理科重視	2	18	16	6	2.67	198
		5科目	2	81	80	35	2.29	336
	電子情報通信	数学重視	2	103	103	43	2.40	198
		理科重視	2	28	28	13	2.15	189
		5科目	2	88	87	43	2.02	336
	機械工学・ロボティクス	数学重視	2	93	93	48	1.94	197
		理科重視	2	30	30	18	1.67	190
		5科目	2	84	84	53	1.58	318
	応用化学	数学重視	2	98	98	62	1.58	176
		理科重視	2	50	49	36	1.36	165
		5科目	2	91	91	68	1.34	302
	環境生態工学	数学重視	2	55	55	35	1.57	163
		理科重視	2	14	14	10	1.40	169
		5科目	2	52	52	38	1.37	281
社会	社会	2科目	3	274	273	13	21.00	242
		3科目	11	409	409	303	1.35	169
		4科目	3	82	82	76	1.08	322
	コミュニティマネジメント	2科目	3	151	151	7	21.57	235
		3科目	6	213	213	131	1.63	167
		4科目	3	35	35	28	1.25	322
	現代福祉	2科目	6	142	141	10	14.10	235
		3科目	7	196	195	130	1.50	165
		4科目	3	42	42	40	1.05	315

（表つづく）

区分		入試方式	募集人員	志願者数	受験者数	合格者数	倍率	合格最低点
農	生命科	3科目	11	155	155	97	1.60	176
		5科目		119	119	84	1.42	279
		数理		59	59	29	2.03	170
	農	3科目	9	119	119	78	1.53	175
		5科目		93	93	61	1.52	278
		数理		38	38	16	2.38	165
	食品栄養	3科目	5	75	75	31	2.42	201
		5科目		56	56	32	1.75	289
		数理		27	27	10	2.70	187
	食料農業システム	2科目	6	102	101	63	1.60	180
		3科目		87	87	51	1.71	175
		4科目		26	26	17	1.53	350
		数理		15	15	6	2.50	164

(配点) 3科目方式：300点，2科目方式：300点，4科目方式：600点，数学重視方式：300点，理科重視方式：300点，5科目方式：500点，数理方式：300点

●共通テスト利用入試（中期日程）

区分			入試方式	募集人員	志願者数	受験者数	合格者数	倍率	合格最低点
心理	心理		2科目	3	89	89	23	3.87	228
			3科目	5	87	87	54	1.61	210
			数学1教科	2	16	16	10	1.60	132
文	真宗		2科目	2	7	7	4	1.75	156
			3科目	4	14	14	12	1.17	156
	仏教		2科目	2	12	12	11	1.09	165
			3科目	3	4	4	3	1.33	165
	哲	哲学	2科目	2	22	22	11	2.00	216
			3科目	2	19	19	12	1.58	215
		教育学	2科目	2	14	14	12	1.17	201
			3科目	2	14	14	10	1.40	200
	歴史	日本史学	2科目	2	29	29	9	3.22	244
			3科目	3	45	45	10	4.50	243
		東洋史学	2科目	2	9	9	7	1.29	197
			3科目	3	18	18	14	1.29	195
		仏教史学	2科目	2	6	6	4	1.50	182
			3科目	3	17	17	13	1.31	179

（表つづく）

区分			入試方式	募集人員	志願者数	受験者数	合格者数	倍率	合格最低点
文	歴史	文化遺産学	2科目	2	23	23	9	2.56	230
			3科目	2	30	30	10	3.00	227
	日本語日本文		2科目	2	23	23	13	1.77	216
			3科目	3	21	21	10	2.10	216
	英語英米文		2科目	2	27	27	21	1.29	210
			3科目	3	22	22	13	1.69	198
経済	現代経済 国際経済 (学部で一括募集)		2科目	3	123	123	108	1.14	190
			3科目	8	137	137	120	1.14	189
			数学1教科	3	27	27	13	2.08	138
経営	経営		2科目	5	120	120	78	1.54	207
			3科目	5	131	131	93	1.41	201
法	法律		2科目	6	107	107	92	1.16	195
			3科目	10	114	114	102	1.12	189
政策	政策		2科目	3	77	77	59	1.31	200
			3科目	4	78	78	60	1.30	195
国際	国際文化		2科目	6	107	107	67	1.60	204
			3科目	13	91	91	66	1.38	197
	グローバルスタディーズ		2科目	4	62	62	48	1.29	195
			3科目	8	47	47	33	1.42	196
先端理工	数理・情報科学		数学重視	2	27	27	20	1.35	188
			理科重視	2	9	8	5	1.60	202
	知能情報メディア		数学重視	2	23	23	16	1.44	197
			理科重視	2	8	8	6	1.33	194
	電子情報通信		数学重視	2	33	33	20	1.65	197
			理科重視	2	10	10	6	1.67	190
	機械工学・ロボティクス		数学重視	2	30	30	15	2.00	202
			理科重視	2	10	10	5	2.00	205
	応用化学		数学重視	2	23	23	14	1.64	201
			理科重視	2	13	13	7	1.86	207
	環境生態工学		数学重視	2	14	14	5	2.80	190
			理科重視	2	8	7	2	3.50	180
社会	社会		2科目	3	72	72	50	1.44	201
			3科目	6	69	69	49	1.41	190
	コミュニティマネジメント		2科目	3	54	54	41	1.32	192
			3科目	5	35	35	25	1.40	187

(表つづく)

区分		入試方式	募集人員	志願者数	受験者数	合格者数	倍率	合格最低点
社会	現代福祉	2科目	3	63	63	55	1.15	189
		3科目	6	48	48	38	1.26	172
農	生命科	3科目	5	66	66	48	1.38	183
		数理		15	15	10	1.50	165
	農	3科目	5	64	64	56	1.14	174
		数理		16	16	8	2.00	174
	食品栄養	3科目	3	31	31	17	1.82	200
		数理		13	13	7	1.86	183
	食料農業システム	2科目	3	33	33	27	1.22	183
		3科目		39	39	29	1.34	182
		数理		6	6	2	3.00	165

(配点) 3科目方式：300点，2科目方式：300点，数学1教科方式：200点，数学重視方式：300点，理科重視方式：300点，数理方式：300点

●共通テスト利用入試（後期日程）

区分			入試方式	募集人員	志願者数	受験者数	合格者数	倍率	合格最低点
心理	心理		3科目	2	18	18	8	2.25	216
文	真宗		3科目	2	18	18	10	1.80	183
	仏教			2	10	10	4	2.50	187
	哲	哲学		2	10	10	6	1.67	203
		教育学		2	18	18	10	1.80	201
	歴史	日本史学		2	30	30	10	3.00	220
		東洋史学		2	14	14	7	2.00	205
		仏教史学		2	9	9	7	1.29	187
		文化遺産学		2	28	28	5	5.60	221
	日本語日本文			2	22	22	14	1.57	214
	英語英米文			1	15	15	5	3.00	215
			外国語1教科	1	9	9	5	1.80	150
経済	現代経済 国際経済 (学部で一括募集)		3科目	3	91	91	76	1.20	189
経営	経営		3科目	5	70	70	46	1.52	203
法	法律		3科目	4	44	44	9	4.89	225
政策	政策		3科目	3	37	37	15	2.47	211

(表つづく)

区分		入試方式	募集人員	志願者数	受験者数	合格者数	倍率	合格最低点
国際	国際文化	3科目	1	32	32	9	3.56	210
		外国語1教科	1	18	18	4	4.50	200
	グローバルスタディーズ	3科目	2	16	16	5	3.20	227
		外国語1教科	1	12	12	5	2.40	200
先端理工	数理・情報科学	数学重視	1	8	8	3	2.67	195
	知能情報メディア		1	12	12	6	2.00	197
	電子情報通信		1	15	15	6	2.50	197
	機械工学・ロボティクス		1	14	14	5	2.80	210
	応用化学		1	13	13	3	4.33	210
	環境生態工学		1	14	14	5	2.80	195
社会	社会	3科目	3	24	24	19	1.26	182
	コミュニティマネジメント		2	15	15	10	1.50	178
	現代福祉		3	12	12	10	1.20	150
農	生命科	3科目	3	12	12	4	3.00	208
	農		3	10	9	7	1.29	166
	食品栄養		2	17	14	4	3.50	192
	食料農業システム		4	16	16	4	4.00	226

(配点) 3科目方式：300点，外国語1教科方式：200点，数学重視方式：300点

2023年度 入試状況

●一般選抜入試（前期日程）

区分			型	入試方式	募集人員	志願者数	受験者数	合格者数	倍率	合格最低点
心理	心理		文系	スタンダード	68	942	926	168	5.51	195
			文系	高得点科目重視		662	656	121	5.42	268
文	真宗		文系	スタンダード	34	282	272	202	1.35	120
			文系	高得点科目重視		179	165	122	1.35	169
	仏教		文系	スタンダード	28	266	264	147	1.80	140
			文系	高得点科目重視		155	153	85	1.80	198
	哲	哲学	文系	スタンダード	18	241	239	27	8.85	209
			文系	高得点科目重視		208	204	24	8.50	275
		教育学	文系	スタンダード	17	239	238	52	4.58	186
			文系	高得点科目重視		184	182	42	4.33	257
	歴史	日本史学	文系	スタンダード	22	428	425	50	8.50	213
			文系	高得点科目重視		470	466	58	8.03	296
		東洋史学	文系	スタンダード	16	269	262	85	3.08	177
			文系	高得点科目重視		251	245	78	3.14	250
		仏教史学	文系	スタンダード	14	180	172	33	5.21	171
			文系	高得点科目重視		150	145	29	5.00	235
		文化遺産学	文系	スタンダード	9	182	178	24	7.42	208
			文系	高得点科目重視		165	162	21	7.71	285
	日本語日本文		文系	スタンダード	25	429	418	67	6.24	205
			文系	高得点科目重視		359	345	56	6.16	276
	英語英米文		文系	スタンダード	25	399	397	166	2.39	166
			文系	高得点科目重視		235	232	100	2.32	234
経済	現代経済 国際経済 (学部で一括募集)		文系	スタンダード	165	2,287	2,248	379	5.93	190
			文系	高得点科目重視		1,450	1,431	239	5.99	262
経営	経営		文系	スタンダード	160	1,856	1,830	289	6.33	195
			文系	高得点科目重視		1,158	1,142	186	6.14	267
法	法律		文系	スタンダード	140	1,442	1,396	280	4.99	190
			文系	高得点科目重視		983	952	192	4.96	264
政策	政策		文系	スタンダード	92	1,495	1,469	268	5.48	185
			文系	高得点科目重視		925	902	169	5.34	252

（表つづく）

区分		型	入試方式	募集人員	志願者数	受験者数	合格者数	倍率	合格最低点
国際	国際文化	文系	国際学部独自	5	147	144	52	2.77	330
		文系	スタンダード	77	617	609	175	3.48	177
		文系	高得点科目重視		361	357	102	3.50	246
	グローバルスタディーズ	文系	国際学部独自	5	93	91	31	2.94	323
		文系	スタンダード	19	299	296	78	3.79	177
		文系	高得点科目重視		187	184	48	3.83	248
先端理工	数理・情報科学	理工	スタンダード	31	165	161	79	2.04	156
		理工	配点セレクト数学重視		109	105	57	1.84	197
		理工	配点セレクト理科重視		32	27	13	2.08	219
	知能情報メディア	理工	スタンダード	31	232	224	91	2.46	161
		理工	配点セレクト数学重視		107	104	41	2.54	204
		理工	配点セレクト理科重視		48	44	17	2.59	258
	電子情報通信	理工	スタンダード	31	273	265	115	2.30	162
		理工	配点セレクト数学重視		103	100	43	2.33	208
		理工	配点セレクト理科重視		63	55	23	2.39	246
	機械工学・ロボティクス	理工	スタンダード	33	285	280	139	2.01	158
		理工	配点セレクト数学重視		103	100	50	2.00	202
		理工	配点セレクト理科重視		84	78	37	2.11	223
	応用化学	理工	スタンダード	30	172	166	130	1.28	113
		理工	配点セレクト数学重視		40	39	30	1.30	157
		理工	配点セレクト理科重視		71	70	55	1.27	160
	環境生態工学	理工	スタンダード	30	87	84	59	1.42	102
		理工	配点セレクト数学重視		34	31	22	1.41	106
		理工	配点セレクト理科重視		21	18	13	1.38	206
社会	社会	文系	スタンダード	40	810	799	147	5.44	185
		文系	高得点科目重視		508	502	98	5.12	257
	コミュニティマネジメント	文系	スタンダード	30	454	450	66	6.82	179
		文系	高得点科目重視		270	267	40	6.68	241
	現代福祉	文系	スタンダード	44	360	354	149	2.38	159
		文系	高得点科目重視		206	202	88	2.30	220
農	生命科	農学	スタンダード	27	243	235	154	1.53	150
		農学	高得点科目重視		176	170	112	1.52	196
	農	農学	スタンダード	31	215	211	103	2.05	159
		農学	高得点科目重視		177	172	85	2.02	216
	食品栄養	農学	スタンダード	25	203	201	76	2.64	178
		農学	高得点科目重視		143	142	54	2.63	245

（表つづく）

区分		型	入試方式	募集人員	志願者数	受験者数	合格者数	倍率	合格最低点
農	食料農業システム	文系	スタンダード	22	253	247	106	2.33	150
		文系	高得点科目重視		141	137	63	2.17	202
		農学	スタンダード	10	71	69	30	2.30	152
		農学	高得点科目重視		51	48	24	2.00	203

(配点)スタンダード方式：科目 100 点＋科目 100 点＋科目 100 点＝300 点満点
高得点科目重視方式：高得点科目 200 点＋科目 100 点＋科目 100 点＝400 点満点
国際学部独自方式：英語 400 点＋科目 100 点＝500 点満点
配点セレクト方式：重視科目 200 点＋科目 100 点＋科目 100 点＝400 点満点

●一般選抜入試（中期日程）

区分			型	入試方式	募集人員	志願者数	受験者数	合格者数	倍率	合格最低点
心理	心理		文系	スタンダード	25	341	241	35	6.89	185
			文系	高得点科目重視		297	203	30	6.77	260
文	真宗		文系	スタンダード	22	108	50	24	2.08	140
			文系	高得点科目重視		86	43	20	2.15	184
	仏教		文系	スタンダード	17	151	77	14	5.50	168
			文系	高得点科目重視		98	47	9	5.22	226
	哲	哲学	文系	スタンダード	11	93	63	4	15.75	194
			文系	高得点科目重視		99	74	5	14.80	286
		教育学	文系	スタンダード	10	105	72	9	8.00	182
			文系	高得点科目重視		78	53	7	7.57	267
	歴史	日本史学	文系	スタンダード	9	118	95	13	7.31	198
			文系	高得点科目重視		150	111	15	7.40	295
		東洋史学	文系	スタンダード	11	112	73	19	3.84	170
			文系	高得点科目重視		100	66	18	3.67	249
		仏教史学	文系	スタンダード	8	96	59	8	7.38	176
			文系	高得点科目重視		72	46	6	7.67	250
		文化遺産学	文系	スタンダード	5	72	55	4	13.75	190
			文系	高得点科目重視		67	42	4	10.50	263
	日本語日本文		文系	スタンダード	16	148	97	8	12.13	210
			文系	高得点科目重視		143	99	10	9.90	272
	英語英米文		文系	スタンダード	16	166	84	7	12.00	185
			文系	高得点科目重視		89	40	2	20.00	309

（表つづく）

区	分	型	入試方式	募集人員	志願者数	受験者数	合格者数	倍率	合格最低点
経済	現代経済 国際経済 (学部で一括募集)	文系	スタンダード	70	889	638	88	7.25	182
		文系	高得点科目重視		622	458	66	6.94	255
経営	経営	文系	スタンダード	60	713	490	74	6.62	186
		文系	高得点科目重視		497	346	55	6.29	257
法	法律	文系	スタンダード	60	608	414	75	5.52	185
		文系	高得点科目重視		434	287	54	5.31	254
政策	政策	文系	スタンダード	41	504	338	79	4.28	174
		文系	高得点科目重視		353	247	59	4.19	238
国際	国際文化	文系	国際学部独自	5	80	39	22	1.77	271
		文系	スタンダード	30	297	182	39	4.67	167
		文系	高得点科目重視		179	116	24	4.83	230
	グローバルスタディーズ	文系	国際学部独自	2	58	39	21	1.86	271
		文系	スタンダード	9	174	118	27	4.37	170
		文系	高得点科目重視		88	61	11	5.55	236
先端理工	数理・情報科学	理工	スタンダード	17	100	51	15	3.40	159
		理工	配点セレクト数学重視		83	44	15	2.93	211
		理工	配点セレクト理科重視		24	6	1	6.00	249
	知能情報メディア	理工	スタンダード	17	137	82	12	6.83	181
		理工	配点セレクト数学重視		66	39	6	6.50	236
		理工	配点セレクト理科重視		36	23	3	7.67	291
	電子情報通信	理工	スタンダード	17	139	79	23	3.43	159
		理工	配点セレクト数学重視		64	32	9	3.56	244
		理工	配点セレクト理科重視		37	13	3	4.33	291
	機械工学・ロボティクス	理工	スタンダード	19	148	66	25	2.64	153
		理工	配点セレクト数学重視		77	38	16	2.38	214
		理工	配点セレクト理科重視		45	17	7	2.43	220
	応用化学	理工	スタンダード	16	111	49	28	1.75	120
		理工	配点セレクト数学重視		34	15	8	1.88	192
		理工	配点セレクト理科重視		52	20	11	1.82	188
	環境生態工学	理工	スタンダード	16	46	25	14	1.79	113
		理工	配点セレクト数学重視		16	5	2	2.50	225
		理工	配点セレクト理科重視		13	5	2	2.50	214
社会	社会	文系	スタンダード	26	385	251	43	5.84	184
		文系	高得点科目重視		231	143	26	5.50	248

（表つづく）

区分		型	入試方式	募集人員	志願者数	受験者数	合格者数	倍率	合格最低点
社会	コミュニティマネジメント	文系	スタンダード	20	219	140	25	5.60	172
		文系	高得点科目重視		126	91	15	6.07	239
	現代福祉	文系	スタンダード	13	215	111	41	2.71	150
		文系	高得点科目重視		129	62	24	2.58	210
農	生命科	農学	スタンダード	12	125	54	12	4.50	181
		農学	高得点科目重視		93	38	9	4.22	219
	農	農学	スタンダード	20	106	52	12	4.33	154
		農学	高得点科目重視		97	42	16	2.63	206
	食品栄養	農学	スタンダード	13	112	53	16	3.31	175
		農学	高得点科目重視		80	36	10	3.60	244
	食料農業システム	文系	スタンダード	14	120	60	17	3.53	156
		文系	高得点科目重視		76	35	10	3.50	214
		農学	スタンダード	8	32	15	3	5.00	148
		農学	高得点科目重視		24	12	4	3.00	206

(配点)スタンダード方式：科目 100 点＋科目 100 点＋科目 100 点＝300 点満点
高得点科目重視方式：高得点科目 200 点＋科目 100 点＋科目 100 点＝400 点満点
国際学部独自方式：英語 400 点＋科目 100 点＝500 点満点
配点セレクト方式：重視科目 200 点＋科目 100 点＋科目 100 点＝400 点満点

●一般選抜入試（後期日程）

区分			型	入試方式	募集人員	志願者数	受験者数	合格者数	倍率	合格最低点
心理	心理		文系	スタンダード	3	108	102	3	34.00	151
			文系	高得点科目重視		89	87	2	43.50	259
文	真宗		文系	スタンダード	4	43	42	18	2.33	100
			文系	高得点科目重視		22	20	8	2.50	163
	仏教		文系	スタンダード	3	22	22	5	4.40	120
			文系	高得点科目重視		15	15	3	5.00	212
	哲	哲学	文系	スタンダード	5	37	35	5	7.00	139
			文系	高得点科目重視		24	23	3	7.67	203
		教育学	文系	スタンダード	5	58	57	8	7.13	125
			文系	高得点科目重視		32	31	4	7.75	210
	歴史	日本史学	文系	スタンダード	5	51	49	9	5.44	130
			文系	高得点科目重視		41	38	6	6.33	213
		東洋史学	文系	スタンダード	3	39	37	14	2.64	115
			文系	高得点科目重視		18	17	6	2.83	185
		仏教史学	文系	スタンダード	3	28	28	5	5.60	117
			文系	高得点科目重視		16	16	4	4.00	181
		文化遺産学	文系	スタンダード	3	53	53	6	8.83	135
			文系	高得点科目重視		40	40	6	6.67	209
	日本語日本文		文系	スタンダード	5	49	45	9	5.00	143
			文系	高得点科目重視		45	41	10	4.10	221
	英語英米文		文系	スタンダード	5	75	70	11	6.36	124
			文系	高得点科目重視		42	39	7	5.57	187
経済	現代経済 国際経済 （学部で一括募集）		文系	スタンダード	13	227	221	52	4.25	120
			文系	高得点科目重視		125	121	28	4.32	189
経営	経営		文系	スタンダード	15	207	197	23	8.57	135
			文系	高得点科目重視		144	137	17	8.06	210
法	法律		文系	スタンダード	19	110	107	23	4.65	130
			文系	高得点科目重視		78	75	17	4.41	203
政策	政策		文系	スタンダード	11	194	189	21	9.00	128
			文系	高得点科目重視		127	124	14	8.86	203
国際	国際文化		文系	スタンダード	11	80	78	7	11.14	133
			文系	高得点科目重視		47	45	4	11.25	203
	グローバルスタディーズ		文系	スタンダード	2	29	29	4	7.25	121
			文系	高得点科目重視		21	20	2	10.00	212

（表つづく）

区分		型	入試方式	募集人員	志願者数	受験者数	合格者数	倍率	合格最低点
先端理工	数理・情報科学	理工	スタンダード	4	28	25	4	6.25	179
		理工	配点セレクト数学重視		23	21	3	7.00	266
		理工	配点セレクト理科重視		7	5	1	5.00	223
	知能情報メディア	理工	スタンダード	4	28	23	3	7.67	179
		理工	配点セレクト数学重視		17	15	1	15.00	325
		理工	配点セレクト理科重視		6	4	1	4.00	257
	電子情報通信	理工	スタンダード	4	32	26	3	8.67	196
		理工	配点セレクト数学重視		15	14	1	14.00	266
		理工	配点セレクト理科重視		13	9	2	4.50	240
	機械工学・ロボティクス	理工	スタンダード	5	29	22	5	4.40	165
		理工	配点セレクト数学重視		16	12	4	3.00	162
		理工	配点セレクト理科重視		8	6	2	3.00	291
	応用化学	理工	スタンダード	4	26	18	10	1.80	135
		理工	配点セレクト数学重視		4	4	2	2.00	225
		理工	配点セレクト理科重視		14	9	5	1.80	174
	環境生態工学	理工	スタンダード	4	20	14	9	1.56	109
		理工	配点セレクト数学重視		7	6	2	3.00	132
		理工	配点セレクト理科重視		13	10	8	1.25	167
社会	社会	文系	スタンダード	14	147	140	5	28.00	141
		文系	高得点科目重視		71	68	3	22.67	213
	コミュニティマネジメント	文系	スタンダード	12	112	107	6	17.83	138
		文系	高得点科目重視		61	59	2	29.50	220
	現代福祉	文系	スタンダード	13	79	77	6	12.83	136
		文系	高得点科目重視		35	33	2	16.50	210
農	生命科	農学	スタンダード	5	22	17	2	8.50	122
		農学	高得点科目重視		25	18	2	9.00	197
	農	農学	スタンダード	4	11	10	2	5.00	104
		農学	高得点科目重視		14	12	2	6.00	197
	食品栄養	農学	スタンダード	5	19	14	7	2.00	101
		農学	高得点科目重視		13	11	3	3.67	192
	食料農業システム	文系	スタンダード	2	22	21	1	21.00	131
		文系	高得点科目重視		15	14	1	14.00	200
		農学	スタンダード	2	6	4	0	—	—
		農学	高得点科目重視		7	5	1	5.00	148

(配点)スタンダード方式：(文系型・農学型) 科目 100 点＋科目 100 点＝200 点満点
(理工型) 科目 100 点＋科目 100 点＋科目 100 点＝300 点満点
高得点科目重視方式：高得点科目 200 点＋科目 100 点＝300 点満点
配点セレクト方式：重視科目 200 点＋科目 100 点＋科目 100 点＝400 点満点

2022 年度 入試状況

●一般選抜入試（前期日程）

区分			型	入試方式	募集人員	志願者数	受験者数	合格者数	倍率	合格最低点
文	真宗		文系	スタンダード	34	234	229	159	1.44	120
			文系	高得点科目重視		131	130	91	1.43	167
	仏教		文系	スタンダード	28	249	246	142	1.73	134
			文系	高得点科目重視		132	130	78	1.67	183
	哲	哲学	文系	スタンダード	18	197	195	60	3.25	187
			文系	高得点科目重視		152	148	48	3.08	245
		教育学	文系	スタンダード	17	208	205	71	2.89	178
			文系	高得点科目重視		127	126	47	2.68	235
	臨床心理		文系	スタンダード	29	453	440	67	6.57	200
			文系	高得点科目重視		321	315	47	6.70	284
	歴史	日本史学	文系	スタンダード	22	472	463	78	5.94	206
			文系	高得点科目重視		442	436	75	5.81	288
		東洋史学	文系	スタンダード	16	154	151	84	1.80	171
			文系	高得点科目重視		121	116	65	1.78	241
		仏教史学	文系	スタンダード	14	108	107	57	1.88	159
			文系	高得点科目重視		56	56	30	1.87	220
		文化遺産学	文系	スタンダード	9	201	201	33	6.09	201
			文系	高得点科目重視		166	165	27	6.11	279
	日本語日本文		文系	スタンダード	25	438	433	89	4.87	200
			文系	高得点科目重視		351	348	73	4.77	275
	英語英米文		文系	スタンダード	25	287	281	137	2.05	168
			文系	高得点科目重視		153	150	72	2.08	239
経済	現代経済 国際経済（学部で一括募集）		文系	スタンダード	165	1,948	1,899	555	3.42	180
			文系	高得点科目重視		1,095	1,074	323	3.33	252
経営	経営		文系	スタンダード	160	1,651	1,609	342	4.70	191
			文系	高得点科目重視		905	887	194	4.57	259
法	法律		文系	スタンダード	140	1,466	1,435	449	3.20	182
			文系	高得点科目重視		904	887	272	3.26	255
政策	政策		文系	スタンダード	92	1,118	1,103	323	3.41	179
			文系	高得点科目重視		597	588	177	3.32	248

（表つづく）

区分		型	入試方式	募集人員	志願者数	受験者数	合格者数	倍率	合格最低点
国際	国際文化	文系	国際学部独自	5	128	127	36	3.53	356
		文系	スタンダード	77	588	583	155	3.76	180
		文系	高得点科目重視		337	331	90	3.68	254
	グローバルスタディーズ	文系	国際学部独自	5	67	67	22	3.05	348
		文系	スタンダード	19	298	291	109	2.67	180
		文系	高得点科目重視		177	173	66	2.62	252
先端理工	数理・情報科学	理工	スタンダード	31	151	146	79	1.85	151
		理工	配点セレクト数学重視		114	113	68	1.66	203
		理工	配点セレクト理科重視		24	22	12	1.83	199
	知能情報メディア	理工	スタンダード	31	247	240	92	2.61	185
		理工	配点セレクト数学重視		101	97	36	2.69	257
		理工	配点セレクト理科重視		78	63	24	2.63	254
	電子情報通信	理工	スタンダード	31	269	261	120	2.18	156
		理工	配点セレクト数学重視		85	82	38	2.16	208
		理工	配点セレクト理科重視		76	66	31	2.13	224
	機械工学・ロボティクス	理工	スタンダード	33	285	273	142	1.92	150
		理工	配点セレクト数学重視		80	79	42	1.88	194
		理工	配点セレクト理科重視		84	79	42	1.88	190
	応用化学	理工	スタンダード	31	173	168	135	1.24	130
		理工	配点セレクト数学重視		50	47	37	1.27	167
		理工	配点セレクト理科重視		56	54	43	1.26	184
	環境生態工学	理工	スタンダード	31	106	103	77	1.34	117
		理工	配点セレクト数学重視		21	21	15	1.40	180
		理工	配点セレクト理科重視		27	25	18	1.39	199
社会	社会	文系	スタンダード	40	704	692	187	3.70	180
		文系	高得点科目重視		369	363	95	3.82	258
	コミュニティマネジメント	文系	スタンダード	30	377	364	93	3.91	179
		文系	高得点科目重視		168	165	41	4.02	239
	現代福祉	文系	スタンダード	44	492	483	119	4.06	177
		文系	高得点科目重視		236	232	58	4.00	243
農	植物生命科	農学	スタンダード	27	191	181	106	1.71	141
		農学	高得点科目重視		143	138	81	1.70	194
	資源生物科	文系	スタンダード	6	52	48	28	1.71	140
		文系	高得点科目重視		46	41	24	1.71	195
		農学	スタンダード	33	208	194	109	1.78	150
		農学	高得点科目重視		144	137	70	1.80	205

（表つづく）

区	分	型	入試方式	募集人員	志願者数	受験者数	合格者数	倍率	合格最低点
農	食品栄養	農学	スタンダード	25	240	226	48	4.71	196
		農学	高得点科目重視		156	146	31	4.71	274
	食料農業システム	文系	スタンダード	22	145	140	46	3.04	150
		文系	高得点科目重視		65	62	21	2.95	222
		農学	スタンダード	10	54	54	33	1.64	152
		農学	高得点科目重視		36	36	22	1.64	216

(配点)スタンダード方式：科目100点＋科目100点＋科目100点＝300点満点
高得点科目重視方式：高得点科目200点＋科目100点＋科目100点＝400点満点
国際学部独自方式：英語400点＋科目100点＝500点満点
配点セレクト方式：重視科目200点＋科目100点＋科目100点＝400点満点

●一般選抜入試（中期日程）

区	分		型	入試方式	募集人員	志願者数	受験者数	合格者数	倍率	合格最低点
文	真宗		文系	スタンダード	22	122	65	38	1.71	127
			文系	高得点科目重視		72	39	23	1.70	160
	仏教		文系	スタンダード	17	136	65	41	1.59	129
			文系	高得点科目重視		73	30	19	1.58	172
	哲	哲学	文系	スタンダード	11	103	58	12	4.83	177
			文系	高得点科目重視		96	54	12	4.50	235
		教育学	文系	スタンダード	10	102	64	13	4.92	173
			文系	高得点科目重視		68	38	7	5.43	258
	臨床心理		文系	スタンダード	11	187	142	5	28.40	223
			文系	高得点科目重視		145	113	4	28.25	300
	歴史	日本史学	文系	スタンダード	9	181	133	7	19.00	222
			文系	高得点科目重視		199	139	8	17.38	304
		東洋史学	文系	スタンダード	11	71	36	13	2.77	172
			文系	高得点科目重視		55	31	11	2.82	244
		仏教史学	文系	スタンダード	8	50	27	15	1.80	144
			文系	高得点科目重視		39	16	8	2.00	163
		文化遺産学	文系	スタンダード	5	91	69	4	17.25	194
			文系	高得点科目重視		84	57	3	19.00	275
	日本語日本文		文系	スタンダード	16	212	151	23	6.57	198
			文系	高得点科目重視		184	127	19	6.68	264
	英語英米文		文系	スタンダード	16	142	69	20	3.45	176
			文系	高得点科目重視		66	31	9	3.44	246

（表つづく）

<table>
<tr><th colspan="2">区　分</th><th>型</th><th>入試方式</th><th>募集人員</th><th>志願者数</th><th>受験者数</th><th>合格者数</th><th>倍率</th><th>合格最低点</th></tr>
<tr><td rowspan="2">経済</td><td rowspan="2">現代経済
国際経済
(学部で一括募集)</td><td>文系</td><td>スタンダード</td><td rowspan="2">70</td><td>821</td><td>488</td><td>91</td><td>5.36</td><td>183</td></tr>
<tr><td>文系</td><td>高得点科目重視</td><td>536</td><td>305</td><td>59</td><td>5.17</td><td>253</td></tr>
<tr><td rowspan="2">経営</td><td rowspan="2">経営</td><td>文系</td><td>スタンダード</td><td rowspan="2">60</td><td>848</td><td>535</td><td>68</td><td>7.87</td><td>192</td></tr>
<tr><td>文系</td><td>高得点科目重視</td><td>545</td><td>372</td><td>48</td><td>7.75</td><td>270</td></tr>
<tr><td rowspan="2">法</td><td rowspan="2">法律</td><td>文系</td><td>スタンダード</td><td rowspan="2">60</td><td>695</td><td>383</td><td>80</td><td>4.79</td><td>182</td></tr>
<tr><td>文系</td><td>高得点科目重視</td><td>451</td><td>246</td><td>52</td><td>4.73</td><td>252</td></tr>
<tr><td rowspan="2">政策</td><td rowspan="2">政策</td><td>文系</td><td>スタンダード</td><td rowspan="2">41</td><td>457</td><td>257</td><td>30</td><td>8.57</td><td>187</td></tr>
<tr><td>文系</td><td>高得点科目重視</td><td>273</td><td>138</td><td>17</td><td>8.12</td><td>259</td></tr>
<tr><td rowspan="6">国際</td><td rowspan="3">国際文化</td><td>文系</td><td>国際学部独自</td><td>5</td><td>109</td><td>56</td><td>14</td><td>4.00</td><td>334</td></tr>
<tr><td>文系</td><td>スタンダード</td><td rowspan="2">30</td><td>254</td><td>116</td><td>36</td><td>3.22</td><td>167</td></tr>
<tr><td>文系</td><td>高得点科目重視</td><td>159</td><td>70</td><td>21</td><td>3.33</td><td>237</td></tr>
<tr><td rowspan="3">グローバルスタディーズ</td><td>文系</td><td>国際学部独自</td><td>2</td><td>55</td><td>29</td><td>13</td><td>2.23</td><td>282</td></tr>
<tr><td>文系</td><td>スタンダード</td><td rowspan="2">9</td><td>132</td><td>61</td><td>37</td><td>1.65</td><td>149</td></tr>
<tr><td>文系</td><td>高得点科目重視</td><td>88</td><td>42</td><td>25</td><td>1.68</td><td>226</td></tr>
<tr><td rowspan="18">先端理工</td><td rowspan="3">数理・情報科学</td><td>理工</td><td>スタンダード</td><td rowspan="3">17</td><td>78</td><td>43</td><td>22</td><td>1.95</td><td>137</td></tr>
<tr><td>理工</td><td>配点セレクト数学重視</td><td>54</td><td>33</td><td>20</td><td>1.65</td><td>178</td></tr>
<tr><td>理工</td><td>配点セレクト理科重視</td><td>22</td><td>11</td><td>6</td><td>1.83</td><td>217</td></tr>
<tr><td rowspan="3">知能情報メディア</td><td>理工</td><td>スタンダード</td><td rowspan="3">17</td><td>126</td><td>65</td><td>27</td><td>2.41</td><td>149</td></tr>
<tr><td>理工</td><td>配点セレクト数学重視</td><td>64</td><td>44</td><td>18</td><td>2.44</td><td>216</td></tr>
<tr><td>理工</td><td>配点セレクト理科重視</td><td>36</td><td>17</td><td>7</td><td>2.43</td><td>216</td></tr>
<tr><td rowspan="3">電子情報通信</td><td>理工</td><td>スタンダード</td><td rowspan="3">17</td><td>152</td><td>86</td><td>38</td><td>2.26</td><td>160</td></tr>
<tr><td>理工</td><td>配点セレクト数学重視</td><td>62</td><td>31</td><td>13</td><td>2.38</td><td>229</td></tr>
<tr><td>理工</td><td>配点セレクト理科重視</td><td>57</td><td>23</td><td>10</td><td>2.30</td><td>229</td></tr>
<tr><td rowspan="3">機械工学・ロボティクス</td><td>理工</td><td>スタンダード</td><td rowspan="3">19</td><td>150</td><td>81</td><td>41</td><td>1.98</td><td>154</td></tr>
<tr><td>理工</td><td>配点セレクト数学重視</td><td>50</td><td>23</td><td>11</td><td>2.09</td><td>214</td></tr>
<tr><td>理工</td><td>配点セレクト理科重視</td><td>42</td><td>21</td><td>11</td><td>1.91</td><td>200</td></tr>
<tr><td rowspan="3">応用化学</td><td>理工</td><td>スタンダード</td><td rowspan="3">17</td><td>75</td><td>38</td><td>25</td><td>1.52</td><td>127</td></tr>
<tr><td>理工</td><td>配点セレクト数学重視</td><td>24</td><td>11</td><td>7</td><td>1.57</td><td>182</td></tr>
<tr><td>理工</td><td>配点セレクト理科重視</td><td>29</td><td>11</td><td>7</td><td>1.57</td><td>193</td></tr>
<tr><td rowspan="3">環境生態工学</td><td>理工</td><td>スタンダード</td><td rowspan="3">17</td><td>60</td><td>28</td><td>19</td><td>1.47</td><td>142</td></tr>
<tr><td>理工</td><td>配点セレクト数学重視</td><td>15</td><td>12</td><td>9</td><td>1.33</td><td>214</td></tr>
<tr><td>理工</td><td>配点セレクト理科重視</td><td>19</td><td>11</td><td>8</td><td>1.38</td><td>202</td></tr>
<tr><td rowspan="2">社会</td><td rowspan="2">社会</td><td>文系</td><td>スタンダード</td><td rowspan="2">26</td><td>308</td><td>178</td><td>35</td><td>5.09</td><td>174</td></tr>
<tr><td>文系</td><td>高得点科目重視</td><td>182</td><td>96</td><td>17</td><td>5.65</td><td>254</td></tr>
</table>

（表つづく）

区分		型	入試方式	募集人員	志願者数	受験者数	合格者数	倍率	合格最低点
社会	コミュニティマネジメント	文系	スタンダード	20	240	140	7	20.00	192
		文系	高得点科目重視		123	72	4	18.00	280
	現代福祉	文系	スタンダード	13	218	128	39	3.28	158
		文系	高得点科目重視		114	57	16	3.56	228
農	植物生命科	農学	スタンダード	12	104	43	20	2.15	132
		農学	高得点科目重視		81	32	14	2.29	185
	資源生物科	農学	スタンダード	20	106	45	26	1.73	134
		農学	高得点科目重視		90	39	21	1.86	182
	食品栄養	農学	スタンダード	13	115	77	25	3.08	163
		農学	高得点科目重視		76	52	15	3.47	237
	食料農業システム	文系	スタンダード	14	88	53	14	3.79	155
		文系	高得点科目重視		64	40	11	3.64	207
		農学	スタンダード	8	34	15	6	2.50	155
		農学	高得点科目重視		23	4	1	4.00	326

(配点)スタンダード方式：科目100点＋科目100点＋科目100点＝300点満点
高得点科目重視方式：高得点科目200点＋科目100点＋科目100点＝400点満点
国際学部独自方式：英語400点＋科目100点＝500点満点
配点セレクト方式：重視科目200点＋科目100点＋科目100点＝400点満点

●一般選抜入試（後期日程）

区分			型	入試方式	募集人員	志願者数	受験者数	合格者数	倍率	合格最低点
文	真宗		文系	スタンダード	4	58	57	17	3.35	117
			文系	高得点科目重視		24	22	6	3.67	188
	仏教		文系	スタンダード	3	34	32	7	4.57	123
			文系	高得点科目重視		8	8	1	8.00	192
	哲	哲学	文系	スタンダード	5	26	25	4	6.25	135
			文系	高得点科目重視		20	18	2	9.00	212
		教育学	文系	スタンダード	5	20	20	12	1.67	116
			文系	高得点科目重視		12	10	6	1.67	178
	臨床心理		文系	スタンダード	4	41	37	6	6.17	131
			文系	高得点科目重視		36	35	6	5.83	210
	歴史	日本史学	文系	スタンダード	5	29	26	5	5.20	125
			文系	高得点科目重視		17	14	3	4.67	193
		東洋史学	文系	スタンダード	3	25	24	9	2.67	117
			文系	高得点科目重視		14	13	4	3.25	192

（表つづく）

区分			型	入試方式	募集人員	志願者数	受験者数	合格者数	倍率	合格最低点
文	歴史	仏教史学	文系	スタンダード	3	22	19	5	3.80	116
			文系	高得点科目重視		12	10	2	5.00	176
		文化遺産学	文系	スタンダード	3	20	19	9	2.11	113
			文系	高得点科目重視		14	12	6	2.00	161
	日本語日本文		文系	スタンダード	5	38	37	3	12.33	134
			文系	高得点科目重視		30	28	3	9.33	210
	英語英米文		文系	スタンダード	5	29	28	14	2.00	112
			文系	高得点科目重視		17	17	9	1.89	181
経済	現代経済 国際経済 (学部で一括募集)		文系	スタンダード	13	340	325	18	18.06	138
			文系	高得点科目重視		196	190	8	23.75	211
経営	経営		文系	スタンダード	15	135	132	16	8.25	132
			文系	高得点科目重視		82	76	11	6.91	199
法	法律		文系	スタンダード	19	178	173	6	28.83	152
			文系	高得点科目重視		110	106	4	26.50	228
政策	政策		文系	スタンダード	11	178	173	26	6.65	130
			文系	高得点科目重視		87	83	13	6.38	198
国際	国際文化		文系	スタンダード	11	82	82	9	9.11	137
			文系	高得点科目重視		44	43	4	10.75	207
	グローバルスタディーズ		文系	スタンダード	2	42	40	4	10.00	131
			文系	高得点科目重視		21	20	2	10.00	207
先端理工	数理・情報科学		理工	スタンダード	4	17	16	4	4.00	146
			理工	配点セレクト数学重視		8	6	2	3.00	168
			理工	配点セレクト理科重視		8	7	2	3.50	209
	知能情報メディア		理工	スタンダード	4	24	18	7	2.57	144
			理工	配点セレクト数学重視		10	7	2	3.50	215
			理工	配点セレクト理科重視		9	7	2	3.50	237
	電子情報通信		理工	スタンダード	4	24	17	7	2.43	144
			理工	配点セレクト数学重視		8	6	2	3.00	222
			理工	配点セレクト理科重視		15	9	4	2.25	193
	機械工学・ロボティクス		理工	スタンダード	5	24	20	6	3.33	166
			理工	配点セレクト数学重視		10	8	2	4.00	222
			理工	配点セレクト理科重視		12	10	3	3.33	257
	応用化学		理工	スタンダード	4	13	11	6	1.83	119
			理工	配点セレクト数学重視		5	4	2	2.00	222
			理工	配点セレクト理科重視		8	8	5	1.60	219

(表つづく)

区	分	型	入試方式	募集人員	志願者数	受験者数	合格者数	倍率	合格最低点
先端理工	環境生態工学	理工	スタンダード	4	10	10	5	2.00	113
		理工	配点セレクト数学重視		4	4	2	2.00	259
		理工	配点セレクト理科重視		4	4	2	2.00	169
社会	社会	文系	スタンダード	14	53	51	23	2.22	115
		文系	高得点科目重視		28	27	12	2.25	187
	コミュニティマネジメント	文系	スタンダード	12	36	35	20	1.75	110
		文系	高得点科目重視		15	14	8	1.75	165
	現代福祉	文系	スタンダード	13	31	31	13	2.38	110
		文系	高得点科目重視		20	20	9	2.22	162
農	植物生命科	農学	スタンダード	5	18	16	4	4.00	110
		農学	高得点科目重視		20	19	5	3.80	174
	資源生物科	農学	スタンダード	4	20	17	2	8.50	127
		農学	高得点科目重視		17	15	1	15.00	236
	食品栄養	農学	スタンダード	5	15	14	5	2.80	106
		農学	高得点科目重視		11	10	4	2.50	165
	食料農業システム	文系	スタンダード	2	45	44	1	44.00	159
		文系	高得点科目重視		29	29	1	29.00	220
		農学	スタンダード	2	12	11	1	11.00	105
		農学	高得点科目重視		11	10	1	10.00	236

(配点)スタンダード方式：(文系型・農学型) 科目 100 点＋科目 100 点＝200 点満点
(理工型) 科目 100 点＋科目 100 点＋科目 100 点＝300 点満点
高得点科目重視方式：高得点科目 200 点＋科目 100 点＝300 点満点
配点セレクト方式：重視科目 200 点＋科目 100 点＋科目 100 点＝400 点満点

募集要項（出願書類）の入手方法

「**大学案内＆入試ガイド**」，「**入学試験要項（公募推薦・一般選抜・共通テスト利用入試）**」を希望する方は，龍谷大学入試情報サイトにてお申し込みください。テレメールからも請求できます。

なお，入学試験要項は大学入試情報サイトでも掲載が予定されています。

資料請求先

※資料請求の詳細については，入試部にお問い合わせください。

龍谷大学　入試部

〒612-8577　京都市伏見区深草塚本町 67

TEL　0570-017887（ナビダイヤル）

入試情報サイト

PC 用　https://www.ryukoku.ac.jp/admission/

龍谷 入試 で 検索

龍谷大学のテレメールによる資料請求方法

スマートフォンから　QRコードからアクセスしガイダンスに従ってご請求ください。

パソコンから　教学社 赤本ウェブサイト(akahon.net)から請求できます。

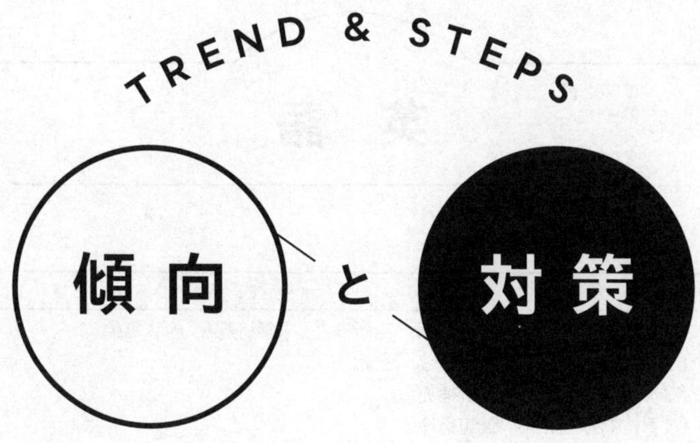

科目ごとに問題の「傾向」を分析し，具体的にどのような「対策」をすればよいか紹介しています。まずは出題内容をまとめた分析表を見て，試験の概要を把握しましょう。

注　意

「傾向と対策」で示している，出題科目・出題範囲・試験時間等については，2024 年度までに実施された入試の内容に基づいています。2025 年度入試の選抜方法については，各大学が発表する学生募集要項を必ずご確認ください。

英　語

年度	番号	項　目	内　容
2024 ●	〔1〕	読　　解	内容説明，空所補充，同意表現，内容真偽
	〔2〕	読　　解	内容真偽，主題
	〔3〕	会 話 文	空所補充
	〔4〕	文法・語彙	語句整序
2023 ●	〔1〕	読　　解	内容真偽，空所補充，同意表現，内容説明
	〔2〕	読　　解	内容真偽，主題
	〔3〕	会 話 文	空所補充
	〔4〕	文法・語彙	語句整序
2022 ●	〔1〕	読　　解	内容説明，空所補充，同意表現，内容真偽
	〔2〕	読　　解	内容真偽
	〔3〕	会 話 文	空所補充
	〔4〕	文法・語彙	語句整序

（注）●印は全問，◑印は一部マークシート式採用であることを表す。

読解英文の主題

年度	番号	主　題
2024	〔1〕	ラッコが道具を使って獲物を食べる方法について
	〔2〕	北米先住民が移民を救った史実とは？
2023	〔1〕	アメリカのサマータイム事情
	〔2〕	種の喪失と気候変動に同時に取り組む対策
2022	〔1〕	数の概念を持たない言語の存在について
	〔2〕	面と向かって会話をするときに心地よい空間とは？

傾向　長文読解力養成と過去問演習が合格のカギ

01 出題形式は？

大問数は4題で，読解問題が2題，会話文問題と文法・語彙問題が1題ずつという組み合わせが定着している。設問数も例年ほぼ同じである。全問マークシート式で，試験時間は70分。

02 出題内容はどうか？

〔1〕の読解問題は長めの英文で，〔2〕は〔1〕よりは少し短めの英文となっている。設問については，例年空所補充や内容説明，内容真偽などが出題されている。読解英文の主題については，科学から文化まで毎年さまざまなジャンルから出題されている。

〔3〕の会話文問題では，短めの会話と長めの会話の2種類が出題されている。会話の流れをつかむ力を試す設問がメインで，ある一定の場面特有の会話表現の知識や文法的な知識よりも状況が把握できているかどうかを問う出題が多い。

〔4〕の文法・語彙問題は，与えられた日本文に合うように英単語を並べ替える語句整序の出題が続いている。基本的には，標準的な文法や構文の知識を問う出題と考えられる。

03 難易度は？

読解問題における英文の難易度は標準的であり，難解な表現はあまり見られない。高校生が身につけておくべき読解力，内容把握力を問うのに適した良問の出題が続いている。会話文についても難度の高い問題はほとんど見られない。文法・語彙問題の語句整序は，やや難度の高い問題が含まれることもあるが，ほとんどは標準レベルの問題である。〔1〕に20〜30分程度の時間を充てて，残りの3題を30分程度で解き，余った時間を見直しの時間にあてるというのが妥当な時間配分だろう。

対策

01 読解問題

ほとんどの設問が段落ごとに出題されているため，本文全体の内容を把握していなくてもその段落内で該当箇所を見つけることができれば解答できる。70分という試験時間を考えれば，全文を読んでから解くよりも，段落ごとに1つ1つ解答を進めていく方が効率が良いだろう。内容説明などの問題については，標準レベルの語彙力があれば十分解答できるので，大学入学共通テストレベルで，マークシート式の出題となっている問題集を繰り返し学習しておくことをすすめる。また3000～4000語レベルの単語・熟語集を早くから学習しておきたい。さらに，『大学入試 ひと目でわかる英文読解』（教学社）や『大学入試 ぐんぐん読める英語長文』（教学社）などの問題集で読解力を再確認しておけば安心だろう。

02 会話文問題

会話文問題は，状況・内容把握に重点が置かれている。頻出の会話表現を押さえた上で，さらに本書を利用して数多く演習をこなしておくこと。難問はほとんど見られないが，ひっかかりやすい選択肢も含まれているので要注意。ケアレスミスをすると全体の得点に響いてしまう。読解問題に充てる時間を多くするためにも，問題を解く速さと正確さを磨いておきたい。

03 文法・語彙問題

例年出題されている語句整序問題は高校で習う標準的な構文の知識を問う問題が中心だが，たまにレベルの高い問題が出題されることもあるので注意が必要である。『大学入試 すぐわかる英文法』（教学社）などの文法問題集や重要構文をまとめた問題集を使って，構文やイディオムの知識を増強するとともに，語句整序問題を繰り返し解いて練習しておきたい。選択肢の語句を見ただけで使われている構文やイディオムが推測できるくらいに学習を進めておこう。そうすれば有効な対策となり確実に得点できるだろう。

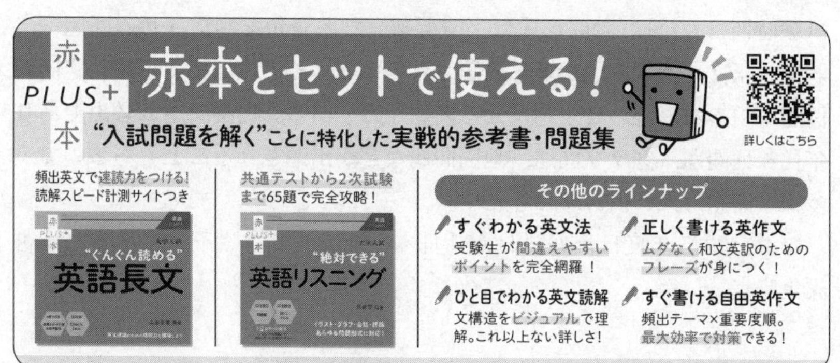

日本史

年度	番号	内容	形式
2024 ●	〔1〕	原始～古代の政治・外交・文化 ⊘**視覚資料・地図・系図**	正誤・選択
	〔2〕	徳川家光～綱吉の幕政展開 ⊘**地図・系図**	選択・正誤
	〔3〕	「大久保利通文書」－殖産興業，松方財政と産業革命 ⊘**史料**	選択・正誤・配列
2023 ●	〔1〕	室町時代の社会・文化 ⊘**史料**	選択・正誤
	〔2〕	織豊政権 ⊘**史料**	選択・正誤
	〔3〕	明治維新と富国強兵，文明開化	選択・正誤
2022 ●	〔1〕	「改新の詔」－律令国家の形成 ⊘**史料**	配列・選択
	〔2〕	豊臣政権～江戸幕府成立期の政治と文化	正誤・選択・配列
	〔3〕	日露戦争前後の政治・外交・社会	選択・正誤

(注) ●印は全問，◑印は一部マークシート式採用であることを表す。

古代・中世，近世，近代から各1題
誤文（正文）選択，2文正誤判定問題に慣れること

01 出題形式は？

例年，大問3題，全問マークシート式で解答個数40個の出題である。試験時間は60分。設問形式は，空所補充など語句を答えさせる問題や，誤文（正文）選択問題が多く出題されている。その他は2文正誤判定問題，関連事項の組み合わせを選ばせる問題などである。史料問題は必出であり，年代配列問題，グラフ問題，地図問題などが出題されることもあるので，多様な問題形式に慣れておきたい。

なお，2025年度は出題科目が「日本史探究」となる予定である（本書編集時点）。

02 出題内容はどうか？

時代別では，〔1〕古代・中世，〔2〕近世，〔3〕近代と，時代順の大問構成が続いている。量的には近世・近代からの出題が多く，7割が近世以降からの出題となっている。

分野別では，政治史に最も重点が置かれているが，2024年度は〔3〕殖産興業，松方財政と，社会経済史が大問で出題された。文化史・社会経済史・外交史は，政治史と関連させて出題されることが多い。なお，過去に幅広い年代を問う近代の出題もあったのでテーマ史にも注意しておこう。

03 難易度は？

ほとんどの設問は教科書レベルの基本的な出題であるが，難問も含まれている。特に誤文（正文）選択問題と2文正誤判定問題の中には，教科書レベルを超える事項を判断させるものもいくつか見受けられる。問題文などを根拠に対応できることもあるが，消去法で正答を導くなどの慎重な判断と注意が必要である。解答個数40個で試験時間は60分であり，1題20分前後という時間配分を考えると，受験生にとっては難しく感じるかもしれないが，基本的な事項を確実に押さえておけば，十分に合格圏内に入れるであろう。

対策

01 用語集を併用した教科書の精読

教科書レベルを超えた詳細な歴史的知識を要する設問も若干見受けられるが，ほとんどの文章が教科書の記述に基づくものである（『詳説 日本史』（山川出版社）に基づくものが多い）。ただ，教科書の本文だけでなく，脚注や図表・図版などの解説文も参照されているので，きめ細かな教科書学習が求められる。さらに教科書とともに誤文（正文）選択問題，2文正誤判定問題で取り上げられているのが，『日本史用語集』（山川出版社）の用語解説文である。したがって，教科書の記述全体を用語集を併用しながら精読し，重要事項を確実に押さえながら学習を進めていくことが大切である。この学習方法が出題の７割を占める近世以降の対策に効果的で，教科書に記載されていない知識を増やすための近道でもある。学習が手薄になりがちな現代史についても，弱点とならないよう十分に準備しておきたい。

02　分野別・史料問題対策

文化史・社会経済史・外交史が，政治史と関連させて出題されることが多いので，政治・外交・社会経済・文化などの分野ごとに整理しておくことが必要である。特に頻出なのが古代・中世の政治・社会，近世の学問・文芸，近代の政治・社会経済・外交史などであり，こうした分野については整理ノートを作成するなどして自分でしっかりとまとめておきたい。また，史料問題は必出であり，あまり目にしない史料文，名称や内容は知っていても教科書に史料そのものは載っていないものも引用されることがある。そこで，基本的史料からの出題に備えて教科書に掲載されている史料には必ず目を通し，かつ『詳説 日本史史料集』（山川出版社）などの史料集も併用することをすすめたい。

03　過去の問題研究

例年同じ形式の出題が見られるので，本書を利用して過去の問題に取り組み，その内容や特色を把握しておくことは，学習の発展をはかる上でも非常に有効である。また，全問マークシート式を採用し，出題の中心が誤文（正文）選択問題と２文正誤判定問題なので，大学入学共通テストやセンター試験の過去問なども利用して，実戦力をあげる効果的な学習に取り組むことをすすめたい。

世界史

年度	番号	内　容	形　式
2024 ●	〔1〕	古代ギリシア・ローマ史	選択・配列
	〔2〕	イスラーム世界の形成と発展　⊘地図	選択・正誤
	〔3〕	西洋列強のアジア進出　⊘地図・統計表	選　択
2023 ●	〔1〕	古代オリエント世界	選択・配列
	〔2〕	中世ヨーロッパ世界	選　択
	〔3〕	中国近現代史　⊘地図	選　択
2022 ●	〔1〕	人類の拡大と古代オリエント・ギリシア	選　択
	〔2〕	明〜清代の中国	選　択
	〔3〕	フランス革命とナポレオン戦争，アフリカの植民地化	選　択

（注）●印は全問，◑印は一部マークシート式採用であることを表す。

傾向　地図問題や正文・誤文選択問題に注意

01　出題形式は？

例年大問3題，全問マークシート式で，解答個数は40個で統一されている。試験時間は60分。空所補充と下線部についての正文・誤文選択問題が大半を占めている。複数の語句や文を選択する場合もあるので，解答の際には注意したい。また，地図を利用した問題も2023・2024年度で出題されている。2024年度は統計表を利用した問題も出題された。

なお，2025年度は出題科目が「世界史探究」となる予定である（本書編集時点）。

02 出題内容はどうか？

地域別では，大問数が３題と少ないため，出題対象となる国家や地域は，年度によって変動が大きいと考えた方がよいだろう。欧米地域では，ヨーロッパ史が大問かそれに準ずる比重で出されている。アジア地域では，中国史の大問が必出となっている。また，2024 年度はイスラーム世界の大問が出題され，中国史に関する大問の選択肢には東南アジア関連の内容が含まれていた。インドなども含め満遍なく学習することが必要である。

時代別では，古代～近代からの出題が主であるが，2022・2023 年度には先史時代からの出題もあった。また，2022 年度以降は〔３〕で，近現代史が出題されている。

分野別では，政治史が中心であるが，文化史からの出題もよく見られる。政治史・文化史ともに，人物の業績を問う問題がよく出題されている。

03 難易度は？

教科書レベルの基本的事項が中心であるが，先史時代や現代史など見落としやすい時代からの出題などで得点差が出やすい。正文・誤文選択問題では，文章自体に誤りはなくても時代的に不適なものなどを選ぶ問題もあり，正確な時代背景の理解が求められている。基本的問題で取りこぼしをしないことが重要である。

対策

01 教科書・用語集中心の学習

出題される問題のほとんどが教科書のレベルで対応できるものなので，まずは教科書を精読することから始めるとよい。その際，重要語句をそれだけでなく，その前後の文章とのつながり，特にひとつの事件・事象の原因と結果に注目しながら読む習慣をつけるようにしたい。また，細かい知識を補助的に要求されることもあるので，教科書の本文のみならず，脚注や本文周辺の図表・地図・写真の解説なども精読しておきたい。教科書学習をある程度終えたら，『世界史用語集』（山川出版社）などを用いて重要事項に付随する内容を確認していくようにしよう。

02 各国別・地域別の重要事項の整理

同じ国・地域での長いスパンの歴史については，教科書では記述が分割されているため，教科書の理解がほぼ終わった段階で，それぞれの国別(特に中国史など)，地域別の重要事項を年代順に整理しておこう。さまざまな地域についての大問も出されているため，地域的に偏りのないよう学習することが必要となる。このような学習には，教科書と並行して『新版 各国別世界史ノート』（山川出版社）などのサブノートを使用するのも効果的である。

03 重要年代は覚えよう

年代を理解していなければ解けない問題も出題されている。2023・2024年度は配列問題が出題された。歴史事象の前後関係や，同時代の各地の出来事を確認し，基本的な年代は暗記しておきたい。重要事項の年代を覚えていれば，直接年代を問う問題以外でも応用でき，解法の手がかりとなり有利である。

04 地図問題，視覚資料問題への意識を高めよう

地図を利用した問題が出題されることが多いため，対策を考えておきたい。歴史上登場する都市や河川，各時代における王朝・国家の首都や領域は必ず地理的位置とともに覚えておこう。現代の国家の領域にも注意しておきたい。また，過去には歴史上の建築物の視覚資料問題が出題されたこともある。教科書や資料集の写真などに十分注意を払いたい。

05 過去問の研究

本書を十分に活用して過去問の研究を早めに行い，問題の特徴・レベルを身をもって理解してほしい。入試直前になっての演習では本書を半分しか活用できていない。早めに過去問に触れることで，自分に不足しているものを発見し，その対策を講ずることができるのである。

政治・経済

年度	番号	内　容	形　式
2024 ●	〔1〕	(1)米ソ冷戦と欧州統合　(2)国会と地方議会	選　択
	〔2〕	(1)市場と経済主体　(2)戦後の国際経済	選択・配列
	〔3〕	(1)労働三法と日本の雇用慣行　(2)日本の農業問題	選択・配列
2023 ●	〔1〕	(1)自衛隊　(2)民主政治の原則	選択・配列
	〔2〕	(1)経済活動の主体　(2)労働問題　⊘グラフ	選択・配列
	〔3〕	(1)農業問題　(2)地球環境問題　⊘グラフ	選　択
2022 ●	〔1〕	(1)民主政治の基本原理　(2)両性の平等	選択・正誤
	〔2〕	(1)日本経済の歩み　(2)企業　⊘グラフ	選択・計算・配列
	〔3〕	(1)環境問題　(2)人口問題　⊘グラフ・人口ピラミッド	選　択

（注）　●印は全問，◑印は一部マークシート式採用であることを表す。

豊富な内容
細かな知識とデータへの慣れが必要

01　出題形式は？

全問マークシート式による選択法で，解答個数は40個。試験時間は60分。大問数は3題であるが，1題の中で異なる2つの中間に分かれており，空所補充，短文の正文・誤文判定などの形式が主である。配列法も出題されている。また，年度によってはグラフを題材にした出題が見られる。

02　出題内容はどうか？

政治・経済で学習する範囲から幅広く出題されている。なかでも，日本国憲法や基本的人権，社会保障，環境問題などは比較的よく出題されている。2023年度の自衛隊・存立危機事態や2024年度の日本の農業就業人口・農業政策のような時事的な内容や，労働問題，女性の社会参加，消費者保護など広く社会問題に関連する知識も問われている。沖縄基地問題や国際紛争，制裁措置にも注意を払っておきたい。2022 年度には人口統計関連グラフ，2023 年度には女性の年齢階級別労働力率に関するグラフについての出題もあった。取り上げられている項目の意味を理解し，日本の経済構造の変化を把握していることを確認するような踏み込んだ出題も見られた。

03 難易度は？

全問マークシート式であるが，正文（誤文）選択問題が多く，その判定にあたっては微妙な差異が尋ねられたり，詳細な知識や時事的な知識が問われたりする場合もあり，教科書本文だけでなく，注の説明や囲み記事，コラム，グラフおよびその説明文，表による整理など，注意深く学習を進める必要がある。全体的に，やや難のレベルといえる。大問 3 題に試験時間 60 分で，均等に配分すれば 1 題 20 分ずつだが，各 12～14 問あるため，できる問題からすばやく解く必要がある。

対策

01 教科書の基礎事項と細部にわたる知識の習得を

まずは教科書をしっかりと読み込むことが第一である。単元ごとにサブノートなどを利用して教科書の知識の定着をはかろう。教科書の注や囲み記事，コラム，図表からの出題が多い。本文との関連を考えながらしっかり学習したい。

02 理解を深める

政治分野では教科書レベルを超えた細かい事項で選択肢判断をせまられる設問もあるので，参考書で細かい知識まで理解しておかねばならない。

憲法条文，著名判例の要旨などは重要である。教科書の囲み記事になっている判例は特に注意。

経済分野では最新のデータ・統計グラフなどが見られるが，ほとんどが授業やニュースの解説などでポイントが示されている内容である。順位や大きく変化した点などに注意を払えば正答は導ける。

また，金融・財政，労働・福祉・環境，国際経済なども重要である。サブノートや教科書の該当する部分にメモを入れれば効果的な学習になるだろう。地域的経済統合の構成国，多国間通商交渉の名称と内容，地球環境問題の国際的取り組みなどは，暗記カードのようなものを作成し，繰り返し確認するとよいだろう。

03 時事事項とその背景に関心をもつ

例年，時事的問題は若干だが必ず出題されている。新聞やニュースに関心をもち，教科書で学習した知識を確かめる習慣をつけておこう。

例えば，ロシアのウクライナ侵攻のニュースが頻繁に流れるが，冷戦の終結とその後の国際紛争（地域紛争），核兵器開発制限と軍縮，民族紛争，自衛隊の海外派遣，EU の発展，G20 などといった教科書の重要な基礎知識との関わりを整理してみるという作業をしておくとよいだろう。

04 マークシート対策

マークシート式は問題を解くうちに慣れてくるので，問題演習は欠かせない。また，問題に実際にあたることによって，自分の弱点もわかってくるだろう。共通テストの問題集なども利用して問題量をこなしていこう。なお，「適当なもの」「不適当なもの」を選ぶ問題が混在している形式なので，ケアレスミスをしないよう注意しておかなければならない。

数　学

▶文系型

年度	番号	項　目	内　容
2024	〔1〕	指数・対数関数	指数関数を含む不等式
	〔2〕	数　　列	数列の漸化式
	〔3〕	微　分　法	3次関数の極値やグラフ　⊘図示
2023	〔1〕	指数・対数関数	常用対数，指数不等式
	〔2〕	三角関数	三角関数を含む方程式
	〔3〕	微　分　法	条件を満たす3次関数のグラフ　⊘図示
2022	〔1〕	対数関数，指数関数	対数の計算，指数不等式の解法
	〔2〕	三角関数	三角方程式・三角不等式の解法
	〔3〕	微分法，3次関数	直方体の体積，3次関数の最大値，3次方程式の解法

▶理系型

年　度		番号	項　目	内　容
2024	数学(1)	〔1〕	小問3問	(1)連立方程式　(2)対数関数を含む不等式　(3)2つのベクトルのなす角
		〔2〕	場合の数	直線で囲まれる四角形の総数
		〔3〕	微・積分法	三角関数を含む関数の最大・最小と面積
	数学(2)	〔1〕・〔2〕	数学(1)の〔1〕・〔2〕に同じ	
		〔3〕	三角関数	三角関数を含む関数のとりうる値の範囲
2023		〔1〕	小問3問	(1)最大公約数と最小公倍数　(2)対数関数の定積分　(3)放物線と円の位置関係
		〔2〕	複素数平面	複素数の表す3点が直角三角形となるための条件
		〔3〕	ベクトル	平行四辺形と平面ベクトル
		〔4〕	微　分　法	合成関数の増減

年度	番号	項目	内容
2022	〔1〕	小問3問	(1)条件の真理集合，十分条件　(2)接線が原点を通る条件　(3)定積分の計算
	〔2〕	確率	確率の計算，余事象の定理，確率の加法定理
	〔3〕	ベクトル	定ベクトルに平行な直線のベクトル方程式，内積の値が動点の位置にかかわらず一定となる条件
	〔4〕	2次曲線，積分法	2次曲線の媒介変数表示，媒介変数の消去，回転体の体積計算　⊘図示

(注)　2024年度
　数学(1)：数学Ⅰ・Ⅱ・Ⅲ・A・B
　数学(2)：数学Ⅰ・Ⅱ・A・B
2022・2023年度
　数学Ⅰ・Ⅱ・Ⅲ・A・B

出題範囲の変更

2025年度入試より，数学は新教育課程での実施となります。詳細については，大学から発表される募集要項等で必ずご確認ください（以下は本書編集時点の情報）。

	2024年度（旧教育課程）	2025年度（新教育課程）
文系型 数学	数学Ⅰ・Ⅱ・A・B（数列，ベクトル）	数学Ⅰ・Ⅱ・A・B（数列）・C（ベクトル）
理系型 数学(1)	数学Ⅰ・Ⅱ・Ⅲ・A・B（数列，ベクトル）	数学Ⅰ・Ⅱ・Ⅲ・A（図形の性質，場合の数と確率）・B（数列）・C（ベクトル，平面上の曲線と複素数平面）
理系型 数学(2)	数学Ⅰ・Ⅱ・A・B（数列，ベクトル）	数学Ⅰ・Ⅱ・A（図形の性質，場合の数と確率）・B（数列）・C（ベクトル）

旧教育課程履修者への経過措置

旧教育課程履修者に不利にならないように配慮した出題を行う。ただし，2025年度のみの措置とする。

傾向　基本～標準レベルの良問，記述力の養成を

01　出題形式は？

2024年度は文系型「数学Ⅰ・Ⅱ・A・B（数列，ベクトル）」・理系型〈数学(1)〉「数学Ⅰ・Ⅱ・Ⅲ・A・B（数列，ベクトル）」・理系型〈数学(2)〉「数学Ⅰ・Ⅱ・A・B（数列，ベクトル）」の3種類となった。

文系型：文系学部，農学部（食料農業システム）。大問３題の出題で，すべて記述式である。試験時間は 60 分。

理系型：先端理工学部（応用化学・環境生態工学）は数学(1)・数学(2)のいずれかを選択，先端理工学部（その他）は数学(1)が必須である。農学部（全学科）は数学(1)・数学(2)のいずれかを選択する。

数学(1)・数学(2)ともに大問３題，すべて記述式で，〔１〕〔２〕が共通問題，〔３〕が別問題となっている。試験時間は，数学(1)・数学(2)ともに 60 分。2023 年度までの「数学Ⅰ・Ⅱ・Ⅲ・Ａ・Ｂ」は大問４題で 90 分であった。

02　出題内容はどうか？

文系型：三角関数，指数・対数関数，微・積分法が頻出で，その他ベクトル，図形と計量，２次関数などの知識を使って解くという形式で出題されているので注意したい。2023・2024 年度は図示問題も出題されている。なお，ここ数年は出題形式・内容が類似している。

理系型：数学(1)では微・積分法が必出で，数学(1)と数学(2)の共通部分ではベクトル，場合の数・確率からの出題が比較的多い。2022 年度は図示問題も出題されている。あまり扱われてこなかった分野から出題されることもあるため，苦手分野は作らないようにしておきたい。

03　難易度は？

2024 年度は，2023 年度以前に比べると，典型問題が多くなった。いずれにしても全体的に基本～標準レベルの問題が多く，特に難しいものは出題されていない。教科書の章末問題レベルの演習を積み重ねておけば十分に対応できる。ただし，過去には考え方の柔軟性を問う少しレベルの高い応用問題も見られた。全問記述式なので，時間内に要領を得た記述が終えられるように練習しておきたい。

01 基本事項を確実に

いずれも基本～標準問題が中心であるので，まず各々の出題範囲の基本事項を確実に理解し，完全に習得することを心がけたい。教科書を丁寧に学習し，定理や公式などを確実に使いこなせることはもちろん，それ自身が導かれる過程や相互の関連にまで踏み込んでおくと，少しレベルの高い応用問題が出題されても対応できる。

02 答案作成の練習を

全問が途中経過も含めた記述式であり，簡潔で要領を得た答案を作成することが大切である。理系型ではやや計算過程の複雑な問題も出題されており，文系型では過去には証明問題が出題されている。日常の学習から，論理的で丁寧な説明ができるよう心がけておきたい。

03 作図能力を養成しよう

図示問題が出題されることもあり，過去3カ年のうちでは，文系型で2023・2024年度に，理系型で2022年度に出題されている。設問の指示・要求を的確に押さえた図が描けるよう，問題集などで演習を重ねておきたい。また，一般的に図を利用すると解答の見通しが立てやすくなり，そのような問題も多く出題されているので，普段から図を利用した答案作成を心がけ，作図能力の向上を図っておくとよい。

物　理

年度	番号	項　目	内　容
2024 ●	〔1〕	力　学	力学的エネルギー保存則，水平投射
	〔2〕	電磁気	電界と磁界の中を運動する荷電粒子
	〔3〕	熱力学	ばね付きピストンに閉じ込められた気体の状態変化
2023 ●	〔1〕	力　学	力学的エネルギー保存，運動量保存
	〔2〕	電磁気	磁場中を回転するコイルの電磁誘導
	〔3〕	波　動	光波の干渉（くさび型干渉）
2022 ●	〔1〕	力　学	力のモーメント
	〔2〕	電磁気	非線形抵抗
	〔3〕	熱力学	気体の状態変化

（注）●印は全問，◑印は一部マークシート式採用であることを表す。
2022・2023年度
先端理工学部：〔1〕〔2〕〔3〕を解答。
農学部〈農学型〉：〔1〕は必答問題，〔2〕〔3〕は選択問題で，どちらかを解答。

傾向　基本事項の定着度と思考力をみる良問

01　出題形式は？

全問マークシート式で，2024年度から先端理工学部と農学部の問題が同一となり，大問3題，解答個数は24個，試験時間は60分となった。

問題文中の空所に適する式，数値，語句，グラフなどを解答群の中から選んで文章を完成させる形式である。2，3カ所の空所の組み合わせを問うものもある。

なお，2023年度までの解答個数は先端理工学部は30個程度，農学部〈農学型〉は20個程度であり，試験時間は先端理工学部90分，農学部〈農学型〉60分であった。

02 出題内容はどうか？

出題範囲は「物理基礎・物理」である。

2022・2024 年度は力学，電磁気，熱力学から各 1 題，2023 年度は力学，電磁気，波動から各 1 題の出題であった。内容はオーソドックスなもので，基礎力をみる問題が中心である。状況の変化に沿って，物理法則に従った式を正確に書く練習が必要である。また，空所補充の問題では，問題文が考え方や解き方の流れを示しているので，問題文を丁寧に読み，文脈やヒントを生かして解くことが重要である。

03 難易度は？

基本事項を重視した教科書レベルか，それよりもやや難度の高い問題であるが，受験生にとっては取り組みやすく，かつ非常に適切な出題となっている。効率よく解答するために，解答群をみて，どの記号を用いて答えるべきか確認してから解くとよい。

対策

01 教科書を繰り返し読み，図やグラフを理解する

教科書で法則・公式・基本事項の確認をし，内容・定義を正確に理解する。さらにこれらの法則・公式を自分で導き，どのような条件のときに用いられるのかを説明できるようにしておく。図やグラフの問題に加え，実験を利用した問題もよく出題されるので，教科書にある図やグラフには注意を払い，加えて実験や課題研究についても十分に学習しておこう。『大学入試 ちゃんと身につく物理』（教学社）など，解説の詳しい参考書を用いて基本事項の定着をしておくと万全である。

02 標準問題を数多くこなす

基本的な公式を用いる問題が多く，教科書程度かそれよりもやや難度の高い問題が中心なので，教科書傍用問題集などでまとまった量の標準問題をしっかり演習しておきたい。また，日頃から計算や式の変形は丁寧に行い，計算力を養っておきたい。

化　学

年　度		番号	項　目	内　容	
2024 ●		〔1〕	変　化	酸化還元，電池	✓計算
		〔2〕	状態・無機	ボイル・シャルルの法則，理想気体と実在気体，アルカリ土類金属	✓計算
		〔3〕	有　機	アルケン，フェノール類	
2023 ●	先端理工	〔1〕	構　造	分子の構造	
		〔2〕	無　機	酸素・ケイ素の性質	
		〔3〕	理　論	メタンハイドレートの結晶格子，状態変化，熱化学	✓計算
		〔4〕	有　機	炭化水素の分子式の推定，芳香族化合物	✓計算
	農	〔1〕	構　造	物質量，濃度，化学反応の量的関係	✓計算
		〔2〕	変　化	電池と電気分解	✓計算
		〔3〕	理論・無機	炭素・ケイ素の性質	✓計算
		〔4〕	有　機	アルコールの性質，$C_4H_{10}O$ の異性体	✓計算
2022 ●	先端理工	〔1〕	無機・変化	各種気体の発生と性質	
		〔2〕	無機・変化	ソルベー法，電気分解	✓計算
		〔3〕	状態・変化	凝固点降下，状態変化，反応速度	✓計算
		〔4〕	有機・高分子	アルケンとアルコールの性質，糖類	✓計算
	農	〔1〕	構　造	物質量，化学反応の量的関係	✓計算
		〔2〕	状　態	気体の状態方程式，混合気体，飽和蒸気圧	✓計算
		〔3〕	無機・変化	銅の精錬，遷移元素の性質	
		〔4〕	有　機	アルコールの性質，アセチレンの性質，エステルの構造	

（注）　●印は全問，◑印は一部マークシート式採用であることを表す。

基本的だが工夫された出題で理論重視

01　出題形式は？

全問マークシート式で，選択肢から解答を選ぶ形式である。計算問題もこの形式で数値を選ぶ。

2024年度から先端理工学部と農学部が同一問題となり，大問3題，解答個数は42個で，試験時間は60分となった。

なお，先端理工学部は，2023年度までは解答個数が50個程度，試験時間は90分であった。農学部〈農学型〉は，2023年度までは解答個数が43個程度で，試験時間は60分であった。

02 出題内容はどうか？

出題範囲は「化学基礎・化学」である。

すべての分野から出題されているが，理論分野の比重がやや大きい。計算問題も多く出題されている。各論については，教科書の細かい知識も要求されている。2024年度は，応用的な問題はみられず，基礎～標準レベルの問題であった。先端理工学部では，2022年度に三重点や臨界点，2023年度にメタンハイドレートが出題され，農学部〈農学型〉では，2023年度にケイ素に関わる問題が出題された。いずれもやや応用的な問題であった。

03 難易度は？

基礎・基本問題が中心であるが，年度ごとに工夫されており，中には難しい出題も見られる。1題15～20分程度で解く必要があるので，時間的にはそれほど余裕はないであろう。

対策

01 理　論

全分野の概念を教科書や例題を通じてマスターし，自分なりに理論や概念を表現できるようにしておこう。項目ごとの整理が大切である。その上で，やや難しい例題にも接して練習を積んでおくとよい。グラフや実験問題も押さえておくこと。また，反応速度，化学平衡，平衡定数，気体の溶解度，溶解度積，アミノ酸の等電点なども復習しておこう。気体の溶解度の値の大小についても教科書に記載された表を意識して見ておく必要がある。

02 無　機

特定の元素とその化合物の反応・性質を一括して整理しておくことが重要である。例年この分野では１，２問詳しい知識を問われることがある。また，無機分野は理論分野の展開の例示として導入されることがあるので，理論との関連でも理解を深めておきたい。

03 有　機

理論的側面を強調した展開があるので，官能基をもとにした反応経路や元素分析・異性体などに注目することが大切である。また，生化学や高分子化合物の分野は要注意である。基礎的な事柄をしっかり整理しておきたい。構造決定の問題も事前に復習しておくこと。

04 計　算

無機や有機の元素分析など時間のかかる問題も多く，注意が必要である。選択肢から解答を選ぶ形式と答えの数値をマークする形式とがあり，煩雑な数値を扱うことはないが，ミスなく速く計算できるように練習しておきたい。

05 問題演習

全体を通して，基本～標準レベルの問題を素早く解答できるように問題演習をしておくとよい。過去問も活用して取り組んでおきたい。

生　物

年度	番号	項　目	内　容
2024 ●	〔1〕	体内環境	体液の組成とはたらき，免疫 ✓計算
	〔2〕	代　謝	光合成，窒素同化，窒素固定
	〔3〕	生殖・発生	配偶子の形成と受精，卵割
	〔4〕	生　態	生態系の物質生産とバランス，生態系と人間生活
2023 ●	〔1〕	代　謝	代謝，呼吸，酵素
	〔2〕	代　謝	窒素同化，共生
	〔3〕	遺伝情報	DNA の構造と半保存的複製，PCR 法，遺伝情報の発現
	〔4〕	生　態	個体群密度，生存曲線，齢構成 ✓計算
	〔5〕	生　態	森林の階層構造，ギャップ更新，バイオーム，遷移 ✓計算
2022 ◐	〔1〕	体内環境	ヒトの生体防御，遺伝子の再編成，ワクチン接種と抗体量の変化 ✓計算
	〔2〕	遺伝情報	DNA の構造と半保存的複製，PCR 法，DNA 断片の電気泳動による解析 ✓計算
	〔3〕	植物の反応	光発芽種子，植物ホルモン
	〔4〕	進化・系統，生殖・発生	生物の分類法，植物の生殖
	〔5〕	生　態	生態系における異種個体群間の関係，物質生産 ✓計算・論述

（注）●印は全問，◐印は一部マークシート式採用であることを表す。
2022・2023 年度
先端理工学部：〔1〕～〔5〕を解答。
農学部〈農学型〉：〔1〕～〔4〕を解答。

さまざまな分野からの出題

01 出題形式は？

2024 年度から先端理工学部（環境生態工学）と農学部が同一問題となり，

全問マークシート式で，大問 4 題，解答個数は 48 個，試験時間は 60 分となった。

なお，先端理工学部は，2022・2023 年度は大問 5 題，試験時間は 90 分であった。2022 年度は〔1〕～〔4〕がマークシート式の選択法で，〔5〕が記述・論述法。2023 年度は記述・論述法がなくなり全問マークシート式であった。農学部〈農学型〉は，2022・2023 年度は大問 4 題，全問マークシート式で，試験時間は 60 分であった。

02 出題内容はどうか？

出題範囲は「生物基礎・生物」である。

2024 年度は特定の分野に偏ることなくバランスよく出題されている。

2023 年度までの先端理工学部では〔1〕～〔4〕は体内環境，細胞，代謝，植物の反応，遺伝情報，生殖・発生，進化・系統など広範囲から出題され，〔5〕は生態から出題されていた。

03 難易度は？

教科書に準拠した標準的な出題が中心であるが，年度によってはやや専門的な問題が見られることもある。時間内に完答するには，効率のよい時間配分を行い，ケアレスミスなく解答するための練習が必要である。

対策

01 参考書・図解を精読する

生物に関して細かな知識や論理的な説明を要求する問題もあり，参考書や図解の記述を，トピックス的なものも含めて精読しておくことが望ましい。

02 計算問題は基本的なものを中心に

計算問題については典型的なものが多いので，まずは基礎的なものに数多くあたって，考え方に慣れること。さらに余裕があれば問題集を利用し，分子式など有機化学の基礎知識や単位の換算も身につけておきたい。

03 マークシート対策

マークシート式の模試や問題集で時間の使い方を身につけ，演習を多くこなしてケアレスミスなく時間内で解答する練習が必要である。

04 全分野で手を抜かない

進化・系統については出題する大学が比較的多いものの，教科書の後半にあることから学習が手薄になりやすい。参考書や図解で生物の変遷や系統樹などもきちんとチェックして頭に入れておきたい。全範囲において苦手分野がないように，基礎事項の確実な学習が必要である。

国　語

年度	番号	種類	類別	内　容	出　典
2024 ●	〔1〕	現代文	評論	書き取り，欠文挿入箇所，空所補充，指示内容，内容説明，内容真偽	「《時間》のかたち」　伊藤徹
	〔2〕	現代文	随筆	空所補充，内容説明，欠文挿入箇所，内容真偽	「写真」　小林秀雄
	〔3〕	古　文	物語	口語訳，内容説明，和歌修辞，敬語，内容真偽，文学史	「堤中納言物語」
2023 ●	〔1〕	現代文	評論	書き取り，内容説明，空所補充，内容真偽	「現象学という思考」　田口茂
	〔2〕	現代文	随筆	内容説明，空所補充，内容真偽	「精神科医がものを書くとき」　中井久夫
	〔3〕	古　文	物語	人物指摘，口語訳，語意，文法，内容説明，内容真偽，文学史	「落窪物語」
2022 ●	〔1〕	現代文	評論	書き取り，内容真偽，空所補充，内容説明	「辞書の政治学」　安田敏朗
	〔2〕	現代文	評論	内容説明，空所補充，指示内容，主旨	「奈落の神々」　森崎和江
	〔3〕	古　文	物語	空所補充，文法，口語訳，内容説明，人物指摘，内容真偽，文学史	「狭衣物語」

（注）●印は全問，◑印は一部マークシート式採用であることを表す。

現代文は論理的かつ丁寧な読解が必要　古文は基本的知識と読解力が問われる

01　出題形式は？

例年全問マークシート式による選択式で，現代文2題，古文1題の計3題。試験時間は60分である。設問は，現代文〔1〕9問，〔2〕8問，古文〔3〕8問の計25問の出題が続いている。

02 出題内容はどうか？

現代文は，随筆が出されることもあるが，評論からの出題が中心である。内容は文化や哲学，文芸から近年の社会問題まで幅広く，硬質な文章であることが多い。設問内容は基礎的な知識，読解を問うものであり，書き取り，空所補充，内容説明，内容真偽などが出されている。2024年度では，どちらの大問でも欠文を挿入する問題が出題された。

古文は，入試で頻出の作品から珍しいものまで出されており，時代・ジャンルともに多様である。どの作品も平易でストーリー性のあるものが選ばれており，話の筋が理解しやすいことが特徴的である。古典基礎知識を駆使して文脈をとらえられれば，選択肢も紛らわしくない。設問では，口語訳や内容説明といった内容理解を問うものが中心だが，人物の指摘や文法問題もあり，文学史は毎年出題されている。

03 難易度は？

現代文は標準，古文は標準～やや易しい。授業で基礎・基本をしっかりと身につけ，問題演習などで対策を講じれば十分対応できる。しかし，試験時間60分で3題の出題であるから，時間配分には十分注意する必要がある。まず，古文を10分程度で終え，現代文の大問2題に十分な時間を確保することが大切である。また，全問マークシート式であるため，ケアレスミスは致命的である。着実かつ正確な解答をすることが要求される。

対策

01 現代文

評論が主という出題傾向から，論理的な文章の読解力をつけることが対策の基本である。ただ漫然と読むのではなく，キーワードやキーセンテンスに傍線を引くなどして日頃から意識的に読む精読の習慣を身につけることが必要である。接続詞や文章表現に注意して各段落の関連を論理的に押さえ，筆者の主張を捉えることが求められる。また，２つの事柄が対比されている文章では，どちらについての記述なのかを区別しながら，読み進めることが重要である。空所補充では接続詞がよく問われる。

問題文・設問とも標準的なレベルであるので，素早く選択肢と本文を照らし合わせる，という基本的な力が求められる。解答の根拠は必ず文章中に存在することを意識して，丁寧に根拠を確認して解く練習を心がけたい。選択問題中心の問題集を１，２冊こなすと，設問パターンに慣れ，選択肢の吟味や絞り方を身につけることができる。

なお，漢字の書き取りは必出であり，ここでの取りこぼしは許されない。同音異字について確実に理解することが求められる。

参考書としては，『現代文キーワード読解』（Ｚ会）をおすすめしたい。頻出のキーワードについて例文をまじえて詳しい説明がなされている。他の問題集や模試でわからない言葉や概念が出てきたときの辞書代わりとしても役立つだろう。

02 古　文

標準的な問題であるが，古語や文法の知識，全体的な文脈把握，古典常識や和歌修辞・解釈，文学史など，幅広く問われている。普段から授業を大事にして，基礎的な学力をしっかりと身につけること。さらに，選択問題中心の標準的な問題集を数冊こなして出題形式に慣れ，知識と読解力を応用して問題を解き切るトレーニングを積みたい。

解釈の際には文章全体の趣旨を押さえ，主語や単語の意味を確認しながら丁寧に読んでいくことが必要である。口語訳も古語と文法を意識しながら正確にできるようにしておきたい。その際，あいまいな文法や知識事項があれば徹底して確認しよう。

『古文レベル別問題集』（東進ブックス）は６つのレベルに分かれているため，自分の現在の学力に合わせて取り組みやすい。「４　中級編」を目標に，自分に合ったところから手に取ってほしい。

2024年度

問題と解答

一般選抜入試前期日程：1月29日実施分

問題編

【心理・文・経済・経営・法・政策・国際・社会・農〈文系型〉学部】

▶試験科目・配点

教　科	科　　　　目	配　点
外国語	コミュニケーション英語Ⅰ・Ⅱ・Ⅲ，英語表現Ⅰ・Ⅱ	100点
選　択	日本史B，世界史B，政治・経済，「数学Ⅰ・Ⅱ・A・B（数列，ベクトル）」から1科目選択	100点
国　語	国語総合，現代文B，古典B（いずれも漢文を除く）	100点

▶備　考

農学部の文系型入試は，食料農業システム学科を対象とする。

▶大学独自試験のみの方式

• 文系型スタンダード方式

英語，選択科目，国語，各100点の300点満点。

• 文系型高得点科目重視方式

高得点1科目を2倍（200点）＋その他の2科目（各100点）の400点満点。

• 文系型英語重視方式（文〈英語英米文〉学部・国際学部）

「国語と選択科目のどちらか高得点の科目」（100点）と「英語」（400点満点に換算）の2科目の合計点（500点満点）で合否を判定する。

▶共通テスト併用方式

• 2科目方式

英語，選択科目，国語のいずれか高得点1科目（100点）＋共通テスト「高得点2科目」(200点)の300点満点。

• **数学方式**(心理学部・経済学部)

英語(50点), 数学(文系)(50点)+共通テスト「数学①・数学②」(各100点)の300点満点。

• **リスニング方式**(文〈英語英米文〉学部・国際学部)

英語(200点満点に換算)+共通テスト「英語リスニング」(100点)の300点満点。

※英語資格検定試験による得点換算を利用する制度:

共通テスト併用方式のうち, 2科目方式および数学方式において, 共通テスト「英語(リーディングとリスニング)」の得点と, 英語資格検定試験のスコアを換算した得点の高い方を合否判定に用いる制度を利用することができる。

【先端理工学部〈理系型〉】

▶試験科目・配点

教　科	科　目	配　点
外国語	コミュニケーション英語Ⅰ・Ⅱ・Ⅲ，英語表現Ⅰ・Ⅱ	100 点
数　学	**応用化学課程・環境生態工学課程**：「数学⑴：数学Ⅰ・Ⅱ・Ⅲ・A・B（数列，ベクトル）」または「数学⑵：数学Ⅰ・Ⅱ・A・B（数列，ベクトル）」 **その他の課程**：数学Ⅰ・Ⅱ・Ⅲ・A・B（数列，ベクトル）	100 点
理　科	**環境生態工学課程**：「物理基礎・物理」，「化学基礎・化学」，「生物基礎・生物」から1科目選択 **その他の課程**：「物理基礎・物理」，「化学基礎・化学」から1科目選択	100 点

▶大学独自試験のみの方式

• 理系型スタンダード方式

英語，数学，理科，各 100 点の 300 点満点。

• 理系型高得点科目重視方式

数学・理科のうち高得点1科目を2倍（200 点）＋英語（100 点）＋その他の科目（100 点）の 400 点満点。

▶共通テスト併用方式

• 理工2科目方式

英語（100 点）＋共通テスト「数学①・数学②のうち高得点1科目」（100 点）と「理科②のうち高得点1科目」（100 点）の 300 点満点。

• 理工3科目方式

英語，数学，理科（各 100 点）＋共通テスト「数学①・数学②・理科②のうち高得点3科目」（300 点）の 600 点満点。

※英語資格検定試験による得点換算を利用する制度：

共通テスト併用方式において，共通テスト「英語（リーディングとリスニング）」の得点と，英語資格検定試験のスコアを換算した得点の高い方を合否判定に用いる制度を利用することができる。

【農学部〈理系型〉】

▶試験科目・配点

教 科	科 目	配 点
外国語	コミュニケーション英語Ⅰ・Ⅱ・Ⅲ，英語表現Ⅰ・Ⅱ	100点
理 科	「物理基礎・物理」，「化学基礎・化学」，「生物基礎・生物」から1科目選択	100点
選 択	「数学⑴：数学Ⅰ・Ⅱ・Ⅲ・A・B（数列，ベクトル）」，「数学⑵：数学Ⅰ・Ⅱ・A・B（数列，ベクトル）」から1科目選択，「国語総合，現代文B，古典B（いずれも漢文を除く）」	100点

▶大学独自試験のみの方式

• 理系型スタンダード方式

英語，理科，国語または数学，各100点の300点満点。

• 理系型高得点科目重視方式

高得点1科目を2倍（200点）＋その他の2科目（各100点）の400点満点。

▶共通テスト併用方式

• 農学2科目方式

英語（100点）＋共通テスト「外国語・国語・数学①・数学②・理科①・理科②のうち高得点2科目」（200点）の300点満点（理科①は基礎を付した2科目の合計を1科目の得点として取り扱う）。

※英語資格検定試験による得点換算を利用する制度：

共通テスト併用方式において，共通テスト「英語（リーディングとリスニング）」の得点と，英語資格検定試験のスコアを換算した得点の高い方を合否判定に用いる制度を利用することができる。

英　語

(70分)

解答範囲は，解答番号 1 から 35 までです。
＊印の語句には注があります。

I　次の英文を読んで，後の問い（問1～問15）に答えなさい。

Clams and sea urchins* can make a delicious meal — if you know how to get them open. Fortunately, sea otters* have figured out this trick.① Three different kinds of sea otters are known to use tools to open hard-shelled food. Typically, they find a rock and then float on their backs while striking the rock and the clam together over their chests. Sometimes, they get even more creative. "There was one that used an old bottle that was made of really heavy glass. That worked well," says a biologist, Katherine Ralls. "They'll use crab claws to open the crab with their own claws. It's just this competition between these hard-shelled creatures and the sea otters." But is this remarkable ability genetic or learned?

②That was the question behind a recent study led by Ralls. To find out, a group of researchers compared the pattern of tool use in sea otters to (③). They found some key differences, suggesting that rock use among sea otters may have been going on for millions of years.

Parentless sea otters that are raised in aquariums will experiment with tool-use without being taught, which points towards the behavior being genetic, says Ralls. But not all wild adult sea otters use tools. So ④Ralls decided to compare the DNA of many sea otters to see whether the smarter individuals have something special in common. Then she compared those results with data on tool-using dolphins to see whether these different groups of marine animals might share a similar story.⑤

Among the 42 known species of dolphins, only the bottlenose dolphin is known to use tools.⑥ Even within the species, only a relatively small group living in two gulfs of Shark Bay, Australia, which have conical sponges*, have learned to slide them over⑦ their noses as protection while looking for food on the rocky sea floor.

But while tool-using dolphins are all closely linked genetically, Ralls found that sea otters who prefer to use tools to open their food are actually no more closely related to one another than they are to sea otters that don't use tools. For her, this⑧ was a surprise. "In the beginning, we thought they would be more like the dolphins," Ralls says. "We began to think of the reasons that might explain the difference and we worked out the age of the behavior.⑨"

Dolphins are thought to have started using tools only very recently. A 2012 study observed the rate (⑩) which the tool-use behavior is transmitted from one dolphin to another (usually from mother to offspring). For example, in one of the two gulfs, 91 percent of the female offspring of sponge users become sponge users themselves, while only 25 percent of the male offspring do. This⑪ allowed scientists to construct a mathematical model that works backwards to see how old the behavior is. They found that the dolphins probably started using sponges as tools no more than 200 years ago.

Sea otters, (⑫), have probably been using tools for hundreds of thousands, if not millions, of years. Scientists can tell this in part because three different groups in different parts of the world all use tools, and comparing their DNA allows scientists to calculate roughly when they separated from a common ancestor. According to the study, the genes involved in their use of tools have probably had enough time to become widespread among all sea otters.⑬ Bottlenose dolphins haven't been using sponges as tools for long enough for that to happen yet.

One of the next steps will be to confirm the history of sea otters using tools, says Ralls. ⑭ She hopes that researchers will be able to find ancient sea otter sites and date the tools in order to find out for certain how long they have been using them. Fortunately, ⑮ sea otters have made the job of identifying their tool use easier for researchers: "A clam shell looks different if a sea otter has been hitting it with a rock," Ralls says.

［注］ sea urchins: ウニ　　sea otters: ラッコ
conical sponges: 円すい状の海綿動物

問1　下線部① this trick の内容として，もっとも適当なものを一つ選びなさい。

解答番号 1

① the way clams and sea urchins protect themselves
② the way to cook a tasty meal
③ the way to get food from a shell
④ the way sea otters take clams for sea urchins

問2　下線部② That の内容として，もっとも適当なものを一つ選びなさい。

解答番号 2

① whether the study by Ralls included a particular survey
② whether dolphins use the same tools as sea otters do
③ whether sea otters can trace others with the aid of genetic features
④ whether sea otters' tool use is natural or acquired through experience

問3　空所③に入れるのに，もっとも適当なものを一つ選びなさい。

解答番号 3

① that of dolphins　　② those dolphins
③ these dolphins　　④ this of dolphins

問4　下線部④の理由として，もっとも適当なものを一つ選びなさい。

解答番号 4

① She figured out that sea otters' tool use was genetic.

② Some wild sea otters used tools while others did not.

③ Researchers believed that DNA tells us everything about life.

④ Parentless sea otters were in need of proper protection.

問5 下線部⑤ share a similar story の内容として，もっとも適当なものを一つ選びなさい。

解答番号 5

① さまざまな地域で，道具を使うイルカが主人公の物語が語られること

② 行動と遺伝子の関係性がラッコとイルカにおいて共通して見られること

③ 水族館で育てられたラッコも自然環境下で育ったラッコも同じように成長すること

④ 異なる種類の海洋生物間で使用する道具に関する有益な情報を交換していること

問6 下線部⑥の意味として，もっとも適当なものを一つ選びなさい。

解答番号 6

① Bottlenose dolphins are troubled by dolphins that cannot use tools.

② There are few dolphins lacking the knowledge to invent tools.

③ Most dolphins other than bottlenose dolphins depend on tools.

④ Researchers have so far found only one type of dolphin that uses tools.

問7 下線部⑦ slide them over の意味にもっとも近いものを一つ選びなさい。

解答番号 7

① put them on ② switch them with

③ spin them around ④ peel them off

問8 下線部⑧ this の内容として，もっとも適当なものを一つ選びなさい。

解答番号 [8]

① 道具を使うラッコと使わないラッコの間には，遺伝子的な結びつきが全くなかったこと

② 道具を使うラッコ同士の遺伝子的な結びつきの強さが，道具を使うラッコと使わないラッコとの結びつきと大差なかったこと

③ 道具を使うラッコ同士であっても，ほとんど遺伝子的な結びつきがなかったこと

④ 道具を使うラッコ同士よりも，道具を使うラッコと使わないラッコの間の方が，遺伝子的な結びつきが強かったこと

問9　下線部⑨の説明として，もっとも適当なものを一つ選びなさい。

解答番号 [9]

① They thought of focusing on what age sea otters start using tools at.

② They guessed that the behavior of sea otters changed as they got older.

③ They paid attention to how long this behavior of sea otters had existed.

④ They started to group sea otters together according to their age.

問10　空所⑩に入れるのに，もっとも適当なものを一つ選びなさい。

解答番号 [10]

① for　　② to　　③ in　　④ at

問11　下線部⑪ <u>This</u> の内容として，もっとも適当なものを一つ選びなさい。

解答番号 [11]

① the female offspring being less likely to be sponge users than the males

② the data on how many of the offspring adopt the tool use behavior

③ the history of dolphins that have improved their ability to use tools

④ the comparison of the birth rate between dolphins living in the two gulfs

問12 空所⑫に入れるのに，もっとも適当なものを一つ選びなさい。

解答番号 12

① by contrast
② by accident
③ by chance
④ by definition

問13 下線部⑬の意味として，もっとも適当なものを一つ選びなさい。

解答番号 13

① Sea otters started to live anywhere in the world.
② The ability to calculate develops within sea otters with a certain gene.
③ Most sea otters are thought to share the genes associated with tool use.
④ Sea otters split into two species when they started to use tools.

問14 下線部⑭について，本文の内容と一致するものを一つ選びなさい。

解答番号 14

① ラッコが道具を用いてきた期間を求めるのに，学術的調査が助けになる。
② ラッコが特定の地域に住み始めた時期の判明が期待されている。
③ ラッコが求愛する際に道具を使うことが推測されている。
④ ラッコが特定の場所に住んでいた形跡は，今後見つからないと思われている。

問15 下線部⑮の理由として，もっとも適当なものを一つ選びなさい。

解答番号 15

① All the sea otters look similar to each other.
② It is easy to tell the difference between tasty clams and the others.
③ Sea otters left distinctive marks on the shells they opened.

④ Sea otters preferred to use a hard shell as a tool.

Ⅱ 次の英文を読んで，後の問い（問１～問５）に答えなさい。

①The first Pilgrims* were slow to understand the food possibilities of North America. The woods of New England were rich in food sources. There were wild ducks and turkeys, wild plums and cherries, and all manner of nuts and berries. The waters, too, were full of fish. Yet the Pilgrims showed a great reluctance to eat anything that did not come from their decreasing supplies of salt beef, salt pork, salt fish, biscuits, dried peas, and dried beans. They almost preferred to starve rather than experiment with the strange but tasty fruits of the earth. In other words, although the first settlers had come to a land of plenty, they nearly starved in it.

②Unfortunately for them, the colonists discovered that English wheat was unsuited to the soil and climate of New England, and the crops were repeatedly destroyed by disease. Even their first crop of peas failed, a consequence not so much of the challenges of the New England climate as of their own inexperience as farmers. With their food supplies decreasing, the future of this small group of inexperienced and rather unprepared immigrants was dark indeed.

③Fortunately, there were people to save them. The native people of North America were already eating better than any European. Native Americans enjoyed some 2,000 different foods, a variety that even the wealthiest person in Europe could not imagine. Among the foods unique to the Americas were the potato, the sweet potato, the peanut, the pumpkin, the avocado, and the tomato. The Native American diet was healthier, too. At a time when even rich Europeans suffered from diseases caused by insufficient nutrition, the locals knew that a healthy body required a well-balanced diet.

④Above all, however, their agriculture had a high level of skill that

European farming could not begin to compete with. They had learned by experience to plant beans among corn, which not only led to higher production from the same amount of land, but also replaced the nitrogen* that the corn took away. As a result, while the Europeans struggled even in good years to get enough food from the soil, the native Americans enjoyed constant plenty. That a single community in New England had sufficient surpluses to support a hundred helpless, unexpected visitors for the better part of a year clearly shows that.

［注］ Pilgrims: イギリスからアメリカに最初に移住した人々
nitrogen: 窒素

問1 下線部① The first Pilgrims で始まる段落の内容と一致するものを一つ選びなさい。

解答番号 16

① 北米への移住者は，移住先でとれる食べ物を食べたくなかった。
② 北米への移住者は，移住先でとれる食べ物が美味しそうなので色々食べてみた。
③ 北米への移住者は，本国から持ち込んだ物しか食べてはいけなかった。
④ 北米への移住者は，新しい土地は豊富な食べ物に恵まれているので食べ物に困るとは夢にも思わなかった。

問2 下線部② Unfortunately for them で始まる段落の内容と一致するものを一つ選びなさい。

解答番号 17

① The newcomers did not try to grow English wheat in New England.
② The newcomers knew how to grow other crops in the different climate.
③ The newcomers failed to grow food because they were not experienced farmers.

出典追記：Made In America by Bill Bryson, Random House Group

④ The newcomers were well prepared and were able to increase their food stock.

問 3　下線部③ Fortunately で始まる段落の内容と一致しないものを一つ選びなさい。

解答番号 18

① The Native Americans were able to help the newcomers.

② The Native Americans enjoyed more than 2,000 different foods.

③ The Native Americans had many foods the newcomers had never seen.

④ The Native Americans suffered from a poor diet.

問 4　下線部④ Above all で始まる段落の内容と一致するものを一つ選びなさい。

解答番号 19

① 先住民は，移住者よりも作物の育て方をよく知っていた。

② 移住者は，豆類が土地に窒素を与えることを知っていた。

③ 移住者は，作物の作り方を先住民から教えてもらった。

④ 先住民は，移住者を助けることを拒み続けた。

問 5　本文の表題として，もっとも適当なものを一つ選びなさい。

解答番号 20

① The Native People Saved the Newcomers

② The History of Corn Farming

③ How the Newcomers Understood Agriculture

④ The Great Food of Europe

Ⅲ

A 次の会話文を読んで，(　　) 内に入れるのに，もっとも適当なものを一つ選びなさい。

(1) A: Is that the news?

B: Yes, this online news channel is from India.

A: Oh, really? (21)

B: Yes, English is an international language.

解答番号 21

① What's new in India?
② They are using English?
③ Is Indian curry popular everywhere?
④ Are you studying the Hindi language?

(2) A: You'll have to make dinner tonight.

B: (22)

A: I won't be home.

B: Then maybe I'll go out to eat.

解答番号 22

① Aren't I home?
② What shall we have?
③ Why are you hungry again?
④ Was she making dinner or not?

(3) A: Do Italians like caffè latte?

B: Yes, but not after 11:00 in the morning.

A: Why not? (23)

B. I don't know. Maybe that's Italian culture.

解答番号 23

① Forget about it.
② We should avoid some.

③ I'm surprised to hear that.

④ That's way too early for me, too.

(4) A: Good morning. It snowed last night.

B: Wow, there's lots of snow. (24)

A: You should check whether the trains are running.

B: OK, I'll do that.

解答番号 24

① Do you want to go inside?

② We were no longer in time.

③ Do you think today's test will be canceled?

④ Let's think twice before doing that again.

(5) A: Can I help you get that?

B: Thanks! It's a bit too high for me to reach.

A: (25)

B: I'm glad you were here.

解答番号 25

① You're in my way.

② You must try harder.

③ I can't reach it either.

④ I'm happy to help people.

B 次の会話文を読んで，(　　) 内に入れるのに，もっとも適当なものを下の選択肢①～⑧の中から一つずつ選びなさい。(同じものは一度しか使えません。)

解答番号は 26 から 30 までです。

A: You must be happy to be back in Japan.

B: Yeah, it's great. (26)

A: Really? (27)

B: Because I have to take some classes to graduate.

A: (28)

B: Psychology and music.

A: Oh, I see. (29)

B: I want to help troubled children with music.

A: That's wonderful. I'm sure you'll enjoy your work.

B: I hope so. (30)

A: You are so international! Good luck finding a job.

① Why do you have to go back?
② Are you a musician?
③ What are you studying?
④ When did I decide that plan?
⑤ I plan to work in America in the future.
⑥ But I have to return to New Zealand soon.
⑦ What will you do with that knowledge in the future?
⑧ Like you, I'm really unsure what I will do in the future.

Ⅳ [　　] 内の選択肢によって空所を埋め，日本文の意味を表す英文を作るとき，○印の空所にくるものは何ですか。その選択肢の番号をマークしなさい。（文頭にくる語も小文字で始めてあります。）

(1) 私は父の誕生日に高いネクタイを買ってあげた。

解答番号 31

I ____ ____ ____ ○ ____ ____ ____ ____ birthday.

[① expensive ② father ③ an ④ his ⑤ necktie ⑥ my ⑦ bought ⑧ for]

(2) 私のコンピュータはどこかおかしいに違いない。

解答番号 32

____ ____ ____ ____ ○ ____ ____ ____ .

[① with ② be ③ my ④ there ⑤ wrong ⑥ computer ⑦ something ⑧ must]

(3) 彼女は食事の後にすぐに必ず歯を磨く。

解答番号 33

She ____ ____ ____ ○ ____ ____ ____ ____ a meal.

[① her ② fails ③ right ④ brush ⑤ after ⑥ never ⑦ teeth ⑧ to]

(4) 私は母親宛に荷物を速達で送ってもらった。

解答番号 34

____ ____ ____ ____ ○ ____ ____ ____ mail.

[① I ② package ③ the ④ express ⑤ by ⑥ delivered to ⑦ had ⑧ my mother]

(5) 多くの人がこの規則が必要か疑問に思うのも当然だ。

解答番号 35

____ ____ ____ ____ ○ ____ ____ ____ is necessary.

[① wonder ② this ③ people ④ may ⑤ many ⑥ rule
⑦ well ⑧ if]

日本史

（60分）

解答範囲は，解答番号 1 から 40 までです。

I　次の文章を読み，後の問い（問1～問12）に答えなさい。

ⓐ中国の歴史書『三国志』の「魏志」倭人伝によると，倭人の社会はかつて百余国に分かれていたが，2世紀の後半に大きな争乱が続いた。諸国が共同してⓑ邪馬台国のⓒ卑弥呼を女王として立てたところ，争乱はおさまり，3世紀前半には邪馬台国を中心とする約30国からなる小国の連合が生まれた。

ⓓ3世紀後半頃になると，大規模な古墳が西日本を中心に出現する。ⓔこれら初期の古墳は墳丘の形や埋葬施設の構造，副葬品に共通性をもち，最大規模の古墳が奈良県（大和）にあることから，この頃，大和の首長たちを中心とする政治連合であるヤマト政権が成立したと考えられている。

4世紀，朝鮮半島では北部を支配する［ア］と，南部の小国の馬韓からおこった［イ］，辰韓からおこった［ウ］の3国が勢力を競っていた。ⓕ好太王（広開土王）碑の碑文は，倭国（ヤマト政権）が［イ］と通じて朝鮮半島に進出し，［ア］と交戦したことを伝えている。5世紀にはⓖ倭の五王があいついで中国の南朝に朝貢していることが『宋書』倭国伝から知られ，朝鮮半島南部をめぐり，外交・軍事上，有利な立場を得ようとしたことがうかがえる。

ⓗ5世紀後半から6世紀にかけて，ヤマト政権は大王を中心に地方豪族を含み込んだ支配体制を形成していった。ⓘ埼玉県の稲荷山古墳出土の鉄剣の銘文には，ワカタケル大王と，統治を助けた豪族の名前がみられる。

東アジア諸地域とのさかんな交渉のなかで，ⓙ5世紀には新しい技術や進んだ文化がもたらされ，農業生産力は向上し，人びとの生活様式は変化した。収穫を感謝する［エ］などの農耕儀礼のほか，禊や祓，吉凶を占う［オ］などの呪術的な風習もおこなわれた。

問1 下線部ⓐに関して述べた次の文X・Yについて，その正誤の組み合わせとして，適切なものを次のなかから1つ選びなさい。

解答番号 1

X 中国では後漢が滅ぶと，魏・呉・蜀が並び立つ三国時代となった。

Y 百余国のなかには，中国に使者を送る国があった。

① X＝正 Y＝正 ② X＝正 Y＝誤

③ X＝誤 Y＝正 ④ X＝誤 Y＝誤

問2 下線部ⓑに関する記述として，適切なものを次のなかから1つ選びなさい。

解答番号 2

① 所在地をめぐり近畿（畿内）説と九州説があり，九州説の方が想定される政治連合の範囲は広域となる。

② 狗奴国と協力し朝鮮半島に進出した。

③ 魏には使いを送ったが，魏の次の晋には送らなかった。

④ 大人と下戸などの身分差があった。

問3 下線部ⓒに関連する記述として，不適切なものを次のなかから1つ選びなさい。

解答番号 3

① 呪術を用い宗教的権威によって政治をおこなった。

② 夫が補佐して国をおさめた。

③ 亡くなると，大きな墳丘墓がつくられた。

④ 後継者に男の王が立ったが国内はおさまらなかったため，女性の壱与（台与）が王に選ばれた。

問4 下線部ⓓに関連して述べた次の文X・Yについて，その正誤の組み合わせとして，適切なものを次のなかから1つ選びなさい。

解答番号 4

X 大規模な古墳はみな前方後円墳であり，有力な首長の墓の形式とみられる。

Y 古墳は6世紀までつくり続けられ，7世紀になるとみられなくなる。

① X＝正 Y＝正 ② X＝正 Y＝誤

③　X＝誤　Y＝正　　④　X＝誤　Y＝誤

問5　下線部ⓔに関連して，古墳時代の埋葬施設におさめられた副葬品として不適切なものを次のなかから1つ選びなさい。

解答番号 5

①

②

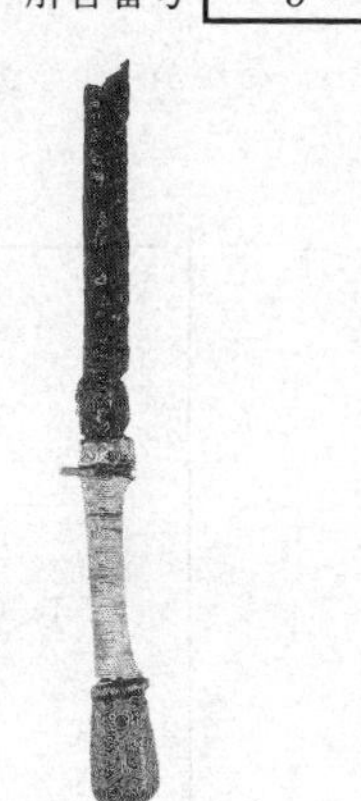

③

④

問6　空欄 ア ～ ウ にあてはまる語句の組み合わせとして，適切なものを次のなかから1つ選びなさい。

解答番号 6

①　ア＝百　済　イ＝新　羅　ウ＝高句麗

②　ア＝百　済　イ＝高句麗　ウ＝新　羅

③　ア＝新　羅　イ＝百　済　ウ＝高句麗

④　ア＝新　羅　イ＝高句麗　ウ＝百　済
⑤　ア＝高句麗　イ＝百　済　ウ＝新　羅
⑥　ア＝高句麗　イ＝新　羅　ウ＝百　済

問7　下線部ⓕの所在地を示す地図上の記号（A～E）として，適切なものを次のなかから1つ選びなさい。

解答番号　7

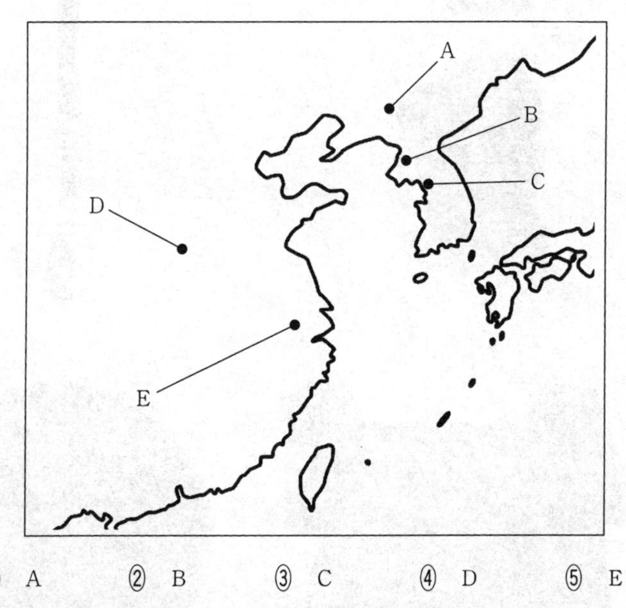

①　A　②　B　③　C　④　D　⑤　E

問8　下線部ⓖに関して，『宋書』倭国伝の記述から考えられる倭の五王の系図として適切なものを，次のなかから1つ選びなさい。

解答番号　8

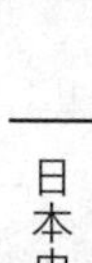

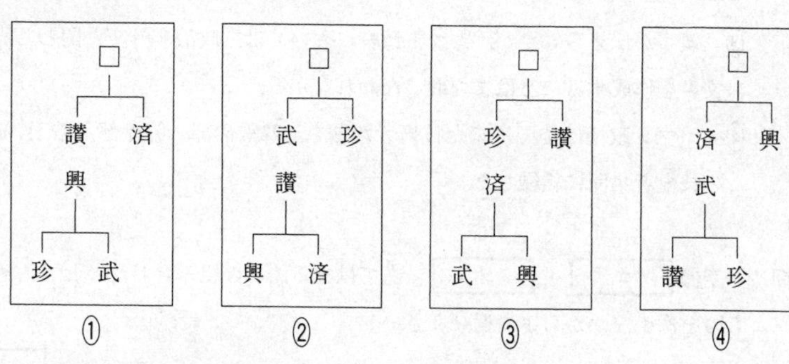

問9　下線部ⓗに関連する記述として，不適切なものを次のなかから1つ選びなさい。

解答番号 [9]

① 豪族は血縁などを中心に氏という組織に編成され，ヤマト政権の職掌を分担した。

② 臣・連姓の豪族のなかから，政治の中枢を担う大臣・大連が選ばれた。

③ ヤマト政権の直轄地は屯倉と呼ばれた。

④ 地方豪族の長には伴造の地位が与えられ，従来の領有地の支配がまかされた。

問10　下線部ⓘに関して述べた次の文X・Yについて，その正誤の組み合わせとして，適切なものを次のなかから1つ選びなさい。

解答番号 [10]

X　銘文のワカタケル大王は応神天皇にあたるとみられる。

Y　熊本県の江田船山古墳出土の鉄刀（大刀）銘文にも，ワカタケル大王と解読される名前がみられ，大王の支配が広域におよんだことがうかがえる。

① X＝正　Y＝正　　② X＝正　Y＝誤

③ X＝誤　Y＝正　　④ X＝誤　Y＝誤

問11　下線部ⓙに関連する記述として，適切なものを次のなかから1つ選びなさい。

解答番号 [11]

① おもに中国からの渡来人によって伝えられた。

② 硬質で灰色の土師器の製作技術が伝えられた。

③ 漢字が伝えられたが，ヤマト政権においては，政治・外交に関わる記録や文書を作成することはまだおこなわれなかった。

④ ヤマト政権は倭国に来た技術者たちを，韓鍛冶部（からかぬちべ），錦織部（にしごりべ），鞍作部（くらつくりべ）などの技術者集団に組織した。

問12 空欄 エ ・ オ にあてはまる語句の組み合わせとして，適切なものを次のなかから１つ選びなさい。

解答番号 12

①	エ＝新嘗の祭	オ＝盟神探湯	②	エ＝祈年の祭	オ＝盟神探湯
③	エ＝新嘗の祭	オ＝太占の法	④	エ＝祈年の祭	オ＝太占の法
⑤	エ＝新嘗の祭	オ＝物　忌	⑥	エ＝祈年の祭	オ＝物　忌

Ⅱ　次の文章を読み，後の問い（問１～問12）に答えなさい。

1623年に３代将軍となった徳川家光ⓐは，大名の改易を積極的におこなったⓑ。1635年には武家諸法度（寛永令）を発布し，諸大名に参勤交代ⓒを厳命するなどして，将軍と諸大名との主従関係の確立につとめた。江戸幕府の職制も，この頃までに整備されたⓓ。しかし，その一方で，改易による牢人（浪人）の増加は，社会不安の一因になった。1637年におこった島原の乱ⓔでは，牢人も一揆勢に加わり，幕府軍に抵抗した。

1651年に家光が死去して，徳川家綱ⓕがあとをつぎ，保科正之が補佐にあたった。すでに幕府機構は整備され，秩序が安定しつつあったなかで政治課題となったのは，社会に対して不満をつのらせる牢人の対策であった。同年におこった慶安の変（慶安事件）ⓖをきっかけに，幕府はⓗ末期養子に関する方針を変更し，牢人の増加を防ごうとした。

また，将軍が家綱であった頃から，幕府の政治は，儒教をもとに徳をもっておさめることを政治理念とする文治主義的傾向が強まった。ⓘ諸藩でも，儒学者をまねいて藩政の刷新をはかる藩主があらわれた。

1680年に家綱が死去すると，５代将軍に就任した徳川綱吉ⓙも儒教を重視して，文治政治をさらに進めた。1683年に代がわりの武家諸法度（天和令）ⓚが発布されたが，ここでもその傾向がうかがえる。社会秩序を維持するための教学として，ⓛ儒教は幕府や藩に重んじられていったのである。

問1　下線部ⓐの人物に関する記述として，適切なものを次のなかから1つ選びなさい。

解答番号 13

① 大嘗会（祭）を復興した。
② 明正天皇は，姪（めい）にあたる。
③ 禁中並公家諸法度を制定した。
④ 江戸時代に上洛した最後の将軍である。

問2　下線部ⓑに関して，徳川家光が将軍であった時期に改易された大名家の領地として，適切なものを次のなかから1つ選びなさい。

解答番号 14

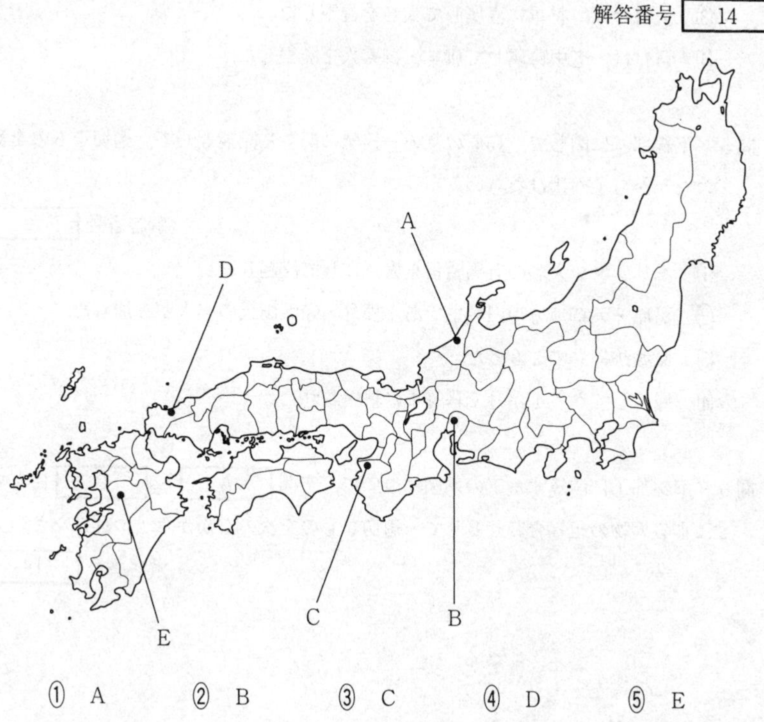

① A　② B　③ C　④ D　⑤ E

問3　下線部ⓒに関して，徳川家光の時期に制度化された参勤交代について述べた次の文X・Yについて，その正誤の組み合わせとして，適切なものを次のなかから1つ選びなさい。

解答番号 15

X　大名は1年おきに国元から江戸に参勤することを義務づけられた。
Y　大名の妻子は江戸に住むことを強制された。

① X＝正　Y＝正　② X＝正　Y＝誤
③ X＝誤　Y＝正　④ X＝誤　Y＝誤

問4　下線部ⓓに関する記述として，適切なものを次のなかから1つ選びなさい。

解答番号 16

① 老中は，複数名で幕政を統轄した。
② 若年寄は，寺社奉行を従えて寺社行政にあたった。
③ 大目付は，将軍に直属して大名を監察した。
④ 目付は，老中に属して旗本・御家人を監察した。

問5　下線部ⓔに関して，島原の乱の一揆勢に関する記述として，適切なものを次のなかから1つ選びなさい。

解答番号 17

① キリシタン大名の有馬晴信を大将にして決起した。
② 島原・天草地方の旧領主である松倉・寺沢両氏の牢人が参加した。
③ 原城跡に立てこもった。
④ 蜂起してから1か月で幕府軍に鎮圧された。

問6　下線部ⓕに関連する下の系図について，空欄 A ～ D にあてはまる人物の組み合わせとして，適切なものを次のなかから1つ選びなさい。

解答番号 18

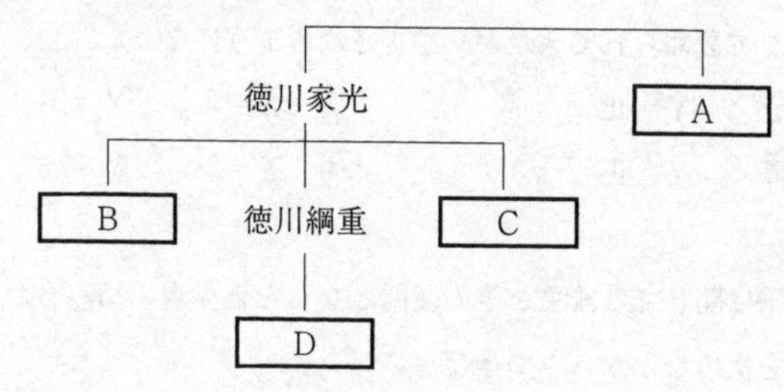

① A＝徳川家綱　B＝保科正之
C＝徳川綱吉　D＝徳川綱豊（家宣）

② A＝保科正之　B＝徳川家綱
C＝徳川綱豊（家宣）　D＝徳川綱吉

③ A＝徳川綱吉　B＝徳川家綱
C＝徳川綱豊（家宣）　D＝保科正之

④ A＝徳川綱豊（家宣）　B＝保科正之
C＝徳川綱吉　D＝徳川家綱

⑤ A＝保科正之　B＝徳川家綱
C＝徳川綱吉　D＝徳川綱豊（家宣）

⑥ A＝徳川家綱　B＝保科正之
C＝徳川綱豊（家宣）　D＝徳川綱吉

問7　下線部ⓖに関する記述として，適切なものを次のなかから1つ選びなさい。

解答番号　19

① 由井（比）正雪らが，幕府の転覆をはかった事件である。
② 大坂市中における武装蜂起は，わずか半日で鎮圧された。
③ この事件の翌年には，山県大弐が謀叛の容疑で死刑に処せられた。
④ この事件の顛末（てんまつ）を記録し，いましめた教諭書に，「慶安の触書」がある。

問8　下線部ⓗに関して述べた次の文X・Yについて，その正誤の組み合わせとして，適切なものを次のなかから1つ選びなさい。

解答番号　20

X　末期養子とは，当主の死後に幕府に養子を願い出ることをいう。

Y これまで認められてきたが，禁止されるようになった。

① X＝正 Y＝正 ② X＝正 Y＝誤
③ X＝誤 Y＝正 ④ X＝誤 Y＝誤

問9 下線部ⓘに関して，藩主とその顧問となった儒学者の組み合わせとして，適切なものを次のなかから1つ選びなさい。

解答番号 21

① 細川重賢－荻生徂徠 ② 前田綱紀－木下順庵
③ 徳川光圀－藤田東湖 ④ 佐竹義和－室鳩巣
⑤ 上杉治憲－中江藤樹

問10 下線部ⓙに側用人として重用された人物として，適切なものを次のなかから1つ選びなさい。

解答番号 22

① 松平信綱 ② 荻原重秀 ③ 間部詮房
④ 新井白石 ⑤ 柳沢吉保

問11 下線部ⓚにおいて，新たに記された内容として，適切なものを次のなかから1つ選びなさい。

解答番号 23

① 500石以上の大船建造を禁止すること。
② 「忠孝」をはげまし，「礼儀」を正すこと。
③ 参勤交代に際して従者の人数を石高や家格に応じて減らすこと。
④ 新たな城郭の構築を禁止すること。

問12 下線部ⓛに関連して，17世紀後半頃の儒学者について述べた次の文X・Yについて，その正誤の組み合わせとして，適切なものを次のなかから1つ選びなさい。

解答番号 24

X 山崎闇斎は，神道を儒教流に解釈した垂加神道を説いた。
Y 山鹿素行や伊藤仁斎は，孔子や孟子の原典に立ち返ることを唱えた。

① X＝正　Y＝正　　② X＝正　Y＝誤
③ X＝誤　Y＝正　　④ X＝誤　Y＝誤

Ⅲ　次の文章(1)・(2)の文章を読み，後の問い（問1～問16）に答えなさい。

(1)　西洋諸国に対抗しうる経済力の強化をはかった政府は，いわゆる「殖産興業」に着手した。まず，ⓐ自由な経済活動を阻害しうるそれまでの諸制度が廃止され，資本主義の前提となる近代的な土地所有権の保障のための改革がおこなわれた。

殖産興業政策を当初中心的に担ったのは，1870年に設置された［ア］であった。［ア］は，ⓑ鉄道の敷設をおこない，通信事業を整備し，旧幕府や諸藩の洋式工場や鉱山を引き継ぎ，その経営にあたった。また，北方開発では，1869年に蝦夷地が北海道と改称され，北海道開拓を目的にⓒ開拓使が設置された。

とはいえ，産業の発展は容易ではなく，輸出促進によって貿易赤字を改善することが課題とされた。1873年に［イ］の主導により設置された［ウ］が，殖産興業の推進に加わったのは，そのような事情のためだった。［イ］が1874年に起草したと推定される次の史料は，まさに当時の政策を批判していた。

> 大凡（おおよそ）国ノ強弱ハ人民ノ貧富ニ由（よ）リ，人民ノ貧富ハ物産ノ多寡（たか）ニ係（かかわ）ル。而（しこうし）テ物産ノ多寡ハ人民ノ工業ヲ勉励（べんれい）スルト否（しから）サルトニ胚胎（はいたい）スト雖（いえど）モ，其源頭（そのげんとう）ヲ尋（たずね）ルニ未（いま）タ嘗（かつ）テ政府政官ノ誘導奨励ノ力ニ依ラサル無シ。……ⓓ客秋廟堂（きゃくしゅうびょうどう）大臣ノ遷替（せんたい）アリシヨリ人心洶々（きょうきょう）上下平穏ナラス，遂ニ激シテⓔ佐嘉（賀）ノ暴動ト為（な）リ，変シテⓕ台島（台湾）ノ征討ト為ル，実ニ国家多事ナリ。故（ゆえ）ニ政府政官専（もっぱ）ラ実際上ニ注意着手シテ，能（よ）ク工業ヲ奨励シ物産ヲ増殖セシメ以（もっ）テ富強ノ根抵ヲ固（かた）フスル遑（いとま）ナキ所以（ゆえん）ナリ。……仰（あお）キ願クハ，謨猷（ぼゆう）ヲ確定シテ我国天然ノ利ノ在（あ）ル処ヲ測リ，而（しこう）シテ物産ノ増殖スヘキ者将（は）タ幾許（ききょ）アルヤ，工業ノ勧励スヘキ者果（はた）シテ何ヲ以テ専主トスヘキヤ，能ク研究尋択（じんたく）シ，之ヲ人民ノ性情ト其智識ノ度トニ照応シテ，一定ノ法制ヲ設ケテ以テ勧業殖産ノ事ヲ興起シ，一夫（いっぷ）モ其業怠（おこた）ルコト無ク，一民モ其所ヲ得サル憂（うれい）ナカラシメ，且（かつ）之ヲシテ殷富充足（いんぷじゅうそく）ノ域ニ進マシメン事ヲ。
>
> （［イ］文書）

このような方針のもと，ⓖ官営事業による殖産興業政策は，1880年代半ばまで継続されたが，その後，工場や鉱山は民間に払い下げられ，資本主義の浸透が本格化することになった。

問1　下線部ⓐに関する記述として，不適切なものを次のなかから1つ選びなさい。

解答番号 [25]

① 関所が撤廃された。
② 株仲間が廃止された。
③ 土地所有権者を記した地券が交付された。
④ 自作農創設特別措置法が制定された。

問2　空欄 [ア] ～ [ウ] にあてはまる語句の組み合わせとして，適切なものを次のなかから1つ選びなさい。

解答番号 [26]

① ア＝工部省　イ＝大久保利通　ウ＝内務省
② ア＝工部省　イ＝大久保利通　ウ＝農商務省
③ ア＝工部省　イ＝木戸孝允　ウ＝内務省
④ ア＝大蔵省　イ＝木戸孝允　ウ＝農商務省
⑤ ア＝大蔵省　イ＝岩倉具視　ウ＝内務省
⑥ ア＝大蔵省　イ＝岩倉具視　ウ＝農商務省

問3　下線部ⓑに関する記述として，適切なものを次のなかから1つ選びなさい。

解答番号 [27]

① 1872年に，大阪・神戸間に官営鉄道が敷設された。
② 1871年に，飛脚にかわる官営の郵便制度が発足した。
③ 1872年に，旧幕府経営の兵庫造船所が接収された。
④ 1872年に，旧藩経営の富岡製糸場が接収された。

問4　下線部ⓒに関して述べた次の文X・Yについて，その正誤の組み合わせとして，適切なものを次のなかから1つ選びなさい。

解答番号 [28]

X　日本国憲法の制定にともない廃止された。

Y　アメリカ式の大農法の移植をはかった。

①　X＝正　Y＝正　　②　X＝正　Y＝誤

③　X＝誤　Y＝正　　④　X＝誤　Y＝誤

問5　下線部ⓓに関連する記述として，不適切なものを次のなかから1つ選びなさい。

解答番号 29

①　このとき岩倉使節団が，西洋諸国を視察している最中だった。

②　このとき参議を辞した一人に，副島種臣がいた。

③　このとき参議を辞した数人は，その後，民撰議院設立建白書を提出した。

④　この事件のきっかけとなったのは，征韓論をめぐる対立だった。

問6　下線部ⓔの事件ののちにおこった出来事（a～d）を，年代順に古いものから並べるとどうなりますか。適切なものを次のなかから1つ選びなさい。

解答番号 30

a　廃刀令の制定　　b　西南戦争

c　秋月の乱　　d　讒謗律の制定

①　a→d→b→c　②　a→d→c→b　③　c→a→d→b

④　c→d→a→b　⑤　d→a→b→c　⑥　d→a→c→b

問7　下線部ⓕに関連する記述として，適切なものを次のなかから1つ選びなさい。

解答番号 31

①　この事件のきっかけとなったのは，江華島事件である。

②　この事件ののち，日清間の調停をおこなったのはアメリカである。

③　この事件の調停の結果，日本は台湾を領有することになった。

④　この事件の調停の結果，清国は日本に事実上の賠償金を支払った。

問8　下線部ⓖに関して，払い下げられた工場・鉱山と払い下げ先となった政商の組み合わせとして，適切なものを次のなかから2つ選び，解答番号32の欄を使用して2つの番号をマークしなさい。

解答番号 32

① 佐渡金山－三菱　② 生野銀山－三井
③ 三池炭鉱－古河（市兵衛）　④ 長崎造船所－三井
⑤ 深川セメント製造所－浅野（総一郎）

(2) 1881年に松方正義ⓗが大蔵卿に就任すると，政府は，インフレーションによる貿易赤字の増大と国家財政の危機を克服するために，増税をおこなうとともに，軍事費を除く徹底的な緊縮財政を実施した。それによって生じた歳入の剰余金をもとに，さらに政府は不換紙幣を償却するデフレーション政策をとり，正貨の蓄積につとめた。1882年には，中央銀行として［ エ ］を設立し，蓄積した正貨をもとに1885年からは［ オ ］による兌換券である銀行券を発行させた。

こうした財政政策によってインフレーションは終息したが，とくに米や繭など物価が［ カ ］し，困窮した自作農は土地を手放し小作農に転落し，地主への土地集中が進み，また土地を失った農民の一部は都市部に労働者として流れ込むなど，日本の社会は大きく変容した。この変容は，官営事業の民間への払い下げとともに，資本主義の本格化を準備した。

1886年からは，鉄道業や紡績業ⓘなどを中心に会社設立ブームがおこり，機械技術を本格的に導入した産業革命がはじまった。こうして成立した資本主義経済は，1890年以降，周期的に恐慌をもたらし，それを機に政商による生産と資本の集中が進んだ。日本経済を独占的に支配するようになった政商は，やがて財閥ⓙと呼ばれることになった。

一方，農業は工業に比べると発展が遅れ，米作を中心とした零細経営が多かったⓚ。米の需要増加による米価の上昇が続くなかで，小作料が［ キ ］であったことは大地主に有利な条件となり，大地主が［ ク ］となる動きが進んだ。地主層はみずから企業をおこしたり，公債や株式に投資したりするなど，資本家としての地位を築いた。その一方で，小作農は農業のみで生計をたてることが困難だったため，子女を製糸業や紡績業の工場に出したり，本人が鉱山に出稼ぎに出るなどしたⓛ。労働者がおかれた劣悪な労働環境は，日清戦争前後にようやく社会問題としてとらえられ，社会運動がはじまったⓜ。

問9　下線部ⓗの人物に関する記述として，適切なものを次のなかから1つ選びなさい。

解答番号 33

① 二度目の首相を務めた際，自由党党首の板垣退助を外務大臣にすえた。

② 二度目の首相を務めた際，社会運動を取り締まるため，治安警察法を制定した。

③ 二度目の首相を務めた後，立憲政友会を結成した。

④ 元老の一人である。

問10 空欄 エ ～ カ にあてはまる語句の組み合わせとして，適切なものを次のなかから１つ選びなさい。

解答番号 34

① エ＝国立銀行　オ＝金本位制　カ＝高　騰
② エ＝国立銀行　オ＝金本位制　カ＝下　落
③ エ＝国立銀行　オ＝銀本位制　カ＝高　騰
④ エ＝日本銀行　オ＝金本位制　カ＝下　落
⑤ エ＝日本銀行　オ＝銀本位制　カ＝高　騰
⑥ エ＝日本銀行　オ＝銀本位制　カ＝下　落

問11 下線部ⓘに関連して述べた次の文Ｘ・Ｙについて，その正誤の組み合わせとして，適切なものを次のなかから１つ選びなさい。

解答番号 35

Ｘ 1883年に大阪紡績会社が開業し，輸入の紡績機械を導入して，大規模操業に成功した。

Ｙ 1890年には，綿糸生産高が輸入高を上まわった。

① Ｘ＝正　Ｙ＝正　② Ｘ＝正　Ｙ＝誤
③ Ｘ＝誤　Ｙ＝正　④ Ｘ＝誤　Ｙ＝誤

問12 下線部ⓙに関連する記述として，不適切なものを次のなかから１つ選びなさい。

解答番号 36

① 三井や三菱は，金融（銀行）や貿易（商社），鉱工業などを中心に多角的

経営を展開した。

② 株式所有を通じて，多様な分野の多数の企業を支配するカルテル形態をとった。

③ 1946年に持株会社整理委員会が発足し，株式所有による財閥の傘下企業支配の一掃がはかられた。

④ 1947年に過度経済力集中排除法が制定され，巨大独占企業の分割がはかられた。

問13　下線部ⓚに関連して述べた次の文X・Yについて，その正誤の組み合わせとして，適切なものを次のなかから1つ選びなさい。

解答番号 37

X　産業革命による都市への人口集中は，米の生産量の減少をもたらした。

Y　日露戦争後には，朝鮮などからの米の輸入・移入が増大した。

① X＝正　Y＝正　② X＝正　Y＝誤

③ X＝誤　Y＝正　④ X＝誤　Y＝誤

問14　空欄 キ ・ ク にあてはまる語句の組み合わせとして，適切なものを次のなかから1つ選びなさい。

解答番号 38

① キ＝現物納　ク＝在村地主　② キ＝金　納　ク＝在村地主

③ キ＝現物納　ク＝寄生地主　④ キ＝金　納　ク＝寄生地主

問15　下線部ⓛに関連する記述として，不適切なものを次のなかから1つ選びなさい。

解答番号 39

① 製糸業では，1日約15時間労働が普通であった。

② 紡績業では，12時間2交代制の昼夜業がおこなわれた。

③ 1888年に，雑誌『日本人』が高島炭鉱の労働者の惨状を報道した。

④ 工場労働者の大半は繊維産業が占めており，その大部分は男性であった。

問16　下線部ⓜに関する記述として，適切なものを次のなかから1つ選びなさい。

解答番号 40

① 鉄工組合など，熟練工の労働組合が結成された。

② フランスの労働運動を体験した高野岩三郎らによって，労働組合期成会が結成された。

③ 森戸辰男らによって，労働者の地位向上と労働組合育成を目的に，友愛会が結成された。

④ 幸徳秋水らによって，日本社会主義同盟が結成された。

世界史

（60分）

解答範囲は，解答番号［ 1 ］から［ 40 ］までです。

Ⅰ　次の文(1)・(2)を読み，下の問い（問1～問13）に答えなさい。

(1)『オイディプス王』は，古代ギリシアの詩人ソフォクレス（前496頃～前406）が書いた悲劇として知られる。とはいえ，その題材は<u>都市国家</u>ⓐテーベにまつわる伝説から取られたもので，既にホメロスの叙事詩『イリアス』と『オデュッセイア』にも言及されており，ソフォクレスと同様ギリシア三大悲劇詩人に数えられる［ ア ］やエウリピデスにも，『オイディプス』と題する悲劇があった。［ ア ］のものは現存しないが，エウリピデスのそれは断片のみ伝承されている。イデア論で知られる哲学者［ イ ］は詩人というものを，模倣を本分とし真実在からは遠く隔たった職業であるとして，理想の国から追放しようとしたが，その弟子アリストテレスは，ソフォクレスの『オイディプス王』を悲劇ジャンルの模範として評価した。実の父母であることを知らずに父を殺害，母と結ばれたことで二重の罪を負ったオイディプスの伝説は，のちに精神分析学の創始者［ ウ ］が，著書『夢判断』(『夢解釈』)において，人間心理の底にある「エディプス（オイディプス）＝コンプレックス」の学説を生みだす契機ともなった。

ソフォクレスの生涯は，前5世紀の<u>ペルシア戦争からペロポネソス戦争に</u>ⓑまで及び，古代ギリシアにおけるアテネの興隆，<u>民主政の完成</u>ⓒ，そしてスパルタへと覇権が移っていく時期にあたる。オイディプス伝説の舞台テーベは，ペルシア戦争ではペルシア側に，ペロポネソス戦争ではスパルタ側に立って戦い，前4世紀にはスパルタを抑え，一時はギリシア世界の覇者ともなったが，間もなく衰退，<u>マケドニア</u>ⓓに敗れ，アレクサンドロス大王によってほぼ全市が破壊されるに至った。

問1　下線部ⓐについて。古代ギリシアの都市国家は「ポリス」と呼ばれます。ポリスに関する記述として誤っているものを，次の中から一つ選びなさい。

解答番号 [1]

① ポリス間には争いが絶えず，ポリスを越えて同じ民族という意識はなかった。

② スパルタにはリュクルゴスの制と呼ばれる軍事的な国制があった。

③ アリストテレスは「人間はポリス的動物である」と述べた。

④ 富裕市民が生まれる一方，負債で奴隷に転落する者も多かった。

問2 空欄 [ア] に入れるのに適当なものを，次の中から一つ選びなさい。

解答番号 [2]

① サッフォー ② アナクレオン ③ アイスキュロス

④ ピンダロス ⑤ エウクレイデス

問3 空欄 [イ] に入れるのに適当なものを，次の中から一つ選びなさい。

解答番号 [3]

① タレス ② ソクラテス ③ キケロ

④ エピクロス ⑤ プラトン

問4 空欄 [ウ] に入れるのに適当なものを，次の中から一つ選びなさい。

解答番号 [4]

① サルトル ② ニーチェ ③ フロイト

④ サイード ⑤ デューイ

問5 下線部ⓑについて。ペルシア戦争からペロポネソス戦争までのギリシアに関する事柄A～Dの順番として正しいものを，次の中から一つ選びなさい。

解答番号 [5]

A．デロス同盟の成立　B．ペリクレスの死

C．マラトンの戦い　D．プラタイアの戦い

① B→D→A→C ② D→C→B→A ③ B→C→A→D

④ C→A→D→B ⑤ C→D→A→B ⑥ D→B→C→A

問6 下線部ⓒについて。アテネの民主政に関する記述として誤っているものを，次の中から二つ選び，解答番号6の欄を使用して二つの番号をマークしなさい。

解答番号 6

① 扇動政治家（デマゴーゴス）による衆愚政治に陥ることもあった。

② 女性や奴隷，在留外国人は政治から排除された。

③ 将軍などを除くほとんどの役職が市民から選挙で選ばれた。

④ 民会を通じた間接民主政によってポリスは運営された。

⑤ 10部族制や500人評議会は民主政の基盤となった。

問7 下線部ⓓについて。古代マケドニアに関する記述として誤っているものを，次の中から一つ選びなさい。

解答番号 7

① ギリシアの諸ポリスと組んだ連合軍は，ペルシアを滅ぼした。

② 王国を形成し，多くのポリスを支配下に置いた。

③ カイロネイアの戦いでテーベ・スパルタ連合軍を破った。

④ アテネを含むコリントス（ヘラス）同盟の盟主となった。

(2) シェークスピアには，古代ローマ史に取材した悲劇が三つある。『ジュリアス=シーザー』，『アントニーとクレオパトラ』，『コリオレイナス』であるが，三つとも，プルタルコスの『 エ 』を主な下敷きにしている。そのうち前の二作では，カエサル，ブルートゥス，アントニウス，クレオパトラ，ⓔオクタウィアヌスらが主要人物となっており，前1世紀頃，すなわち共和政から帝政に移行しつつある古代ローマ世界を舞台としている。ユリウス=カエサルは，第1回三頭政治の一角をなし，アルプスを越え現在のフランス方面へと遠征して勢力を強めたあと，内戦にも勝利，独裁官となって様々な改革を進めたが，彼が王になることを恐れたブルートゥスら共和派に暗殺された。シェークスピアの『ジュリアス=シーザー』はこの事件を描いたもので，劇では，カエサル埋葬時にアントニウスが行なった追悼演説が転機となり，ブルートゥスは市民の支持を失うことになる。

カエサルの部下であったアントニウスはその後，オクタウィアヌス，レピドゥスとともに第2回三頭政治を始め，大きな権力を得たものの，エジプトの女王クレオパトラと恋仲となり，これと同盟してオクタウィアヌスの軍と対決した。しかし，

［オ］の海戦に敗れ，エジプトはローマ軍に征服され［カ］朝は滅亡した。こうした史実を背景に，プルタルコスにおいてもシェークスピアにおいても，クレオパトラ自殺という偽りの報を聞いて自害を図った瀕死のアントニウスが，クレオパトラの腕の中で息絶える経緯が描かれている。後を追うように自ら命を絶ったクレオパトラは，アントニウスと同じ墓に埋葬されたとされる。

その後，ローマは共和政から帝政へと移行し，ⓕ約200年間，いわゆる「ローマの平和（パクス＝ロマーナ）」が続いた。ⓖ五賢帝のもと，2世紀には帝国の繁栄は頂点に達する。

問8　空欄［エ］に入れるのに適当なものを，次の中から一つ選びなさい。

解答番号［8］

① ガリア戦記　② 年代記
③ ローマ建国史（ローマ史）　④ 対比列伝（英雄伝）
⑤ アエネイス

問9　下線部ⓔについて。オクタウィアヌスに関する記述として誤っているものを，次の中から一つ選びなさい。

解答番号［9］

① 元老院からアウグストゥスの称号を贈られた。
② ユリウス＝カエサルの養子であった。
③ 第一人者（プリンケプス）として統治にあたった。
④ 近代法にも影響を残す『ローマ法大全』をまとめさせた。

問10　空欄［オ］に入れるのに適当なものを，次の中から一つ選びなさい。

解答番号［10］

① アクティウム　② サラミス　③ イッソス
④ ザマ　⑤ カタラウヌム

問11　空欄［カ］に入れるのに適当なものを，次の中から一つ選びなさい。

解答番号［11］

① アンティゴノス　② トゥグルク　③ セレウコス
④ アケメネス　⑤ プトレマイオス

問12　下線部ⓕについて。約200年続いた「ローマの平和（パクス=ロマーナ）」の期間に起こったことに関する記述として正しいものを，次の中から一つ選びなさい。

解答番号 12

① イエスが神の愛と隣人愛を説いたが，属州総督により処刑された。
② ミラノ勅令によってキリスト教が公認された。
③ ユリアヌス帝により多神教復興が試みられた。
④ 2人の正帝と2人の副帝からなる帝国の四分統治（四帝統治）制が敷かれた。

問13　下線部ⓖについて。五賢帝に関する記述として誤っているものを，次の中から三つ選び，解答番号13の欄を使用して三つの番号をマークしなさい。

解答番号 13

① 五賢帝の時代はネルウァ帝から始まる。
② アントニヌス=ピウス帝は『自省録』を著し，哲人皇帝として知られる。
③ カラカラ帝のとき，帝国の全自由民にローマ市民権が与えられた。
④ トラヤヌス帝のときローマの領土は最大となった。
⑤ テオドシウス帝は帝国を東西に分割して2子に分け与えた。
⑥ マルクス=アウレリウス=アントニヌス帝のとき，財政や経済の不振が露わとなった。

Ⅱ　次の文を読み，下の問い（問1～問13）に答えなさい。

インド洋海域と地中海圏とを結ぶ中継貿易で繁栄した都市がメッカ（マッカ）である。ⓐイスラーム教を創始したムハンマドは，このメッカの地にうまれた。メッカでイスラーム教を広めたムハンマドであったが，ⓑ迫害を受けたためメディナ（マディーナ）に移住することとなった。その後，ムハンマドはメッカとの戦争に勝利し，最終的にアラビア半島を統一することとなる。なお，ⓒメッカはイスラーム第一の聖地，メディナは第二の聖地とされる。

ムハンマドの死後，その後継者はⓓカリフと呼ばれ，共同体の政治指導者となった。カリフのもとⓔ大規模な征服活動を開始したムスリム軍は，イランやイラク，シリアやエジプトなどの地域を征服した。その後，661年に第4代カリフであるアリーが暗殺されるとⓕウマイヤ朝が樹立されることとなった。ウマイヤ朝はさらなる征服戦争をおしすすめ，イスラーム世界は拡大していったが，アッバース家がおこした反乱により，ウマイヤ朝は滅亡しⓖアッバース朝が開かれた。一方，ウマイヤ家の一族は，イベリア半島に逃れ［　ア　］を都とする後ウマイヤ朝をたてた。アッバース朝はハールーン＝アッラシードの時代に最盛期を迎えたが，その死後から，領域内には独立の王朝がつぎつぎと成立した。北アフリカにおこったⓗファーティマ朝は，969年にエジプトを征服した。

その後，10世紀ごろからイスラーム勢力はインドへ進出することとなる。アフガニスタンを拠点とするトルコ系の［　イ　］，［　イ　］から独立した［　ウ　］といったイスラーム勢力が，インドへと進出したのである。これらの侵攻に対して，インドの諸勢力は有効な対抗策を取ることができず，13世紀にはⓘアイバクによってインド初のイスラーム王朝がたてられた。この王朝はデリーを首都とし，その後もデリーを首都とする王朝があいついでたてられたため，これらの王朝はデリー＝スルタン朝と総称される。そして，その後にたてられたⓙムガル帝国もイスラーム王朝であった。また，イスラーム勢力のインド進出は，ⓚインド＝イスラーム文化という新たな文化を誕生させることとなる。

問1　下線部ⓐについて。イスラーム教に関する記述として誤っているものを，次の中から一つ選びなさい。

解答番号 14

① イスラーム教は厳格な一神教である。

② イスラームとはアラビア語で「絶対服従（唯一神への帰依）」を意味する。

③ 六信とは，神・天使・諸啓典・諸預言者・来世・定命（運命）を信じることである。

④ 五行とは，信仰告白・礼拝・苦行・断食・メッカ巡礼である。

問2 下線部ⓑについて。メディナへの移住に関する記述として誤っているものを，次の中から一つ選びなさい。

解答番号 15

① この移住は「ヒジュラ（聖遷）」と呼ばれる。

② 移住が行なわれた630年は，イスラーム暦（ヒジュラ暦）元年とされる。

③ メディナでイスラーム教徒の共同体（ウンマ）が建設された。

④ ムハンマドはメッカにおいて富の独占を批判し，迫害されたことにより移住を行なった。

問3 下線部ⓒについて。メッカとメディナの位置の組み合わせとして正しいものを，次の中から一つ選びなさい。

解答番号 16

	①	②	③	④	⑤	⑥	⑦
メッカ	A	A	B	C	C	D	D
メディナ	B	C	A	D	B	C	A

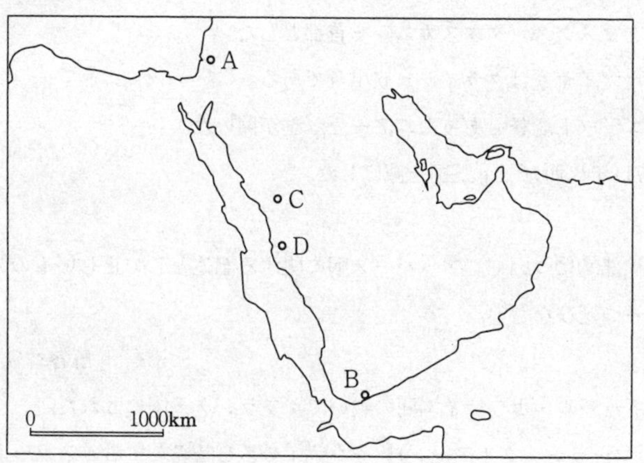

問4　下線部ⓓについて。カリフに関して述べた次の文X・Yについて，その正誤の組み合わせとして正しいものを，次の中から一つ選びなさい。

解答番号 17

X　ムハンマドの死後，アブー=バクルが後継者としてカリフになった。
Y　正統カリフの地位は世襲であった。

① X＝正　Y＝正　　② X＝正　Y＝誤
③ X＝誤　Y＝正　　④ X＝誤　Y＝誤

問5　下線部ⓔについて。ムスリム軍の征服活動に関する記述として誤っているものを，次の中から一つ選びなさい。

解答番号 18

① 征服した地域に建設された軍営都市はミスルと呼ばれる。
② 642年にニハーヴァンドの戦いでアケメネス朝をやぶった。
③ カリフから任命されたアミール（総督）が治安の維持を担当した。
④ ビザンツ帝国からシリアとエジプトを奪った。

問6　下線部ⓕについて。ウマイヤ朝に関する記述として誤っているものを，次の中から一つ選びなさい。

解答番号 19

① ダマスクス（ダマスカス）を首都とした。

② ウマイヤ家はクライシュ族出身である。

③ エジプト総督であったムアーウィヤが開いた。

④ 711年に西ゴート王国を滅ぼした。

問７　下線部ⓖについて。アッバース朝に関する記述として正しいものを，次の中から一つ選びなさい。

解答番号 20

① トゥール・ポワティエ間の戦いで，フランク王国に敗れた。

② 『コーラン（クルアーン）』やハディースを基礎とするイスラーム法（シャリーア）に基づく政治が実施された。

③ イスラーム教徒であっても，人頭税（ジズヤ）が課せられた。

④ アブド=アッラフマーン３世がカリフの時代にバグダードが建設された。

問８　空欄 ア に入れるのに適当なものを，次の中から一つ選びなさい。

解答番号 21

① コルドバ　② グラナダ　③ アデン

④ アレクサンドリア　⑤ イェルサレム

問９　下線部ⓗについて。ファーティマ朝に関する記述として誤っているものを，次の中から一つ選びなさい。

解答番号 22

① ファーティマ朝の時代にアズハル=モスクが建てられた。

② スンナ派の一派であるイスマーイール派が，ファーティマ朝をたてた。

③ カイロを首都とした。

④ アッバース朝カリフの権威を否定し，カリフの称号をもちいた。

問10　空欄 イ ・ ウ に入れる組み合わせとして正しいものを，次の中から一つ選びなさい。

解答番号 23

	空欄 イ	空欄 ウ
①	ゴール朝	ガズナ朝
②	ゴール朝	トゥグルク朝
③	ガズナ朝	ゴール朝
④	ガズナ朝	トゥグルク朝
⑤	トゥグルク朝	ガズナ朝
⑥	トゥグルク朝	ゴール朝

問11　下線部ⓘについて。アイバクと彼のたてた王朝に関する記述として正しいものを，次の中から一つ選びなさい。

解答番号 24

① この王朝はスリランカを支配した。
② この王朝はハルジー朝と呼ばれる。
③ アイバクとその後継者は奴隷出身であった。
④ この王朝はサイイド朝によって滅ぼされた。

問12　下線部ⓙについて。ムガル帝国に関する記述として誤っているものを，次の中から一つ選びなさい。

解答番号 25

① 1526年のパーニーパットの戦いでロディー朝に勝利して，その基礎が築かれた。
② 第3代皇帝アクバルは，マンサブダール制を定めた。
③ 第6代皇帝アウラングゼーブは，ヒンドゥー教を重視した。
④ 偶像崇拝やカースト制度を否定するシク教を創始したナーナクが登場した。

問13　下線部ⓚについて。インド=イスラーム文化に関する記述として誤っているものを，次の中から一つ選びなさい。

解答番号 26

① 宮廷を中心にペルシア語の文学が栄えた。
② バーブルがアグラにタージ=マハルを建てた。

③　ペルシア語と北インドの地域語がまざったウルドゥー語が誕生した。

④　ペルシア（イラン）で発展した細密画（ミニアチュール）がインドの伝統的様式と融合してムガル絵画に発展した。

Ⅲ　次の文(1)～(3)を読んで，下の問い（問１～問11）に答えなさい。なお引用文には改変を加えています。

(1)「西洋の衝撃」という言葉がある。これは西洋に起こった大事件という意味ではなく，非西洋社会側からの目線で近代における西洋文明との出会いを表現するものである。出会いは平和なものとは限らず，ⓐ非西洋社会に対する要求を通すために強力な軍事力などを伴うことがあった。象徴的な事件としてはⓑ中国で起きたアヘン戦争などがあげられよう。ⓒアヘン戦争以降，西洋への対応は中国にとってひとつの課題となったのである。

このようにⓓ西洋文明との出会いは，非西洋社会の側に変化や対応を強いることになった。西洋文明からの影響は，軍事・経済・思想など多様であるが，まず注目されるのは経済面での影響であった。すでにⓔ産業革命を経験していた西洋の製品は低価格化を実現しており，これが非西洋経済に大きな圧力になったと理解されたのである。しかし，近年になって西洋の工業製品が与えた影響を限定的に評価する見方も現れている。たとえば西洋の中国経済への影響はⓕ開港場に限られており，広範な農村市場は西洋の工業製品を積極的に消費しなかったと言うのである。

問１　下線部ⓐについて。次の問い(ア)・(イ)に答えなさい。

(ア)　西洋列強のアジア進出の緩衝地帯として独立を保った国として正しいものを，次の地図Ⅰの中から一つ選びなさい。

解答番号　27

①　A　　②　B　　③　C　　④　D　　⑤　E

地図Ⅰ

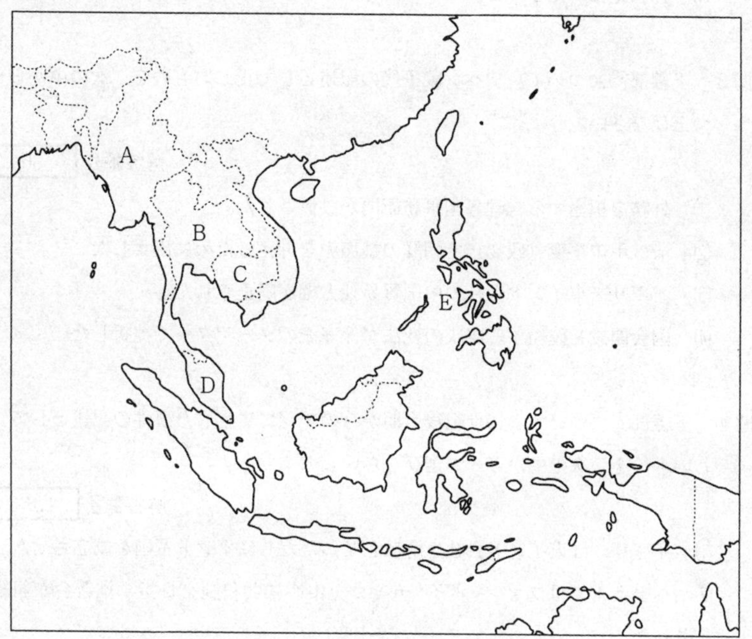

(イ)　地図Ⅰにある国・地域に関する記述として正しいものを，次の中から一つ選びなさい。

解答番号 28

① コンバウン（アラウンパラー）朝はアッサムに進出しロシアと戦った。

② ラーマ4世はイギリスをはじめ欧米諸国と不平等条約を結んだ。

③ アメリカによって正式にマニラが開港された。

④ 南インドからの移民を使って錫鉱山の開発がすすんだ。

問2　下線部ⓑについて。アヘン戦争にいたるまでの欧米諸国と中国との関係について誤っているものを，次の中から一つ選びなさい。

解答番号 29

① マカートニーは広州以外の港の開放など自由貿易を求めた。

② イエズス会宣教師は布教にあたって中国文化の尊重を行なった。

③ 雍正帝はキリスト教の布教を禁止した。

④ 19世紀にいたってヨーロッパではシノワズリ（中国趣味）が流行した。

問3 下線部ⓒについて。アヘン戦争後の記述として正しいものを，次の中から一つ選びなさい。

解答番号 30

① 外務を担当する総理各国事務衙門が設置された。
② 清は甲申事変（政変）で朝鮮の攘夷派を抑えるために出兵した。
③ イギリス東インド会社の中国貿易独占権が廃止された。
④ 国会開設を確約する戊戌の変法が保守派のクーデターで挫折した。

問4 下線部ⓓについて。19世紀後半期からのアジアに生じた事件の記述として正しいものを，次の中から一つ選びなさい。

解答番号 31

① イギリスは東インド会社を解散させ，ただちにインド帝国を成立させた。
② ベトナムではファン＝ボイ＝チャウを中心に共和制を目指す維新会が組織された。
③ アメリカはフィリピン（マロロス）共和国との戦争に勝利し植民地統治を本格化した。
④ インドネシアではサレカット＝イスラーム（イスラーム同盟）が民族独立を目的に生まれた。

問5 下線部ⓔについて。産業革命に関する記述として正しいものを，次の中から一つ選びなさい。

解答番号 32

① 中国からイギリスへ輸入される綿製品に対抗するという側面があった。
② イギリスでは機械打ち壊し（ラダイト）運動が生じ，1833年工場法制定まで広く展開した。
③ イギリスからの機械・技術の輸出をうけて，ヨーロッパ大陸ではベルギー・フランスで工業化が始まった。
④ 生産技術につづき蒸気船といった交通手段を生み出したイギリスが世界経済の覇権を握った。

問6　下線部ⓕについて。開港場に関する記述として正しいものを，次の中から一つ選びなさい。

解答番号 33

① 南京条約により開港された港と1980年に設置された深圳などの経済特区は一致する。

② 南京条約では沿海・長江上中流域の5港開港が定められた。

③ アロー戦争の終息に合わせてキリスト教の布教が開港場に限って認められた。

④ 下関条約で開港場での外国資本企業の設立が認められた。

(2) 西洋思想がアジアに与えた影響も無視できない。たとえば中国の新文化運動ⓖでは「デモクラシー」と「サイエンス」がスローガンとされた。このような西洋の思想を受容するにあたっては，日本経由で中国にもたらされた思想も少なくはない。梁啓超ⓗも日本滞在中に西洋の社会科学に触れ，それをもとに自己の世界観を形成している。また孫文の秘書を務めた戴季陶(たいきとう)ⓘという人物は，豊富な日本経験を踏まえて日本論を展開している。その主旨は日本の過去現在を論じつつ中国のあるべき姿を主張することにあり，西洋の窓口としての日本観を越えるものである。当初の「西洋の衝撃」は，時間の経過とともに重層的な関係に変化したと言える。

問7　下線部ⓖについて。新文化運動の記述として誤っているものを，次の中から一つ選びなさい。

解答番号 34

① 陳独秀は『狂人日記』を著わした。

② 胡適は白話文使用の主張をおこなった。

③ 運動の中心的雑誌として『新青年』があった。

④ 儒教批判が展開された。

問8　下線部ⓗについて。梁啓超は近代中国の政治運動と深いかかわりを持つ人物でした。19世紀に梁啓超と同じ政治的立場で活動した人物として正しいものを，次の中から一つ選びなさい。

解答番号 35

① 曾国藩　② 蔣介石　③ 康有為
④ 袁世凱　⑤ 西太后

問9　下線部ⓘについて。次の問い(ア)・(イ)に答えなさい。

(ア)　戴は1925年に亡くなった孫文の遺言の証明者ともなった。孫文が亡くなった1920年代の中国をとりまく情勢に関する記述として誤っているものを，次の中から一つ選びなさい。

解答番号 36

① 国民党は広州で国民政府を樹立した。
② 上海で反帝国主義運動である五・三〇運動がおきた。
③ ソ連に続く社会主義国としてモンゴル人民共和国が成立した。
④ 国共合作のもと南京に国民政府が建てられた。

(イ)　戴は1936年のベルリンオリンピックに政府特使として派遣されたが，その年の国際情勢に関する記述として誤っているものを，次の中から一つ選びなさい。

解答番号 37

① 張学良らは蔣介石を捕らえ，抗日と内戦停止を求めた。
② ドイツがラインラントに進駐した。
③ スペインでは選挙でフランコが勝利し，内乱のきっかけとなった。
④ 民主的な規定をもつスターリン憲法が発布された。

(3)　西洋との出会いは，アジアに多様な職種の人々を呼び込むことにもなった。ようやく成長した中国市場を相手に広告代理店を経営したクロウもその一人である。クロウは中国社会ⓙや中国経済ⓚの性格に関して多くの著作をのこしている。かれの中国経験を通して得られた中国社会観には興味深いものがある。たとえばクロウの自宅で開催された食事会にあたって，かれの使用人は隣家から立派な食器を借りてまで準備するのであるが，その理由として主人を豊かに見せることで使用人自身の面子も保たれると言う発想があることを発見している。ほかにも中国の民はその苦悩を解消する政治的権利がないかわりに叛乱を起こす習性をもったとし，「この叛乱が全国的規模に拡大して成功を見るに至った時は，すなわち中央政権の転覆となる」

と指摘している。

問10　下線部ⓙについて。近代中国政治に関する記述として正しいものを，次の中から一つ選びなさい。

解答番号 38

① 袁世凱政権のもと関税自主権の回復が実現した。
② 浙江財閥は国民党による統一政権づくりを支持した。
③ ドイツは遼東半島，フランスは広州湾を租借した。
④ イギリス・日本の協力で通貨の統一を実現した。

問11　下線部ⓚについて。中国近代の貿易に関するＡとＢとの会話を読んで，次の問い(ア)・(イ)に答えなさい。

Ａ：イギリスは中国との貿易に早くから熱心だったと言える。
Ｂ：当時の先進工業国として市場を求めていたんだね。
Ａ：清朝の行政にも関与して税関の長はイギリス人が長く務めたんだ。
Ｂ：アメリカは遅れ気味で［ ア ］を出したのも，中国との貿易後発国として他の国への牽制(けんせい)の意味もあったと思うね。
Ａ：日本も後から参入した国だけれども急速に貿易関係を拡大している。実はさっきの税関の長は中国との貿易額が最大の国が取るという慣例があったのだけれども日本は20世紀になってイギリスを抜いたんだ。
Ｂ：では長も代わった…
Ａ：いやイギリスは香港と中国との貿易額も自国分と勘定して押し切ったと言われるんだ。

(ア) 空欄［ ア ］に入れるのに適当なものを，次の中から一つ選びなさい。

解答番号 39

① 門戸開放宣言　② モンロー宣言　③ 棍棒外交
④ 善隣外交　⑤ 宣教師外交

(イ) 次の表は近代中国の相手国別貿易額をイギリス・アメリカ・日本・インドを対象に示している。この数値列のうち，日本の変化を示すものとして正しいものを，次の中から一つ選びなさい。

解答番号 40

① A　② B　③ C　④ D

中国の輸入額　単位：千海関両

	A	B	C	D
1870	24,181	17,785	1,286	374
1880	21,881	20,706	3,501	1,205
1890	24,608	10,300	7,389	3,676
1900	45,467	16,816	25,753	16,724
1910	70,949	43,958	76,756	24,799
1920	131,720	32,494	229,136	143,199
1930	108,258	132,168	327,165	232,406

中国の輸出額　単位：千海関両

	A	B	C	D
1870	29,027	102	2,481	7,599
1880	27,824	1,106	2,203	9,107
1890	13,095	1,056	4,832	8,165
1900	9,356	2,865	16,938	14,752
1910	18,703	4,535	61,606	32,289
1920	45,805	8,758	141,928	67,111
1930	62,669	16,953	216,555	131,880

資料：中国の貿易統計から作成

（注）海関両は当時の中国で使われた貿易の通貨単位

政治・経済

（60分）

解答範囲は，解答番号 1 から 40 までです。

I　次の文章(1)・(2)を読み，下の問い（問1～問14）に答えなさい。

(1)　第二次世界大戦後のヨーロッパ諸国は，1947年にアメリカの［ア］が提唱した巨額の経済援助を受けて，地域統合へ歩み始めていった。

他方でアメリカとソ連の関係は安定せず，イギリスの［イ］による「鉄のカーテン」演説（1946年）以来，米ソを軸とする対立が戦後国際政治を規定していくようになった。これが冷戦である。当初アメリカ大統領［ウ］が1947年3月に，ⓐ反政府活動が頻発していた国で共産主義が浸透したと判断し，共産主義封じ込め政策を打ち出した。一方でソ連側は国際共産党情報局（コミンフォルム）を結成し，東欧諸国を社会主義陣営に組み込んでいった。この対立はやがてⓑ西側のNATO（北大西洋条約機構）という軍事同盟が結成されることによって，核兵器の開発競争を中心とする軍事的対立へと発展した。冷戦はヨーロッパのみならずアジアにも波及し，朝鮮戦争，ベトナム戦争などが生じたりした。

こうしたなかで1962年にキューバ危機が生じ，その際，ソ連のⓒフルシチョフとアメリカのケネディが核戦争を回避しようとしたことをひとつの契機として，冷戦は緊張緩和（デタント）に向かった。そして冷戦は米ソの二極化から多極化の動きを経て，再びⓓ新冷戦とよばれる悪化の時期を迎えるが，ソ連の指導体制の変化などにより1989年には冷戦の終結が宣言された。

他方でヨーロッパにおいては統合が進み，1967年にはEEC（欧州経済共同体）とECSC（欧州石炭鉄鋼共同体），EURATOM（欧州原子力共同体）が合体してEC（欧州共同体）が発足した。加盟国は相互の関税を撤廃するなど市場統合を進め，1993年には［エ］条約によってEU（欧州連合）が発足し，2002年には共通通貨となったユーロが流通するようになった。

近年ＥＵでは［　オ　］条約で大統領と外務大臣にあたる役職を新設するなど政治統合を進めた。一方で，加盟国が増大するにつれて域内格差が顕在化し，さらに西欧や北欧に多くの労働者が流入して移民との共生が課題になるなど，ⓔ2000年以降さまざまな問題が指摘されるようになっている。

問１　空欄［　ア　］～空欄［　ウ　］に入る人名の組み合わせとして最も適当なものを，次の中から一つ選びなさい。

解答番号［　1　］

記号	ア	イ	ウ
①	マーシャル	チャーチル	トルーマン
②	トルーマン	チャーチル	マッカーサー
③	ウィルソン	チャーチル	ローズベルト
④	マーシャル	サッチャー	ローズベルト
⑤	トルーマン	サッチャー	マッカーサー
⑥	ウィルソン	サッチャー	トルーマン
⑦	マーシャル	ブレア	トルーマン
⑧	トルーマン	ブレア	マッカーサー
⑨	ウィルソン	ブレア	ローズベルト

問２　下線部ⓐについて。反政府活動が頻発し，共産主義封じ込め政策の対象となった国の組み合わせとして最も適当なものを，次の中から一つ選びなさい。

解答番号［　2　］

① ハンガリーとアルゼンチン
② ハンガリーとトルコ
③ チェコスロバキアとエジプト
④ チェコスロバキアとアルゼンチン
⑤ ギリシャとトルコ
⑥ ギリシャとエジプト

問３　下線部ⓑについて。ＮＡＴＯ（北大西洋条約機構）に関連する記述として最も適当なものを，次の中から一つ選びなさい。

解答番号 3

① 西ドイツは，ナチスによる戦争責任を理由として，東西ドイツ統一後まで加盟を拒絶された。

② ＮＡＴＯに加盟し，ＥＵに加盟していない国の例として，カナダとトルコがある。

③ ＮＡＴＯは，東側の軍事同盟であるＷＴＯ（ワルシャワ条約機構）の結成に対抗して，その後に設立された。

④ ＮＡＴＯは，冷戦終結後その存在意義を喪失して解散した。

問４ 下線部ⓒについて。フルシチョフが行ったこととして最も適当なものを，次の中から一つ選びなさい。

解答番号 4

① スターリン批判を展開して政治改革の必要性を説いた。

② 社会経済の立て直しを図るため，ペレストロイカという改革を進めた。

③ 1956年にハンガリーで起きた民主化運動を容認し，東側の軍事同盟からの脱退を認めた。

④ キューバ危機の反省からＣＯＭＥＣＯＮを結成して，東側の結束を固めた。

問５ 空欄 エ と空欄 オ に入る語の組み合わせとして最も適当なものを，次の中から一つ選びなさい。

解答番号 5

記号	エ	オ
①	マーストリヒト	ニース
②	マーストリヒト	リスボン
③	マーストリヒト	ブリュッセル
④	ローマ	ニース
⑤	ローマ	リスボン
⑥	ローマ	ブリュッセル
⑦	アムステルダム	ニース
⑧	アムステルダム	リスボン
⑨	アムステルダム	ブリュッセル

問６　下線部ⓓについて。新冷戦のきっかけとなったできごととして最も適当なものを，次の中から一つ選びなさい。

解答番号　6

① プラハの春
② 湾岸戦争におけるアメリカの単独行動
③ ソ連のゴルバチョフ政権の成立
④ ソ連によるアフガニスタン侵攻
⑤ ベルリン封鎖

問７　下線部ⓔについて。2000年以降のＥＵの問題にかんする記述として最も不適当なものを，次の中から一つ選びなさい。

解答番号　7

① 移民・難民の受け入れなどを理由に反ＥＵ感情が高まり，イギリスがＥＵから離脱した。
② パリ同時多発テロを契機に安全保障強化のため，フランスの加盟が取り消された。
③ オランダとフランスの国民投票で否定されたため，欧州憲法条約が発効できなかった。
④ ギリシャが財政赤字を隠蔽していたことが発覚し，デフォルトの危機に陥

り，ユーロに対する信認がゆらいだ。

(2) 日本国憲法は，国の議会として国会がおかれること，および，地方公共団体に議会がおかれることを定めている。

国会は衆議院と参議院で構成され，両議院は，日本国憲法第43条1項によれば「 ア を代表する選挙された議員」で組織される。そして，国会は，さまざまな事柄について議事を開き議決をおこなう(ⓐ)。

国会は立法権を有するが，立法権のほかにも，国会には日本国憲法上さまざまな権限が与えられている(ⓑ)。国政調査権はそのひとつであり，たとえば，田中角栄元首相らが逮捕された イ 事件に際して国政調査権が行使され，関係者が国会で証人喚問を受けた。

また，日本国憲法では，国会と司法権の関係，および，国会と行政権の関係についても，さまざまな規定がもうけられている。行政権との関係についていうと，日本国憲法は，「行政権は，内閣に属する」と定めるとともに，「内閣は，行政権の行使について，国会に対し連帯して責任を負ふ」と定めるなど，国会と内閣の関係，あるいは内閣の組織(ⓒ)などについて，一定の規定がもうけられている。

地方公共団体の議会についても，議会の権限や，議会と長（首長）との関係(ⓓ)などについて，具体的な規定が地方自治法などの法律で定められている。議会は議決機関としてさまざまな事柄について議決をおこない，首長は執行機関として，地方公共団体が主体的におこなう自治事務(ⓔ)や，国などの関与がより強い法定受託事務の処理などにあたる。一方，住民は，議会の議員や首長の選挙という形で地方自治に関わるが，それだけでなく，一定の事項について，住民の直接請求(ⓕ)の権利が認められている。

問8 空欄 ア と空欄 イ に当てはまる語句の組み合わせとして最も適当なものを，次の中から一つ選びなさい。

解答番号 8

① ア＝全選挙区　イ＝リクルート

② ア＝全選挙区　イ＝東京佐川急便

③ ア＝全選挙区　イ＝ロッキード

④ ア＝全国民　イ＝リクルート

⑤ ア＝全国民 イ＝東京佐川急便

⑥ ア＝全国民 イ＝ロッキード

⑦ ア＝全有権者 イ＝リクルート

⑧ ア＝全有権者 イ＝東京佐川急便

⑨ ア＝全有権者 イ＝ロッキード

問9 下線部ⓐについて。国会での議事や議決に関連する記述として最も不適当なものを，次の中から一つ選びなさい。

解答番号 [9]

① 衆議院・参議院が議事を開くには，それぞれ，各議院の総議員の過半数の出席が必要である。

② 国会の会議は公開でおこなわれるのが原則だが，非公開とすることもできる。

③ 両院内にもうけられる各種の委員会のうち，常任委員会は，衆議院・参議院ともに17ある。

④ 一度議決した議案は，同一の国会会期中に再び審議することができない。

問10 下線部ⓑについて。日本国憲法において国会に権限が与えられているものとして最も適当なものを，次の中から一つ選びなさい。

解答番号 [10]

① 政令の制定権 ② 予算の作成権 ③ 条約の承認権

④ 内閣総理大臣の任命権 ⑤ 恩赦の決定権

問11 下線部ⓒについて。日本国憲法における内閣の組織にかんする記述として最も不適当なものを，次の中から一つ選びなさい。

解答番号 [11]

① 内閣総理大臣は，国会議員の中から指名される。

② 国務大臣は，内閣総理大臣によって任命される。

③ 国務大臣は国会議員である必要は必ずしもないが，国務大臣の過半数は国会議員でなければならない。

④　内閣総理大臣は文民である必要があるが，国務大臣は文民である必要は必ずしもない。

問12　下線部ⓓについて。地方公共団体の議会と首長との関係にかんする記述として最も不適当なものを，次の中から一つ選びなさい。

解答番号 12

①　議会は首長の不信任決議権を有するが，議会が不信任決議案を可決したときは，首長は議会を解散する権限を有する。

②　首長は，条例や予算に関する議会の議決に異議があるときは，議会に対して再議を要求することができる。

③　選挙管理委員会の委員は，首長の関与なしに，議会が選挙によって選任する。

④　教育委員会の委員は議会が任命するが，首長はその任命に同意しないことができる。

問13　下線部ⓔについて。自治事務に該当するものとして最も適当なものを，次の中から一つ選びなさい。

解答番号 13

①　戸籍事務　②　国政選挙　③　旅券の交付
④　生活保護　⑤　病院の開設許可

問14　下線部ⓕについて。住民の直接請求にかんする記述として最も適当なものを，次の中から一つ選びなさい。

解答番号 14

①　条例の制定・改廃の請求の請求先は，議会である。

②　副知事の解職請求の請求先は，議会である。

③　議員の解職請求と事務の監査請求とで，請求に必要な署名数は異なっている。

④　議会の解散請求があったときは，住民投票に付され，3分の1以上の同意があれば議会は解散する。

Ⅱ　次の文章(1)・(2)を読み，下の問い（問1～問14）に答えなさい。

(1)　市場において，いくらの価格でどれだけの量の財やサービスが売買されるかは，原則として，需要と供給の関係で決まる。価格が上昇すると需要量は［ア］し，供給量は［イ］する。需要と供給が一致したときに決まる価格を均衡価格という。ある財の需要が供給を上回れば，価格は需要と供給が一致するまで［ウ］する。ある財の供給が需要を上回れば，価格は需要と供給が一致するまで［エ］する。こうした価格機構を通じて，完全競争市場は，効率的な資源配分を実現する。しかし，ⓐ外部性（外部効果）や公共財があると，市場は効率的に機能しない。これを市場の失敗という。

経済主体は，大きく家計，ⓑ企業，政府の3つに分類される。企業は，金融機関や株式市場を通じて家計から資金を調達して設備や土地を購入し，家計から雇用した労働力と結びつけて財やサービスを生産する。今日，大規模な企業活動に適した仕組みとして中心的役割を果たしているのはⓒ株式会社である。政府は，さまざまな政策を実施して一国の経済活動を調整するが，その基礎となる統計として，ⓓストックとフローの両面から一国の経済活動をとらえたⓔ国民経済計算を作成している。政府は，こうした統計を利用しながら，資源配分の調整，所得の再分配，ⓕ景気の安定化などをはかる。

問1　空欄［ア］～空欄［エ］に当てはまる語句の組み合わせとして最も適当なものを，次の中から一つ選びなさい。

解答番号［15］

① ア＝増大　イ＝低下　ウ＝上昇　エ＝下落
② ア＝増大　イ＝低下　ウ＝下落　エ＝上昇
③ ア＝低下　イ＝増大　ウ＝上昇　エ＝下落
④ ア＝低下　イ＝増大　ウ＝下落　エ＝上昇

問2　下線部ⓐについて。外部性（外部効果）や公共財にかんする記述として最も不適当なものを，次の中から一つ選びなさい。

解答番号［16］

① 経済主体の活動が，市場を通さずに，他主体の経済厚生に影響を与えるこ

とを外部性とよぶ。

② 教育は公共財であり，市場にまかせると，教育への投資は過少になってしまう。

③ 公害を発生させる企業活動は，外部不経済の一例で，市場にまかせると過大になる。

④ 美しい街並みや国防は，公共財であり，市場では適切な水準での供給が難しい。

問3　下線部ⓑについて。企業に関連する記述として最も適当なものを，次の中から一つ選びなさい。

解答番号 [17]

① 企業の売上高から人件費や，原材料費，配当などを引いたものを利潤という。

② 企業は，私企業，公企業，公私合同企業に分類され，ＮＴＴは私企業である。

③ 私企業は個人企業と法人企業に分類され，法人企業は会社企業と組合企業に分類される。

④ 会社企業の一形態である合同会社では，社員はすべて会社債務に対して無限責任を負う。

問4　下線部ⓒについて。株式会社に関連する記述として最も不適当なものを，次の中から一つ選びなさい。

解答番号 [18]

① 公企業や公私合同企業には，株式会社形態をとるものはない。

② 株主は，会社が倒産しても，債権者に対して各人の出資分以上の法的責任を負わない。

③ 株主は，所有している株数に応じた経営決定権と利益分配を受ける権利を持つ。

④ 他の会社の株式を，事業活動支配のために保有する会社を持株会社という。

問5　下線部ⓓについて。ストックとフローに関連する記述として最も適当なものを，次の中から一つ選びなさい。

解答番号 19

① 国内総生産と国民総所得は，どちらもストックの指標である。
② 対外純資産と国際収支は，どちらもフローの指標である。
③ 国富はストックで，家計の年収はフローである。
④ 実物資産はストックで，金融資産はフローである。

問6 下線部ⓔについて。国民経済計算に関連する記述として最も不適当なものを，次の中から一つ選びなさい。

解答番号 20

① 国内総生産から固定資本減耗を差し引いたものを国内純生産という。
② 国内純生産に海外からの純所得を加えると国民総所得となる。
③ 国内総生産，国内総所得と国内総支出は等しくなる。
④ 国富は，実物資産と対外純資産の合計である。

問7 下線部ⓕについて。次のA～Dは，景気循環をその原因別に分類したものである。これらを周期の長い順に並べたものとして最も適当なものを，次の中から一つ選びなさい。

解答番号 21

A＝設備投資の変動による景気循環
B＝在庫投資の変動による景気循環
C＝技術革新による景気循環
D＝建設投資の変動による景気循環

① A→B→C→D
② A→B→D→C
③ B→A→C→D
④ B→A→D→C
⑤ C→D→B→A
⑥ C→D→A→B
⑦ D→C→B→A

⑧ D→C→A→B

(2) グローバリゼーションは，一般に，国境を越えたモノ・サービス，カネ，ヒト，そして情報の移動が増大してきた状況を指して用いられ，政治・経済・社会文化といったあらゆる領域で広がってきた。なかでも，経済のグローバリゼーションは，貿易，直接投資，金融の3局面で，経済活動の相互依存と一体化が強まる傾向を言う。

ⓐ第二次世界大戦後，経済の相互依存が高まるきっかけとなったのは，自由貿易の促進と外国為替相場の安定を目指して，アメリカを中心にいわゆるブレトンウッズ体制（ＩＭＦ-ＧＡＴＴ体制）が構築されたことである。ただし，アメリカ以外の西側先進諸国は，貿易の自由化を積極的に推進しながらも，労働力の国際移動や資本の自由化には消極的であった。

その流れが大きく変わったのは，まずドルを基軸通貨とするⓑ固定為替相場制（金・ドル本位制）が変動相場制に移行して以降のことである。為替相場は，貿易の実需にもとづく決済のための取引だけではなく，投機的な動機にもとづく取引によっても大きく左右されるようになった。

1970年代後半には，先進国の多くがオイルショック時にスタグフレーションに見舞われたこともあって，国際的な資金の投資先になったのは新興工業国だった。しかしながら，資源価格の高騰が一段落した後，それらの国の一部が経済成長の鈍化に直面する中，1980年代半ばになっても東アジアならびに東南アジアの途上国の多くは，めざましい経済成長を記録し続けた。それを主導したのは，製造業における日本や欧米のⓒ多国籍企業の海外進出であった。1990年代に入ると冷戦が終結し，旧社会主義国が世界経済へ統合され，世界貿易の規模は拡大した。さらに2000年代に入ると，ⓓめざましい経済成長をとげる新たな一群の国々が出てきた結果，先進国から新興国への直接投資はいっそう増大した。

しかしながら，グローバリゼーションは，多くの国々に成長をもたらす一方で，負の遺産ももたらしてきた。たとえば，ⓔ金融サービスの自由化，技術革新，新しい金融商品の開発，ならびに急速な投機的取引の高まりによって，しばしばⓕ国際的な金融危機が生じるようになった。こうした深刻な事態にたいして，ⓖいきすぎた投機的取引の規制に関する提案がなされたり，国際協調による多国籍企業への課税対策が図られたりするようになった。

問8　下線部ⓐについて。第二次世界大戦後は数多くの国際機関が国際経済秩序の安定のために次々と設立された。以下の(ア)と(イ)で説明される機関の名称の組み合わせとして最も適当なものを，次の中から一つ選びなさい。

解答番号 22

(ア)　1961年に20の原加盟国によって設立され，先進工業国が経済発展の維持や発展途上国への援助，世界貿易の拡大などを目指す協力機構

(イ)　1964年に設立され，先進国と途上国の間で「南北問題」について話し合うことを目指す国際機関

① (ア)＝欧州経済協力機構（ＯＥＥＣ）
　(イ)＝国連貿易開発会議（ＵＮＣＴＡＤ）

② (ア)＝欧州経済協力機構（ＯＥＥＣ）
　(イ)＝77カ国グループ（Ｇ77）

③ (ア)＝経済協力開発機構（ＯＥＣＤ）
　(イ)＝国連貿易開発会議（ＵＮＣＴＡＤ）

④ (ア)＝経済協力開発機構（ＯＥＣＤ）
　(イ)＝77カ国グループ（Ｇ77）

⑤ (ア)＝欧州経済共同体（ＥＥＣ）
　(イ)＝国連貿易開発会議（ＵＮＣＴＡＤ）

⑥ (ア)＝欧州経済共同体（ＥＥＣ）
　(イ)＝77カ国グループ（Ｇ77）

問9　下線部ⓑについて。固定為替相場制（金-ドル本位制）にかんする記述として最も適当なものを，次の中から一つ選びなさい。

解答番号 23

① 各国政府は，自国通貨の対ドル為替相場の変動を上下１％以内に抑えることとされた。

② 日本の場合，1945年から１ドル＝360円の単一為替レートに固定された。

③ ＩＭＦ加盟各国は，原則として国際収支の悪化を理由に，為替相場を管理・統制することができた。

④ 加盟国の外貨準備が不足した際には，ＧＡＴＴが資金を供与し，為替相場

の安定に努めた。

問10 下線部ⓒについて。多国籍企業の活動にかんする記述として最も不適当なものを，次の中から一つ選びなさい。

解答番号 24

① 製品規格や会計制度などを標準化するグローバルスタンダードが求められている。
② 多国籍企業の活動規模は，海外支店の設置などを含む対外直接投資の金額で表される。
③ 国内産業の空洞化を招く一方で，海外への技術の流出を防ぐ効果をもつ。
④ 安い人件費や有能な人材にひかれて海外に進出することがある。

問11 下線部ⓓについて。2000年代以降，現在までにめざましい経済発展をとげた国々の略称として最も適当なものを，次の中から一つ選びなさい。

解答番号 25

① ＬＬＤＣ ② ＢＲＩＣＳ
③ ネクスト-イレブン ④ ＰＩＧＳ
⑤ ＮＩＥＳ

問12 下線部ⓔについて。とくに1980年代以降に一般に広がった金融サービスの名称として最も不適当なものを，次の中から一つ選びなさい。

解答番号 26

① 金利スワップ取引 ② ＳＤＲ
③ 証券化商品 ④ 金融派生商品（デリバティブ）
⑤ オプション取引

問13 下線部ⓕについて。サブプライム・ローンの不良債権化をきっかけに2008年に発生した金融危機として最も適当なものを，次の中から一つ選びなさい。

解答番号 27

① リーマンショック ② ギリシャ債務危機
③ ロシア金融危機 ④ 累積債務問題

⑤ アジア通貨危機

問14 下線部ⓖについて。いきすぎた投機的取引の規制にかんする提案として最も適当なものを，次の中から一つ選びなさい。

解答番号 28

① リスケジューリング ② M&A
③ レバレッジ ④ トービン税
⑤ フェアトレード

Ⅲ 次の文章(1)・(2)を読み，下の問い（問1～問12）に答えなさい。

(1) 日本国憲法が保障する労働者の権利には，勤労権と団結権・団体交渉権・団体行動権ⓐがある。さらに，その具体化のために，労働三法ⓑなどの法律が制定されている。労働三法の一つである労働基準法は，労働条件に関する基本原則を明記し，労働時間など労働条件の最低基準を詳しく規定して，労働契約でこの基準に満たない部分を無効としている。次に，労働組合法ⓒは，労働者が労働組合の結成，団体交渉・争議をおこなうことを権利として保障している。最後に，労働関係調整法は，労使関係を調整し，争議を予防・解決することを目的としている。そのため，労働委員会ⓓが争議の調整をすることが定められている。

日本の雇用慣行としては，終身雇用，年功序列型賃金，企業別労働組合が定着し，これらによって形成された雇用形態ⓔは日本経済の強みをなすといわれていた。しかし，経済のグローバル化やＩＴ革命などの技術革新の進展により，企業間競争が激しくなる中，日本的経営も変化を迫られた。

こうした変化を背景に，2007年12月には，仕事と生活の調和推進官民トップ会議で，政労使の合意のもとに「仕事と生活の調和（ワーク・ライフ・バランス）憲章」が定められた。この憲章は，子育て・介護ⓕの時間を確保するなど健康で豊かな生活ができるような社会を「仕事と生活の調和が実現した社会の姿」として描き，日本がそのような社会をめざすべきであると宣言した。

問1 下線部ⓐについて。現在の日本における団結権・団体交渉権・団体行動権にかんする記述として最も適当なものを，次の中から一つ選びなさい。

解答番号 29

① 個人事業主は，契約上労働者ではないため，いかなる場合も労使交渉権をもたない。

② 労働組合は，正当な争議行為であっても，使用者に損害を与えた場合には民事上の責任を負う。

③ 政府は，電気・ガス・水道など公共事業での争議に際して緊急調整によって労働争議を制限できる。

④ 警察官と地方公営企業の職員は，労働三権のすべてが認められていない。

問2 下線部ⓑについて。日本の労働三法にかんする記述として最も不適当なものを，次の中から一つ選びなさい。

解答番号 30

① 労働者の行為が正当な争議行為に当たると認められる場合，その行為にたいして刑罰が科されることはない。

② 労使の自主的解決が困難な場合に備えている。

③ 年金支給年齢の引き上げに伴い，高年齢者の継続雇用が事業主に義務づけられている。

④ 使用者は，労働者が女性であることを理由として賃金について差別的扱いをしてはならない。

問3 下線部ⓒについて。労働組合法上の不当労働行為に該当しないものを，次の中から一つ選びなさい。

解答番号 31

① 組合への非加入を条件に雇用する。

② 正当な理由なしに団体交渉を拒否する。

③ 不当労働行為の申し立てを理由に不利益な取り扱いをする。

④ 組合運営のための経費を援助しない。

問4 下線部ⓓについて。労働委員会にかんする記述として最も不適当なものを，次の中から一つ選びなさい。

解答番号 32

① 個々の労働者と使用者間の民事紛争について調停や審判をおこなう。

② 斡旋，調停，仲裁の三つの方法で調整がおこなわれる。

③ 調停案を受諾するかどうかは，関係当事者にゆだねられている。

④ 中央労働委員会と都道府県労働委員会がある。

問5 下線部ⓔについて。日本の雇用形態にかんする記述として最も不適当なものを，次の中から一つ選びなさい。

解答番号 33

① リーマン・ショック後の大不況の中で，派遣労働者の契約が打ち切られることが社会問題化した。

② 正社員ではない場合でも，31日以上の雇用見込みがあれば，雇用保険に加入できる。

③ 正規労働者と非正規労働者の不合理な待遇差を解消する「同一労働同一賃金」の導入などを含む働き方改革関連法が2018年に制定された。

④ ワークシェアリングは，政府・労働組合・使用者側の合意によって成立した。

問6 下線部ⓕについて。日本の子育て・介護の政策にかんする記述として最も適当なものを，次の中から一つ選びなさい。

解答番号 34

① 育児・介護休業法は，育児・介護期間における給与の支払いを事業主に義務づけている。

② 児童手当は，児童の健全育成などを目的とする児童手当法が2009年に制定され，支給されるようになった。

③ 介護保険は，2000年から実施され，その運営主体は市町村である。

④ 介護保険は，介護が必要になった国民に対して，施設内のみで介護サービスを提供する社会保険制度である。

(2) ロシアによるウクライナ侵攻を受け，世界中で食料の安定供給への不安が高まっている。日本は食料輸入大国(ⓐ)として知られ，食料自給率が低い。ただ，戦争による食料供給の不安定化のおそれを抜きにしても，輸入食料には遺伝子組み換え(ⓑ)や伝染病のリスクがあり，国内の自給率を高める必要がある。

しかし，日本国内に目を向けると，農業就業者の高齢化(ⓒ)が進み，耕作条件の厳しい中山間地域の耕作放棄地が増加している。農業就業者，とりわけ専業農家が減少するなか，政府は1961年に制定された農業基本法を改定し，1999年に食料・農業・農村基本法（新農業基本法）(ⓓ)を制定するなど，様々な農業政策(ⓔ)を実施して食料自給率の向上を図ってきた。

また，日本国内でもかつて食の安全が脅かされ，1950年代には，［ ア ］，1960年代には，［ イ ］のような食の安全をめぐる事件があった。新農業基本法制定以降，地産地消などが推奨され，農山漁村の地域活性化につながる取り組みが展開されてきた。

問７　下線部ⓐについて。ＴＰＰ協定（環太平洋経済連携協定）の締結，ミニマム・アクセス（コメ）の受け入れ，農産物（牛肉とオレンジ）の輸入自由化という三つの出来事について，古いものから順に並べたものとして正しいものを，次の中から一つ選びなさい。

解答番号［ 35 ］

Ａ＝ＴＰＰ協定（環太平洋経済連携協定）の締結
Ｂ＝ミニマム・アクセス（コメ）の受け入れ
Ｃ＝農産物（牛肉とオレンジ）の輸入自由化

① Ａ→Ｂ→Ｃ　② Ａ→Ｃ→Ｂ　③ Ｂ→Ｃ→Ａ
④ Ｂ→Ａ→Ｃ　⑤ Ｃ→Ａ→Ｂ　⑥ Ｃ→Ｂ→Ａ

問８　下線部ⓑについて。遺伝子組み換えにかんする以下のＡ～Ｄの記述のうち，正しいものを組み合わせたものとして最も適当なものを，次の中から一つ選びなさい。

解答番号［ 36 ］

Ａ　日本では，食の安全を確保するために，遺伝子組み換え食品については食品安全基本法（2003年）にもとづく対策がとられている。

B　日本では，食の安全を確保するために，遺伝子組み換え食品については食品安全基本法（2003年）にもとづく対策がとられていない。

C　日本では（2020年の時点で），すべての輸入食料に，遺伝子組み換えの表示が義務付けられている。

D　日本では（2020年の時点で），すべての輸入食料に，遺伝子組み換えの表示が義務付けられているとは限らない。

①　A・C　　②　A・D　　③　B・C　　④　B・D

問９　下線部ⓒについて。日本における農業就業人口にかんする記述として最も適当なものを，次の中から一つ選びなさい。

解答番号 | 37 |

①　2020年現在，日本の主業農家は104万戸で，過去最少となった。

②　2020年現在，販売農家に占める準主業農家の割合は50％を超えている。

③　副業的農家とは販売農家のなかで，一年間に自営農業に60日以上従事している65歳未満の人がいる農家のことをいう。

④　2020年現在，日本の農業就業人口は約136万人であり，高齢化率は69％を超えた。

問10　下線部ⓓについて。新農業基本法にかんする記述として最も不適当なものを，次の中から一つ選びなさい。

解答番号 | 38 |

①　新農業基本法では，食料の安定供給の確保が目標とされている。

②　新農業基本法では，農業のもつ多面的機能を重視するとともに，農業の持続的な発展が目標とされている。

③　新農業基本法では，農業で他産業並みの所得が維持できる自立経営農家の育成が目標とされている。

④　新農業基本法では，農村の振興が目標とされている。

問11　下線部ⓔについて。日本における農業政策にかんする記述として最も不適当なものを，次の中から一つ選びなさい。

解答番号 39

① 食糧管理制度は，第二次世界大戦後，農家の収入の安定のために，確立された制度である。

② 2000年の農地法改正では株式会社（農業生産法人）による農地取得が認められ，2009年には，個人や一般法人でも農地を借用できるようになった。

③ 2010年に，すべての販売農家を対象とする戸別所得補償制度が導入された。

④ 減反政策は，2018年に廃止された。

問12 空欄 ア と空欄 イ に当てはまる語句の組み合わせとして最も適当なものを，次の中から一つ選びなさい。

解答番号 40

① ア＝カネミ油症事件　イ＝雪印集団食中毒事件
② ア＝カネミ油症事件　イ＝森永ヒ素ミルク事件
③ ア＝森永ヒ素ミルク事件　イ＝雪印集団食中毒事件
④ ア＝森永ヒ素ミルク事件　イ＝カネミ油症事件
⑤ ア＝雪印集団食中毒事件　イ＝カネミ油症事件
⑥ ア＝雪印集団食中毒事件　イ＝森永ヒ素ミルク事件

数　学

◀文系型 数学：数学Ⅰ・Ⅱ・A・B▶

（60分）

Ⅰ 次の問いに答えなさい。ただし，$\log_{10}2=0.301$，$\log_{10}7=0.845$ とする。

(1) $\log_{10}35$ を求めなさい。

(2) $2^{5n+1}>35^n$ となる最大の自然数 n を求めなさい。

Ⅱ 次の条件によって定められる数列 $\{a_n\}$，$\{b_n\}$ がある。

$a_1=1$，$a_{n+1}=4a_n+27n$ $(n\geqq 1)$

$b_n=a_n+9n$ $(n\geqq 1)$

(1) b_{n+1} を b_n の式で表しなさい。

(2) 数列 $\{a_n\}$，$\{b_n\}$ の一般項を，それぞれ求めなさい。

Ⅲ 関数 $f(x)=2x^3-2(a+1)x^2-(a+3)x$ は，$x=a$ で極値 -36 をとる。ただし，a は定数とする。

(1) a の値を求めなさい。

(2) $y=f(x)$ のグラフを描きなさい。

(3) $f(x)=-28$ となる x の値をすべて求めなさい。

◀理系型 数学(1)：数学Ⅰ・Ⅱ・Ⅲ・A・B▶

（60分）

Ⅰ　次の問いに答えなさい。

(1)　次の2式が成り立つ実数 a, r の組をすべて求めなさい。

$$\begin{cases} a + ar + ar^2 = 21 \\ a^2r + a^2r^2 + a^2r^3 = 126 \end{cases}$$

(2)　不等式 $\log_{11}\{\log_2(x+24)\} < 1$ を解きなさい。

(3)　k を実数とする。2つのベクトル $\vec{a} = (k,\ 1,\ -1)$, $\vec{b} = (1,\ -1,\ -k)$ のなす角が $\frac{\pi}{3}$ となるときの, k の値を求めなさい。

Ⅱ 座標平面上において, y 軸に平行な m 本の直線 $x = k$ $(k = 1, 2, \cdots, m)$ と, x 軸に平行な n 本の直線 $y = \ell$ $(\ell = 1, 2, \cdots, n)$ を考える。これらの直線で作られる, 次の図形の総数を求めなさい。

(1) $m = 3, n = 4$ のときの四角形

(2) $m = 5, n = 6$ のときの, 点 $(1, 1)$ を頂点に含まない四角形

(3) $m = 5, n = 6$ のときの正方形

Ⅲ $-\dfrac{\pi}{2} \leqq x \leqq \dfrac{\pi}{2}$ の範囲で関数 $f(x) = x\sin x$ を考える。

(1) $f(x)$ の増減を調べ, 最大値と最小値を求めなさい。

(2) 曲線 $y = f(x)$ と直線 $y = \dfrac{\pi}{2}$ で囲まれた図形の面積を求めなさい。

◀理系型 数学(2)：数学Ⅰ・Ⅱ・A・B▶

（60 分）

Ⅰ 次の問いに答えなさい。

(1) 次の 2 式が成り立つ実数 a, r の組をすべて求めなさい。

$$\begin{cases} a + ar + ar^2 = 21 \\ a^2r + a^2r^2 + a^2r^3 = 126 \end{cases}$$

(2) 不等式 $\log_{11}\{\log_2(x+24)\} < 1$ を解きなさい。

(3) k を実数とする。2 つのベクトル $\vec{a} = (k,\ 1,\ -1)$, $\vec{b} = (1,\ -1,\ -k)$ のなす角が $\dfrac{\pi}{3}$ となるときの, k の値を求めなさい。

Ⅱ 座標平面上において, y 軸に平行な m 本の直線 $x = k$ $(k = 1, 2, \cdots, m)$ と, x 軸に平行な n 本の直線 $y = \ell$ $(\ell = 1, 2, \cdots, n)$ を考える。これらの直線で作られる, 次の図形の総数を求めなさい。

(1) $m = 3, n = 4$ のときの四角形

(2) $m = 5, n = 6$ のときの, 点 $(1, 1)$ を頂点に含まない四角形

(3) $m = 5, n = 6$ のときの正方形

Ⅲ 関数 $y = \sin\theta + \cos\theta + \sin 2\theta$ について, 次の問いに答えなさい。

(1) $\sin\theta + \cos\theta = t$ とおく。y を t で表しなさい。

(2) $0 \leqq \theta < 2\pi$ のとき, y のとりうる値の範囲を求めなさい。

物理

（60分）

解答範囲は，解答番号 1 から 24 までです。

I 次の文章を読んで，後の問い（問1～問8）に答えなさい。

図I－1に示すように，水平面ABから高さ L［m］の点Cより静かにはなされた質量 m［kg］の小球の運動を考える。小球は点Cの下方に置かれた台の点Dで接触するように鉛直下向きに台に入射し，台の上側のなめらかな面DFGを滑り，点Gから水平に投射され，点Gの真下にある水平面上の点Hから l だけ離れた点Iに落下した。図I－1はこの装置を鉛直面（紙面）で切ったときの断面を示す。台の点Dから点Gまでの面はなめらかであり，点Fから点Gまでは水平で，その間の距離は s［m］である。点Dから点Fまでは点Eを通る紙面に垂直な直線を中心軸とする半径 $\frac{L}{4}$ の円筒面の一部分である。点Dと点Eを結ぶ直線は水平，点Cと点Dを結ぶ直線，点Eと点Fを結ぶ直線，および点Gと点Hを結ぶ直線は鉛直である。台は上下に移動でき，点Gの水平面からの高さ h［m］を変えることができる。小球は鉛直面内（紙面内）のみを運動し，小球が台の点Dから点Gまでの面を滑る際には面から離れることはないとする。また，台が水平方向に動くことはないとする。小球の大きさや小球の回転運動の影響，および空気抵抗や摩擦の影響は無視できるものとする。重力加速度の大きさを g［m/s²］とする。

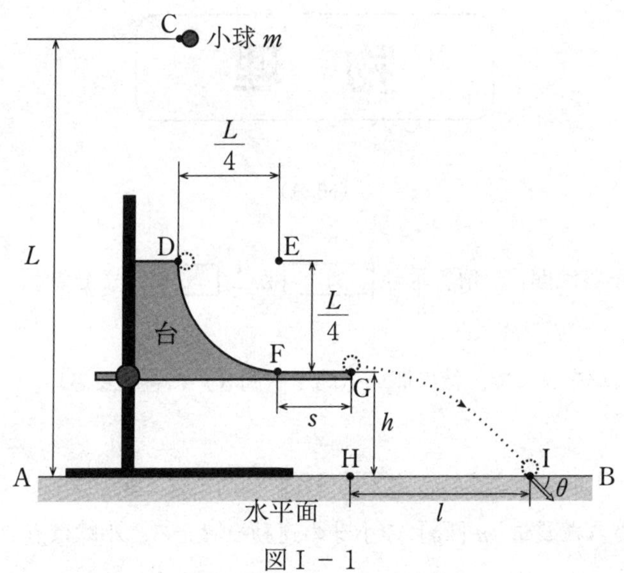

図Ⅰ－1

時刻 $t=0$ [s] に小球を点Cからはなすとする。小球は時刻 $t_1=$【1－A】[s] に点Dに到達し，そのときの速さは $v_1=$【1－B】[m/s] となる。小球は速さ v_1 で台上を滑り始め，点Gから速さ v_2 [m/s] で水平方向に投射された。【2－A】より $v_2=$【2－B】となる。点Dから点Gまで動く間に，小球には台から力がはたらく。台から小球にはたらく水平方向の力積は大きさが【3－A】[N·s] であり，小球が【3－B】を動く間にはたらく。

点Gから水平面上の点Iに落下するまでの時間は $t_2=$【4－A】[s] であり，点Hから点Iまでの距離は $l=$【4－B】[m] となる。台の高さ h を $0<h<\frac{3L}{4}$ の範囲で増加させると，v_2 は【5－A】，t_2 は【5－B】。台の高さを $h=$【 6 】としたとき，l は最大値【 7 】となる。その場合に小球が点Iに到達したときの速度の方向の水平面からの角度を θ [rad] $\left(0<\theta<\frac{\pi}{2}\right)$ とすると，

$\tan\theta =$【　8　】となる。

問1　空所【1－A】,【1－B】に当てはまる組合せとして最も適当なものを，次の中から一つ選びなさい。

解答番号 1

	【1－A】	【1－B】		【1－A】	【1－B】
①	$\sqrt{2g(L-h)}$	gt_1	⑤	$\sqrt{2g(L-h)}$	$\frac{g}{2}t_1$
②	$\sqrt{2g\left(\frac{3L}{4}-h\right)}$	gt_1	⑥	$\sqrt{2g\left(\frac{3L}{4}-h\right)}$	$\frac{g}{2}t_1$
③	$\sqrt{\frac{2(L-h)}{g}}$	gt_1	⑦	$\sqrt{\frac{2(L-h)}{g}}$	$\frac{g}{2}t_1$
④	$\sqrt{\frac{2}{g}\left(\frac{3L}{4}-h\right)}$	gt_1	⑧	$\sqrt{\frac{2}{g}\left(\frac{3L}{4}-h\right)}$	$\frac{g}{2}t_1$

問2　空所【2－A】,【2－B】に当てはまる組合せとして最も適当なものを，次の中から一つ選びなさい。

解答番号 2

	【2－A】	【2－B】
①	運動量保存則	$\sqrt{v_1^2 + 2gL}$
②	運動量保存則	$\sqrt{v_1^2 + \frac{gL}{2}}$
③	運動量保存則	$\sqrt{v_1^2 + 2g(L+s)}$
④	運動量保存則	$\sqrt{v_1^2 + \frac{g(L+4s)}{2}}$
⑤	力学的エネルギー保存則	$\sqrt{v_1^2 + 2gL}$
⑥	力学的エネルギー保存則	$\sqrt{v_1^2 + \frac{gL}{2}}$
⑦	力学的エネルギー保存則	$\sqrt{v_1^2 + 2g(L+s)}$
⑧	力学的エネルギー保存則	$\sqrt{v_1^2 + \frac{g(L+4s)}{2}}$

問3　空所【3－A】,【3－B】に当てはまる組合せとして最も適当なものを，次の中から一つ選びなさい。

解答番号 [3]

	【3－A】	【3－B】
①	mv_1	点Dから点F
②	mv_2	点Dから点F
③	$2mv_1$	点Dから点F
④	$2mv_2$	点Dから点F
⑤	mv_1	点Fから点G
⑥	mv_2	点Fから点G
⑦	$2mv_1$	点Fから点G
⑧	$2mv_2$	点Fから点G

問4　空所【4－A】,【4－B】に当てはまる組合せとして最も適当

なものを，次の中から一つ選びなさい。

解答番号 【4】

	【4－A】	【4－B】
①	$\sqrt{\frac{h}{g}}$	v_2t_2
②	$\sqrt{\frac{h}{g}}$	$\frac{g}{2}t_2^2$
③	$\sqrt{\frac{h}{g}}$	$v_2t_2+\frac{g}{2}t_2^2$
④	$\sqrt{\frac{2h}{g}}$	v_2t_2
⑤	$\sqrt{\frac{2h}{g}}$	$\frac{g}{2}t_2^2$
⑥	$\sqrt{\frac{2h}{g}}$	$v_2t_2+\frac{g}{2}t_2^2$
⑦	$\sqrt{\frac{s+h}{g}}$	v_2t_2
⑧	$\sqrt{\frac{s+h}{g}}$	$\frac{g}{2}t_2^2$
⑨	$\sqrt{\frac{s+h}{g}}$	$v_2t_2+\frac{g}{2}t_2^2$

問５　空所【５－A】，【５－B】に当てはまる組合せとして最も適当なものを，次の中から一つ選びなさい。

解答番号 【5】

	【5－A】	【5－B】
①	減少し	減少する
②	変化せず	減少する
③	増加し	減少する
④	減少し	変化しない
⑤	変化せず	変化しない
⑥	増加し	変化しない
⑦	減少し	増加する
⑧	変化せず	増加する
⑨	増加し	増加する

問６　空所【　６　】に当てはまる最も適当なものを，次の中から一つ選びなさい。

解答番号 【6】

① $\frac{L}{8}$　② $\frac{L}{4}$　③ $\frac{L}{2}$　④ $\frac{5L}{8}$

⑤ $\frac{s}{8}$　⑥ $\frac{s}{4}$　⑦ $\frac{s}{2}$　⑧ $\frac{5s}{8}$

問７　空所【　７　】に当てはまる最も適当なものを，次の中から一つ選びなさい。

解答番号 7

① $\frac{L}{4}$　② $\frac{L}{2}$　③ $\frac{3L}{4}$　④ L

⑤ $\frac{5L}{4}$　⑥ $\frac{3L}{2}$　⑦ $\frac{7L}{4}$　⑧ $2L$

問8　空所【　8　】に当てはまる最も適当なものを，次の中から一つ選びなさい。

解答番号 8

① $\frac{1}{4}$　② $\frac{1}{2}$　③ 1　④ $\frac{3}{2}$

⑤ $\frac{s}{4L}$　⑥ $\frac{s}{2L}$　⑦ $\frac{s}{L}$　⑧ $\frac{3s}{2L}$

Ⅱ 次の文章を読んで，後の問い（問１～問８）に答えなさい。

図Ⅱ－１に示すように，x 軸と y 軸をとる。真空中に金属平板 a，b を x 軸に垂直におき，金属平板 A，B を間隔 d [m] で y 軸に垂直におく。金属平板 a と b，金属平板 A と B はそれぞれ同じ大きさである。金属平板 a，b にはそれぞれの中心に小さな穴が空いている。この穴の大きさは金属平板 a，b の大きさに比べて十分に小さいものとする。原点 O は，金属平板 A，B 間の中央部の左端にとる。金属平板 A，B 間の中央部の左端は $x = 0$ [m]，右端は $x = L$ [m] の位置にある。また紙面に垂直で紙面の裏から表への向きを z 軸の正の向きとする。いま，金属平板 a の方が高電位になるように ab 間に V_0 [V] の電圧を加え，ab 間に一様な電界（電場）をつくった。初速度 0 [m/s] で小さな穴のある a の位置から質量 m [kg]，電気量 Q [C]（$Q > 0$）の荷電粒

子が電位差 V_0 により x 軸の正の方向に加速した。その後，荷電粒子は原点Oを通過して電位差 V [V] の金属平板A，B間に侵入し，金属平板A，Bの右端の $x = L$ [m] の位置を通過した。荷電粒子は金属平板A，Bに衝突せずに金属平板A，Bの右端に達したとする。電界は金属平板a，bならびにA，Bの外にはもれておらず，地磁気ならびに重力の影響は無視できるものとする。

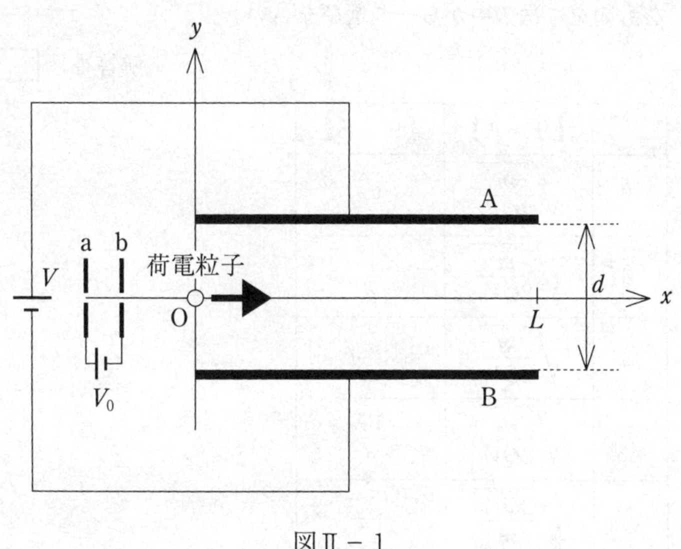

図Ⅱ－1

(1)　金属平板bの穴を通過した瞬間の荷電粒子の速さ v_0 [m/s] は，金属平板bの穴を通過する瞬間の荷電粒子の運動エネルギーと，電極ab間の電界による仕事が等しいことから【9－A】である。その後，荷電粒子は x 軸の正の向きに等速直線運動をして，原点Oから x 軸の正の向きに速さ v_0 で金属平板AB間に入射した。このときのAB間の電界の強さは【9－B】と表されるので，金属平板間を荷電粒子が通過しているとき，荷電粒子は電界から y 軸の負の向きに Q ×【9－B】の大きさの力を受ける。また，荷電粒子が $x = 0$ か

ら $x = L$ に達するまでの時間は【10－A】である。荷電粒子は x 方向には【10－B】, y 方向には【10－C】を行う。荷電粒子は $x = L$ に達したとき x 軸からの距離が【　11　】[m] 離れた位置にある。したがって，その間に電界のした仕事は，Q ×【9－B】×【　11　】[J] である。

問１　空所【9－A】,【9－B】に当てはまる組合せとして最も適当なものを，次の中から一つ選びなさい。

解答番号　9

	【9－A】	【9－B】
①	$\sqrt{\dfrac{m}{2QV_0}}$	Vd
②	$\sqrt{\dfrac{m}{2QV_0}}$	$\dfrac{V}{d}$
③	$\sqrt{\dfrac{m}{2QV_0}}$	V^2d
④	$\sqrt{\dfrac{m}{2QV_0}}$	$\dfrac{V^2}{d}$
⑤	$\sqrt{\dfrac{2QV_0}{m}}$	Vd
⑥	$\sqrt{\dfrac{2QV_0}{m}}$	$\dfrac{V}{d}$
⑦	$\sqrt{\dfrac{2QV_0}{m}}$	V^2d
⑧	$\sqrt{\dfrac{2QV_0}{m}}$	$\dfrac{V^2}{d}$

問２　空所【10－A】,【10－B】,【10－C】に当てはまる組合せとして最も適当なものを，次の中から一つ選びなさい。

解答番号 10

	【10－A】	【10－B】	【10－C】
①	$\frac{v_0}{L}$	等速運動	等速運動
②	$\frac{v_0}{L}$	等速運動	等加速度運動
③	$\frac{v_0}{L}$	等加速度運動	等速運動
④	$\frac{v_0}{L}$	等加速度運動	等加速度運動
⑤	$\frac{L}{v_0}$	等速運動	等速運動
⑥	$\frac{L}{v_0}$	等速運動	等加速度運動
⑦	$\frac{L}{v_0}$	等加速度運動	等速運動
⑧	$\frac{L}{v_0}$	等加速度運動	等加速度運動

問3　空所【　11　】に当てはまる最も適当なものを，次の中から一つ選びなさい。

解答番号 11

① $\frac{mdv_0^2}{4QVL^2}$　② $\frac{mdv_0^2}{2QVL^2}$　③ $\frac{mdv_0^2}{QVL^2}$　④ $\frac{2mdv_0^2}{QVL^2}$

⑤ $\frac{4mdv_0^2}{QVL^2}$　⑥ $\frac{QVL^2}{4mdv_0^2}$　⑦ $\frac{QVL^2}{2mdv_0^2}$　⑧ $\frac{QVL^2}{mdv_0^2}$

⑨ $\frac{2QVL^2}{mdv_0^2}$　⓪ $\frac{4QVL^2}{mdv_0^2}$

(2)　次に，(1) と同じ電界のもとで，金属平板AB間に一様な磁界（磁場）をかけ，同様に荷電粒子を速さ v_0 で入射させたところ，荷電粒子は x 軸の正の方向に直進した。このとき，荷電粒子にはたらく静電気力とローレンツ力はつり合っている。この磁界は【12－A】で，その磁束密度の大きさは【12－B】[T] と表される。このとき荷電粒子が $x=L$ に達するまでに磁界がこの粒子にした仕事は【　13　】[J] である。

問4　空所【12－A】,【12－B】に当てはまる組合せとして最も適当なものを，次の中から一つ選びなさい。

解答番号 12

	【12－A】	【12－B】
①	z 軸の正の向き	$v_0 Vd$
②	z 軸の正の向き	$\dfrac{v_0 V}{d}$
③	z 軸の正の向き	$\dfrac{V}{v_0 d}$
④	z 軸の正の向き	$\dfrac{Vd}{v_0}$
⑤	z 軸の負の向き	$v_0 Vd$
⑥	z 軸の負の向き	$\dfrac{v_0 V}{d}$
⑦	z 軸の負の向き	$\dfrac{V}{v_0 d}$
⑧	z 軸の負の向き	$\dfrac{Vd}{v_0}$

問5　空所【　13　】に当てはまる最も適当なものを，次の中から一つ選びなさい。

解答番号 13

① 0　② v_0VLd　③ $\dfrac{v_0VL}{d}$　④ $\dfrac{VL}{v_0d}$

⑤ $\dfrac{VLd}{v_0}$　⑥ $\dfrac{v_0Vd}{L}$　⑦ $QVLd$　⑧ $\dfrac{QVL}{d}$

⑨ QV^2Ld　⓪ $\dfrac{QV^2L}{d}$

(3) 次に，図Ⅱ－2のように，AB間の電界と磁界が (2) と同じ状態において，ab間の電位差を V_1 [V]（$V_1 > V_0$）として，原点Oから x 軸の正の向きに速さ v_1 [m/s]（$v_1 > v_0$）で荷電粒子を金属平板間に入射させた。この荷電粒子の入射直後の運動エネルギーは【 14 】[J] である。この荷電粒子が $x = L$ に達したとき，荷電粒子は x 軸から y 軸の正の向きに距離 Δy [m]（$\Delta y > 0$）だけ離れた位置にあった。荷電粒子が金属平板間を通過する間に電界と磁界がした仕事の和は【 15 】[J] である。荷電粒子の運動エネルギーの変化は荷電粒子にされた仕事に等しいので，荷電粒子が $x = L$ を通過するときの速度の大きさは【 16 】[m/s] である。

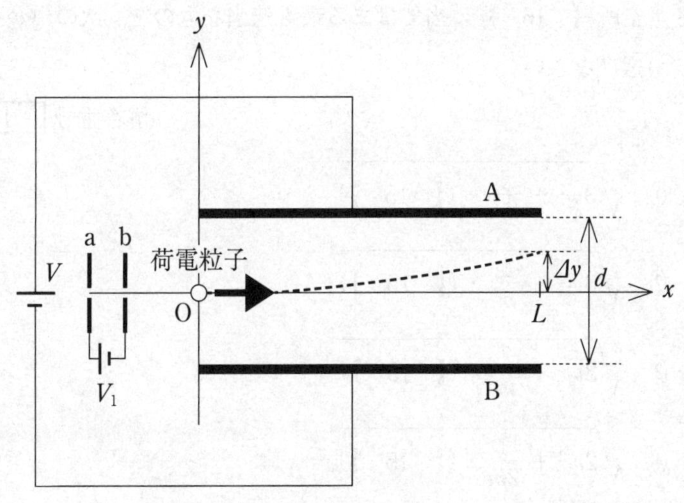

図Ⅱ－2

問6　空所【 14 】に当てはまる最も適当なものを，次の中から一つ選びなさい。

解答番号 14

① 0　② $2mv_1^2$　③ $\frac{3}{2}mv_1^2$　④ mv_1^2

⑤ $\frac{1}{2}mv_1^2$　⑥ $\frac{QV^2}{4}$　⑦ $\frac{QV^2}{2}$　⑧ QV^2

問7　空所【 15 】に当てはまる最も適当なものを，次の中から一つ選びなさい。

解答番号 15

① $-\frac{QV\Delta y}{2d}$　② $-\frac{Q\Delta y}{2Vd}$　③ $-\frac{\Delta y}{2QVd}$

④ $-\frac{QV\Delta y}{d}$　⑤ $-\frac{Q\Delta y}{Vd}$　⑥ $-\frac{\Delta y}{QVd}$

⑦ $-\frac{2QV\Delta y}{d}$　⑧ $-\frac{2Q\Delta y}{Vd}$　⑨ $-\frac{2\Delta y}{QVd}$

問8　空所【 16 】に当てはまる最も適当なものを，次の中から一つ選びなさい。

解答番号 16

① $\sqrt{3v_1^2+\frac{1}{2m}\cdot(【\ 15\ 】)}$

② $\sqrt{3v_1^2+\frac{1}{m}\cdot(【\ 15\ 】)}$

③ $\sqrt{3v_1^2+\frac{2}{m}\cdot(【\ 15\ 】)}$

④ $\sqrt{2v_1^2+\frac{1}{2m}\cdot(【\ 15\ 】)}$

⑤ $\sqrt{2{v_1}^2 + \dfrac{1}{m} \cdot (【\ 15\ 】)}$

⑥ $\sqrt{2{v_1}^2 + \dfrac{2}{m} \cdot (【\ 15\ 】)}$

⑦ $\sqrt{{v_1}^2 + \dfrac{1}{2m} \cdot (【\ 15\ 】)}$

⑧ $\sqrt{{v_1}^2 + \dfrac{1}{m} \cdot (【\ 15\ 】)}$

⑨ $\sqrt{{v_1}^2 + \dfrac{2}{m} \cdot (【\ 15\ 】)}$

Ⅲ 次の文章を読んで，後の問い（問1～問5）に答えなさい。

図Ⅲ－1のように，鉛直方向になめらかに動く質量 m [kg] のピストンが取り付けられている断面積 S [m^2] のシリンダーが，水平面に置かれており，n [mol] の単原子分子の理想気体が閉じ込められている。また，ピストンは，一端が天井に固定されたばね定数 k [N/m] のばねの他端につなげられている。シリンダー下部にはヒーターが設置されており，シリンダー内の気体を加熱することができる。ここで，ピストン，シリンダーは断熱材でできており，ヒーターの大きさ，および，ばねの質量は無視するものとする。さらにピストン，シリンダー，ヒーターの熱容量はないものとする。ただし，大気圧を P_0 [Pa]，気体定数を R [J/(mol·K)]，重力加速度の大きさを g [m/s^2] とする。

2024年度　前期日程　1月29日　物理

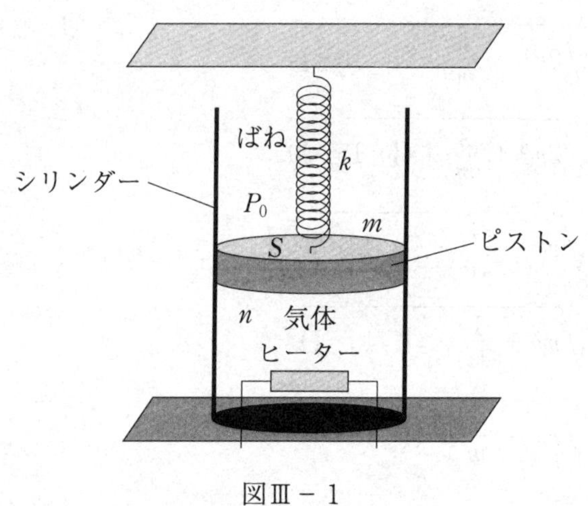

図Ⅲ－1

図Ⅲ－2(a)のように，はじめは，ピストンはシリンダーの底面から L [m] の位置にあり，ばねは自然長であった（状態1）。このとき，ピストンにはたらく力のつり合いより，状態1における気体の圧力 P_1 は，【　17　】[Pa] である。

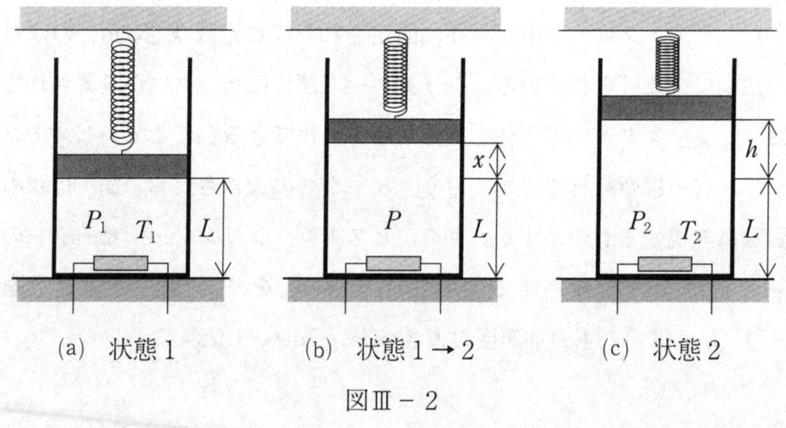

(a)　状態1　(b)　状態1→2　(c)　状態2

図Ⅲ－2

状態1からヒーターで気体をゆっくり加熱すると，ピストンが上方に移動しばねが縮んだ。図Ⅲ－2(b)は，状態1からピストンが x [m] 上昇した（ばねが x だけ縮んだ）状態の様子である。

加熱によってピストンは，最終的には図Ⅲ－2(c)のように，状態1から h [m] だけ上に移動した（状態2）。

状態1からピストンが x 上昇した状態における気体の圧力 P は，【　18　】[Pa] である。したがって，状態2における気体の圧力を P_2 [Pa]，状態1および2の体積をそれぞれ，V_1 [m^3]，V_2 [m^3] とすると，状態1から2の状態変化を表す P-V 線図は，【　19　】となる。状態1から2への状態変化において，気体が外部にした仕事は P-V 線図より，W =【　20　】[J] となる。

状態1および2における気体の温度は，それぞれ，気体の状態方程式より，T_1 =【　21　】[K]，T_2 =【　22　】[K] となる。この結果を利用すると，状態1から2への状態変化における気体の内部エネルギーの変化 ΔU は，【　23　】[J] となることがわかる。

以上の結果より，状態1から2への状態変化において気体がヒーターから吸収した熱量は，熱力学第一法則より，Q =【　24　】[J] となることがわかる。

問1　空所【　17　】，【　18　】に当てはまる最も適当なものを，次の中からそれぞれ一つずつ選びなさい。

空所【　17　】は，解答番号 17

空所【　18　】は，解答番号 18

① P_0　　② $\dfrac{mg}{S}$

③ $\dfrac{kx}{S}$　　④ $P_0 + \dfrac{mg}{S}$

⑤　$P_0 - \frac{mg}{S}$　　⑥　$P_0 + \frac{mg}{S} + \frac{kx}{S}$

⑦　$P_0 + \frac{mg}{S} - \frac{kx}{S}$　　⑧　$P_0 - \frac{mg}{S} - \frac{kx}{S}$

問2　空所【　19　】に当てはまる最も適当なものを，次の中から一つ選びなさい。

解答番号 19

①
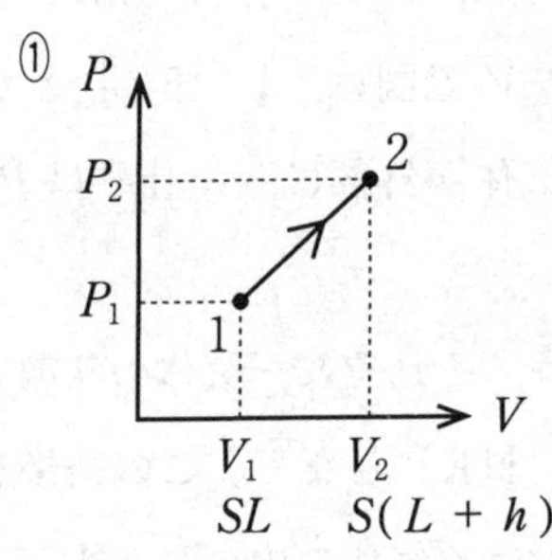

②
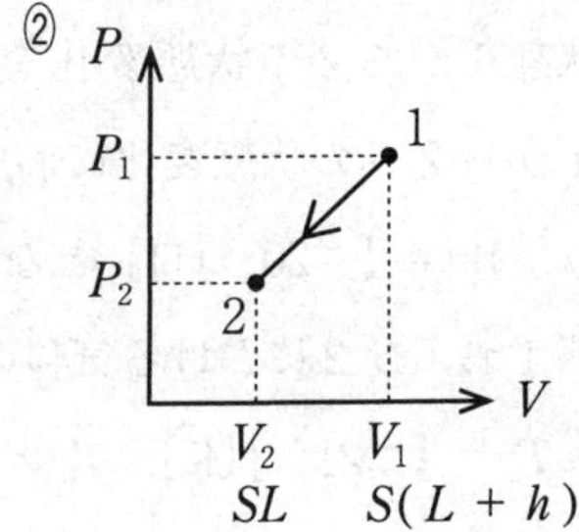

③
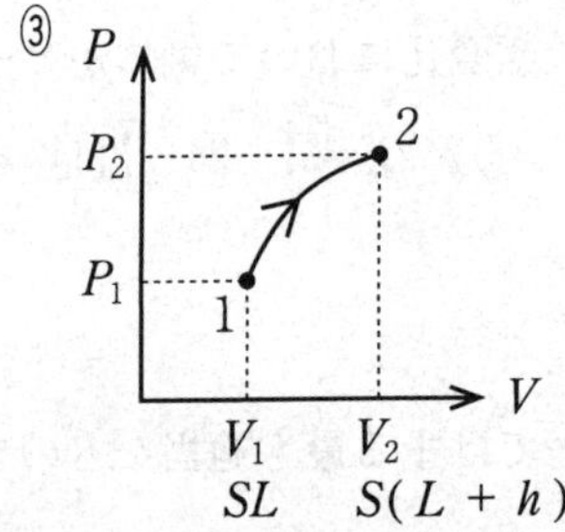

④
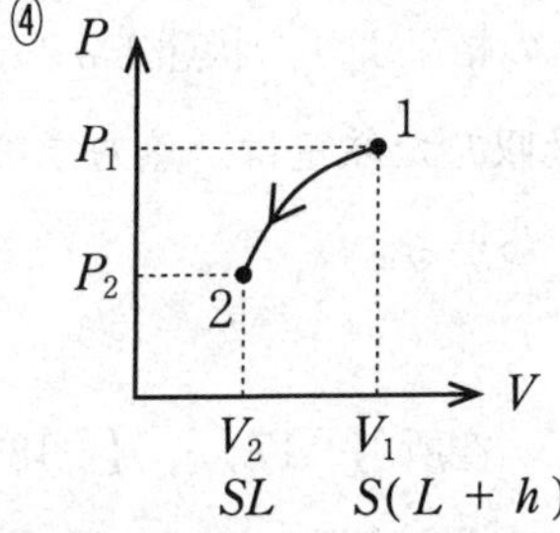

⑤
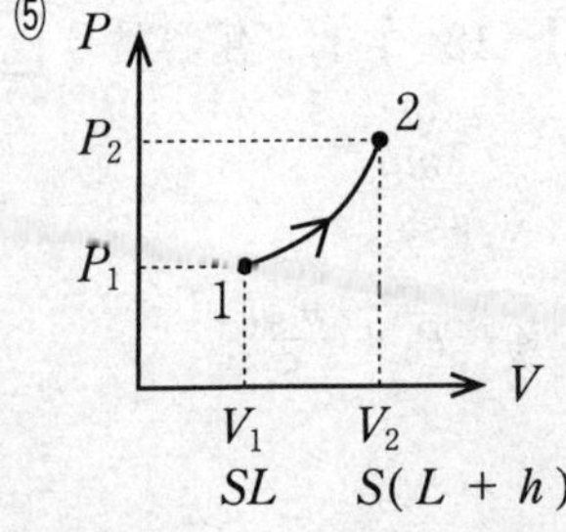

⑥
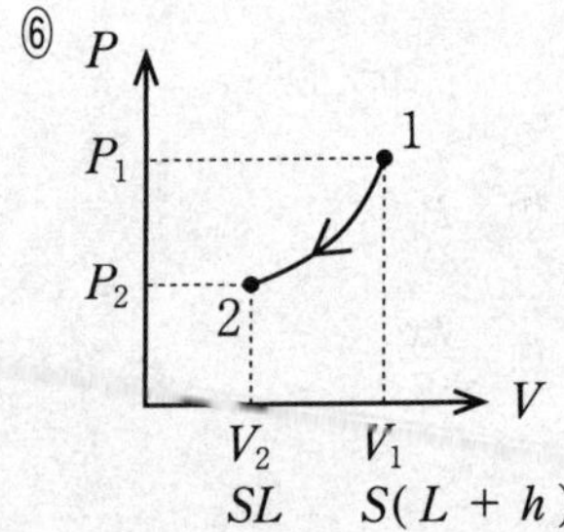

問3　空所【 20 】に当てはまる最も適当なものを，次の中から一つ選びなさい。

解答番号 20

① $-\frac{1}{2}kh^2$　② $\frac{1}{2}kh^2$

③ $-(P_0S + mg)h$　④ $(P_0S + mg)h$

⑤ $-(P_0S + mg)h - \frac{1}{2}kh^2$　⑥ $-(P_0S + mg)h + \frac{1}{2}kh^2$

⑦ $(P_0S + mg)h - \frac{1}{2}kh^2$　⑧ $(P_0S + mg)h + \frac{1}{2}kh^2$

問4　空所【 21 】,【 22 】に当てはまる最も適当なものを，次の中からそれぞれ一つずつ選びなさい。

空所【 21 】は，解答番号 21

空所【 22 】は，解答番号 22

① $\frac{P_0SL}{nR}$　② $\frac{P_0S(L+h)}{nR}$

③ $\frac{(P_0S + mg)L}{nR}$　④ $\frac{(P_0S + mg)(L+h)}{nR}$

⑤ $\frac{(P_0S + mg - kh)L}{nR}$　⑥ $\frac{(P_0S + mg - kh)(L+h)}{nR}$

⑦ $\frac{(P_0S + mg + kh)L}{nR}$　⑧ $\frac{(P_0S + mg + kh)(L+h)}{nR}$

問5　空所【 23 】,【 24 】に当てはまる最も適当なものを，次の中からそれぞれ一つずつ選びなさい。

空所【 23 】は，解答番号 23

空所【 24 】は，解答番号 24

① $\dfrac{3}{2}\left\{(P_0S + mg)h + kL^2\right\}$

② $\dfrac{3}{2}\left\{(P_0S + mg)h + kh^2\right\}$

③ $\dfrac{3}{2}\left\{(P_0S + mg)h + kLh\right\}$

④ $\dfrac{3}{2}\left\{(P_0S + mg)h + kLh + kh^2\right\}$

⑤ $\dfrac{5}{2}\left\{(P_0S + mg)h + kLh + kh^2\right\}$

⑥ $\dfrac{5}{2}(P_0S + mg)h + \dfrac{3}{2}kLh + kh^2$

⑦ $\dfrac{5}{2}(P_0S + mg)h + kLh + 2kh^2$

⑧ $\dfrac{5}{2}(P_0S + mg)h + \dfrac{3}{2}kLh + 2kh^2$

化　学

（60分）

解答範囲は，解答番号 [1] から [42] までです。

大問Ⅰの解答範囲は，解答番号 [1] から [16] までです。

Ⅰ　次の (1) ～ (3) の文章を読んで，(1) の文章については後の問い（問1～問5）に，(2) の文章については後の問い（問6～問8）に，(3) の文章については後の問い（問9～問11）に，それぞれ答えなさい。

必要であれば，原子量は次の値を用いなさい。

H = 1.0，C = 12，O = 16

(1)　酸化還元反応においては，相手の物質を酸化する物質である酸化剤と，相手の物質を還元する物質である還元剤が存在する。酸化剤と還元剤の水溶液中での反応式の例を以下に示す。

(a)　$2KI + Cl_2 \longrightarrow 2KCl + I_2$

(b)　$MnO_2 + 4HCl \longrightarrow MnCl_2 + Cl_2 + 2H_2O$

反応式 (a)，(b) における酸化・還元された原子，それらの原子の酸化数の変化，および酸化剤，還元剤は，次の表のようにまとめることができる。

	反応式 (a)	反応式 (b)
酸化された原子	【 1 】	【 3 】
還元された原子	【 2 】	【 4 】
酸化された原子の酸化数の変化	【 5 】	－1から0
還元された原子の酸化数の変化	0から－1	【 6 】
酸化剤	【 7 】	【 9 】
還元剤	【 8 】	【 10 】

問1 空所【 1 】,【 2 】に当てはまる最も適当なものを，次の中からそれぞれ一つずつ選びなさい。

空所【 1 】は，解答番号 [1]

空所【 2 】は，解答番号 [2]

① K ② I ③ Cl

問2 空所【 3 】,【 4 】に当てはまる最も適当なものを，次の中からそれぞれ一つずつ選びなさい。

空所【 3 】は，解答番号 [3]

空所【 4 】は，解答番号 [4]

① Mn ② O ③ H ④ Cl

問3 空所【 5 】,【 6 】に当てはまる最も適当なものを，次の中からそれぞれ一つずつ選びなさい。

空所【 5 】は，解答番号 [5]

空所【 6 】は，解答番号 [6]

① －2から－1 ② －2から0 ③ －1から0

④ －1から＋1 ⑤ ＋2から0 ⑥ ＋2から－1

⑦　＋4から＋2　　⑧　＋4から＋1

問4　空所【　7　】,【　8　】に当てはまる最も適当なものを，次の中からそれぞれ一つずつ選びなさい。

空所【　7　】は，解答番号 [7]

空所【　8　】は，解答番号 [8]

①　KI　　②　Cl_2

問5　空所【　9　】,【　10　】に当てはまる最も適当なものを，次の中からそれぞれ一つずつ選びなさい。

空所【　9　】は，解答番号 [9]

空所【　10　】は，解答番号 [10]

①　MnO_2　　②　HCl

(2)　図1のように，異なる2種類の金属板Aおよび金属板Bを導線で結んで電解質の水溶液に浸すと，イオン化傾向が【11－A】金属から【11－B】金属へ導線を通って電子の移動が起こり，電池ができる。導線に向かって電子が流れ出る電極を【11－C】，導線から電子が流れ込む電極を【11－D】という。また，【11－C】と【11－D】の間に生じる【　12　】を起電力という。Ag，Al，Cu，Znの4つの金属からできる組合せのうち金属板Aに【13－A】を，金属板Bに【13－B】を，それぞれ用いると，金属板Aから金属板Bの方向に電子が流れ，起電力は最大になった。

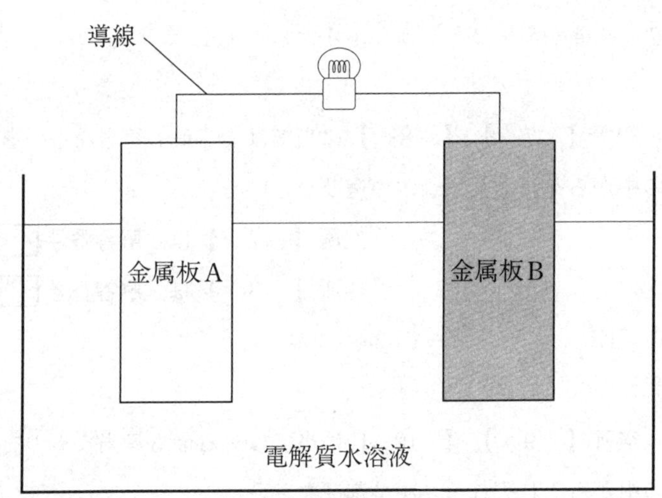

図1　金属板を用いた電池

問6　空所【11－A】～【11－D】に当てはまる組合せとして最も適当なものを，次の中から一つ選びなさい。

解答番号 11

	【11－A】	【11－B】	【11－C】	【11－D】
①	大きい	小さい	負極	正極
②	大きい	小さい	正極	負極
③	小さい	大きい	負極	正極
④	小さい	大きい	正極	負極

問7　空所【　12　】に当てはまる最も適当なものを，次の中から一つ選びなさい。

解答番号 12

①　電流　②　極性　③　圧力
④　電位差（電圧）　⑤　熱　⑥　浸透圧

問8　空所【13－A】,【13－B】に当てはまる組合せとして最も適当なものを，次の中から一つ選びなさい。

解答番号 13

	【13－A】	【13－B】
①	Ag	Al
②	Ag	Zn
③	Al	Ag
④	Al	Cu
⑤	Cu	Al
⑥	Cu	Zn
⑦	Zn	Ag
⑧	Zn	Cu

(3)　シュウ酸二水和物 $H_2C_2O_4 \cdot 2H_2O$ の結晶 0.567 g を水に溶かして 100 mL にし，【 14 】mol/L のシュウ酸水溶液を調製した。このシュウ酸水溶液を，ホールピペットを用いて 10.0 mL とり，コニカルビーカーに入れた。希硫酸を加え温めてから，濃度不明の過マンガン酸カリウム $KMnO_4$ 水溶液をビュレットで滴下したところ，18.0 mL 加えたところで，加えた $KMnO_4$ 水溶液の赤紫色がかき混ぜても消えなくなった。この変化は式①の化学反応式で表すことができる。

【15－A】$KMnO_4$ ＋【15－B】$H_2C_2O_4$ ＋【15－C】H_2SO_4

⟶【15－D】$MnSO_4$ ＋ $10CO_2$ ＋ $8H_2O$ ＋ K_2SO_4　①

この結果から，$KMnO_4$ 水溶液の濃度は【 16 】mol/L であることがわかった。

問9　空所【　14　】に当てはまる最も適当なものを，次の中から一つ選びなさい。

解答番号 14

① 4.50×10^{-2}　② 9.00×10^{-2}　③ 1.35×10^{-1}

④ 1.80×10^{-1}　⑤ 4.50×10^{-1}　⑥ 9.00×10^{-1}

⑦ 1.35　⑧ 1.80

問10　空所【15－A】～【15－D】に当てはまる組合せとして最も適当なものを，次の中から一つ選びなさい。通常は係数が1のときは省略するが，ここでは係数が1のときは1を選びなさい。

解答番号 15

	【15－A】	【15－B】	【15－C】	【15－D】
①	1	2	4	1
②	1	3	5	1
③	1	4	2	2
④	1	5	3	2
⑤	2	2	4	1
⑥	2	3	5	1
⑦	2	4	2	2
⑧	2	5	3	2

問11　空所【　16　】に当てはまる最も適当なものを，次の中から一つ選びなさい。

解答番号 16

① 1.00×10^{-2}　② 1.50×10^{-2}　③ 2.00×10^{-2}

④ 2.50×10^{-2}　⑤ 1.00×10^{-1}　⑥ 1.50×10^{-1}

⑦ 2.00×10^{-1} ⑧ 2.50×10^{-1}

大問Ⅱの解答範囲は，解答番号 17 から 29 までです。

Ⅱ 次の (1) および (2) の文章を読んで，(1) の文章については後の問い（問１～問６）に，(2) の文章については後の問い（問７～問11）に，それぞれ答えなさい。

必要であれば，原子量および定数は次の値を用いなさい。

H = 1.0，C = 12，O = 16，Ca = 40

気体定数 $R = 8.3 \times 10^3$ Pa・L/(mol・K)

(1) 温度および体積を自由に変更できる耐圧密閉容器に気体を充填(じゅうてん)し，次のような実験を行った。このとき，気体Ａと気体Ｂは理想気体として考えた。また，状態変化は起きないものとする。

（実験㋐） ある気体Ａを上記の容器に温度27℃，体積1.0Ｌになるように充填すると 4.0×10^7 Pa を示した。その後，温度を87℃に変更し，ある体積にすることで圧力は 8.0×10^7 Pa になった。このときの体積を求めるには【 1 】を適用することができる。その結果，求められた体積は【 2 】Ｌになることがわかる。

（実験㋑） ある気体Ｂを同じ容器に温度67℃，体積94.1Ｌになるように充填すると 6.0×10^6 Pa を示した。この気体の物質量を求めるには【 3 】を適用することができる。その結果，求められた物質量は【 4 】mol になることがわかる。

実験㋐，㋑では気体Aと気体Bが理想気体であると仮定して【　2　】と【　4　】を求めた。しかしながら，気体Aと気体Bは厳密には理想気体でない（実在気体）ため，実験㋐，㋑の計算値は実際の値との間にずれが生じる。このようなずれは【　5　】の状態で小さくなる。これは理想気体が【　6　】や分子自身の大きさ（体積）がないと仮定した気体であり，一方，実在気体には【　6　】や分子自身の大きさ（体積）があるためである。

問1　空所【　1　】に当てはまる最も適当なものを，次の中から一つ選びなさい。

解答番号 17

① アボガドロの法則　② 質量保存の法則
③ シャルルの法則　④ ファラデーの法則
⑤ ファントホッフの法則　⑥ ヘスの法則
⑦ ルシャトリエの原理　⑧ ボイルの法則
⑨ ボイル・シャルルの法則

問2　空所【　2　】に当てはまる最も適当なものを，次の中から一つ選びなさい。

解答番号 18

① 6.0×10^{-3}　② 6.0×10^{-2}　③ 2.4×10^{-1}
④ 6.0×10^{-1}　⑤ 2.4　⑥ 5.4
⑦ 6.0　⑧ 2.4×10^{1}　⑨ 5.4×10^{1}
⓪ 5.4×10^{2}

問3 空所【 3 】に当てはまる最も適当なものを，次の中から一つ選びなさい。

解答番号 19

① アボガドロの法則 ② 気体の状態方程式
③ 質量保存の法則 ④ シャルルの法則
⑤ ファラデーの法則 ⑥ ファントホッフの法則
⑦ ヘスの法則 ⑧ ルシャトリエの原理
⑨ ボイルの法則 ⓪ ボイル・シャルルの法則

問4 空所【 4 】に当てはまる最も適当なものを，次の中から一つ選びなさい。

解答番号 20

① 2.0 ② 6.4 ③ 7.4
④ 2.0×10^1 ⑤ 6.4×10^1 ⑥ 7.4×10^1
⑦ 2.0×10^2 ⑧ 6.4×10^2 ⑨ 7.4×10^2

問5 空所【 5 】に当てはまる最も適当なものを，次の中から一つ選びなさい。

解答番号 21

① 高温・高圧 ② 高温・低圧
③ 低温・高圧 ④ 低温・低圧

問6 空所【 6 】に当てはまる最も適当なものを，次の中から一つ選びなさい。

解答番号 22

① イオン化エネルギー ② イオン結合 ③ 共有結合

④　電気陰性度　⑤　電子親和力　⑥　分子間力

(2)　元素の周期表の2族元素はアルカリ土類金属と呼ばれる（Be, Mg を含めない場合もある）。同じ周期のアルカリ金属と比べると，価電子の数が多いため金属結合が【7－A】，単体の融点は【7－B】，密度は【7－C】といった特徴がある。カルシウム，ストロンチウム，バリウムの反応性は，【　8　】の順に大きくなる。これらの単体は，常温の水と容易に反応して水素が発生し，【　9　】になる。

カルシウムはさまざまな化合物を形成する。カルシウムの化合物が関与する反応の例を式①～式④に示す。

$CaO + H_2O \longrightarrow Ca(OH)_2$　①

$Ca(OH)_2 + CO_2 \longrightarrow CaCO_3 + H_2O$　②

$CaCO_3 + CO_2 + H_2O \rightleftarrows Ca(HCO_3)_2$　③

$CaCO_3 \xrightarrow{\text{加熱}} CaO + CO_2$　④

酸化カルシウムは【　10　】とも呼ばれる白色の固体である。酸化カルシウムに水を加えると発熱しながら式①のように反応して水酸化カルシウムになる。水酸化カルシウムは【　11　】とも呼ばれ，しっくい壁の材料に用いられる。飽和水酸化カルシウム水溶液に二酸化炭素を通じると，式②のように炭酸カルシウムの白色沈殿を生じる。炭酸カルシウムは【　12　】の主成分であり，式③の正反応は雨水などが【　12　】を徐々に侵食するときの化学反応である。炭酸カルシウムを強熱すると酸化カルシウムが得られる。この強熱にともない，式④の反応が完全にすすむと固体の質量は【　13　】%減少する。

問7　空所【7－A】～【7－C】に当てはまる組合せとして最も適当なものを，次の中から一つ選びなさい。

解答番号 [23]

	【7－A】	【7－B】	【7－C】
①	強く	高く	やや大きい
②	強く	高く	やや小さい
③	強く	低く	やや大きい
④	強く	低く	やや小さい
⑤	弱く	高く	やや大きい
⑥	弱く	高く	やや小さい
⑦	弱く	低く	やや大きい
⑧	弱く	低く	やや小さい

問8　空所【　8　】に当てはまる最も適当なものを，次の中から一つ選びなさい。

解答番号 [24]

① Ba ＜ Ca ＜ Sr　② Ba ＜ Sr ＜ Ca　③ Ca ＜ Ba ＜ Sr
④ Ca ＜ Sr ＜ Ba　⑤ Sr ＜ Ba ＜ Ca　⑥ Sr ＜ Ca ＜ Ba

問9　空所【　9　】に当てはまる最も適当なものを，次の中から一つ選びなさい。

解答番号 [25]

① 強塩基性の酸化物　② 強塩基性の水酸化物
③ 強塩基性の水素化物　④ 強酸性の酸化物
⑤ 強酸性の水酸化物　⑥ 強酸性の水素化物

問10　空所【　10　】～【　12　】に当てはまる最も適当なものを，次の中からそれぞれ一つずつ選びなさい。

空所【　10　】は，解答番号 [26]

空所【　11　】は，解答番号 [27]

空所【　12　】は，解答番号 [28]

① コンクリート　② 消石灰　③ 石灰石

④ シリカゲル　⑤ 生石灰　⑥ セッコウ

⑦ ソーダ石灰　⑧ 焼きセッコウ

問11　空所【　13　】に当てはまる最も適当なものを，次の中から一つ選びなさい。

解答番号 [29]

① 18　② 28　③ 38　④ 44　⑤ 60　⑥ 62

大問Ⅲの解答範囲は，解答番号 [30] から [42] までです。

Ⅲ　次の (1) および (2) の文章を読んで，(1) の文章については後の問い（問１～問７）に，(2) の文章については後の問い（問８～問11）に，それぞれ答えなさい。

(1)　炭素原子間に二重結合を１つもつ鎖式不飽和炭化水素をアルケンと呼ぶ。アルケンの分子式は，分子の炭素原子の数を n とすると，一般式 C_nH_{2n}（$n \geqq 2$）で表される。炭素原子の数が２のアルケンであるエチレン（エテン）は，構成しているすべての原子が同一平面にある平面状の分子である。エチレンの炭素原子間の距離は，【　1　】。炭素原子の数が４以上のアルケンには，構造異性体のほかにシス-トランス異性体（幾何異性体）が存在することがある。例えば，分子式

C_5H_{10} で表されるアルケンには，シス-トランス異性体を含めると，全部で【 2 】種類の異性体が考えられる。

エチレンは，工業的には石油のナフサ（粗製ガソリン）の熱分解によって得られる。実験室では，【 3 】で表される化合物と濃硫酸の混合物を 160 ～ 170 ℃に加熱することで得られ，この反応は脱水反応と呼ばれる。また，この実験を加熱温度 130 ～ 140 ℃で行うと，主に【 4 】で表される化合物が生じる。

アルケンは二重結合をもつため，アルカンに比べて一般に反応性が高い。エチレンに臭素を作用させると室温で反応が進行し，【 5 】で表される化合物が生じる。また，エチレンは，適切な条件の下では，同じ分子どうしで次々と反応が起こり，高分子化合物であるポリエチレンを生じる。この反応は，【 6 】と呼ばれる。エチレンから水素原子を1個取り除いた炭化水素基を【 7 】基といい，これをもつ有機化合物は高分子化合物の原料となることがある。例えば，【 8 】は【 7 】基をもつ化合物である。

問1 空所【 1 】に当てはまる最も適当なものを，次の中から一つ選びなさい。

解答番号 30

① エタンの炭素原子間の距離と同じである
② エタンの炭素原子間の距離よりも長い
③ アセチレンの炭素原子間の距離と同じである
④ アセチレンの炭素原子間の距離よりも長い
⑤ ベンゼンの隣り合う炭素原子間の距離と同じである
⑥ ベンゼンの隣り合う炭素原子間の距離よりも長い

問2　空所【　2　】に当てはまる最も適当なものを，次の中から一つ選びなさい。

解答番号 [31]

① 4　② 5　③ 6　④ 7　⑤ 8
⑥ 9　⑦ 10　⑧ 11　⑨ 12

問3　空所【　3　】,【　4　】に当てはまる最も適当なものを，次の中からそれぞれ一つずつ選びなさい。

空所【　3　】は，解答番号 [32]
空所【　4　】は，解答番号 [33]

①
```
   H  H
   |  |
H—C—C—OH
   |  |
   H  H
```

②
```
   H  H  H
   |  |  |
H—C—C—C—OH
   |  |  |
   H  H  H
```

③
```
   H  O
   |  ‖
H—C—C—OH
   |
   H
```

④
```
   H  H  O
   |  |  ‖
H—C—C—C—OH
   |  |
   H  H
```

⑤
```
   H     H
   |     |
H—C—O—C—H
   |     |
   H     H
```

⑥
```
   H  H     H  H
   |  |     |  |
H—C—C—O—C—C—H
   |  |     |  |
   H  H     H  H
```

⑦
```
   H  O  H
   |  ‖  |
H—C—C—C—H
   |     |
   H     H
```

⑧
```
   H  H  O  H  H
   |  |  ‖  |  |
H—C—C—C—C—C—H
   |  |     |  |
   H  H     H  H
```

⑨
```
   H  O     H
   |  ‖     |
H—C—C—O—C—H
   |        |
   H        H
```

⓪
```
   H  H  O     H  H
   |  |  ‖     |  |
H—C—C—C—O—C—C—H
   |  |        |  |
   H  H        H  H
```

問4　空所【　5　】に当てはまる最も適当なものを，次の中から一つ選びなさい。

解答番号 34

① CH_2Br-CH_3（H－C(Br)(H)－C(H)(H)－H）

② CH_2Br-CH_2Br（H－C(Br)(H)－C(Br)(H)－H）

③ $CHBr_2-CHBr_2$（H－C(Br)(Br)－C(Br)(Br)－H）

④ CBr_3-CBr_3（Br－C(Br)(Br)－C(Br)(Br)－Br）

問5　空所【　6　】に当てはまる最も適当なものを，次の中から一つ選びなさい。

解答番号 35

① 開環重合　② カップリング反応　③ 加硫
④ 縮合重合　⑤ 脱離反応　⑥ 置換反応
⑦ 熱分解　⑧ 付加縮合　⑨ 付加重合

問6　空所【　7　】に当てはまる最も適当なものを，次の中から一つ選びなさい。

解答番号 36

① アセチル　② アルキル　③ アルデヒド（ホルミル）
④ カルボキシ　⑤ スルホ　⑥ ニトロ　⑦ ビニル

問7　空所【　8　】に当てはまらないものを，次の中から一つ選びなさい。

解答番号 37

① アクリロニトリル ② スチレン ③ テレフタル酸
④ プロペン（プロピレン） ⑤ アクリル酸

(2) ベンゼン環の炭素原子にヒドロキシ基が結合した芳香族化合物をフェノール類といい，【 9 】がフェノール類に分類することができる。最も単純なフェノール類であるフェノールは，水に少し溶け，その水溶液は酸性を示す。安息香酸やベンゼンスルホン酸の水溶液も酸性を示し，同じモル濃度の水溶液どうしで比較すると，フェノールは，【 10 】である。

フェノールは工業的にはクメン法により合成される。プロペンと【11－A】からクメン（イソプロピルベンゼン）をつくり，これを酸素で酸化したのちに硫酸を作用させると，フェノールと【11－B】が生じる。

フェノールは医薬品など，さまざまな有機化合物の原料として用いられる。フェノールのナトリウム塩であるナトリウムフェノキシドに高温・高圧のもとで二酸化炭素を反応させた後，希硫酸を作用させると【 12 】で表される化合物**A**が得られる。化合物**A**は食品の防腐剤や皮膚疾患治療薬などとして用いられている。化合物**A**と無水酢酸を作用させると，【 13 】で表される化合物**B**が生じる。化合物**B**も解熱鎮痛剤などとして利用されている。

問8 空所【 9 】に当てはまる最も適当なものを，次の中から一つ選びなさい。

解答番号 38

① アニリン，ピクリン酸（2,4,6-トリニトロフェノール）
② アニソール（メチルフェニルエーテル），テレフタル酸

③ クメン，プロペン

④ オルト o-クレゾール，1-ナフトール

⑤ サリチル酸メチル，オルト o-キシレン

⑥ トルエン，パラ p-キシレン

⑦ ベンジルアルコール，スチレン

問9 空所【 10 】に当てはまる最も適当なものを，次の中から一つ選びなさい。

解答番号 39

① 安息香酸よりも強い酸で，ベンゼンスルホン酸よりも弱い酸

② ベンゼンスルホン酸よりも強い酸で，安息香酸よりも弱い酸

③ 安息香酸やベンゼンスルホン酸よりも強い酸

④ 安息香酸やベンゼンスルホン酸よりも弱い酸

問10 空所【11－A】，【11－B】に当てはまる組合せとして最も適当なものを，次の中から一つ選びなさい。

解答番号 40

	【11－A】	【11－B】
①	アニリン	アセトン
②	アニリン	ジエチルエーテル
③	アニリン	メタノール
④	トルエン	アセトン
⑤	トルエン	ジエチルエーテル
⑥	トルエン	メタノール
⑦	ベンゼン	アセトン
⑧	ベンゼン	ジエチルエーテル
⑨	ベンゼン	メタノール

問11　空所【　12　】,【　13　】に当てはまる最も適当なものを，次の中からそれぞれ一つずつ選びなさい。

空所【　12　】は，解答番号 [41]

空所【　13　】は，解答番号 [42]

①
O−H
C−H
‖
O

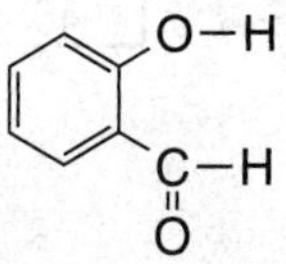

②
O−H 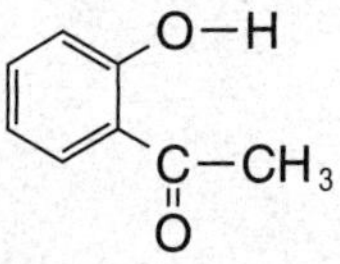
C−CH_3
‖
O

③
O−H
O−C−H
‖
O

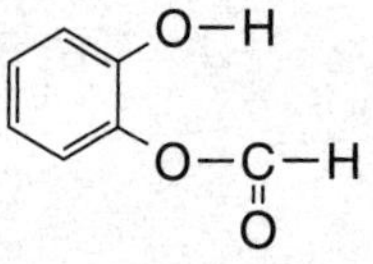

④
O−H
C−O−H
‖
O

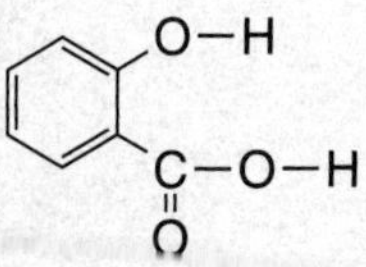

⑤
O−H
C−O−CH_3
‖
O

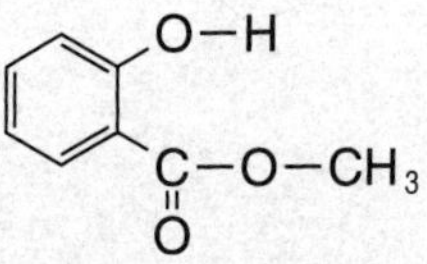

⑥
O−H
O−C−CH_3
‖
O

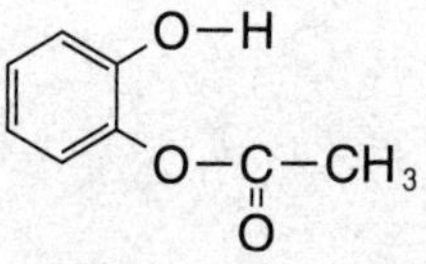

⑦
O
O−C−CH_3
O−C−H
O

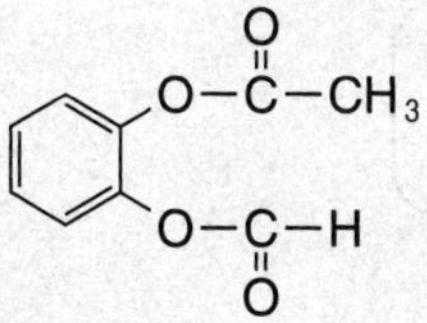

⑧
O
O−C−CH_3
C−O−H
O

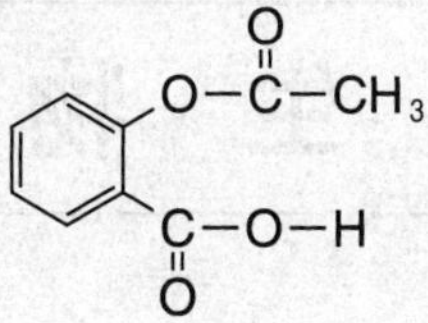

⑨
O
O−C−CH_3
C−O−CH_3
O

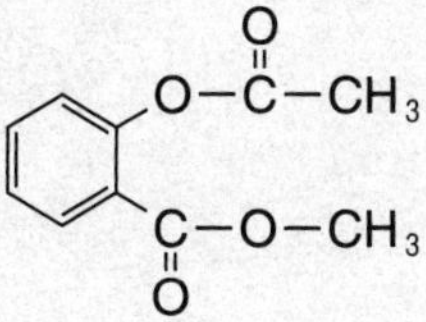

⓪
O
C−O−CH_3
C−O−CH_3
O

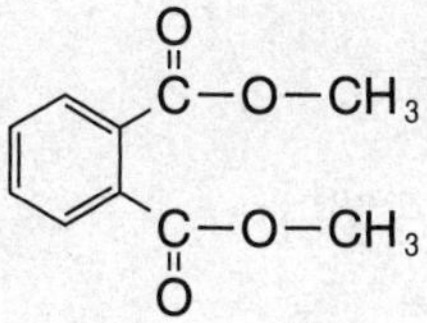

生　物

（60分）

解答範囲は，解答番号 1 から 48 までです。

大問Ⅰの解答範囲は，解答番号 1 から 15 までです。

Ⅰ　次の文章を読んで，後の問い（問1～問10）に答えなさい。

ヒトでは，皮膚などの一部の細胞が体外環境と接しているだけで，それ以外の細胞は体液に浸されている。体液は，ⓐ血液，組織液およびリンパ液からなり，これらが体内を循環することで恒常性を維持している。血液は，ⓑ赤血球，白血球および血小板の有形成分とⓒ血しょうの液体成分からなる。

赤血球は，ヘモグロビンという鉄を含んだタンパク質を多く含み，ⓓ肺胞からほかの組織へ酸素を運搬する役割を果たしている。一方，組織で生成した二酸化炭素は赤血球に取り込まれて，血しょうにとけ込みやすい形に変えられる。酸素濃度が高い大動脈と【　1　】の血液では，ヘモグロビンの多くが酸素ヘモグロビンとなり，血液は鮮やかな赤色となる。

白血球は，病原体に共通する特徴を幅広く認識して，侵入した病原体を排除する生体防御の役割を担う。ⓔ食作用などによって病原体を排除するしくみを自然免疫という。一方，特定の物質を認識したり，リンパ球が特異的に病原体を排除したりするしくみを適応免疫（獲得免疫）という。適応免疫には，感染細胞を特異的に攻撃し，感染細胞内の病原体を排除するⓕ細胞性免疫と，病原体と特異的に結合する抗体をつくり，細胞外の病原体を除去するⓖ体液性免疫がある。

血小板は，体外への血液流失を阻止している。血管が傷つくとその部位に血小板が集まる。次に，血しょう中に【　2　】という繊維状のタンパク質が形成され，細胞成分をからめて【　3　】ができ傷口がふさがれる。ⓗこのように血液が固まることを血液凝固という。

問1　文章中の下線部ⓐ「血液，組織液およびリンパ液……維持している」の説明として，適当でないものを，次の中から一つ選びなさい。

解答番号 1

① リンパ液は，血液の血しょうの成分と類似しており，免疫に関連するリンパ球が含まれる。

② 組織液は，血管とリンパ管から出てきた液体成分で構成されている。

③ 血液は，心臓のポンプ作用によって血管内を循環している。

④ 組織液は，細胞との間で栄養分や老廃物の交換を行い，大部分は再び毛細血管へ戻る。

問2　文章中の下線部ⓑ「赤血球，白血球および血小板」について，血液1 mm^3中に含まれる数が多い順に並べた場合に，最も適当なものを，次の中から一つ選びなさい。

解答番号 2

① 赤血球＞白血球＞血小板　② 赤血球＞血小板＞白血球

③ 白血球＞血小板＞赤血球　④ 白血球＞赤血球＞血小板

⑤ 血小板＞白血球＞赤血球　⑥ 血小板＞赤血球＞白血球

問3　文章中の下線部ⓒ「血しょうの液体成分」について，血しょうの構成成分の中で水の次に多い成分（質量パーセント濃度）として，最も適当なものを，次の中から一つ選びなさい。

解答番号 3

① 糖　② 脂質　③ タンパク質　④ 無機塩類

問4　文章中の下線部ⓓ「肺胞からほかの組織へ……果たしている」について，次の小問（(ア)，(イ)）にそれぞれ答えなさい。

(ア)　図1は，さまざまな条件におけるヘモグロビンの酸素解離曲線を示している。これに関して適当な説明を，次の選択肢の中から一つ選びなさい。

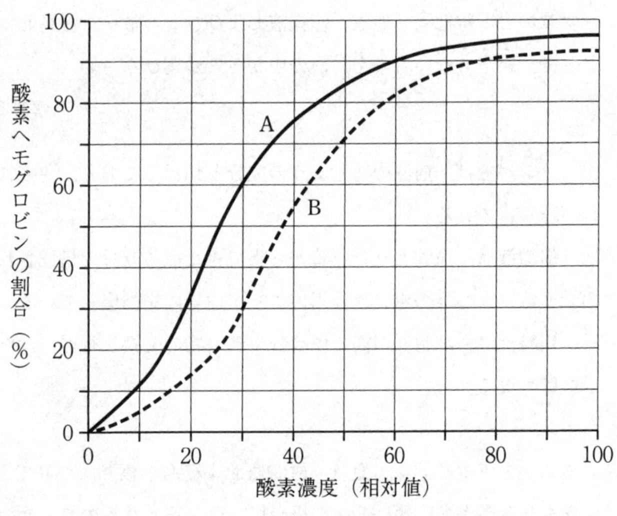

図1　酸素解離曲線

解答番号 | 4 |

［選択肢］

① 実線Aは，低CO_2下の曲線であり，その曲線中のある部分が末しょう組織での状態を表す。

② 実線Aは，低CO_2下の曲線であり，その曲線中のある部分が肺胞での状態を表す。

③ 実線Aは，高CO_2下の曲線であり，その曲線中のある部分が末しょう組織での状態を表す。

④ 実線Aは，高CO_2下の曲線であり，その曲線中のある部分が肺胞での状態を表す。

（イ） 図1から，肺胞から抹しょう組織へ運ばれるまでに，肺胞でヘモグロビンと結合していた酸素の何%が解離したといえるか，数値として最も適当なものを，次の中から一つ選びなさい。

ただし，酸素濃度（相対値）は，肺胞では100，末しょう組織では30とする。

解答番号 5

① 58 ② 60 ③ 66 ④ 69 ⑤ 72

問5 文章中の空所【 1 】には，血管の名称が入る。最も適当なものを，次の中から一つ選びなさい。

解答番号 6

① 大静脈 ② 肺動脈 ③ 肺静脈 ④ 肝門脈

問6 文章中の下線部ⓔ「食作用などによって……自然免疫という」について，適当でないものを，次の中から二つ選びなさい。ただし，解答の順序は問わない。

解答番号 7
解答番号 8

① 好中球は，取り込んだ異物とともに死滅することが多い。
② 好中球は，毛細血管の壁を通り抜けることができ，異物が侵入した組織で食作用を行う。
③ 好中球のはたらきによって，毛細血管が拡張して血流が増え，食細胞が感染組織に集まりにくくなる。
④ マクロファージは，食細胞の中で数が最も多い。
⑤ マクロファージは，感染部位に集まり，病原体を取り込んで排除する。
⑥ マクロファージは，血液内の単球が組織へと移動して分化した細胞である。

問7 文章中の下線部ⓕ「細胞性免疫」について，適当でないものを，次の中から二つ選びなさい。ただし，解答の順序は問わない。

解答番号 9
解答番号 10

① T細胞が抗原情報を提示している樹状細胞を認識し，ヘルパーT細胞やキラーT細胞になって増殖する。
② ヘルパーT細胞やキラーT細胞が，血管を経由してリンパ管に戻り，感染部位に移動する。

③　キラーT細胞が同一の抗原情報を提示している感染細胞を見つけて殺す。

④　マクロファージがヘルパーT細胞を活性化させる。

⑤　キラーT細胞の一部は，記憶細胞として体内に保持される。

⑥　ヘルパーT細胞の一部は，記憶細胞として体内に保持される。

問8　文章中の下線部ⓖ「体液性免疫」について，適当でないものを，次の中から二つ選びなさい。ただし，解答の順序は問わない。

解答番号 11

解答番号 12

①　抗体が形質細胞によって生産され，体液中に放出される。

②　抗体が特定の抗原と特異的に結合し，抗原を無毒化する。

③　抗原を取り込んだB細胞が，その断片をキラーT細胞に提示する。

④　B細胞の一部が記憶細胞として体内に保存される。

⑤　抗原抗体反応が起こり，ヘルパーT細胞が貪食する。

問9　文章中の空所【　2　】，【　3　】に当てはまる語句として最も適当なものを，次の中からそれぞれ一つずつ選びなさい。

空所【　2　】は，解答番号 13

空所【　3　】は，解答番号 14

①　フィブリノーゲン	②　血清	③　血ぺい
④　好酸球	⑤　トロンビン	⑥　血液凝固因子
⑦　フィブリン	⑧　単球	

問10　文章中の下線部ⓗ「このように血液が固まることを血液凝固という」について，血液凝固には血しょう中に含まれるイオンが必要であるが，そのイオンとして最も適当なものを，次の中から一つ選びなさい。

解答番号 15

①　ナトリウムイオン	②　カルシウムイオン	③　カリウムイオン
④　炭酸水素イオン	⑤　鉄イオン	⑥　アンモニウムイオン

⑦　マグネシウムイオン

大問Ⅱの解答範囲は，解答番号 [16] から [29] までです。

Ⅱ　次の文章を読んで，後の問い（問１～問８）に答えなさい。

植物が行う光合成の反応の全過程をまとめると，次の反応式Aで表される。

$$6CO_2 + \underset{ⓐ}{\underline{12H_2O}} + \text{光エネルギー} \longrightarrow C_6H_{12}O_6 + 6O_2 + \underset{ⓑ}{\underline{6H_2O}} \quad \text{（反応式A）}$$

一方で，ⓒ生物のからだを構成している有機窒素化合物は，体外から取り入れた窒素化合物をもとに合成される。

生物の遺体や排出物などに含まれる有機窒素化合物の分解によって生じた【　1　】の多くは，土壌中の細菌によって【　2　】に，さらに【　3　】に変えられ，植物は【　1　】や【　3　】を根から吸収する。根から吸収された【　3　】は，植物体内で還元され【　2　】を経て【　1　】となり，さらにこれがグルタミン酸と結合して【　4　】となる。【　4　】のアミノ基は【　5　】に転移されてグルタミン酸が生じる。このグルタミン酸のアミノ基はさまざまな有機酸に転移されて，各種のアミノ酸が生じる。これらのアミノ酸は，有機窒素化合物の合成に利用される。

地球の大気には窒素（N_2）が体積にして約【　6　】%含まれるが，多くの生物は窒素（N_2）をそのまま利用することができない。しかし，大気中の窒素（N_2）を取り込んで【　1　】に還元できる生物も存在し，その一例としてマメ科植物の根に観察される根粒の中に存在するⓓ根粒菌がある。

問１　文章中の反応式Aについて，次の小問（(ア)，(イ)）に答えなさい。解答は最も適当なものを，次の選択肢からそれぞれ一つずつ選びなさい。ただし，同じ選択肢を選んでもよい。

（ア） 下線部ⓐ「H_2O」は，光合成のどの過程で利用されるか。

解答番号 16

（イ） 下線部ⓑ「H_2O」は，光合成のどの過程で発生するか。

解答番号 17

［選択肢］

① 解糖系　② カルビン・ベンソン回路　③ クエン酸回路
④ 光化学系Ⅰ　⑤ 光化学系Ⅱ　⑥ 電子伝達系

問2 文章中の空所【 1 】～【 5 】に当てはまる最も適当なものを，次の中からそれぞれ一つずつ選びなさい。

空所【 1 】は，解答番号 18
空所【 2 】は，解答番号 19
空所【 3 】は，解答番号 20
空所【 4 】は，解答番号 21
空所【 5 】は，解答番号 22

① 亜硝酸イオン　② アンモニウムイオン　③ グルタミン
④ ケトグルタル酸　⑤ 酸素　⑥ 硝酸イオン
⑦ 水素イオン　⑧ 硫化水素

問3 文章中の下線部ⓒ「生物のからだを構成している有機窒素化合物」に関して，窒素を含んでいない分子はどれか。最も適当なものを，次の中から一つ選びなさい。

解答番号 23

① ATP　② DNA　③ ルビスコ
④ ピルビン酸　⑤ クロロフィル

問4 文章中の空所【 6 】に当てはまる数値として最も適当なものを，次の中から一つ選びなさい。

解答番号 24

① 0.03　② 1　③ 10　④ 20　⑤ 50
⑥ 60　⑦ 80　⑧ 90　⑨ 95

問5　文章中の下線部ⓓ「根粒菌」のように，窒素（N_2）を取り込んで【　1　】に還元できるものはどれか。適当なものを，次の中から二つ選びなさい。ただし解答の順序は問わない。

解答番号 25
解答番号 26

① アオサ　② クロストリジウム　③ クロレラ
④ シャジクモ　⑤ 大腸菌　⑥ ネンジュモ

問6　マメ科植物と根粒菌との間に成立している関係として最も適当なものを，次の中から一つ選びなさい。

解答番号 27

① 片利共生　② 寄生　③ 競争
④ 共同繁殖　⑤ 相利共生

問7　ヒト（成人）が自身で合成できず，直接食物から取り込む必要があるアミノ酸はどれか。最も適当なものを，次の中から一つ選びなさい。

解答番号 28

① アラニン　② アスパラギン酸　③ グリシン
④ システイン　⑤ セリン　⑥ トリプトファン
⑦ プロリン

問8　土壌中の【　2　】や【　3　】は細菌のはたらきによって窒素（N_2）になり，大気中に放出されている。このような作用を何と呼ぶか，最も適当なものを，次の中から一つ選びなさい。

解答番号 29

① 解糖 ② 呼吸 ③ 消化 ④ 脱窒
⑤ 窒化 ⑥ 窒素固定 ⑦ 窒素同化 ⑧ 発酵

大問Ⅲの解答範囲は，解答番号 30 から 36 までです。

Ⅲ 次の（1）および（2）の文章を読んで，（1）の文章については後の問い（問1～問4）に，（2）の文章については後の問い（問5～問7）に，それぞれ答えなさい。

（1） ⓐヒトの性決定様式はXY型である。卵巣では卵原細胞が体細胞分裂を繰り返して増殖し，卵黄を蓄えて一次卵母細胞になる。精巣では精原細胞が増殖して一次精母細胞が形成される。一次卵母細胞や一次精母細胞は，体細胞と同じく，2組の常染色体と2本の性染色体をもつが，これらの細胞の減数分裂により形成される卵，精細胞は，1組の常染色体と1本の性染色体をもつ。卵の性染色体は【 1 】，精細胞の性染色体は【 2 】である。

精細胞は，はじめは球状であるが，変形してⓑ特有の構造と機能をもつ精子になる。

問1 文章中の下線部ⓐ「ヒトの性決定様式はXY型」について，XY型を示す生物の性染色体の構成と雌雄の対応として最も適当なものを，次の中から一つ選びなさい。

解答番号 30

	雄	雌
①	XY	YY
②	XY	XX
③	XY	X
④	XY	Y
⑤	YY	XY
⑥	XX	XY
⑦	X	XY
⑧	Y	XY

問2　文章中の空所【 1 】,【 2 】に当てはまる語句の組合せとして最も適当なものを，次の中から一つ選びなさい。

解答番号 31

	【 1 】	【 2 】
①	X	X
②	X	Y
③	X	X または Y
④	Y	X
⑤	Y	Y
⑥	Y	X または Y
⑦	X または Y	X
⑧	X または Y	Y
⑨	X または Y	X または Y

問3　文章中の下線部ⓑ「特有の構造と機能をもつ精子」に関する記述として適当でないものを次の中からすべて選び，解答番号 32 の欄を使用して，選んだすべての番号をマークしなさい。

解答番号 32

① 動物の精子は，頭部・中部・尾部からなる。

② 先体の中には卵の膜を溶かすさまざまな分解酵素が含まれている。

③ 頭部の先端には先体が，その後ろには核がある。

④ 中心体から伸びた微小管が尾部まで続いている。

⑤ 鞭毛の周りには葉緑体が位置し，葉緑体から放出されるエネルギーによって鞭毛が回転する。

問4　卵または精細胞の形成に関する記述として最も適当なものを，次の中から一つ選びなさい。

解答番号 33

① 卵形成における減数分裂では，第一分裂は均等分裂，第二分裂は不等分裂である。

② 精細胞形成における減数分裂では，第一分裂は均等分裂で，第二分裂は不等分裂である。

③ 卵母細胞の減数分裂中の二回の分裂はともに不等分裂であり，分裂で生じる極体は退化し，最終的に1個の一次卵母細胞から1個の卵だけがつくられる。

④ 精母細胞の減数分裂中の二回の分裂はともに不等分裂であり，分裂で生じる極体は退化し，最終的に1個の一次精母細胞から1個の精細胞だけがつくられる。

(2)　卵や精子などの配偶子が融合する現象を受精という。ウニなどの水中に産卵する動物では，体外で受精が行われる場合が多く，陸上で産卵する動物や胎生の動物では体内で受精することが多い。受精過程と受精後の卵割について生物種によって異なる点や共通する点がある。

問5　ウニの精子が，卵のゼリー層に触れたときに最初に起こる精子の変化として最も適当なものを，次の中から一つ選びなさい。

解答番号 34

① 鞭毛の伸長　② 鞭毛の退縮

③ 先体の発生　④ 先体の分解

⑤ 鞭毛運動の開始　⑥ 鞭毛運動の停止

⑦ ミトコンドリアの縮小　⑧ ミトコンドリアの脱落

問６　精子が卵の細胞膜に接したときの卵の応答に関して説明した文章について，最も適当なものを，次の中から一つ選びなさい。

解答番号 35

① 精子が卵の細胞膜に接すると細胞膜に受精穴というくぼみを生じる。

② 卵の細胞膜の直下にある表層粒がエンドサイトーシスを起こし，細胞膜と卵黄膜の間に表層粒の内容物が放出される表層反応が起こる。

③ 受精膜が形成されると他の精子は卵内に侵入できず，重複受精が起こる。

④ 卵の細胞膜に精子が達すると，細胞膜のイオン透過性が変化し，膜電位が変化する。これにより，他の精子が侵入できなくなる。

問７　卵割に関する次の文章について，最も適当なものを，次の中から一つ選びなさい。

解答番号 36

① 多細胞生物の卵では，極体の生じる側を植物極，赤道面をはさんで対立する側を動物極という。

② 卵は，養分として含んでいる卵黄の分布から，等黄卵・端黄卵・心黄卵の３つに分類される。ウニやほ乳類の卵は，典型的な端黄卵である。

③ ショウジョウバエなどの昆虫類の卵は，心黄卵である。卵の表層で分裂が起こるので，とくにこれを表割と呼ぶ。これは卵の一部が分裂する部分割である。

④ 卵割では，それぞれの割球は間期に著しく成長する。

大問Ⅳの解答範囲は，解答番号 37 から 48 までです。

Ⅳ　次の文章を読んで，後の問い（問1～問9）に答えなさい。

地球上の炭素は，大気を含めた生態系の中で循環している。湖沼や海の中では，生産者である植物プランクトンや水生植物によって，太陽のエネルギーが化学エネルギーに変換されて有機物に蓄えられる。有機物は【　1　】である魚類等の動物によって使われ，遺がいや排出物は【　2　】である菌類や微生物によって利用される。この過程を通じて，化学エネルギーは【　3　】エネルギーとなって生態系外に放出される。

生態系ごとの<u>現存量や純生産量</u>ⓐは，それぞれの生態系ごとに大きく異なる。このうち，水域における純生産量を決めるのは光と栄養塩類であり，<u>補償深度</u>ⓑの上と下では，物質生産の状況は大きく変わる。湖沼や海域で栄養塩類の濃度が高くなることを<u>富栄養化</u>ⓒといい，人間活動にともなう急速な富栄養化の進行によって，湖沼や海域におけるさまざまな問題が引き起こされている。

人間活動に伴う生態系への影響としては他に，大規模な森林の破壊や温室効果ガスの排出増加など，<u>地球規模での環境の変化</u>ⓓに繋(つな)がるものもあり，それにより生物の生育状況や生息環境が変化してきている。<u>その変化に対応できない生物が絶滅</u>ⓔして，<u>生物の多様性</u>ⓕが低下する危険性がある。また，人間の活動によって本来の生息場所から別の場所へ持ち込まれ，その場所に住み着いた生物によって生態系がかく乱されたり，<u>生態系のバランス</u>ⓖが崩れたりすることなどが懸念されており，生物の多様性の保全の重要性が高まっている。

問1　文章中の空所【　1　】～【　3　】に当てはまる語句として最も適当なものを，次の中からそれぞれ一つずつ選びなさい。

空所【　1　】は，解答番号 37
空所【　2　】は，解答番号 38
空所【　3　】は，解答番号 39

① 消費者　② 生産者　③ 電気
④ 熱　⑤ 光　⑥ 光飽和点

⑦ 光補償点　　⑧ 被食者　　⑨ 分解者

問２　文章中の下線部ⓐ「現存量や純生産量」に関する記述として適当でないものを，次の中から一つ選びなさい。なお，以下の各生態系における現存量および純生産量は，単位面積当たりの乾燥重量で示されているものとする。

解答番号 40

① 海洋の純生産量は森林より大きい。
② 森林の現存量は生態系の中で最も大きい。
③ 森林の純生産量は砂漠よりも大きい。
④ 海洋の純生産量は浅海域で大きく外洋域では小さい。

問３　文章中の下線部ⓑ「補償深度」は，水域において光合成量と呼吸量が一致する水深である。図１には，ある水域のある地点でのそれらの関係を示す。この図に関して，次の小問（(ア)，(イ)）に答えなさい。

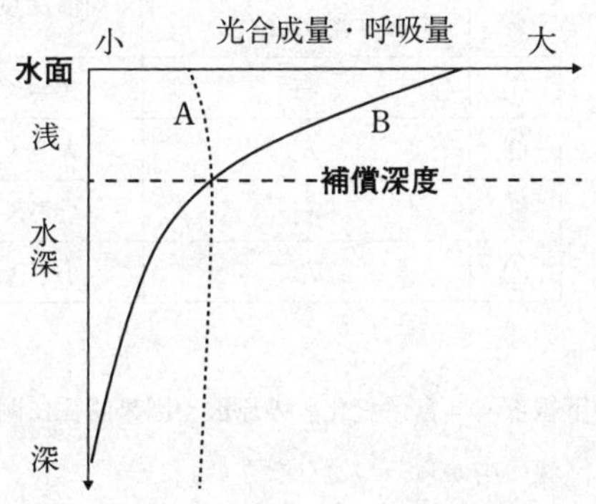

図１　光合成量・呼吸量と補償深度の関係

(ア)　図１中の点線Ａと実線Ｂは，それぞれ光合成量，呼吸量のいずれを示しているか。また，呼吸量についてはどのような生物の呼吸量か。それらの組合せとして最も適当なものを，次の中から一つ選びなさい。

解答番号 41

	点線A	実線B
①	生産者の光合成量	消費者の呼吸量
②	生産者の光合成量	生産者の呼吸量
③	生産者の光合成量	生産者と消費者の呼吸量の合計
④	消費者の呼吸量	生産者の光合成量
⑤	生産者の呼吸量	生産者の光合成量
⑥	生産者と消費者の呼吸量の合計	生産者の光合成量

（イ） 図1の地点において，水面上部に木の枝が張り出すなどして届く光の量が減った場合，「生産者の光合成量」を表す線は，図のどちら側に移動すると考えられるか。また補償深度は大きく（深く）なるか，小さく（浅く）なるか。最も適当な組合せを，次の中から一つ選びなさい。

解答番号 42

	「生産者の光合成量」を表す線の変化	補償深度の変化
①	右	大きくなる
②	左	大きくなる
③	右	小さくなる
④	左	小さくなる

問4 文章中の下線部ⓒ「富栄養化」の原因や因果関係に関する記述として適当でないものを，次の中から一つ選びなさい。

解答番号 43

① 窒素もリンも，富栄養化の原因となりうる。

② 栄養塩類が多量に流入する海域で，プランクトンの異常な増殖が起こることがある。

③ 栄養塩類が多量に流入する淡水の湖で，プランクトンの異常な増殖が起こることがある。

④ 海洋の沿岸域では，河川などから栄養塩類が供給される。

⑤ 湖沼の富栄養化は，人間の影響がなければ起こらない。

問5 文章中の下線部ⓒ「富栄養化」の影響に関する記述として適当でないものを，次の中から一つ選びなさい。

解答番号 44

① 富栄養化した海域では，アオコ（水の華）が発生しやすい。
② 湖沼や海域の水面近くで植物プランクトンが大増殖すると，光が水中を透過しにくくなる。
③ 富栄養化した湖沼では，生産層における物質生産が増加する。
④ 富栄養化した湖沼で大増殖した植物プランクトンの遺がいが分解されると，多量の酸素が消費されるので水中では酸素が減少する。
⑤ ある種の植物プランクトンが大増殖すると，それが魚類のえらに付着して窒息死させることがある。
⑥ ある種の植物プランクトンが大増殖すると，有毒な物質を産生して魚類に被害が生じることがある。

問6 文章中の下線部ⓓ「地球規模での環境の変化」について，次の中で温室効果ガスがもたらす影響として適当でない内容の記述を，次の中から一つ選びなさい。

解答番号 45

① 地球表面から放出される赤外線を，大気が吸収する量が増える。
② 海水が膨張し海水面が上昇する。
③ 海水温が上昇して，サンゴ礁の生態系のバランスが乱れる。
④ 世界の平均気温は，この100年間で約10℃も上昇している。

問7 文章中の下線部ⓔ「その変化に対応できない生物が絶滅」に関連して，個体数が少なくなり，近親交配が起こる確率が高まる場合について考える。近親交配がより起こるようになると，出生率，死亡率，個体群の絶滅のしやすさは一般にどうなるか。組合せとして最も適当なものを，次の中から一つ選びなさい。

解答番号 46

	出生率	死亡率	個体群の絶滅のしやすさ
①	低下	低下	低下
②	上昇	低下	低下
③	低下	上昇	低下
④	上昇	上昇	低下
⑤	上昇	上昇	上昇
⑥	低下	上昇	上昇
⑦	上昇	低下	上昇
⑧	低下	低下	上昇

問8　文章中の下線部ⓕ「生物の多様性」は，遺伝的多様性，種の多様性，生態系の多様性の３つのとらえ方ができる。次の表中の３つの事柄は，それぞれどの多様性ととらえるのが適しているか，最も適当な組合せを，次の中から一つ選びなさい。

解答番号 47

	琵琶湖にはプランクトンを食べる魚も，小さい魚を食べる魚も生息している	血液型が異なるヒトがいる	同じ水辺といっても，干潟，河川，湿原などさまざまなまとまりがある
①	遺伝的	種	生態系
②	遺伝的	生態系	種
③	種	遺伝的	生態系
④	種	生態系	遺伝的
⑤	生態系	遺伝的	種
⑥	生態系	種	遺伝的

問9　文章中の下線部ⓖ「生態系のバランス」の「バランス」が示すものの例として最も適当なものを，次の中から一つ選びなさい。

解答番号 48

① 各生物の活動量が一定に保たれていること

② 各生物の体内環境が一定に保たれていること

③ 生態系内での絶滅と進化で変化する種数が一定の範囲内で保たれていること

④ 小規模や中規模のかく乱が起こっても，かく乱された部分の回復が起こり大きな変動がないこと

⑤ 地球全体の生物の個体数の合計が一定に保たれていること

④ 妹の姫は、世にもまれなほど美しいということ。

問七　この文章の内容に合致するものを一つ選びなさい。
解答番号 27

① 右大将の御子の少将は、だんだん打ち解けてくれるようになった姉の姫の様子を見て、逢い初めた頃よりいっそうかわいらしく思った。

② 姉の姫は、「かれ行くほどのけしき」という不吉な言葉を詠み込んだ和歌を手習いの手本としたことを後悔し、嘆き悲しんだ。

③ 右大臣の少将は、宮中から帰宅なさる途中で姫の邸宅に立ち寄り、たいそう子どもっぽい様子の妹の姫をとても愛らしいと思った。

④ 右大臣の少将を左衛門尉の妻に紹介された妹の姫は、心をこめて右大臣の少将に手紙を書き送ったが、姉の姫にしかられてしまった。

問八　『堤中納言物語』と同じく「作り物語」に分類される作品を一つ選びなさい。
解答番号 28

① 『伊勢物語』　② 『大和物語』　③ 『平中物語』　④ 『とりかへばや物語』

④「しのぶ」は耐えるという意味で、少将が父親の暴言や妨害を我慢しているということ。

②「しのぶ」は耐えるという意味で、姫に今のつらい状況を耐え抜いて欲しいということ。

③「しのぶ」は思い慕うという意味で、少将が姫を思い続けているということ。

④「しのぶ」は思い慕うという意味で、姫が少将を思い続けているということ。

問五　傍線部⑤「見せたてまつりたまへば」の「たまへ」は誰に対する敬意を表す敬語ですか。最も適当なものを一つ選びなさい。

解答番号 25

① 大将の君

② 右大将の御子の少将

③ 姫君

④ 中の君

問六　傍線部⑥「しかじかなむおはする」の説明として最も適当なものを一つ選びなさい。

解答番号 26

① 二人の姫は、生活を支えてくれる人もなく心細く暮らしているということ。

② 二人の姫は、左衛門尉の妻をこよなく信頼しているということ。

③ 姉の姫は、今でも少将を愛しているということ。

問二　傍線部②「人のほど、口惜しかるべきにはあらねど、何かは、いと心細きところに」の解釈として、最も適当なものを一つ選びなさい。

解答番号 22

① 姫君の品格や身分に不足はないけれど、どうしてたいそう心細い様子で暮らす女性のところに通うのか。
② 少将の人柄や身分に不足はないけれど、どうして私のような貧しい者のところへ通われるのだろうか。
③ 世間の噂を気にしないわけでもないけれど、どうしてたいそう心細い様子で暮らす女性のところに通うのか。
④ 世間の噂はもう気にならなくなったけれど、どうして私のような貧しい者のところへ通われるのだろうか。

問三　傍線部③「思ひしことかな」の内容を説明したものとして、最も適当なものを一つ選びなさい。

解答番号 23

① 姫が求婚を拒否することは予想どおりだということ。
② 少将の来訪が絶えることは予想どおりだということ。
③ 病状が悪化していく原因は、恋に執着する自分の心のせいだということ。
④ 貧しさが増していく原因は、恋に執着する自分の心のせいだということ。

問四　傍線部④「常磐なる軒のしのぶを知らずしてかれ行く秋のけしきとや思ふ」は、植物の名の「しのぶ」を掛詞として用いています。掛けられている意味を説明したものとして最も適当なものを一つ選びなさい。

解答番号 24

（『堤中納言物語』による）

（注）　○二人ものしたまひし＝二人いらっしゃった。この文章では二人の姫の姉の方を「姫君」、妹の方を「中の君」と記す。　○若き人々＝姫君に仕える女性たち。　○いとせちに聞こえわたりたまひしかど＝たいそう熱心に求婚申し上げ続けたが。　○少納言の君＝姫君に仕える女性の名。　○二所＝二人の姫君。　○御帳＝ここでは御帳台（天蓋つきのベッドのようなもの）のこと。　○許しなく＝容赦なく。　○昼など、おのづから寝過ごしたまふ折＝泊まった日の翌朝、つい寝過ごしなさる折。　○など手習ひに馴れにし心なるらむ＝どうしてこんな歌など書きつけてみるのが習いとなってしまったのだろう。　○大将の君＝少将の父、右大将のこと。　○初瀬＝長谷寺のこと。現在の奈良県桜井市にある寺院。　○しのぶ＝しのぶ草のこと。常緑の多年草の一種。　○右大臣の少将＝右大臣の息子の少将。前出の「右大将の御子の少将」とは別人。　○按察使の大納言の御もとには＝本妻である按察の大納言の娘のもとには。　○強きよすがおはすなる人＝すでにれっきとした本妻があるらしい人。

問一　傍線部①「導ききこえてけり」の解釈として、最も適当なものを一つ選びなさい。

解答番号 21

① 少将が返歌のご催促だといっておこしになった。
② 少納言の君が少将をご案内申し上げてしまった。
③ 少納言の君の噂はそれとなく耳に入っていた。
④ 亡き父大納言がお導き申し上げたそうである。

忍び過ごしたまひしか、さすがにさのみはいかがおはせむ。さるべきに思し慰めて、やうやううちなびきたまへるさま、いとどらうたく、あはれなり。昼など、おのづから寝過ごしたまふ折、見たてまつりたまふに、いとあてに、らうたく、うち見るより心苦しきさましたまへり。

何事もいと心憂く、人目まれなる御住まひに、人の御心もいとたのみがたく、いつまでとのみながめられたまふに、四、五日いぶせくて積もりぬるを、「③思ひしことかな」と心細きに、御袖ただならぬを、われながらいつ習ひけるぞと思ひ知られたまふ。

　人ごころ秋のしるしのかなしきにかれ行くほどのけしきなりけり

「など手習ひに馴れにし心なるらむ」などやうに、うちなげかれて、やうやう更け行けば、ただうたたねに御帳の前にうち臥したまひにけり。

少将、内裏より出でたまふとておはして、うちたたきたまふに、人々おどろきて中の君起こしたてまつりて、わが御方へ渡しきこえなどするに、やがて入りたまひて、大将の君の、あながちにいざなひたまひつれば、初瀬へ参りたりつるほどのことなど語りたまふに、ありつる御手習ひのあるを見たまひて、

　④常磐なる軒のしのぶを知らずしてかれ行く秋のけしきとや思ふ

と書き添へて⑤見せたてまつりたまへば、いと恥づかしうて、御顔引き入れたまへるさま、いとらうたく児めきたり。

かやうにて明かし暮らしたまふに、中の君の御乳母なりし人はうせにしが、むすめ一人あるは、右大臣の少将の御乳母子の左衛門尉といふが妻なり。たぐひなくおはするよしを語りけるを、かの左衛門尉、少将に、「⑥しかじかなむおはする」と語りきこえければ、按察使の大納言の御もとには心とどめたまはず、あくがれありきたまふ君なれば、御文などねんごろに聞こえたまひけれど、つゆあるべきこととも思したらぬを、姫君も聞きたまひて、「思ひのほかにあはあはしき身のありさまをだに、心憂く思ふことにてはべれば、まことに強きよすがおはすなる人を」など、のたまふもあはれなり。

くなど、写真の発明は、単なる技術的革新にとどまらず、私たちのものの見方や評価の仕方にまで大きな影響を与えている。

④　写真や映画を手本とし、対象をあるがままに描き出すことをリアルな芸術表現と考えている作家たちは、ドガやトルストイが追求したような、深い人生観や物語的な心理描写がもたらす別のリアリズムの可能性についてあまり自覚していない。

〔三〕　左の文章を読んで、後の問いに答えなさい。

大納言の姫君、二人ものしたまひし、まことに物語に書きつけたるありさまに劣るまじく、何事につけても生ひ出でたまひしに、故大納言も母上も、うち続きかくれたまひにしかば、いと心細き古里に、ながめ過ごしたまひしかど、はかばかしく御乳母だつ人もなし。ただ、常にさぶらふ侍従、弁などいふ若き人々のみさぶらへば、年に添へて人目まれにのみなり行く古里に、いと心細くておはせしに、右大将の御子の少将、知るよしありて、いとせちに聞こえわたりたまひしかど、かやうの筋はかけても思しよらぬことにて、御返事など思しかけざりしに、少納言の君とて、いといたう色めきたる若き人、何のたよりもなく、二所御とのごもりたるところへ、①導ききこえてけり。もとより御志ありけることにて、姫君をかき抱きて、御帳のうちへ入りたまひにけり。思しあきれたるさま、例のことなれば書かず。

おしはかりたまひにしも過ぎて、あはれに思さるれば、うち忍びつつ通ひたまふを、父殿聞きたまひて、「②人のほど、口惜しかるべきにはあらねど、何かは、いと心細きところに」など、許しなくのたまへば、思ふほどにもおはせず。君も、しばしこそ

③　チェホフのいうリアリズムは、対象の見た目を忠実に描き出すこと以外の何ものでもないということ。

④　カメラの技術しか知らないチェホフの描写は、映画などに比べて正確性に欠けるということ。

問七　傍線部⑤「言語による表現の純化」の説明として、最も適当なものを一つ選びなさい。

解答番号 19

①　ある事柄や対象に関して考察を深めたり論述を重ねたりというように、言葉ならではの表現の世界を追求すること。

②　ある事柄や対象に関して筆者自身が感じ、考えた内容をふまえて、表現を個人的で内面的な方向に深化させること。

③　ある事柄や対象に関して筆者が分析し、考察した内容を述べることで、作品を作家の人生経験を表現する場にすること。

④　ある事柄や対象に関して精緻な表現を積み上げることで、可能な限り言葉による客観的で細かな説明を心がけること。

問八　この文章の内容に明らかに合致しないものを一つ選びなさい。

解答番号 20

①　筆者は旅行中に、カメラをなくすことで、むしろものを自由に見る力が自分に戻ってきたという感触を得たが、この逆説的な経験は筆者に、一体ものをリアルに描くとはどういうことなのか、という問題を改めて投げかけることになった。

②　カメラや映像のリアリズムは文学や絵画のそれとは違うが、科学がもたらす技術はあくまで表現のための手段である以上、どちらのリアリズムが優れているかを議論する必要はないし、ましてや芸術家がことさらに技術を敬遠する必要もない。

③　視覚的な情報が多く掲載された歴史本がもてはやされ、多くの小説家が最初から映像化されることを期待して作品を書

問四　傍線部③「対象と網膜との間に、色彩を荷う光の波の他に何物の介在も許すまいとした」の説明として、最も適当なものを一つ選びなさい。

解答番号 16

① 画家は、対象を捉える際に、専らそれが自分にどう見えたかということだけを気にかけるべきだということ。

② 画家は、カメラの観察力を模範として、対象の細かな動きや変化をも作品に反映させるべきだということ。

③ 画家は、対象が光や色彩の印象として与えてくれるリアリティの意味をもっと深く考えるべきだということ。

④ 画家は、古典的な文学作品にモチーフを求めるのではなく、戸外に出て自然と直に触れ合うべきだということ。

問五　空欄 a ～ d のいずれかに、次の括弧内の一文が入ります。挿入すべき位置として最も適当なものを一つ選びなさい。

解答番号 17

〔写真師は芸術家になりたくなる。〕

① a　② b　③ c　④ d

問六　傍線部④「チェホフは写真師にすぎない」の説明として、最も適当なものを一つ選びなさい。

解答番号 18

① チェホフは文学者の領分を超えて、カメラの際限のない技術発達を追いかけているということ。

② 表現上のテクニックにこだわるチェホフには、文学者として大切な人生観が欠落しているということ。

問二 傍線部①「馬鹿野郎」とありますが、今日出海がこう言った理由を説明したものとして、明らかにふさわしくないものを一つ選びなさい。

解答番号 14

① 小林秀雄が、露出計を回収するためにローマからルクソールに引き返すとでも言いたげな調子で声を発したから。

② 小林秀雄のピントのずれた反応に、露出計を紛失するという失敗への反省をまるで感じることができなかったから。

③ 簡単に取りに行ける距離でもないのに、すぐにでも露出計が取り戻せそうな口調で小林秀雄が答えたから。

④ 露出計を無くしたことも忘れて、客観的に事実を判定する歴史家を小林秀雄が気取っているように思えたから。

問三 傍線部②「執筆中の歴史の原稿を焼き捨てた」とありますが、ここからうかがえるローリの思いとして、最も適当なものを一つ選びなさい。

解答番号 15

① 目撃した内容を素朴に伝え合う日常的行為のほうが、言葉によって書かれる歴史報告よりも正確なのではないか、という思い。

② 歴史の専門家だからといっても、事実や出来事についてまとめ上げる技術が素人よりも高いわけではない、という思い。

③ 事実をそのまま捉えるという、歴史家に必要なリアリスティックな姿勢が、自分にはまだ欠けていたのではないか、という思い。

④ 事実や出来事を見ることとそれを報告することとは別物だと分かった以上、歴史家の仕事に意味などない、という思い。

すぎないと言った方がいい。通路が、科学的に整備されるのに、何の不都合があろうか。

（小林秀雄「写真」による）

（注）○露出計＝写真や映画の撮影において明るさを測定し、設定すべき光量（露出値）を割り出すための機械。○今日出海＝小説家、評論家。一九〇三～一九八四。○サー・ウォーター・ローリ＝エリザベス一世の寵愛（ちょうあい）を受けたイングランドの貴族、探検家。一五五四～一六一八。○モネ＝印象派に属するフランスの画家。一八四〇～一九二六。○ドガ＝印象派に属するフランスの画家。一八三四～一九一七。○モーパッサン＝自然主義を代表するフランスの作家。一八五〇～一八九三。○浪漫主義＝一八世紀末から一九世紀の初めにかけてヨーロッパで広まった精神的傾向。○トルストイ＝帝政ロシアの小説家、思想家。一八二八～一九一〇。○チェホフ＝帝政ロシアの小説家。一八六〇～一九〇四。○先入主＝先入観のこと。

問一　空欄 [A] と [B] を補うのに最も適当な組み合わせを一つ選びなさい。
解答番号 [13]

①　A　にがにがしい　　B　わくわくした
②　A　いまいましい　　B　さばさばした
③　A　なれなれしい　　B　はればれした
④　A　そらぞらしい　　B　のびのびした

逆に、カメラの技術の発達の側から言えば、対象の正確な映像を自在に得ることができる段階まで来ると、当然記録を越えて審美的要求にも応じたいということになる。[c] この必然の傾向が、ついに映画という新芸術を生んだことは言うまでもない。この芸術はまだ若い。長い芸術の歴史から見れば、たった今始まったばかりのものであり、このさきごく短い期間にさえ、その表現能力にどのような変化が待ち受けているか、ほとんど予想もできないものである。[d] したがって、もっと若い写真美学に至っては、まだ手もつけられていないと言ってもいいくらいのもので、この新芸術を先入主なく感受し、判断することはなかなかむずかしいのである。

（中略）

写真術の発達が、肖像画家の商売をほとんど絶滅させたというようなはっきりした影響は、文学の世界には見られないが、それでもカメラの視覚像による表現の万能は、文学者、特に小説家には大敵となった。事物の客観的な描写においては、小説はとうてい映画の敵ではない。このことをよく自覚した小説家は、感覚的な映像を喚起する描写的表現に頼らず、分析や判断の力で、直接読者の精神に訴える道を選ぶようになった。映画という大敵が現われたために、優れた小説は、かえって⑤言語による表現の純化の道を行くようになったわけだが、大多数の小説家は、映画と小説とに共通した物語性という世界に安住し、映画の表現力に媚び、これに屈従し、後で映画化されるのを目当てに書いている。

美学者の間では、写真は芸術と言えるかという議論もあるが、写真が現実に新しい感動を人々の間に呼び覚まし、これが芸術という言葉の意味を変えて行く力を持っているなら、そういう議論も空しいであろう。なるほど、写真芸術の表現過程は、カメラの全く非人間的なメカニズムに基づく。しかし、この言葉は曖昧である。表現力を持っているのは、カメラを扱う人間であって、カメラではない。カメラは、人間的にも非人間的にもおよそ表現力など持ってはいない。たとえば、ピアノの表現力などと人は言うが、表現力という言葉の乱用にすぎない。ピアノというメカニズムは、演奏者の表現力と聴衆との間に介在した通路に

起こったのと時を同じくしている。もちろんこの新しい発明から直接に強く影響されたのは、画家の仕事だった。印象主義の画家の運動がめざしたところは、言うまでもなく、文学的な観念によって曇った視覚の純化というものにあった。③対象と網膜との間に、色彩を荷う光の波の他に何物の介在も許すまいとした。もちろん、モネは、カラー・フィルムを知らなかったが、彼が、理論上想い描いていたのは、純粋に色彩を感受するカメラだったのであろう。

ドガは、カメラに熱中し、カメラが示す新しい観察力をはっきり知った、おそらく最初の画家であった。この物の形や動きの執拗な追求者は、かける馬の脚や、飛ぶ鳥の羽の運動について、カメラの教えるところに驚嘆した。しかし写真術の普及の影響は、あくまで外的なものにとどまり、文学者や画家の仕事の中心部まで達する性質のものではなかった。カメラのリアリズムは、文学や絵のリアリズムと表面で触れ合っただけだ。リアリズムという言葉は同じでも、意味がまるで違うからである。前者は、純然たる実験科学の成果であるが、後者は一種の人生観を意味する。モーパッサンやモネのリアリズムは、浪漫主義の人生観の反動として取り上げられたリアリスティックな考え方というにすぎないのだから、歴史の大勢に順応して大多数の芸術家が、この考えを取り上げるとしても、自分は別の考え方をするという芸術家が現われても誰も文句のつけようはない。ところが、カメラのリアリズムは歴史的なあるいは個人的な条件次第で、人間がかってに取捨できるというものではない。このリアリズムは科学が始まって以来、一貫して揺るがず、その一筋の進歩はおそらく限界のないものである。

この相違は、やがて歴史の上で誰の眼にも明らかになる。文学や絵画のリアリズムは、行くところまで行くと反省期に入った。[a] 小説家も画家も、ひたすら外物の観察に向けていた眼を、内部に向けるようになるのだが、反省とか反動とかいうことが元来無意味なカメラのリアリズムは、いよいよ精緻になる対象の模倣に向かって直進する。[b] トルストイがチェホフのリアリズム小説を評し、④チェホフは写真師にすぎないと言ったのは有名な話であるが、リアリズムを信奉しなくなった画家の間でも、あの絵かきは写真屋にすぎないということが言われるようになる。

じ窓から眺める同じ事件を撮影させておいたとして、後日このカメラの報告するところと、視覚に基づく言葉による彼自身の報告とを比較してみたら、おそらく、彼はわれとわが眼を疑ったことであろう。

これは歴史的事実であって、作り話ではないということをよく歴史家は言われるが、そういう言葉の意味合いでも、写真の発明によって大きく変わってくる。近頃は「目で見る日本史」とか、「目で見る西洋史」とかいう本も出版されて、歴史的事実の客観性に関し、文献的史料の価値も、著しく変わってきている。噂話もまた聞き話も当てにならないのはいいとして、目撃者の話も、カメラの明かす真実に比べれば、いい加減なものだということになると、歴史家は、写真に撮った史料でなければ、他はみんな信用するに足りない、と言い出すかもしれない。

さて、話は前に戻るが、ローマでぶらぶらしているうち、ある日、今度はカメラをどこかに置き忘れた。たぶん、タクシーの中であろうが、カメラがカメラを撮影するという奇跡は起こりえないから、今もってこれはどこだかわからない。どうせ二つともなくすのなら、カメラの方を先になくせば、露出計は俺がもらっておいたのに、と今君は言った。私は、べつだんがっかりもしなかった。それどころか、今までよくもったものだ、と感心した。そういう心理の動きは、私のようによく物をなくす人間には、習慣上備わっているものだ。ところがカメラをなくしてみて、意外な発見をした。実は、カメラなぞ私には邪魔だったのである。われながら小まめにパチパチ写していた間は、結構楽しかったのであるが、カメラがなくなってみて、こう［ B ］気持ちになるところをみると、ただ楽しかったような気がしているだけの話だったに相違ない。私には心の奥底で、カメラのメカニズムに屈従するのが、いつも気に食わなかったのかもしれない。いずれにせよ、首根っこからぶら下がった小さな機械が紛失したおかげで、私の視力は、一度失った気持ちのよい自由感を取り戻したという感じは、たいへん強いものであった。このことは、私に文学の仕事の上でのリアリズムという言葉の意味について、今更のようにいろいろのことを考えさせた。

写真はフランスで発明され、写真術の普及もまずフランスで始まったのだが、それは文学や絵画の上でのリアリズムの運動が

2024年度 1月29日 前期日程 国語

〔二〕 左の文章を読んで、後の問いに答えなさい。なお、本文は一九五八年に発表されたものです。

私は、持物(もちもの)をどこかに置き忘れる癖があって、たとえば帽子でも傘(かさ)でも、いくつ買ってもむだなのである。カメラと露出計(ろしゅつけい)を持って旅行に出かけるのを見て、家内は、どうせ持って帰りはしない、請合(うけあ)っておく、と言った。彼女の予言は、[A]が的中した。まず露出計が、ある日エジプトのルクソールのホテルで、姿を消した。どこに置き忘れたかわからない。もっともわかるくらいなら紛失もしまい。ところが、これが後日判明した。エジプトからギリシアにまわり、ローマでゆっくりしている間に、それまで撮った写真を現像させてみたところ、ルクソールの沙漠(さばく)の中の廃墟(はいきょ)で、同行の今日出海(こんひでみ)君を写したもののなかに、露出計が見つかった。彼の傍(そば)の石の上に、はっきり写っていたのである。その日、写真を撮ったのはそこが最後で、二人はそこからまっすぐホテルに帰り、私は露出計の無いことに気がついたのであるから、置き忘れた場所は、まさに、その石の上であったことに間違いはない。写真を眺(なが)めて、ヤッ、ここにあった！ と大きな声を出した私の顔を、今(こん)君は見て、①馬鹿野郎、と言った。何もローマから取りに行きたいと言うのではない。私が大声を発したのは、事実を確かめえた歴史家としての喜びを表(あら)わしたにすぎないのである。つまらぬ冗談をいうと人は笑うであろうか。

サー・ウォーター・ローリが、ある日、窓から下に起こった町の出来事を見ていた。同じ出来事を他のある目撃者が、自分の見たところとは全く違った報告をするのを聞き、②執筆中の歴史の原稿を焼き捨てたという有名な話がある。エリザベス時代は、もちろん写真というものはなかったが、もし、彼がカメラの存在を知っていたとしたらどういうことになったろう。この神経過敏な歴史家は、とても原稿を焼き捨てるどころではすまなかったろう。複雑で重大な歴史事件は、人によりさまざまな異なった解釈を生む。そんなことは、おそらくローリはよく承知していたが、ごく単純な町の出来事に関する、何の解釈も加えぬ、ただ見たがままの報告が、まるで異なっているという事実がローリを驚かせた。しかし、彼が十六ミリの撮影機でも持っていて、同

問九　この文章の内容に明らかに合致しないものを一つ選びなさい。

解答番号 12

① 出来事の展開を時間的に配列することなくある瞬間の美的感情やムードを表すという点においては、絵画であろうと詩であろうと大きな違いはない。

② 小説と詩は異なる原理を持つ芸術だが、時間的経過が含まれた小説を、その経過を超えた視点から捉えられた詩や俳句のように書くことは十分可能である。

③ レッシングは文学の本質を時間的な経過に見たが、例えば漢文学における詩文は、そこに切れ目を入れる非連続性においてレッシングのいう文学とは異なる。

④ 夏目漱石の『草枕』はプロットのない小説を実践しようと試みたが、そもそも小説はプロットなしには成立しないので、とくに後半部分でその試みは失敗することとなった。

③ 近代的な人間主観に引き継がれていった神の視点から、物語を客観的に語っていく眼差しのこと。

④ 作品のプロットから離れたところから、瞬間的に生起する特定の場面を絵画的に切り取っていく眼差しのこと。

問七 傍線部④「自然派」とありますが、漱石の考える「自然派」の特徴を説明したものとして、最も適当なものを一つ選びなさい。

解答番号 10

① 人生の意味を語るための文学としては写生文と同じだが、それを一句に切り詰めて語るという点では写生文と異なる。

② 本来は一句にまとまらないはずの人生をできるだけ一句に縮めて語ることで、純粋なリアリズムを実現しようとする。

③ 人生の全体をあらためて語り直すのではなく、それを一句に集約して語ることでなんらかの意味が生み出されてくる。

④ 人生とは何かと問われた際に回答をしやすくするために、その意味をできるだけ分かりやすく整理して示そうとする。

問八 傍線部⑤「だらしない自然のリアリズム」を説明したものとして、最も適当なものを一つ選びなさい。

解答番号 11

① 統一された意味を構成するよりもでたらめな筋を構成しようとすること。

② 元来まとまりのないものをまとまりのないままに写生しようとすること。

③ 人情を持ちつつ眺めることで自然を流れのままに描写しようとすること。

④ 余計な筋を取り払うことで人生や自然を気ままに記述しようとすること。

れを含むかたちで作られた小説とは異なる価値を持つという漱石の考え。

③　文学に含まれている時間は彫刻や絵画よりも範囲が広いものであるとするレッシングの議論を引き継ぎつつも、そうした時間性をさらに俳句や短歌のような短詩系文学に応用しようとする漱石の考え。

④　小説や俳句などの文学は時間を表現のなかに取り込むという点で他の空間芸術とは異なるが、そうした作中の時間的経過を度外視すれば、絵画や彫刻に近い原理を持つものとしても理解できるという漱石の考え。

問五　傍線部②「この小説は、そのような可能性を確認する実験だった」とありますが、なぜそう言えるのですか。その理由として最も適当なものを一つ選びなさい。

解答番号 8

①　『草枕』は小説であるのに、詩的な語りの視座から書こうとしたから。

②　『草枕』は絵画的であるのに、時間的なプロットに基づいて綴ろうとしたから。

③　『草枕』は俳句的であるのに、物語の展開のプロセス全体を眺める神の目から語ろうとしたから。

④　『草枕』は文学であるのに、絵画や彫刻と同じように時間的経過を含む芸術として作ろうとしたから。

問六　傍線部③「非人情」を説明したものとして、最も適当なものを一つ選びなさい。

解答番号 9

①　物語の全体を俯瞰（ふかん）することができる位置から、人情をあえて排してプロットを冷静に語っていく眼差（まなざ）しのこと。

②　事件の発展をフォローできる地点から、俳句のようにそれぞれの場面を瞬時に捉えていく眼差しのこと。

問二　空欄 a ～ d のいずれかに、次の括弧内の一文が入ります。挿入すべき位置として最も適当なものを一つ選びなさい。

解答番号 5

〔そもそも「文学」とはなんなのか。〕

① a　② b　③ c　④ d

問三　空欄 A と B を補うのに最も適当な組み合わせを一つ選びなさい。

解答番号 6

① A むろん　B 例えば
② A また　B 一方で
③ A つまり　B その結果
④ A だが　B 要するに

問四　傍線部①「こうした見解」を説明したものとして、最も適当なものを一つ選びなさい。

解答番号 7

① 西洋の文学を時間的な非連続性のもとに捉えようとするレッシングの議論に対して、俳句はその点で決して劣っていないとする漱石の考え。
② 俳句や短歌のように瞬間的に時空を切り取る文学はどちらかといえば絵画や彫刻に近いところがあり、それは時間の流

一〇。　○プロット＝ストーリー上の出来事の因果関係。小説などの筋のこと。　○窈然＝奥深くて、かすかなさま。　○把住＝物事をとらえ、とどめおくこと。　○「余が草枕」＝一九〇六年に発表された、漱石自身による『草枕』の解説。　○life＝人生。生命。　○作物＝つくったもの。とくに文学・美術上の作品のこと。　○reduce＝縮める。切り詰める。　○represent＝表す。示す。　○representation＝再現。表象。　○genuine＝純粋な、という形容詞を名詞的に使っている。　○エッセイ「写生文」＝一九〇七年に発表された漱石の随筆。

問一　傍線部㋐～㋓にあたる漢字を、次の各群のうちから一つずつ選びなさい。
解答番号 1 ～ 4

㋐ ジチョウ　1
① 懲
② 重
③ 嘲
④ 張

㋑ カイギ　2
① 懐
② 怪
③ 解
④ 塊

㋒ ムボウ　3
① 防
② 暴
③ 望
④ 謀

㋓ ハタン　4
① 短
② 嘆
③ 綻
④ 端

自然は存外まとまらぬものである。だらしないものである。之(これ)をまとめたがるのが人情である。従って此(この)人情を満足させる時には不自然になる事がある。

元来自然には統一的意味などありはしない。それを与えるのは人間の側、すなわち「人情」であり、それゆえこうした意味を措定しているのは、「筋のないところに筋」を虚構することとして、不純なリアリズムに陥る、というわけだ。⑤「だらしない自然のリアリズム」とでもいうべき、こうした考え方は、私的なメモだけでなく、公表されたエッセイ「写生文」のなかにも顔を覗(のぞ)かせる――

筋とは何だ。世の中は筋のないものだ。筋のないものの内に筋を立てて見たって始まらないじゃないか。

（伊藤徹『《時間(とき)》のかたち』による）

（注）○漱石＝夏目漱石。小説家。本名、夏目金之助。一八六七～一九一六。○『草枕』＝一九〇六年に発表された漱石の小説。○徳冨蘆花＝小説家。一八六八～一九二七。○『不如帰』＝一八九八年から一八九九年にかけて発表された蘆花の小説。○尾崎紅葉＝小説家。一八六八～一九〇三。○『金色夜叉』＝一八九七年から一九〇二年にかけて発表された紅葉の小説。○『文学論』＝一九〇七年に発表された、漱石が一九〇三年から一九〇五年まで東京帝国大学英文科で行った講義の記録。○ゴットフリート・エフライム・レッシング＝ドイツの詩人、劇作家、思想家、批評家。一七二九～一七八一。○捨象＝事物や表象から特定の側面や性質を排除すること。○正岡子規＝俳人、歌人。一八六七～一九〇二。○トルストイ＝帝政ロシアの小説家、思想家。一八二八～一九

もあるのだが、小説がプロットを本質とするならば、それはムボウな試みといわざるをえないし、実際それはハタンに導かれた。すなわち「プロットのない小説」を目指したはずのこの小説もまた、結局のところプロットの侵入を免れなかったし、とりわけ後半那美の従弟・久一の登場を合図にその支配は強まった。だが、なぜ漱石は、失敗を承知で実験を試みたのだろうか。行為は必ずしも、単一の理由で起こるとは限らないが、その一つは、リアリズムに関する彼独特の考え方にあったと私は推測する。私たちは、漱石が残した或る断片のなかに、この考え方の表現を見出すことができる。

その断片は一九〇七年もしくは一九〇八年に書かれたものと推定されているから、『草枕』（一九〇六年）執筆からそれほど時を経ていないものだが、そこで彼は、当時日本の文壇で脚光を浴びていた自然主義を念頭に置きながら、次のように書きつけている――

④自然派ハ life ハコンナモノダト教ヘル。コンナモノトハドンナ者デアルカト人ニキカレタトキハ又ハ自分デ聞イタトキ作物全体ヲ繰リ返サ〔ナ〕クテハ返事ガデキヌノハ不便デアル。従ツテ自然ノ傾向トシテ彼等モ一句ニ reduce スルコトノ出来ル様ナ life ヲ represent スル。

サウスルト作物ノ下ニ意味ガ出来テクル。是ガ写生文ト自然派トノ差ニナル。……写生文ハ人生ノ一句ニマトマラヌ代リニ真ノ representation デアル genuine デアル。

要するに、自然主義が出来事を描きつつ、それを統一するような意味を作ってしまうのに対して、「写生文」は、そうした意味を構成しないから、本当の再現ができるのであり、それこそが純粋なリアリズムなのだ、と漱石は考えている。なぜ genuine、純粋なのか。同じ頃のもう一つ別な断片には、こうある――

もし詩が一種のムードをあらわすに適して居るとすれば、此ムードは時間の制限を受けて、順次に進捗する出来事の助けを藉らずとも、単純に空間的なる絵画上の要件を充たしさえすれば、言語を以て描き得るものと思う。

B

「順次に進捗する出来事の助け」を借りる、すなわちプロットに基づく小説とちがい、詩は絵画と同じように、「窈然として同所に把住する趣」、つまり奥深い静けさに包まれたまま動かないような美的感情を言語化することができる。漱石は、自らの解説「余が草枕」で、この小説を「世間普通でいう小説とは全く反対の意味で書いた」といい、「唯だ一種の感じ――美しい感じ」を残すもの、「プロットも無ければ、事件の発展もない」ものとして、これを構想したと語っているが、彼自身「絵画的小説」、あるいは「俳句的小説」とも呼んだ『草枕』に込められていたのは、文学のこうした可能性についての考え方であり、②この小説は、そのような可能性を確認する実験だったのである。

『草枕』執筆のこのような動機に目をやったとき、③「非人情」の空間がもつ意味を、「西洋に対抗する東洋」といった図式を超えて、さらに立ち入って考えることへと導かれる。「非人情」という避難所は、小説のもつ「時間的経過」もしくはプロットに対比して、「絵画的」あるいは「俳句的」と特徴づけられるわけだが、この対比は、文学空間の内にある者、すなわち語りの主体の位置のちがいをも反映している。（中略）俳句に代表される前者において、人が瞬間的に開かれる時空の内に立つのに対して、後者の語りは「事件の発展」をフォローすることができる位置、つまりプロセス全体を眺めうる地点に立って、これをプロットとして綴る。この視座は、時間的経過を超えたもの、いってみれば、近代的な人間主観に引き継がれていった神の目である。してみると『草枕』の下図を構成する「非人情」対「人情」は、自らを瞬間的な時空の内に見出すのか、それともこれを超えたものとして考えるのかという時間イメージ上の対立でもあることになる。

漱石は『草枕』で、詩的な語りの視座を以って小説を書こうとしたのであり、それがこの小説を「実験的小説」と呼ぶ理由で

学の教育のなかで育ってきた自分は、漢詩文の美感を享受することができるのに対して、英文学の場合、それを心から楽しむことができない。自分としては、けっして勉強に費やした時間と労力とが足らなかったとは思わない。そうだとしたら、そもそも漢文学における文学と英文学における文学とは、同じ「文学」といっても異なるのではないか。［ c ］

孤独がもたらす神経衰弱に苦しみつつ、この問いに立ち向かおうと研究を開始した漱石は、『草枕』執筆に動機を与えたと思われる一つの見解に辿(たど)り着く。それは当時の日本の知識人にヨーロッパ的文学観を代表するものと受け止められていた、ゴットフリート・エフライム・レッシングのそれに対する異論でもある。レッシングは、絵画や彫刻などを空間芸術と規定する一方、文学の本質を時間的経過に見た。［ d ］それを念頭に置きながら、漱石は次のように考える——文学は「時間」を表現のなかに取り込みうる点で、絵画や彫刻より範囲が広いけれども、時間を捨象した一時的な叙述や即興的な抒情詩(じょじょうし)のように、絵画や彫刻に近いところもある。そのような時間的経過に切れ目を入れる非連続的文学としては、和歌、俳句、漢詩が挙げられよう。

［ A ］多くの人は、文学が現実の描写であり、現実が時間的なものである限り、文学もまた時間的経過を含まねばならないと思っており、その結果和歌などの断片的文学よりも、出来事の展開を時間的に配列して語る大小説の方が優れていると考えている。しかし——と、ここで正岡子規の親友であり、自身優れた俳人でもあった漱石は、自らの異論をぶつける——

「含まれたる時間の長きは決して其(その)作品の価値を定むるもの」ではない。

俳句や短歌のような短詩系文学が、長大な長さを誇る小説に対して劣っているとはいえないのではなかろうか。

「大小説」といえば思い浮かぶ、トルストイを尊敬していた徳冨蘆花との違和を表明した『草枕』のなかに、私たちは①こうした見解に対応する箇所を見出(みいだ)すことができる。主人公である画家は、こういう——

国語

（六〇分）

解答範囲は、解答番号 [1] から [28] までです。

〔一〕 左の文章を読んで、後の問いに答えなさい。

漱石のいう「個性」が安らぎをうる避難所は、『草枕』の場合、「東洋的詩歌」としてイメージされている。それは西洋由来の小説が与えるものではない。[a]「人情」の世界での喜怒哀楽に七転八倒（しちてんばっとう）するものとして、漱石が（中略）引き合いに出したのが、徳冨蘆花『不如帰』や尾崎紅葉『金色夜叉』だったが、それら当時の人気小説は、ともに西洋近代の影響を受けている。だからといって、事態を「東洋対西洋」という、ありきたりの図式にもち込んでも、なにも始まらない。なるほど彼は、『草枕』を「俳句的小説」とも呼んだが、その背景には、単にロンドンで著しく進んだ近代文明に出会って魂消（たまげ）たということに尽きない、文学上の煩悶（はんもん）がある。

漱石『文学論』は、「狼群（ろうぐん）に伍（ご）する一匹のむく犬」と㋐ジチョウした、英文学研究者・夏目金之助のロンドン時代の苦悶の回想でもあるが、その根本問題は、文学概念の普遍性への㋑カイギだった。[b] 彼はこう考える——東洋的文学、とりわけ漢文

解答編

英語

I　解答

1―③　2―④　3―①　4―②　5―②　6―④
7―①　8―②　9―③　10―④　11―②　12―①
13―③　14―①　15―③

全訳

《ラッコが道具を使って獲物を食べる方法について》

1　二枚貝とウニならごちそうになるだろう。――もし，あなたがそれらの殻を開ける方法を知っていたらだが。幸いにも，ラッコにはこの術がわかっていた。異なる3種類のラッコが道具を使って固い貝殻で覆われた食べ物を開けられることが知られている。通常は，彼らは石を見つけ，あおむけになって浮きながら胸の上で石と二枚貝をぶつける。彼らはもっと創作的な手法を取るときもある。「かなり重いガラス製の古い瓶を使ったラッコがいて，その方法がうまくいったのです」と生物学者のキャサリン＝ロールズは語る。「彼らは自分自身の鉤づめでカニを開けるのにカニのはさみを使うのです。それはこれらの固い殻で覆われた生物とラッコの争いのような感じです」 しかし，この注目すべき能力は遺伝子による先天的なものなのか，それとも後天的なものなのだろうか。

2　その問いはロールズによる最近の研究の背後にあるものだった。それを解明するために，研究者の一団が，ラッコが道具を使用するやり方とイルカが道具を使用するやり方を比較した。彼らは重要な違いをいくつか見つけて，ラッコが石を何百万年間も使い続けているかもしれないと示唆した。

3　水族館で育てられた親のいないラッコは，教えられていなくても道具を使うことを試してみるだろう。ということは，その行動が先天的なものであることを示唆している，とロールズは語る。しかし，すべての野生の成体のラッコが道具を使うわけではない。それで，ロールズは他の個体に比べて賢い個体が何か特別なものを共通してもっているかどうかを調べるために多くのラッコのDNAを比較しようと決めた。それから彼女は，道具を使うイルカの調査データとラッコの調査結果を比較し，これらの海洋動物がよく似た状況にあるのかどうかを調べた。

4　既知の42種類のイルカの中で，バンドウイルカだけが道具を使うと知られている。その種の中でも，オーストラリアのシャークベイの中の2つの湾に生息する比較的小さな集団のバンドウイルカだけが，砂利の多い海底にいる獲物を探すときに鼻を守るものとして，円すい状の海綿動物を鼻先に引っ掛けることを学んできた。

5　しかし，道具を使うイルカすべては遺伝子的な結びつきが強いが，獲物を開けるのに道具を使うことを好むラッコが実際は道具を使わないラッコと結びつきがないのと同様に，道具を使うラッコ同士の遺伝子的な結びつきが見られなかったことをロールズは発見した。彼女にとって，このことは驚きだった。「最初は，ラッコはイルカに似ていると私たちは考えていたのです」とロールズは語る。「私たちはその違いを説明する理由を考え始めて，その行動が行われてきた時代を徹底的に調査したのです」

6　イルカはごく最近になって道具を使い始めたと考えられている。2012年の研究では，道具を使う行動の割合は1頭のイルカから別の1頭（たいてい，母親イルカから子孫）に伝えられるということがわかった。たとえば，2つの湾のうちの1つでは，海綿動物を使うイルカの子孫のうち，雌イルカでは91％が海綿動物を使うようになるのに対して，雄イルカでは25％しか海綿動物を使わない。この調査結果から，科学者たちはその行動がどれぐらいの年数続いているものなのか逆算して知るのに役立つ数学上のモデルを構築できた。彼らは，イルカはおそらく海綿動物を道具として使うようになってからわずか200年だということがわかった。

7　それとは対照的に，ラッコはおそらく何百万年とは言わないまでも何十万年もの間，道具を使ってきた。科学者たちは，世界の様々な地域で3種類のラッコがすべて道具を使っているという理由からも，このことが正しいとある程度言える。そして，そのラッコのDNAを比較すると，同じ祖先から枝分かれした時期を大まかに推定できる。その研究によると，道具を使うラッコに含まれている遺伝子はおそらく十分な時を経て，すべてのラッコに広がったのである。バンドウイルカが海綿動物を道具として使い始めてあまり時間は経っていないので，そこまで広がることはなかった。

8 次の段階の1つは，道具を使うラッコの歴史を確認することだろうとロールズは語る。研究者たちは，道具を使っていた期間を確認するために古代のラッコの生息地と道具そのものの年代を推定できるようになるだろうとロールズは期待している。幸いにも，研究者たちにはラッコが道具を使ったかどうかを確認する作業はたやすい。「もしラッコが二枚貝を岩石でぶつけ続けていたなら二枚貝の見かけは違ったものになっているから」とロールズは語る。

解説

1. 第1段第1文（Clams and …）と第3文（Three different …）を読めば，この術とは，「貝殻からえさを手に入れる方法」だとわかる。したがって，③が正解。

2. 第1段最終文（But is …）を読めば，That は「ラッコが道具を使うのは自然の（遺伝的な）ことなのか，それとも経験によって得るものなのか」を指すことがわかる。したがって，④が正解。

3. 該当文を読めば，ラッコの道具使用の方法とイルカの道具使用の方法を比べていることがわかる。空所③には，the pattern of tool use in dolphins が入る。言い換えると that of dolphins になる。したがって，①が正解。

4. 第3段第2文（But not …）を読めば，野生の成体のラッコがすべて道具を使うわけではないとわかる。したがって，②の「道具を使う野生のラッコもいれば，使わないラッコもいた」ことが理由なので，②が正解。

5. 第3段第3文（So Ralls …）を読めば，「行動と遺伝子の関係性がラッコとイルカにおいて共通して見られること」があるかもしれないとロールズは考えたことがわかる。したがって，②が正解。

6. 該当文の内容を読めば，「研究者たちは，これまでの研究で1種類のイルカしか道具を使わないことがわかった」とわかる。したがって，④が正解。

7. 第4段第2文（Even within …）を読めば，文の流れから slide them over には put them on が近い意味になると考えられる。slide「～を滑り込ませる」 したがって，①が正解。

8． 第5段第1文（But while …）を読めば，この this は「道具を使うラッコ同士の遺伝子的な結びつきの強さが，道具を使うラッコと使わないラッコとの結びつきと大差なかったこと」を指していると考えられる。no (not) more *A* than *B* = not *A* any more than *B*「（主語が *A* でないことを強調するため *B* の例を示して主語は）*B* がそうでないのと同様に *A* でない」したがって，②が正解。

9． 該当文を言い換えれば，「彼らはラッコの行動がどれぐらい続いているのかについて関心を寄せた」と考えられる。したがって，③が正解。

10. at the rate「その割合で」 rate に使われる前置詞は at である。したがって④が正解。

11. 第6段第3文（For example, …）を読めば，「どのぐらいの数の子孫が道具を使う行動を採り入れるのかに関するデータ」であると考えられる。したがって，②が正解。

12. イルカとラッコの違いを述べている文の流れから，by contrast「それとは対照的に」がふさわしいと考えられる。したがって，①が正解。
by accident = by chance「偶然に」 by definition「明らかに」

13. 該当文を読めば，「たいていのラッコは道具を使うことにつながる遺伝子を共有していると考えられる」とわかる。したがって，③が正解。

14. 該当文を読めば，「ラッコが道具を用いてきた期間を求めるのに，学術的調査が助けになる」と考えられる。したがって，①が正解。

15. 最終段最終文（Fortunately, sea …）を読めば，「ラッコは開けた貝殻には明確な跡を残した」からだとわかる。したがって，③が正解。
make *A* easier for *B* の構文に注意。

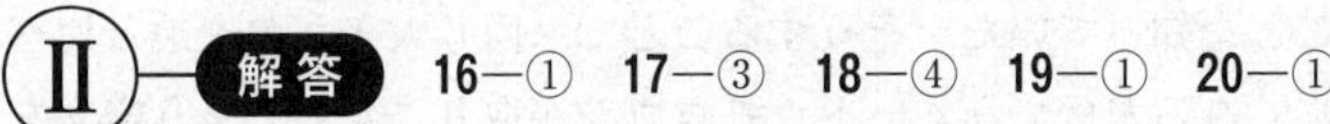

全訳

《北米先住民が移民を救った史実とは？》

1　イギリスからアメリカに最初に移住した人々は，北米での食糧事情の将来性を理解するのが遅かった。ニューイングランドの森は豊かな食糧源だった。森には，野生のカモや七面鳥がいて，野生のスモモやサクランボやあらゆる種類の木の実やベリー類が存在した。海や川にも魚が豊富にいた。

しかし，イギリスからアメリカに最初に移住した人々は，どんどん減っていく本国から持ってきた備蓄品でないものを食べることには全く乗り気でなかった。その備蓄品とは，塩漬けの牛肉・豚肉・魚，ビスケット，干しさやえんどう，干した豆類のことだった。彼らはたいてい，見慣れないがおいしい大地の果実をためしてみるぐらいなら飢え死にする方を選びたいと考えた。言い換えれば，最初の開拓民は豊富な食糧に恵まれている土地に来たのに，もう少しで餓死しそうになっていたのだ。

2 不運なことに，植民地住民はイギリスの小麦はニューイングランドの土壌や気候には合わないことがわかり，小麦は病気にかかって壊滅を繰り返した。ニューイングランドの気候という難題が原因ではなく，農民として経験不足が原因で，最初のさやえんどうの収穫にも失敗した。食糧の備蓄が減っていくにつれて，経験不足で準備も十分に整っていない移民の小集団の行く末は実に暗いものだった。

3 幸いにも，彼らを助ける人々が存在した。既に北米の先住民はヨーロッパ人より充実した食生活を送っていた。先住アメリカ人は2000種類ほどの食べ物をおいしく食べていて，その種類の多さはヨーロッパで最も裕福な人が想像できないほどだった。アメリカ独特の食べ物の中には，ジャガイモ，さつまいも，落花生，カボチャ，アボカドやトマトなどがあった。先住アメリカ人の日常の食生活は健康的なものでもあった。裕福なヨーロッパ人たちでさえ栄養失調による病気に悩まされていたというときに，地元住民は健康な身体にはバランスのとれた食生活が必要だとわかっていたのだ。

4 しかし，とりわけ先住民の農業技術はヨーロッパ人の農業技術ではかなわないほど高いレベルであった。彼らは経験から，トウモロコシの間に豆類を植えることを知っていた。そうすることで，同じ大きさの土地と比べて収穫量が高くなるだけでなく，トウモロコシが取りこんでしまう窒素を取り戻してくれるのだ。その結果，ヨーロッパ人が土壌からの収穫が豊作の時期でも苦労して奮闘している一方で，先住アメリカ人は常に豊作を享受していた。ニューイングランドのある1つの共同社会が，お手上げ状態の予期していない100人の移住者を1年の大半支援してあげるだけ十分の余剰をもっていた，ということがこのことを示している。

解説

16. 第1段第5文（Yet the …）を読めば，「北米への移住者は，移住先でとれる食べ物を食べたくなかった」ことがわかる。したがって，①が正解。show a great reluctance to *do*「～することに全く乗り気でない」

17. 第2段（Unfortunately for …）全体を読めば，「移住者は農民として経験不足だったので食べ物の栽培に失敗した」ことがわかる。したがって，③が正解。inexperienced「経験不足の」

18. 第3段（Fortunately, there …）全体を読めば，貧しい食生活をしなければいけなかったのは先住民ではなくて移住者だとわかる。①・②・③は正しい。したがって，④が正解。suffer from「～から（被害などを）被る」

19. 最終段第1文（Above all, …）を読めば，「先住民は，移住者よりも作物の育て方をよく知っていた」ことがわかる。したがって，①が正解。compete with ～「～と競争する」

20. 第3段第1文（Fortunately, there …）と最終段最終文（That a …）を読めば，十分な収穫を誇っていた先住民が困窮していた移住者を救ったことがわかる。したがって，①が正解。

A. **21**―②　**22**―②　**23**―③　**24**―③　**25**―④
B. **26**―⑥　**27**―①　**28**―③　**29**―⑦　**30**―⑤

全訳

A. 21. A：それはニュース番組なの？
B：そうだよ。このオンラインニュースチャンネルはインドからのニュース番組だよ。
A：まあ，そうなの？　彼らは英語を話しているの？
B：そうだよ。英語は国際語だからね。

22. A：今夜はあなたが夕食を作ってね。
B：何を作ったらいいかな？
A：私は出かけるから。
B：じゃあ，僕も外食をしようかな。

23. A：イタリア人はカフェラッテが好きなのですか。
B：そうですね。でも，午前11時以降は飲みません。

A：どうして飲まないのですか？　それを聞いてびっくりです。
B：わかりません。おそらくイタリアの文化なのでしょうね。

24. A：おはよう。昨夜雪が降ったね。
B：わあ，たくさん雪があるよ。今日のテストは中止だと思う？
A：電車が動いているか確認したほうがいいね。
B：わかった，そうするよ。

25. A：あれを取るのをお手伝いしましょうか。
B：ありがとう。私にはちょっと高すぎて届かないから。
A：人の手助けができるのは嬉しいです。
B：ここにあなたがいてくれて嬉しいです。

B.《将来を見据えた学び》

A：きっとあなたは日本に戻ってきて嬉しいでしょう。
B：その通り，嬉しいです。だけど，すぐにニュージーランドに戻らなければいけないのです。
A：本当に？　どうして戻らなければいけないのですか？
B：卒業するのにいくつか授業を受けなければいけないからです。
A：あなたは何を勉強しているのですか？
B：心理学と音楽です。
A：そうなんですね。将来は，その知識を使って何をするつもりですか？
B：音楽を使って悩みを抱えている子どもたちの手助けをしたいのです。
A：それはすばらしいことです。きっとあなたはその仕事を楽しめると思います。
B：私もそう願っています。将来はアメリカで働く予定です。
A：あなたはとても国際的ですね。仕事を見つけられますように応援しています。

解説

A. 21. 空所の後のBが英語に関する発言をしているので，空所にも英語に関する発言が入ると推測できる。したがって，②が正解。

22. 空所の前のAの発言から今夜の夕食に関する質問が入ると推測できる。したがって，②が正解。

23. 空所の前のBの発言に驚いて理由を質問していると考えられる。したがって，③が正解。

24. 空所の後のAの発言からBは何かの予定を確認する必要があると推測できる。したがって，③が正解。

25. 空所の後のBの発言から，AはBの手助けができたと推測できる。したがって，④が正解。

B．26. 空所の後のAの発言「本当に？」から，日本に戻ってきて喜んでいるはずのBがまたどこかに行く予定であることが推測できる。したがって，⑥が正解。

27. 空所の後のBの発言からAは理由を尋ねていると推測できる。したがって，①が正解。

28. 空所の後のBの発言から，AはBが勉強している内容を尋ねていると推測できる。したがって，③が正解。

29. 空所の後のBの発言から，Aは将来の予定を尋ねていると推測できる。したがって，⑦が正解。

30. 空所の後のAの発言から，Bは国際的だと感動されるような予定を伝えていると推測できる。したがって，アメリカで就職したいと伝えている⑤が正解。

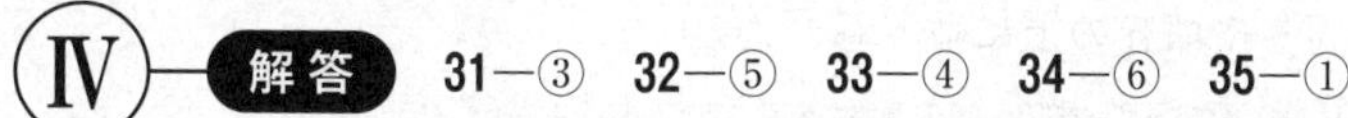

Ⅳ　解答　31—③　32—⑤　33—④　34—⑥　35—①

解説

完成した文は以下のとおり。

31. (I) bought my father an expensive necktie for his (birthday.)

buy *A*（人）*B*（物）＝buy *B*（物）for *A*（人）「人に物を買ってあげる」
この文での for は「～のために」 for his birthday「彼の誕生日に」

32. There must be something wrong with my computer(.)

There is something wrong with ～「～のどこかが悪い」

33. (She) never fails to brush her teeth right after (a meal.)

never fail to *do*「必ず～する」 right after ～「～の後すぐに」

34. I had the package delivered to my mother by express (mail.)

have *A done*「*A*を～してもらう」 by express mail「速達で」

35. Many people may well wonder if this rule (is necessary.)

may well *do*「～するのも当然だ」 wonder「不思議に思う」 if S V「SがVかどうか」

日本史

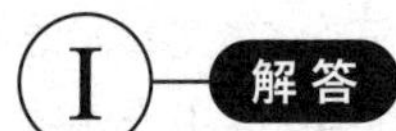

1—①　2—④　3—②　4—④　5—③　6—⑤
7—①　8—③　9—④　10—③　11—④　12—③

解説

《原始～古代の政治・外交・文化》

2. ④が正解。①誤文。九州説を想定すれば，邪馬台国連合は九州北部を中心とする小範囲のものと考えられる。②誤文。狗奴国とは抗争関係にあった。③誤文。『晋書』には266年倭の遣使の記録がある。

3. ②が誤り。『魏志』倭人伝には「夫壻なし。男弟有り，佐(たす)けて国を治む」とある。

4. やや難。X．誤文。東日本では前方後方墳が多く，西日本にも多くはないが存在する。Y．誤文。終末期とされる7～8世紀にも，高松塚古墳のような規模の小さい古墳がつくられている。

5. ③が正解。家型埴輪であり，埴輪は遺体とともに納める副葬品ではなく，古墳の周りや墳丘の上に並べられた。

著作権の都合により，①～③の写真は類似のものに差しかえています。
出典追記：①姫路市教育委員会所蔵
②島根県古代文化センター提供
③「埴輪　家」東京国立博物館蔵　Image：TNM Image Archives
④奈良県立橿原考古学研究所提供

7. Aが正解。好太王（広開土王）碑は現在は中国吉林省集安市にある。

8. ③が正解。倭の五王に関しては済と興・武が親子，興と武が兄弟であることを知っていれば正解できる。済には允恭天皇，興には安康天皇，武には雄略天皇が比定される。

9. ④が誤文。地方豪族の長には「伴造」ではなく，「国造」の地位が与えられた。伴造はヤマト政権に世襲的な職業で奉仕する集団の首長である。

10. X．誤文。応神天皇ではなく，雄略天皇。Y．正文。

11. ④が正解。①誤文。中国ではなく，朝鮮半島。②誤文。土師器ではなく，須恵器。③誤文。阿知使主(あちのおみ)の子孫・東漢氏(やまとのあやうじ)や王仁(わに)の子孫・西文氏(かわちのふみうじ)が文筆にすぐれ，ヤマト政権で記録や文書の作成にあたった。

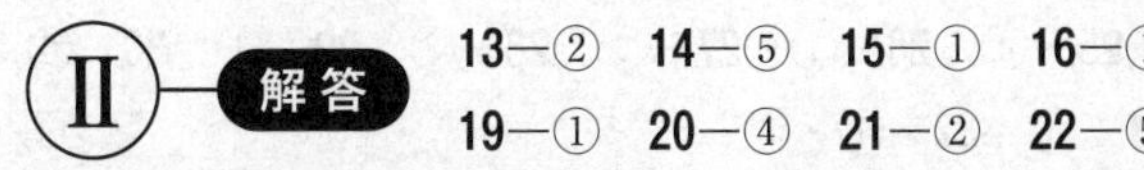

Ⅱ　解答

13—②　14—⑤　15—①　16—①　17—③　18—⑤
19—①　20—④　21—②　22—⑤　23—②　24—①

解説

《徳川家光～綱吉の幕政展開》

13. ②が正解。家光の妹和子（まさこ）と後水尾天皇の間に生まれたのが，明正天皇。①誤文。5代将軍綱吉のとき。③誤文。2代将軍秀忠のとき。④誤文。江戸時代に最後に上洛した将軍は14代将軍家茂。

14. ⑤が正解。Eは加藤家の領地であった肥後熊本藩の位置。A前田家，B尾張徳川家，C紀伊徳川家，D毛利家であるから，消去法でも正解できる。

16. やや難問。①が正解。②誤文。寺社奉行は三奉行の中唯一，将軍直属であり，格式が高いとされた。③誤文。大目付は老中に属した。④誤文。目付は若年寄に属した。

17. ③が正解。①誤文。一揆勢の大将は天草四郎（益田）時貞。②誤文。島原は有馬晴信，天草は小西行長といったキリシタン大名がそれぞれ旧領主。④誤文。半年後に幕府軍は原城を落城させた。

19. ①が正解。②誤文。大塩の乱（1837年）の記述。③誤文。明和事件（1767年）に関するもの。④誤文。「慶安の触書」は1649年に幕府が農民に与えたとされる生活上の心得など32条からなる。

20. X．誤文。末期養子とは死に臨んで急に養子を願い出ること。Y．誤文。それまでは禁止されていたが，慶安の変の後，当主が50歳未満の場合は認めるよう緩和された。

21. ②が正解。荻生徂徠は柳沢吉保，藤田東湖は徳川斉昭，室鳩巣は8代将軍徳川吉宗にそれぞれ仕えた。中江藤樹は日本陽明学の祖で近江に藤樹書院を開き，弟子には熊沢蕃山がいる。

22. ⑤が正解。①松平信綱は3代将軍徳川家光～4代将軍家綱に仕えた老中。②荻原重秀は5代将軍徳川綱吉に仕え，貨幣改鋳（元禄金銀）を行った勘定吟味役・勘定奉行。③間部詮房は6代将軍徳川家宣～7代将軍家継の側用人。④新井白石は6代将軍徳川家宣～7代将軍家継の侍講。

23. ②が正解。①大船建造の禁を定めたのは寛永令（1635年）。③参勤交代を制度化したのも寛永令。④城郭修築の禁止は元和令（1615年）。

III　解答　**(1)25**—④　**26**—①　**27**—②　**28**—③　**29**—①　**30**—⑥
31—④　**32**—①・⑤
(2)33—④　**34**—⑥　**35**—①　**36**—②　**37**—③　**38**—③　**39**—④　**40**—①

解説

《殖産興業，松方財政と産業革命》

(1)25. ④が誤り。自作農創設特別措置法（1946年）は戦後の第2次農地改革（第1次吉田茂内閣）に際し公布。

27. ②が正解。①誤文。新橋・横浜間に鉄道が敷設された。③誤文。兵庫造船所は旧金沢藩営。④誤文。富岡製糸場は官営模範工場として新たに開設。

28. X. 誤文。開拓使の廃止は札幌・函館・根室の3県が設置された1882年。Y. 正文。

29. やや難。①が誤り。「客秋廟堂大臣ノ遷替アリシ」とは明治6年の政変（1873年）を指す。征韓論は岩倉使節団派遣中の留守政府内で議論されたことであるが，政変自体は使節団が帰国した後に起こり，大久保利通が政府を主導することとなった。

30. ⑥が正解。d 讒謗律の制定（1875年）→a 廃刀令の制定（1876年3月）→c 秋月の乱（1876年10月）→b 西南戦争（1877年）。廃刀令が発布されたことを受け，敬神党（神風連）の乱，秋月の乱，萩の乱が起こった。また，最大にして最後の士族反乱が西南戦争であったという一連の流れを理解していれば正解できる。

31. ④が正解。①誤文。琉球漂流民（漁民）殺害事件（1871年）がきっかけ。②誤文。調停をおこなったのはイギリス。③誤文。台湾領有は日清戦争後の下関条約（1895年）による。

32. やや難。①と⑤が正解。②生野銀山と④長崎造船所は三菱，③三池炭鉱は三井にそれぞれ払い下げられた。

(2)33. ④が正解。①誤文。進歩党党首の大隈重信を外務大臣に迎え，松隈（しょうわい）内閣と呼ばれた。②誤文。治安警察法は1900年，第2次山県有朋内閣。③誤文。立憲政友会を結成したのは4度首相を務めることになる伊藤博文。

35. X・Yともに正文。Yの正誤判断がやや難。

36. ②が正解。財閥はコンツェルン形態をとる。カルテルは企業連合の意で，生産や価格の協定を結ぶことを指す。

37. 難問。X．誤文。大豆粕などの金肥の普及や品種改良により，単位面積あたりの米の収穫量は増え，全体として生産量は増加していった。Y．正文。

39. ④が正解。1900 年には工場労働者約 39 万人のうち繊維産業が約 24 万人（約 6 割）を占め，うち 9 割近くが女性であった。

40. ①が正解。②誤文。アメリカの労働運動を学んだ高野房太郎らにより 1897 年結成されたのが労働組合期成会。岩三郎は弟にあたり，戦後憲法研究会で「憲法草案要綱」を発表した。③誤文。1912 年労資協調を掲げて友愛会を結成したのは鈴木文治。④誤文。日本社会主義同盟は 1920 年山川均・堺利彦・大杉栄らにより結成。幸徳秋水は 1901 年社会民主党を結成，1910 年大逆事件で死刑となっている。

世界史

I　解答

(1) 1－①　2－③　3－⑤　4－③　5－⑤
6－③・④　7－③

(2) 8－④　9－④　10－①　11－⑤　12－①　13－②・③・⑤

解説

《古代ギリシア・ローマ史》

(1) **1.** ①誤文。ギリシア人はオリンピアの祭典，デルフォイのアポロン神の神託などを通じて，同一民族としての意識をもち続け，異民族をバルバロイ，みずからをヘレネスと呼んだ。

3. ⑤プラトンは，ソクラテスの弟子でアリストテレスの師。主著は『国家』。

5. A．デロス同盟の成立は前478年頃。ペルシアの再侵攻に備えて結成。B．ペリクレスの死は前429年。ペロポネソス戦争の初期のこと。C．マラトンの戦いは前490年。アテネの重装歩兵がペルシア軍に勝利した。D．プラタイアの戦いは前479年。アテネ・スパルタ連合軍がペルシア軍を撃破した。

6. ③誤文。将軍は選挙で選ばれたが，ほとんどの役職は抽選制。④誤文。アテネの民主政は直接民主政。

7. ③誤文。カイロネイアの戦いは，アレクサンドロス大王の父フィリッポス2世がテーベ・アテネの連合軍を破った戦い。

(2) **9.** ④誤文。『ローマ法大全』の編纂を命じたのはビザンツ皇帝ユスティニアヌス1世（大帝）。

12. 「ローマの平和」はアウグストゥス帝（前27年～）から五賢帝時代（～180年）までの約200年間。①正文。イエスが処刑されたのは後30年頃。②誤文。コンスタンティヌス帝によるミラノ勅令は313年。③誤文。ユリアヌス帝は4世紀後半の皇帝。キリスト教会から「背教者」と呼ばれた。④誤文。四分統治制（四帝統治制・テトラルキア）を敷いたのはディオクレティアヌス帝（在位284～305年）。

13. ②誤文。『自省録』を著し，哲人皇帝として知られたのはマルクス＝アウレリウス=アントニヌス。③誤文。カラカラ帝が帝国の全自由民にローマ市民権を与えたのは212年。⑤誤文。テオドシウス帝が帝国を東西に分割して2子に分け与えたのは395年。

Ⅱ 解答　**14**—④　**15**—②　**16**—⑥　**17**—②　**18**—②　**19**—③　**20**—②　**21**—①　**22**—②　**23**—③　**24**—③　**25**—③　**26**—②

解説

《イスラーム世界の形成と発展》

14. ④誤文。苦行は五行に含まれない。正しくはザカート（喜捨）。

15. ②誤文。メッカからメディナへの移住は西暦622年。

17. X．正文。Y．誤文。正統カリフはイスラーム教徒の選挙で選ばれた。

18. ②誤文。ニハーヴァンドの戦いでイスラーム教徒に敗れたのはササン朝。

19. ③誤文。ムアーウィヤはシリア総督であった。

20. ①誤文。フランク王国に敗れたのはウマイヤ朝。③誤文。アッバース朝ではイスラーム教徒であっても地租税（ハラージュ）が課せられた。④誤文。バグダードの建設はアッバース朝第2代カリフのマンスールの時代。アブド=アッラフマーン3世は後ウマイヤ朝最盛期の君主。

22. ②誤文。イスマーイール派はシーア派の一派。

24. ①・②誤文。アイバクがたてた王朝は北インドを支配した奴隷王朝。④誤文。奴隷王朝を滅ぼしたのはハルジー朝。サイイド朝はデリー=スルタン朝4番目の王朝。

25. ③誤文。アウラングゼーブは厳格なスンナ派のイスラーム教徒。ジズヤを復活し異教徒を弾圧した。

26. ②誤文。タージ=マハルを建てたのはムガル帝国第5代皇帝のシャー=ジャハーン。バーブルはムガル帝国初代皇帝。

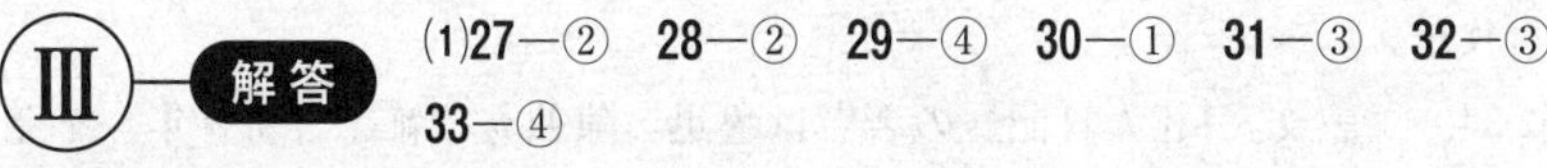

Ⅲ 解答　(1)**27**—②　**28**—②　**29**—④　**30**—①　**31**—③　**32**—③　**33**—④

(2)**34**—①　**35**—③　**36**—④　**37**—③

(3)**38**—②　**39**—①　**40**—③

解説

《西洋列強のアジア進出》

⑴**27.** ②正解。Bのタイは，ラタナコーシン朝（チャクリ朝）のラーマ4世・ラーマ5世（チュラロンコン）のもとで独立を維持した。Aはミャンマー。インド帝国に併合されイギリスに支配された。Cはカンボジア。フランス領インドシナに編入された。Dはマレーシア。イギリスが支配下においた。Eはフィリピン。スペインの植民地となり，米西戦争後アメリカが支配下においた。

28. ①誤文。コンバウン朝が戦ったのはイギリス。③誤文。1834年に正式にマニラを開港したのはスペイン。④誤文。南インドからの移民はマレー半島のゴムのプランテーションで労働力となった。錫鉱山の開発は中国人クーリー（苦力）。

29. ④誤文。ヨーロッパでシノワズリが流行したのは17～18世紀。

30. ②誤文。甲申政変での清朝の出兵は，近代化をめざす開化派（独立党）を抑えるため。③誤文。イギリス東インド会社の中国貿易独占権の廃止は，アヘン戦争勃発前の1833年。④誤文。国会開設を確約したのは清末の光緒新政。

31. ③正文。アメリカと戦ったフィリピン共和国は，政府が置かれた場所からマロロス共和国とも呼ばれる。①誤文。イギリス東インド会社の解散は1858年。インド帝国の成立は1877年。②誤文。維新会が目指したのは立憲君主制。④誤文。サレカット=イスラームは，当初はジャワの商人が華僑に対抗するために組織した相互扶助的団体であった。

32. ①誤文。イギリスはインドから輸入される綿製品に対抗しようとした。②誤文。ラダイト運動は1811～17年。④誤文。蒸気船はアメリカのフルトンが発明した。

33. ①誤文。南京条約で開港されたのは上海・寧波・福州・厦門・広州。②誤文。長江中流域の開港はアロー戦争での天津条約・北京条約による。③誤文。アロー戦争の結果，キリスト教の中国内地での布教の自由が認められた。

⑵**34.** ①誤文。『狂人日記』の著者は魯迅。陳独秀は雑誌『新青年』を発刊した。

36. ④誤文。1927年の上海クーデタで国共が分裂した後，蔣介石は南京に国民政府を樹立した。

37. ③誤文。スペイン内戦のきっかけは，選挙で人民戦線が勝利したこと。④正文。スターリン憲法には市民の権利や自由がうたわれた。しかし，実際にはほとんど守られなかった。

⑶38. ①誤文。関税自主権の回復は蔣介石の政権のもと。③誤文。ドイツが租借したのは山東半島。④誤文。国民政府による通貨の統一はイギリス・アメリカの協力による。

40. ③正解。Cは20世紀になって中国の輸入・輸出がともに最大となることから日本。Aは19世紀の輸入・輸出がともに最大であることからイギリス。Bは中国の輸入が多く，中国の輸出が少ないことからインド。Dは門戸開放宣言後に貿易額が増加することからアメリカ。

政治・経済

I 解答

(1) 1—①　2—⑤　3—②　4—①　5—②　6—④　7—②

(2) 8—⑥　9—①　10—③　11—④　12—④　13—⑤　14—③

解説

《米ソ冷戦と欧州統合，国会と地方議会》

(1) **3.** ②が適当。カナダはNATO（北大西洋条約機構）の原加盟国，トルコは1952年にNATOに加盟した。一方，両国ともEU（欧州連合）には未加盟である（ただし，トルコは加盟申請中）。①西ドイツは，再軍備に伴い1955年にNATOに加盟した。③NATOの設立は1949年であり，WTO（ワルシャワ条約機構）の結成された1955年よりも前である。④NATOは冷戦終結後も存続しており，東欧諸国や旧ソ連構成国の加盟により東方に拡大している。

4. ①が適当。②ペレストロイカ（改革）を行ったのはゴルバチョフ。③フルシチョフは，ハンガリーの民主化運動（ハンガリー事件）に対してソ連軍を介入させ弾圧した。④COMECON（経済相互援助会議）は，アメリカのマーシャル=プランに対抗して1949年に結成されたので，1962年のキューバ危機の発生よりも前である。また，当時のソ連の指導者はスターリン。

7. ②が不適当。フランスは1967年に結成されたEC（欧州共同体）の原加盟国であり，現在もEU（欧州連合）の加盟国である。パリ同時多発テロ（2015年）を契機に加盟が取り消されたという事実はない。

(2) **9.** ①が不適当。日本国憲法56条1項は「両議院は，各々その総議員の3分の1以上の出席がなければ，議事を開き議決することができない」と規定している。よって，両議院で議事を開くために必要な定数（定足数）は「過半数」ではなく3分の1以上である。②両議院の会議は，出席議員の3分の2以上の賛成により非公開（秘密会）とすることができる（日本国憲法57条1項）。③常任委員会は，付託された法律案などを審査する常設の委員会で，両議院ともに17ある。④議事運営上の原則として，一度議決した議案は，同一の国会会期中に再び審議することができない。一事不再議と呼ばれる。

11. ④が不適当。日本国憲法66条2項は「内閣総理大臣その他の国務大臣は，文民でなければならない」と規定している。よって，「国務大臣は文民である必要は必ずしもない」は誤り。

12. ④が不適当。教育委員会の委員は，地方公共団体の首長が議会の同意を得て任命する。

13. ⑤が適当。病院の開設許可は自治事務だが，①戸籍事務から④生活保護までの選択肢は，国や都道府県からの委任により行う法定受託事務である。

14. ③が適当。議員の解職請求は原則として有権者の3分の1以上の署名，事務の監査請求は有権者の50分の1以上の署名が必要とされる。①条例の制定・改廃の請求の請求先は首長である。②副知事の解職請求は，主要公務員の解職請求にあたるため，請求先は首長である。④議会の解散請求があったときは，住民投票に付され，過半数の同意があれば議会は解散する。

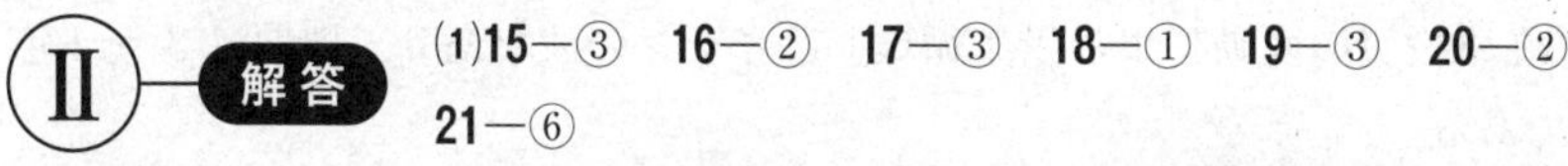

⑴15―③　16―②　17―③　18―①　19―③　20―②　21―⑥

⑵22―③　23―①　24―③　25―②　26―②　27―①　28―④

解説

《市場と経済主体，戦後の国際経済》

⑴16. ②が不適当。公共財には，同時に消費することのできる非競合性と対価を支払わずとも消費することのできる非排除性という性質がある。教育は通常，非競合性と非排除性という性質をもちにくく，私的財であることが多い。

17. ③が適当。①企業の利潤とは，売上高からすべての費用（人件費や原材料費など）を引いたものである。配当は利潤の一部を株主に分配するものであるため，企業の利潤に含まれる。② NTT（日本電信電話）は公私合同企業である。④合同会社の社員は，出資額の範囲内で会社債務に対して責任を負う有限責任社員である。

18. ①が不適当。NTT（日本電信電話）やJT（日本たばこ産業）などは国・地方公共団体と民間が合同で出資している公私合同企業にあたるが，株式会社形態をとっている。

19. ③が適当。ストックはある時点での蓄積量を指し，国富はストックに該当する。フローは一定期間の経済活動の量を指し，家計の年収はフローに該当する。①国内総生産（GDP）と国民総所得（GNI）は，どちらもフローの指標である。②対外純資産は，ストックの指標である。④金融資産はストックである。

20. ②が不適当。国民総所得（GNI）は，国内総生産（GDP）に海外からの純所得を加えたものである。①国内純生産（NDP）は，国内総生産（GDP）から固定資本減耗（減価償却費）を差し引いたものである。③国内総生産（GDP），国内総所得（GNI）と国内総支出（GDE）それぞれの金額は等しくなり，三面等価と呼ばれる。④国富は，実物資産（土地や建物，森林や湖沼など）と対外純資産の合計である。

21. ⑥が適当。Cの「技術革新による景気循環」はコンドラチェフの波であり，周期は約50年である。Dの「建設投資の変動による景気循環」はクズネッツの波であり，周期は約20年である。Aの「設備投資の変動による景気循環」はジュグラーの波であり，周期は約10年である。Bの「在庫投資の変動による景気循環」はキチンの波であり，周期は3～4年である。

⑵**23.** ①が適当。②日本で1ドル＝360円の単一為替レートが設定されたのは，1949年に実施されたドッジ=ラインからである。③IMF（国際通貨基金）加盟国の中で，IMF協定第8条に規定する義務を受諾した国（IMF 8条国）は，国際収支の悪化を理由として為替相場を管理することはできない。④加盟国の外貨準備が不足した際に，短期資金を供与し為替相場の安定に努めるのはIMFである。

24. ③が不適当。多国籍企業は海外に工場などを設立して経済活動を行うため，海外へ技術が移転する。

26. ②が不適当。SDR（特別引出権）とは，国際収支が不均衡となったIMF加盟国が，他の加盟国から外貨の融資を受けることができる権利である。よって，「金融サービスの名称」ではない。

Ⅲ 解答 (1)29―③　30―③　31―④　32―①　33―④
34―③
(2)35―⑥　36―①　37―④　38―③　39―①　40―④

解説

《労働三法と日本の雇用慣行，日本の農業問題》

(1)29. ③が適当。①個人事業主であっても，労働組合法上の労働者に該当する場合には使用者との団体交渉権が認められる場合がある。②正当な争議行為であれば，労働組合は民事上の責任を免除される。④地方公営企業の職員には，団結権と団体交渉権が認められている。なお，警察官や消防官，自衛隊員などには労働三権のすべてが認められていない。

30. ③が不適当。高年齢者雇用安定法に関する記述であり，高年齢者の継続雇用は2025年から義務付けられるようになる。①労働組合法，②労働関係調整法，④労働基準法に関する記述である。

32. ①が不適当。労働者と使用者間の民事紛争について調停や審判をおこなうのは，裁判所の労働審判委員会である。労働審判委員会は，労働審判官（裁判官）と労働審判員2名の計3名で構成され，3回以内の期日で労使紛争の調停や審判を行っている。

33. ④が不適当。ワークシェアリングとは，不況時などに労働者1人当たりの仕事量を減らし全体の雇用者数を維持する取り組みである。日本においても導入する企業が増えつつあるが，導入するかどうかは各企業の判断によるため，「政府・労働組合・使用者側の合意によって成立」しているわけではない。

34. ③が適当。介護保険は，40歳以上の国民が保険料を支払い，市町村により運営される。①事業主には，育児・介護休業の期間における給与の支払いは義務づけられていない。ただし，育児・介護休業の期間中，労働者は雇用保険から休業給付金を受け取ることができる。②児童手当は，1971年に制定された児童手当法に基づき支給されるようになった。なお，2009年には鳩山由紀夫政権（民主党）により子ども手当が創設されたが，2012年から児童手当に戻っている。④介護保険は，要介護と認定された国民に対して，施設内だけでなく在宅でも介護サービスを提供する。

(2)37. ④が適当。①日本の主業農家は約23万戸である（2020年現在）。②販売農家に占める準主業農家の割合は約14％である（2020年現在）。

③副業的農家とは，一年間に自営農業に60日以上従事している65歳未満の者がいない農家である。

38. ③が不適当。「自立経営農家の育成」は農業基本法（1961年制定）の目標である。①「食料の安定供給の確保」，②「農業の持続的な発展」，④「農村の振興」は，いずれも新農業基本法（食料・農業・農村基本法）の目標である。

39. ①が不適当。食糧管理制度は第二次世界大戦中，そして大戦後に，食糧不足に対応するために設けられた制度である。

数　学

◀文系型 数学：数学Ⅰ・Ⅱ・A・B▶

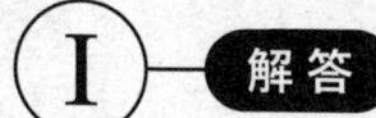

(1)

$$\log_{10}35=\log_{10}\frac{7\cdot10}{2}$$
$$=\log_{10}7+\log_{10}10-\log_{10}2$$
$$=0.845+1-0.301$$
$$=1.544\quad\cdots\cdots(\text{答})$$

(2) $2^{5n+1}>35^n$ のとき，両辺に常用対数をとると

$$\log_{10}2^{5n+1}>\log_{10}35^n$$
$$(5n+1)\log_{10}2>n\log_{10}35$$
$$(5n+1)\cdot0.301>n\cdot1.544$$
$$1.505n+0.301>1.544n$$
$$0.039n<0.301$$
$$n<\frac{301}{39}=7+\frac{28}{39}$$

よって，これを満たす最大の自然数 n は

$$n=7\quad\cdots\cdots(\text{答})$$

解説

《指数関数を含む不等式》

(1) $\log_{10}2$，$\log_{10}7$ の値が与えられているので，35 を，2 または 7 または 10 の累乗の積や商の形で表せばよい。

(2) 不等式の両辺の常用対数をとって，(1)で求めた値を利用する。

(1) $b_n=a_n+9n$ より

$$b_{n+1}=a_{n+1}+9(n+1)$$
$$=4a_n+27n+9(n+1)$$
$$=4a_n+36n+9$$

$$=4(a_n+9n)+9$$

よって

$$b_{n+1}=4b_n+9 \quad \cdots\cdots(答)$$

(2) (1)より

$$b_{n+1}+3=4(b_n+3)$$

よって，数列 $\{b_n+3\}$ は初項

$$b_1+3=(a_1+9)+3=13$$

公比 4 の等比数列であるから

$$b_n+3=13\cdot4^{n-1}$$

$$b_n=13\cdot4^{n-1}-3 \quad \cdots\cdots(答)$$

これと，$a_n=b_n-9n$ より

$$a_n=13\cdot4^{n-1}-9n-3 \quad \cdots\cdots(答)$$

解説

《数列の漸化式》

(1) 数列 $\{a_n\}$ の漸化式を利用する。

(2) 数列 $\{b_n\}$ の漸化式は $b_{n+1}=pb_n+q$ (p，q は定数) であることから，等比数列の形に帰着することができる。

(1) $f(x)$ は $x=a$ で極値 -36 をとることから

$$f(a)=-36$$

が必要である。このとき

$$-3a^2-3a=-36$$

$$(a+4)(a-3)=0$$

$$a=-4,\ 3$$

(i) $a=-4$ のとき，$f(x)=2x^3+6x^2+x$ であり，$f'(x)=6x^2+12x+1$ となるが，$f'(-4)\neq0$ より $x=a$ で極値をとらないので適さない。

(ii) $a=3$ のとき，$f(x)=2x^3-8x^2-6x$ であり，

$f'(x)=6x^2-16x-6=2(x-3)(3x+1)$ より，$f(x)$ の増減は次のようになる。

x	$\cdots$	$-\frac{1}{3}$	$\cdots$	3	$\cdots$
$f'(x)$	$+$	0	$-$	0	$+$
$f(x)$	↗	$\frac{28}{27}$	↘	-36	↗

よって，確かに$x=a$で極値をとるので，適する。

以上から

$a=3$ ……(答)

(2) (1)(ii)の増減表より，$y=f(x)$ のグラフは次のようになる。

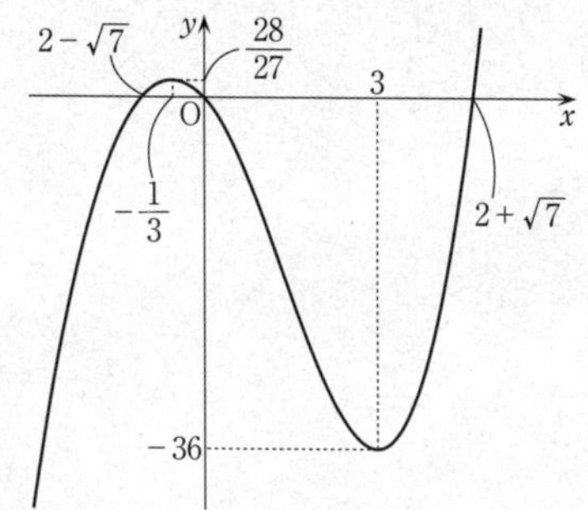

(3) $f(x)=-28$ を解いて

$2x^3-8x^2-6x=-28$

$x^3-4x^2-3x+14=0$

$(x-2)(x^2-2x-7)=0$

$x=2,\ 1\pm2\sqrt{2}$ ……(答)

解説

《3次関数の極値やグラフ》

(1) $x=a$で極値-36をとるための必要条件として，$f(a)=-36$や$f'(a)=0$が挙げられる。解答では前者を利用したが，後者を利用してもよい。いずれにせよ，これらは必要条件でしかない。そのため，十分性の確認，すなわち，本当に極値として-36をとるかどうかを調べる必要があることに注意したい。

(2) (1)で増減を調べているので，それを利用する。

(3) 方程式$f(x)=-28$を解けばよい。(2)のグラフから，異なる3つの実数解があることがわかる。

2024年度 前期日程 1月29日 数学

◀理系型 数学(I)：数学Ⅰ・Ⅱ・Ⅲ・A・B▶

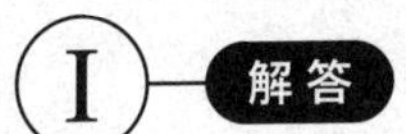

(1) $\begin{cases} a+ar+ar^2=21 & \cdots\cdots① \\ a^2r+a^2r^2+a^2r^3=126 & \cdots\cdots② \end{cases}$

とすると，②より

$$ar(a+ar+ar^2)=126$$

であるから，①より

$$21ar=126$$

$$ar=6 \quad \cdots\cdots③$$

これと①より

$$a+6+6r=21$$

$$a=15-6r$$

③に代入して

$$(15-6r)r=6$$

$$2r^2-5r+2=0$$

$$(r-2)(2r-1)=0$$

$$r=2,\ \frac{1}{2}$$

よって，③より

$$(a,\ r)=(3,\ 2),\ \left(12,\ \frac{1}{2}\right) \quad \cdots\cdots(答)$$

(2) 真数条件より，$x+24>0$ すなわち

$$x>-24 \quad \cdots\cdots①$$

$\log_{11}\{\log_2(x+24)\}<1$ より

$$\log_{11}\{\log_2(x+24)\}<\log_{11}11^1$$

底 $11>1$ より

$$\log_2(x+24)<11$$

$$\log_2(x+24)<\log_2 2^{11}$$

底 $2>1$ より

$$x+24<2^{11}$$

これと，①をあわせて

$-24<x<2024$ ……(答)

(3) $\vec{a}=(k,\ 1,\ -1)$，$\vec{b}=(1,\ -1,\ -k)$ より

$\vec{a}\cdot\vec{b}=k\cdot1+1\cdot(-1)+(-1)\cdot(-k)=2k-1$

$|\vec{a}|=\sqrt{k^2+1^2+(-1)^2}=\sqrt{k^2+2}$

$|\vec{b}|=\sqrt{1^2+(-1)^2+(-k)^2}=\sqrt{k^2+2}$

これらと，$\dfrac{\vec{a}\cdot\vec{b}}{|\vec{a}||\vec{b}|}=\cos\dfrac{\pi}{3}$ より

$\dfrac{2k-1}{k^2+2}=\dfrac{1}{2}$

$2(2k-1)=k^2+2$

$k^2-4k+4=0$

$(k-2)^2=0$

$k=2$ ……(答)

解説

《連立方程式，対数関数を含む不等式，2つのベクトルのなす角》

(1) ②を因数分解することにより，①の左辺と同じ式が現れることを利用する。

(2) 対数をひとつひとつ外していく。

(3) $\vec{a}$，$\vec{b}$ のなす角を θ とするとき，$\cos\theta=\dfrac{\vec{a}\cdot\vec{b}}{|\vec{a}||\vec{b}|}$ が成り立つことを利用する。

(1) y 軸に平行な直線3本のうち2本，x 軸に平行な直線4本のうち2本を選べばよいから，四角形の総数は

${}_3C_2\times{}_4C_2=18$ ……(答)

(2) (1)と同様にして，四角形の総数は

${}_5C_2\times{}_6C_2=150$

このうち，点 $(1,\ 1)$ を頂点に含むものは，y 軸に平行な直線のうち，$x=1$ とそれ以外の4本から1本を選び，x 軸に平行な直線のうち，$y=1$ とそれ以外の5本から1本選べばよいから，その総数は

${}_4C_1\times{}_5C_1=20$

したがって，求める四角形の総数は

$150-20=130$ ……(答)

(3) 辺の長さが1の正方形は，y 軸に平行な直線の選び方が4通り，x 軸に平行な直線の選び方が5通りあるから，総数は

$4\times5=20$

辺の長さが2の正方形は，y 軸に平行な直線の選び方が3通り，x 軸に平行な直線の選び方が4通りあるから，総数は

$3\times4=12$

辺の長さが3の正方形は，y 軸に平行な直線の選び方が2通り，x 軸に平行な直線の選び方が3通りあるから，総数は

$2\times3=6$

辺の長さが4の正方形は，y 軸に平行な直線の選び方が1通り，x 軸に平行な直線の選び方が2通りあるから，総数は

$1\times2=2$

以上から，正方形の総数は

$20+12+6+2=40$ ……(答)

解説

《直線で囲まれる四角形の総数》

(1) x 軸に平行な直線と y 軸に平行な直線を2本ずつ選ぶと，四角形ができる。

(2) 余事象で考えるとよい。

(3) 正方形の大きさごとに考えるとよい。

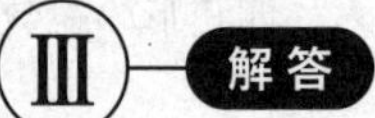

(1) $f'(x)=\sin x+x\cos x$ より，$0<x\leqq\dfrac{\pi}{2}$ のとき，

$\sin x>0$，$x\cos x\geqq0$ より，$f'(x)>0$

$x=0$ のとき，$f'(x)=0$

$-\dfrac{\pi}{2}\leqq x<0$ のとき，$\sin x<0$，$x\cos x\leqq0$ より，$f'(x)<0$

以上から，$f(x)$ の増減は次のようになる。

x	$-\dfrac{\pi}{2}$	$\cdots$	0	$\cdots$	$\dfrac{\pi}{2}$
$f'(x)$		$-$	0	$+$	
$f(x)$	$\dfrac{\pi}{2}$	↘	0	↗	$\dfrac{\pi}{2}$

したがって，最大値は$\dfrac{\pi}{2}$，最小値は0　……(答)

(2)　$\dfrac{\pi}{2}-x\sin x=g(x)$ とすると

$$g(-x)=\frac{\pi}{2}-(-x)\sin(-x)=\frac{\pi}{2}-x\sin x=g(x)$$

より，$g(x)$ は偶関数である。

よって，曲線 $y=f(x)$ と直線 $y=\dfrac{\pi}{2}$ で囲まれた図形の面積は

$$\begin{aligned}\int_{-\frac{\pi}{2}}^{\frac{\pi}{2}}\left(\frac{\pi}{2}-x\sin x\right)dx&=2\int_0^{\frac{\pi}{2}}\left(\frac{\pi}{2}-x\sin x\right)dx\\&=2\int_0^{\frac{\pi}{2}}\frac{\pi}{2}dx-2\int_0^{\frac{\pi}{2}}x\sin x dx\\&=2\left[\frac{\pi}{2}x\right]_0^{\frac{\pi}{2}}-2\left\{\left[x(-\cos x)\right]_0^{\frac{\pi}{2}}-\int_0^{\frac{\pi}{2}}(-\cos x)dx\right\}\\&=\frac{\pi^2}{2}+2\left[-\sin x\right]_0^{\frac{\pi}{2}}\\&=\frac{\pi^2}{2}-2\quad\cdots\cdots(答)\end{aligned}$$

解説

《三角関数を含む関数の最大・最小と面積》

(1)　$f'(x)$ の式は因数分解できないが，角 x の象限によって $\sin x$ や $\cos x$ の正負が決まることから，場合分けをして $f'(x)$ の正負を考えればよい。

(2)　被積分関数が偶関数であることを利用すると，計算量が削減できる。

◀理系型　数学(2)：数学Ⅰ・Ⅱ・A・B▶

Ⅰ・Ⅱ　◀理系型　数学(1)：数学Ⅰ・Ⅱ・Ⅲ・A・B▶Ⅰ・Ⅱに同じ。

Ⅲ　解答　(1)　$t=\sin\theta+\cos\theta$ より

$$t^2=(\sin\theta+\cos\theta)^2$$
$$=\sin^2\theta+2\sin\theta\cos\theta+\cos^2\theta$$
$$=1+\sin 2\theta$$

であるから，$\sin 2\theta=t^2-1$ より

$$y=t^2+t-1 \quad \cdots\cdots(答)$$

(2)　$t=\sin\theta+\cos\theta$ より

$$t=\sqrt{2}\sin\left(\theta+\frac{\pi}{4}\right)$$

ここで，$0\leqq\theta<2\pi$ より

$$\frac{\pi}{4}\leqq\theta+\frac{\pi}{4}<2\pi+\frac{\pi}{4}$$

であるから

$$-1\leqq\sin\left(\theta+\frac{\pi}{4}\right)\leqq 1$$
$$-\sqrt{2}\leqq t\leqq\sqrt{2}$$

よって　$y=\left(t+\frac{1}{2}\right)^2-\frac{5}{4}$ より

$$-\frac{5}{4}\leqq y\leqq(\sqrt{2})^2+\sqrt{2}-1$$
$$-\frac{5}{4}\leqq y\leqq\sqrt{2}+1 \quad \cdots\cdots(答)$$

解説

《三角関数を含む関数のとりうる値の範囲》

(1)　$\sin\theta$ と $\cos\theta$ の和の式を 2 乗すると，積の形が出てくる。

(2)　(1)で y を t を用いて表したので，t の範囲を求める必要がある。さら

に，y は t の 2 次関数であるから，平方完成して y のとりうる値を考えればよい。

物　理

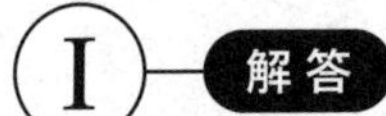

1―④　**2**―⑥　**3**―②　**4**―④　**5**―⑦　**6**―③
7―④　**8**―③

解説

《力学的エネルギー保存則，水平投射》

1． 点C→Dにおける自由落下運動より

$$\frac{1}{2}gt_1{}^2=L-\left(\frac{L}{4}+h\right)\qquad \therefore\quad t_1=\sqrt{\frac{2}{g}\left(\frac{3L}{4}-h\right)}\,〔\mathrm{s}〕$$

また，点Dに達したときの速さ v_1 は

$$v_1=gt_1\,〔\mathrm{m/s}〕$$

2． 点Gを重力による位置エネルギーの基準とする。点Dと点Gにおける力学的エネルギー保存則より

$$\frac{1}{2}mv_1{}^2+mg\cdot\frac{L}{4}=\frac{1}{2}mv_2{}^2\qquad \therefore\quad v_2=\sqrt{v_1{}^2+\frac{gL}{2}}\,〔\mathrm{m/s}〕$$

3． 点D→Gにおいて，小球が台から受けた水平方向の力積 I は，運動量と力積の関係より

$$I=mv_2\,〔\mathrm{N\cdot s}〕$$

これは，点Dから点Fを動く間に与えられる。

4． 点G→Iにおける鉛直方向の等加速度運動の式より

$$\frac{1}{2}gt_2{}^2=h\qquad \therefore\quad t_2=\sqrt{\frac{2h}{g}}\,〔\mathrm{s}〕\quad\cdots\cdots①$$

この間，水平方向は速さ v_2 で等速運動をするので

$$l=v_2t_2\,〔\mathrm{m}〕\quad\cdots\cdots②$$

5． 点Cと点Gにおける力学的エネルギー保存則より

$$\frac{1}{2}mv_2{}^2=mg(L-h)\qquad \therefore\quad v_2=\sqrt{2g(L-h)}\,〔\mathrm{m/s}〕\quad\cdots\cdots③$$

これと，①より，h を増加させると，v_2 は減少し，t_2 は増加する。

6． ①と③を，②に代入すると

$$l=\sqrt{2g(L-h)}\times\sqrt{\frac{2h}{g}}$$

$$=\sqrt{4h(L-h)}$$
$$=2\sqrt{-\left(h-\frac{L}{2}\right)^2+\frac{L^2}{4}}$$

よって，$0<h<\dfrac{3L}{4}$ の範囲で，l が最大となるのは

$$h=\frac{L}{2}\,\text{〔m〕}\quad\cdots\cdots④$$

7． 6において，l の最大値は

$$l=L\,\text{〔m〕}$$

8． 6の状況で小球が点Ⅰに達したとき，水平方向の速度 v_2 は，③に④を代入すると

$$v_2=\sqrt{2g(L-h)}=\sqrt{gL}$$

鉛直方向の速度 v_3 は，①と④を用いると

$$v_3=gt_2=g\times\sqrt{\frac{2h}{g}}=\sqrt{gL}$$

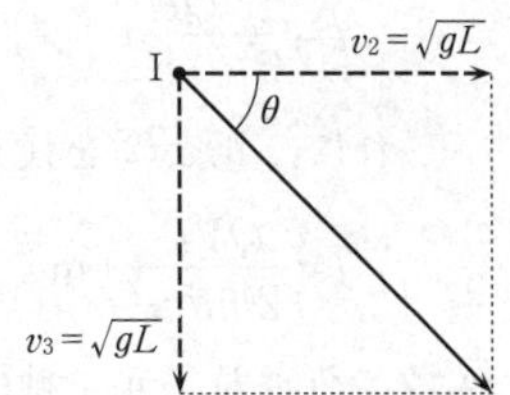

よって，点Ⅰにおける速度ベクトルは右図のようになるので

$$\tan\theta=\frac{v_3}{v_2}=1$$

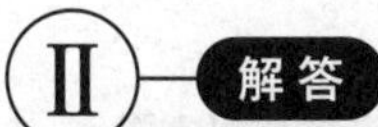

(1) 9—⑥　**10**—⑥　**11**—⑦
(2) 12—⑦　**13**—①
(3) 14—⑤　**15**—④　**16**—⑨

解説

《電界と磁界の中を運動する荷電粒子》

(1) 9． 金属平板bの穴を通過する瞬間の荷電粒子の速さ v_0 は，仕事と運動エネルギーの関係より

$$\frac{1}{2}mv_0{}^2-0=QV_0\qquad\therefore\quad v_0=\sqrt{\frac{2QV_0}{m}}\,\text{〔m/s〕}$$

AB間の電界の強さ E は，電界と電位の関係より

$$E=\frac{V}{d}\,\text{〔V/m〕（}y\text{ 軸の負の向き）}\quad\cdots\cdots①$$

10． 荷電粒子が $x=0$ から $x=L$ に達するまでの間，

x 方向は，等速運動を行う。

y 方向は，等加速度運動を行う。

よって，所要時間 t は

$$t=\frac{L}{v_0}〔\mathrm{s}〕\quad \cdots\cdots②$$

11. 荷電粒子は，電場から y 軸負の向きに大きさ QE の静電気力を受ける。荷電粒子に生じる加速度を a として，運動方程式より

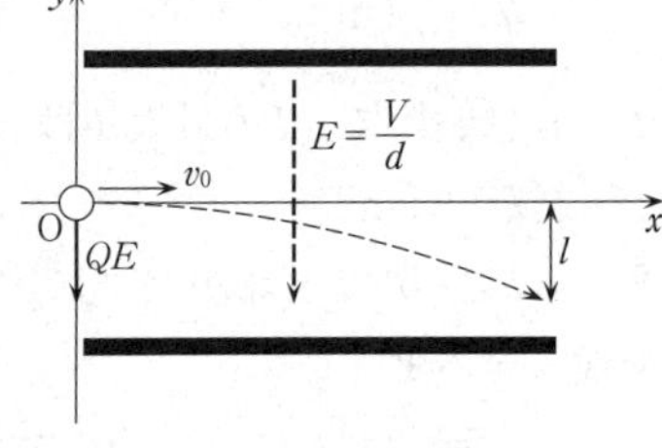

$$ma=QE \qquad \therefore \quad a=\frac{QE}{m}$$

10において，荷電粒子が y 方向に移動する距離を l とすると，y 方向の等加速度運動の式より

$$l=\frac{1}{2}\cdot\frac{QE}{m}t^2 \ ［右上図参照］$$

これに，①と②を代入すると

$$l=\frac{QVL^2}{2mdv_0{}^2}〔\mathrm{m}〕$$

(2)**12.** 荷電粒子が x 軸の正方向に直進するとき，荷電粒子にはたらく静電気力とローレンツ力はつり合う。

よって，磁界の向きは，z 軸の負の向きである［右図参照］。

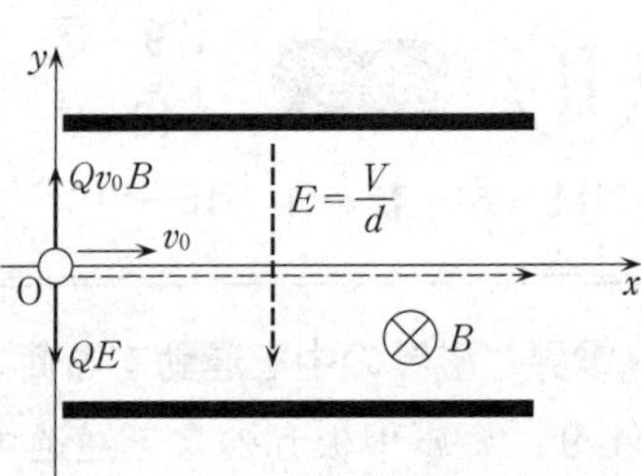

このときの磁束密度の大きさを B とすると，力のつり合いより

$$Qv_0B-QE=0$$

これに，①を代入すると

$$B=\frac{V}{v_0d}〔\mathrm{T}〕$$

13. 12において，磁界が荷電粒子にする仕事 W は

$$W=0〔\mathrm{J}〕$$

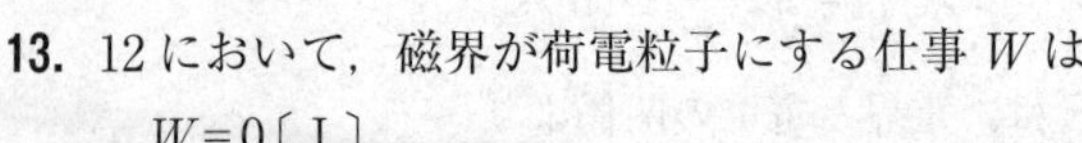

参考　ローレンツ力は，荷電粒子の運動方向に対して垂直にはたらく。そのため，磁界が荷電粒子にする仕事は常に0となる。

(3)**14.** 荷電粒子が原点O（$x=0$）に入射した直後の運動エネルギーは

$\frac{1}{2}mv_1{}^2$〔J〕

15. 荷電粒子が $x=0$ から $x=L$ に達するまでの間に電界と磁界がした仕事の和 W は，磁界がする仕事は0であるので

$W=-QE\cdot\Delta y$ ［右図参照］

これに，①を代入すると

$$W=-\frac{QV\Delta y}{d}\text{〔J〕}$$

16. $x=L$ に達した荷電粒子の速さを v_2 とすると仕事と運動エネルギーの関係より

$$\frac{1}{2}mv_2{}^2-\frac{1}{2}mv_1{}^2=W \qquad \therefore \quad v_2=\sqrt{v_1{}^2+\frac{2}{m}\cdot W}\text{〔m/s〕}$$

17—④　**18**—⑥　**19**—①　**20**—⑧　**21**—③　**22**—⑧
23—④　**24**—⑧

解説

《ばね付きピストンに閉じ込められた気体の状態変化》

17・18. 状態1におけるピストンにはたらく力のつり合いより

$$0=P_1S-P_0S-mg \qquad \therefore \quad P_1=P_0+\frac{mg}{S}\text{〔Pa〕}$$

状態1からピストンが x 上昇したときピストンにはたらく力のつり合いより

$$0=PS-P_0S-mg-kx \qquad \therefore \quad P=P_0+\frac{mg}{S}+\frac{kx}{S}\text{〔Pa〕} \quad \cdots\cdots①$$

19. 17・18の考察結果を用いると，この過程における圧力変化 ΔP と体積変化 ΔV は

$$\Delta P=\frac{kx}{S},\ \Delta V=Sx$$

x を消去して，ΔP と ΔV の関係を求めると

$$\Delta P=\frac{k}{S^2}\Delta V$$

よって，この過程の P-V 線図は傾きが $\frac{k}{S^2}$ の直線となる。

また，状態1→2の過程で気体の体積は増加している。

以上より，この過程を示す P-V 線図は，①である。

20. 状態2における気体の圧力 P_2 は，①の式で $x \to h$ と置き換えればよいので

$$P_2 = P_0 + \frac{mg}{S} + \frac{kh}{S}$$

状態1→2の過程で気体が外部にした仕事 W は，19で選択した P-V 線図の下側の面積であるので

$$W = \frac{1}{2}(P_1 + P_2)Sh$$

$$= (P_0S + mg)h + \frac{1}{2}kh^2 \text{〔J〕} \quad \cdots\cdots②$$

21・22. 状態1における理想気体の状態方程式より

$$P_1SL = nRT_1$$

$$\left(P_0 + \frac{mg}{S}\right)SL = nRT_1$$

$$\therefore \quad T_1 = \frac{(P_0S + mg)L}{nR} \text{〔K〕} \quad \cdots\cdots③$$

状態2における理想気体の状態方程式より

$$P_2S(L+h) = nRT_2$$

$$\left(P_0 + \frac{mg}{S} + \frac{kh}{S}\right)S(L+h) = nRT_2$$

$$\therefore \quad T_2 = \frac{(P_0S + mg + kh)(L+h)}{nR} \text{〔K〕} \quad \cdots\cdots④$$

23・24. 状態1→2の過程における気体の内部エネルギー変化 ΔU は

$$\Delta U = \frac{3}{2}nR(T_2 - T_1)$$

これに，③と④を代入すると

$$\Delta U = \frac{3}{2}\{(P_0S + mg + kh)(L+h) - (P_0S + mg)L\}$$

$$= \frac{3}{2}\{(P_0S + mg)h + kLh + kh^2\} \text{〔J〕} \quad \cdots\cdots⑤$$

よって，状態1→2の過程で気体が吸収した熱量 Q は，熱力学第一法則より

$$Q=\Delta U+W$$

これに，②と⑤を代入すると

$$Q=\frac{3}{2}\{(P_0S+mg)h+kLh+kh^2\}+(P_0S+mg)h+\frac{1}{2}kh^2$$

$$=\frac{5}{2}(P_0S+mg)h+\frac{3}{2}kLh+2kh^2\text{〔J〕}$$

化 学

I 解答 (1)問1．1—② 2—③ 問2．3—④ 4—①
問3．5—③ 6—⑦ 問4．7—② 8—①
問5．9—① 10—②
(2)問6．① 問7．④ 問8．③
(3)問9．① 問10．⑧ 問11．①

解説

《酸化還元，電池》

(1) 本問中の表は以下のようになる。

	反応式(a)	反応式(b)
酸化された原子	I	Cl
還元された原子	Cl	Mn
酸化された原子の酸化数の変化	−1から0	−1から0
還元された原子の酸化数の変化	0から−1	+4から+2
酸化剤	Cl_2	MnO_2
還元剤	KI	HCl

(2)問8．電池の起電力はイオン化傾向の差が大きい金属同士ほど大きい。

(3)問9．$H_2C_2O_4 \cdot 2H_2O$ の分子量は126より，求める濃度は

$$\frac{\dfrac{0.567}{126}}{\dfrac{100}{1000}}=4.50\times10^{-2}\,[\mathrm{mol/L}]$$

問11．求める濃度を x〔mol/L〕とすると

$$4.50\times10^{-2}\times\frac{10.0}{1000}\times2=5\times\frac{18}{1000}\times x$$

$$\therefore\ x=1.00\times10^{-2}\,[\mathrm{mol/L}]$$

Ⅱ 解答

(1)問1．⑨　問2．④　問3．②　問4．⑦
問5．②　問6．⑥
(2)問7．①　問8．④　問9．②　問10．10―⑤　11―②　12―③
問11．④

解説

《ボイル・シャルルの法則，理想気体と実在気体，アルカリ土類金属》

(1)問2．求める体積を V〔L〕とおくと

$$\frac{4.0\times10^7\times1.0}{273+27}=\frac{8.0\times10^7\times V}{273+87}\qquad\therefore\quad V=0.60=6.0\times10^{-1}\text{〔L〕}$$

問4．求める物質量を n〔mol〕とおくと

$$6.0\times10^6\times94.1=n\times8.3\times10^3\times(273+67)$$

$$\therefore\quad n=2.0\times10^2\text{〔mol〕}$$

問5．圧力が小さくなると，気体分子間の距離が大きくなるため分子間力が小さくなり，また分子自身の体積の影響も小さくなるので，理想気体に近づく。また，温度が高くなると熱運動のエネルギーが大きくなり，分子間力の影響が小さくなり，理想気体に近づく。

(2)問8．アルカリ土類金属では，原子番号が大きくなるほど反応性が大きくなる。

問9．カルシウムと常温の水との反応式は以下のようになる。

$$Ca+2H_2O\longrightarrow Ca(OH)_2+H_2$$

問11．式④より，$CaCO_3$ 1mol（100g）が CaO 1mol（56g）に変化するので，質量は44g減少する。よって，固体の質量が減少する割合は

$$\frac{44}{100}\times100=44\text{〔\%〕}$$

Ⅲ 解答

(1)問1．④　問2．③　問3．3―①　4―⑥
問4．②　問5．⑨　問6．⑦　問7．③
(2)問8．④　問9．④　問10．⑦　問11．12―④　13―⑧

解説

《アルケン，フェノール類》

(1)問2．構造異性体は以下の6種類。

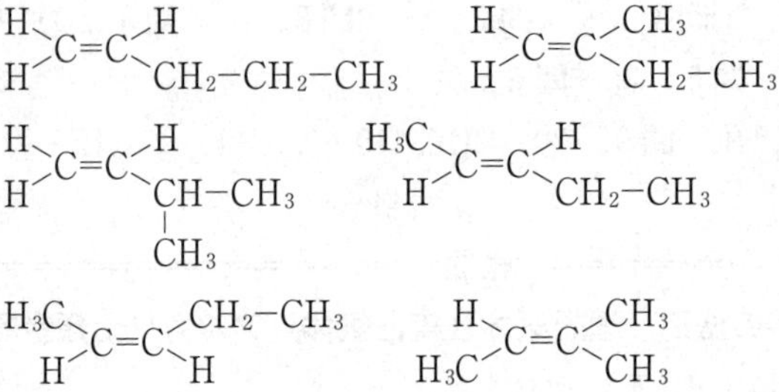

$H_2C=CH-CH_2-CH_2-CH_3$　　$H_2C=C(CH_3)-CH_2-CH_3$

$H_2C=CH-CH(CH_3)-CH_3$　　$H_3C(H)C=C(H)CH_2-CH_3$

$H_3C(H)C=C(H)CH_2-CH_3$　　$H(H_3C)C=C(CH_3)CH_3$

問3． エタノールと濃硫酸の混合物を160～170℃に加熱するとエチレンが得られ，130～140℃に加熱するとジエチルエーテルが得られる。

問7． 選択肢①～⑤の構造式は次の通り。

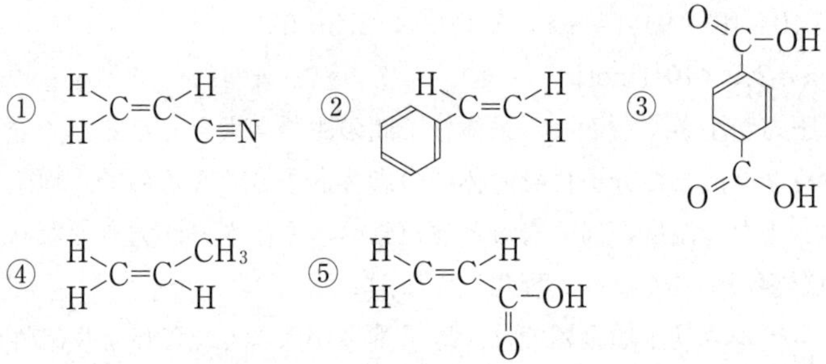

① $H_2C=CH-C\equiv N$　② $C_6H_5-CH=CH_2$　③ $HO-C(=O)-C_6H_4-C(=O)-OH$

④ $H_2C=CH-CH_3$　⑤ $H_2C=CH-C(=O)-OH$

⑵**問8．** フェノール類は芳香族化合物のベンゼン環上の水素原子がヒドロキシ基で置換された化合物である。

o-クレゾール　1-ナフトール

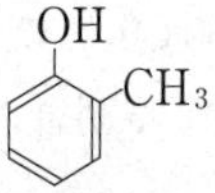

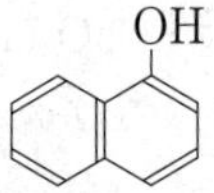

OH, CH_3　　OH

問10． クメン法は以下のようにベンゼンとプロペンからフェノールを製造する方法である。

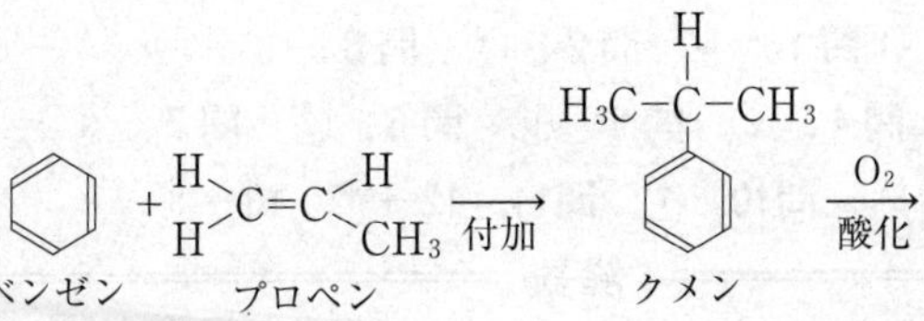

ベンゼン ＋ $H_2C=CH-CH_3$（プロペン）$\xrightarrow{\text{付加}}$ $C_6H_5-CH(CH_3)_2$（クメン）$\xrightarrow[\text{酸化}]{O_2}$

$$\mathrm{C_6H_5{-}C(CH_3)_2{-}O{-}OH} \xrightarrow{\text{分解}} \mathrm{C_6H_5OH} + \mathrm{CH_3{-}CO{-}CH_3}$$

クメンヒドロペルオキシド　　フェノール　　アセトン

問11. ナトリウムフェノキシドに二酸化炭素を高温・高圧で作用させるとサリチル酸ナトリウムが生じ，そこに硫酸を作用させることで，サリチル酸を得られる。

$$\mathrm{C_6H_5ONa} \xrightarrow[\mathrm{CO_2}]{\text{高温・高圧}} \mathrm{C_6H_4(OH){-}CO{-}O{-}Na} \xrightarrow{\mathrm{H_2SO_4}} \mathrm{C_6H_4(OH){-}CO{-}OH}$$

サリチル酸に無水酢酸と濃硫酸を加えるとアセチル サリチル酸を得る。

$$\mathrm{C_6H_4(OH){-}CO{-}OH} + (\mathrm{CH_3{-}CO})_2\mathrm{O} \xrightarrow{\mathrm{H_2SO_4}} \mathrm{C_6H_4(O{-}CO{-}CH_3){-}CO{-}OH} + \mathrm{CH_3{-}CO{-}OH}$$

生物

I 解答

問1．②　問2．②　問3．③
問4．(ア)―②　(イ)―④　問5．③　問6．③・④
問7．②・④　問8．③・⑤　問9．2―⑦　3―③　問10．②

解説

《体液の組成とはたらき，免疫》

問1． ②が不適当。毛細血管からは血しょう成分がしみ出て組織液となるが，リンパ液は組織液がリンパ管に入り込んだものである。

問2． 血液 $1\,mm^3$ 中に赤血球はおよそ450万～500万個，血小板は15万～40万個，白血球は4000～9000個含まれる。

問3． 血しょう中にタンパク質はおよそ7～8％含まれており，水の次に多い。また，無機塩類は0.9％，脂質は0.6～0.9％，糖のうちグルコースは0.08～0.13％，それぞれ血しょう中に含まれている。血しょう中に含まれているタンパク質としてはアルブミンが一番多い。

問4． (ア)　ヘモグロビンの酸素解離曲線は二酸化炭素分圧が低いほど左にずれるため，低 CO_2 下の曲線は実線Aとなる。また，肺胞ではガス交換が行われているため，二酸化炭素分圧が低く，酸素分圧が高い。そのため，実線A上，特に酸素濃度の高い位置に肺胞の状態があると考えられる。

(イ)　実線Aは肺胞の CO_2 分圧における酸素解離曲線であり，酸素濃度が100のとき，96％のヘモグロビンが酸素と結合していることが読み取れる。破線Bは末しょう組織の CO_2 分圧における酸素解離曲線であり，酸素濃度が30のとき，30％のヘモグロビンが酸素と結合していることが読み取れる。そのため，肺胞でヘモグロビンと結合していた酸素のうち，末しょう組織で解離したものは

$$\frac{96-30}{96}\times 100=68.75\fallingdotseq 69\,[\%]$$

となる。

問5． 酸素濃度が高い血液が流れているのは，肺で酸素が補給されてから，末しょう組織で酸素が消費されるまでに通る血管である。これには肺静脈

と大動脈が該当する。

問6． ③誤文。毛細血管が拡張するのは感染組織から放出されるヒスタミンなどの物質によるものであり，血流量を増やすことで食細胞を感染組織に集めやすくしている。

④誤文。食細胞の中で最も多いのは，マクロファージではなく好中球である。

問7． ②誤文。ヘルパーT細胞やキラーT細胞はリンパ節から出たのち，血管から直接感染部位に移動する。

④誤文。ヘルパーT細胞を活性化させるのは，マクロファージではなく樹状細胞である。

⑤・⑥正文。抗原を認識したT細胞の一部が記憶細胞として残ることで，次回，同じ抗原が侵入したときに素早く反応することができる仕組みになっている。

問8． ①正文。形質細胞は抗体産生細胞と同じものである。

③誤文。キラーT細胞に抗原断片を提示するのは，B細胞ではなく樹状細胞である。

⑤誤文。抗原抗体反応が起こった後，抗原を貪食により取り込んで分解するのは，ヘルパーT細胞ではなくマクロファージである。

問9． **2**．フィブリノーゲンは血しょう中に存在するタンパク質で，トロンビンの作用を受けることによりフィブリンという繊維状で不溶性のタンパク質に変化する。

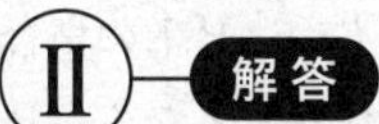

問1． (ア)―⑤　(イ)―②

問2． **1**―②　**2**―①　**3**―⑥　**4**―③　**5**―④

問3． ④　**問4．** ⑦　**問5．** ②・⑥　**問6．** ⑤　**問7．** ⑥　**問8．** ④

解説

《光合成，窒素同化，窒素固定》

問1． (ア)　光化学系IIでは水の分解によりe^-とH^+が取り出され，酸素がつくられる。

(イ)　カルビン・ベンソン回路（カルビン回路）では二酸化炭素を還元して有機物を合成する過程で水が発生する。

問3． ATPとDNAは，塩基部分に窒素が含まれている。ルビスコはタンパク質の一種であり，構成するアミノ酸に窒素が含まれている。クロロフィルは，ポルフィリン環に窒素が含まれている。ピルビン酸は，グルコースが解糖系で分解される過程で形成される物質であり，窒素は含まれない。

問5． 窒素固定を行うことができるのは，根粒菌の他にはネンジュモなどのシアノバクテリアや土壌細菌のクロストリジウムであり，アオサやクロレラ，シャジクモなどの藻類は窒素固定を行うことができない。また，大腸菌などの多くの細菌類も窒素固定を行うことはできない。

問6． 根粒菌は窒素固定により得られた無機窒素化合物をマメ科植物に供給し，マメ科植物は光合成により得られた炭水化物を根粒菌に供給する。このように，両方の種がともに利益を得る関係を相利共生という。

問7． ヒトが自身で合成できず，食物から取り込む必要のあるアミノ酸を必須アミノ酸という。これにはトリプトファン，ロイシン，リシン，バリン，トレオニン，フェニルアラニン，メチオニン，イソロイシン，ヒスチジンがある。ヒスチジンに関しては，必須アミノ酸に含められることも含められないこともある。

(1)問1． ② **問2．** ③ **問3．** ①・⑤ **問4．** ③
(2)問5． ④ **問6．** ④ **問7．** ③

解説

《配偶子の形成と受精，卵割》

(1)問1． XY 型は雄ヘテロ型の性決定様式であり，性染色体として，雄はX染色体を1本とY染色体を1本，雌はX染色体を2本もつ。ヒトの場合，Y染色体上にある性決定遺伝子によりY染色体をもつ個体が雄となる。ヒト以外ではショウジョウバエなどがXY 型の性決定様式をもつ。

問2． 減数分裂が行われる際に，2本あった性染色体はそれぞれ別々の配偶子に入る。そのため，X染色体を2本もつ一次卵母細胞からつくられる卵はX染色体を1本，X染色体を1本とY染色体を1本もつ一次精母細胞からつくられる精細胞（精子）はX染色体を1本またはY染色体を1本もつ。

問3． ①誤文。精子は，頭部・中片・尾部からなる。

②正文。先体中に含まれる分解酵素により卵の膜を溶かして孔を開け，そ

こから精核を卵細胞中に送り込む。

⑤誤文。鞭毛の周りにはミトコンドリアが配置されており，ミトコンドリアが呼吸により生成するATPをエネルギー源として，鞭毛の屈曲運動が起こる。

問4． 一次卵母細胞から卵が生じる際に行われる減数分裂の2回の細胞分裂はともに不等分裂であり，1個の一次卵母細胞から小さな極体が2個または3個と大きな卵が1個生じる。この不等分裂は卵の細胞質に卵黄を集中させるために重要である。それに対し，一次精母細胞から精子が生じる際に行われる減数分裂の2回の細胞分裂はともに均等分裂であり，1個の一次精母細胞から4個の同じ大きさの精細胞が生じる。

(2)問5． ウニの精子が卵のゼリー層に触れると先体が壊れ，先体突起が形成される。精子は先体突起を使ってゼリー層とその下にある卵膜（卵黄膜）を通過し，卵の細胞膜に到達する。

問6． ①誤文。精子が卵の細胞膜に到達した場所には，受精丘という隆起が生じる。

②誤文。細胞内の小胞が細胞膜と融合して，小胞内の物質が細胞外に放出されるのはエキソサイトーシスである。

③誤文。1個の精子が卵と受精して受精膜が形成され，他の精子が卵内に侵入できなくなることは正しいが，これは重複受精ではなく多精拒否と呼ばれる。

④正文。卵の細胞膜に精子が到達すると，卵内にNa^{+}が流入し細胞膜の膜電位がプラスに変化する。この状態の卵には精子は侵入することができない。

問7． ①誤文。極体が放出される側が動物極，動物極とは反対側が植物極である。

②誤文。卵黄の分布から，等黄卵・端黄卵・心黄卵に分類されるのは正しいが，ウニや哺乳類の卵は端黄卵ではなく等黄卵である。

④誤文。卵割では間期が短く，割球が成長せずに次の分裂が起こる。そのため，卵割が進むとともに，各割球の大きさは小さくなっていく。

Ⅳ 解答 **問1.** 1—① 2—⑨ 3—④ **問2.** ①
問3. ㋐—⑤ ㋑—④ **問4.** ⑤ **問5.** ①
問6. ④ **問7.** ⑥ **問8.** ③ **問9.** ④

解説

《生態系の物質生産とバランス，生態系と人間生活》

問2. ①誤文。海洋は生産者が森林よりも少ないため，純生産量は森林より小さい。

②正文。森林の現存量の多くは樹木で構成されており，樹の幹がある分，現存量が大きくなっている。

③正文。森林の生産者は砂漠より多いため，純生産量も砂漠より大きい。

④正文。浅海域では，河川や海底から栄養塩類が豊富に供給されるため，生産者の現存量が多く，外洋域に比べて純生産量が大きい。

問3. ㋐ 水深が深くなるほど届く光の量は減り，光合成量もそれに応じて低下する。そのため，生産者の光合成量を表す曲線は，水深とともに値が低下している実線Bと考えられる。また，補償深度の定義は，生産者の光合成量と呼吸量が等しいときの水深であるので，点線Aは生産者の呼吸量である。

㋑ 同じ水深で比べたときの光の量は，水面に届く光の量が減る前と比較すると少なくなり，生産者の光合成量も低下する。そのため，生産者の光合成量を表す曲線は左に移動する。また，呼吸量を表す曲線はほとんど変化しないと考えられるので，光合成量を表す曲線と呼吸量を表す曲線の交点は上に移動する。つまり，補償深度は小さくなる。

問4. ①正文。窒素やリンは水域では不足しがちな栄養であり，これらが供給されることで植物プランクトンの増殖につながる。

④正文。河川の流域を水が流れている間に，周りの石や土から栄養塩類が溶けだし，河口より海域に栄養塩類が供給される。

⑤誤文。湿性遷移において，湖沼の水深が浅くなっていく段階で栄養塩類が濃縮されて富栄養化が起こることがある。

問5. ①誤文。富栄養化した海域で発生するのは，アオコではなく赤潮である。

問6. ①正文。温室効果ガスは赤外線を吸収する性質をもっているため，大気中の温室効果ガスの濃度が上昇することで，大気に吸収される赤外線の量が増える。
②正文。海水面の上昇は，海水の膨張以外にも南極大陸の氷が融けることも影響する。
③正文。海水温が上昇するとサンゴの白化が起こってサンゴが死滅し，サンゴ礁の生態系のバランスが乱れる。
④誤文。この100年での平均気温の上昇は約1℃である。

問7． 近親交配の起こる確率が高まると，遺伝的多様性がますます失われ，生存に不利な遺伝子がホモ接合体になる確率が高まるなどして，出生率の低下，死亡率の上昇が起こる。これを近交弱勢という。そのため，このような状況の個体群は絶滅しやすくなると考えられる。

問8． 遺伝的多様性は，同じ種内における対立遺伝子の多様性であり，血液型の違いはこれに該当する。種の多様性は，ある地域に生育する種の多様性であり，琵琶湖に多様な魚種が生息していることはこれに該当する。生態系の多様性は，生物に提供するニッチが異なる生態系の種類の多様性であり，水辺にもいろいろな種類の環境があることはこれに該当する。

問9． 生態系のバランスが保たれている状態とは，ある生態系に生息する生物の種類，個体数，分布などが常に一定に保たれている状態を指すのではなく，降水量や気温などの環境条件の変化，またはかく乱などによる影響を受けても，時間がたてば生態系が回復する復元力が高い状態を指す。

の姫を左衛門尉に紹介された右大臣の少将は、心をこめて妹の姫に手紙を書き送った〉という内容が書かれているので、人物の説明が誤り。「しかられてしまった」も本文にない。よって、正解は①。姉姫が次第に少将と心を通わせていったことを正しく説明している。

問八「作り物語」は平安時代の物語文学の一種で、架空の物語を創作したもの。『竹取物語』や『落窪物語』などがある。『とりかへばや物語』は関白左大臣家に生まれた腹違いの兄妹が、兄は女、妹は男として育てられるという物語。よって、正解は④。

問二　姫君のもとに足しげく通う少将に対して、少将の父が言った言葉である。大納言の姫君であり、本人も申し分のない姫君に「口惜しかるべきにはあらねど（＝〝不足があるわけではないけれど〟）」と断った上で、「いと心細きところに（＝〝あのようにたいそう心細い様子で暮らしている姫君のもとに、なぜ通うのか〟）」と、少将の行いに対して苦言を呈している。よって、正解は①。

問三　傍線部の前にある「人の御心」の「人」は、少将のこと。少将の姫君に対する愛情も頼りになるものではなく、いつまで続くのだろうかと思っていたところ、四、五日訪問のない日が続き、「思ひしことかな（＝〝思ったとおりだ。やはり、少将の愛情は絶え、通いもなくなってしまうのだろう〟）」と姫君は考え、悲嘆しているのである。よって、正解は②。

問四　「しのぶ」はここでは〝耐え忍ぶ〟という意味の「忍ぶ」ではなく「偲ぶ」と書き、〝思い慕う〟こと。「しのぶ草」という植物の名前と掛詞になっている。少将は、自分が姫君のことを常磐（＝永遠）に思い慕っていることも知らずに、枯れていく秋のようだ（＝〝飽きてあなたから離れていくのだ〟）と思っているのですね、と詠んでいる。よって、正解は③。

問五　「たまへ」は動作の主に対する敬意を表す尊敬語なので、作者から少将への敬意。また、「たてまつり」は動作の対象に対する敬意を表す謙譲語なので、作者から姫君への敬意を表す。よって、正解は②。

問六　大納言の妹姫である「中の君」が「たぐひなくおはする（＝〝世にもまれな美しさである〟）」という話が、中の君の乳母の「むすめ」から、夫で少将の乳母子である「左衛門尉」に伝わり、「右大臣の少将」の耳にも入って、興味をもつきっかけになったということである。よって、正解は④。なお、姉の恋人は「右大将の御子の少将」であり、別人であることに注意する。

問七　②は「手習い」の意味が誤っている。姉姫は、「悲しい恋の歌を書きつけるのが習い（＝習慣）となってしまったのだろう」と嘆いている。③は、「子どもっぽい様子の妹の姫」といった記述は本文中にない。④は、本文には〈妹

っているのだから、正解は①。

問八　①はカメラを紛失した第四段落の筆者のエピソードについての記述に合致する。②はカメラのリアリズムと文学や絵画のリアリズムとを比較する第六段落の内容と合致する。③は、歴史本についての説明が第三段落に、小説の映像化についての説明が第九段落に合致する。④は、ドガについての説明が誤り。第六段落にドガは「物の形や動きの執拗な追求者」で「カメラの教えるところに驚嘆した」とあるので、「深い人生観や物語的な心理描写」を追求した人物とするのは不適切。よって、正解は④。

三

出典　『堤中納言物語』〈思はぬ方にとまりする少将〉

解答

問一　②

問二　①

問三　②

問四　③

問五　②

問六　④

問七　①

問八　④

解説

問一　「導ききこえてけり」は「少納言の君」という若い女房の動作。姫君に求愛していた少将から、二人の姫君の寝所への手引きを頼まれ、軽率にも引き受けて案内してしまったということである。よって、正解は②。

自身の弁解の言葉なので、今の考えとは反する。よって、正解は④。

問三 ローリが原稿を焼き捨てたのは、町の出来事について、自分が受け止めた事実と、他の目撃者の報告との違いを知ったからである。「複雑で重大な歴史事件」だけでなく、「ごく単純な町の出来事」の報告まで異なっている以上、客観的に事実を伝えるということがいかに困難かを痛感したのである。続く部分で「カメラの報告するところ」と「視覚に基づく言葉による……報告」とが比較されているので、「見ること」と「報告すること」が別物であることを指摘した④が正解。

問四 印象主義が「文学的な観念によって曇った視覚の純化」をめざした、という指摘に注目する。「対象と網膜との間」に「何物の介在も許すまい」というのは、「純粋に色彩を感受するカメラ」のように、自身の思考や価値観を交えず、対象を自分自身の目が見たままに、描こうとすること。これが、印象派の画家の姿勢である。よって、①が正解。②は「カメラの観察力」はよいが、「対象の細かな動きや変化」については述べられていない。③は、観念的な捉え方なので不適切。

問五 「写真師は芸術家になりたくなる」結果、「映画という新芸術を生んだ」という流れなので、cに入るのが適切。

問六 「写真」と、「文学や絵画のリアリズム」との違いを捉える。リアリズムを追求していた文学や絵画は「行くところまで行くと反省期に入」り、「眼を、内部に向けるように」なった。一方「反省とか反動とかいうことが元来無意味なカメラのリアリズム」は、ひたすら「対象の模倣」を続ける。小説について「写真師にすぎない」と批判したということは、文学としてあるべき内省がなく、事実をありのままに描くことしかしてないということ。よって、正解は③。

問七 写真の発達によって映画という新しい芸術が生まれて以降、「事物の客観的な描写」という点では小説よりも圧倒的に優れている映画に対抗するため、小説は「感覚的な映像を喚起する描写的表現に頼らず、分析や判断の力で、直接読者の精神に訴える」ことをめざした。つまり、映像を介さずに、純粋に言葉によってのみ思索を深めることを言

である。よって、正解は②。

問九　①は絵画と詩の「瞬間の美的感情やムードを表す」という共通点についての説明に合致する。③はレッシングと詩文の違いについての説明に合致する。④は漱石の『草枕』における試みとその失敗についての説明に合致する。一方、②について、小説を「詩や俳句のように書くこと」は難しく、漱石も失敗しているのだから、「十分可能である」と言い切ることはできない。よって、正解は②。

二

出典　小林秀雄「写真」(『小林秀雄全作品　第22集　近代絵画』所収)

解答

問一　②

問二　④

問三　④

問四　①

問五　③

問六　③

問七　①

問八　④

解説

問二　小林秀雄は、ルクソールに置いてきた露出計をローマで写真の中に発見し、「ここにあった！」と大声を出した。そうは言ってもすでに取りに帰れる距離でもなく、もはやどうしようもないことなのに小林が気楽な調子なので、今日出海は「馬鹿野郎」と非難したのである。「事実を確かめえた歴史家としての喜び」というのはそれに対する小林

見解」にあたる。第三段落にレッシングは「文学の本質を時間的経過に見た」とあり、「時間的経過に切れ目を入れる非連続的文学」である「和歌などの断片的文学」について、多くの人は「大小説の方が優れている」と考えたが、漱石はこれに異論を唱えたのである。よって、正解は②。

問五　傍線部は、『草枕』という小説が、「奥深い静けさに包まれたまま動かないような美的感情を言語化」できる「詩」と同じことができるのではないか、という可能性についての実験として書かれたものであるということを指す。従来の「プロットに基づく小説」ではなく、「唯だ一種の……美しい感じ」を残す詩や絵画と同じものとして、『草枕』を書こうとしたと漱石は述べているのだから、正解は①。

問六　「非人情」について、傍線部に続く一文で「小説……に対比して、『絵画的』あるいは『俳句的』と特徴づけられる」ものであり、さらに俳句では「人が瞬間的に開かれる時空の内に立つ」ことが指摘されている。小説では語りは「プロセス全体を眺めうる地点」という「時間的経過を超えた……神の目」から綴るのに対し、俳句では絵画のように、「自らを瞬間的な時空の内に見出す」のであり、『草枕』においてもこのような時間イメージを目指したとある。よって、正解は④。

問七　「life ハコンナモノダト教ヘル」「一句ニ reduce スル…… life ヲ represent スル」とは、〈人生はこのようなものだ〉と一句にまとめて「それ（＝出来事）を統一するような意味を作ってしまう」ものであり、これによって「意味を構成しない……純粋なリアリズム」からは遠ざかってしまう、とある。よって、正解は③。①は、写生文では「人生の意味を語る」ことはしない。②は「純粋なリアリズムを実現」が、④は「分かりやすく整理して示そうとする」が不適切。

問八　漱石は「自然」について、「存外まとまらぬものである」と指摘している。これをまとめようとするから不自然になるのであり、結果「不純なリアリズムに陥る」というのが漱石の考えである。このようにまとまらない自然をまとまらないままにし、統一する意味を構成しないことによって自然の「本当の再現」をしようとしたものが「写生文」

国語

一

出典　伊藤徹『《時間》のかたち』〈第五章　夏目漱石『道草』が書かれた場所〉（堀之内出版）

解答

問一　**ア**―③　**イ**―①　**ウ**―④　**エ**―③

問二　③

問三　④

問四　②

問五　①

問六　④

問七　③

問八　②

問九　②

解説

問二　漱石の『文学論』をもとに、〈文学とは何か〉という本文の主題について、読者に疑問を投げかける一文である。漢文学と英文学で「文学」が異なるという指摘を踏まえて、そもそもの文学の定義という根本に立ち返って問いかけているので、空欄cが適当。よって、正解は③。

問四　直前の一文の「俳句や短歌のような短詩系文学が……劣っているとはいえない」という漱石の考えが、「こうした

//////////////////// · memo · ////////////////////

//////////////////// · memo · ////////////////////

//////////////////// · memo · ////////////////////

//////////////////// · memo · ////////////////////

2023年度

問題と解答

■一般選抜入試前期日程：1月29日実施分

問題編

【心理・文・経済・経営・法・政策・国際・社会・
農〈文系型〉学部・短期大学部】

▶試験科目・配点

教 科	科 目	配 点
外国語	コミュニケーション英語Ⅰ・Ⅱ・Ⅲ，英語表現Ⅰ・Ⅱ	100点
選 択	日本史B，世界史B，政治・経済，「数学Ⅰ・Ⅱ・A・B（数列，ベクトル）」から1科目選択	100点
国 語	国語総合，現代文B，古典B（いずれも漢文を除く）	100点

▶備　考

農学部の文系型入試は，食料農業システム学科を対象とする。

▶大学独自試験のみの方式

• 文系型スタンダード方式（短期大学部を除く）

英語，選択科目，国語，各100点の300点満点。

• 文系型高得点科目重視方式（短期大学部を除く）

高得点1科目を2倍（200点）+その他の2科目（各100点）の400点満点。

• 文系型国際学部独自方式

「国語と選択科目のどちらか高得点の科目」(100点）と「英語」(400点満点に換算）の2科目の合計点（500点満点）で合否を判定する。

• 文系型短期大学部独自方式

社会福祉学科：「国語と選択科目のどちらか高得点の科目」(100点）と「英語」(100点）の2科目の合計点（200点満点）で合否を判定する。

こども教育学科：「英語と選択科目のどちらか高得点の科目」（100点）と「国語」（100点）の2科目の合計点（200点満点）で合否を判定する。

▶共通テスト併用方式

• 共通テスト併用2科目方式（短期大学部を除く）

英語，選択科目，国語のいずれか高得点1科目（100点）＋共通テスト「高得点2科目」（200点）の300点満点。

• 共通テスト併用数学方式（心理学部・経済学部）

英語（50点），数学（文系）（50点）＋共通テスト「数学①・数学②」（各100点）の300点満点。

• 共通テスト併用リスニング方式（国際学部のみ）

英語（200点満点に換算）＋共通テスト「英語リスニング」（100点）の300点満点。

※英語資格検定試験による得点換算を利用する制度：

共通テスト併用方式のうち，2科目方式および数学方式において，共通テスト「英語（リーディングとリスニング）」の得点と，英語資格検定試験のスコアを換算した得点の高い方を合否判定に用いる制度を利用することができる。

【先端理工学部〈理工型〉】

▶試験科目・配点

教　科	科　　　　　目	配　点
外国語	コミュニケーション英語Ⅰ・Ⅱ・Ⅲ，英語表現Ⅰ・Ⅱ	100 点
数　学	数学Ⅰ・Ⅱ・Ⅲ・A・B（数列，ベクトル）	100 点
理　科	環境生態工学課程：「物理基礎・物理」，「化学基礎・化学」，「生物基礎・生物」から１科目選択 その他の課程：「物理基礎・物理」，「化学基礎・化学」から１科目選択（ただし，配点セレクト理科重視方式では，化学は応用化学課程に限り選択可）	100 点

▶大学独自試験のみの方式

• 理工型スタンダード方式

英語，数学，理科，各 100 点の 300 点満点。

• 理工型配点セレクト数学重視方式／理工型配点セレクト理科重視方式

重視科目を２倍（200 点）＋英語（100 点）＋その他の科目（100 点）の400 点満点。

▶共通テスト併用方式

• 共通テスト併用２科目方式

英語（100 点）＋共通テスト「数学①・数学②のうち高得点１科目」（100 点）と「理科②のうち高得点１科目」（100 点）の 300 点満点。

• 共通テスト併用３科目方式

英語，数学，理科（各 100 点）＋共通テスト「数学①・数学②・理科②のうち高得点３科目」（300 点）の 600 点満点。

※英語資格検定試験による得点換算を利用する制度：

共通テスト併用方式において，共通テスト「英語（リーディングとリスニング）」の得点と，英語資格検定試験のスコアを換算した得点の高い方を合否判定に用いる制度を利用することができる。

【農学部〈農学型〉】

▶試験科目・配点

教 科	科 目	配 点
外国語	コミュニケーション英語Ⅰ・Ⅱ・Ⅲ，英語表現Ⅰ・Ⅱ	100点
理 科	「物理基礎・物理」，「化学基礎・化学」，「生物基礎・生物」から1科目選択	100点
国 語 または 数 学	「国語総合，現代文B，古典B（いずれも漢文を除く）」または「数学Ⅰ・Ⅱ・A・B（数列，ベクトル）」	100点

▶備 考

国語と数学の両方を受験した場合は，得点の高い方を自動選択する。

▶大学独自試験のみの方式

• 農学型スタンダード方式

英語，理科，国語または数学，各100点の300点満点。

• 農学型高得点科目重視方式

高得点1科目を2倍（200点）＋その他の2科目（各100点）の400点満点。

▶共通テスト併用方式

• 共通テスト併用2科目方式

英語（100点）＋共通テスト「外国語・国語・数学①・数学②・理科①・理科②のうち高得点2科目」（200点）の300点満点（理科①は基礎を付した2科目の合計を1科目の得点として取り扱う）。

※英語資格検定試験による得点換算を利用する制度：

共通テスト併用方式において，共通テスト「英語（リーディングとリスニング）」の得点と，英語資格検定試験のスコアを換算した得点の高い方を合否判定に用いる制度を利用することができる。

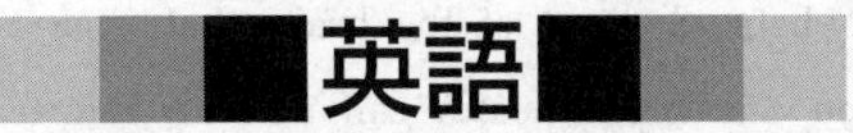

(70分)

解答範囲は，解答番号 1 から 35 までです。
＊印の語句には注があります。

I　次の英文を読んで，後の問い（問1～問15）に答えなさい。

Every year[①], many countries "spring ahead" by setting their clocks one hour forward in the spring, and they "fall back" in the autumn by setting their clocks back to normal. To avoid this causing confusion during the workweek, both time manipulations happen at midnight, as Saturday becomes Sunday. (②) people in the U.S. prepare to turn their clocks ahead one hour, I find myself facing the disruptions* to my daily routine caused by switching from standard time to daylight savings time*. However, the effects of savings time go beyond[③] simple inconvenience. Researchers are discovering that "springing ahead" each March is connected with serious negative health effects.

"Falling back" from daylight savings time to standard time each November is relatively harmless; while some people may feel thrown off balance and need a few weeks to recover, research hasn't linked it to serious impacts on health. However, "springing forward" is harder on the body[④] because our clock time is moved an hour later. It feels like 7:00 a.m. even though our clock says it is 8:00 a.m. It's a shift to later morning light that lasts for eight months, not just for the day of the change. This has a huge impact on us because morning light sets our body's natural rhythms — it wakes us up and improves alertness[⑤].

The negative effects of daylight savings time may be connected to the way in which daylight ⑥ increases the production of hormones* that moderate our stress, and to help the part of the brain that processes emotions. Poor hormone production and brain health can in turn interfere with sleep and cause us to sleep less overall, and the effect can last even after most people adjust to losing an hour of sleep. Over time, this can have serious health consequences and may even result in early deaths.

⑦ Teenagers are particularly susceptible* to sleep problems from the extended evening light of daylight savings time. They may have trouble falling asleep. They have a tendency to be sleep deprived due to school sports and social activities. Many children start school around 8:00 a.m. or earlier. This means that during daylight savings time many young people get up and travel to school in darkness.

Geography can also make a difference in how daylight savings time affects people. People living in the western edge of a time zone, who get light (⑧－a) in the morning and (⑧－b) into the evening, get less sleep than their counterparts on the eastern edge. ⑨ The western-edge residents have higher rates of various diseases and healthcare costs, as well as lower average salaries. These health problems may result from the mismatch in timing between our biological rhythms and the outside world. (⑩), the timing of our daily work, school or sleep routines becomes unnaturally based on the clock rather than on the sun's rising and setting.

⑪ The U.S. Congress required year-long "permanent daylight savings time" during World War I, and again during World War II. And it was tried again during the energy crisis of the early 1970s. The idea was that having extra light later into the afternoon would save energy by decreasing the need for electric lighting. This idea proved inaccurate as heating costs actually increased on winter mornings while air conditioning costs increased on late summer afternoons. Another pro ⑫-daylight savings argument is that crime rates dropped with more light at the end of the day; however, the actual change has proved to be very small.

After World War II, individual states were allowed to set the start and end dates for daylight savings time. But this⑬ created many railroad scheduling and safety problems. So Congress passed the Uniform Time Act in 1966, which set the nationwide dates of daylight savings time. Since 2007, daylight savings extends from the second Sunday in March to the first Sunday in November.

However, Congress allows states to choose not to follow daylight savings time. Arizona and Hawaii do not follow the system, nor do Guam and some other territories. (⑭) So many other states are considering whether to stop "falling back" and "springing ahead."

［注］ disruptions: 混乱
daylight savings time: サマータイム（夏の長い昼間の時間を有効活用する時間制度）
hormones: ホルモン　　susceptible: 敏感な

問1　下線部① Every year で始まる段落の内容と一致するものを一つ選びなさい。

解答番号 1

① Some studies indicate that setting clocks back to standard time in the autumn causes harmful effects on our bodies.
② In many countries, when spring comes, the clocks move one hour ahead, and in the autumn they return to standard time.
③ Every spring when the clocks move back one hour, the author's daily routine is thrown off balance.
④ The time change occurs on Sunday at noon in order not to cause confusion.

問2　空所②に入れるのに，もっとも適当なものを一つ選びなさい。

解答番号 2

① Whether　② If　③ As　④ Unless

出典追記：Why daylight saving time is unhealthy – a neurologist explains, The Conversation on March 10, 2022 by Beth Ann Malow

問3　下線部③ go beyond の意味として，もっとも適当なものを一つ選びなさい。

解答番号 3

① exceed　② expand　③ extend　④ expose

問4　下線部④の理由として，もっとも適当なものを一つ選びなさい。

解答番号 4

① Morning light reduces sleep quantity and quality.

② Afternoon light disturbs our internal biological rhythms.

③ The effect of moving the clocks back continues for days.

④ There is conflict between our inner clocks and daylight savings time.

問5　下線部⑤ improves alertness の意味として，本文の内容と一致するものを一つ選びなさい。

解答番号 5

① increases danger　② shortens consideration

③ enhances attention　④ reduces concentration

問6　下線部⑥ daylight について，本文の内容と一致しないものを一つ選びなさい。

解答番号 6

① Daylight indirectly acts on the brain area related to our emotions.

② Daylight increases stress-reducing hormone levels.

③ Insufficient daylight improves physical well-being in the elderly.

④ Insufficient daylight can cause serious health problems.

問7　下線部⑦ Teenagers について，本文の内容と一致するものを一つ選びなさい。

解答番号 7

① Teenagers are able to adapt quickly to changing situations, such as daylight savings time.

② Because of daylight savings time, young children need to work hard on sports and social activities.

③ Because of daylight savings time, many young people have to go to school before sunrise.

④ Teenagers have difficulty falling asleep so daylight savings time works well for them.

問8　空所⑧−a，⑧−bに入れるのに，もっとも適当な組み合わせを一つ選びなさい。

解答番号 | 8 |

① a earlier　b earlier
② a earlier　b later
③ a later　b earlier
④ a later　b later

問9　下線部⑨の内容に含まれないものを一つ選びなさい。

解答番号 | 9 |

① The western-edge residents have lower incomes.
② The western-edge residents have a higher risk of diseases.
③ The western-edge residents receive more appropriate medical treatment.
④ The western-edge residents are burdened with higher medical expenses.

問10　空所⑩に入れるのに，もっとも適当なものを一つ選びなさい。

解答番号 | 10 |

① Otherwise　② In contrast
③ Nevertheless　④ In other words

問11　下線部⑪ The U.S. Congress で始まる段落の内容と一致するものを一つ選びなさい。

解答番号 | 11 |

① 一年を通してサマータイムを採用することで，犯罪率が大きく下がる。

② サマータイムを通年で採用することにより，日中のエネルギー消費量が削減される。

③ 1970年代初頭，エネルギー危機に直面したアメリカは，通年でサマータイムを採用することを国民に求めた。

④ 夏の朝のエネルギー消費量は，夏の夕方のエネルギー消費量よりも多いと考えられている。

問12 下線部⑫ pro の意味として，もっとも適当なものを一つ選びなさい。

解答番号 12

① in comparison with ② in support of
③ in opposition to ④ in protest against

問13 下線部⑬ this が指す内容として，本文の内容と一致するものを一つ選びなさい。

解答番号 13

① Some states employed daylight savings time while others did not.
② Every state adopted daylight savings time as a state policy.
③ To make better use of natural daylight, every state was recommended to employ daylight savings time.
④ Each state could decide the dates on which to start and finish daylight savings time.

問14 空所⑭に入れるのに，もっとも適当なものを一つ選びなさい。

解答番号 14

① As a result, most Americans want daylight savings time to continue.
② Nevertheless, the American government is searching for other suitable methods.
③ In fact, a majority of Americans would like to eliminate these inconvenient, twice-yearly time changes.
④ Consequently, further research is needed to confirm the benefits of

daylight savings time on our bodies.

問15　本文の内容と一致するものを一つ選びなさい。

解答番号 15

① Hawaii has employed daylight savings time since the Second World War.

② Daylight savings time is the system that follows our biological rhythms.

③ Where people live can make a difference in how daylight savings time affects them.

④ A number of states are considering whether they should introduce daylight savings time or not.

Ⅱ　次の英文を読んで，後の問い（問１～問５）に答えなさい。

To save the planet, the world needs to tackle the crises of climate change and species loss at the same time, taking measures that fix both and not just one, United Nations scientists said.

A joint report① Thursday by separate U.N. scientific bodies that look at climate change and biodiversity loss found there are ways to simultaneously attack the two global problems, but some fixes to warming could accelerate extinctions of plants and animals. For example, measures such as growing more bioenergy crops like corn, or efforts to pull carbon dioxide from the air and bury it, could use so much land — twice the size of India — that the impact would be "fairly catastrophic on biodiversity," said co-author and biologist Almut Arneth.

Policy responses② to climate change and biodiversity loss have long been treated separately, with different government agencies responsible for each, said co-author Pamela McElwee, a human ecologist*. The problems worsen each other, are interrelated, and in the end hurt people, scientists said. “Climate change and biodiversity loss are threatening human well-being as well as society,” said report co-chair Hans-Otto Portner. Earth’s naturally changing climate shaped what life developed, including humans, but once people in the industrialized world started burning fossil fuels, emitting more carbon dioxide into the air, that triggered cascading* problems, Portner said. “It’s high time to fix what we got wrong,” he said. “The climate system is off-track and biodiversity is suffering.”

③<u>There are many measures</u> that can address both problems at once, the report said. “Protecting and restoring high-carbon ecosystems,” such as tropical forests and peatlands*, should be a high priority, said co-author Pete Smith, a plant and soil scientist.

While some climate solutions can increase species loss, scientists said efforts to reduce extinctions don’t necessarily harm the climate. Yunne Shin, Director of Research at the French National Research Institute, said most of the measures taken to protect biodiversity will also help prevent climate change. While she welcomed growing interest in nature-based solutions, she said, conservation measures “must be accompanied by clear cuts in emissions.”

④<u>“This report</u> is an important milestone,” said Simon Lewis, chairman of global change science at University College London, who was not part of the report. “Finally the world’s organizations that synthesize scientific information on two of the most profound 21st-century crises are working together,” he said. “Halting biodiversity loss is even harder than eliminating fossil fuel use.”

［注］ human ecologist: 人間生態学者　　cascading: 次々と発生する
peatlands: 泥炭の豊富な土地・泥炭地帯

問１ 下線部①<u>A joint report</u>で始まる段落の内容と一致するものを一つ選びなさい。

解答番号 | 16 |

出典追記：Associated Press

① U.N. scientific bodies published separate reports on climate change and biodiversity loss.
② The report says that it is impossible to attack the two global problems simultaneously.
③ Burying carbon dioxide in India had a significant impact on biodiversity.
④ Some measures taken to fight climate change could lead to decreased biodiversity.

問2　下線部② Policy responses で始まる段落の内容と一致しないものを一つ選びなさい。

解答番号 17

① 気候変動と生物多様性の喪失という問題は，互いに影響を及ぼし合っており，最終的に人間に害を与える。
② 気候変動と生物多様性の喪失に対する政策は，長い間別々の部署が担っていた。
③ 世界的な工業化が引き起こした気候変動が，生物多様性を形成してきた側面もある。
④ 化石燃料の使用により，二酸化炭素が以前よりも多く放出された結果，次々と問題が発生した。

問3　下線部③で始まる段落およびその次の段落の内容と一致するものを一つ選びなさい。

解答番号 18

① One way to attack the two problems simultaneously is to protect tropical forests.
② Yunne Shin developed some ways both to protect biodiversity and prevent climate change.
③ Measures to prevent species loss inevitably lead to global warming.
④ According to Yunne Shin, emission cuts are sufficient for a nature-based solution to environmental problems.

問4 下線部④ “This report で始まる段落の内容と一致するものを一つ選びなさい。

解答番号 [19]

① Ending the use of fossil fuels is as difficult as preventing extinctions.

② Simon Lewis was the lead researcher in the team that produced the report.

③ Cooperating to advance scientific knowledge is one of the greatest challenges of the 21st century.

④ Simon Lewis approves of scientists' decision to work together to tackle species loss and climate change.

問5 本文の表題として，もっとも適当なものを一つ選びなさい。

解答番号 [20]

① Global Warming and Species Loss: Unrelated but Important Issues

② Fighting Species Loss and Climate Change at the Same Time

③ Recognizing the Importance of United Nations Initiatives

④ Correcting Misconceptions about Biofuels and Animal Habitats

Ⅲ

A　次の会話文を読んで，(　　　) 内に入れるのに，もっとも適当なものを一つ選びなさい。

(1) A: Are you going to the station now?

B: No. I think I'll walk home instead.

A: (　21　)

B: I don't mind. It's a nice evening for a walk.

解答番号 21

① To the station?

② Isn't it far?

③ Where are you going?

④ What time does the train leave?

(2) A: Did your home team win the game?

B: (　22　)

A: Oh, that's too bad.

B: Never mind. I'm sure they will win the next one.

解答番号 22

① Let's not find out.

② I didn't watch the game.

③ Yes, it was a great victory.

④ No, they had a bad start.

(3) A: What do you think of this song?

B: It's not really my genre.

A: (　23　)

B: Listening to heavy metal always stresses me out.

解答番号 23

① Why not?

② Who told you that?

③ What's your favorite genre?

④ What was your first impression?

(4) A: Do you have any travel plans?

B: No, not really. (24)

A: Doesn't your part-time job pay enough?

B: I quit last week.

解答番号 24

① It makes me happy.

② It happens every day.

③ I am the first to do so.

④ I don't have any money.

(5) A: I won!

B: What did you win?

A: (25)

B: You are very talented.

解答番号 25

① I'm sure.

② The poetry competition!

③ I arrived at school after you.

④ Your hometown hosted the Olympics.

B 次の会話文を読んで，(　　) 内に入れるのに，もっとも適当なものを下の選択肢①～⑧の中から一つずつ選びなさい。(同じものは一度しか使えません。)

解答番号は 26 から 30 までです。

A: Guess what!

B: What? Why are you so excited?

A: (26)

B: Huh? (27)

A: She will be a special guest.

B: A special guest? (28)

A: So that we can ask her questions about her experiences working in Florida.

B: Well, I guess that might be interesting.

A: Just "interesting"? (29)

B: Why do you think so?

A: (30)

① What for?
② What's your job?
③ What do you mean?
④ It will be fascinating!
⑤ She works at NASA!
⑥ Sounds like it was boring.
⑦ I have nothing important to say.
⑧ Our professor's daughter will visit our class.

Ⅳ　[　　] 内の選択肢によって空所を埋め，日本文の意味を表す英文を作るとき，○印の空所にくるものは何ですか。その選択肢の番号をマークしなさい。
（文頭にくる語も小文字で始めてあります。）

(1)　1日が48時間だったらいいのになあ。

解答番号 31

____ ○____ ____ ____ ____ ____ ____ ____.

[① forty-eight　② there　③ hours　④ a day　⑤ in　⑥ only
⑦ if　⑧ were]

(2)　チームメートの協力にどれくらい感謝しているか言い表せない。

解答番号 32

I will ____ ____ ____ ____ ○____ ____ ____ ____ their cooperation.

[① my teammates　② be able　③ how　④ I am to　⑤ to express
⑥ for　⑦ never　⑧ grateful]

(3)　彼らはまるでパーティーをしているようだ。

解答番号 33

____ ____ ____ ____ ○____ ____ ____ ____.

[① they　② as　③ a party　④ having　⑤ it　⑥ sounds
⑦ are　⑧ though]

(4)　議論に勝つ唯一の方法は，議論を避けることである。

解答番号 34

The only way to get ____ ____ ____ ____ ○____ ____ ____ ____ it.

[① an　② argument　③ avoid　④ best　⑤ is　⑥ the
⑦ of　⑧ to]

(5) どうして10ドル余分に支払ったという結論に達したのですか。

解答番号 [35]

How did you reach _____ _____ you _____ _____ _____ _____ _____ ○ ?

[① 10 dollars ② the conclusion ③ you ④ more ⑤ should have ⑥ had paid ⑦ that ⑧ than]

日本史

(60分)

解答範囲は，解答番号 [1] から [40] までです。

I　次の文章を読み，後の問い（問1～問12）に答えなさい。

室町幕府の6代将軍 [ア] は，将軍権力の強化をめざして専制的な政治をおこなった。彼は関東へ討伐軍を送り，ⓐ幕府に反抗的な鎌倉公方を討ち滅ぼした。しかし，強硬策に反感をもつ [イ] によって殺害されることとなった。

この頃，近畿地方を中心に発生するようになったのが土一揆である。[ア] の将軍就任直前にあたるⓑ1428年におこった土一揆では，京都近辺の庶民らが蜂起し，売買・貸借証文を奪い破棄した。

[ア] が殺害されたのち，有力守護家や将軍家にあいついで内紛がおこった。そして，幕府内部を二つにわけた大きな争いへと発展した。これがⓒ応仁の乱である。[ア] の子は，乱の後，荒廃する京都をよそに，東山に山荘をつくった。この時期の文化はⓓ東山文化と呼ばれる。

この乱を契機に下剋上の風潮が強まった。近畿地方やその周辺の国人たちのなかには，ⓔ国一揆を結成するものもあった。そして社会階層の流動化は宗教界にもおよんだ。たとえば，ⓕ浄土真宗（一向宗）の門徒は増大し，[ウ] では，国人・農民が一向一揆をおこし，守護の [エ] を倒した。その他，ⓖ日蓮宗やⓗ林下の禅も，台頭する武士・ⓘ農民・ⓙ商工業者の支持を得て発展をとげた。

問1　空欄 [ア]・[イ] にあてはまる語句の組み合わせとして，適切なものを次のなかから1つ選びなさい。

解答番号 [1]

① ア＝足利義持　イ＝上杉憲実　② ア＝足利義教　イ＝上杉憲実
③ ア＝足利義持　イ＝赤松満祐　④ ア＝足利義教　イ＝赤松満祐

⑤　ア＝足利義持　　イ＝山名氏清　　⑥　ア＝足利義教　　イ＝山名氏清

問2　下線部ⓐの事件に関して述べた次の文X・Yについて，その正誤の組み合わせとして，適切なものを次のなかから1つ選びなさい。

解答番号 [2]

X　討ち滅ぼされた鎌倉公方は足利持氏である。

Y　この事件を嘉吉の変（乱）という。

①　X＝正　　Y＝正　　②　X＝正　　Y＝誤

③　X＝誤　　Y＝正　　④　X＝誤　　Y＝誤

問3　下線部ⓑに関する次の史料を読み，空欄 [A] ～ [C] にあてはまる語句の組み合わせとして，適切なものを次のなかから1つ選びなさい。

解答番号 [3]

(正長元年(1428)) 九月　日，一天下の土民蜂起(どみんほうき)す。[A] と号し，[B] ・[C] ・寺院等を破却(はきゃく)せしめ，雑物(ぞうもつ)等 恣(ほしいまま)にこれを取り，借銭(しゃくせん)等 悉(ことごと)くこれを破る。官(かん)（管）領(れい)これを成敗(せいばい)す。凡(およ)そ亡国(ぼうこく)の基(もとい)，これに過ぐべからず。日本開白(かいびゃく)以来，土民蜂起是れ初めなり。

（大乗院日記目録(だいじょういんにっきもくろく)）

①　A＝徳　政　　B＝酒　屋　　C＝土　倉

②　A＝徳　政　　B＝酒　屋　　C＝政　所

③　A＝徳　政　　B＝問　屋　　C＝関　所

④　A＝半　済　　B＝問　屋　　C＝土　倉

⑤　A＝半　済　　B＝問　屋　　C＝政　所

⑥　A＝半　済　　B＝酒　屋　　C＝関　所

問4　下線部ⓒに関して述べた次の文X・Yについて，その正誤の組み合わせとして，適切なものを次のなかから1つ選びなさい。

解答番号 [4]

X　8代将軍足利義輝の継嗣をめぐって対立がおこった。

Y　戦闘は，京都を主戦場として約1年間続いた。

①　X＝正　　Y＝正　　②　X＝正　　Y＝誤

③　X＝誤　Y＝正　④　X＝誤　Y＝誤

問5　下線部ⓓに関する記述として，不適切なものを次のなかから1つ選びなさい。

解答番号 5

①　禅の精神にもとづく簡素さを基調としていた。

②　東求堂同仁斎は，書院造の代表的建築である。

③　茶の湯では，村田珠光が出て，侘茶を創出した。

④　土佐派は，水墨画と大和絵を融合させて，新しい装飾画を大成した。

問6　下線部ⓔに関連して，山城の国一揆に関する記述として，適切なものを次のなかから1つ選びなさい。

解答番号 6

①　守護の細川氏の軍勢に国外退去を求めた。

②　1世紀にわたって自治的支配を実現した。

③　この一揆は，二条河原落書に記録されている。

④　武士だけでなく，地域住民も広く組織に組み込んでいた。

問7　下線部ⓕに関する記述として，不適切なものを次のなかから1つ選びなさい。

解答番号 7

①　開祖である親鸞は，『歎異抄』を記した。

②　蓮如は，教えを平易な文章（御文）で説いた。

③　門徒たちは，村落の道場を中心に講をむすんで，たがいに信仰を深めた。

④　16世紀初頭には，近畿・東海・北陸地方に強大な勢力を有した。

問8　空欄 ウ ・ エ にあてはまる語句の組み合わせとして，適切なものを次のなかから1つ選びなさい。

解答番号 8

①　ウ＝加　賀　エ＝松永久秀　②　ウ＝大　和　エ＝松永久秀

③　ウ＝加　賀　エ＝富樫政親　④　ウ＝大　和　エ＝富樫政親

⑤　ウ＝加　賀　エ＝北畠親房　⑥　ウ＝大　和　エ＝北畠親房

問9　下線部ⓖに関する記述として，適切なものを次のなかから1つ選びなさい。

解答番号 9

① 京都の町衆には信者が多く，法華一揆をむすんで一向一揆と戦った。

② 天文法華の乱では，本願寺と衝突して敗れた。

③ 鎌倉時代には，幕府や朝廷から保護された。

④ 吉田兼倶の布教は戦闘的であり，他宗と激しい論戦をおこなった。

問10　下線部ⓗに関して述べた次の文X・Yについて，その正誤の組み合わせとして，適切なものを次のなかから1つ選びなさい。

解答番号 10

X　住職は僧録によって任命された。

Y　南禅寺は，林下の禅の布教の中心となった。

① X＝正　Y＝正　② X＝正　Y＝誤

③ X＝誤　Y＝正　④ X＝誤　Y＝誤

問11　下線部ⓘに関連して，室町時代の惣村に関する記述として，不適切なものを次のなかから1つ選びなさい。

解答番号 11

① 惣村とは，自立的・自治的な村落のことをいう。

② 村落の農民は，村を捨てて逃げる地下検断（自検断）をおこなうこともあった。

③ 村民はみずからが守るべき規約として惣掟（村掟）を定めることもあった。

④ 村落の指導者は，乙名・沙汰人などと呼ばれた。

問12　下線部ⓙに関連して，室町時代の商業に関する記述として，不適切なものを次のなかから1つ選びなさい。

解答番号 12

① 桂女は炭や薪を売る女性の商人であった。

② 大山崎の油神人（油座）は，10か国ほどに油の販売と，その原料の荏胡麻購入の独占権を持っていた。

③ 連雀商人と呼ばれる行商人が各地で活躍した。

④　京都などの都市では見世棚をかまえた常設の小売店が一般化した。

Ⅱ　次の文章を読み，後の問い（問1～問12）に答えなさい。

16世紀前半に朝鮮から伝わった技術により産出量を増大させた［ア］の銀は，中国（明）などアジア諸地域の人びとのみならず，この時期にアジア海域への進出をはたしたヨーロッパ人たちをも日本近海に向かわせることとなった。

ヨーロッパ人のうち，インドの［イ］からマラッカ経由で日本近海へ到達し，最初に日本国内に影響をおよぼす存在となったのは［ウ］であった。［ウ］の乗った中国人倭寇の船が種子島に着岸し，同地の領主に鉄砲をもたらして以後，ⓐ南蛮貿易が活発化した。

また，1549年にフランシスコ＝ザビエルが鹿児島に上陸したのを皮切りに，イエズス会による布教活動も活発化し，多数のⓑキリシタン大名が出現した。

鉄砲はやがて日本で大量生産されるようになり，戦国大名の戦術や築城のあり方にも変化をもたらした。1568年に足利義昭を奉じて上洛した織田信長は，畿内平定の戦いを進めるなかで［エ］などの抵抗にあい，やがて義昭とも政治的対立を深めた。1573年に義昭を京都から追放した信長は，1575年にはⓒ長篠合戦に鉄砲を大量投入し勝利を収めるなど，周囲の敵との戦いを有利に展開し，1580年には［エ］を屈服させて，畿内のほぼ全域を手中に収めた。

ⓓ信長はこれを機に畿内各国の支配体制を整え，さらに中国地方の［オ］ら遠方の有力大名に攻勢をかけ，1582年には［オ］を討つため山陽方面に出陣しようとしたが，その矢先に本能寺の変により倒れた。

ⓔ信長死後の動乱と権力闘争を勝ち抜いて畿内全域にわたる軍事的支配権を確立した羽柴秀吉は，1585年に［カ］に任じられ，強大な武力と天皇の権威を利用して全国統一策を進めた。豊臣と改姓した秀吉は，自身の発した停戦命令に違反したことを口実に［キ］の征討に踏みきり，1587年にこれを降伏させた。秀吉はその後も大規模な軍事動員を継続し，全国統一達成から2年足らずで，朝鮮へ大軍を送りこむこととなる。

豊臣政権がこのような大規模ないくさを遂行していくうえで，不可欠の施策として実施したのが，海賊停止令（取締令）とⓕ刀狩令，そしてⓖ検地であった。

問1　空欄 ア にあてはまる語句として，適切なものを次のなかから1つ選びなさい。

解答番号 13

① 陸 奥　② 武 蔵　③ 伊 豆
④ 石 見　⑤ 薩 摩

問2　空欄 イ ・ ウ にあてはまる語句の組み合わせとして，適切なものを次のなかから1つ選びなさい。

解答番号 14

① イ＝バタヴィア　ウ＝スペイン人
② イ＝バタヴィア　ウ＝オランダ人
③ イ＝バタヴィア　ウ＝ポルトガル人
④ イ＝ゴ　ア　ウ＝スペイン人
⑤ イ＝ゴ　ア　ウ＝オランダ人
⑥ イ＝ゴ　ア　ウ＝ポルトガル人

問3　下線部ⓐに関して述べた次の文X・Yについて，その正誤の組み合わせとして，適切なものを次のなかから1つ選びなさい。

解答番号 15

X　主要な輸出品の一つが生糸であった。
Y　キリスト教の布教活動と一体のものとしておこなわれることが多かった。

① X＝正　Y＝正　② X＝正　Y＝誤
③ X＝誤　Y＝正　④ X＝誤　Y＝誤

問4　下線部ⓑに関する記述として，適切なものを次のなかから1つ選びなさい。

解答番号 16

① 大友義鎮（宗麟）らは，慶長遣欧使節を派遣した。
② 大村純忠は，長崎の地を教会に寄付した。
③ 豊臣秀吉はバテレン追放令を出して，キリシタン大名の国外追放を命じた。
④ 高山右近は，サン＝フェリペ号事件の直後に領地を没収された。

問5　空欄［　エ　］にあてはまる語句として，適切なものを次のなかから1つ選びなさい。

解答番号［　17　］

① 延暦寺　② 本願寺　③ 興福寺
④ 東大寺　⑤ 方広寺

問6　下線部ⓒに関連する記述として，適切なものを次のなかから1つ選びなさい。

解答番号［　18　］

① 織田氏・徳川氏の連合軍が，武田信玄の軍と戦った。
② この戦いに敗れた武田氏は，翌年に滅亡した。
③ 織田信長は，この合戦の直後から「天下布武」の印判の使用を開始した。
④ 織田信長は，この合戦の翌年に安土城の築造を開始した。

問7　下線部ⓓに関して述べた次の文X・Yについて，その正誤の組み合わせとして，適切なものを次のなかから1つ選びなさい。

解答番号［　19　］

X　指出検地を実施した。
Y　畿内全域を対象に楽市令を発布した。

① X＝正　Y＝正　② X＝正　Y＝誤
③ X＝誤　Y＝正　④ X＝誤　Y＝誤

問8　空欄［　オ　］・［　キ　］にあてはまる語句の組み合わせとして，適切なものを次のなかから1つ選びなさい。

解答番号［　20　］

① オ＝毛利氏　キ＝島津氏　② オ＝大内氏　キ＝島津氏
③ オ＝毛利氏　キ＝長宗我部氏　④ オ＝大内氏　キ＝長宗我部氏
⑤ オ＝毛利氏　キ＝北条氏　⑥ オ＝大内氏　キ＝北条氏

問9　下線部ⓔに関する記述として，不適切なものを次のなかから1つ選びなさい。

解答番号［　21　］

① 山崎の合戦に勝利し，織田信長の家臣であった明智光秀を打倒した。

② 賤ヶ岳の戦いに勝利し，織田信長の重臣であった柴田勝家を打倒した。

③ 統一事業の拠点として，大坂城を築造した。

④ 小牧・長久手の戦いに勝利し，織田信長の子信雄を打倒した。

問10 空欄［ カ ］にあてはまる語句として，適切なものを次のなかから1つ選びなさい。

解答番号［ 22 ］

① 太　閤　② 征夷大将軍　③ 摂　政
④ 大御所　⑤ 関　白

問11 下線部ⓕに関する以下の史料を読み，空欄［ A ］・［ B ］にあてはまる語句の組み合わせとして，適切なものを次のなかから1つ選びなさい。

解答番号［ 23 ］

一 諸国百姓，刀，脇指(わきざし)，弓，やり(槍)，てつはう(鉄砲)，其外(そのほか)武具(ぶぐ)のたぐひ(類)所持(しょじ)候事，堅(かた)く御停止(ごちょうじ)候。其子細(そのしさい)は，入(い)らざる道具をあひたくはへ，年貢・所当(しょとう)を難渋(なんじゅう)せしめ，自然(じねん)，［ A ］を企(くわだ)て，給人(きゅうにん)にたいし非儀(ひぎ)の動(はたらき)をなすやから(族)，勿論御成敗(もちろんごせいばい)有るべし。……

一 右取(とり)をかるべき刀，脇指，ついえにさせらるべき儀にあらず候の間，今度(このたび)［ B ］御建立(ごこんりゅう)の釘(くぎ)，かすかひに仰(おお)せ付(つ)けらるべし。然(しか)れば，今生(こんじょう)の儀は申すに及(およ)ばず，来世(らいせ)までも百姓たすかる(助)儀に候事。

(小早川家文書)

① A＝逃　散　B＝聚楽第　② A＝逃　散　B＝大　仏
③ A＝一　揆　B＝聚楽第　④ A＝一　揆　B＝大　仏
⑤ A＝謀　反　B＝聚楽第　⑥ A＝謀　反　B＝大　仏

問12 下線部ⓖに関して，豊臣政権の実施した検地に関して述べた次の文X・Yについて，その正誤の組み合わせとして，適切なものを次のなかから1つ選びなさい。

解答番号［ 24 ］

X　石高を算定するにあたって，枡の容量を京枡に統一した。

Y　従来300歩で1段（反）としていたのを改め，360歩を1段とした。

① X＝正　Y＝正　② X＝正　Y＝誤
③ X＝誤　Y＝正　④ X＝誤　Y＝誤

Ⅲ　次の(1)・(2)の文章を読み，後の問い（問1～問16）に答えなさい。

(1)　新政府は五箇条の誓文ⓐなどを布告して政治の刷新をはかるとともに，封建的身分制度の撤廃を進めた。［ア］によって藩主と藩士との主従関係が解消されたことを機に，藩主と公家が華族，藩士や旧幕臣が士族とされた。さらに，百姓・町人がすべて平民とされ，諸身分を平準化することで，平等な国民をつくりだすことがはかられた。

たとえば，ⓑ1872年には国民皆学をめざした学制が，その翌年には国民皆兵を原則とする徴兵令が公布された。これらは，かつての身分に関係ない平等な国民を国家の担い手とするための施策であった。またこの頃，ⓒ新政府は国内の治安維持をはかるために，警察制度・組織を整備している。

だが，こうした急激な身分制改革は士族の特権を奪うことにつながり，さらにⓓ1876年に新政府が秩禄処分を断行すると，士族の多くは没落し，彼らの政府に対する不満が高まった。

一方で，ⓔ新政府は富国強兵の実現に向けて，運輸業から通信業・軽工業・農牧業・造船業・鉱山業・金融業などにいたるまで殖産興業政策を展開した。たとえば，［イ］の建議により郵便事業を開始し，金融面では［ウ］が中心となって国立銀行条例を制定した。また，ⓕロシアとの国境が定まっていくなかで，新政府は北方の国防体制を整えるとともに，開拓使を設置し開拓事業を促進していった。

問1　下線部ⓐに関する記述として，適切なものを次のなかから1つ選びなさい。
解答番号［25］

① 岩倉具視が原案を起草した。
② 徒党・強訴の禁止が示された。
③ 天皇が神に誓約する形式で発布された。
④ キリスト教が邪教と規定された。

問2　空欄 ア にあてはまる語句として，適切なものを次のなかから1つ選びなさい。

解答番号 26

① 壬申戸籍　② 五榜の掲示　③ 版籍奉還
④ 解放令　⑤ 華族令

問3　下線部ⓑに関して述べた次の文X・Yについて，その正誤の組み合わせとして，適切なものを次のなかから1つ選びなさい。

解答番号 27

X　学制は，フランスの学校制度を模範に作成された。
Y　国民皆学の適用範囲は，男子のみに限られた。

① X＝正　Y＝正　② X＝正　Y＝誤
③ X＝誤　Y＝正　④ X＝誤　Y＝誤

問4　下線部ⓒに関連して，1873年に設置され，その後全国の警察組織を統轄した省として，適切なものを次のなかから1つ選びなさい。

解答番号 28

① 教部省　② 内務省　③ 民部省
④ 刑部省　⑤ 兵部省

問5　下線部ⓓに関する記述として，不適切なものを次のなかから1つ選びなさい。

解答番号 29

① 秩禄処分に反対した暴動を血税一揆という。
② 廃藩置県後，士族や華族の秩禄は新政府負担となった。
③ 新政府は秩禄を全廃する代わりに，金禄公債証書を交付した。
④ 新政府は生活に困窮した士族を救済するために，事業資金の貸付や就業奨励策などを講じた。

問6　下線部ⓔに関する記述として，適切なものを次のなかから1つ選びなさい。

解答番号 30

① 商品の流通をうながすために，株仲間を推奨した。

② 工部省が中心となり，日本鉄道会社を設立した。

③ 三井に佐渡金山の経営を担わせた。

④ 欧米の海運会社への対抗と有事の際の軍事輸送のために三菱を保護した。

問7　空欄 イ ・ ウ にあてはまる語句の組み合わせとして，適切なものを次のなかから1つ選びなさい。

解答番号 31

① イ＝前島密　ウ＝由利公正　② イ＝五代友厚　ウ＝由利公正

③ イ＝前島密　ウ＝渋沢栄一　④ イ＝五代友厚　ウ＝渋沢栄一

⑤ イ＝前島密　ウ＝高橋是清　⑥ イ＝五代友厚　ウ＝高橋是清

問8　下線部ⓕに関連する記述として，適切なものを次のなかから1つ選びなさい。

解答番号 32

① 樺太は，日露和親条約で日本領となった。

② 択捉島は，樺太・千島交換条約で日本領となった。

③ 開拓事業には，囚人も動員された。

④ 開拓使は，外務省のもとに設置された。

(2) 開国をきっかけに西洋文明が受容されはじめ，思想や学術にも浸透していった。活版印刷技術の発達ⓖなどを背景にして，学術書や啓蒙書の出版がさかんになり，洋学者たちによって西洋近代思想に関する著作や翻訳書が刊行されたⓗ。さらに，1873年には明六社ⓘが組織され，演説会や機関誌を通して，啓蒙思想を広めた。また，学術面でも西洋の学問や方法を取り入れた研究が発表されていくⓙ。

他方で，新政府は王政復古のもとで祝祭日を設定ⓚするなど，行事や慣習を改めるとともに，祭政一致の立場から，1868年に神仏習合を禁止する エ を発布するなど，神道国教化政策ⓛを推し進めた。だがこの政策に対して，真宗本願寺派の僧侶 オ は真の神仏分離の立場から批判し，さらには，列国がキリスト教の布教のために信教の自由を要求した。こうして，神道国教化政策は失敗に終わった。

また，キリスト教の禁止が解かれたことで，外国人宣教師の活動が活発化し，彼らの影響を受けた内村鑑三ⓜのような青年知識人もあらわれた。

問9　下線部ⓖに関して，活版印刷の実用化につながる鉛製活字の量産技術の導入に成功した人物として，適切なものを次のなかから1つ選びなさい。

解答番号 33

① 津田真道　② 本木昌造　③ フルベッキ
④ キヨソネ　⑤ 福地源一郎

問10　下線部ⓗに関する記述として，適切なものを次のなかから1つ選びなさい。

解答番号 34

① 加藤弘之は，ルソーの『社会契約論（民約論）』を抄訳した。
② 中村正直は，ミルの書を訳した『自由之理』を刊行した。
③ 中江兆民は，西洋文明の摂取を説いた『文明論之概略』を著した。
④ 西周は，洋行の記録として『西洋事情』を著した。

問11　下線部ⓘに関して述べた次の文X・Yについて，その正誤の組み合わせとして，適切なものを次のなかから1つ選びなさい。

解答番号 35

X　明六社は，機関誌『中央公論』を刊行した。
Y　明六社は自由民権運動が興起すると，愛国社に合流した。

① X＝正　Y＝正　② X＝正　Y＝誤
③ X＝誤　Y＝正　④ X＝誤　Y＝誤

問12　下線部ⓙに関連して，『日本開化小史』を著した人物として，適切なものを次のなかから1つ選びなさい。

解答番号 36

① 田口卯吉　② 矢野龍（竜）渓　③ 三宅雪嶺
④ 頼山陽　⑤ 久米邦武

問13　下線部ⓚに関して述べた次の文X・Yについて，その正誤の組み合わせとして，適切なものを次のなかから1つ選びなさい。

解答番号 37

X　『古事記』が伝える神武天皇即位の日を祝日にした。

Y 明治天皇の誕生日を紀元節として祝日にした。

① X＝正 Y＝正 ② X＝正 Y＝誤
③ X＝誤 Y＝正 ④ X＝誤 Y＝誤

問14 下線部①に関連する記述として，不適切なものを次のなかから1つ選びなさい。

解答番号 38

① 新政府の保護を受け，天理教が神社神道として公認された。
② 版籍奉還の際に，神祇官は太政官の外におかれた。
③ 仏教を排撃する廃仏毀釈の運動がおきた。
④ 神道の布教のために，宣教使がおかれた。

問15 空欄 エ ・ オ にあてはまる語句の組み合わせとして，適切なものを次のなかから1つ選びなさい。

解答番号 39

① エ＝大教宣布の詔 オ＝島地黙雷
② エ＝大教宣布の詔 オ＝新島襄
③ エ＝大教宣布の詔 オ＝幸徳秋水
④ エ＝神仏分離令 オ＝島地黙雷
⑤ エ＝神仏分離令 オ＝新島襄
⑥ エ＝神仏分離令 オ＝幸徳秋水

問16 下線部ⓜの人物に関して述べた次の文X・Yについて，その正誤の組み合わせとして，適切なものを次のなかから1つ選びなさい。

解答番号 40

X 日露開戦の準備が進められるなかで，非戦論を唱えた。
Y 国歌斉唱を拒否し，第一高等中学校の教壇を追われた。

① X＝正 Y＝正 ② X＝正 Y＝誤
③ X＝誤 Y＝正 ④ X＝誤 Y＝誤

世界史

（60分）

解答範囲は，解答番号 [1] から [40] までです。

I　次の文(1)・(2)を読み，下の問い（問1～問13）に答えなさい。

(1) 直立歩行を特徴とする人類が [ア] に誕生したのは，700万～500万年前とされる。人類の進化は猿人・原人・旧人・新人ⓐの段階に分けられ，新人は約20万年前に [ア] に現れた。最後の氷期が1万年ほど前に終わり地球に温暖化が訪れると，農耕・牧畜が始まり，人類の暮らしは獲得経済から生産経済へと移行していった。世界各地に人類が拡散すると，各地で言語や習慣は多様になっていった。

メソポタミアでは，前3100～前2700年頃にシュメール人ⓑの都市国家が数多く形成された。しかしその後セム語系の [イ] により征服され， [イ] は都市国家を統一して初めて領域国家を作った。その崩壊後，セム語系の [ウ] がバビロン第一王朝をおこし，ハンムラビ王ⓒの時に全メソポタミアを支配した。しかしバビロン第一王朝は，早くから鉄製の武器を使用したインド=ヨーロッパ語族系の [エ] に滅ぼされた。

エジプトでは，「エジプトはナイルのたまもの」という [オ] が書き記したことばにあるように，ナイル川の増減水を利用して農業が栄えた。エジプトでは前3000年頃から王（ファラオ）による統一国家が作られ，繁栄した時代は古王国・中王国・新王国ⓓの三つの時期に分けられる。

問1　空欄 [ア] に入れるのに適当なものを，次の中から一つ選びなさい。

解答番号 [1]

① アフリカ　② メソポタミア　③ インド
④ 中国　⑤ 南アメリカ

問2　下線部ⓐについて。猿人・原人・旧人・新人に関する組み合わせとして誤っているものを，次の中から一つ選びなさい。

解答番号 [2]

① 猿人 — アウストラロピテクス
② 原人 — ホモ＝エレクトゥス
③ 旧人 — クロマニョン人
④ 新人 — 周口店上洞人

問3　下線部ⓑについて。シュメール人に関する記述として誤っているものを，次の中から一つ選びなさい。

解答番号 [3]

① ウルクは代表的な都市国家であった。
② 太陽暦を採用した。
③ 六十進法を用いた。
④ 楔形文字を発明した。

問4　空欄 [イ]・[ウ]・[エ] に入れるのに適当な組み合わせを，次の中から一つ選びなさい。

解答番号 [4]

	空欄 [イ]	空欄 [ウ]	空欄 [エ]
①	アッカド人	アムル人	ヒッタイト人
②	アムル人	アッカド人	ヒッタイト人
③	アムル人	ヒッタイト人	アッカド人
④	アッカド人	ヒッタイト人	アムル人
⑤	ヒッタイト人	アッカド人	アムル人
⑥	ヒッタイト人	アムル人	アッカド人

問5　下線部ⓒについて。ハンムラビ王の発布したハンムラビ法典に関する記述として誤っているものを，次の中から一つ選びなさい。

解答番号 [5]

① 文章化された成文法であった。

② 王は神の代理人という立場であった。

③ 同害復讐の原則に基づいていた。

④ 身分による刑罰の差はなかった。

問6　空欄 [オ] に入れるのに適当なものを，次の中から一つ選びなさい。

解答番号 [6]

① ホメロス　② ソクラテス　③ プラトン

④ トゥキディデス　⑤ ヘロドトス

問7　下線部ⓓについて。古王国・中王国・新王国に関する記述として誤っているものを，次の中から一つ選びなさい。

解答番号 [7]

① 古王国時代には巨大なピラミッドが建設された。

② 中王国時代はテーベを中心に栄えた。

③ 中王国時代にはアモン（アメン）＝ラーの信仰が盛んになった。

④ 新王国時代にはアマルナ美術が生み出された。

(2)　メソポタミアからエジプトまでのオリエント地域を初めて統一したのはアッシリアであり，これは史上初の世界帝国であった。アッシリアでは中継貿易が盛んで，また首都 [カ] には図書館が建設された。しかし，強権的な軍事支配と厳しい税の取り立てが服属民の反発を招き，前612年に崩壊し，その後この地域は，エジプト，リディア，新バビロニア（カルデア），メディアの四王国分立時代を迎えることとなった。

こうした中，メディア，リディア，新バビロニアを滅ぼし，再びオリエントを統一したのは，ペルシア人（イラン人）のアケメネス朝であった。建国者のキュロス2世はバビロン捕囚中のヘブライ人ⓔを前538年に解放した。第3代の王ダレイオス1世ⓕは，中央集権体制を確立し，エーゲ海沿岸・エジプトからインダス川流域までの最大領土を築いた。その後アケメネス朝は前5世紀前半ギリシアとの戦争に敗れⓖ，マケドニアのアレクサンドロス大王に征服された。

アレクサンドロスの築いた大帝国のうちアジアの領土は，彼の死後，セレウコス朝に受け継がれた。しかし前3世紀中ごろにはイラン人のパルティア（安息）が東西交易で栄え，さらに3世紀になるとパルティアを倒したイラン人のササン朝がメソポタミアからインダス川流域にいたるまでを支配した。第2代皇帝［キ］はシリアに侵入し，ローマを破り，ウァレリアヌス皇帝を捕虜とした。さらに［ク］のときに全盛期を迎え，突厥と同盟しエフタルを滅ぼした。ササン朝では，ⓗゾロアスター教が国教とされた。

問8 空欄［カ］に入れるのに適当なものを，次の中から一つ選びなさい。

解答番号［8］

① ニネヴェ　② メンフィス　③ イェルサレム
④ ダマスクス　⑤ スサ

問9 下線部ⓔについて。ヘブライ人に関する記述として誤っているものを，次の中から一つ選びなさい。

解答番号［9］

① セム語系の民族である。
② 指導者ダヴィデのもと「出エジプト」をおこなったとされる。
③ 自分たちだけが神により救済されるという選民思想を有した。
④ 唯一神ヤハウェへの信仰に基づくユダヤ教を確立した。

問10 下線部ⓕについて。ダレイオス1世に関する記述として誤っているものを，次の中から一つ選びなさい。

解答番号［10］

① 帝国をおよそ20州に分け，知事（サトラップ）に統治させた。
② クテシフォンに宮殿の建設を始めた。
③ 「王の目」「王の耳」と呼ばれる監察官に全国を巡回させた。
④ 「王の道」と呼ばれる公道を整備した。

問11 下線部ⓖについて。ペルシア戦争における主要な戦いを年代順に並べたものとして正しいものを，次の中から一つ選びなさい。

解答番号 11

A．サラミスの海戦　　B．マラトンの戦い　　C．プラタイアの戦い

① A→C→B　　② A→B→C　　③ B→C→A
④ B→A→C　　⑤ C→A→B　　⑥ C→B→A

問12　空欄 キ ・ ク に入れるのに適当な組み合わせを，次の中から一つ選びなさい。

解答番号 12

	空欄 キ	空欄 ク
①	シャープール1世	アルダシール1世
②	ホスロー1世	アルダシール1世
③	アルダシール1世	ホスロー1世
④	シャープール1世	ホスロー1世
⑤	ホスロー1世	シャープール1世
⑥	アルダシール1世	シャープール1世

問13　下線部ⓗについて。ゾロアスター教に関する記述として誤っているものを，次の中から一つ選びなさい。

解答番号 13

① イランの民族宗教であった。
② 『アヴェスター』が教典であった。
③ 善悪二元論をとっていた。
④ 中国では景教と呼ばれた。

Ⅱ　次の文(1)～(3)を読み，下の問い（問1～問13）に答えなさい。

(1)　フランク王国は［ア］家のクローヴィスによって建てられ，6世紀半ばガリアの全域を支配した。しかし王国が分裂を繰り返す中で王権は衰えていき，8世紀になると，宮宰が政治の実権を握るようになった。そしてこの頃，イスラーム勢力がイベリア半島の支配を拡大し，ピレネー山脈を越えて<u>王国への侵入をはかった。</u>ⓐ その後，751年には宮宰のピピン（小ピピン）が王位について，［イ］朝を開き，その子<u>カール大帝（シャルルマーニュ）</u>ⓑが西ヨーロッパの主要部分を統一した。カール大帝の死後，王国は<u>東フランク，西フランク，イタリアに分割された。</u>ⓒ

東フランクでは［イ］家の系統がとだえた後，選挙によって王が選出された。［ウ］家のオットー1世は，マジャール人・スラヴ人を撃退し北イタリアを制圧して，神聖ローマ帝国の始まりとなる帝位を受けた。西フランクでは［イ］家の断絶後，パリ伯が王位継承者に選出され，［エ］朝を創始した。イタリアでは，諸侯が並立するとともに有力な都市が分かれて存在した。

問1　空欄［ア］・［イ］・［ウ］・［エ］に入れるのに適当な組み合わせを，次の中から一つ選びなさい。

解答番号［14］

	空欄［ア］	空欄［イ］	空欄［ウ］	空欄［エ］
①	カロリング	メロヴィング	ザクセン	カペー
②	メロヴィング	カロリング	カペー	ザクセン
③	カロリング	カペー	ザクセン	メロヴィング
④	カロリング	カペー	メロヴィング	ザクセン
⑤	メロヴィング	カロリング	ザクセン	カペー
⑥	メロヴィング	カペー	ザクセン	カロリング

問2　下線部ⓐについて。イスラーム勢力がフランク王国に撃退された戦いとして正しいものを，次の中から一つ選びなさい。

解答番号［15］

① イッソスの戦い　② カイロネイアの戦い
③ トゥール・ポワティエ間の戦い　④ ニコポリスの戦い
⑤ アンカラ（アンゴラ）の戦い

問3　下線部ⓑについて。カール大帝（シャルルマーニュ）に関する記述として正しいものを，次の中から一つ選びなさい。

解答番号 16

① アタナシウス派に改宗した。
② ラヴェンナ地方を教皇に寄進した。
③ 聖像禁止令を発布した。
④ 教皇からローマ皇帝の帝冠を受けた。

問4　下線部ⓒについて。この分割に関わる条約として適当な組み合わせを，次の中から一つ選びなさい。

解答番号 17

① トルデシリャス条約　—　カトー=カンブレジ条約
② ヴェルダン条約　—　メルセン条約
③ ヴェルダン条約　—　トルデシリャス条約
④ カトー=カンブレジ条約　—　ヴェルダン条約
⑤ トルデシリャス条約　—　メルセン条約
⑥ メルセン条約　—　カトー=カンブレジ条約

(2)　8世紀から10世紀の間，西ヨーロッパでは外部勢力の侵入ⓓが続いたことなどから，封建的主従関係ⓔが成立していった。この関係の基盤にある領地を支配したのは各地の有力者（領主）たちであったが，その中には聖職者も含まれていた。ローマ=カトリック教会では聖職者は序列化されており，高位の聖職者になると，支配的な階級に属した。教会ⓕはこうして社会・経済的な影響力をもつようになるが，世俗の権力による聖職者任命の弊害も目立ちはじめ，10世紀以降クリュニー修道院から改革がおこった。

この改革に触発された教皇グレゴリウス7世は世俗の権力による聖職者任命を聖職売買として非難し，世俗君主の権限に介入してきた。これに対し，ドイツ国王

［　オ　］は，教皇を廃位しようと対抗したため，教皇側は［　オ　］を破門に処した。破門による王権の弱体化を危惧した［　オ　］は1077年にイタリアのカノッサを訪れ，教皇に謝罪し許された。ただし，その後も国王と教皇間の対立は続き，12世紀になってようやく一応の終結をみた。

問5　下線部ⓓについて。9世紀末にイングランドに侵入したデーン人を一時的に撃退した人物として正しいものを，次の中から一つ選びなさい。

解答番号［　18　］

① クヌート（カヌート）　② アルフレッド大王
③ リューリク　④ ジョン王
⑤ ノルマンディー公ウィリアム

問6　下線部ⓔについて。西ヨーロッパの封建的主従関係に関する記述として誤っているものを，次の中から一つ選びなさい。

解答番号［　19　］

① 宗法をつくって主従関係を強化した。
② 恩貸地制度や従士制に起源をもつ。
③ 家臣は複数の主君に仕えることができた。
④ 主君と家臣は双務的契約を結んでいた。

問7　下線部ⓕについて。教会に関する記述として正しいものを，次の中から一つ選びなさい。

解答番号［　20　］

① ローマ・コンスタンティノープル・イェルサレム・アンティオキア・アレクサンドリアにある教会が五本山と呼ばれる。
② 教会から国王に十分の一税がおさめられた。
③ パリのノートルダム大聖堂はロマネスク様式の典型である。
④「教皇のバビロン捕囚」によって，ローマ=カトリック教会とギリシア正教会に分裂した。

問8　空欄［　オ　］に入れるのに適当なものを，次の中から一つ選びなさい。

解答番号 21

① ルートヴィヒ1世　② ハインリヒ4世　③ フリードリヒ1世
④ カール4世　⑤ ヴィルヘルム1世

(3) 11世紀前半に興ったセルジューク朝は1071年にマラズギルト（マンジケルト）の戦いを経て，アナトリアなどでの支配を強めていた。このことに危機感をもったビザンツ皇帝は教皇ウルバヌス2世に援軍を要請し，教皇は異教徒からの聖地奪回を旗印に［　カ　］で十字軍の派遣を提唱した。

第1回十字軍はイェルサレムの占領に成功し，イェルサレム王国などの十字軍国家を建設した。しかし，イスラーム勢力の回復が十字軍国家を脅かす事態となり，1187年にはサラディン（サラーフ=アッディーン）によってイェルサレムは再びイスラーム側の支配下に入った。それ以降も数度にわたって十字軍ⓖが組織されたが，十分な成果をおさめられず，13世紀末まで続いた遠征は，最終的に聖地奪回の目的を果たすことができなかった。

その影響から，14世紀に入ると教皇の権威は揺らぎはじめる。教皇権威の失墜は，教会の混乱を招き，それに伴い教会に対する批判と改革が叫ばれるようになった。こうした運動がのちの宗教改革ⓗにつながっていく。他方で，十字軍の遠征は遠隔地貿易を活発にしたことから，商業や都市が発展ⓘしていった。こうして封建社会の仕組みが徐々に変容していき，自然条件の変化も重なって社会の不安定さが増したⓙ。

問9　空欄［　カ　］に入れるのに適当なものを，次の中から一つ選びなさい。

解答番号 22

① カルケドン公会議　② ニケーア公会議
③ トリエント公会議　④ コンスタンツ公会議
⑤ クレルモン宗教会議

問10　下線部ⓖについて。聖地に向かわずラテン帝国を築いた十字軍の遠征として正しいものを，次の中から一つ選びなさい。

解答番号 23

① 第3回十字軍　② 第4回十字軍　③ 第5回十字軍
④ 第6回十字軍　⑤ 第7回十字軍

問11　下線部ⓗについて。宗教改革に関する記述として誤っているものを，次の中から一つ選びなさい。

解答番号 24

① カルヴァンは「予定説」を唱え，長老主義を採用した。
② ヘンリ8世は国王至上法（首長法）を制定した。
③ ミュンツァーはドイツ農民戦争を指導した。
④ ヴォルムス協約によってルター派が公認された。

問12　下線部ⓘについて。リューベックを盟主とした都市同盟として正しいものを，次の中から一つ選びなさい。

解答番号 25

① ロンバルディア同盟
② シュマルカルデン同盟
③ ライン同盟
④ ハンザ同盟
⑤ カルマル同盟

問13　下線部ⓙについて。封建社会の変容と不安定さに関する記述として誤っているものを，次の中から一つ選びなさい。

解答番号 26

① 14世紀半ば，黒死病（ペスト）が流行し，人口減少の一因となった。
② 社会の不安定さがユダヤ人などの迫害を招いた。
③ ジョン=ボールがジャックリーの乱をおこした。
④ イギリスでは農奴から解放された農民の中から独立自営農民（ヨーマン）が誕生した。

Ⅲ　次の文(1)・(2)を読み，下の問い（問1～問14）に答えなさい。

(1)　西太后は，清の咸豊帝の側室で，同治帝の母である。西太后の生きた時代は，「西洋の圧迫」の時代とも言えよう。

清朝ⓐは，18世紀の中頃から内政が揺らぎ始めた。イギリスは清との交易をほぼ独占しつつも，綿製品などが売れずに輸入超過となり銀の流出に苦しんでいたが，その打開策として，19世紀の初め頃から中国のアヘン吸引に目を付け，茶をイギリスに，綿製品をインドに，インド産のアヘンを中国にはこぶ三角貿易を行なった。アヘンの密貿易を禁止していた清は，1839年にアヘンを没収し，その結果1840年にⓑアヘン戦争が起こった。

清が衰退していく中，1852年に西太后は18歳で後宮に入った。その前年に起こったのがⓒ太平天国の乱である。これを契機として，各地で反乱が起こるが，郷勇という地方義勇軍が鎮圧した。この郷勇を組織した者たちは，ⓓ太平天国の滅亡後に清朝の秩序の再建をはかった。

1861年，西太后は咸豊帝が死去すると，同治帝を擁立し実権を握った。はじめは漢人官僚による洋務運動を支持し，同治の中興といわれる安定期をもたらした。しかし，親政を開始した同治帝が1875年に急死したため，西太后は4歳になったばかりの甥の光緒帝を立て，再び政治を取り仕切った。

西太后はこうして権力を独占するようになったが，当時の中央アジアではⓔイリ事件が起こり，1881年にイリ条約が結ばれるなどロシアの南下による動揺が続く。1884年にはⓕベトナムの宗主権をめぐって清仏戦争が起こり，国内はさらに動揺した。

イギリスによる中国分割が進む中で，康有為・［ ア ］などが光緒帝に登用され，政権を握り改革を行なった。これを戊戌の変法という。しかし，西太后はクーデターを行なって光緒帝を幽閉し復権した。

西太后は，その後の10年，権力の座にあった。しかし，1900年のⓖ義和団事件を契機に力を失ない，講和成立後に北京に戻った西太后は，一転して西洋文明の導入に努めたが，光緒帝の死去した翌日に74歳で亡くなった。

問1　下線部ⓐについて。清の建国者とされるヌルハチに関する記述として正しいものを，次の中から一つ選びなさい。

解答番号［ 27 ］

① 北京を陥落させ，明を滅ぼした。

② 三藩の乱を鎮圧した。

③ 内モンゴルを支配下に組み込んだ。

④ 満州（洲）文字を制作した。

問2　下線部ⓑについて。アヘン戦争は清が惨敗し，南京条約が結ばれました。その内容に関する記述として誤っているものを，次の中から一つ選びなさい。

解答番号 28

① 広州・上海など長江以南の5港が開港された。

② 公行が廃止された。

③ 香港島が割譲された。

④ キリスト教の布教の自由が認められた。

問3　下線部ⓒについて。太平天国が首都とした都市として正しいものを，次の地図から一つ選びなさい。

解答番号 29

① A　② B　③ C　④ D　⑤ E

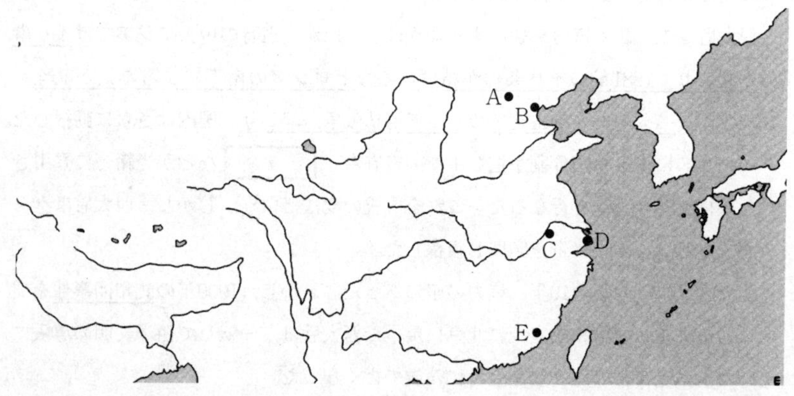

問4　下線部ⓓについて。太平天国滅亡以降の清の状況に関する記述として誤っているものを，次の中から一つ選びなさい。

解答番号 30

① 鉱山の開発・電信事業・鉄道の敷設などを進めた。

② 英・仏・米・露の公使館との対応窓口として，総理各国事務衙門（総理衙門）を設けた。

③ 日本と下関条約を結んだ。

④ 日本の干渉により，琉球の朝貢が停止した。

問5　下線部ⓔについて。1881年に結ばれたイリ条約以降のロシアに関する記述として正しいものを，次の中から一つ選びなさい。

解答番号 31

① イギリスはロシアに対抗し，アフガニスタンに進攻した。

② シベリア鉄道の建設が始まった。

③ ロシアがオスマン帝国と戦い勝利した。

④ ベルリン条約で，ロシアからのルーマニア・セルビア・モンテネグロの独立が承認された。

問6　下線部ⓕについて。ベトナムと清仏戦争に関する記述として正しいものを，次の中から一つ選びなさい。

解答番号 32

① 西山の乱にフランスが介入し，清仏戦争が起きた。

② 阮福暎が組織した黒旗軍がフランスに抵抗した。

③ ユエ条約で清朝がフランスの保護権を承認した。

④ この戦争以降，フランス領インドシナ連邦が成立した。

問7　空欄 ア に入れるのに適当なものを，次の中から一つ選びなさい。

解答番号 33

① 梁啓超　② 林則徐　③ 曾国藩　④ 左宗棠　⑤ 李鴻章

問8　下線部ⓖについて。義和団と義和団事件に関する記述として正しいものを，次の中から一つ選びなさい。

解答番号 34

① 農村の自警団組織を基盤に生まれた。

② 義和団は「滅満興漢」を掲げ，清朝の打倒を目指した。

③ ウォードやゴードンの率いる常勝軍が鎮圧に協力した。

④ 事件後，外国軍隊の上海駐屯を認めた。

(2) 孫文は農民出身であったが，後にハワイで成功していた兄を頼ってホノルルに渡り，民主主義の理念，キリスト教の教義を熱心に学んだ。19才で広東に戻り，医学を学んだが革命運動に転じた。

1911年，辛亥革命が勃発すると，翌年に孫文は臨時大総統に選ばれ，中華民国が樹立された。ⓗ 清朝は，［ イ ］を内閣に登用し，民国政府との交渉にあたらせたが，彼は清朝を見限り，宣統帝に退位をせまり，孫文から臨時大総統の地位を譲り受けた。

孫文は1917年に広東軍政府を樹立したが軍閥の攻撃を受け，上海に去った。その後，1919年に起こった五・四運動ⓘは，孫文に大きな影響を与え，彼は中国国民党を組織した。20年代にはソヴィエト政権と接近して，1924年に国共合作に踏み切ったが，翌1925年に「革命いまだ成らず」の言葉を残して死去した。

このような激動の状勢の中，1910年代後半から中国の知識人たちは新文化運動ⓙを起こした。

1925年，国民党は国民政府を樹立し，翌年，孫文の遺志を継いだ蔣介石ⓚは中国の統一を目指して北伐を開始し，1927年３月には上海・南京を占領した。しかし，国民政府内部では共産党員らとの対立が深まり，1927年に蔣介石は上海クーデターをおこし，あらたに南京で国民政府を建てた。これを「国共分裂」と呼ぶ。

一方，中国共産党ⓛはソヴィエト政権を作る方針に転換し，31年に毛沢東を主席とする中華ソヴィエト共和国臨時政府が成立した。

問９ 下線部ⓗについて。辛亥革命と孫文に関する記述として誤っているものを，次の中から一つ選びなさい。

解答番号 ［ 35 ］

① 辛亥革命は武昌の革命派が蜂起してはじまった。

② 孫文は中国同盟会を組織した。

③ 「中体西用」をスローガンに掲げた。

④ 外モンゴルは辛亥革命の際に独立を宣言した。

問10　空欄 イ に入れるのに適当なものを，次の中から一つ選びなさい。

解答番号 36

① 金玉均　② 張学良　③ 崔済愚　④ 宋教仁　⑤ 袁世凱

問11　下線部ⓘについて。五・四運動に関する記述として正しいものを，次の中から一つ選びなさい。

解答番号 37

① 知識人たちが「独立宣言」を発表し，これに民衆が呼応した。
② 親日派が台頭した。
③ 軍閥によって，鎮圧された。
④ ヴェルサイユ条約への調印拒否が約束された。

問12　下線部ⓙについて。新文化運動を起こした人物として正しいものを，次の中から一つ選びなさい。

解答番号 38

① 董其昌　② 汪兆銘　③ 陳独秀　④ 徐光啓　⑤ 宋応星

問13　下線部ⓚについて。蔣介石に関する記述として誤っているものを，次の中から一つ選びなさい。

解答番号 39

① 八・一宣言を出し，内戦停止を呼びかけた。
② 蔣介石は西安事件で捉(とら)えられた。
③ 共産党との戦いに敗れて台湾に逃れた。
④ ローズヴェルト・チャーチル・蔣介石によりカイロ宣言が出された。

問14　下線部ⓛについて。中国共産党に関する記述として誤っているものを，次の中から一つ選びなさい。

解答番号 40

① コミンテルンの支援によって結成された。
② ソ連の平和共存路線を批判し，中ソ対立を引き起こした。
③ 「大躍進」運動を指示し、人民公社を設立した。
④ 浙江財閥と結んで，一党体制による統一政権をめざしていた。

政治・経済

(60分)

解答範囲は，解答番号 1 から 40 までです。

I　次の(1)・(2)の文章を読み，下の問い（問1～問14）に答えなさい。

(1)　日本国憲法は，平和主義をかかげ9条2項で戦力の保持を禁止した。ⓐ1954年に発足した自衛隊は憲法が保持を禁止した戦力に該当するのではないかという疑念が今日までつきまとう。しかし歴代政府は，自衛隊は憲法が保持を禁止した戦力ではないとの見解を維持してきた。ⓑ自衛隊の合憲性はいくつかの裁判でも争点となった。

発足後の自衛隊は，「専守防衛」という日本の安全保障政策のもとで長年海外派遣されなかった。またⓒ1970年代から80年代半ばまでは自民党政権が防衛力の増強に一定の歯止めをかけた時期もあった。しかし湾岸戦争のあとの1991年に海上自衛隊の掃海艇が機雷除去のためにペルシャ湾に派遣されたことを皮切りに，自衛隊の海外での任務もしだいに多くなった。また1992年に成立したⓓ国連平和維持活動（ＰＫＯ）協力法に基づいて自衛隊は，海外の各地へ派遣されるようになった。

さらに2001年9月にⓔアメリカで発生した同時多発テロ事件を起こした国際テロ組織の掃討のためにアフガニスタンに攻め込んだアメリカ合衆国軍などの支援を目的とするテロ対策特別措置法が同年10月に成立した。同法に基づいて自衛隊は，インド洋に派遣された。イラク戦争終結宣言後の2003年にはイラク復興支援特別措置法が制定され，同法に基づき自衛隊はイラク南部の都市サマーワなどに派遣され給水などの民間復興支援活動に尽力した。

2015年には安全保障関連法が制定され，ⓕ存立危機事態における他国軍隊とのⓖ集団的自衛権の行使も自衛隊の任務に加えられ，従来の「専守防衛」という安全保障政策との整合性が問われるようになった。

問1　下線部ⓐについて。自衛隊の発足にいたるまでの経緯の記述として最も適当なものを，次の中から一つ選びなさい。

解答番号 [1]

① 朝鮮戦争が勃発したことを受けてＧＨＱが日本政府に防衛努力を求め，保安隊が発足し，同隊が警察予備隊へと改組し，さらに自衛隊となった。

② 朝鮮戦争が勃発したことを受けてＧＨＱが日本政府に防衛努力を求め，警察予備隊が発足し，同隊が保安隊へと改組し，さらに自衛隊となった。

③ 日本国憲法の制定を受けて旧日本軍が改組されて保安隊が発足し，同隊が警察予備隊へと改組し，さらに自衛隊となった。

④ 日本国憲法の制定を受けて旧日本軍が改組されて警察予備隊が発足し，同隊が保安隊へと改組し，さらに自衛隊となった。

問２　下線部ⓑについて。自衛隊の合憲性に関連する裁判所の判断の記述として最も適当なものを，次の中から一つ選びなさい。

解答番号 [2]

① 恵庭事件で札幌地方裁判所は，自衛隊は自衛のための必要最小限度の実力であり憲法違反ではないと判断した。

② 恵庭事件で札幌地方裁判所は，被告人を無罪として憲法判断を回避した。

③ 長沼ナイキ事件で札幌地方裁判所は，自衛隊は自衛のための必要最小限の実力であり憲法違反ではないと判断した。

④ 長沼ナイキ事件で札幌地方裁判所は，被告人を無罪として憲法判断を回避した。

問３　下線部ⓒについて。この時期の防衛政策に関連する記述として最も適当なものを，次の中から一つ選びなさい。

解答番号 [3]

① 防衛費を国民総生産（ＧＮＰ）の１％以内に当面の間抑えるという閣議決定が中曽根康弘内閣によってなされた。

② 防衛費を国民総生産（ＧＮＰ）の３％以内に当面の間抑えるという閣議決定が三木武夫内閣によってなされた。

③ 防衛費を国民総生産（ＧＮＰ）の１％以内に当面の間抑えるという閣議決定が三木武夫内閣によってなされた。

④　防衛費を国民総生産（ＧＮＰ）の３％以内に当面の間抑えるという閣議決定が中曽根康弘内閣によってなされた。

問４　下線部ⓓについて。国連平和維持活動（ＰＫＯ）協力法に基づく自衛隊の海外派遣に関連する記述として最も適当なものを，次の中から一つ選びなさい。

解答番号 4

①　国連平和維持活動（ＰＫＯ）協力法に基づく初の自衛隊の海外派遣は，兵力引き離し目的でのゴラン高原への派遣である。

②　国連平和維持活動（ＰＫＯ）協力法に基づく初の自衛隊の海外派遣は，停戦・選挙監視目的でのカンボジアへの派遣である。

③　国連平和維持活動（ＰＫＯ）協力法に基づく初の自衛隊の海外派遣は，難民支援目的でのベトナムへの派遣である。

④　国連平和維持活動（ＰＫＯ）協力法に基づく初の自衛隊の海外派遣は，地震復興支援目的でのハイチへの派遣である。

問５　下線部ⓔについて。アメリカで発生した同時多発テロ事件についての記述として最も適当なものを，次の中から一つ選びなさい。

解答番号 5

①　アル=カーイダがアメリカで引き起こした事件である。この事件をきっかけに湾岸戦争が起きた。

②　タリバンがアメリカで引き起こした事件である。この事件をきっかけにアフガニスタン戦争が起きた。

③　アル=カーイダがアメリカで引き起こした事件である。この事件をきっかけにアフガニスタン戦争が起きた。

④　タリバンがアメリカで引き起こした事件である。この事件をきっかけに湾岸戦争が起きた。

問６　下線部ⓕについて。存立危機事態についての記述として最も適当なものを，次の中から一つ選びなさい。

解答番号 6

①　日本の同盟国への武力攻撃が発生し，日本の存立がおびやかされ，国民の

生命，自由および幸福追求の権利が根底からくつがえされる明白な危険がある事態。

② 日本の密接な関係国への武力攻撃が発生し，日本の存立がおびやかされ，国民の生命，自由および幸福追求の権利が根底からくつがえされる明白な危険がある事態。

③ 日本の同盟国への武力攻撃が発生し，日本の国民主権原理が根底からくつがえされる明白な危険がある事態。

④ 日本の密接な関係国への武力攻撃が発生し，日本の国民主権原理が根底からくつがえされる明白な危険がある事態。

問7　下線部ⓖについて。集団的自衛権を明記したものとして最も適当なものを，次の中から一つ選びなさい。

解答番号 [7]

① 国連憲章　② 世界人権宣言　③ 日米地位協定
④ リスボン条約　⑤ 日米安全保障条約

(2) 国家への認識は，時代によって変化をしてきた。すなわち，ある時代までの国家とは，人々の自由や社会の自律を重んじ，そこへの介入を極力控える [ア] であったとされる。その後に資本主義が発達した結果，社会の矛盾が表面化するなかで，基本的人権として [イ] という考え方が生じてくるにつれて，[ウ] の機能が重視されるようになった。

そうした認識の変化が生じてきた一方で，権力（政治権力）ⓐのあり方を現実の制度にどのように反映させるかは，実際には国によってさまざまである。現代の世界では，社会主義や開発独裁，イスラム体制ⓑのような国家が存在する一方で，同じ西欧型ⓒ民主主義国家においても，実際の権力構造は相互に異なるところが少なくない。その典型は，アメリカのように大統領制をとるか，イギリスⓓのように議院内閣制をとるかの違いであるが，いずれにおいても，権力を分立させるという基本的な原理に基づく点は共通している。この背景には，権力の濫用（らんよう）に対する警戒心がある。権力の濫用ないし政治の暴走は，単に観念的にそうなる可能性があるというだけでなく，典型的にはファシズムや軍国主義の台頭に見られるように，人類の歴史において現実に生じたことⓔであり，その反省の上に，現代の民主主義は成立しているのである。

そもそも民主政治の原則は，法の支配という原理と密接に関連している。この原理は［ エ ］で発達した考え方であるが，これと似たものとして，［ オ ］という原理が挙げられる。これは［ カ ］で発展してきた考え方であり，両者は一応は区別される。

問8 空欄［ ア ］～空欄［ ウ ］に当てはまる語句の組み合わせとして最も適当なものを，次の中から一つ選びなさい。

解答番号［ 8 ］

① ア＝軍事国家 イ＝自由権 ウ＝行政国家
② ア＝夜警国家 イ＝社会権 ウ＝福祉国家
③ ア＝福祉国家 イ＝社会権 ウ＝行政国家
④ ア＝夜警国家 イ＝社会権 ウ＝連邦国家
⑤ ア＝行政国家 イ＝自由権 ウ＝軍事国家
⑥ ア＝夜警国家 イ＝自由権 ウ＝福祉国家

問9 下線部ⓐについて。政治権力を伝統的支配，カリスマ的支配，合法的支配に区分し，秩序と権力の関係を論じたドイツの社会学者として最も適当なものを，次の中から一つ選びなさい。

解答番号［ 9 ］

① カール＝マルクス
② イマヌエル＝カント
③ ヨーゼフ＝シュンペーター
④ マックス＝ウェーバー
⑤ オットー＝フォン＝ビスマルク
⑥ アルバート＝アインシュタイン

問10 下線部ⓑについて。世界各地で生じた事件に関連する記述として最も不適当なものを，次の中から一つ選びなさい。

解答番号［ 10 ］

① ミャンマーでは，アウン＝サン＝スーチーが民主化運動の中心を担ってき

た。

② 中国では，天安門事件を経て共産党の一党独裁や民主集中制が撤廃された。

③ エジプトやチュニジアでは，アラブの春が起こり政治体制が変革された。

④ 韓国では，朴正熙大統領による開発独裁体制のもと経済開発が推進された。

問11　下線部ⓒについて。16世紀から18世紀にかけての西欧における政治理論・政治的潮流に関連する記述として最も適当なものを，次の中から一つ選びなさい。

解答番号 11

① 王権は神が授けたとする王権神授説が唱えられ，絶対王政の理論的背景となった。

② フランス革命で王政が廃止され，その影響を受けてアメリカ独立が達成された。

③ ホッブズが『リヴァイアサン』において，コモンローによる王権の制限を論じた。

④ ルソーが『社会契約論』において人民主権の原理を説き，間接民主制を理想とした。

問12　下線部ⓓについて。現代のイギリスにおける政治制度・政治慣習に関連する記述として最も適当なものを，次の中から一つ選びなさい。

解答番号 12

① 違憲審査権のある最高裁判所が設置された。

② 上院（貴族院）と下院（庶民院）の権限は同等である。

③ 首相の地位は国王による信任に依存する。

④ 野党は政権交代に備えて影の内閣を組織する。

問13　下線部ⓔについて。20世紀前半に生じた事象を年代の古い順に並び替えたものとして最も適当なものを，次の中から一つ選びなさい。

解答番号 13

A＝ポツダム宣言受諾

B＝ムッソリーニ政権が誕生

C＝独ソ戦開始

D＝全権委任法によりナチスが全権を掌握

① B→C→A→D　② D→C→A→B　③ D→B→C→A
④ B→A→C→D　⑤ C→D→B→A　⑥ B→D→C→A

問14　空欄［エ］～空欄［カ］に当てはまる語句の組み合わせとして最も適当なものを，次の中から一つ選びなさい。

解答番号［14］

① エ＝ギリシャ　オ＝法治主義　カ＝ドイツ
② エ＝イギリス　オ＝法治主義　カ＝ドイツ
③ エ＝イギリス　オ＝法治主義　カ＝イタリア
④ エ＝イギリス　オ＝自然法主義　カ＝ドイツ
⑤ エ＝イタリア　オ＝自然法主義　カ＝イギリス
⑥ エ＝ギリシャ　オ＝自然法主義　カ＝イタリア

Ⅱ　次の(1)・(2)の文章を読み，下の問い（問１～問12）に答えなさい。

(1) 資本主義経済ⓐは，主に消費活動を行う家計，主に生産活動を行う企業ⓑ，両者の調整・再分配や独自の生産・消費活動を行う政府の３つの経済主体から成り立っている。

家計は，企業に労働や資本・土地という［ア］を供給し，対価として賃金や利子・配当・地代などの［イ］を得る。家計は，この［イ］によって満足が最大になるような消費生活を営み，将来のために貯蓄をし，租税を納める。

企業は，労働・資本・土地を用いて生産活動を行い，［ウ］を追求する。企業は，最大［ウ］を求めて，労働者を雇い，投資を決定する。獲得された［ウ］の一部は賞与や配当として家計に分配されるが，他は［エ］として企業に蓄えられ，投資の源泉となる。一定期間（普通は１年間）に一国内で新たに生産された付加価値の総計を国内総生産（ＧＤＰ）ⓒという。

政府は，資源配分の調整，所得の再分配，景気ⓓの安定化などを通じて，豊かな住みよい社会を実現する役割を担っている。

問1　空欄 ア ～空欄 エ に当てはまる語句の組み合わせとして最も適当なものを，次の中から一つ選びなさい。

解答番号 15

① ア＝生産要素　イ＝利潤　ウ＝所得　エ＝内部留保
② ア＝生産要素　イ＝利潤　ウ＝内部留保　エ＝所得
③ ア＝生産要素　イ＝所得　ウ＝利潤　エ＝内部留保
④ ア＝生産要素　イ＝所得　ウ＝内部留保　エ＝利潤
⑤ ア＝内部留保　イ＝利潤　ウ＝所得　エ＝生産要素
⑥ ア＝内部留保　イ＝利潤　ウ＝生産要素　エ＝所得
⑦ ア＝内部留保　イ＝所得　ウ＝利潤　エ＝生産要素
⑧ ア＝内部留保　イ＝所得　ウ＝生産要素　エ＝利潤

問2　下線部ⓐについて。資本主義経済に関する記述として最も適当なものを，次の中から一つ選びなさい。

解答番号 16

① 資本主義経済では，生産手段を中心とする財産の個人所有が認められない。
② 産業革命後，資本家と労働者の階級分化が進み，資本主義経済発展の陰で，労働条件の過酷化が生じた。
③ 資本主義経済では，原則として財の生産と分配は中央政府の計画と指令に基づいて行われる。
④ 現代の資本主義は，政府による介入をともなわない修正資本主義である。

問3　下線部ⓑについて。企業に関する後の問い(ア)・(イ)・(ウ)に答えなさい。

(ア) 企業に関連する記述として最も不適当なものを，次の中から一つ選びなさい。

解答番号 17

① 国連は，2国以上に資産を保有し，支配する企業を多国籍企業と定義している。
② 株式会社では，株主は資本金を提供し，会社が倒産した場合は債権者に対して各人の出資分以上の法的責任を負わない。
③ 現代では多くの企業が株式会社の形態をとり，所有と経営が分離している。
④ 日本銀行は，日本の中央銀行として金融政策を担う国営企業である。

(イ)　企業は，私企業・公企業・公私合同（混合）企業に分類されるが，このうちの私企業についての記述として最も適当なものを，次の中から一つ選びなさい。

解答番号 18

① 会社企業は，株式会社と持分会社に分類される。

② 法人企業は，会社企業と個人企業に分類される。

③ 合名会社は，有限責任社員によって構成される。

④ 合同会社は，無限責任社員によって構成される。

(ウ)　企業の社会的責任（ＣＳＲ）に関する記述として最も不適当なものを，次の中から一つ選びなさい。

解答番号 19

① 企業が行う文化支援活動をメセナという。

② 障害者雇用促進法により，民間企業は従業員数の3.0％以上の障害者を雇用することが義務付けられている。

③ 企業倫理に従って活動している企業に投資家が出資する社会的責任投資（ＳＲＩ）が注目されている。

④ 企業が行う社会的貢献活動や慈善的寄付行為をフィランソロピーという。

問4　下線部ⓒについて。国内総生産（ＧＤＰ）に関連する記述として最も不適当なものを，次の中から一つ選びなさい。

解答番号 20

① 経済の量的指標にはフローとストックがあるが，国内総生産はフローの指標である。

② 国内総生産に海外からの純所得を加えると国民総所得（ＧＮＩ）となる。

③ 国民総所得から中間生産物の額を差し引いたものを国民純生産（ＮＮＰ）という。

④ 国民総所得と国民総生産（ＧＮＰ）の数値は等しくなる。

問5　下線部ⓓについて。景気変動（景気循環）を周期の短い順に並べたものとして最も適当なものを，次の中から一つ選びなさい。

解答番号 21

A＝クズネッツの波　　B＝コンドラチェフの波

C＝キチンの波　　D＝ジュグラーの波

① A→B→C→D
② A→B→D→C
③ B→A→C→D
④ B→A→D→C
⑤ C→D→B→A
⑥ C→D→A→B
⑦ D→C→B→A
⑧ D→C→A→B

(2) 第二次世界大戦後，日本国憲法によって国民に勤労権が認められ，労働者には労働三権ⓐが保障された。これらの権利の具体化を目的として，1940年代に労働基準法ⓑなどの労働三法が整備された。それ以降も，労働者の保護をはかるなどの目的で，さまざまな労働関係の法律が整備されてきたⓒ。しかしながら，なお，さまざまな問題点が残されている。

日本の労働環境は1990年代以後，日本的雇用慣行ⓓのあり方とともに大きく変容した。高度経済成長期には２％程度であった日本の失業率ⓔは，バブル崩壊後上昇した。国内外からの競争圧力にさらされた日本の企業は，非正規雇用労働者ⓕを多用するようになった。非正規雇用は景気の変動に応じて伸縮的に調整されやすいため，労働者には不利な点が多い。女性の職場進出ⓖは1960年代から増加しているが，女性の労働環境は賃金などの面で依然として厳しい。

問６　下線部ⓐについて。労働三権の保障状況に関する記述として最も適当なものを，次の中から一つ選びなさい。

解答番号 22

① 一般職の国家公務員については，労働三権のすべてが否定されている。
② 一般職の地方公務員については，争議権が否定されている。
③ 行政執行法人の国家公務員については，労働三権のすべてが保障されている。

④　警察・消防職員については，団結権のみが保障されている。

問7　下線部ⓑについて。2022年時点の労働基準法に関する記述として最も適当なものを，次の中から一つ選びなさい。

解答番号 23

①　労働時間については週40時間（法定労働時間）をこえてはならないとされるが，裁量労働制などの変則的な労働時間制度が認められている。

②　労働時間については週40時間（法定労働時間）をこえてはならないとされ，裁量労働制などの変則的な労働時間制度は禁止されている。

③　労働時間については週48時間（法定労働時間）をこえてはならないとされるが，裁量労働制などの変則的な労働時間制度が認められている。

④　労働時間については週48時間（法定労働時間）をこえてはならないとされ，裁量労働制などの変則的な労働時間制度は禁止されている。

問8　下線部ⓒについて。日本の労働関係の法律Ａ～Ｃを制定の年が古い順に並べたものとして最も適当なものを，次の中から一つ選びなさい。

解答番号 24

Ａ＝育児・介護休業法

Ｂ＝男女雇用機会均等法

Ｃ＝労働契約法

①　Ａ→Ｂ→Ｃ

②　Ａ→Ｃ→Ｂ

③　Ｂ→Ａ→Ｃ

④　Ｂ→Ｃ→Ａ

⑤　Ｃ→Ａ→Ｂ

⑥　Ｃ→Ｂ→Ａ

問9　下線部ⓓについて。日本的雇用慣行の特徴に関する記述として最も適当なものを，次の中から一つ選びなさい。

解答番号 25

① 中途採用が一般的であり，労働者は職種を限定され専門が生かされるように配置転換される。

② 労働組合は，企業の枠をこえて職種別に組織される職業別組合の制度をとっている。

③ 労働者は，自己都合で退職しない限り年齢にかかわりなくいつまでも勤めることができる。

④ 勤続年数にともなって賃金が上昇する年功序列型賃金制度がとられる。

問10 下線部ⓔについて。日本の失業率に関する記述として最も適当なものを，次の中から一つ選びなさい。

解答番号 26

① 日本の失業率（完全失業率）は，バブル崩壊後上昇し1992年には5％を超え，その後低下するもリーマンショック後の2010年には5％程度となった。

② 日本の失業率（完全失業率）は，バブル崩壊後上昇し1992年には5％を超え，その後低下するもコロナ禍中の2021年には5％程度となった。

③ 日本の失業率（完全失業率）は，バブル崩壊後上昇し2002年には5％を超え，その後低下するもリーマンショック後の2010年には5％程度となった。

④ 日本の失業率（完全失業率）は，バブル崩壊後上昇し2002年には5％を超え，その後低下するもコロナ禍中の2021年には5％程度となった。

問11 下線部ⓕについて。日本における非正規雇用労働者に関連する記述として最も適当なものを，次の中から一つ選びなさい。

解答番号 27

① 2022年時点で，全雇用の50％以上を，非正規雇用労働者が占めている。

② 非正規雇用労働者のうち，2022年時点で最も多くを占めるのはパート・アルバイトである。

③ 菅義偉政権は，労働者派遣法を改正し，日雇い派遣を解禁した。

④ 安倍晋三政権は，パートタイム労働法を成立させ，短時間労働者の保護をはかった。

問12 下線部ⓖについて。次の図は，韓国，スウェーデン，日本およびアメリカにおける女性の年齢階級別労働力率（2020年）を示している。図中のD～Fに当てはまる国名の組み合わせとして最も適当なものを，次の中から一つ選びなさい。

解答番号 28

図 韓国，スウェーデン，日本およびアメリカにおける
女性の年齢階級別労働力率（2020年）

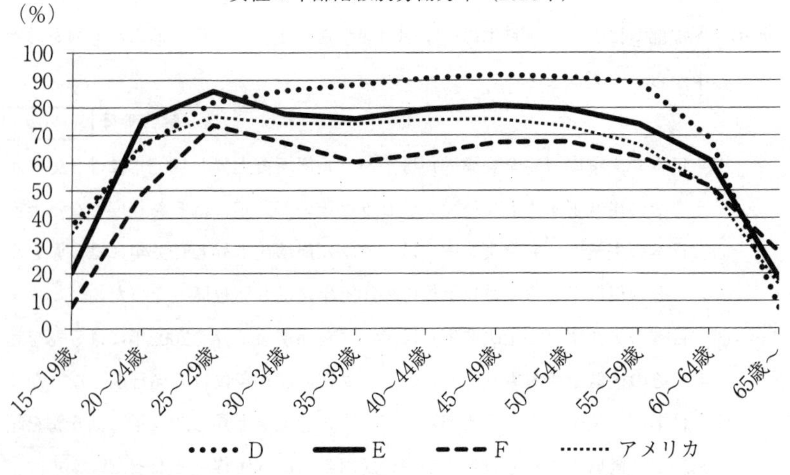

資料：『データブック国際労働比較2022』より作成
注：アメリカは16歳以上が対象。スウェーデンは15歳～74歳が対象。

① D＝韓国　E＝スウェーデン　F＝日本
② D＝韓国　E＝日本　F＝スウェーデン
③ D＝スウェーデン　E＝韓国　F＝日本
④ D＝スウェーデン　E＝日本　F＝韓国
⑤ D＝日本　E＝韓国　F＝スウェーデン
⑥ D＝日本　E＝スウェーデン　F＝韓国

Ⅲ　次の(1)・(2)の文章を読み，下の問い（問1～問12）に答えなさい。

(1)　第二次大戦後の農地改革により，［ア］制が廃止された。農地改革とは［イ］の創出を目的とするものであった。その後，高度成長期の産業構造の高度化によって農業と他産業の所得の格差は広がった。そこで1961年には農業基本法が制定され，畜産・果樹・野菜などの作物の選択的［ウ］を奨励し，機械化や経営規模［エ］によって［オ］の育成が目指された。しかし，産業構造の変化のなかで意図されたとおりの農業の発展が実現したとは言い難い。さらに，コメについては，ⓐ1970年，減反政策が開始された。

近年では，やはり農業の生産性の向上が目指される一方，食料・農業・農村基本法においてⓑ食料の安定供給の確保やⓒ農業の多面的機能の発揮などを政策目標とすることも定められた。そのほか，ⓓ食の安全を確保する政策的努力がつづけられている。

問1　空欄［ア］と空欄［イ］に当てはまる語句の組み合わせとして最も適当なものを，次の中から一つ選びなさい。

解答番号［29］

① ア＝寄生地主　　イ＝小作人
② ア＝寄生地主　　イ＝自作農
③ ア＝寄生地主　　イ＝農奴
④ ア＝主業農家　　イ＝小作人
⑤ ア＝主業農家　　イ＝自作農
⑥ ア＝主業農家　　イ＝農奴

問2　空欄［ウ］～空欄［オ］に当てはまる語句の組み合わせとして最も適当なものを，次の中から一つ選びなさい。

解答番号［30］

① ウ＝拡大　　エ＝拡大　　オ＝環境保全型農業
② ウ＝縮小　　エ＝拡大　　オ＝環境保全型農業
③ ウ＝拡大　　エ＝縮小　　オ＝環境保全型農業
④ ウ＝縮小　　エ＝縮小　　オ＝環境保全型農業
⑤ ウ＝拡大　　エ＝拡大　　オ＝自立経営農家

⑥　ウ＝縮小　　エ＝拡大　　オ＝自立経営農家

⑦　ウ＝拡大　　エ＝縮小　　オ＝自立経営農家

⑧　ウ＝縮小　　エ＝縮小　　オ＝自立経営農家

問3　下線部ⓐについて。減反政策に関する記述として最も適当なものを，次の中から一つ選びなさい。

解答番号 [31]

① 食糧管理法の制定より前に開始された。

② 地租改正より前に開始された。

③ 農地法の制定より前に開始された。

④ コメの関税化の実施より前に開始された。

問4　下線部ⓑについて。食料の安定供給の確保に関連する記述として最も不適当なものを，次の中から一つ選びなさい。

解答番号 [32]

① 食料安全保障には，食料自給率を高めることが国の安全保障上必要であるという考えがふくまれる。

② カロリーベースの食料自給率には，野菜・果物の自給率が反映されにくいという問題が指摘されている。

③ 食料危機をもたらす要因として，環境破壊や異常気象などが考えられる。

④ 食料危機に対処するために，一村一品運動によって流通の適正化がなされることが期待されている。

問5　下線部ⓒについて。農業の多面的機能に関する記述として最も適当なものを，次の中から一つ選びなさい。

解答番号 [33]

① 農業の多面的機能には，良好な景観の形成がふくまれる。

② 農業の多面的機能には，企業の自然独占を推進する機能がふくまれる。

③ 農業の多面的機能には，農業の副産物が生み出す働きはふくまれない。

④ 農業の多面的機能に何がふくまれるかは，食品安全委員会によって認定される。

問6　下線部ⓓについて。食の安全に関連する記述として最も不適当なものを，次の中から一つ選びなさい。

解答番号 34

① トレーサビリティとは，食品などがいつどのような流通経路を経て店先に並んでいるのかという履歴が管理され，明らかにされていることをいう。

② 口蹄疫（こうていえき）は，伝染力が強く防除が困難な家畜の病気であり，日本国内で発生したさいには多くの牛が殺処分されたことがある。

③ 遺伝子組み換え作物は，耐病性や日持ち性などの機能を持つ遺伝子を人工的に組み込んだ作物であり，日本に輸入されている。

④ 日本では食品の偽装表示への対策として，食品安全基本法という法律の制定が検討されてはいるものの，まだ制定されるには至っていない。

(2) 人類はさまざまなエネルギーを利用ⓐすることによって多くの文明をつくりあげてきた。しかし，エネルギーは有限であり，また大量に消費することによって地球環境を悪化させる原因ともなっている。

産業の発展や開発の進展などが引き起こした地球環境全体にかかわる破壊や汚染，すなわち地球環境問題ⓑは，人類全体の課題としてとらえる必要がある。例えば，温室効果ガスⓒの排出量が増大することで，地球温暖化が進むと言われている。気温の上昇が続けば，極地の氷の融解や異常気象により，低地の水没や内陸の乾燥化などの被害が起きることが心配されている。近年では，京都議定書ⓓに代わる地球温暖化対策に向けた新しい枠組みとして，パリ協定が採択されている。

1970年代から地球環境の破壊を回避するための国際的な試みⓔがみられる。1992年には，深刻の度を増す地球環境問題に対処するため，国連環境開発会議（地球サミット）ⓕが開催された。地球環境問題を解決し，持続可能な社会を構築するには，家庭や企業が環境への負荷を最小限にとどめ，省資源・省エネルギーの推進に取り組む必要がある。

問7　下線部ⓐについて。エネルギー利用に関する記述として最も適当なものを，次の中から一つ選びなさい。

解答番号 35

① 温暖化対策のため，石油，石炭，天然ガス，原子力などの再生可能エネル

ギーへの転換が進められている。

② 次世代のエネルギー源として，コージェネレーションやスマートグリッドが期待されている。

③ バイオエタノールは，サトウキビなどの植物からつくられ，自動車の燃料などに用いられている。

④ 原子力発電の結果生み出されるシェールガスを燃料として利用するエネルギー革命が，日本では推進されている。

問8 下線部ⓑについて。地球環境問題に関する記述として最も適当なものを，次の中から一つ選びなさい。

解答番号 36

① 砂漠化は，大規模な農地開発や過放牧，薪炭材を得るための無秩序な伐採によって進行している。

② 生物多様性の減少は，生物の進化を促し，生物の遺伝子を資源として利用しやすくなるため，国際的な対策は行われていない。

③ オゾン層の破壊は，冷蔵庫の冷媒や洗浄剤などに使用されてきた硫黄酸化物が主な原因である。

④ 酸性雨は，土壌酸性化による森林減少をもたらしているが，歴史的建造物への被害は生じていない。

問9 下線部ⓒについて。次の図は，2018年における各国の二酸化炭素排出量の割合を示したものである。A～Dの国名の組み合わせとして最も適当なものを，次の中から一つ選びなさい。

解答番号 37

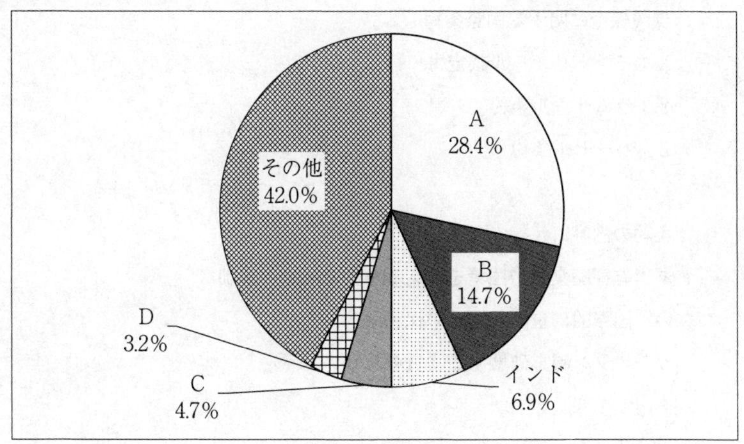

資料：『世界国勢図会　2021/22年版』より作成

① A＝中国　B＝アメリカ　C＝日本　D＝ロシア
② A＝中国　B＝アメリカ　C＝ロシア　D＝日本
③ A＝中国　B＝日本　C＝アメリカ　D＝ロシア
④ A＝アメリカ　B＝日本　C＝中国　D＝ロシア
⑤ A＝アメリカ　B＝中国　C＝日本　D＝ロシア
⑥ A＝アメリカ　B＝中国　C＝ロシア　D＝日本

問10　下線部ⓓについて。京都議定書に関する記述として最も不適当なものを，次の中から一つ選びなさい。

解答番号 38

① 1997年に京都で開かれたＣＯＰ３で採択された。
② 共同実施や排出量取引などの，いわゆる京都メカニズムが導入された。
③ 日本は，2013年から2020年の第２約束期間にも参加した。
④ アメリカは経済活動を妨げるという理由で，批准を見送った。

問11　下線部ⓔについて。環境保全に関する国際条約Ｘ～Ｚと，条約の内容 あ～う の組み合わせとして最も適当なものを，次の中から一つ選びなさい。

解答番号 39

環境保全に関する国際条約

X：モントリオール議定書

Y：ラムサール条約

Z：バーゼル条約

条約の内容

あ：有害廃棄物の国境をこえる移動や処分の規制

い：国際的に重要な湿地の保護

う：オゾン層を破壊する物質の規制

① X＝あ　Y＝い　Z＝う
② X＝あ　Y＝う　Z＝い
③ X＝い　Y＝あ　Z＝う
④ X＝い　Y＝う　Z＝あ
⑤ X＝う　Y＝あ　Z＝い
⑥ X＝う　Y＝い　Z＝あ

問12　下線部ⓕについて。1992年に開催された国連環境開発会議（地球サミット）に関する記述として最も不適当なものを，次の中から一つ選びなさい。

解答番号 40

① 「かけがえのない地球」をスローガンに開催された国際会議である。
② 人類共通の目標として持続可能な開発を宣言した。
③ 地球温暖化を防ぐため，気候変動枠組み条約が採択された。
④ ブラジルのリオデジャネイロで開かれた国連主催の会議である。

数学

◀数学Ⅰ・Ⅱ・A・B▶

（60分）

Ⅰ　次の問いに答えなさい。ただし，$\log_{10}2=0.301$，$\log_{10}7=0.845$ とする。

(1)　$\log_{10}\dfrac{5}{7}$ を求めなさい。

(2)　$5^{n+2}<7^{n-1}$ となる最小の自然数 n を求めなさい。

Ⅱ　$0\leqq\theta<\pi$ とする。次の問いに答えなさい。

(1)　$\dfrac{1}{2}(\cos 2\theta-\cos\theta)=-\dfrac{1}{2}$ を解きなさい。

(2)　$\dfrac{1}{2}(\cos 2\theta-\cos\theta)=k$ が異なる2つの解を持つように，定数 k の値の範囲を定めなさい。

Ⅲ 関数 $f(x)=x^3+ax^2+bx+c$ とする。このとき，$y=f(x)$ のグラフは以下の2つの条件㋑，㋺を満たしている。ただし，a，b，c は定数とする。

㋑ 点 $(2,\ -27)$ を通る。

㋺ 直線 $y=15x+23$ と点 $(-2,\ -7)$ で接する。

このとき，次の問いに答えなさい。

(1) 定数 a，b，c の値を求めなさい。

(2) 方程式 $f(x)=0$ を解きなさい。

(3) $y=f(x)$ のグラフを描きなさい。

◀数学Ⅰ・Ⅱ・Ⅲ・A・B▶

（90分）

Ⅰ　次の問いに答えなさい。

(1)　最大公約数が14, 最小公倍数が280である2つの自然数 m, n の組をすべて求めなさい。ただし, $m < n$ とする。

(2)　定積分

$$\int_{e-1}^{e^2-1} \log(x+1)dx$$

を求めなさい。

(3)　実数 x, y に関する2つの条件

$$p : x^2 + (y-1)^2 \leqq a^2, \qquad q : y \geqq x^2$$

について, p が q であるための十分条件となるような実数 a の範囲を求めなさい。

Ⅱ　a を正の実数として，複素数 $z = \dfrac{\sqrt{3}-i}{1-\sqrt{3}i}a$ を考える。

(1)　$z,\ \overline{z},\ \dfrac{1}{z}$ をそれぞれ極形式で表しなさい。ただし，偏角 θ の範囲は $-\pi < \theta \leqq \pi$ とする。

(2)　複素数平面上の 3 点 $\mathrm{A}(z),\ \mathrm{B}(\overline{z}),\ \mathrm{C}\left(\dfrac{1}{z}\right)$ を頂点とする三角形 ABC が直角三角形となるような a の値を求めなさい。

Ⅲ　平行四辺形 OABC において，$\mathrm{OA}=4,\ \mathrm{OC}=3,\ \angle\mathrm{AOC}=\dfrac{\pi}{3}$ である。線分 AB を 2 : 1 に内分する点を D，点 C を通り直線 OD に垂直な直線と直線 OA との交点を E とする。$\overrightarrow{\mathrm{OA}}=\vec{a},\ \overrightarrow{\mathrm{OC}}=\vec{c}$ として，次の問いに答えなさい。

(1)　内積 $\vec{a}\cdot\vec{c}$ を求めなさい。

(2)　$\overrightarrow{\mathrm{OD}}$ を $\vec{a}$ と $\vec{c}$ で表しなさい。

(3)　$\overrightarrow{\mathrm{OE}}=r\vec{a}$ と表すとき，r の値を求めなさい。

(4)　直線 OD と直線 CE の交点を F とする。$\dfrac{\mathrm{CF}}{\mathrm{CE}}$ の値を求めなさい。

Ⅳ　微分可能な関数 $f(x)$ と関数 $g(x) = -x^2 + 2x + 2$ に対して, 関数 $h(x)$ を $h(x) = f(g(x))$ と定義する。関数 $f(x)$ の増減表が

x	$\cdots$	2	$\cdots$	5	$\cdots$
$f'(x)$	$-$	0	$+$	0	$-$
$f(x)$	↘	-1	↗	4	↘

となるとき, 次の問いに答えなさい。

(1)　$g'(x) > 0$ を満たす x の範囲を求めなさい。

(2)　$f'(g(x)) > 0$ を満たす x の範囲を求めなさい。

(3)　$h'(x) = 0$ を満たす x を求めなさい。

(4)　関数 $h(x)$ の極大値が 2 であるとき, $h(x)$ の増減表を書きなさい。

物理

(先端理工学部 90 分)
(農学部〈農学型〉 60 分)

(注)　先端理工学部は，大問Ⅰ・Ⅱ・Ⅲを解答。農学部〈農学型〉は，大問Ⅰは必答，大問ⅡとⅢは，いずれか1問を選択し，解答しなさい。

先端理工学部の解答範囲は，解答番号 [1] から [30] までです。農学部〈農学型〉の解答範囲は，大問Ⅱを選択した場合，解答番号 [1] から [20] までです。大問Ⅲを選択した場合，解答番号 [1] から [10] および [21] から [30] までです。

Ⅰ　次の文章を読んで，後の問い（問1～問10）に答えなさい。

図Ⅰ－1に示すように，なめらかで水平な床に質量 M [kg] の台が置かれている。図Ⅰ－1はこの台を鉛直面（紙面）で切ったときの断面を示す。台の点Aから点Dまでの面はなめらかであり，点Bから点Dまでは水平面，点Bから点Aまでは点Cを通る紙面に垂直な直線を中心軸とする半径 R [m] の円筒面の一部分である。点Aと点Cを結ぶ直線は水平であり，点Bと点Cを結ぶ直線は鉛直である。台の左側には水平面BDと同じ高さのなめらかな水平面があり，その右端を点Eとする。最初，点Eと点Dは接していて台の左側の水平面と台の水平面BDは同一平面となっている。台の左側の水平面上の点Fに置かれた質量 $m\,(<M)$ [kg] の小物体を水平右向きに速さ v_0 [m/s] で台に入射させたときの小物体と台の運動を考える。小物体は鉛直面内（紙面内）のみを運動し，小物体が台の点Dから点Aまで，あるいは点Aから点Dまでの面を滑る際には面から離れることはないとする。小物体

の大きさ，および空気抵抗や摩擦の影響は無視できるものとし，重力加速度の大きさを g [m/s^2] とする。

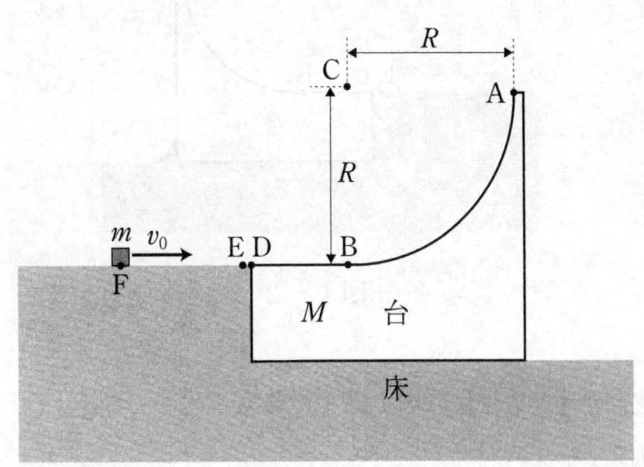

図Ⅰ－1

(1)　まず，図Ⅰ－2のように，台が止め具で床に固定されている場合を考える。このとき小物体は台に入射後，面DBAを滑り，鉛直上向きに速さ v_1 [m/s] で点Aから離れて空中に飛び出し，最高到達点Pまで達した。点Aと点Pの間の距離を h_1 [m] とすると，h_1 =【　1　】となる。また，力学的エネルギー保存則より h_1 =【　2　】と表すこともできる。

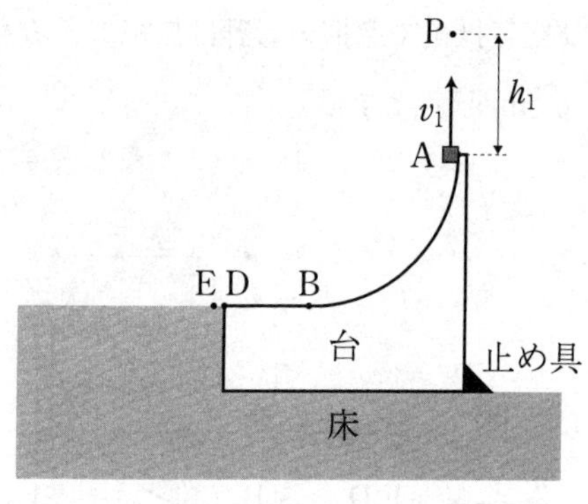

図Ⅰ－2

問1　空所【　1　】に当てはまる最も適当なものを，次の中から一つ選びなさい。

解答番号【　1　】

① $\dfrac{v_1}{2g}$　② $\dfrac{v_1}{g}$　③ $\dfrac{{v_1}^2}{2g}$　④ $\dfrac{{v_1}^2}{g}$

⑤ $\dfrac{mv_1}{2g}$　⑥ $\dfrac{mv_1}{g}$　⑦ $\dfrac{m{v_1}^2}{2g}$　⑧ $\dfrac{m{v_1}^2}{g}$

問2　空所【　2　】に当てはまる最も適当なものを，次の中から一つ選びなさい。

解答番号【　2　】

① $\dfrac{v_0}{2g}-R$　② $\dfrac{v_0}{2g}+R$　③ $\dfrac{v_0}{g}-R$　④ $\dfrac{v_0}{g}+R$

⑤ $\dfrac{{v_0}^2}{2g}-R$　⑥ $\dfrac{{v_0}^2}{2g}+R$　⑦ $\dfrac{{v_0}^2}{g}-R$　⑧ $\dfrac{{v_0}^2}{g}+R$

(2)　次に，図Ⅰ－3のように，台が固定されておらず，床の上をなめらかに動ける場合を考える。小物体が台に入射した後に台は水平右向きに動き出した。図Ⅰ－3(a)に示すように，小物体が点Aに到達したときの速度の鉛直上向きの成分を v_2（>0）[m/s]，水平右向きの成分を V_2（>0）[m/s] とする。なお，このとき台の速度の水平右向きの成分も V_2 である。その後，小物体は点Aから離れて空中に飛び出し，点Aより鉛直上向きに h_2 [m] だけ高い最高到達点Qまで達した後に落下して図Ⅰ－3(b)に示すように再び台の点Aに着地した。なお，点線は小物体の空中での軌跡を示す。

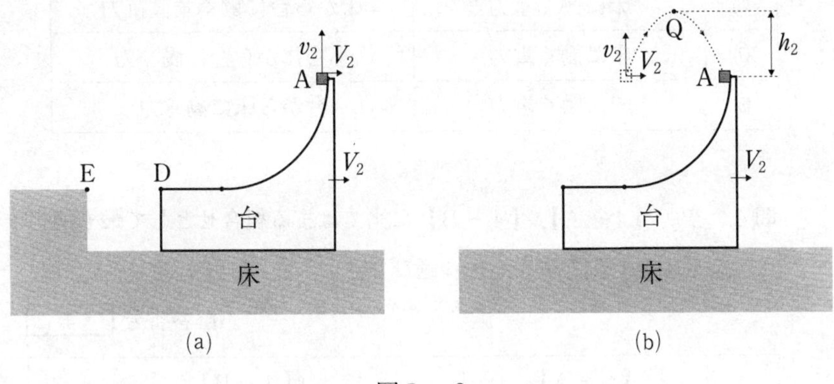

図Ⅰ－3

小物体と台からなる物体系に働く外力は【3－A】と【3－B】である。いずれも水平方向の成分を持たないため，小物体と台の水平方向の運動量保存則より【4－A】が成り立つ。また，【3－B】は仕事をしないため，力学的エネルギー保存則から【4－B】が成り立つ。これらの結果を利用すると，点Qの高さ h_2 は【　5　】となる。台の質量 M を変化させたときに h_2 がどう変化するかを考えると，【　6　】ことが分かる。

問3　空所【3－A】，【3－B】に当てはまる組合せとして最も適当なものを，次の中から一つ選びなさい。

解答番号 [3]

	【3 − A】	【3 − B】
①	台と小物体に働く重力	台から小物体に働く垂直抗力
②	台と小物体に働く重力	床から台に働く垂直抗力
③	台と小物体に働く重力	小物体から台に働く力
④	台と小物体に働く重力	台から床に働く力
⑤	床に働く重力	台から小物体に働く垂直抗力
⑥	床に働く重力	床から台に働く垂直抗力
⑦	床に働く重力	小物体から台に働く力
⑧	床に働く重力	台から床に働く力

問4　空所【4 − A】，【4 − B】に当てはまる組合せとして最も適当なものを，次の中から一つ選びなさい。

解答番号 4

	【4 − A】	【4 − B】
①	$v_0 = 2V_2$	$\frac{m}{2}v_0^2 = \frac{m}{2}(V_2^2 + v_2^2)$
②	$v_0 = 2V_2$	$\frac{m}{2}v_0^2 = \frac{m+M}{2}V_2^2 + \frac{m}{2}v_2^2$
③	$v_0 = 2V_2$	$\frac{m}{2}v_0^2 = \frac{m}{2}(V_2^2 + v_2^2) + mgR$
④	$v_0 = 2V_2$	$\frac{m}{2}v_0^2 = \frac{m+M}{2}V_2^2 + \frac{m}{2}v_2^2 + mgR$
⑤	$mv_0 = (m+M)V_2$	$\frac{m}{2}v_0^2 = \frac{m}{2}(V_2^2 + v_2^2)$
⑥	$mv_0 = (m+M)V_2$	$\frac{m}{2}v_0^2 = \frac{m+M}{2}V_2^2 + \frac{m}{2}v_2^2$
⑦	$mv_0 = (m+M)V_2$	$\frac{m}{2}v_0^2 = \frac{m}{2}(V_2^2 + v_2^2) + mgR$
⑧	$mv_0 = (m+M)V_2$	$\frac{m}{2}v_0^2 = \frac{m+M}{2}V_2^2 + \frac{m}{2}v_2^2 + mgR$

問5　空所【　5　】に当てはまる最も適当なものを，次の中から一つ選びなさい。

解答番号 5

① $\dfrac{{v_0}^2 m}{2g(m+M)}+R$　② $\dfrac{{v_0}^2 m}{2g(m+M)}-R$

③ $\dfrac{{v_0}^2 M}{2g(m+M)}+R$　④ $\dfrac{{v_0}^2 M}{2g(m+M)}-R$

⑤ $\dfrac{{v_0}^2 m(M+2m)}{2g(m+M)^2}+R$　⑥ $\dfrac{{v_0}^2 m(M+2m)}{2g(m+M)^2}-R$

⑦ $\dfrac{{v_0}^2 M(M+2m)}{2g(m+M)^2}+R$　⑧ $\dfrac{{v_0}^2 M(M+2m)}{2g(m+M)^2}-R$

問6　空所【　6　】に当てはまる最も適当なものを，次の中から一つ選びなさい。

解答番号 6

① M が大きくなると，h_2 は増加して h_1 に近づく

② M が大きくなると，h_2 は増加・減少を繰り返しながら h_1 に近づく

③ M が大きくなると，h_2 は減少して h_1 に近づく

④ M が大きくなると，h_2 は増加して $h_1+\dfrac{{v_0}^2}{2g}$ に近づく

⑤ M が大きくなると，h_2 は減少して $h_1-\dfrac{{v_0}^2}{2g}$ に近づく

⑥ M が大きくなると，h_2 は増加・減少を繰り返しながら $h_1+\dfrac{{v_0}^2}{2g}$ に近づく

⑦ M が大きくなると，h_2 は増加・減少を繰り返しながら $h_1-\dfrac{{v_0}^2}{2g}$ に近づく

⑧ M が大きくなっても，h_2 は変化しない

小物体は台に着地後，図Ｉ－４のように台を滑り降りて点Ｄから飛び出した。小物体が点Ｄに達したとき，小物体は水平左向きに速さ v_3 [m/s]，台は水平右向きに速さ V_3 [m/s] で運動しているとする。水平方向の運動量保存則より，【７－Ａ】が成り立ち，また，力学的エネルギー保存則より【７－Ｂ】が成り立つ。また，これらの式より $v_3 =$【　８　】と $V_3 =$【　９　】が得られる。したがって，小物体が台から飛び出す際に小物体から見た台の相対速度 $v_3 + V_3$ は【　10　】となる。

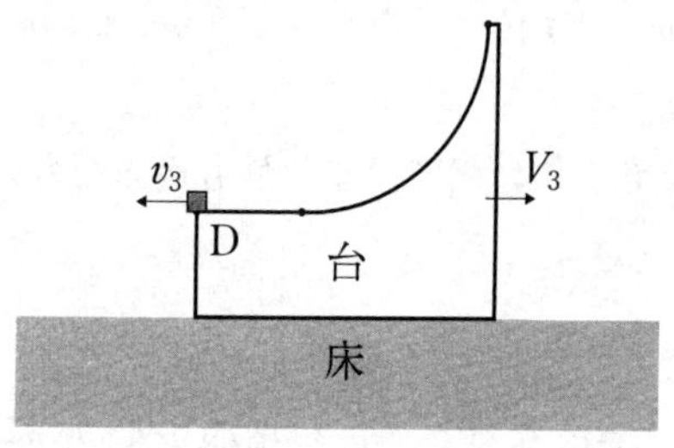

図Ｉ－４

問７　空所【７－Ａ】，【７－Ｂ】に当てはまる組合せとして最も適当なものを，次の中から一つ選びなさい。

解答番号 [7]

	【7－A】	【7－B】
①	$v_0 = V_3 + v_3$	$\frac{m}{2}v_0{}^2 = \frac{m+M}{2}V_3{}^2 + \frac{m}{2}v_3{}^2$
②	$v_0 = V_3 + v_3$	$\frac{m}{2}v_0{}^2 = \frac{M}{2}V_3{}^2 + \frac{m}{2}v_3{}^2$
③	$v_0 = V_3 - v_3$	$\frac{m}{2}v_0{}^2 = \frac{m+M}{2}V_3{}^2 + \frac{m}{2}v_3{}^2$
④	$v_0 = V_3 - v_3$	$\frac{m}{2}v_0{}^2 = \frac{M}{2}V_3{}^2 + \frac{m}{2}v_3{}^2$
⑤	$mv_0 = MV_3 + mv_3$	$\frac{m}{2}v_0{}^2 = \frac{m+M}{2}V_3{}^2 + \frac{m}{2}v_3{}^2$
⑥	$mv_0 = MV_3 + mv_3$	$\frac{m}{2}v_0{}^2 = \frac{M}{2}V_3{}^2 + \frac{m}{2}v_3{}^2$
⑦	$mv_0 = MV_3 - mv_3$	$\frac{m}{2}v_0{}^2 = \frac{m+M}{2}V_3{}^2 + \frac{m}{2}v_3{}^2$
⑧	$mv_0 = MV_3 - mv_3$	$\frac{m}{2}v_0{}^2 = \frac{M}{2}V_3{}^2 + \frac{m}{2}v_3{}^2$

問8　空所【　8　】に当てはまる最も適当なものを，次の中から一つ選びなさい。

解答番号 [8]

① $\frac{2m}{M+m}v_0$　② $\frac{M+m}{2m}v_0$　③ $\frac{2M}{M+m}v_0$　④ $\frac{M+m}{2M}v_0$

⑤ $\frac{M-m}{M+m}v_0$　⑥ $\frac{M+m}{M-m}v_0$　⑦ $\frac{v_0}{2}$　⑧ v_0

問9　空所【　9　】に当てはまる最も適当なものを，次の中から一つ選びなさい。

解答番号 [9]

① $\frac{2m}{M+m}v_0$　② $\frac{M+m}{2m}v_0$　③ $\frac{2M}{M+m}v_0$　④ $\frac{M+m}{2M}v_0$

⑤ $\dfrac{M-m}{M+m}v_0$　⑥ $\dfrac{M+m}{M-m}v_0$　⑦ $\dfrac{v_0}{2}$　⑧ v_0

問10　空所【　10　】に当てはまる最も適当なものを，次の中から一つ選びなさい。

解答番号 10

① $\dfrac{v_0}{2}$　② v_0　③ $2v_0$　④ $\dfrac{m}{M+m}v_0$

⑤ $\dfrac{M}{M+m}v_0$　⑥ $\dfrac{2m}{M+m}v_0$　⑦ $\dfrac{2M}{M+m}v_0$　⑧ $\dfrac{M-m}{M+m}v_0$

Ⅱ　次の文章を読んで，後の問い（問１～問７）に答えなさい。

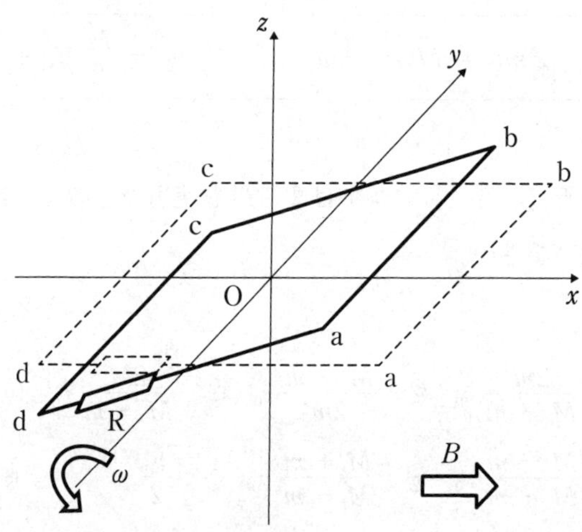

図Ⅱ－１

１辺の長さが L［m］の正方形コイル abcd がある。空間の原点 O，x，y，z 軸に対し，コイルの中心と原点を一致させ，コイルの辺 ab を y 軸に平行に置いた。コイルは y 軸のまわりを図Ⅱ－１の矢印の向き（y

軸の負の側から見て反時計回りの向き）に一定の角速度 ω [rad/s] で回転している。辺 ad には抵抗値 R [Ω] の抵抗 R を取り付け，x 軸の正の向きに磁束密度の大きさが B [T] の一様な磁場がかかっている。コイルに流れる電流とコイルに生じる誘導起電力は a → b → c → d の向きを正とし，時刻 $t = 0$ s には，図Ⅱ－1の $x-y$ 平面上の破線の位置にコイルは存在する。なお，コイルや抵抗の質量，コイル自身の抵抗，空気抵抗は考えないものとする。

辺 ab の速さは【　11　】[m/s] と表され，時刻 t [s] での辺 ab の z 軸方向の成分の速度は【　12　】[m/s] である。この時刻 t [s] での各辺の誘導起電力は，辺 ab で【　13　】[V] であり，辺 bc では【　14　】[V] であり，コイル全体で【　15　】[V] である。このときに抵抗 R に流れる電流は【　16　】[A] であり，抵抗で消費される電力は【　17　】[W] となる。また，時刻 t でのコイルを貫く磁束 Φ は【　18　】[Wb] であり，時刻 $t = 0$ s のときからコイルが $\frac{1}{4}$ 回転したときのコイルを貫く磁束 Φ を負とした場合にコイルを貫く磁束が最初に最大となるのは，時刻【　19　】[s] であり，コイルに生じる誘導起電力は時間【　20　】[s] ごとに最も大きくなる。

問1　空所【　11　】に当てはまる最も適当なものを，次の中から一つ選びなさい。

解答番号 11

① $L\omega$　② $2L\omega$　③ $4L\omega$　④ $8L\omega$

⑤ $\frac{L}{2}\omega$　⑥ $\frac{L}{3}\omega$　⑦ $\frac{L}{4}\omega$　⑧ $\frac{L}{8}\omega$

問2　空所【　12　】に当てはまる最も適当なものを，次の中から一つ選びなさい。

解答番号 12

① $L\omega\cos\omega t$　② $2L\omega\cos\omega t$　③ $4L\omega\cos\omega t$

④ $8L\omega\cos\omega t$　⑤ $\frac{L}{2}\omega\cos\omega t$　⑥ $\frac{L}{3}\omega\cos\omega t$

⑦ $\frac{L}{4}\omega\cos\omega t$　⑧ $\frac{L}{8}\omega\cos\omega t$

問3　空所【 13 】～【 15 】に当てはまる最も適当なものを，次の中からそれぞれ一つずつ選びなさい。

空所【 13 】は，解答番号 13

空所【 14 】は，解答番号 14

空所【 15 】は，解答番号 15

① 0　② $L\omega$　③ $B^2L\omega\cos\omega t$　④ $BL^2\omega\cos\omega t$

⑤ $BL\omega$　⑥ $2BL\omega$　⑦ $\frac{BL^2}{2}\omega\cos\omega t$　⑧ $\frac{BL}{2}\omega\cos\omega t$

問4　空所【 16 】に当てはまる最も適当なものを，次の中から一つ選びなさい。

解答番号 16

① $\frac{BL\omega}{R}\cos\omega t$　② $\frac{BL^2\omega}{R}\cos\omega t$　③ $\frac{2BL^2\omega}{R}\cos\omega t$

④ $\frac{4BL^2\omega}{R}\cos\omega t$　⑤ $B^2RL\omega\cos\omega t$　⑥ $2B^2RL\omega\cos\omega t$

⑦ $4B^2RL\omega\cos\omega t$　⑧ $4BL^2\omega\cos\omega t$

問5　空所【 17 】に当てはまる最も適当なものを，次の中から一つ選びなさい。

解答番号 17

① $\frac{BR\omega}{L}\cos\omega t$　② $\frac{(BL^2\omega)^2}{R}\cos\omega t$

③ $\dfrac{(2BL\omega)^2}{R}(\cos\omega t)^2$　④ $\dfrac{(BR^2\omega)^2}{L}(\cos\omega t)^2$

⑤ $\dfrac{2BR\omega}{L}\cos\omega t$　⑥ $\dfrac{(BL^2\omega)^2}{R}(\cos\omega t)^2$

⑦ $\dfrac{(2BL^2\omega)^2}{R}(\cos\omega t)^2$　⑧ $\dfrac{(BR\omega)^2}{L}(\cos\omega t)^2$

問6　空所【 18 】に当てはまる最も適当なものを，次の中から一つ選びなさい。

解答番号 [18]

① $-BRL^2\cos\omega t$　② $-BRL^2\sin\omega t$　③ $-BL^2\cos\omega t$

④ $-BL^2\sin\omega t$　⑤ $-2BRL^2\cos\omega t$　⑥ $-2BRL^2\sin\omega t$

⑦ $-2BL^2\cos\omega t$　⑧ $-2BL^2\sin\omega t$

問7　空所【 19 】，【 20 】に当てはまる最も適当なものを，次の中からそれぞれ一つずつ選びなさい。

空所【 19 】は，解答番号 [19]

空所【 20 】は，解答番号 [20]

① $\dfrac{\pi}{4\omega}$　② $\dfrac{\pi}{8\omega}$　③ $\dfrac{\pi}{\omega}$　④ $\dfrac{2\pi}{\omega}$

⑤ $\dfrac{3\pi}{\omega}$　⑥ $\dfrac{3\pi}{2\omega}$　⑦ $\dfrac{3\pi}{4\omega}$　⑧ $\dfrac{3\pi}{8\omega}$

Ⅲ　次の文章を読んで，後の問い（問１～問10）に答えなさい。

図Ⅲ－１のように，表面が平らで厚さが一定である，表裏面が互いに平行な２枚の同じガラス板を空気中で上下に重ね，端の点Ｏから距離 L［m］だけ離れた点Ｑに厚さ t［m］の銅箔をはさんで点Ｏで２枚のガラス板が接触した状態で，上のガラス板が下のガラス板に対して角度 θ［rad］の傾きを持つように固定してある。下のガラス板を水平面上に設置し，鉛直上方から波長 λ［m］の単色光を照射して鉛直上方から見ると，上のガラス板の下面での反射光と下のガラス板の上面での反射光が干渉して，明暗のしま模様が観測された。空気およびガラスの絶対屈折率をそれぞれ1.0および1.5とする。また，点Ｏと点Ｑの距離 L は銅箔の厚さ t にくらべて十分に長いものとする。また，上のガラス板の反射光は鉛直方向とみなせるものとする。

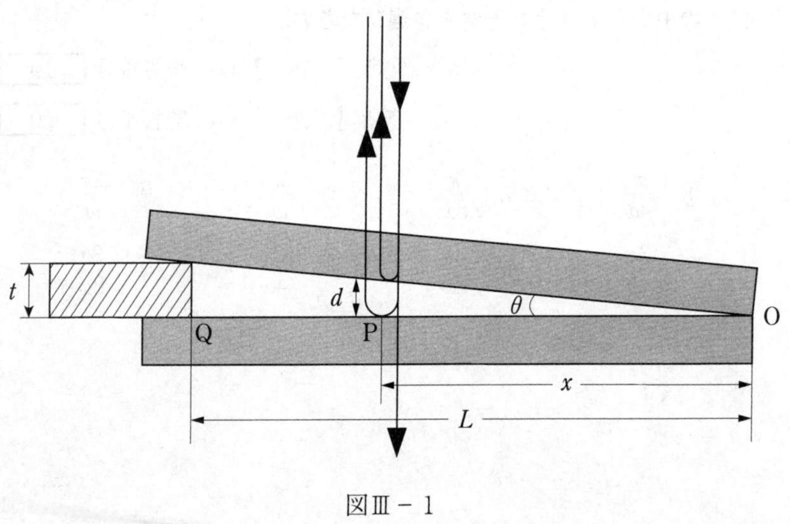

図Ⅲ－１

(1)　点Ｏから x［m］離れた点Ｐで明線が観測された。点Ｐにおけるガラス板の間隔を d［m］とする。上のガラス板の下面では

【21－A】型の反射，下のガラス板の上面では【21－B】型の反射をする。また，これら反射した2つの光の経路差は【21－C】[m] である。したがって，d と光の波長 λ との関係は整数 m（$m=0,1,2,\ldots$）を用いて【　22　】である。また，x は，【　23　】である。明線の間隔 D [m] は【　24　】である。$\lambda=6.0\times10^{-7}$ m，$L=1.0\times10^{-1}$ m，銅箔の厚さ $t=2.0\times10^{-5}$ m のとき，明線の間隔 D は【　25　】m である。

その後，ガラス板の間を絶対屈折率 n（$1.0<n<1.5$）の透明な液体で満たした。このとき，d と λ の関係は【　26　】となる。$n=1.2$ であるとき，明線の間隔 D' [m] は有効数字2桁(けた)では【　27　】m である。

問1　空所【21－A】，【21－B】，【21－C】に当てはまる組合せとして最も適当なものを，次の中から一つ選びなさい。

解答番号 21

	【21－A】	【21－B】	【21－C】
①	自由端	自由端	d
②	自由端	固定端	d
③	固定端	自由端	d
④	固定端	固定端	d
⑤	自由端	自由端	$2d$
⑥	自由端	固定端	$2d$
⑦	固定端	自由端	$2d$
⑧	固定端	固定端	$2d$

問2　空所【　22　】に当てはまる最も適当なものを，次の中から一

つ選びなさい。

解答番号 [22]

① $d = m\lambda$　　② $2d = m\lambda$

③ $d = \left(m + \frac{1}{4}\right)\lambda$　　④ $2d = \left(m + \frac{1}{4}\right)\lambda$

⑤ $d = \left(m + \frac{1}{2}\right)\lambda$　　⑥ $2d = \left(m + \frac{1}{2}\right)\lambda$

⑦ $d = (m + 1)\lambda$　　⑧ $2d = (m + 1)\lambda$

問3　空所【　23　】に当てはまる最も適当なものを，次の中から一つ選びなさい。

解答番号 [23]

① $\frac{mL\lambda}{2t}$　　② $\frac{mL\lambda}{t}$

③ $\frac{L}{2t}\left(m + \frac{1}{4}\right)\lambda$　　④ $\frac{L}{t}\left(m + \frac{1}{4}\right)\lambda$

⑤ $\frac{L}{2t}\left(m + \frac{1}{2}\right)\lambda$　　⑥ $\frac{L}{t}\left(m + \frac{1}{2}\right)\lambda$

⑦ $\frac{L}{2t}(m + 1)\lambda$　　⑧ $\frac{L}{t}(m + 1)\lambda$

問4　空所【　24　】に当てはまる最も適当なものを，次の中から一つ選びなさい。

解答番号 [24]

① $\frac{L\lambda}{4t}$　　② $\frac{L\lambda}{2t}$　　③ $\frac{L\lambda}{t}$　　④ $\frac{2L\lambda}{t}$　　⑤ $\frac{4L\lambda}{t}$

問5　空所【　25　】に当てはまる最も適当なものを，次の中から一つ選びなさい。

解答番号 [25]

① 7.5×10^{-4}　② 1.0×10^{-3}　③ 1.5×10^{-3}
④ 2.0×10^{-3}　⑤ 2.5×10^{-3}　⑥ 3.0×10^{-3}
⑦ 3.5×10^{-3}　⑧ 4.0×10^{-3}

問6　空所【 26 】に当てはまる最も適当なものを，次の中から一つ選びなさい。

解答番号 26

① $nd = m\lambda$　② $2nd = m\lambda$
③ $nd = \left(m + \frac{1}{4}\right)\lambda$　④ $2nd = \left(m + \frac{1}{4}\right)\lambda$
⑤ $nd = \left(m + \frac{1}{2}\right)\lambda$　⑥ $2nd = \left(m + \frac{1}{2}\right)\lambda$
⑦ $nd = (m + 1)\lambda$　⑧ $2nd = (m + 1)\lambda$

問7　空所【 27 】に当てはまる最も適当なものを，次の中から一つ選びなさい。

解答番号 27

① 6.0×10^{-4}　② 8.0×10^{-4}　③ 1.3×10^{-3}
④ 1.8×10^{-3}　⑤ 2.0×10^{-3}　⑥ 2.5×10^{-3}
⑦ 3.0×10^{-3}　⑧ 3.5×10^{-3}

(2)　ガラス板の間を絶対屈折率1.2の透明な液体で満たしたまま，図Ⅲ－2のように透過光の干渉を下のガラス板の鉛直下方から観測したところ，点Oから x' [m] だけ離れた点P′で明線が観測された。このとき，下のガラス板の上面では【28－A】型の反射，上のガラス面の下面では【28－B】型の反射をする。点P′におけるガラス板の間隔 d' [m] と波長 λ の関係は，m ($m = 0, 1, 2, \ldots$) を用いて

【　29　】である。また，x' は【　30　】である。

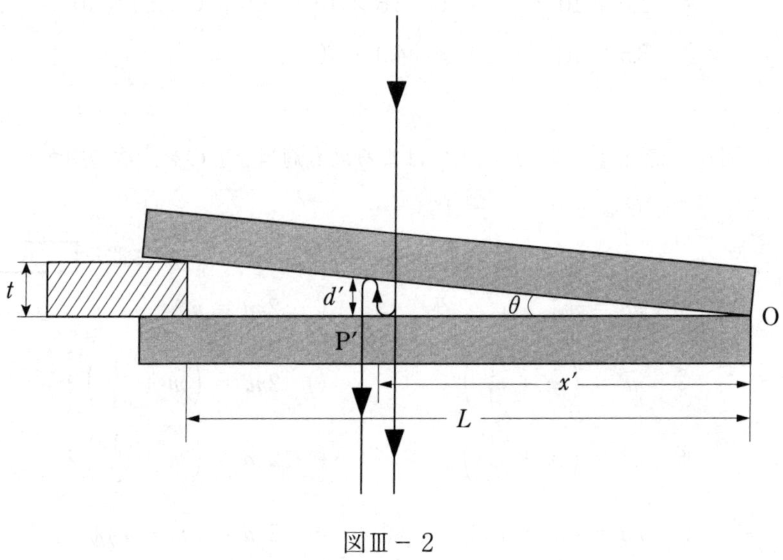

図Ⅲ－2

問8　空所【28－A】，【28－B】に当てはまる組合せとして最も適当なものを，次の中から一つ選びなさい。

解答番号 28

	【28－A】	【28－B】
①	自由端	自由端
②	自由端	固定端
③	固定端	自由端
④	固定端	固定端

問9　空所【　29　】に当てはまる最も適当なものを，次の中から一つ選びなさい。

解答番号 29

①　$1.2 \times d' = m\lambda$　　②　$2 \times 1.2 \times d' = m\lambda$

③ $1.2 \times d' = \left(m + \frac{1}{4}\right)\lambda$　④ $2 \times 1.2 \times d' = \left(m + \frac{1}{4}\right)\lambda$

⑤ $1.2 \times d' = \left(m + \frac{1}{2}\right)\lambda$　⑥ $2 \times 1.2 \times d' = \left(m + \frac{1}{2}\right)\lambda$

⑦ $1.2 \times d' = (m + 1)\lambda$　⑧ $2 \times 1.2 \times d' = (m + 1)\lambda$

問10 空所【 30 】に当てはまる最も適当なものを，次の中から一つ選びなさい。

解答番号 30

① $\frac{Lm\lambda}{4.8t}$　② $\frac{Lm\lambda}{2.4t}$　③ $\frac{Lm\lambda}{1.2t}$　④ $\frac{Lm\lambda}{0.60t}$　⑤ $\frac{Lm\lambda}{0.30t}$

化学

◀先端理工学部▶

（90分）

解答範囲は，解答番号 1 から 48 までです。

大問Ⅰの解答範囲は，解答番号 1 から 14 までです。

Ⅰ　次の文章を読んで，後の問い（問1～問10）に答えなさい。

いくつかの原子が結びついて1つの物質粒子としてふるまう原子のまとまりを，分子という。この分子の概念は，1811年に「気体はいくつかの原子が結合した分子という粒子からできている」という仮説を【　1　】が唱えたことに端を発する。分子を構成する原子どうしが価電子（不対電子）を出し合い，生じた電子対を共有してできる化学結合を共有結合という。このとき，共有している電子対を共有電子対という。例えば，メタン分子には共有電子対が【　2　】組，アセチレン分子には共有電子対が【　3　】組存在する。このとき，共有結合した水素原子および炭素原子は，それぞれ【　4　】原子および【　5　】原子と同じ安定な電子配置となる。

同じ原子どうしの共有結合では，共有電子対はそれぞれの原子に等しく共有されているが，異なる原子どうしが結合するとき，それぞれの原子が共有電子対を引き付ける強さが異なる。例えば，塩化水素分子では，共有電子対は【　6　】。それぞれの原子が共有電子対を引き付ける強さを相対的に示す尺度を【　7　】という。共有電子対が一方の原子側にかたよっているとき，その原子はわずかに負の電荷を帯びており，逆に他方の原子はわずかに正の電荷を帯びていることになり，この結合に極性があるという。共有結合している各原子間の【　7　】の差が大きいほど，その結合の極性が大きくなる。例えば，フッ素F，酸素O，窒素N，炭素C，水素Hの【　7　】の大きさは【　8　】の順であるので，極性の大きさは【9－A】結合の方が【9－B】結合よりも大きい。

アンモニア分子では，N−H結合にある極性は，この分子が【　10　】形をしているため，分子全体としては打ち消しあわない。よって，アンモニア分子は極性分子である。極性分子の間には，分子の極性により生じた静電気的な引力が働いている。一方，二酸化炭素分子では，この分子が【　11　】形をしているため，C＝O結合にある極性が分子全体として打ち消されてしまう。よって，二酸化炭素分子は無極性分子であり，このように結合に極性があっても分子の形によって分子全体で極性が打ち消されるものもある。二酸化炭素分子以外に，【　12　】分子も無極性分子である。無極性分子であっても，分子全体として瞬間的な電荷のかたよりが生じるため，分子間には弱い引力が働く。このような引力や極性分子間に働く静電気的な引力をまとめて【　13　】という。二酸化炭素，ヨウ素，ナフタレンなどでは，分子が【　13　】によって規則正しく配列して結晶を形成する。このような結晶を分子結晶といい，【　13　】がイオン結合や共有結合などの化学結合に比べて【　14　】ものが多い。

問1　空所【　1　】に当てはまる最も適当なものを，次の中から一つ選びなさい。

解答番号 [1]

① アボガドロ　② ゲーリュサック
③ トムソン　④ ドルトン
⑤ ファラデー　⑥ プルースト
⑦ ブレンステッド　⑧ メンデレーエフ
⑨ ラザフォード　⓪ ラボアジエ

問2 空所【 2 】,【 3 】に当てはまる最も適当なものを，次の中からそれぞれ一つずつ選びなさい。

空所【 2 】は，解答番号 [2]
空所【 3 】は，解答番号 [3]

① 1　② 2　③ 3　④ 4　⑤ 5
⑥ 6　⑦ 7　⑧ 8　⑨ 9

問3 空所【 4 】,【 5 】に当てはまる最も適当なものを，次の中からそれぞれ一つずつ選びなさい。

空所【 4 】は，解答番号 [4]
空所【 5 】は，解答番号 [5]

① アルゴン　② キセノン　③ クリプトン
④ ネオン　⑤ ヘリウム　⑥ ラドン

問4 空所【 6 】に当てはまる最も適当なものを，次の中から一つ選びなさい。

解答番号 [6]

① 水素原子の方に完全に移行している
② 水素原子の方にかたよっている

③　塩素原子の方に完全に移行している

④　塩素原子の方にかたよっている

問5　空所【　7　】,【　13　】に当てはまる最も適当なものを，次の中からそれぞれ一つずつ選びなさい。

空所【　7　】は，解答番号 | 7 |

空所【　13　】は，解答番号 | 8 |

①　イオン化エネルギー　　②　活性化エネルギー

③　結合エネルギー　　④　電気陰性度

⑤　電子親和力　　⑥　電離度

⑦　ファンデルワールス力

問6　空所【　8　】に当てはまる最も適当なものを，次の中から一つ選びなさい。

解答番号 | 9 |

①　H＞C＞N＞O＞F　　②　H＞N＞F＞O＞C

③　C＞N＞O＞F＞H　　④　C＞F＞H＞N＞O

⑤　F＞H＞C＞N＞O　　⑥　F＞O＞N＞C＞H

⑦　O＞F＞H＞C＞N　　⑧　O＞C＞N＞H＞F

⑨　N＞O＞F＞H＞C

問7　空所【9－A】,【9－B】に当てはまる組合せとして最も適当なものを，次の中から一つ選びなさい。

解答番号 | 10 |

	【9－A】	【9－B】
①	C－H	N－H
②	C－H	O－H
③	C－H	F－H
④	N－H	O－H
⑤	N－H	F－H
⑥	O－H	F－H
⑦	F－H	C－H

問8　空所【　10　】，【　11　】に当てはまる最も適当なものを，次の中からそれぞれ一つずつ選びなさい。

空所【　10　】は，解答番号 11

空所【　11　】は，解答番号 12

①　折れ線　　②　三角錐　　③　正四面体

④　正八面体　　⑤　正方　　⑥　直線

問9　空所【　12　】に当てはまる最も適当なものを，次の中から一つ選びなさい。

解答番号 13

①　四塩化炭素　　②　フッ化水素　　③　水

④　メタノール　　⑤　硫化水素

問10　空所【　14　】に当てはまる最も適当なものを，次の中から一つ選びなさい。

解答番号 14

①　わずかに弱いため，一般に分子結晶は硬く，融点の高い

② わずかに弱いため，一般に分子結晶は硬く，融点の低い

③ はるかに弱いため，一般に分子結晶は軟らかく，融点の高い

④ はるかに弱いため，一般に分子結晶は軟らかく，融点の低い

⑤ わずかに強いため，一般に分子結晶は軟らかく，融点の高い

⑥ わずかに強いため，一般に分子結晶は軟らかく，融点の低い

⑦ はるかに強いため，一般に分子結晶は硬く，融点の高い

⑧ はるかに強いため，一般に分子結晶は硬く，融点の低い

大問Ⅱの解答範囲は，解答番号 [15] から [26] までです。

Ⅱ 次の (1) および (2) の文章を読んで，(1) の文章については後の問い（問1～問5）に，(2) の文章については後の問い（問6～問12）に，それぞれ答えなさい。

(1) 16族元素である酸素には単体として O_2 や O_3 があり，O_2 は標準状態において無色・無臭の気体で，空気の約21％（体積比）を占めている。実験室では【 1 】に触媒として少量の酸化マンガン(Ⅳ)を加えることで，酸素を発生させる。酸素は反応性が高く，多くの元素と直接反応して酸化物を形成する。酸化物には，塩基と反応して塩を生じる【2－A】酸化物，酸と反応して塩を生じる【2－B】酸化物，酸と塩基のどちらとも反応する両性酸化物がある。CO_2，Na_2O，MgO，Al_2O_3，SiO_2，SO_3，ZnO の7種の化合物のうち，【2－A】酸化物は全部で【 3 】つある。【2－C】は，【2－A】酸化物と水が反応することで生じる場合が多い。同一元素の【2－C】場合，中心の原子に結合する【2－D】の数が多いほど酸性が強い。また，H_3PO_4，H_2SO_4，$HClO_4$ の3種の化合物を酸性が強い順に並べると

【　4　】になる。

O_2の【5－A】としてオゾンO_3がある。オゾンは【5－B】を示し，酸素に【5－C】ことで生成する。オゾンは，地上約10～50 kmに太陽からの紫外線を吸収するオゾン層を形成する。

問1　空所【　1　】に当てはまる最も適当なものを，次の中から一つ選びなさい。

解答番号 15

① アンモニア水　② 過酸化水素水
③ 水酸化ナトリウム水溶液　④ 炭酸水
⑤ 水

問2　空所【2－A】，【2－B】，【2－C】および【2－D】に当てはまる組合せとして最も適当なものを，次の中から一つ選びなさい。

解答番号 16

	【2－A】	【2－B】	【2－C】	【2－D】
①	酸性	塩基性	オキソ酸	酸素原子
②	酸性	塩基性	酸素原子	オキソ酸
③	塩基性	酸性	オキソ酸	酸素原子
④	塩基性	酸性	酸素原子	オキソ酸

問3　空所【　3　】に当てはまる最も適当なものを，次の中から一つ選びなさい。

解答番号 17

① 1　② 2　③ 3　④ 4　⑤ 5　⑥ 6

問4　空所【　4　】に当てはまる最も適当なものを，次の中から一つ選びなさい。

解答番号 18

① $HClO_4 > H_2SO_4 > H_3PO_4$

② $HClO_4 > H_3PO_4 > H_2SO_4$

③ $H_2SO_4 > HClO_4 > H_3PO_4$

④ $H_2SO_4 > H_3PO_4 > HClO_4$

⑤ $H_3PO_4 > HClO_4 > H_2SO_4$

⑥ $H_3PO_4 > H_2SO_4 > HClO_4$

問5　空所【5－A】,【5－B】および【5－C】に当てはまる組合せとして最も適当なものを，次の中から一つ選びなさい。

解答番号 19

	【5－A】	【5－B】	【5－C】
①	同位体	相手を酸化する性質	強い紫外線を当てる
②	同位体	相手を酸化する性質	高い圧力を加える
③	同位体	相手を還元する性質	強い紫外線を当てる
④	同位体	相手を還元する性質	高い圧力を加える
⑤	同素体	相手を酸化する性質	強い紫外線を当てる
⑥	同素体	相手を酸化する性質	高い圧力を加える
⑦	同素体	相手を還元する性質	強い紫外線を当てる
⑧	同素体	相手を還元する性質	高い圧力を加える

(2)　ケイ素Siは地球上に多く存在する。地殻中でケイ素より多く存在する元素は【　6　】である。ケイ素単体の結晶は【　7　】と同じ構造を持つ共有結合の結晶であり，金属光沢を有する。ケイ素は

【 8 】の性質を持ち，集積回路や太陽電池などのエレクトロニクス分野で大変重要である。ケイ素の単体は自然界には存在せず，二酸化ケイ素を電気炉中で融解し，炭素で【 9 】をして得られたケイ素を精製処理することで非常に高純度の単体が製造されている。二酸化ケイ素は，シリカとも呼ばれ，強い共有結合でSiとOが結ばれている。二酸化ケイ素は化学的に安定であるが 【 10 】と反応して溶ける。

二酸化ケイ素と【 11 】とを混合し反応させて得られた生成物に水を加えて加熱すると，水ガラスが生成する。この生成物と酸を反応させるとゲル状の半透明なケイ酸が生成し，この生成物から水分を取り除いた【 12 】は乾燥剤に用いられる。

問6 空所【 6 】に当てはまる最も適当なものを，次の中から一つ選びなさい。

解答番号 20

① アルミニウム ② 酸素 ③ 水素
④ 炭素 ⑤ 窒素 ⑥ 鉄
⑦ フッ素 ⑧ ヘリウム ⑨ ホウ素

問7 空所【 7 】に当てはまる最も適当なものを，次の中から一つ選びなさい。

解答番号 21

① 黒鉛 ② グラフェン
③ ダイヤモンド ④ フラーレン

問8 空所【 8 】に当てはまる最も適当なものを，次の中から一つ選びなさい。

解答番号 22

① 絶縁体　② 導体　③ 半導体

問9　空所【 9 】に当てはまる最も適当なものを，次の中から一つ選びなさい。

解答番号 23

① 還元　② 酸化　③ 昇華　④ 潮解

問10　空所【 10 】に当てはまる最も適当なものを，次の中から一つ選びなさい。

解答番号 24

① アンモニア水　② 塩酸
③ 過酸化水素水　④ 酢酸
⑤ 硝酸　⑥ フッ化水素酸

問11　空所【 11 】に当てはまる最も適当なものを，次の中から一つ選びなさい。

解答番号 25

① アンモニア水　② 酸素
③ 水酸化ナトリウム　④ 過酸化水素水
⑤ 窒素　⑥ 鉄
⑦ フッ化水素酸　⑧ ヘリウム

問12　空所【 12 】に当てはまる最も適当なものを，次の中から一つ選びなさい。

解答番号 26

① 活性炭　　　　　　　　② シリカゲル

③ 水晶　　　　　　　　　④ ホウ砂

大問Ⅲの解答範囲は，解答番号 27 から 36 までです。

Ⅲ 次の (1) および (2) の文章を読んで，(1) の文章については後の問い（問1～問5）に，(2) の文章については後の問い（問6～問9）に，それぞれ答えなさい。

必要であれば，原子量および定数は次の値を用いなさい。

H = 1.0，C = 12，O = 16

気体定数　$R = 8.3 \times 10^3$ Pa・L/(K・mol)

アボガドロ定数　$N_A = 6.0 \times 10^{23}$ /mol

(1) メタン CH_4 は【　1　】の立体構造を持ち，室温では気体である。メタンハイドレートは，メタン分子が水分子とともに氷状に結晶化した固体で，日本近海に広く分布していることが知られている。そのため，将来のエネルギー源として有望視されている。メタンハイドレートは図1に示すように，非常に複雑な結晶構造をしており，一点鎖線で示した一辺1.2 nm（1 nm = 10^{-7} cm）の立方体の単位格子中に46個の水分子が存在し，それらが形成する

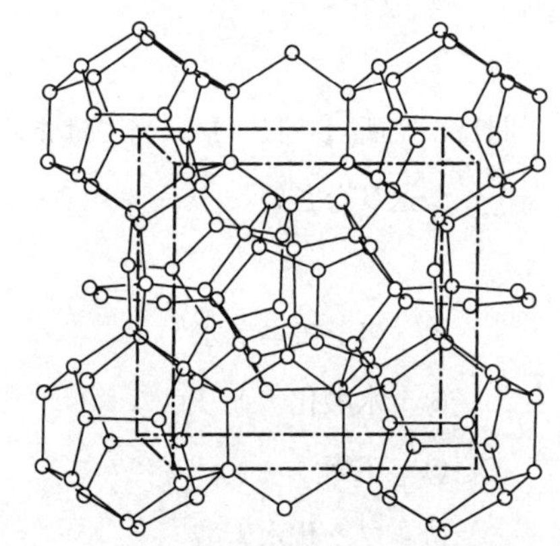

図1　メタンハイドレートの構造
（白丸は水分子を表す。水分子に囲まれたメタン分子は省略してある。）

すきまに8個のメタン分子が含まれている。この単位格子の式量は【　2　】で，単位格子の体積は【　3　】cm^3，密度は【　4　】g/cm^3である。

図2はメタン，水，氷の状態図であり，図中のAの位置の状態にあるメタンハイドレートからメタンを取り出す方法としては温度一定で圧力を【　5　】か，圧力一定で温度を【　6　】かの2つの方法がある。

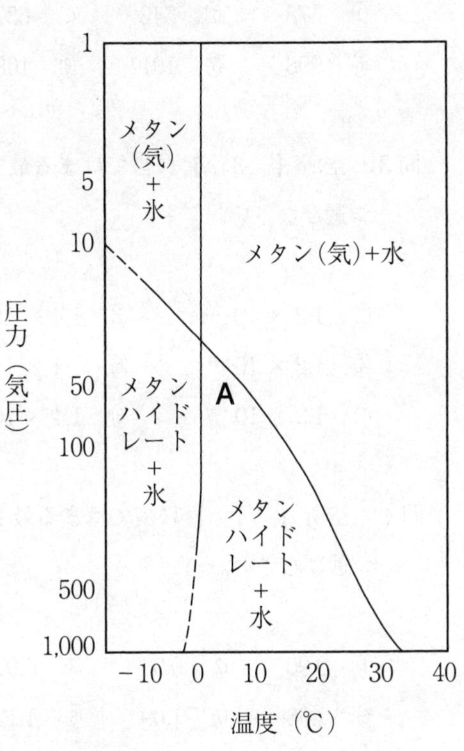

図2　メタン，水，氷の状態図

問1　空所【　1　】に当てはまる最も適当なものを，次の中から一つ選びなさい。

解答番号 27

① 正四面体　② 正八面体　③ 正方形
④ 正六面体　⑤ 直線形

問2　空所【　2　】に当てはまる最も適当なものを，次の中から一つ選びなさい。

解答番号 [28]

① 478　② 542　③ 637　④ 956　⑤ 972
⑥ 998　⑦ 1014　⑧ 1082　⑨ 1212　⓪ 1434

問3　空所【　3　】に当てはまる最も適当なものを，次の中から一つ選びなさい。

解答番号 [29]

① 1.2×10^{-22}　② 1.4×10^{-22}　③ 1.7×10^{-22}
④ 1.2×10^{-21}　⑤ 1.4×10^{-21}　⑥ 1.7×10^{-21}
⑦ 1.2×10^{-20}　⑧ 1.4×10^{-20}　⑨ 1.7×10^{-20}

問4　空所【　4　】に当てはまる最も適当なものを，次の中から一つ選びなさい。

解答番号 [30]

① 0.90　② 0.94　③ 0.97　④ 1.00　⑤ 1.03
⑥ 1.06　⑦ 1.09　⑧ 1.12　⑨ 1.15　⓪ 1.18

問5　空所【　5　】，【　6　】に当てはまる最も適当なものを，次の中からそれぞれ一つずつ選びなさい。

空所【　5　】は，解答番号 [31]
空所【　6　】は，解答番号 [32]

① 上げる　② 下げる

(2)　CH_4(気)，CO_2(気) および H_2O(液) の生成熱を表す熱化学方程式は，それぞれ式①，②および③で表される。

$$C(黒鉛) + 2H_2(気) = CH_4(気) + 75\,kJ \quad ①$$

$$C(黒鉛) + O_2(気) = CO_2(気) + 394\,kJ \quad ②$$

$$H_2(気) + \frac{1}{2}O_2(気) = H_2O(液) + 286\,kJ \quad ③$$

これらの式からメタンの燃焼熱は【　7　】kJ/mol と計算できる。よってメタン 1.0 g を燃焼させると【　8　】kJ の熱が発生する。

メタンハイドレート 1.0 g を熱分解して，メタンと水に分離するには，少なくとも 420 J の熱量が必要である。メタン 1.0 g を燃焼させた熱を利用して，メタンハイドレートを分解したとき，最大で【　9　】g のメタンが得られる。このとき，メタンの燃焼熱はすべてメタンハイドレートの熱分解に費やされたものとする。

メタンハイドレート 1.0 g を内容積 100 mL の密閉容器に入れて，27 ℃に保ち熱分解させた。27 ℃における密閉容器中の圧力は【　10　】Pa となる。ただし，メタンは理想気体とし，メタンの水への溶解は無視できるものとする。また，生じた水の体積，蒸気圧は無視できるものとする。

問 6　空所【　7　】に当てはまる最も適当なものを，次の中から一つ選びなさい。

解答番号 33

① 521　② 573　③ 605　④ 642　⑤ 680
⑥ 702　⑦ 772　⑧ 828　⑨ 891　⓪ 966

問 7　空所【　8　】に当てはまる最も適当なものを，次の中から一つ選びなさい。

解答番号 34

① 31　② 38　③ 42　④ 47　⑤ 52

⑥ 56　⑦ 61　⑧ 68　⑨ 82　⓪ 96

問8　空所【 9 】に当てはまる最も適当なものを，次の中から一つ選びなさい。

解答番号 35

① 2.1　② 3.9　③ 8.3　④ 12　⑤ 15
⑥ 18　⑦ 27　⑧ 34　⑨ 43　⓪ 54

問9　空所【 10 】に当てはまる最も適当なものを，次の中から一つ選びなさい。

解答番号 36

① 2.1×10^2　② 4.2×10^2　③ 8.4×10^2
④ 2.1×10^3　⑤ 4.2×10^3　⑥ 8.4×10^3
⑦ 2.1×10^4　⑧ 4.2×10^4　⑨ 8.4×10^4
⓪ 2.1×10^5

大問Ⅳの解答範囲は，解答番号 37 から 48 までです。

Ⅳ 次の (1) および (2) の文章を読んで，(1) の文章については後の問い（問1～問6）に，(2) の文章については後の問い（問7～問12）に，それぞれ答えなさい。

必要であれば，原子量および定数は次の値を用いなさい。

H = 1.0，C = 12，O = 16

$R = 8.3 \times 10^3$ Pa・L/(K・mol)

(1) いまここに，分子式が C_mH_{2m+2} のアルカン **A** と分子式が C_nH_{2n} のアルケン **B** とからなる混合気体Xがある。それぞれの分子式中の自然数 m と n は分かっていないが，自然数 m と n の和が9であることが分かっている。この混合気体Xの一定量に対して，次に示す実験①および実験②を行った。ただし，気体は理想気体として扱うこととする。

実験①　この混合気体Xに十分な量の酸素を加えて完全燃焼させたところ，25.1 g の二酸化炭素と 11.9 g の水が生成した。

実験②　この混合気体Xに十分な量の水素を加え，適当な触媒を用いて付加反応を行ったところ，アルカン **A** とアルカン **C** と水素からなる混合気体が生成した。アルケン **B** は全く残っていなかった。この付加反応の前後の混合気体の体積について，温度 300 K，圧力 1.00×10^5 Pa のもとで比較したところ，反応後の方が 0.75 L 減少していた。ただし，実験①，②においてはアルカン **A** とアルカン **C** およびアルケン **B** は全て気体であった。

実験①において生成した二酸化炭素の物質量は【1－A】molであり，生成した水の物質量は【1－B】molであることが分かる。また，実験②の結果から，アルケンBと【　2　】molの水素とが反応して，分子式【　3　】のアルカンCが生じたことが分かる。実験①においてアルケンBを完全燃焼させて生じる二酸化炭素の物質量と水の物質量はそれぞれ$n \times$【　2　】molとなるから，アルカンAを完全燃焼させて生じる二酸化炭素の物質量をnを用いて表すと【4－A】mol，水の物質量をnを用いて表すと【4－B】molとなる。したがって，mとnの和が9であることも利用すると，mの値は【5－A】，nの値は【5－B】となる。アルカンAの名称は【　6　】である。

問1　空所【1－A】，【1－B】に当てはまる組合せとして最も適当なものを，次の中から一つ選びなさい。

解答番号 37

	【1－A】	【1－B】
①	2.7×10^{-2}	1.4×10^{-1}
②	3.2×10^{-2}	5.7×10^{-1}
③	5.7×10^{-2}	6.6×10^{-1}
④	6.6×10^{-2}	6.6×10^{-1}
⑤	7.8×10^{-2}	1.0
⑥	9.0×10^{-2}	9.0×10^{-1}
⑦	5.7×10^{-1}	7.2×10^{-1}
⑧	5.7×10^{-1}	6.6×10^{-1}
⑨	6.6×10^{-1}	5.7×10^{-1}

問2　空所【　2　】に当てはまる最も適当なものを，次の中から一つ選びなさい。

解答番号 38

① 1.0×10^{-2}　② 2.0×10^{-2}　③ 3.0×10^{-2}
④ 4.0×10^{-2}　⑤ 5.0×10^{-2}　⑥ 6.0×10^{-2}
⑦ 7.0×10^{-2}　⑧ 8.0×10^{-2}　⑨ 9.0×10^{-2}

問3　空所【　3　】に当てはまる最も適当なものを，次の中から一つ選びなさい。

解答番号 39

① C_nH_{2n-2}　② C_nH_{2n-1}　③ C_nH_{2n}
④ C_nH_{2n+1}　⑤ C_nH_{2n+2}　⑥ C_nH_{2n+4}
⑦ C_nH_{4n}　⑧ C_nH_{4n+2}　⑨ C_nH_{4n+4}

問4　空所【4－A】，【4－B】に当てはまる組合せとして最も適当なものを，次の中から一つ選びなさい。

解答番号 40

	【4－A】	【4－B】
①	$2.7 \times 10^{-2} - n \times 1.0 \times 10^{-2}$	$1.4 \times 10^{-1} - n \times 1.0 \times 10^{-2}$
②	$3.2 \times 10^{-2} - n \times 2.0 \times 10^{-2}$	$5.7 \times 10^{-1} - n \times 2.0 \times 10^{-2}$
③	$6.6 \times 10^{-2} - n \times 3.0 \times 10^{-2}$	$6.6 \times 10^{-1} - n \times 3.0 \times 10^{-2}$
④	$7.8 \times 10^{-2} - n \times 4.0 \times 10^{-2}$	$6.6 \times 10^{-1} - n \times 4.0 \times 10^{-2}$
⑤	$9.0 \times 10^{-2} - n \times 1.0 \times 10^{-2}$	$1.0 - n \times 1.0 \times 10^{-2}$
⑥	$5.7 \times 10^{-2} - n \times 1.0 \times 10^{-2}$	$9.0 \times 10^{-1} - n \times 1.0 \times 10^{-2}$
⑦	$5.7 \times 10^{-1} - n \times 2.0 \times 10^{-2}$	$7.2 \times 10^{-1} - n \times 2.0 \times 10^{-2}$
⑧	$5.7 \times 10^{-1} - n \times 3.0 \times 10^{-2}$	$6.6 \times 10^{-1} - n \times 3.0 \times 10^{-2}$
⑨	$6.6 \times 10^{-1} - n \times 3.0 \times 10^{-2}$	$5.7 \times 10^{-1} - n \times 3.0 \times 10^{-2}$

問5　空所【5－A】,【5－B】に当てはまる組合せとして最も適当なものを，次の中から一つ選びなさい。

解答番号 41

	【5－A】	【5－B】
①	1	8
②	2	7
③	3	6
④	4	5
⑤	5	4
⑥	6	3
⑦	7	2
⑧	8	1

問6　空所【　6　】に当てはまる最も適当なものを，次の中から一つ選びなさい。

解答番号 42

①　エタン　　②　オクタン　　③　ノナン
④　ブタン　　⑤　プロパン　　⑥　ヘキサン
⑦　ヘプタン　　⑧　ペンタン　　⑨　メタン

(2)　ベンゼンは分子式 C_6H_6 で表される分子量【　7　】の芳香族化合物である。ベンゼンを用いる化学反応について考えてみよう。

ベンゼンと【8－A】とを適当な触媒の存在下で反応させると，クメンが生じる。このクメンを酸素で酸化し，希硫酸を用いて分解するとアセトンとフェノールが生成する。アセトンは【8－B】を酸化してもつくることができる。フェノールは，【9－A】を高温高圧下で水酸化ナトリウム水溶液と反応させて得られる【9－B】に塩酸を加えることでもつくることができる。

ベンゼンに，濃硝酸と濃硫酸の混合物（混酸）を適当な反応条件のもとで作用させると置換反応が起こり，【10－A】が得られる。この【10－A】を【10－B】すると【10－C】をつくることができる。

一方，ベンゼンに，ニッケルなどを触媒として高温高圧で十分な量の水素を反応させると付加反応が起こり，【11－A】が生成する。また，ベンゼンに紫外線を照射しながら，十分な量の塩素を反応させても付加反応が起こり，【11－B】が生成する。

また，五酸化バナジウムを触媒として用いてベンゼンを酸化すると，分子量が 98 の【　12　】が生成する。

問 7　空所【　7　】に当てはまる最も適当なものを，次の中から一つ選びなさい。

解答番号 | 43 |

① 56　② 58　③ 60　④ 62　⑤ 68
⑥ 72　⑦ 78　⑧ 90　⑨ 102

問 8　空所【8－A】，【8－B】に当てはまる組合せとして最も適当なものを，次の中から一つ選びなさい。

解答番号 | 44 |

	【8－A】	【8－B】
①	エテン	1-ブタノール
②	エテン	2-ブタノール
③	塩素	1-ブタノール
④	臭素	2-ブタノール
⑤	ブテン	1-プロパノール
⑥	ブテン	2-プロパノール
⑦	プロペン	1-プロパノール
⑧	プロペン	2-プロパノール
⑨	メタン	メタノール

問9　空所【9－A】，【9－B】に当てはまる組合せとして最も適当なものを，次の中から一つ選びなさい。

解答番号 45

	【9－A】	【9－B】
①	クロロベンゼン	酢酸ナトリウム
②	クロロベンゼン	ナトリウムフェノキシド
③	クロロベンゼン	ナトリウムメトキシド
④	クロロホルム	酢酸ナトリウム
⑤	クロロホルム	ナトリウムフェノキシド
⑥	クロロホルム	ナトリウムメトキシド
⑦	トルエン	酢酸ナトリウム
⑧	トルエン	ナトリウムフェノキシド
⑨	トルエン	ナトリウムメトキシド

問10　空所【10－A】,【10－B】および【10－C】に当てはまる組合せとして最も適当なものを，次の中から一つ選びなさい。

解答番号 46

	【10－A】	【10－B】	【10－C】
①	サリチル酸	還元	アセトアニリド
②	サリチル酸	酸化	アニリン
③	サリチル酸	水和	サリチル酸メチル
④	2,4,6-トリニトロトルエン	還元	アセトアニリド
⑤	2,4,6-トリニトロトルエン	酸化	アニリン
⑥	2,4,6-トリニトロトルエン	水和	サリチル酸メチル
⑦	ニトロベンゼン	還元	アニリン
⑧	ニトロベンゼン	酸化	アセトアニリド
⑨	ニトロベンゼン	水和	サリチル酸メチル

問11　空所【11－A】,【11－B】に当てはまる組合せとして最も適当なものを，次の中から一つ選びなさい。

解答番号 47

	【11－A】	【11－B】
①	アジピン酸	クロロホルム
②	アジピン酸	ジクロロエタン
③	アジピン酸	ヘキサクロロシクロヘキサン
④	シクロヘキサン	クロロホルム
⑤	シクロヘキサン	ジクロロエタン
⑥	シクロヘキサン	ヘキサクロロシクロヘキサン
⑦	ヘキサメチレンジアミン	クロロホルム
⑧	ヘキサメチレンジアミン	ジクロロエタン
⑨	ヘキサメチレンジアミン	ヘキサクロロシクロヘキサン

問12 空所【 12 】に当てはまる最も適当なものを，次の中から一つ選びなさい。

解答番号 48

① 塩酸
② 酢酸
③ 酒石酸
④ テレフタル酸
⑤ フマル酸
⑥ ベンズアルデヒド
⑦ 無水酢酸
⑧ 無水フタル酸
⑨ 無水マレイン酸

◀農学部〈農学型〉▶

（60分）

解答範囲は，解答番号 [1] から [43] までです。

大問Ⅰの解答範囲は，解答番号 [1] から [11] までです。

Ⅰ　次の(1)および(2)の文章を読んで，(1)の文章については後の問い（問1～問5）に，(2)の文章については後の問い（問6～問8）に，それぞれ答えなさい。

必要であれば原子量は以下の値を用いなさい。

H = 1.00，C = 12.0，N = 14.0，O = 16.0，Al = 27.0，Cu = 64.0

(1)　原子はそれぞれ固有の質量を持つが，その値は極めて【1－A】ので，一定の個数の集団として扱われる。その基準として，^{12}C 原子【1－B】gの中に含まれる原子の数が 6.02×10^{23} 個であることを用い，その値を【　2　】という。また，6.02×10^{23} 個の粒子の集団を1モルという。ⓐこのように，粒子の個数で表した物質の量を物質量という。物質1モル当たりの質量をモル質量といい，原子量・分子量・式量の数値に単位〔g/mol〕をつけて表す。

また，物質の溶解によって生じた均一な液体を溶液という。溶液中に含まれる溶質の割合を濃度といい，ⓑ質量パーセント濃度やモル濃度がよく使われる。

問1　空所【1－A】，【1－B】に当てはまる語句および数値の組合せとして最も適当なものを，次の中から一つ選びなさい。

解答番号 [1]

	【1－A】	【1－B】
①	大きい	1.0
②	小さい	1.0
③	大きい	1.2
④	小さい	1.2
⑤	大きい	10
⑥	小さい	10
⑦	大きい	12
⑧	小さい	12

問2　空所【　2　】に当てはまる語句として最も適当なものを，次の中から一つ選びなさい。

解答番号 [2]

① 電離定数　② 気体定数　③ ファラデー定数
④ 速度定数　⑤ アボガドロ数　⑥ 平衡定数

問3　下線部ⓐに関して，二重下線部の分子または原子の物質量が他と**異なるもの**を，次の中から一つ選びなさい。

解答番号 [3]

① 0.800 mol の水素原子を含むメタン分子
② 0.400 mol の水素原子を含む水分子
③ 3.60×10^{23} 個のアンモニア分子に含まれる水素原子
④ 0.400 mol の酸素原子を含む二酸化炭素分子
⑤ $2.00\ cm^3$ のアルミニウム（密度 $2.70\ g/cm^3$）に含まれるアルミニウム原子
⑥ 標準状態で 4.48 L を占める一酸化炭素分子

問4　下線部ⓑに関して，質量パーセント濃度が 25.0 %のスクロース水溶液と 35.0 %のスクロース水溶液を 3：7 の質量比で混合した水溶液を調製した。このスクロース水溶液の質量パーセント濃度〔%〕として最も適当な数値を，次の中から一つ選びなさい。

解答番号 [4]

① 2.80 ② 3.00 ③ 3.20 ④ 3.33 ⑤ 6.00
⑥ 28.0 ⑦ 30.0 ⑧ 32.0 ⑨ 33.3 ⓪ 60.0

問5 下線部ⓑに関して，硝酸 HNO_3 の水溶液である濃硝酸（質量パーセント濃度63.0 %，密度 1.50 g/cm^3）のモル濃度〔mol/L〕として最も適当な数値を，次の中から一つ選びなさい。

解答番号 5

① 1.00 ② 1.50 ③ 3.00 ④ 3.30 ⑤ 6.00
⑥ 6.30 ⑦ 9.00 ⑧ 12.0 ⑨ 12.3 ⓪ 15.0

(2) 化学反応式は，反応物と生成物を化学式で表しているだけではない。各物質につけられた係数の比は，反応物と生成物の量的関係も表している。例えば，銅を十分量の【3－A】硝酸に加えて反応させると【3－B】色の一酸化窒素が生成する。この変化は，ⓒ次の化学反応式で表すことができる。p，q，r，s は化学反応式の係数である。

$$p\ \mathrm{Cu} + 8\mathrm{HNO_3} \longrightarrow q\ \mathrm{Cu(NO_3)_2} + r\ \mathrm{H_2O} + s\ \mathrm{NO}$$

問6 空所【3－A】,【3－B】に当てはまる語句の組合せとして最も適当なものを，次の中から一つ選びなさい。

解答番号 6

	【3－A】	【3－B】
①	希	黄緑
②	希	赤褐
③	希	無
④	濃	黄緑
⑤	濃	赤褐
⑥	濃	無

問7 式中の係数 p，q，r，s の値として最も適当な数値を，次の中からそれぞれ一つずつ選びなさい。ただし，係数が1の場合は1とし，同じ選択肢を何度選

んでもよい。

p は，解答番号 7

q は，解答番号 8

r は，解答番号 9

s は，解答番号 10

① 1　　② 2　　③ 3　　④ 4　　⑤ 5

⑥ 6　　⑦ 7　　⑧ 8　　⑨ 9

問 8　下線部ⓒに関して，加えた銅の質量〔g〕と生成する一酸化窒素の物質量〔mol〕との関係を表す直線として最も適当なものを，次の中から一つ選びなさい。

解答番号 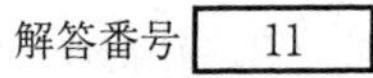

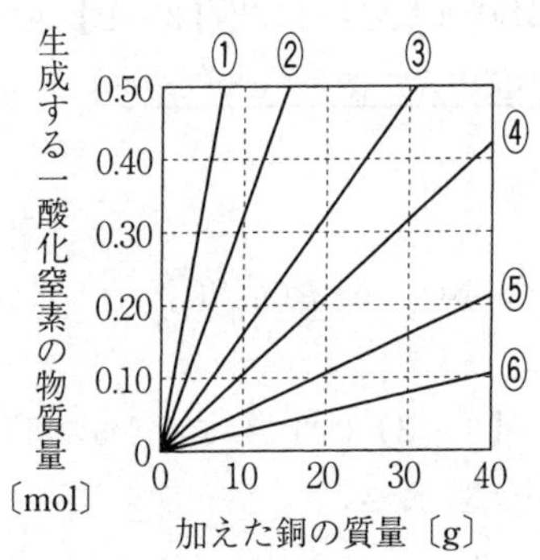

大問Ⅱの解答範囲は，解答番号 12 から 21 までです。

Ⅱ　次の(1)および(2)の文章を読んで，(1)の文章については後の問い（問1～問5）に，(2)の文章については後の問い（問6～問9）に，それぞれ答えなさい。

必要であれば，原子量および定数は次の値を用いなさい。

Cu = 63.5，Ag = 108

ファラデー定数：$F = 9.65 \times 10^4$ C/mol

(1)　酸化還元反応によって，化学エネルギーを電気エネルギーに変換して取り出す装置を電池という。酸化反応が起こって電子が外部へ流れ出す電極を【1－A】，外部から流れ込んだ電子によって還元反応が起こる電極を【1－B】という。両極の間に生じる電圧を【2－A】という。また，電池の両極を導線でつないで電池から電流を取り出す操作を【2－B】という。

図1にダニエル電池を模式化して示した。電極Aには【3－A】が，電極Bには【3－B】が使われる。ⓐダニエル電池の両極を導線で結ぶと，外部に電流が流れる。このとき電極では，【　4　】による電子のやり取りが行われている。

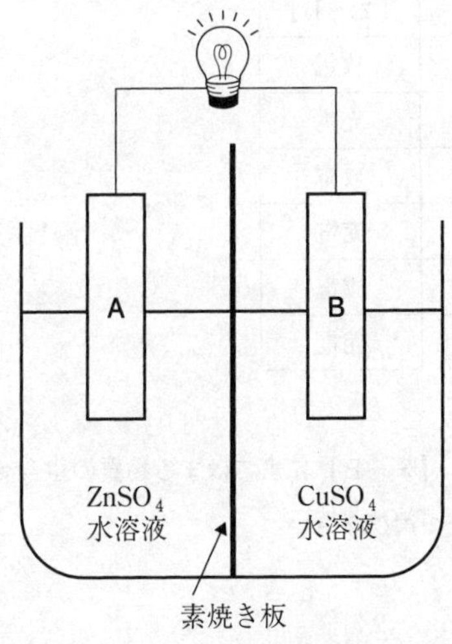

図1　ダニエル電池の構造

問1　空所【1－A】,【1－B】に当てはまる語句の組合せとして最も適当なものを，次の中から一つ選びなさい。

解答番号 12

	【1－A】	【1－B】
①	正極	負極
②	正極	陰極
③	陽極	負極
④	陽極	陰極
⑤	負極	正極
⑥	負極	陽極
⑦	陰極	正極
⑧	陰極	陽極

問2　空所【2－A】,【2－B】に当てはまる語句の組合せとして最も適当なものを，次の中から一つ選びなさい。

解答番号 13

	【2－A】	【2－B】
①	駆動力	放電
②	駆動力	充電
③	起電力	放電
④	起電力	充電
⑤	クーロン力	放電
⑥	クーロン力	充電

問3　空所【3－A】,【3－B】に当てはまる物質の組合せとして最も適当なものを，次の中から一つ選びなさい。

解答番号 14

	【3－A】	【3－B】
①	Zn	Zn
②	Zn	Cu
③	Cu	Zn
④	Cu	Cu
⑤	Pb	Zn
⑥	Pb	Cu

問4　空所【　4　】に当てはまる語句として最も適当なものを，次の中から一つ選びなさい。

解答番号 15

① 活性化剤　② 触媒　③ 活物質
④ 酵素　⑤ コロイド　⑥ 錯塩

問5　下線部ⓐに関して，1 mol の電子が流れた。このとき，電極 **B** の質量はどのように変化しましたか。最も適当なものを，次の中から一つ選びなさい。

解答番号 16

① 変化しなかった。
② 63.5 g 増加した。
③ 31.8 g 増加した。
④ 63.5 g 減少した。
⑤ 31.8 g 減少した。

(2)　電解質の水溶液や高温の融解塩に電極を入れ，直流電流を流して酸化還元反応を起こさせることを電気分解という。図 2 で示す電解槽Ⅰには反応に十分な濃度の硝酸銀水溶液，電解槽Ⅱには 1.00 mol/L の塩化銅(Ⅱ)水溶液を，それぞれ 100 mL ずつ入れて 60 分間電気分解を行った。ⓑ

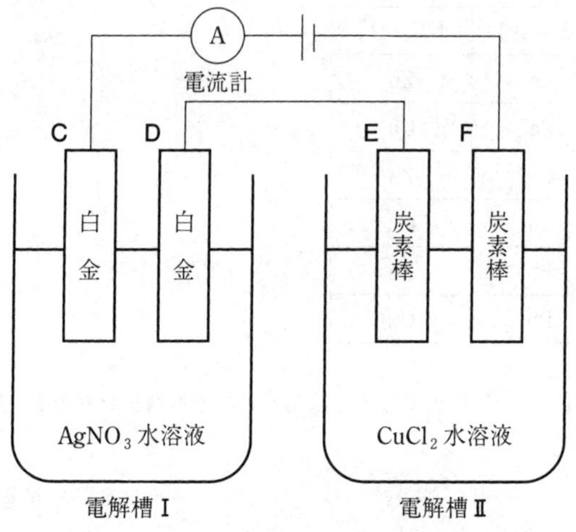

図2 電気分解の装置

問6 下線部ⓑに関して，極板**D**には10.8gの銀が析出した。この電気分解で流れた電気量〔C〕として最も適当なものを，次の中から一つ選びなさい。

解答番号 17

① 4.83×10^2 ② 9.65×10^2 ③ 4.83×10^3
④ 9.65×10^3 ⑤ 4.83×10^4 ⑥ 9.65×10^4

問7 下線部ⓑに関して，この電気分解のときに電流計は何アンペアをさしていましたか。最も適当なものを，次の中から一つ選びなさい。ただし，電流は常に一定であったものとする。

解答番号 18

① 2.68 ② 5.36 ③ 26.8 ④ 53.6 ⑤ 268 ⑥ 536

問8 極板**C**および極板**E**で起こる反応として最も適当なものを，次の中からそれぞれ一つずつ選びなさい。

極板**C**は，解答番号 19

極板**E**は，解答番号 20

① $Cu^{2+} + 2e^- \longrightarrow Cu$

② $H_2O \longrightarrow H^+ + OH^-$

③　$2H_2O \longrightarrow O_2 + 4H^+ + 4e^-$

④　$Cl_2 + 2e^- \longrightarrow 2Cl^-$

⑤　$Ag^+ + e^- \longrightarrow Ag$

⑥　$2Cl^- \longrightarrow Cl_2 + 2e^-$

問9　下線部ⓑに関して，電気分解を行った後，電解槽Ⅱの塩化銅(Ⅱ)水溶液の濃度は何 mol/L になりましたか。最も適当なものを，次の中から一つ選びなさい。ただし，電気分解の前後で電解槽に入った水溶液の体積は変化しないものとする。

解答番号 [21]

①　0.12　　②　0.25　　③　0.50　　④　0.75

⑤　0.90　　⑥　0.95　　⑦　1.00

大問Ⅲの解答範囲は，解答番号 [22] から [34] までです。

Ⅲ　次の(1)〜(3)の文章を読んで，(1)の文章については後の問い（問1〜問3）に，(2)の文章については後の問い（問4〜問7）に，(3)の文章については後の問い（問8〜問10）に，それぞれ答えなさい。

必要であれば，原子量および定数は次の値を用いなさい。

C = 12.0，O = 16.0，Si = 28.0，Fe = 56.0

気体定数：$R = 8.31 \times 10^3$ Pa・L/(K・mol)

(1)　炭素は，周期表の【　1　】族に属する。炭素には，黒鉛，【　2　】，【　3　】，【　4　】などの同素体がある。【　2　】は無色透明であり，極めて硬い。【　3　】は黒鉛の層状構造が筒状に丸まった構造をしている。【　4　】は C_{60}，C_{70} などの分子式で示される球状構造を持つ。その他，炭や活性炭のような無定形炭素と呼ばれるものがある。

問1　空所【　1　】に当てはまる数値として最も適当なものを，次の中から一つ選びなさい。

解答番号 [22]

① 12　② 13　③ 14　④ 15
⑤ 16　⑥ 17　⑦ 18

問2　空所【　2　】～【　4　】に当てはまる物質として最も適当なものを，次の中からそれぞれ一つずつ選びなさい。

空所【　2　】は，解答番号 23
空所【　3　】は，解答番号 24
空所【　4　】は，解答番号 25

① ショ糖　② ルビー　③ フラーレン
④ ダイヤモンド　⑤ ドライアイス　⑥ カーボンナノチューブ
⑦ 石灰　⑧ ボーキサイト

問3　黒鉛を完全燃焼させたところ，標準状態で112LのCO_2が発生した。このとき燃焼させた黒鉛は何gでしたか。最も適当なものを，次の中から一つ選びなさい。

解答番号 26

① 30.0　② 60.0　③ 120　④ 160　⑤ 300　⑥ 600

(2)　一酸化炭素COは無色・無臭の気体であり，【　5　】を濃硫酸とともに熱することによっても得られる。血液中の【　6　】が酸素O_2よりも一酸化炭素COと結合しやすいことは，ヒトに対する強い毒性の要因となる。一方，二酸化炭素CO_2は大気に約0.04％含まれ，実験室では，【7－A】に希塩酸を加えて発生させ，【7－B】によって捕集する。

問4　空所【　5　】に当てはまる物質として最も適当なものを，次の中から一つ選びなさい。

解答番号 27

① 酢酸　② 乳酸　③ 炭酸
④ ギ酸　⑤ 硝酸　⑥ シュウ酸

問5　空所【　6　】に当てはまる物質として最も適当なものを，次の中から一つ選びなさい。

解答番号 **28**

① 乳酸　② グルコース　③ アミラーゼ　④ ヘモグロビン
⑤ アルブミン　⑥ リン脂質　⑦ デンプン　⑧ リパーゼ

問6　空所【7－A】,【7－B】に当てはまる語句の組合せとして最も適当なものを，次の中から一つ選びなさい。

解答番号 **29**

	【7－A】	【7－B】
①	蛍石	上方置換
②	蛍石	下方置換
③	蛍石	水上置換
④	ボーキサイト	上方置換
⑤	ボーキサイト	下方置換
⑥	ボーキサイト	水上置換
⑦	石灰石	上方置換
⑧	石灰石	下方置換
⑨	石灰石	水上置換

問7　酸化鉄(Ⅲ)Fe_2O_3を一酸化炭素COにより還元し，11.2gの鉄Feを得た。このとき，発生した二酸化炭素CO_2の体積〔L〕は標準状態でいくらですか。最も適当な数値を，次の中から一つ選びなさい。

解答番号 **30**

① 1.12　② 2.24　③ 4.48　④ 6.72
⑤ 8.92　⑥ 12.4　⑦ 17.9　⑧ 22.4

(3)　ケイ素は，岩石や鉱物の成分元素として，地殻中で【　8　】の次に多く存在する元素である。ケイ素の単体は自然界には存在せず，<u>工業的には二酸化ケイ素を加熱融解し，炭素を用いて還元してつくられる</u>ⓐ。高純度のケイ素は，【　9　】や【　10　】としておもに用いられている。

問8　空所【　8　】に当てはまる元素として最も適当なものを，次の中から一つ選びなさい。

解答番号 31

① 水素　② 炭素　③ 窒素　④ 酸素
⑤ リン　⑥ カルシウム　⑦ カリウム　⑧ 鉄

問9　空所【　9　】，【　10　】に当てはまる語句として最も適当なものを，次の中からそれぞれ一つずつ選びなさい。ただし，解答の順序は問いません。

空所【　9　】は，解答番号 32
空所【　10　】は，解答番号 33

① アタッシュケース　② 硬貨
③ 太陽電池　④ コンピューターの集積回路
⑤ 水道の配管　⑥ 鉄道のレール
⑦ 燃料電池　⑧ スプリンクラーの栓

問10　下線部ⓐに関連して，1.0 molの二酸化ケイ素が炭素と過不足なく反応したとき，1.0×10^5 Pa，2200 Kで何Lの気体が発生しますか。最も適当なものを，次の中から一つ選びなさい。ただし，発生した気体どうしの反応は起こらないものとする。

解答番号 34

① 18.3　② 36.6　③ 183　④ 366　⑤ 1830　⑥ 3660

大問Ⅳの解答範囲は，解答番号 35 から 43 までです。

Ⅳ 次の(1)および(2)の文章を読んで，(1)の文章については後の問い（問1～問4）に，(2)の文章については後の問い（問5～問7）に，それぞれ答えなさい。

必要であれば原子量および定数は次の値を用いなさい。

H = 1.00，C = 12.0，O = 16.0

気体定数：$R = 8.31 \times 10^3\ \mathrm{Pa \cdot L/(K \cdot mol)}$

(1) エタノールは，グルコースに【1－A】を作用させるとアルコール発酵により得られ，酒類の製造などに利用される。工業的にはリン酸を触媒として，【1－B】に水を付加させて合成される。逆の反応として，【1－B】は，エタノールを濃硫酸とともに約【1－C】℃で加熱することで得られる。

エタノールと酢酸の混合物に少量の【2－A】を加えて加熱すると果実のような芳香を持つ【2－B】が生じる。このような脱水縮合反応を【2－C】という。

アルコールは，分子中のヒドロキシ基の数によって，一価アルコール，二価アルコール，三価アルコールに分類される。二価アルコールの【3－A】は，無色で粘性を持つ液体であり，【3－B】の原料や不凍液として用いられる。三価アルコールの【4－A】は，【4－B】を加水分解して得られる無色の液体であり，甘味があり，食品や化粧品，医薬品などに用いられる。

問1 空所【1－A】～【1－C】に当てはまる語句および数値の組合せとして最も適当なものを，次の中から一つ選びなさい。

解答番号 35

	【1－A】	【1－B】	【1－C】
①	乳酸菌	エチレン	130～140
②	乳酸菌	ジエチルエーテル	160～170
③	乳酸菌	エチレン	160～170
④	乳酸菌	ジエチルエーテル	130～140
⑤	酵母	エチレン	130～140
⑥	酵母	ジエチルエーテル	160～170
⑦	酵母	エチレン	160～170
⑧	酵母	ジエチルエーテル	130～140

問2　空所【2－A】～【2－C】に当てはまる語句の組合せとして最も適当なものを，次の中から一つ選びなさい。

解答番号 36

	【2－A】	【2－B】	【2－C】
①	水	酢酸ビニル	エステル化
②	水	酢酸エチル	エステル化
③	水	酢酸ビニル	けん化
④	水	酢酸エチル	けん化
⑤	濃硫酸	酢酸ビニル	エステル化
⑥	濃硫酸	酢酸エチル	エステル化
⑦	濃硫酸	酢酸ビニル	けん化
⑧	濃硫酸	酢酸エチル	けん化

問3　空所【3－A】，【3－B】に当てはまる語句の組合せとして最も適当なものを，次の中から一つ選びなさい。

解答番号 37

	【3－A】	【3－B】
①	1-ブタノール	ナイロン6
②	1-ブタノール	ナイロン66
③	1-ブタノール	ポリエチレンテレフタレート
④	2-ブタノール	ナイロン6
⑤	2-ブタノール	ナイロン66
⑥	2-ブタノール	ポリエチレンテレフタレート
⑦	エチレングリコール	ナイロン6
⑧	エチレングリコール	ナイロン66
⑨	エチレングリコール	ポリエチレンテレフタレート

問4　空所【4－A】,【4－B】に当てはまる語句の組合せとして最も適当なものを，次の中から一つ選びなさい。

解答番号 [38]

	【4－A】	【4－B】
①	グリセリン	デンプン
②	グリセリン	タンパク質
③	グリセリン	油脂
④	エチルメチルエーテル	デンプン
⑤	エチルメチルエーテル	タンパク質
⑥	エチルメチルエーテル	油脂
⑦	エチレングリコール	デンプン
⑧	エチレングリコール	タンパク質
⑨	エチレングリコール	油脂

(2)　分子式$C_4H_{10}O$で表される化合物について考える。

$C_4H_{10}O$の構造異性体は【　5　】種類存在する。このうちナトリウムと反応するものは【　6　】種類ある。ヨードホルム反応を示す化合物は【　7　】種類存在する。$C_4H_{10}O$を完全燃焼させると，二酸化炭素が標準状態で4.48L発生し，水が【　8　】g生成した。

問5　空所【　5　】〜【　7　】に当てはまる数値として最も適当なものを，次の中からそれぞれ一つ選びなさい。

空所【　5　】は，解答番号 39
空所【　6　】は，解答番号 40
空所【　7　】は，解答番号 41

① 1　② 2　③ 3　④ 4　⑤ 5
⑥ 6　⑦ 7　⑧ 8　⑨ 9　⓪ 0

問6　空所【　8　】に当てはまる数値として最も適当なものを，次の中から一つ選びなさい。

解答番号 42

① 0.6　② 0.9　③ 1.2　④ 1.5
⑤ 1.8　⑥ 2.7　⑦ 3.6　⑧ 4.5

問7　アルデヒドに関する記述として最も適当なものを，次の中から一つ選びなさい。

解答番号 43

① アンモニア性硝酸銀水溶液に加えて穏やかに加熱すると，濃青色になる。
② フェーリング液と反応して赤色の沈殿を形成させる。
③ 第二級アルコールを酸化して得られる。
④ ホルムアルデヒドは酢酸の材料として用いられる。
⑤ アセトアルデヒドを 37 %程度含んだ水溶液がホルマリンである。

生物

(先端理工学部 90 分)
(農学部〈農学型〉 60 分)

(注)　先端理工学部は大問Ⅰ～Ⅴを，農学部〈農学型〉は大問Ⅰ～Ⅳを，それぞれ解答すること。

大問Ⅰの解答範囲は，解答番号 [1] から [12] までです。

Ⅰ　次の（1）および（2）の文章を読んで，（1）の文章については後の問い（問1～問5）に，（2）の文章については後の問い（問6～問8）に，それぞれ答えなさい。

（1）　生物は，さまざまな化学反応によって，物質の合成や分解を行っている。この化学反応を代謝と呼ぶ。代謝のうち，外界から取り入れた物質を，からだを構成する物質や生命活動に必要な物質に合成する過程を同化といい，体内の複雑な有機物がより簡単な物質に分解される過程を異化という。代謝はエネルギーの出入りをともなっており，すべての生物において ATP（下線部ⓐ）の仲立ちによって行われている。

異化のうち，酸素を用いて有機物を分解して ATP を合成する過程を呼吸という。呼吸の過程は，解糖系，クエン酸回路，電子伝達系（下線部ⓑ）の3段階に分けられる。解糖系では，グルコースは，いくつかの段階を経て，C_3 化合物（グリセルアルデヒドリン酸）になる（下線部ⓒ）。グリセルアルデヒドリン酸は，脱水素酵素の働きにより NAD^+ と反応し（下線部ⓓ），いくつかの段階を経て，最終的にピルビン酸となる（下線部ⓔ）。

問1　文章中の下線部ⓐ「ATP」の模式図を図1に示した。図中の（ア）～（ウ）に当てはまる物質の組合せとして最も適当なものを，選択肢の中から一つ選びなさい。

解答番号 [1]

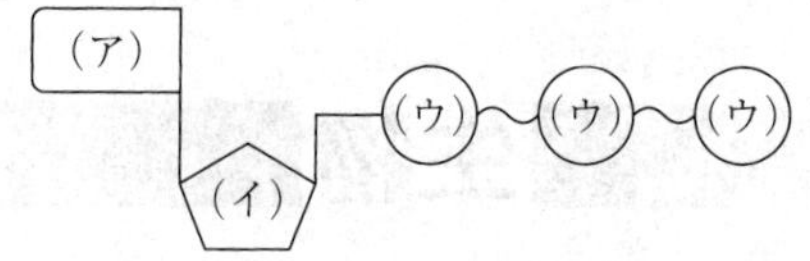

図１　ATPの模式図

選択肢

	（ア）	（イ）	（ウ）
①	アデニン	デオキシリボース	リン酸
②	アデニン	デオキシリボース	リン脂質
③	アデニン	リボース	リン酸
④	アデニン	リボース	リン脂質
⑤	アデノシン	デオキシリボース	リン酸
⑥	アデノシン	デオキシリボース	リン脂質
⑦	アデノシン	リボース	リン酸
⑧	アデノシン	リボース	リン脂質

問２　文章中の下線部ⓑ「解糖系，クエン酸回路，電子伝達系」のそれぞれの反応は，細胞内のどの部分で行われているか。最も適当なものを，次の中からそれぞれ一つずつ選びなさい。

解糖系は，解答番号 [2]

クエン酸回路は，解答番号 [3]

電子伝達系は，解答番号 [4]

① 細胞質基質　　② ゴルジ体
③ 核　　④ ミトコンドリアのマトリックス
⑤ ミトコンドリア外膜　　⑥ ミトコンドリア内膜
⑦ 葉緑体のストロマ　　⑧ 葉緑体のチラコイド

問３　（設問省略）

問4　文章中の下線部ⓒ「いくつかの段階を経て，C_3 化合物（グリセルアルデヒドリン酸）になる」と下線部ⓔ「いくつかの段階を経て，最終的にピルビン酸となる」の過程でのATPの分解と合成について，最も適当なものを，次の中からそれぞれ一つずつ選びなさい。

下線部ⓒは，解答番号 | 7 |

下線部ⓔは，解答番号 | 8 |

下線部ⓒ

① グルコース1分子当たり，1分子のATPが合成される。
② グルコース1分子当たり，2分子のATPが合成される。
③ グルコース1分子当たり，4分子のATPが合成される。
④ グルコース1分子当たり，1分子のATPが分解される。
⑤ グルコース1分子当たり，2分子のATPが分解される。
⑥ グルコース1分子当たり，4分子のATPが分解される。

下線部ⓔ

① グリセルアルデヒドリン酸1分子当たり，1分子のATPが合成される。
② グリセルアルデヒドリン酸1分子当たり，2分子のATPが合成される。
③ グリセルアルデヒドリン酸1分子当たり，4分子のATPが合成される。
④ グリセルアルデヒドリン酸1分子当たり，1分子のATPが分解される。
⑤ グリセルアルデヒドリン酸1分子当たり，2分子のATPが分解される。
⑥ グリセルアルデヒドリン酸1分子当たり，4分子のATPが分解される。

問5　文章中の下線部ⓓ「グリセルアルデヒドリン酸は，……反応し」の反応において，NAD^+，グリセルアルデヒドリン酸は，それぞれどのように関与するか。最も適当なものを，次の中から一つ選びなさい。

解答番号 | 9 |

① NAD^+，グリセルアルデヒドリン酸ともに酸化される。
② NAD^+，グリセルアルデヒドリン酸ともに還元される。
③ NAD^+ は酸化され，グリセルアルデヒドリン酸は還元される。
④ NAD^+ は還元され，グリセルアルデヒドリン酸は酸化される。

⑤　NAD^+は変化しないが，グリセルアルデヒドリン酸は酸化される。

⑥　NAD^+は変化しないが，グリセルアルデヒドリン酸は還元される。

⑦　NAD^+は酸化されるが，グリセルアルデヒドリン酸は変化しない。

⑧　NAD^+は還元されるが，グリセルアルデヒドリン酸は変化しない。

（2）　代謝には数多くの酵素が関与している。最適pHが7.0のカタラーゼを含むニワトリの肝臓片を使って，次の実験を行った。図2に示す通り，試験管を9本用意し，AからIとした。それぞれに過酸化水素水を2mLずつ加えた。A，B，E，F，Iの試験管には蒸留水を，CとGの試験管には4％程度の塩酸を，DとHの試験管には4％程度の水酸化ナトリウム水溶液を，それぞれ2mLずつ加えた。B，C，Dには少量の酸化マンガン(Ⅳ)を加え，Eには煮沸した酸化マンガン(Ⅳ)を常温に戻してから加えた。F，G，Hには肝臓片を入れ，Iには煮沸した肝臓片を常温に戻してから加えた。その後，気体の発生を観察した。なお，試験管Aでは気体は発生しなかったものとする。

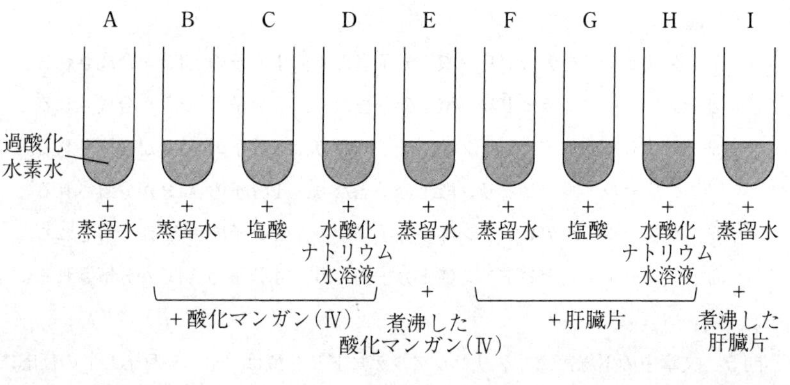

図2

問6　発生した気体は何か。最も適当なものを，次の中から一つ選びなさい。

解答番号 10

①　二酸化炭素　②　塩素　③　水素　④　酸素

⑤　窒素　⑥　一酸化炭素　⑦　メタン

問7　気体の発生のしかたについて，最も適当なものを，次の中から一つ選びなさい。

解答番号 11

① EとIは，気体が発生しなかった。

② GとHは，Fよりも気体の発生量が多かった。

③ B，C，D，Eの中で，一番多く気体が発生したのは，Bだった。

④ F，G，H，Iの中に，気体が発生しない試験管があった。

問8　酵素と無機触媒の一般的な説明として誤っているものを，次の中から一つ選びなさい。

解答番号 12

① 酵素，無機触媒ともに化学反応の前後でそれら自体は変化しない。

② 酵素の働きは立体構造の変化により失われることがある。

③ 酵素には，基質特異性がある。

④ 酵素には最適pHがあり，トリプシンではpH8付近である。

⑤ 酵素と無機触媒の反応速度は，温度が高ければ高いほど上昇する。

⑥ 酵素，無機触媒とも，反応に必要な活性化エネルギーを低下させる働きがある。

大問Ⅱの解答範囲は，解答番号 13 から 23 までです。

Ⅱ　次の文章を読んで，後の問い（問1～問10）に答えなさい。

タンパク質は窒素原子を含む有機化合物である。窒素は大気中に多量に存在するが，ほとんどの生物はこの窒素を直接利用することができない。多くの植物は【　1　】イオンや【　2　】イオンなどの無機窒素化合物を根から吸収する。【　1　】イオンは生物の遺体や排泄物に含まれる有機窒素化合物の分解によって生じ，【　2　】イオンは【　1　】イオンからⓐ土壌中の硝化菌の働きによって生じる。根から吸収された【　2　】イオンは葉に運ばれた後，細胞質基質で【　3　】イオンに還元され，さらに葉緑体の【　4　】において【　1　】イオンに還元される。【　1　】イオンはグルタミン酸と結合してグルタミンになる。グルタミンの【　5　】はケトグルタル酸に転移され，【　6　】が生成される。【　6　】は細胞質基質に運ばれ，その【　5　】がさまざまな有機酸に転移され各種アミノ酸が生成される。動物の場合は有機窒素化合物を外から摂取して，動物体自身に必要なアミノ酸などの有機窒素化合物を合成する。しかし，動物によってはある種のアミノ酸を自身で合成することができず，その場合は直接食物から取り込むしかない。このようなアミノ酸をⓑ必須アミノ酸という。

一方，アゾトバクターなどの細菌は大気中の窒素分子を直接取り込み，ⓒこれを還元して【　1　】イオンに変えることができる。このような働きを【　7　】という。ある種類の植物の根には根粒がしばしばみられるが，これは【　7　】を行う細菌の一種であるⓓ根粒菌が植物の根の細胞内に入り込み，増殖してできたものである。根粒菌と植物はⓔ相利共生といわれる互いに利益を与えあって生活する関係を築いている。

問1　文章中の空所【　1　】～【　3　】に当てはまる語句の組合せとして最も適当なものを，次の中から一つ選びなさい。

解答番号 13

	【 1 】	【 2 】	【 3 】
①	硝酸	亜硝酸	アンモニウム
②	硝酸	アンモニウム	亜硝酸
③	亜硝酸	硝酸	アンモニウム
④	亜硝酸	アンモニウム	硝酸
⑤	アンモニウム	硝酸	亜硝酸
⑥	アンモニウム	亜硝酸	硝酸

問2　文章中の空所【　4　】と同じ場所で行われる反応として最も適当なものを，次の中から一つ選びなさい。なお，【　4　】は葉緑体のチラコイドと内膜の間にある。

解答番号 [14]

① 光合成色素が光エネルギーを吸収する。
② 水の分解によって生じた電子がNADPHまで伝達される。
③ 二酸化炭素が還元され有機物が合成される。
④ スクロースから貯蔵デンプンが合成される。
⑤ 光エネルギーに依存してATPが合成される。

問3　文章中の空所【　5　】に関する記述として適当なものを，次の中から二つ選び，解答番号 [15] の欄を使用して，選んだ二つの番号をマークしなさい。

解答番号 [15]

① ペプチド結合においてカルボキシ基と結合する。
② アミノ酸のアルカリ性の側鎖に含まれる。
③ 光化学系Ⅱの反応中心クロロフィルを還元する。
④ タンパク質が呼吸基質となる際にアミノ酸から取り除かれる。
⑤ ミトコンドリアの膜間腔と内膜の間に水素イオンの濃度勾配をつくる。

問4　文章中の空所【　6　】に当てはまる語句として最も適当なものを，次の中から一つ選びなさい。

解答番号 16

① グルタミン酸　② アスパラギン酸　③ トリプトファン
④ メチオニン　⑤ バリン

問5　文章中の空所【　7　】に当てはまる語句として最も適当なものを，次の中から一つ選びなさい。

解答番号 17

① 炭酸同化　② 転流　③ 脱窒
④ 解糖　⑤ 窒素固定

問6　文章中の下線部ⓐ「土壌中の硝化菌の働きによって生じる」について，次の小問（(ア)，(イ)）に答えなさい。

(ア)　硝化菌の働きを説明した次の文章で誤っているものを，①～⑤から一つ選びなさい。なお，次の文章中の【　1　】と【　2　】は大問Ⅱのリード文の文章中の【　1　】と【　2　】と同じものである。

解答番号 18

硝化菌により【　1　】イオンから【　2　】イオンが生成される過程では，水①が消費されて化学②エネルギーが放出される。硝化菌はこのエネルギーを用いてカルビン・ベンソン回路③などで二酸化炭素④などから有機物⑤を合成する。

(イ)　硝化菌は化学合成細菌の1種である。化学合成細菌や光合成細菌など独立栄養生物である細菌に関する記述として，誤っているものを，次の中から一つ選びなさい。

解答番号 19

① 緑色硫黄細菌は，光合成の結果，酸素を放出する。

② 熱水噴出孔付近に生息する硫黄細菌は，硫化水素を酸化するときに放出されるエネルギーを用いて化学合成を行う。

③ シアノバクテリアは，光化学系ⅠとⅡを持ち植物によく似た光合成を行う。

④ 紅色硫黄細菌は，光化学系Ⅱに似た光化学系を持ち硫化水素から電子を得る。

問7　文章中の下線部ⓑ「必須アミノ酸」について，ヒトの必須アミノ酸を次の中から一つ選びなさい。

解答番号 20

① チロシン　② セリン　③ リシン
④ システイン　⑤ プロリン

問8　文章中の下線部ⓒ「これを還元して【　1　】イオンに変えることができる」について，この還元作用を触媒する酵素を，次の中から一つ選びなさい。

解答番号 21

① シトクロムオキシダーゼ　② ルビスコ
③ アデニル酸シクラーゼ　④ ニトロゲナーゼ

問9　文章中の下線部ⓓ「根粒菌」に関する記述として誤っているものを，次の中から一つ選びなさい。

解答番号 22

① 植物と共生している根粒菌は，炭酸同化を行えないため植物から有機物を得る。

② 根粒菌はおもにイネ科植物と共生する。

③ 根粒菌と共生する植物を栽培し，そのまま耕して土中に埋め窒素源の肥料とすることがある。

④ 根粒とは，根粒菌が植物の根に入って形成されたこぶ状の構造をいう。

問10　文章中の下線部ⓔ「相利共生」とはいえない生物間の相互作用を示す生物の組合せを，次の中から一つ選びなさい。

解答番号 23

① ナマコとカクレウオ　　② マツタケ（菌根菌）とアカマツ
③ アブラムシとクロオオアリ　　④ イチジクとイチジクコバチ

大問Ⅲの解答範囲は，解答番号 24 から 33 までです。

Ⅲ 次の文章を読んで，後の問い（問1～問8）に答えなさい。

遺伝子とは生物の遺伝形質を規定する細胞内機能単位で，ヒトではDNAがその本体である。DNAは，ⓐヌクレオチドが多数つながってヌクレオチド鎖を形成し，さらにⓑ2本のヌクレオチド鎖が互いに向き合って結合し，全体にねじれた二重らせん構造をとっている。真核生物の場合，2本鎖DNAは【　1　】というタンパク質に巻き付けられ【　2　】という基本構造を形成している。細胞分裂の間期では【　2　】は【　3　】の状態で存在している。

DNAの複製は細胞分裂の間期に行われる。まず，2本鎖DNAがほぐれて1本鎖となり，このそれぞれの1本鎖が鋳型となり，それぞれⓒ相補的な塩基を持つヌクレオチドが次々とつながり，新たに2本鎖のDNAとなる。新しい2本鎖DNAは，元の2本鎖DNAの片側のDNA鎖と新しく合成されたDNA鎖により構成されるため，これを【　4　】という。ⓓPCR法（ポリメラーゼ連鎖反応法）は，このようなDNAの複製を人工的に行うもので，遺伝情報の解析に利用されている。

ⓔDNAから転写されたmRNAの情報をもとにタンパク質が合成される。初めにDNAの遺伝情報は核内でmRNA前駆体に転写される。mRNA前駆体は，【　5　】が取り除かれ，完成したmRNAが核から細胞質に移行してリボソームに付着すると，mRNAの塩基配列に対応する【　6　】と呼ばれる塩基配列を持ったtRNAが，特定のアミノ酸を運ぶ。リボソームは運ばれてきたアミノ酸を順次配列して結合し，タンパク質を合成する。

問1 文章中の下線部ⓐ「ヌクレオチドが……ヌクレオチド鎖を形成」について，1本鎖DNAにおけるヌクレオチドどうしの結合として最も適当なものを，次の中から一つ選びなさい。

解答番号 24

① リン酸と糖の間の結合　② リン酸と塩基の間の結合
③ 糖と塩基の間の結合　④ 塩基と塩基の間の結合
⑤ 糖と糖の間の結合　⑥ リン酸とリン酸の結合

問2 文章中の下線部ⓑ「2本のヌクレオチド鎖が互いに向き合って結合」について，最も適当な結合の名称を，次の中から一つ選びなさい。

解答番号 25

① 共有結合　② 固定結合　③ 細胞間結合
④ ギャップ結合　⑤ 水素結合

問3 文章中の空所【 1 】～【 3 】に当てはまる語句の組合せとして最も適当なものを，次の中から一つ選びなさい。

解答番号 26

	【 1 】	【 2 】	【 3 】
①	クロマチン	ヒストン	ヌクレオソーム
②	クロマチン	ヌクレオソーム	ヒストン
③	ヒストン	ヌクレオソーム	クロマチン
④	ヒストン	クロマチン	ヌクレオソーム
⑤	ヌクレオソーム	クロマチン	ヒストン
⑥	ヌクレオソーム	ヒストン	クロマチン

問4 文章中の下線部ⓒ「相補的な塩基を……次々とつながり」について，5′末端－TCGCTAGA－3′末端という塩基配列の1本鎖DNAに相補的な1本鎖DNAの塩基配列として最も適当なものを，次の中から一つ選びなさい。

解答番号 27

① 5′末端－TCGCTAGA－3′末端　② 5′末端－AGATCGCT－3′末端
③ 5′末端－TCTAGCGA－3′末端　④ 5′末端－AGCGATCT－3′末端
⑤ 5′末端－TAGCUAGA－3′末端　⑥ 5′末端－AGAUCGAT－3′末端
⑦ 5′末端－TCUAGCUA－3′末端　⑧ 5′末端－AUCGAUCT－3′末端

問5　文章中の空所【　4　】に当てはまる語句として最も適当なものを，次の中から一つ選びなさい。

解答番号 [28]

① 保存的複製　② 半保存的複製　③ 分散的複製
④ 不完全複製　⑤ 完全複製

問6　文章中の下線部ⓓ「PCR法（ポリメラーゼ連鎖反応法）」について，次の文章を読んで，次の小問（(ア)，(イ)）に答えなさい。

PCR法は，わずかな試料から特定のDNA領域を多量に増幅させる方法である。ヒトのDNAのある部分を増幅するために，鋳型DNA，耐熱性のDNAポリメラーゼ，2種類のプライマー，4種類のヌクレオチドなどを含む反応液を調製し，図1の反応条件を繰り返してDNAを増幅した。

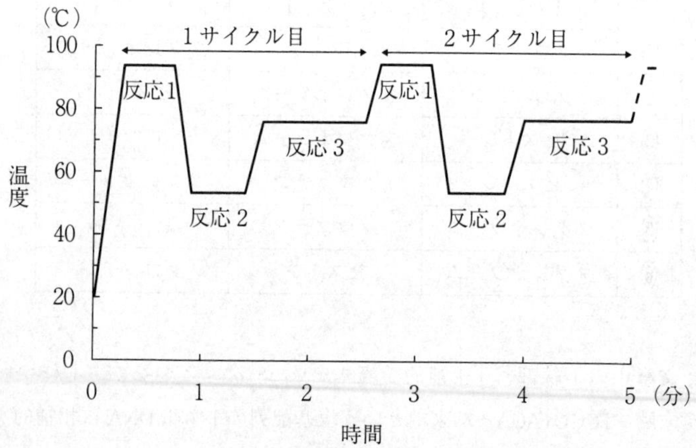

図1　PCRの反応条件

(ア)　図1における反応3の説明として最も適当なものを，次の中から一つ選びなさい。

解答番号 29

① 2本鎖のDNA間の結合が切れて1本鎖のDNAになる。
② プライマーの働きによって，ヌクレオチドが合成され鎖状になる。
③ 耐熱性のDNAポリメラーゼの働きによって新しいDNA鎖が複製される。
④ プライマーが鋳型DNAの相補的な位置に結合する。
⑤ 耐熱性のDNAポリメラーゼの働きによってDNAが切断される。

(イ)　図1のPCR反応を3サイクル繰り返した場合に，2種類のプライマーにはさまれた塩基配列のみからなる2本鎖のDNA断片の数として最も適当なものを，次の中から一つ選びなさい。なお，反応前には十分な長さの2本鎖の鋳型DNAが一つあり，すべて正常に増幅されたとする。

解答番号 30

① 1　② 2　③ 4　④ 6　⑤ 8　⑥ 16

問7　文章中の空所【　5　】，【　6　】に当てはまる語句として最も適当なものを，次の中からそれぞれ一つずつ選びなさい。

空所【　5　】は，解答番号 31
空所【　6　】は，解答番号 32

① リガーゼ　② イントロン　③ プロモーター
④ オペロン　⑤ コドン　⑥ アンチコドン
⑦ エキソン　⑧ リプレッサー

問8　文章中の下線部ⓔ「DNAから転写された……タンパク質が合成される」に続く文章は真核生物についての説明であるが，原核生物では異なる。原核生物における転写およびタンパク質合成の特徴として誤っているものを，次の中から一つ選びなさい。

解答番号 33

① 細胞質基質において転写が行われる。
② RNA ポリメラーゼは，複数のタンパク質とともに複合体を形成する。
③ スプライシングがほとんど行われない。
④ 転写と並行して翻訳が行われる。

大問Ⅳの解答範囲は，解答番号 34 から 45 までです。

Ⅳ 次の文章を読んで，後の問い（問１～問５）に答えなさい。

生物が環境のなかで生活する基本単位は，個体である。しかし，多くの生物種は個体単独ではなく，繁殖などを通じてそれぞれの個体が相互に関係しながら生活している。このような，ある一定地域に生息する同種個体の集まりのことを個体群といい，単位面積や単位体積当たりの個体数を個体群密度という。ⓐ個体群の中の個体の分布は，集中分布，一様分布，ランダム分布の３種類に大別される。生物種の生態や環境条件の不均一性などによって，さまざまな分布が自然界では観察される。

個体群の中では出生や死亡によって個体の入れ替わりが生じている。生存率に着目すると，産まれた卵や生まれた子，生産された種子の時間経過にともなう生存数と死亡数の変化の表を作成できる。これを【 1 】という。ⓑ最初の全個体数に対する各齢の生存数の変化を示したグラフを【 2 】という。捕食者や病気などのない最良の環境条件を与えられた際の寿命は生理的寿命と呼ばれる。一方，捕食者の存在や病気などによってさまざまな齢で死亡する個体を考慮して計算される実際の寿命は生態的寿命と呼ばれる。

問１ 文章中の空所【 1 】，【 2 】に当てはまる最も適当な語句を，次の中からそれぞれ一つずつ選びなさい。

空所【 1 】は，解答番号 34
空所【 2 】は，解答番号 35

① 収れん　② 生命表　③ 生存曲線　④ 生存表
⑤ 成長曲線　⑥ 相変異　⑦ 生命曲線

問2　文章中の下線部ⓐ「個体群の中の……に大別される」に関して，次の文①～⑤は，集中分布，一様分布，ランダム分布のいずれかの説明であるが，記述内容が適当なものを三つを選び，解答番号 36 の欄を使用して，選んだ三つの番号をマークしなさい。

解答番号 36

① 一定区画内の個体の密度が場所によって大きく異なることが多いのは一様分布である。

② 各個体が他個体と関係なく散らばり，不規則な配置になっているのはランダム分布である。

③ 個体が均等に距離をおいた分布であり，植物では他個体の発芽や成長を妨げる物質が分泌されている場合などに生じることが多い分布は一様分布である。

④ 捕食者の攻撃を警戒しやすくするために草原内で動物が群れをつくる場合にみられる分布は集中分布である。

⑤ アユの摂食のための縄張りのように，個体がそれぞれ空間を占有している場合などにみられる分布はランダム分布である。

問3　下の図1は，文章中の下線部ⓑ「最初の全個体数に……グラフ」に関するものであり，死亡が老齢期に集中する型（A型），各齢期の死亡率が一定である型（B型），幼齢期の死亡率が非常に高い型（C型）の3つの型が知られている。それらの型について書かれた次の文(i)～(vi)について，正しいものは①，誤っているものは②の数字をマークしなさい。

(i) は，解答番号 37
(ii) は，解答番号 38
(iii) は，解答番号 39
(iv) は，解答番号 40
(v) は，解答番号 41

(vi)　は，解答番号 

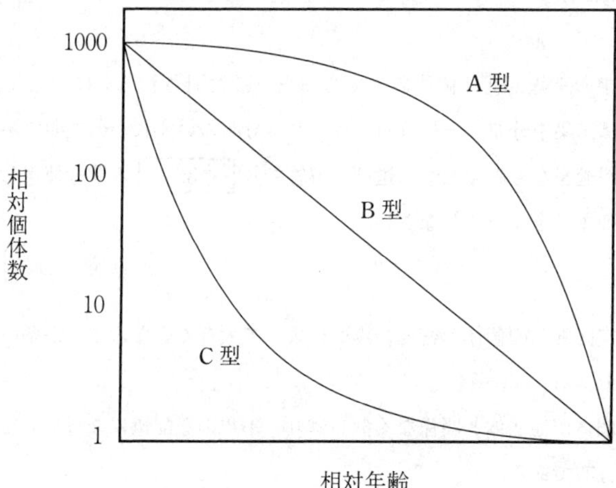

図1　生存個体数の変化

(i)　A 型の生物種は，C 型の生物種に比べて生理的寿命と生態的寿命の差が小さい

(ii)　B 型の生物種は，種内競争のみが死亡率に影響を与え，年齢にかかわらず死亡率が一定に保たれている

(iii)　ミツバチなどの社会性昆虫は，B 型のグラフになることが多い

(iv)　C 型の生物種は，A 型の生物種に比べて産卵数が非常に多い

(v)　A 型の生物種は，すべて哺乳類である

(vi)　B 型の生物種は，親が子を手厚く保護し，天敵が少ない

問4　2 歳で成熟して繁殖するある魚類で，現在の 2 歳魚の個体数が 5 万個体の個体群があるとする。この個体群に関して次の小問（(ア)～(イ)）にそれぞれ答えなさい。

(ア)　卵として産まれてから 1 歳になるまでと，その後 2 歳になるまでの死亡率がそれぞれ 99 % と 50 % であるとする。この時，現在の 2 歳魚が産まれた年の産卵数を，次から中から一つ選びなさい。

解答番号　43

①　10万個　　②　100万個　　③　1000万個　　④　1億個

(イ)　雌1個体当たり何個の卵を産めばこの個体群の大きさが維持できるか，答えなさい。なお，雄と雌の割合は常に1対1で，繁殖後はすべての2歳魚がすぐに死亡するとする。

解答番号　44

①　200個　　②　400個　　③　4万個　　④　200万個

問5　次の文章を読んで，空所【　3　】～【　7　】に当てはまる語句の組合せとして最も適当なものを，選択肢の中から一つ選びなさい。なお，文章中の空所の番号と図中の空所の番号は対応している。

解答番号　45

生物の個体群には，産まれたばかりの幼い個体から成熟した個体までさまざまな生育段階の個体が混ざっていることが多い。個体群における世代や年齢ごとの個体数の分布を【　3　】という。【　3　】は将来の個体群の成長に大きく影響する。【　3　】は，ピラミッド型のグラフで表現できる（図2）。出生率が高く，生殖期以前の生存率が低い個体群では，底辺が広いピラミッドになる。これを【　4　】型という。【　4　】型に比べて出生率が低く，齢ごとの死亡率が最大寿命までほぼ一定の個体群では，このピラミッドは【　5　】型になる。【　5　】型の【　3　】を示す個体群では，現在と近い将来で生殖期の個体数に【　6　】と考えられる。生殖期以前の個体数が相対的に少ない個体群では，底辺がくびれた【　3　】のピラミッドになる。これを【　7　】型という。

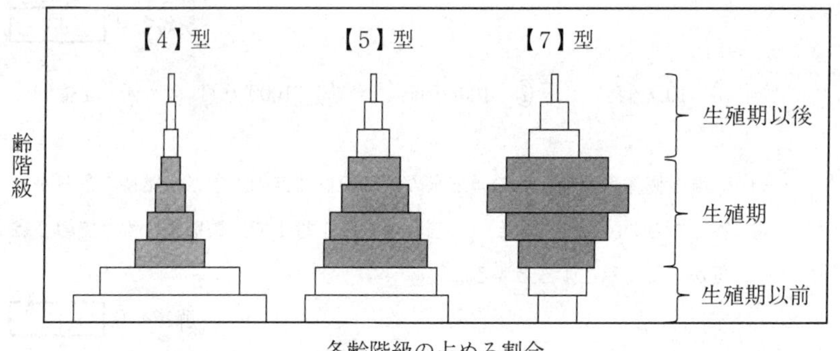

図２　ピラミッドのグラフの３つの類型

選択肢

	【　3　】	【　4　】	【　5　】	【　6　】	【　7　】
①	齢構成	若齢（幼若）	安定	大きな差が生じる	老齢（老化）
②	齢構成	老齢（老化）	飽和	大きな差が生じる	若齢（幼若）
③	サイズ分布	若齢（幼若）	飽和	大きな差は無い	老齢（老化）
④	齢構成	若齢（幼若）	安定	大きな差は無い	老齢（老化）
⑤	サイズ分布	安定	老齢（老化）	大きな差が生じる	若齢（幼若）
⑥	齢構成	老齢（老化）	安定	大きな差は無い	若齢（幼若）

大問Ⅴの解答範囲は，解答番号 46 から 53 までです。

Ⅴ 次の（1）および（2）の文章を読んで，（1）の文章については後の問い（問1～問4）に，（2）の文章について後の問い（問5～問8）に，それぞれ答えなさい。

（1） 森林は，草原に比べて植生が占める空間が大きく，構造も複雑である。森林には，高木，低木，草本などさまざまな植物が生育する。発達した森林では，上から高木層，亜高木層，低木層，草本層，コケ植物などが生える地表層などからなる【 1 】がみられる。

森林内の環境も多様である。例えば，森林内の光環境について考えてみよう。上層の葉が密に茂ると，下層への光の透過が妨げられるため，森林内の光環境は平均すれば下層ほど暗い（図1）。しかし，森林内の光環境は，森林の【 1 】と太陽の方向や天候の影響を受けるため，森林内の場所，1日の時刻や季節により大きく変動する。一方，ⓐ高木層の樹木が倒れたりして，葉を広げている部分（林冠）に空隙が開くと，下層や林床まで光が届きやすくなるため，周囲に比べて明るくなる。また，冬のⓑ落葉樹林の林内は高木が葉を落とすため，夏に比べてずっと明るくなる。

問1 文章中の空所【 1 】に当てはまる語句として最も適当なものを，次の中から一つ選びなさい。

解答番号 46

① 成層構造　② 階層構造　③ 階段構造
④ 段階構造　⑤ 複層構造

問2 文章中の下線部ⓐ「高木層の樹木が……届きやすくなる」について，このような場所を「ギャップ」という。森林内のギャップに関わる現象として正しいものを二つ選び，解答番号 47 の欄を使用して，選んだ二つの番号をマークしなさい。

解答番号 47

① ギャップのサイズが大きいと，陽樹の割合が大きくなる可能性が高い。

② 適度な（中程度の）頻度でギャップが生じると，森林全体の植物の多様性は高い状態で維持される。

③ 極相林では一般的にギャップは生じにくい。

問3　文章中の下線部ⓑ「落葉」に関連して，常緑（性）と落葉（性）についての記述として正しいものを二つ選び，解答番号 48 の欄を使用して，選んだ二つの番号をマークしなさい。

解答番号 48

① 常緑樹では落葉は起こらない。

② 落葉性の植物は冬季や乾季には葉がついていない。

③ 亜高山帯には常緑性の植物は存在できない。

④ 硬葉樹林には常緑広葉樹が優占している。

問4　図1は森林の断面を表す模式図と平均的な明るさの変化を示している。光は林冠表面から入射し，葉によって吸収・遮断されることで減衰し，下層に行くほど暗くなる。「光の減衰率は葉の空間密度と比例している」と仮定すると，この例では，高木層，亜高木層，低木層の葉の空間密度の大小はどうなっているか，最も適当なものを選択肢の中から一つ選びなさい。

解答番号 49

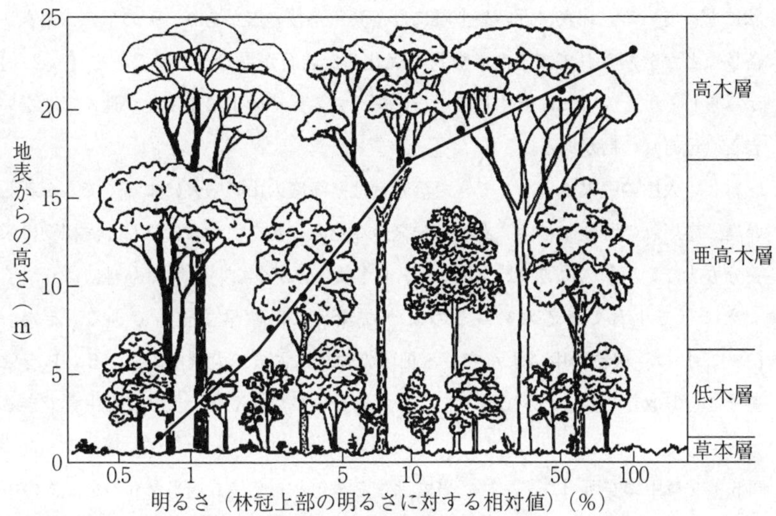

図1　森林の断面を表す模式図と平均的な明るさの変化

図中の黒点は，地表からの高さごとの明るさの測定値を表し，直線はそれらを近似したものである。図の横軸は対数軸である。

選択肢

	高木層	亜高木層	低木層
①	大	中	小
②	大	小	中
③	中	大	小
④	中	小	大
⑤	小	大	中
⑥	小	中	大

（2）　植物は，土壌中の物質ⓒを吸収して成長する。そのため，土壌は植物が生活するうえで重要な環境要因である。土壌は，岩石が風化してできた砂などに，落葉・落枝や生物の遺体が分解されてできた有機物が混じり合ってできる。落葉・落枝の分解は，ⓓ土壌動物や菌類，細菌などの分解者の働きにより起こる。つまり，土壌は風化した岩石を母材として生物によってつくられる。よく発達した森林の土壌は，層

状になっている。地表に近い最上層には落葉・落枝の層があり，その下には落葉・落枝などが分解されてできた有機物と風化した岩石が混じった層である【　2　】がみられる。その下には風化した岩石の層，さらにその下には風化が進んでいない岩石（母岩）の層がある。

新しい火山の噴火によってできた溶岩台地，海底火山の噴火によってできた新しい島，崖崩れの跡地などは，土壌が未発達なため，水を保つ力に乏しく，植物の栄養分も少ない。【　3　】は，乾燥しやすく栄養分が少ない環境でも岩にはりつくようにして生育できるため，このような環境にいち早く定着できる。また，【　4　】は，根粒の中にすんでいる細菌の働きによって大気中の【　5　】を栄養分として取り込むことができるので，栄養分の少ないやせた土壌にも生育できる。

問5　文章中の空所【　2　】に当てはまる語句として最も適当なものを，次の中から一つ選びなさい。

解答番号 50

① 成熟土層　② 完熟土層　③ 腐植（土）層
④ 分解土層　⑤ 還元土層　⑥ 溶脱土層

問6　文章中の空所【　3　】～【　5　】に当てはまる語句の組合せとして最も適当なものを，次の中から一つ選びなさい。

解答番号 51

	【　3　】	【　4　】	【　5　】
①	シダ類	アカマツ	窒素
②	シダ類	アカマツ	二酸化炭素
③	シダ類	ヤシャブシ	窒素
④	シダ類	ヤシャブシ	二酸化炭素
⑤	地衣類	アカマツ	窒素
⑥	地衣類	アカマツ	二酸化炭素
⑦	地衣類	ヤシャブシ	窒素
⑧	地衣類	ヤシャブシ	二酸化炭素

問7　文章中の下線部ⓒ「物質」について，植物の根が吸収している物質として適当でないものを，次の中から一つ選びなさい。

解答番号 52

① 酸素分子　② 窒素分子　③ リン酸イオン
④ 硝酸イオン　⑤ カリウムイオン

問8　文章中の下線部ⓓ「土壌動物や菌類，細菌」に関連して，土壌動物，菌類，細菌に当てはまる生物の組合せとして最も適当なものを，次の中から一つ選びなさい。

解答番号 53

	土壌動物	菌類	細菌
①	ミミズ	大腸菌	枯草菌
②	ミミズ	大腸菌	マツタケ
③	ミミズ	シイタケ	枯草菌
④	ミミズ	シイタケ	マツタケ
⑤	変形菌	大腸菌	枯草菌
⑥	変形菌	大腸菌	マツタケ
⑦	変形菌	シイタケ	枯草菌
⑧	変形菌	シイタケ	マツタケ

④ 督の君と女君の間には三人の子どもがいるが、中納言がこの日に会えたのは一人だけである。

問八 『落窪物語』とは成立した時代が異なるものを一つ選びなさい。

解答番号 28

① 『浜松中納言物語』 ② 『曽我物語』 ③ 『宇津保物語』 ④ 『狭衣物語』

④ お思いになることはやはりおっしゃってくださるのがうれしく思います。

問六 傍線部④「あやしく思ふ」を説明したものとして最も適当なものを一つ選びなさい。

解答番号 26

① 中納言と督の君とは仲が悪いと思っていたのに、中納言は機嫌がよく、たくさんの贈り物までもらったため、どういうことなのかと不思議である。

② 中納言はあまりよくない人物であるのに豪華な接待を受けたようであるため、督の君が中納言にだまされているのではないかと心配である。

③ 中納言は女君と関係がよくないと聞いていたので、女君と再会して外に出てきた中納言に対してどのように声をかければよいかと困っている。

④ 督の君はよくない人物であると思っていたが、多くの贈り物をくれたので、自分たちが何かよくないことに巻き込まれるのではないかと不安である。

問七 この文章の内容に明らかに合致しないものを一つ選びなさい。

解答番号 27

① 女君が中納言に長い間自分の居場所を知らせなかったのは、督の君の助言によるものである。

② 女君は中納言への報復を考えていたが、実際に会って話をする中でそのような気持ちは消えていった。

③ 中納言は、督の君が自分に悪意のある対応をした理由がわからなかったが、この日にやっとわかった。

④ ここに来てからは、あなたの様子なども聞く機会がありませんでした。

問三　傍線部②「便なきもの」の意味として最も適当なものを一つ選びなさい。
解答番号 23

① 返事が来ないもの　② 不思議なもの　③ 気の毒なもの　④ 都合が悪いもの

問四　空欄 X と Y を補うのに最も適当な組み合わせを一つ選びなさい。
解答番号 24

① X な　Y そ
② X さは　Y め
③ X え　Y じ
④ X かく　Y む

問五　傍線部③「おぼさむ事はなほのたまはむなむうれしかるべき」の現代語訳として最も適当なものを一つ選びなさい。
解答番号 25

① 私が思っていたことを女君にそのままおっしゃってくださるとはうれしいことです。
② 私が思っていたのと同じことをさらに的確におっしゃっていただけるとはうれしいことです。
③ お思いになることは女君に直接おっしゃっていただけたらもっとうれしく思います。

（注）○督の君＝衛門督。衛門府の長官。○ねびまさりて＝美しく成長して。○これよりはよし＝この女君よりすばらしい。○打ちこめて置きたりし＝一緒に住んでいたころに、家の床よりも一段低い部屋に押し込めていたことを指す。○この君＝本文冒頭の「男君」を指す。○さいなみし折＝継母から折檻されていた折。○その折＝以前に男君から悪意のある対応をされた時。○勘当＝犯した罪を罰すること。○くは＝さあ。○天が下の北の方＝天下第一の意地の悪い北の方。○おほにおぼえて＝我を忘れて。○殿＝右大臣。○御台＝お食事。○わざと＝儀式ばること。○衣箱＝衣類を入れる箱。○一よろひ＝一対。○日の装束一領＝束帯（男子の正装）姿の際に着用する表袴や下襲などの一揃い。○越前守＝中納言の従者。○かづけたまふ＝引出物としてお与えなさる。

問一　波線部a～dの中から、主語が異なるものを一つ選びなさい。

解答番号 21

① a　恥づかしうて　② b　つつみて　③ c　思ひたまへし　④ d　うち笑ひたまへば

問二　傍線部①「さ思ひ聞こえぬを」の解釈として最も適当なものを一つ選びなさい。

解答番号 22

① あなたがひどい人だなどとは思っておりません。
② 私はあなたとお会いしてもうれしい気持ちにはなれません。
③ 今日あなたが来てくださるとは聞いておりませんでした。

ば、女君、いとあはれと思して、「さてしもこそかしこけれ」と申したまふほどに、督の君、いとうつくしげなる男君を抱きて、「くは御覧ぜよ。心なむいとうつくしく侍る。天が下の北の方も憎みたまはじとなむ思ひたまふる」とのたまへば、「そもけしからぬ事を」とかたはらいたがりたまふ。

中納言は見るに、老い心地、いとかなしう、らうたう、ただおほほにおぼえて、ゑみまけて、「こちこち」とのたまへば、さる翁に怖ぢで、首にかかりて抱かるれば、「げにや、天下の鬼心の人も、［X］憎み奉ら［Y］」とて、「いといと大きにおはするは。いくつに」。「三つになむなり侍りぬる」となむ父君申したまへば、「またやものしたまふ」。「この弟は、殿になむ召されにし。また女子侍れど、今日はつつしむ事侍り。後に御覧ぜさせむ」など申したまひて、御台まゐり、御供の人にも、わざとのまうけにはあらで、牛飼までに、いと清げにあるじしたまふ。

（中略）

中納言も督の君も、御盃たびたびになりて、酔ひたまひて、よろづの物語をしたまふ。「今は、身に堪へむ事はつかうまつらむとなむ思ひたまふるを、③おぼさむ事はなほのたまはむなむうれしかるべき」と申したまへば、中納言、いとうれしと思ひたること限りなし。暮れぬれば、帰りたまふままに、おとどには、衣箱一よろひに、片つ方には、日の装束一領入れて、世に名高き帯なむ添ひたりける。越前守には、女の装束一具に、綾の単襲添ひてかづけたまふ。中納言、酔ひて出でたまふとて、「世に今まで侍りつるが、心憂かりつるに、うれしき契りに」などのたまふ。御供の人多くもあらねば、五位に一襲、六位に袴一具、雑色に腰差せさせたまふ。よろしからぬ御中と見つるを、いかならむと④あやしく思ふ。

（『落窪物語』による）

用性を欠いた無意味なものとなってしまう。

④　精神科医は、現場や患者とつかず離れずの関係を維持する必要があり、そのため抽象的な文章や症例報告よりも、エッセイやアフォリズムを好んで書く傾向がある。

〔三〕　左の文章は『落窪物語』の一節です。女君は、意地悪な継母から、家の床よりも一段低い部屋に押し込められていたところを、男君（督(かむ)の君）に助け出され、今では幸せな生活を送っています。この文章は、女君が長い間関係を断っていた父の中納言と再会する場面です。これを読んで後の問いに答えなさい。

男君の、前に立てたる几帳(きちやう)おしやりて、「ここに侍(はべ)るめり。出(い)でて対面したまへ」と申したまへば、恥づかしけれど、ゐざり出でたり。父おとど見たまへば、いみじく清げに、ものものしく、ねびまさりて、いと白くきよげなる綾(あや)の単襲(ひとへがさね)、二藍(ふたあゐ)の織物の袿(うちき)着たまひ、ゐたまへり。見るに、これよりはよしと思ひかしづきし娘どもにまさりたれば、かかりけるものを、打ちこめて置きたりしを、げにいかに思ひけむと、[a]恥づかしうて、「つらきものに思ひおきて、今まで知られたまはざりける。対面しぬるは、限りなくなむ、心のうれしく」とのたまへば、女君、「ここには、①さらにさ思ひ聞こえぬを。この君の、さいなみし折、おはしあひて、聞きたまひて、『②なほ便なきものにおぼしおきたるなめりかし。しばしな知られたまひそ』とのみ侍るめるに、[b]つつみてなむ。心にはさらに知り侍らぬなめげさも、御覧ぜられつる事をなむ、いかがと、限りなく思ひたまへつる」とのたまへば、「その折に、いみじき恥なり、何事におぼしつめて、かくはしたまふならむと、[c]思ひたまへしを、今日聞けば、君をおろかに思ひ聞こえたりとて、勘当(かんだう)したまふなりけりと、うけたまはりあはすれば、なかなかいとうれしくなむ」とて[d]うち笑ひたまへ

問七 傍線部⑥「まったくの賃仕事である」とありますが、その説明として最も適当なものを一つ選びなさい。

解答番号 19

① 筆者は、漠然とした疑問や不定形なイメージを通して原文を味わいながら翻訳しており、「雲」が生じない翻訳にはやりがいや面白みを感じないということ。

② 筆者は、翻訳の際に抱く様々な疑問や仮説が翻訳の質を向上させると考えており、「雲」が生じない翻訳は結果として平凡な出来にしかならないということ。

③ 筆者は、自らと同じ疑問やイメージを読者が抱くことに価値を見出しており、読者の想像力を刺激しないような翻訳には価値が見出せないということ。

④ 筆者は、翻訳の際に抱く疑問や仮説を強いプレッシャーとして感じており、「雲」が生じない翻訳は気楽に賃金を稼ぐことのできる仕事だということ。

問八 この文章の内容に合致するものを一つ選びなさい。

解答番号 20

① 世界を単純な公式で示そうとする学問は世界の多様性に喜びを見出す学問と対極にあるが、後者の方が広がりのある思考を展開できるという点で生産的である。

② オクノフィルとは、具体的なものへの近さによって安全の保障を得ようとする人であり、個物を介して「調和的渾然体」に回帰しようとする点で「甘えの人」である。

③ 抽象的な思考や言明は、日常的な世界を超えて展開されるとき、非日常性がもたらすスリルの追及と強く結びつき、有

問五　空欄 X と Y を補うのに最も適当な組み合わせを一つ選びなさい。

解答番号 17

① X 強かさ　Y 親しみ
② X 恰好のよさ　Y 甘え
③ X 諦めのよさ　Y 強かさ
④ X 甘え　Y 我儘

問六　傍線部⑤「この曖昧な雲のようなもの」とありますが、それは筆者の医師としての仕事にどのように関わっていますか。最も適当なものを一つ選びなさい。

解答番号 18

①「雲のようなもの」とは、頭の中にとどめおかれた萌芽状態の仮説や疑問などによるプレッシャーであり、これを解消しないと治療はぎくしゃくしてうまくいかない。
②「雲のようなもの」とは、個々の患者について医師が抱く疑問やイメージであり、治療の期間中は日常生活においてもつきまとって離れないプレッシャーとなる。
③「雲のようなもの」とは、医師と患者が共有する疑問などのもやもやであり、精神医学の理論体系によって整理されるならば、治療を可能とする前提となる。
④「雲のようなもの」とは、面接を重ねるなかで生じてくる漠然とした仮説や疑問であり、理論的な体系には還元できないものの、治療の指針のような役割を果たす。

問三 空欄 A ～ D を補うのに最も適当な組み合わせを一つ選びなさい。

解答番号 15

① A オクノフィル B フィロバット C 私の背後 D 私の前

② A 金星人気質 B 地球人気質 C 私の目の前 D 大地の上

③ A フィロバット B オクノフィル C 私の前 D 私の背後

④ A 火星人気質 B 金星人気質 C 大地の上 D 私の目の前

問四 傍線部④「(一) 何も書かないか、(二) 症例報告を書くか、(三) エッセイかアフォリズムを書くか」とありますが、書くことのそれぞれのあり方に対する筆者の態度や考えの説明として、明らかにふさわしくないものを一つ選びなさい。

解答番号 16

① 依頼を断り切れなかったり衝動に負けたりするなど、「弱さ」ゆえに書くという考えに理解を示しており、実際に書かざるをえない環境に自分を追いこむこともある。

② 何も書かないことへの憧れがあるが、自らの内に表現衝動を感じており、何も書かなければ自分の思いつきを反省する機会が持てず、独りよがりになると考えている。

③ 症例報告を書こうとすると、患者のことだけでなく、自分の感情や様々な疑問まで書こうとしてしまい、納得のいく報告はなかなか書けないと考えている。

④ エッセイやアフォリズムが得意であると自認しており、理論的・抽象的な論考に魅力を感じるが、自分の才能を発揮できないため、得意な分野に専念しようとしている。

② 本当は世界の多様性に魅せられているだけにもかかわらず、カビへの興味を強調することで、自分の関心は社会の役に立つものだと強弁しているということ。

③ 本当は学問に対してまったく興味がないにもかかわらず、カビへの関心が洋書の研究を踏まえた学問的な関心であるかのようにみせかけているということ。

④ 本当は自らの興味にしたがって個物を探求しているにもかかわらず、自分の関心が学問的重要性のみに基づくものであるかのように取り繕っているということ。

問二　傍線部②「フィロバティズム」、傍線部③「フィロバット」とありますが、それぞれを説明したものとして最も適当なものを一つ選びなさい。

解答番号 14

① フィロバティズムとは具体的な対象が近くにあることに恐怖を感じる状態であり、フィロバットとは具体的なものへの恐怖を好んで味わおうとする「スリルの人」のことである。

② フィロバティズムとは原初的な甘えを拒否した状態であり、フィロバットとは曲芸のような身体運動は苦手だが、数学のような抽象的・論理的な思考が得意な人のことである。

③ フィロバティズムとは個別の対象に関心がない状態であり、フィロバットとは困難な状況に身を置き、自らのスキルを試すことで非日常を味わおうとする人のことである。

④ フィロバティズムとは「調和的渾然体」に固執した状態であり、フィロバットとは世界を抽象的に捉えるとともに、常に不安定な状況に身を置こうとする人のことである。

てほしいという「　Y　」がある。

（中井久夫『精神科医がものを書くとき』による）

（注）○マラルメ＝ステファン・マラルメ。フランスの詩人。難解な作風で知られる。一八四二～一八九八。○ヴァレリー＝ポール・ヴァレリー。フランスの詩人、評論家。一八七一～一九四五。○オサムシ＝世界じゅうに分布する昆虫。ゴミムシと呼ばれることもある。○バリント＝マイケル・バリント。ハンガリー出身の精神科医・精神分析家。後にイギリスで活躍した。一八九六～一九七〇。○フェレンツィ＝シャーンドル・フェレンツィ。ハンガリーの精神科医・精神分析家。一八七三～一九三三。○精神分析＝神経症などの精神疾患を治療するために、ジークムント・フロイトが作り出した理論と技法。無意識や発達に関する固有の理論体系を有する。○対象関係論＝乳幼児期における母との関係（対象関係）を重視する精神分析の一派。発達論的対象関係論は、対象関係論の立場から発達を論じるもの。○膚接＝肌が接すること、また空間的・時間的に接すること。○土居健郎＝日本の精神科医・精神分析家。日本社会の人間関係を「甘え」の構造として捉えた。一九二〇～二〇〇九。○アフォリズム＝日常に関わる観察や思考を鋭くまとめた文章。箴言（しんげん）、警句、金言。

問一　傍線部①「一種の正当化」とありますが、その説明として最も適当なものを一つ選びなさい。

解答番号 13

① 本当は図鑑を見ながら魚や植物などを味わうことに関心を抱いているにもかかわらず、洋書を見せつけることで、自分の欲望を隠そうとしているということ。

なくともしばらくはうまく行かない。

（中略）

むろん、この雲は二十四時間中、私の頭の中に漂っているわけではない。それでは日常生活に差し支える。診察が終わると、患者の顔を見てもすぐには出てこない形になるらしい。だから「さあ今日の外来は終わった」ということになってから飛び込んでくる患者は形どおりの診察、あるいはだらけた診察になりやすい。また、この雲ができるまでには何度か面接の回を重ねる必要があるようで、それができていない――ということは「患者の構造がつかめていない」と一般に言われることだが――うちは、名前と顔とが結びつかない。つまり、カルテを見て顔が浮かばないのは、この雲ができていない証拠である。中には雲がなかなかできない場合がある。これは、相性がよくないか、私には苦手の種類の病気かである。

この辺は、私の経験では詩の翻訳と似ている。今手がけている詩には「こう訳したらどうだろう」「これはどういう意味だろう」「こういうイメージでいいのだろうか」などという雲がまつわりついている。出版されてしばらくたつと、雲が消えてしまう。そして、雲のあるうちよりもずっと平凡な出来に見えてくる。これが実際の平均的読者に与える読みなのであろう。例外的に親近性のある読者だけが、雲に似たものを再現してくれるのだろう。散文の翻訳でも多少はこれはある。しかし逆に、この「雲」のできない翻訳というものは、⑥<u>まったくの賃仕事である。</u>

（中略）

結局、私のような（中略）精神科医にとっては、エッセイやアフォリズムしかありえないのかもしれない。私の書いたものは、分解してみれば、すべてこの二つのジャンルにはいるのではないかと思うことがある。そして、オクノフィルらしく、私の書いたものには大体ひそかな宛名があって、ほとんどすべて精神科医同僚であるが例外もある。いずれにしても、その人にはわかっ

ということはどうであろうか。私の書いたものも、大部分は依頼原稿である。しかし、自分を書かざるをえない場所に追い込んだことも何度かある。たとえば、後で原稿依頼の来ることのわかっている研究会に出席するなどである。これは、私が自分に書かせるように罠（わな）を仕掛けたということで、私は決して「イノセント（無罪）」ではない。

では、私が何も書かなかったら、どうなっていたであろうか。振り返ってみれば、あまりよいことになっていないのではないか。ひょっとすると独善的になるか、あるいは無内容になっていたと思う。（中略）書くことは明確化であり、単純化であり、表現衝動の「減圧」である。何よりもまず、書くことに耐えない多くの観念が消え去る。あるものは、その他愛なさによって、あるものは不整合によって、あるものは羞恥によって却下される。おそらく、夜中に大発見をしたと思い、朝にその下らなさに呆（あき）れるのと同じことである。

では症例報告を書くということはどうであろうか。私は、ほとんどまとまった症例報告を書いていない。それにはいろいろの理由がある。怠惰とかプライバシーの侵害ということを別にして、書こうとするとどうしても一回の面接の分だけで予定の枚数を超えてしまう。自分がどう感じたか、どう受け留めたか、あるいは受け留め損なったかなど、自分の側のことも書こうとするためかもしれない。しかし、これは困難なことで結局、比較的簡単な症例しか書けない。（中略）

そして、頭の中に萌芽（ほうが）状態の仮説や疑問などをとどめておくという、あの重苦しいことが、どうも治療には重要であるらしい。個々の患者についての「ああではなかろうかこうではなかろうか」「これはどうなっているのだろう」「これはこれからどうなるのだろう」などという、漠然とした仮説や疑問である。それから、経過や基礎的なデータの記憶がある。このプレッシャーが私の日々の臨床にとって必要であるらしい。症例報告を書いてしまうと、⑤この曖昧な雲のようなものが、明確にしすぎたものを若干残して消えてしまうらしい。症例報告を書いた後の治療は、ぎくしゃくするか、気が抜けたものになるか、いずれにせよ、少

わが「火星人」は「フィロバット」的傾向があり、「金星人」は「オクノフィル」的傾向があると言ってよいだろう。もっとも、一般論として「フィロバット」のほうがよいと私は思わない。「フィロバット」も出発し帰還する大地を必要とする。無限に長いロープの綱渡りというものは不可能である。

さて、精神病理の世界にも両方があるように思われる。数学や宇宙物理学（の啓蒙書）を読む時に確かに感じるスリルと同じものを感じさせる精神病理学の論文がある。「自己」や「他者」「世界」という言葉が縦横に使われている論文である。「Ａ」の成果であろう。私は、これらに畏敬の念を持つが、私自身はたぶんかなりの「Ｂ」であって（中略）、才能の乏しさとは別に、非常に一般的、抽象的な言明をしようとする時には必ずそっと袖を引いてやめるようにさせる一種の感覚を自分の中に感じる。具体的なものを対象としない時には、確かに、自分の中で引っ込み思案が生じる。

したがって、私は、自分の精神医学の枠組みの全体を明らかにできない。それは、自分にも見通せていない。そういうものが明確にできれば、非常に楽になるのかもしれないし、逆に腑抜けのようになるかもしれない。どちらになるかが分からないから、私には、明確にしようとする努力ができない。私にとって、私の精神医学は、Ｃ にあるのではなくて、Ｄ にあるような感覚である。

そのような精神科医は、④（一）何も書かないか、（二）症例報告を書くか、（三）エッセイかアフォリズムを書くか、であろう。

何も書かないのが最高であるといちおうは思う。第一、この言明には「Ｘ」がある。

かつて詩人ヴァレリーは「なぜ書くか」というアンケートに「弱さによって」と答えたという。彼の書いた散文のほとんどは依頼原稿であった（中略）。もっとも、断り切れない弱さというだけでなくて、書こうとする内部の衝動に安易に負けてしまう

（中略）

バリントという、フェレンツィの弟子の、なかなかユニークで実践的でもある精神分析家がいた。彼は『スリルと退行』という本を書いて、発達論的対象関係論からすれば、最初の母子一体の「調和的渾然体（こんぜんたい）」が破れた時に二つの状態が実現すると指摘したことがある。第一は、安全保障感を距離に依存する②「フィロバティズム」であり、第二は、安全保障感を膚接に依存する「オクノフィリア」である。用語が変なのはバリントだから仕方がない。

土居健郎の「甘え」に即していうなら、「調和的渾然体」が原初的な純粋な「甘え」の状態であり、「フィロバティズム」は「甘えの拒否」、「オクノフィリア」は「甘えの病理的形態」ということになるだろう。

これが成人において実現すれば、フィロバティズムの場合、対象なき空間とおのれの「スキル」とに全幅の信頼を置いて飛躍する「スリルの人」となる。対象はスキルを発揮するための道具にしかすぎず、いくらでも取り替えの利くものである。バリントは、例としてパイロットや曲芸師を挙げているが、数学者、理論物理学者、哲学者も多数派は③フィロバットだと私は思う。実際、彼らの書いた数学や宇宙物理学（の啓蒙書（けいもうしょ））を読む時に味わう「スリル」は、日常からの超脱のスリルで、飛行のスリルと同じ質のものである。

これに対してオクノフィリアとは、対象なき空間を恐怖し対象にしがみつき膚で接していることを好む臆病な人、独りでおれない人である。

バリントの独創は「フィロバティズム」の概念創出にある。精神分析は従来もっぱら「オクノフィリア」にだけ目を向けていたと言っている。また、バリントの筆致は明らかに「フィロバティズム」に好意的である。しかし、その文章から、バリント自身はどちらかといえば「オクノフィル」、つまり甘えの人でなかったかと思わせるものがある。

〔二〕　左の文章を読んで、後の問いに答えなさい。

　世界をできるだけ単純な公式に還元しようとする宇宙論や哲学あるいは数学と、キノコにはまだ未知の種類が数千種もあるという、世界の多様性に喜びを見出す博物学と、学問にも両極があることを知ったのは、学生時代であった。

　下宿の隣の部屋には理論物理学者がいて、個物への興味を持つということそれ自体が理解できないらしかった。彼は少数の本を手元に置いているだけであった。たいていの本は買ってくると、表紙を「重い」と言って捨て、飛石のように数式だけを読んで、二百ページくらいの本を一時間もするとごみ箱に直行させるのであった。もっとも、彼が音楽を好み、少数の文学（中略）を評価していたことを付け加えねばならない。彼が「マラルメはどんな場面でももっとも美しい音を選び、ヴァレリーはその場面にふさわしい音、従って不快な場面では不快な音を使う」と言ったのは、今も至言ではないかと思っている。

　二人の共通の知人に生物学者がいて、オサムシの触角にしか生えないカビを研究していた。「へえー、どうしてまたそんなものを？」とからかうと、これほど栄養要求性の厳密な生物は稀だから面白いのだと言い、これが重要な学問分野だという証拠に、もっぱらそのカビについて書かれた部厚い洋書を見せたが、それは①一種の正当化で、彼が世界の多様性そのものに魅せられていることは疑いないところだった。彼の部屋には大部の図鑑類が揃っているのはもちろん、たとえば魚類図鑑には印と感想が書きこまれていた。彼は図鑑の魚を機会あるごとに食べて、味を評価していたのだった。彼が、視覚だけでなく、味覚までを動員して、世界に直接肌で接しようとしていたことは間違いない。

　私は二人の友人のうち、前者を「火星人」、後者を「金星人」と呼び、自分をひそかに「地球人」と（厚顔にも）規定していた。当時のＳＦでは、火星は幾何学的な運河と抽象的な建築のひっそりと並ぶ他は風の吹きすさぶ砂漠であり、金星はジャングルの鬱蒼と茂る世界だったからである。

問八　傍線部⑤「反省的な主題的検証」とありますが、これを説明したものとして最も適当なものを一つ選びなさい。
解答番号 11

① ある専門知について主体的にその正しさを検討し、専門家による誤りが発見された場合は、その修正を求めること。
② ある専門知を主体的に理解するようにつとめ、自分の理解が誤っている点を発見した場合は、それを反省すること。
③ ある専門知が正しいことを、論理のすじ道を踏み外すことがないよう絶えず意識しながら、誤りなく証明すること。
④ ある専門知の正しさについて、自分が着実な理解を積み重ねているかを絶えず顧みながら、注意深く確認すること。

問九　この文章の内容に合致するものを一つ選びなさい。
解答番号 12

① 専門知への疑いがいったん生じると、多くの人はその正否を自らは検証することができないため、疑いの高まりに歯止めをかけることができず、完全に科学を信頼しない状態にまで昂進してゆく。
② ある探検家の報告は、無数の文献に引用されていることのほか、それらの文献の中に恩師から教わったものがあるなど、身近な人間集団における信頼形成のリンクと結びつくことで信頼を獲得する。
③ ある専門家集団への信頼は、彼らが提供する専門知の確かさだけでなく、彼ら個々人の人柄が信頼に値するかを人々が吟味した結果生まれる点で、他の人間集団への信頼と同じ仕方で形成される。
④ たとえある人が科学への不信感を口にしていても、いざ自分がけがをしたとなれば、まじない師に頼ることはせず、病院に駆け込むことから、その人が心にもないことを言っていたことが分かる。

問六 空欄 X と Y を補うのに最も適当な組み合わせを一つ選びなさい。

解答番号 9

① X それと並行して Y むしろ

② X このようにして Y さらに

③ X とはいっても Y もちろん

④ X それゆえに Y 反対に

問七 傍線部④「科学を職業にしている人たちは、違和感を覚えるかもしれない」とありますが、その理由を説明したものとして最も適当なものを一つ選びなさい。

解答番号 10

① 科学を職業にしている人たちは、専門知の正しさを検証する過程に人間関係を持ち込むと不正が生じることもあるため、人間集団の信頼性に依存することは避けるべきだと主張するであろうから。

② 科学を職業にしている人たちは、どのような専門知も常に自分たち自身で理解し、その正しさを検証している人たちであり、わざわざ人間集団の信頼性に依存する必要がないと考えがちだから。

③ 科学を職業にしている人たちは、ステップを踏むことで誰もが専門知の正しさを検証できると論理的に考えがちであり、正しさの判断が人間集団の信頼性に依存するとは想像もしないだろうから。

④ 科学を職業にしている人たちは、専門知の正しさを一部の人々しか検証できないことが科学の発展を妨げることを知っているため、人間集団の信頼性に依存することは危険だと思うはずだから。

問四 空欄 A と B を補うのに最も適当な組み合わせを一つ選びなさい。
解答番号 7

① A 適格性 B 整合性
② A 公正性 B 機能性
③ A 適切性 B 機敏性
④ A 正当性 B 正確性

問五 傍線部③「こうした『他人の評判』は、最終的には、直接触れあう身近な他人にまで行き着く」とありますが、これを説明したものとして最も適当なものを一つ選びなさい。
解答番号 8

①「他人の評判」への信頼は、直接知っている人への信頼や、その人が関わっている人や物事への間接的な信頼に始まる信頼の連鎖において生じるため、その大もとは身近な他人との関係にあるといえる。
②「他人の評判」には自分がよく知っている人に関する評判も含まれており、その人への評価が好意的であれば「他人の評判」も信頼できることになり、その大もとは身近な他人との関係にあるといえる。
③「他人の評判」は多くの人たちの評価から生まれるが、評価を行う個々の人は、自分がよく知っている人の下した評価にならって同じ評価をするため、その大もとは身近な他人との関係にあるといえる。
④「他人の評判」といわれる、ある対象への世間的な評価とは、自分が直接知っている人を含む、世間の良識ある人々が持つ価値観を反映しているため、その大もとは身近な他人との関係にあるといえる。

② すべての専門知を疑いはじめると、その専門知に基づいて開発され、社会において提供されている商品や設備、サービス等を安心して利用することができなくなるから。

③ もしすべての専門知に基づく商品や設備等の信頼性を自ら検証するとすれば、膨大な情報を集め、多くの実験設備を確保するために莫大(ばくだい)な費用を要することになるから。

④ すべての専門知を人々が検証しはじめた場合、多くの誤りが明るみに出され、その専門知に基づく商品や設備、サービス等を安心して利用することができなくなるから。

問三　傍線部②「『専門知』の信頼性は、社会的には、どうしても『人』の信頼性に依存することになる」とありますが、これを説明したものとして最も適当なものを一つ選びなさい。

解答番号 6

① 多くの人々は専門知の正しさを自ら検証することができないため、その知を生み出した専門家が嘘をついていないかよく確認することで、その知の信頼性を評価している。

② 多くの人々は専門知の正しさを自ら検証することができないため、各種の世論調査の結果から明らかとなる多数の人の意見を基準として、その知の信頼性を確認している。

③ 多くの人々は専門知の正しさを自ら検証することができないため、信頼できる専門家や身近な人の意見を手がかりにして、その知が信頼に値するかどうかを判断している。

④ 多くの人々は専門知の正しさを自ら検証することができないため、それを「正しい」と言う知り合いの意見を優先することで、その知が信頼に値するものと見なしている。

問一 傍線部㋐～㋓にあたる漢字を、次の各群のうちから一つずつ選びなさい。

解答番号 1 ～ 4

㋐ トウガイ 1
① 慨
② 該
③ 概
④ 蓋

㋑ コンテイ 2
① 定
② 低
③ 底
④ 抵

㋒ ホウカツ 3
① 法
② 報
③ 包
④ 豊

㋓ コウショウ 4
① 承
② 渉
③ 証
④ 称

問二 傍線部①「ほとんど生活が成り立たなくなる」とありますが、その理由を説明したものとして明らかにふさわしくないものを一つ選びなさい。

解答番号 5

① もしすべての専門知を自ら検証するとすれば、根拠となるすべての理論を学び、すべてのデータを分析しなければならず、通常の生活を送るための時間が不足するから。

教師として）教えてくれた数多くの教師たちのおかげだし、それらの教師たちが、私にとって教師としての信頼性を獲得したのは、私の親を含む大人たちの態度や、「教師とはどんな存在か、教師に対してどう振舞うのが適切か」について彼らが教えてくれたことによるかもしれない。養育者やそれに類する人々は、私にとってそもそも他人への信頼の原型を形づくった人々であると言える。そこから出発して、信頼形成のリンクをたどって、われわれは専門家集団の信頼性までを判定し、それに支えられて、その専門家集団の専門知に支えられた事柄を、「確か」であると考えるのである。

専門知の信頼性が人間ないし人間集団の信頼性に依存しているという議論に、④とりわけ科学を職業にしている人たちは、違和感を覚えるかもしれない。人が科学を信頼するのは、それがきちんとステップを踏めば誰でも確かめられるからだ、といいたくなるかもしれない。もちろん、それも科学への信頼のコンテイにあるだろう。一般の人も、そのことは理解している。だがほとんどの人はそれが実際にはできない。［Y］、たとえ何らかの分野の専門家であっても、すべての科学的知識を実際に漏れなく自分で検証するのは、現実的には不可能である。それにもかかわらず、圧倒的多数の人が科学を信頼しているのはなぜか。それが問題なのである。そこには明らかに、⑤反省的な主題的検証によるのではない「確かさ」が顔を出している。そのような非反省的な「確かさ」が、人間関係の多重的なリンクに依存しており、その信頼性の網の目をたどっていくと、直接に見聞きし、語り合い、㋓コウショウしている身近な他人とのつきあいが、その信頼性の核にあることが見えてくるのである。

（田口茂『現象学という思考　〈自明なもの〉の知へ』による）

（注）　○コンテクスト＝文脈。周辺的な状況。

のようなところに根を下ろしているのか、ということである。

（中略）

ある専門家集団を信頼できるかどうか、という問題は、科学に特有の構造的問題にも関わっているが、ここでその問題に踏み込むことはできない。ここではむしろ、専門家集団も人間の集団である、という点に着目しよう。この点に限って言えば、専門家集団に対する信頼は、その他の人間集団に対する信頼と本質的には変わらない。われわれは、さまざまな人間や人間の集団について、その信頼性をたえず評価し、吟味しながら生きている。この友人は信頼できるかどうか、この会社は取引先として信頼できるかどうか、この銀行は信頼できるかどうか、この国の代表団は信頼できるかどうか、この時代にこの地域を探検した人々の報告は信頼できるかどうか、等々。

その場合、広い意味での「他人の評判」は有力な手がかりになる。この会社は、これだけ多くの会社と取引をしているのだから、信頼できるだろう。この探検家の報告は、これだけ多くの研究書に引用されているのだから、信頼できるのだろう、といった具合である。③こうした「他人の評判」は、最終的には、直接触れあう身近な他人にまで行き着く。ある会社の信頼性を支えているさまざまな取引先のなかには、自分の会社のよく知っている取引先も含まれているかもしれない。少なくとも、いくつか繋（つな）がりをたどれば、どこかで自分の直接知っている範囲に触れあうところが出てくるだろう。ある探検家の報告が信頼できることは、それを引用している無数の文献から推測できるが、それらの文献のなかには、自分の恩師が教えてくれた文献も含まれているかもしれない。そうでなくても、いくつか繋がりをたどれば、そのように自分が直接見聞きした範囲にリンクが及ぶだろう。

［　X　］、ある事柄が「確か」であるかどうかは、無数の人間関係の連鎖に支えられ、それをコンテクストとして成立しているが、その人間関係の連鎖を辿（たど）れば、その信頼性の重要な部分は、自分が直接知り合った人々の信頼性に根づいているということがわかる。文献を教えてくれた教師を私が信頼しているのは、どのような教師が信頼できるかを身をもって（ときには反面

ても「人」の信頼性に依存することになる。どんなに優秀な専門家であっても、嘘をつくことはできるからだ。

疑おうと思えば疑うことができたにもかかわらず、これまで疑わずに生きてきた専門知が、ある日突然疑わしくなってしまったとき、(中略) 専門家集団への信頼が揺らぐ。そうなると、疑いはどこまでも膨らむ。同じ専門家集団が、いくら新しいデータを出してきても、すべてが偽装や隠蔽として疑われうるから、問題の解決にはならない。当の専門知がどんなに精密さや正確さを備えていても、ほとんどの人はそれを検証することができないから、不正確な発言と区別がつかなくなる。当の専門知の正確さとは別の次元で、疑いがどんどん昂進するようなモードに人は入り込んでしまう。

ここで問題が根を下ろしている次元は、コンテイ的には、科学的研究の確実性という次元を突き抜けてしまっており、もっとホウカツ的な、人間同士の社会的連関の次元であることが炙り出されてくる。社会において、専門家集団がどのように信頼を勝ち得ているか、そしてまた、どのようなときそれは信頼を失うか、が問題となっているのである。

あるいは、次のような方向に問いを進めることもできる。ある専門家集団が信頼を失ってしまったとする。人はそれに憤ったりあきれたりし、科学そのものに対する不信感さえ口にするかもしれない。そこで興奮して足を踏み外し、手首を骨折してしまったらどうするか。慌てて病院に駆け込み、現代科学の粋を集めた検査機械の前に座り、現代医学にもとづく医師の治療を受けることに、何の疑問も抱かないのではないか。科学は疑わしくなったので、まじない師のもとに駆け込む、という人はまずいないだろう。

とすると、われわれは、たとえ科学に対して不信感を抱いたとしても、行動のレベル、生活のレベルでは、依然としてそれへの信頼をもちつづけているのである。それは、私が当の医学的治療の[A]や、検査機械の[B]を厳密に検証したからではない。一つの専門家集団を疑わしいと思うのと同じレベルで、あるいは、それよりもっと深いレベルで、われわれは、検証し確かめることなく、科学の「確かさ」を信頼しているのである。ここで問題にしようとしているのは、そのような信頼がど

国語

（六〇分）

解答範囲は、解答番号 1 から 28 までです。

〔一〕　左の文章を読んで、後の問いに答えなさい。

思えば、われわれのまわりには、自分では検証できない専門知に依存するものがたくさんある。自分で検証できないものをすべて疑い始めたら、現代においては、①ほとんど生活が成り立たなくなるほどである。自分の服用している薬が安全であるかどうか、いま通行しているトンネルの天井が突然崩落することはないか、乗っている電車が脱線することはないか、等々、疑う余地はいくらでもある。いずれも、自分一人では検証できないか、できたとしても相当の努力と時間と費用を要することばかりである。

さまざまなタイプの「専門知」は、それ自体としてみれば、高度に整備され、多くの人によって検証された信頼できる理論や方法論を備えているだろう。しかし、㋐トウガイの学問知や技術知がどんなに信頼できるものであっても、それにもとづいて語られたことを、すべての人が自分で検証できるわけではない。となると、トウガイの②「専門知」の信頼性は、社会的には、どうし

解答編

英語

I **解答** 1—② 2—③ 3—① 4—④ 5—③ 6—③ 7—③ 8—④ 9—③ 10—④ 11—③ 12—② 13—④ 14—③ 15—③

◆全　訳◆

≪アメリカのサマータイム事情≫

毎年，多くの国々が春になると時計を1時間進めることによって「春時間に設定する」，そして，秋になると時計を1時間遅らせて元に戻すことによって「秋時間に設定する」のである。平日の労働時間内にこの変更による混乱を引き起こすことを避けるため，時間操作は両方とも，土曜が日曜になる深夜12時に行われる。米国の人々が時計を1時間進める準備をするとき，もとの時間からサマータイムに変更することによって日々の生活に生じる混乱に私自身が直面していることに気がつく。しかし，サマータイムの影響は単なる不便にとどまらない。研究者によると，毎年3月に行われる「1時間時計を進めて春時間に設定する」ことは健康状態に深刻な悪影響を及ぼすとわかってきている。

毎年11月に行われる，サマータイムからもとの時間に戻すことによって「秋時間に設定する」ほうは，比較的害がない。バランスが崩れると感じて回復するのに数週間かかる人もいるが，研究によると健康状態に深刻な影響を与えることにはつながらない。しかし，「1時間時計を進めて春時間に設定する」ほうは，私たちの体内時計が1時間遅れることになるので，身体にはきつい。時計は午前8時だと示しているのに，まだ午前7時のように感じられるのだ。朝日が差すのが（時計よりも）遅くなるという移行が，たった1日の変更ではなく，8カ月も続くのである。このことは私たちにかなり大きな影響を与える。というのも，朝日によって私たちの身体の自然なリズムが整えられ，私たちを目覚めさせ，注意力を高めてくれるからだ。

サマータイムによって引き起こされる悪影響は，日光がホルモンの生産を促進する方法に影響を及ぼすかもしれない。そのホルモンはストレスを和らげ，感情を司る脳の一部を手助けしているものである。ホルモンの生産が少なくなり，脳の健康状態が悪くなると，睡眠を妨げ，全体的に睡眠時間を減らすことにつながる。そして，ほとんどの人々が睡眠時間を1時間減らすことに慣れた後でもその影響は続く可能性がある。やがて，これは深刻な健康被害につながり，寿命を縮めることになるかもしれない。

特に10代の若者は，サマータイムによって1時間日没が延びることから睡眠問題に影響を受けやすい。彼らは，寝つきが悪くなるかもしれない。彼らは学校でのスポーツ行事や社会活動があるために睡眠時間を奪われやすい。多くの子どもたちは午前8時頃かそれより前に登校する。このことは，サマータイム期間中は多くの若者が夜明け前から起きて学校に向かうことを意味している。

どのようにサマータイムが人々に影響を与えるかについては地理も相違点を生む。同じ標準時間帯の西端の住民は，他の地域より朝遅くに光を浴び，他の地域より日没が遅くなるので，東端の住民より睡眠が少なくなる。西端の住民は（他の地域より）平均賃金が少なくなるだけでなく，さまざまな病気にかかる割合も高くなり，医療費も高くなる。これらの健康問題は私たちの生物学的リズムと外部世界の時間調整がうまくいかないことから生じるのかもしれない。言い換えれば，私たちの日常の労働や学校や睡眠といった日課の時間調整は，実際の日の出や日没よりも時計というものに不自然に基づいているのである。

米国国会は第一次世界大戦中に通年での「サマータイムの永久化」を要求し，第二次世界大戦中にも再度要求した。そして，1970年代初頭に起こったエネルギー危機の間に再度要求した。午後遅くに日照時間を増やすと，電力による照明の必要性を減らすことによってエネルギーを節約できるという考えからだった。実際は冬の朝には暖房費用が増加した一方で夏の夕方に空調費用が増加したので，この考えは誤りだとわかった。もう1つのサマータイム擁護論は，1日の終わりに日照時間が増えるので犯罪率が下がったというものだったが，実際の変化は大変小さいものだったと判明した。

第二次世界大戦後，各州はそれぞれサマータイムの開始日と終了日を設定することが許可された。しかし，この政策は多くの鉄道時刻と安全性に関する問題を招いてしまった。そのため，国会では1966年に統一時間法が通過し，全米統一のサマータイム期間が決められた。2007年以降，サマータイムは3月の第2日曜から11月の第1日曜までとなっている。

しかし，国会はサマータイムを導入しないという選択を各州に許している。アリゾナ州とハワイ州はサマータイムを導入していないし，グアムや他のいくつかの準州も導入していない。実際のところ，アメリカ人の大半はこのような不便で年に2回行われる時間変更を排除したいと考えている。だから，多くの他の州は，「秋に時間を戻すこと」と「春に時間を進めること」をやめるかどうか検討中である。

◀解　説▶

1．第1段第1文（Every year, many …）より，「春に時計を進めること」と「秋に時計を戻すこと」が多くの国で行われているとわかるので，②が正解。

2．空所②のある文に続く第1段最終2文（However, the effects … negative health effects.）では，時間の変更による体調への悪影響について述べられている。空所のある文では筆者自身もサマータイムによる影響を実感していることが示されているため，③が正解。

3．go beyond＝exceed「〜に勝る，〜を上回る」したがって，①が正解。

4．下線部④の直後に，「私たちの体内時計は1時間遅れるので」と書かれている。したがって，④の「私たちの体内時計とサマータイムの間には問題が生じる」が正解。

5．improve「〜を向上させる」＝enhance「〜を高める」 alertness「用心深さ」＝attention「注意力」したがって，③が正解。

6．③の「日光が不足すると高齢者の身体的健康を高める」という内容は書かれていない。したがって，③が正解。

7．第4段最終文（This means that …）を読めば，「サマータイムのせいで，多くの若者が夜明け前に学校に向かわなければいけない」とわかる。したがって，③が正解。

8．太陽は東側から昇るため，同じ標準時間帯の西端の住民は東側の住民より朝も夜も遅く始まる。したがって，④が正解。

9.「西端の住民はより適切な医療を受ける」という内容は書かれていない。したがって，③が正解。

10. in other words「言い換えれば」を入れると，文意が通る。したがって，④が正解。otherwise「さもなければ」 in contrast「それとは違って」 nevertheless「それにもかかわらず」

11. 下線部⑪を含む第6段の第1・2文（The U.S. Congress … the early 1970s.）で，第一次・第二次世界大戦の際に求められた通年のサマータイムが1970年代のエネルギー危機においても求められたことが述べられている。よって，③が正解。

12. pro = in support of ～「～に賛成の」 したがって，②が正解。

13. 第7段第1文（After World War …）を読めば，「各州はサマータイムの開始日と終了日を決めることができるようになった」ことがわかる。したがって，④が正解。

14. 空所⑭の前後の文（Arizona and Hawaii … and "springing ahead."）を読めば，③の「実際のところ，アメリカ人の大半はこのような不便で年に2回行われる時間変更を排除したいと考えている」を入れると文意が通る。したがって，③が正解。

15. 最終段第2文（Arizona and Hawaii …）に「サマータイムを採用していない州もある」という記述がある。したがって，③「住む場所によってサマータイムによる影響が変わる」が正解。

II **解答** 16―④ 17―③ 18―① 19―④ 20―②

◆全 訳◆

≪種の喪失と気候変動に同時に取り組む対策≫

地球を救うために，世界は気候変動と種の喪失の危機に対して，どちらか一方だけではなく両方をなんとかする対策をとりながら同時に取り組む必要があると国連の科学者たちは語った。

気候変動と生物多様性の喪失を調査している国連の別々の科学部署が共同して木曜に出した報告書では，その2つの地球規模の問題を同時に攻撃する方法があるが，地球温暖化対策のいくつかは動植物の絶滅を加速させる可能性があると発表した。たとえば，とうもろこしのようなバイオエネルギーを生み出す作物をもっと多く栽培するといった対策や，大気中の二酸化炭素を抽出して埋めるような取り組みをすると，インドの大きさの2倍にもなるような広大な土地を使ってしまうことで「生物の多様性に対してかなり壊滅的な」影響を与える可能性があると，その報告書の共著者であり生物学者であるアルムート=アーネストは話している。

気候変動と生物多様性の喪失に対抗する政策は，政府の別々の担当部署によって長きにわたり別々に取り組まれてきたと，報告書の共著者であり人間生態学者であるパメラ=マケルウィーは話している。その問題はお互いを悪化させ，相互に影響を及ぼし合っており，最終的に人間に害を与えるのだと科学者たちは言う。「気候変動と生物多様性の喪失は，社会だけでなく人類の健康そのものを脅かしているのです」と報告の共同議長であるハンス・オットー=ポートナーは話している。自然に進む地球の気候変動は，人類を含む生命の発達を形成してきたが，ひとたび人類が産業化した世界で化石燃料を燃やし始めると，大気中に以前より多くの二酸化炭素が排出され，そのことが次々に発生する問題の引き金になったのだと，ポートナーは言う。「私たちの誤りをそろそろ修正しなければいけない時期が来ています」と彼は言う。「気候システムは軌道を外れており生物多様性が脅かされているのです」

一度に両方の問題に取り組める対策はたくさんあるのだと，その報告書では述べられている。たとえば熱帯雨林や泥炭地帯のような「高炭素である生態系の保護および回復」は優先すべきであると，報告書の共著者であり植物と土壌の研究者であるピート=スミスは話している。

いくつかの気候変動解決策は種の喪失を早める可能性がある一方で，絶滅を回避する取り組みは必ずしも気候を害しているわけではないと科学者たちは話している。フランス国立研究所の研究理事であるユン=シンは，生物の多様性を保護するために取られた対策のほとんどは，気候変動を妨げる助けにもなっていると話している。自然に基づいた解決策に関心が高まっていることを彼女は歓迎しているものの，自然保護の対策は「排出を明白に削減することを伴わなければいけない」と話している。

「この報告書は重要で画期的なものだ」と，その報告書には携わっていないがユニバーシティ・カレッジ・ロンドンの地球変化学の学科長であるサイモン=ルイスは話している。「21世紀で最も深刻な2つの危機に対する科学的情報を統合する世界の関連組織が遂に協働するようになってきている」と彼は言う。「生物多様性の喪失を止めることは化石燃料の使用を排除することよりずっと困難なことだ」

◀解 説▶

16. 第2段第1文（A joint report …）を読めば，「気候変動に取り組むためにとられるいくつかの対策は生物多様性を損なうことにつながる可能性がある」とわかる。したがって，④が正解。

17. 第3段において，①については第2文（The problems worsen …），②については第1文（Policy responses to …），④については第4文（Earth's naturally changing …）に記述がある。③については記述がないため，③が正解。

18. 第4段第2文（"Protecting and restoring …）を読めば，「その2つの問題に同時に取り組む1つの方法として，熱帯雨林を保護することが挙げられる」ことがわかる。したがって，①が正解。

19. 最終段第1・2文（"This report is … together," he said.）を読めば，「サイモン=ルイスは種の喪失と気候変動対策に取り組むために科学者たちが協働しようと決めたことを評価し賛成している」ことがわかる。したがって，④が正解。

20. 本文全体，特に第1段（To save the planet, …）を読めば，表題は「種の喪失と気候変動に同時に取り組む対策」が適しているとわかる。したがって，②が正解。

Ⅲ 解答

A．21―② 22―④ 23―① 24―④ 25―②

B．26―⑧ 27―③ 28―① 29―④ 30―⑤

◆全 訳◆

A．21．A：今から駅に向かうのですか？

B：いいえ。駅に向かわずに歩いて家に帰ろうかなと考えています。

A：遠くないですか？

B：気にならないです。散歩には気持ちのよい夜ですから。

22．A：君の地元のチームは試合に勝ったのですか？

B：いいえ，悪いスタートになったよ。

A：それは残念。

B：気にしないで。次の試合はきっと勝つと思うから。

23. A：この歌はどう思いますか？

B：あまり得意なジャンルじゃないんだ。

A：どうして？

B：ヘビーメタルを聴くといつも緊張するんだよ。

24. A：何か旅行の計画はありますか？

B：ないですね。お金もないし。

A：アルバイトの給料は多くないのですか？

B：先週辞めたんだよ。

25. A：勝ったよ！

B：何に勝ったのですか？

A：詩のコンテストだよ！

B：あなたは才能にあふれていますね。

B．≪授業への特別ゲスト≫

A：何か当ててみてよ！

B：何って？　どうしてそんなに興奮しているの？

A：私たちの教授のお嬢さんが私たちの授業に来てくれるのよ。

B：ええ？　どういう意味？

A：彼女は特別ゲストになるわ。

B：特別ゲスト？　どうして？

A：フロリダで勤務している体験について私たちが彼女にいろいろと質問できるからよ。

B：ええと，それなら面白くなりそうだね。

A：ただ「面白い」って？　素晴らしいことになるわよ！

B：どうしてそう思うの？

A：彼女がNASAに勤めているからよ！

◀解　説▶

A．21．Bの「駅に向かう代わりに歩いて帰宅するつもりだ」という発言を受けたAの問いかけに対して，Bは「気にしない」と答えているので，Aは「遠いのでは？」と危惧していると考えられる。したがって，②が正解。

22. Aの問いかけに対するBの返答に対して「気の毒だった」とAが返しているので，試合の結果が悪かったことが推測される。したがって，④が正解。

23. Aの問いに対してBが「自分のジャンルではない（＝得意ではない)」と返答しており，空所の次のBの返答でその理由を答えているため，「どうして得意ではないのか」をたずねる①が適切。

24. 空所の後のAの問いかけとBの返答を考えれば，Bはアルバイトを辞めてお金がないことが推測できる。したがって，④が正解。

25. Aの発言およびBの問いかけから，Aは「何かに勝った」ことがわかる。選択肢のなかでは勝った対象を答えている②が適切。

B. 26. この会話文全体を読むと，Aが興奮している理由にふさわしいのは⑧の「私たちの教授のお嬢さんが私たちの授業に来てくれる」だと推測できる。

27.「授業に教授のお嬢さんが来る」というAの発言に対し，Bは「ええ？」と状況を理解できていない反応をしている。続くAの発言で「彼女は特別ゲストになる」と詳しい状況を説明していることから，③「どういうこと？」と説明を求める表現を選ぶ。

28. Aの「彼女は特別ゲストになる」という発言に対し，Bは「特別ゲスト？」と聞き返している。空所の後でAが来訪目的の説明をしていることから，①「何のために？」が正解。

29. Bの返答に対して，Aはもっと高い評価をしていることが会話文の流れで推測できる。したがって，④が正解。

30. Aが教授の娘の来校を大いに喜んでいる理由としては，⑤が適切。

Ⅳ　**解答**　31－⑥　32－⑧　33－①　34－②　35－⑤

◀解　説▶

完成した文は以下のとおり。

31. If only there were forty-eight hours in a day(.)

If only＋仮定法過去「(実際はそうではないが) SがVだったらいいのになあ」

32. (I will) never be able to express how grateful I am to my teammates for (their cooperation.)
how＋形容詞＋S V「どんなにSが～なのか」 be grateful to *A* for *B*「*A*に対して*B*のことを感謝する」

33. It sounds as though they are having a party(.)
It sounds as though S V「まるでSがVするように聞こえる（＝SはVするようだ)」

34. (The only way to get) the best of an argument is to avoid (it.)
get the best of～「(議論・競技などに) 勝つ」

35. (How did you reach) the conclusion that (you) had paid 10 dollars more than you should have(?)
the conclusion that S V「SがVだという結論」 thatは同格を表す接続詞。more than S V「SがVする以上の～」 you should haveの後にはpaidが省略されていると考える。

日本史

I 解答

1—④　2—②　3—①　4—④　5—④　6—④
7—①　8—③　9—①　10—④　11—②　12—①

◀解　説▶

≪室町時代の社会・文化≫

2．X．正文。Y．誤文。嘉吉の変（乱）ではなく永享の乱。

3．正長の徳政一揆（土一揆）を記した有名な史料である。

4．X．誤文。足利義輝ではなく足利義政。Y．誤文。応仁の乱は1467～77年の11年間続いた。

5．④の「土佐派」が誤り。狩野正信・元信は，水墨画と伝統的な大和絵を融合させて，狩野派を起こした。

6．④が正解。①誤文。細川氏ではなく畠山氏。②誤文。1世紀が誤り。山城の国一揆は8年間の自治。③誤文。二条河原落書は1334年の建武の新政を批判するもの。

7．①が誤り。親鸞が記したのは『教行信証』。『歎異抄』を記したのは弟子の唯円。

9．①が正解。②誤文。天文法華の乱は，法華一揆と延暦寺の衝突。③誤文。「保護された」が誤り。日蓮は他宗を攻撃したり，国難を主張したりしたため，幕府に弾圧された。④誤文。吉田兼倶ではなく日親。

10．難問。X．誤文。五山派の説明。Y．誤文。南禅寺は五山の上に置かれた寺なので，林下ではない。林下の寺院は，臨済系では大徳寺や妙心寺が知られる。

11．②が誤り。地下検断（自検断）は村民たちが自ら警察権を行使すること。逃散は領主への対抗手段として，村人全員が耕作を放棄して逃げ出すこと。

12．①が誤り。桂女ではなく大原女。桂女は鵜飼集団の女性であり鮎を売った。

II 解答

13―④ 14―⑥ 15―③ 16―② 17―② 18―④
19―② 20―① 21―④ 22―⑤ 23―④ 24―②

◀解 説▶

≪織豊政権≫

15. X．誤文。南蛮貿易では，中国産の生糸を輸入した。Y．正文。

16. ②が正解。①誤文。大友義鎮・有馬晴信・大村純忠が派遣したのは天正遣欧使節。慶長遣欧使節を派遣したのは伊達政宗。③誤文。バテレン追放令で国外追放を命じられたのは宣教師。④誤文。キリシタン大名の高山右近が領地を没収されたのはバテレン追放令（1587 年）の後。サン=フェリペ号事件は 1596 年。

18. ④が正解。①誤文。武田信玄ではなく武田勝頼。②誤文。武田氏の滅亡は本能寺の変の直前 1582 年。③誤文。「天下布武」の印判の使用は，斎藤氏を滅ぼし稲葉山城を岐阜城と改めた 1567 年。

19. X．正文。Y．誤文。楽市令を発布したのは安土城下町。

21. ④が誤り。豊臣秀吉は，小牧・長久手の戦いでは織田信長の子信雄，徳川家康と和睦している。

24. X．正文。Y．誤文。360 歩から 300 歩へと改めた。

III 解答

(1) 25―③ 26―③ 27―② 28―② 29―① 30―④
31―③ 32―③

(2) 33―② 34―② 35―④ 36―① 37―④ 38―① 39―④ 40―②

◀解 説▶

≪明治維新と富国強兵，文明開化≫

(1) 25. ③が正解。①誤文。五箇条の誓文は，由利公正が原案を起草し，福岡孝弟が修正し，木戸孝允が訂正を加えた。②・④誤文。ともに五榜の掲示で示されたもの。

27. X．正文。Y．誤文。国民皆学は男女等しく学ばせる方針であった。

29. ①が誤り。1876 年の秩禄処分は，神風連の乱など士族反乱のきっかけとなった。血税一揆は徴兵令に反抗する農民一揆。

30. ④が正解。①誤文。株仲間は新政府によって廃止されている。②誤文。日本鉄道会社は 1881 年華族を主体として設立された。③誤文。佐渡金山が払い下げられたのは，三井ではなく三菱。

32. やや難。③が正解。①誤文。日露和親条約では，樺太は国境を定めず雑居地とした。②誤文。樺太・千島交換条約ではなく日露和親条約。④誤文。外務省ではなく太政官。

⑵ 34. ②が正解。①誤文。加藤弘之ではなく中江兆民。③誤文。中江兆民ではなく福沢諭吉。④誤文。西周ではなく福沢諭吉。

35. やや難。X．誤文。明六社の機関誌は『明六雑誌』。Y．誤文。明六社は，日本学士院に合流している。

37. X．誤文。『古事記』ではなく『日本書紀』。紀元節のこと。Y．誤文。紀元節ではなく天長節。

38. やや難。①が誤り。神社神道ではなく教派神道。

40. X．正文。Y．誤文。国歌斉唱ではなく教育勅語への拝礼を拒否した。内村鑑三不敬事件（1891 年）である。

世界史

I　解答

(1)1―①　2―③　3―②　4―①　5―④　6―⑤
7―③
(2)8―①　9―②　10―②　11―④　12―④　13―④

◀解　説▶

≪古代オリエント世界≫

(1)2．③誤り。クロマニョン人は旧人ではなく新人。旧人はネアンデルタール人。

3．②誤文。シュメール人は当初は太陰暦，後には太陰太陽暦を採用した。太陽暦を採用したのは，エジプト人である。

5．④誤文。ハンムラビ法典には，同害復讐の原則の他に身分による刑罰の差が存在した。

7．③誤文。アモン（アメン)=ラーの信仰が盛んになったのは，中王国時代ではなく新王国時代である。

(2)9．②誤文。「出エジプト」は，指導者モーセのもとで行われたとされる。ダヴィデはイスラエル王国の第2代国王である。

10．②誤文。ダレイオス1世が宮殿の建設を始めたのは，クテシフォンではなくペルセポリスである。

11．④B．マラトンの戦い（前490年)→A．サラミスの海戦（前480年)→C．プラタイアの戦い（前479年)

13．④誤文。ゾロアスター教は中国で祆教と呼ばれた。景教と呼ばれたのは，ネストリウス派のキリスト教である。

II　解答

(1)14―⑤　15―③　16―④　17―②
(2)18―②　19―①　20―①　21―②
(3)22―⑤　23―②　24―④　25―④　26―③

◀解　説▶

≪中世ヨーロッパ世界≫

(1)16．④正文。①誤文。アタナシウス派に改宗したのは，メロヴィング家のクローヴィス。②誤文。ラヴェンナ地方を教皇に寄進したのはピピン。③誤文。聖像禁止令を発布したのは，ビザンツ皇帝レオン3世。

⑵ 19. ①誤文。宗法は中国の周の封建制の特徴である。

20. ①正文。②誤文。農民が教会に十分の一税をおさめた。③誤文。ノートルダム大聖堂は，ゴシック様式の聖堂である。④誤文。「教皇のバビロン捕囚」（1309～77年）は教皇庁がローマからアヴィニョンに移った事件。ローマ=カトリック教会とギリシア正教会に分裂したのは11世紀半ばのことである。

⑶ 24. ④誤文。ヴォルムス協約は12世紀前半（1122年）にローマ教皇と神聖ローマ皇帝とのあいだで結ばれた協約で，このときルター派はまだ存在しない。アウクスブルクの和議（1555年）でルター派は公認された。

26. ③誤文。ジョン=ボールは，ワット=タイラーの乱を精神的に指導した。

III　解答

⑴ 27－④　28－④　29－③　30－②　31－②　32－④　33－①　34－①

⑵ 35－③　36－⑤　37－④　38－③　39－①　40－④

◀解　説▶

≪中国近現代史≫

⑴ 27. ④正文。①誤文。北京を陥落させ明を滅ぼしたのは，李自成。②誤文。三藩の乱を鎮圧したのは，康熙帝。③内モンゴルを支配下に組み込んだのは，ホンタイジ。

28. ④誤文。キリスト教の布教の自由が認められたのは，天津条約（1858年）および北京条約（1860年）である。

30. ②誤文。総理各国事務衙門が設置されたのは1861年のことであり，太平天国が滅亡した1864年よりも前のことである。

31. ②正文。①誤文。イギリスはロシアに対抗して，3次にわたるアフガン戦争（1838～42年，1878～80年，1919年）を起こした。第1次と第2次がイリ条約（1881年）以前なので誤りと判断した。③誤文。ロシアがオスマン帝国と戦い勝利したのはロシア=トルコ戦争（1877～78年）である。④ルーマニア・セルビア・モンテネグロは1878年のベルリン条約でオスマン帝国からの独立が認められた。

32. ④正文。①誤文。清仏戦争の原因は，ユエ条約でフランスがベトナムを保護国としたためである。②誤文。黒旗軍は劉永福が組織した。阮福暎は，阮朝の創始者。③誤文。天津条約で清はベトナムにおけるフランスの保護権を認めた。

34. ①正文。②誤文。「滅満興漢」を掲げたのは太平天国。義和団は「扶清滅洋」を掲げた。③誤文。ウォードやゴードンの率いる常勝軍が活躍したのは太平天国の乱。④誤文。義和団事件後，清朝は外国軍に北京における駐屯権を認めた。

(2) 35. ③誤文。「中体西用」は，洋務運動におけるスローガンである。

37. ④正文。①誤文。「独立宣言」を発表したのは朝鮮の三・一独立運動。②誤文。五・四運動の結果，親日派は排斥された。③誤文。五・四運動は，軍閥打倒が課題とされた。軍閥によって鎮圧された事実はない。

39. ①誤文。八・一宣言は中国共産党から発表された。

40. ④誤文。浙江財閥と結んだのは中国国民党である。

政治・経済

I　解答

(1)1－②　2－②　3－③　4－②　5－③　6－②　7－①
(2)8－②　9－④　10－②　11－①　12－④　13－⑥　14－②

◀解　説▶

≪自衛隊，民主政治の原則≫

(1)2．②が適当。①・②恵庭事件は，牧場経営者が自衛隊演習用通信線を数カ所切断し，防衛用器物破損として起訴され，自衛隊の違憲性を問う裁判として注目を集めた。札幌地裁の判決は被告の行為が自衛隊法違反に当たるものではないとして，憲法判断に触れず，検察側の控訴放棄で判決は確定した。③・④長沼ナイキ事件で札幌地裁は，自衛隊が第9条が保有を禁止する戦力に当たり憲法違反とした。控訴審で，高度な政治的行為に関しては司法審査の対象外とする統治行為論が採用され，憲法判断が避けられた。

3．③が適当。1976年，三木武夫内閣でGNP（国民総生産）1％の毎年の予算枠が閣議決定された。①1986年の中曽根康弘内閣は，GNP1％枠の撤廃を決め，その翌年から総額明示方式へと転換したが，実態としてはほぼ1％に留められてきた。②・④2023年現在，ロシアによるウクライナ侵攻，北朝鮮による核・ミサイル開発などの安全保障上の脅威に対応するため，防衛力強化が議論されている。GNP3％枠の検討はこの議論と関連して出ている。また，NATO（北大西洋条約機構）は加盟国に対してGDP（国内総生産）の2％以上の国防費を要求していることもあり，日本においても増額の議論は活発になっている。

4．②が適当。1992～93年の国連カンボジア暫定機構（UNTAC）への派遣が最初。①ゴラン高原（1996～2013年），④ハイチ（2010～13年）へも派遣されているが，③ベトナムへの派遣はない。

7．①が適当。ある国家が武力攻撃を受けた場合に，直接に攻撃を受けていない第三国が共同で防衛対処する国際法上の権利を集団的自衛権という。1945年の国連憲章第51条において初めて明文化された権利とされている。

⑵ 10. ②が不適当。一党独裁や民主集中制が撤廃されたのではなく，強められた。①ミャンマーのアウン=サン=スーチーによる民主化運動は成果を出したが，軍によるクーデターが再び起こり，その後も民主化への弾圧が続いている。③アラブの春は，2011年から始まった中東・北アフリカ地域各国で起こった民主化運動のこと。2010年にチュニジアで起こったジャスミン革命が発端。民衆が原動力となり，アラブ諸国の情勢を大きく変化させた。21世紀最大の人道危機と呼ばれたシリア内戦もアラブの春の影響で始まった。④開発独裁とは，経済発展を優先させるためには政治的安定が必要として，国民の政治参加を抑圧するような政治体制をいうが，韓国の朴正熙（1961年の軍事クーデターで国家再建最高会議議長に就任し，1963年から1979年まで大統領）政権もその代表例。フィリピンのフェルディナンド=マルコス，インドネシアのスハルト，シンガポールのリー=クアンユーが開発独裁の例として有名。

11. ①が適当。②アメリカ独立は1783年，フランス革命は1789～99年。③ホッブズは，王権の制限ではなく，自発的な自然権の主権者に対する譲渡を行う社会契約の考え方を示した。④ルソーが理想としたのは直接民主制。

12. ④が適当。イギリスでは，野党は政権を握った場合を想定して内閣を組織し，主務大臣がそれぞれの専管事項について政府に対する質疑や討論を担当している。これを「影の内閣」という。①イギリスには成文憲法がない。議会制定法，判例法，憲法上の行為についての非法的なルールの集合体を憲法としている。そのため，違憲審査権という考え方をとらない。②下院が優越する。③下院選挙で勝利した第一党の党首が首相になる。「国王は君臨すれども統治せず」の伝統が守られている。

Ⅱ　解答

⑴ 15―③　16―②　17―④　18―①　19―②　20―③　21―⑥

⑵ 22―②　23―①　24―③　25―④　26―③　27―②　28―④

◀解　説▶

≪経済活動の主体，労働問題≫

⑴ 17. ④が不適当。日本銀行は金融政策を行うが，国営企業ではない。日本銀行法によりあり方が定められている認可法人であり，政府機関や株

式会社でもない。②株主は有限責任。③所有と経営の分離，つまり経営の資金提供をしている株主の総会が株式会社の最高意思決定機関であるが，株主総会で選任される取締役が経営執行権をもつ。

18. ①が適当。会社企業は，株式会社と持分会社に分類される。後者はさらに，合名会社・合資会社・合同会社に分けられている。②集団で資金や人を集めて活動しているものを「法人」と呼んでいる。法人企業と個人企業が私企業を構成する。法人企業は，会社企業と組合企業に分類される。③合名会社は無限責任社員のみによって構成される。④合同会社は有限責任社員によって構成される。

19. ②が不適当。2021年改正で，障害者の法定雇用率は，民間企業で2.3%に引き上げられた。①メセナは，企業のスポーツや文化・芸術活動への支援をいう。③利益追求だけでなく，社会・市民の一員としてよりよい社会をつくる責任を果たしている企業や組織などに投資をすることがSRIである。④地域の清掃や緑化活動，福祉・慈善活動への支援などがフィランソロピーの例になる。

20. ③が不適当。国民純生産は国民総生産から固定資本減耗を差し引いたもの。

(2) 22. ②が適当。公務員の争議権は否定されている。①一般職の国家公務員の団結権は保障され，団体交渉権は一部制約があるものの認められているが，争議権は否定されている。③行政執行法人とは，国立公文書館，造幣局，印刷局，農林水産消費安全技術センターなどで，その労働者には別の法律により定めがあるが，争議権は認められていない。④警察・消防職員は三権すべてが認められていない。

23. ①が適当。労働時間については，原則として，1日に8時間，1週に40時間を超えて労働させてはならない。また，裁量労働制は認められている。

25. ④が適当。年功序列型賃金制度は定年制による終身雇用制とともに日本型労働の特徴。①終身雇用制は新卒一括採用で定年まで雇用する制度。②日本では企業別組合が多く，職業別組合や産業別組合の制度をとる欧米とは異なる。③終身雇用制は定年という一定の年齢まで勤める制度である。

26. ③が適当。2001〜03年に日本の失業率は5%を超え，2010年にも5%に達している。前者はバブル崩壊後の不良債権処理過程で金融機関の倒産を招いたこと，後者は2008年に起きたリーマンショックの影響が日本にも及んだことが原因である。①バブル崩壊直後の1992年の失業率は2.2％程度であった。②・④コロナ禍中の2021年でも失業率は2.8％程度であった。

27. ②が適当。厚生労働省によれば，2022年度の非正規雇用労働者のうちパートが49％，アルバイトが22％ほどを占めている。契約社員や派遣社員がそれに次いで多い。非正規雇用には，有期限労働，短時間労働，派遣労働などの形態があり，休業中の労働者の代替要員や季節労働，日雇い労働などさまざまな形態がある。①直接雇用・無期・フルタイムの正規雇用に対し，そのいずれかの条件を欠く雇用形態を非正規雇用という。2022年の正規雇用労働者数は3588万人と，前年に比べて1万人増加，非正規雇用労働者数は2101万人と26万人増加（3年ぶりに増加）。全雇用の36.9％という計算になる（厚生労働省「『非正規雇用』の現状と課題」より）。③労働者派遣法は2012年に法改正。この法律では日雇い派遣は原則禁止としながら，60歳以上の高齢者などは例外として30日以内の日雇い派遣を認めるものとした。④パートタイム労働法は短時間労働者の福祉の増進をはかることを目的に1993年12月に施行され，2020年4月の改正法によりパートタイム・有期雇用労働法と名称も変更。同一労働・同一賃金の原則を徹底することを目指すものとした。

Ⅲ 解答

(1) 29－②　30－⑤　31－④　32－④　33－①　34－④
(2) 35－③　36－①　37－②　38－③　39－⑥　40－①

◀解　説▶

≪農業問題，地球環境問題≫

(1) 31. ④が適当。1999年にコメの関税化は始まった。①食糧管理法は1942年制定。戦時経済下で食糧の需要安定のために制定された。②地租改正は1873年，③農地法は1952年制定。

32. ④が不適当。一村一品運動とは，各地域が主体的に特産品をつくり地域振興をはかろうとする運動。

33. ①が適当。農林水産省は，「美しい日本のむら景観百選において自然景観と調和した農村景観をアピールすることが，農村地域の活性化に資する」としている。②農業の多面的機能としては，企業の農業への参入があったとしても，自然独占とは逆に，既存の農家やその他の居住者同様自然との共存の機能を果たすことが期待される。③「国土の保全，水源の涵養，自然環境の保全，良好な景観の形成，文化の伝承」など農業副産物が生み出すはたらきを含んでいる。④農業の多面的機能に含まれるものを認定するのは農林水産省である。

34. ④が不適当。偽装表示に対しては食品表示法が2015年に施行された。また，食品安全基本法は食品の安全性の確保に関する法律で2003年に施行されている。

⑵ 36. ①が適当。砂漠化は，気候変動に加え，人間活動の影響が大きい。②遺伝子資源確保という観点から生物多様性の減少は好ましくない。③オゾン層破壊の原因物質は，フロンである。④酸性雨により，大理石でできている歴史的建造物や彫刻などへの被害が起こっている。

37. ②が適当。最大の排出量を占めているのが中国，2位がアメリカ。

38. ③が不適当。日本は，2011年の東日本大震災のため，原子力発電を停止せざるを得ず，石炭火力などに頼らざるを得なくなったという事情から第2約束期間に不参加であった。①京都議定書は1997年のCOP3で採択。②排出量取引の仕組み導入が確認された。④2001年に当時のブッシュ（子）政権で京都議定書から離脱した。

40. ①が不適当。「かけがえのない地球」は，1972年のストックホルムで開催された国連人間環境会議のスローガンである。

数学

◀数学Ⅰ・Ⅱ・A・B▶

Ⅰ **解答** (1) $\log_{10}\frac{5}{7}=\log_{10}\frac{10}{2\cdot 7}=\log_{10}10-(\log_{10}2+\log_{10}7)$

$$=1-(0.301+0.845)=-0.146 \quad \cdots\cdots(\text{答})$$

(2) $5^{n+2}<7^{n-1}$ より

$$5^3\cdot\left(\frac{5}{7}\right)^{n-1}<1$$

両辺の常用対数をとって

$$3\log_{10}5+(n-1)\log_{10}\frac{5}{7}<0$$

$$(n-1)\left(\log_{10}\frac{5}{7}\right)<-3\left(\log_{10}\frac{10}{2}\right)$$

$$(n-1)\left(\log_{10}\frac{5}{7}\right)<-3(1-\log_{10}2)$$

(1)より

$$(n-1)(-0.146)<-3(1-0.301)$$

$$n-1>\frac{3\times 0.699}{0.146} \qquad \therefore \quad n>15+\frac{53}{146}$$

よって，これを満たす最小の自然数 n は

$$n=16 \quad \cdots\cdots(\text{答})$$

◀解　説▶

≪常用対数，指数不等式≫

(1) $5=\frac{10}{2}$ と考えれば，与えられた常用対数の値のみで表すことができる。

(2) n が指数に含まれているので，対数をとって考える。このとき，与えられたものと(1)から，常用対数をとればよいことがわかる。

II **解答** (1) $\frac{1}{2}(\cos 2\theta-\cos\theta)=\frac{1}{2}(2\cos^2\theta-1-\cos\theta)$

$$=\cos^2\theta-\frac{1}{2}\cos\theta-\frac{1}{2}$$

より，与えられた方程式は

$$\cos^2\theta-\frac{1}{2}\cos\theta-\frac{1}{2}=-\frac{1}{2}$$

$$\cos\theta\left(\cos\theta-\frac{1}{2}\right)=0 \qquad \cos\theta=0,\ \frac{1}{2}$$

よって，$0\leqq\theta<\pi$ より

$$\theta=\frac{\pi}{2},\ \frac{\pi}{3} \quad \cdots\cdots(答)$$

(2) $\cos\theta=t$ とおくと，与えられた方程式は

$$t^2-\frac{1}{2}t-\frac{1}{2}=k \quad \cdots\cdots①$$

$0\leqq\theta<\pi$ より，$-1<t\leqq1$ における t の値に対応する θ は1個である。
よって，与えられた方程式が異なる2つの解をもつための条件は，t の方程式①が $-1<t\leqq1$ の範囲で異なる2つの解をもつことである。

$$t^2-\frac{1}{2}t-\frac{1}{2}=\left(t-\frac{1}{4}\right)^2-\frac{9}{16}$$

より，$y=t^2-\frac{1}{2}t-\frac{1}{2}$ $(-1<t\leqq1)$ のグラフは右のようになる。

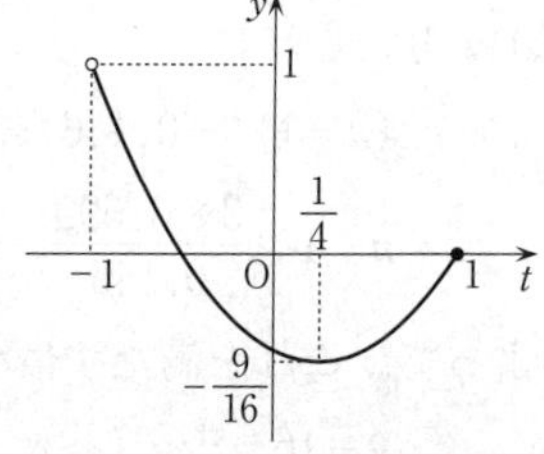

よって，直線 $y=k$ と放物線 $y=t^2-\frac{1}{2}t-\frac{1}{2}$ $(-1<t\leqq1)$ の共有点の個数を考えて，求める k の値の範囲は

$$-\frac{9}{16}<k\leqq0 \quad \cdots\cdots(答)$$

◀解　説▶

≪三角関数を含む方程式≫

(1) 2倍角の公式を用いて，$\cos\theta$ だけの式にする。

(2) (1)で行った式変形を利用する。与えられた方程式は θ についての方程

式であることに注意し，$\cos\theta$（〔解答〕では t とおいた）と θ の対応関係を考える必要がある。

Ⅲ　解答

(1)　$f(x)=x^3+ax^2+bx+c$ より

$$f'(x)=3x^2+2ax+b$$

㋑より　　$f(2)=-27$

すなわち　　$4a+2b+c=-35$　……①

㋺より　　$f(-2)=-7$

すなわち　　$4a-2b+c=1$　……②

さらに　　$f'(-2)=15$

すなわち　　$-4a+b=3$　……③

①，②，③を解いて　　$a=-3,\ b=-9,\ c=-5$　……(答)

(2)　　$f(x)=x^3-3x^2-9x-5=(x+1)^2(x-5)$

より，$f(x)=0$ の解は

$x=-1,\ 5$　……(答)

(3)　　$f'(x)=3x^2-6x-9=3(x+1)(x-3)$

より，$f(x)$ の増減は下表のようになる。

x	$\cdots$	-1	$\cdots$	3	$\cdots$
$f'(x)$	$+$	0	$-$	0	$+$
$f(x)$	↗	0	↘	-32	↗

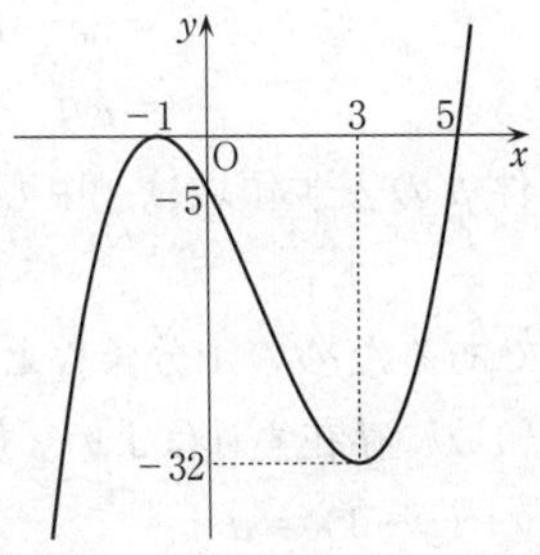

よって，$y=f(x)$ のグラフは上のようになる。

◀解　説▶

≪条件を満たす3次関数のグラフ≫

(1)　3つの定数 a，b，c の値を求めるために，条件㋑，㋺から3つの等式をつくればよい。

(2)　$f(x)$ は3次式であるから，因数分解して解く。

(3)　(2)の結果と増減表より，グラフを考えればよい。

◀数学Ⅰ・Ⅱ・Ⅲ・A・B▶

Ⅰ

解答 (1) 自然数 m, n の最大公約数が 14 より，$m=14m'$, $n=14n'$（m', n' は互いに素な自然数で，$m'<n'$）とおけて

最小公倍数が 280 より

$$14m'n'=280 \quad \text{すなわち} \quad m'n'=20$$

よって

$$(m',\ n')=(1,\ 20),\ (4,\ 5)$$

したがって

$$(m,\ n)=(14,\ 280),\ (56,\ 70) \quad \cdots\cdots(\text{答})$$

(2)

$$\begin{aligned}\int_{e-1}^{e^2-1}\log(x+1)\,dx&=\int_{e-1}^{e^2-1}(x+1)'\log(x+1)\,dx\\&=\Big[(x+1)\log(x+1)\Big]_{e-1}^{e^2-1}-\int_{e-1}^{e^2-1}(x+1)\cdot\frac{1}{x+1}dx\\&=(e^2\log e^2-e\log e)-\Big[x\Big]_{e-1}^{e^2-1}\\&=2e^2-e-\{(e^2-1)-(e-1)\}\\&=e^2 \quad \cdots\cdots(\text{答})\end{aligned}$$

(3) 条件 p の表す領域は，中心 (0, 1)，半径 $|a|$ の円の周および内部である。

p が q であるための十分条件となるには，円 $x^2+(y-1)^2=a^2$ が $y\geqq x^2$ を満たす領域に存在すればよい。放物線 $y=x^2$ に接するとき

$$y+(y-1)^2=a^2$$

すなわち

$$y^2-y-a^2+1=0$$

が重解をもつ。

このとき，(判別式)$=0$ より

$$(-1)^2-4(-a^2+1)=0$$

$$a^2=\frac{3}{4} \qquad \therefore \quad |a|=\frac{\sqrt{3}}{2}$$

よって，p が q であるための十分条件となるための条件は，円の半径 $|a|$

が $\dfrac{\sqrt{3}}{2}$ 以下となることであるから，求める a の値の範囲は

$$-\frac{\sqrt{3}}{2} \leqq a \leqq \frac{\sqrt{3}}{2} \quad \cdots\cdots(\text{答})$$

◀解　説▶

≪最大公約数と最小公倍数，対数関数の定積分，放物線と円の位置関係≫

(1)　2つの自然数 m，n の最大公約数を g，最小公倍数を l とおくと

$$m=m'g,\ n=n'g \quad (m',\ n' \text{は互いに素な自然数}),\ l=m'n'g$$

である。

(2)　$1=(x+1)'$ として，部分積分を用いる。

(3)　放物線 $y=x^2$ と円が接するのは，円が放物線の下側にあるときと上側にあるときがあるが，連立方程式が重解をもつのは，上側にあるときであることに注意したい。

II

解答　(1)　$z=\dfrac{\sqrt{3}-i}{1-\sqrt{3}i}a=\dfrac{(\sqrt{3}-i)(1+\sqrt{3}i)}{(1-\sqrt{3}i)(1+\sqrt{3}i)}a$

$$=\left(\frac{\sqrt{3}}{2}+\frac{1}{2}i\right)a=a\left(\cos\frac{\pi}{6}+i\sin\frac{\pi}{6}\right) \quad \cdots\cdots(\text{答})$$

$$\bar{z}=a\left(\cos\frac{\pi}{6}-i\sin\frac{\pi}{6}\right)=a\left\{\cos\left(-\frac{\pi}{6}\right)+i\sin\left(-\frac{\pi}{6}\right)\right\} \quad \cdots\cdots(\text{答})$$

$$\frac{1}{z}=z^{-1}=\left\{a\left(\cos\frac{\pi}{6}+i\sin\frac{\pi}{6}\right)\right\}^{-1}$$

$$=\frac{1}{a}\left\{\cos\left(-\frac{\pi}{6}\right)+i\sin\left(-\frac{\pi}{6}\right)\right\} \quad \cdots\cdots(\text{答})$$

(2)　$a=1$ のとき，点Bと点Cが一致して，3点A，B，Cが三角形を成さないので不適。

$a<1$ のとき，$\angle\text{ABC}=\dfrac{2}{3}\pi$ より，三角形 ABC は鈍角三角形となるので不適。

$a>1$ のとき，$\angle\text{ABC}=\dfrac{\pi}{3}$，$\angle\text{CAB}<\dfrac{\pi}{3}$ より，

$\angle\text{ACB}=\dfrac{\pi}{2}$ となることを考える。

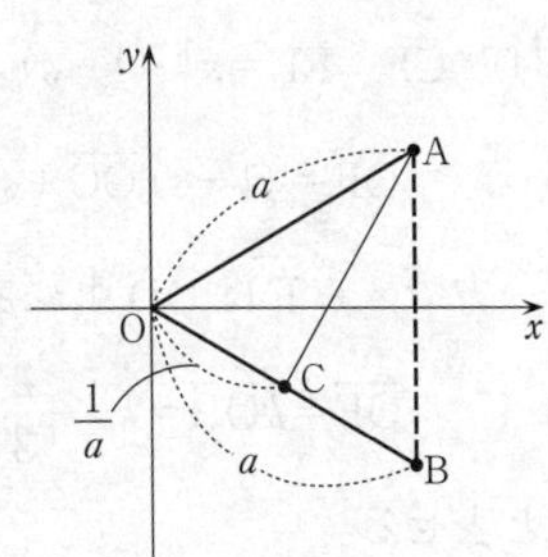

このとき，前図より

$$\frac{1}{a}\times 2=a \quad \text{すなわち} \quad a^2=2$$

$a>0$ より　$a=\sqrt{2}$　……(答)

◀解　説▶

≪複素数の表す3点が直角三角形となるための条件≫

(1)　z を極形式で表したあと，その形を用いて $\bar{z}$，$\dfrac{1}{z}$ を求めればよい。

(2)　a の値に注意しながら，(1)で求めた形をもとに図形を考える。

III 解答

(1)　$\vec{a}\cdot\vec{c}=|\vec{a}||\vec{c}|\cos\dfrac{\pi}{3}=4\cdot 3\cdot\dfrac{1}{2}=6$　……(答)

(2)　$\overrightarrow{\mathrm{OD}}=\overrightarrow{\mathrm{OA}}+\overrightarrow{\mathrm{AD}}=\overrightarrow{\mathrm{OA}}+\dfrac{2}{3}\overrightarrow{\mathrm{AB}}$

$=\vec{a}+\dfrac{2}{3}\vec{c}$　……(答)

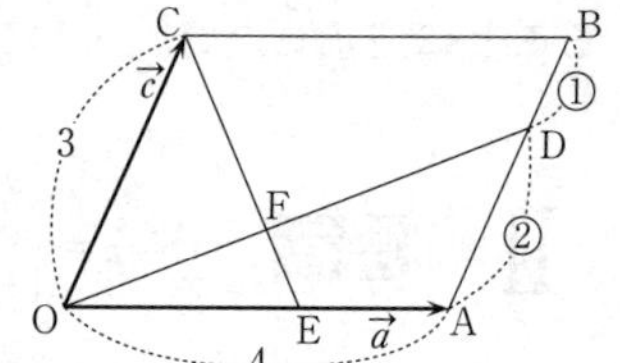

(3)　CE⊥OD より

$$\overrightarrow{\mathrm{CE}}\cdot\overrightarrow{\mathrm{OD}}=0$$

$$(\overrightarrow{\mathrm{OE}}-\overrightarrow{\mathrm{OC}})\cdot\left(\vec{a}+\frac{2}{3}\vec{c}\right)=0$$

$\overrightarrow{\mathrm{OE}}=r\vec{a}$ より

$$(r\vec{a}-\vec{c})\cdot\left(\vec{a}+\frac{2}{3}\vec{c}\right)=0$$

$$r|\vec{a}|^2-\frac{2}{3}|\vec{c}|^2+\left(\frac{2}{3}r-1\right)\vec{a}\cdot\vec{c}=0$$

$$16r-6+4r-6=0 \qquad \therefore \quad r=\frac{3}{5} \quad \text{……(答)}$$

(4)　CF：FE $=s:(1-s)$ とすると

$$\overrightarrow{\mathrm{OF}}=(1-s)\overrightarrow{\mathrm{OC}}+s\overrightarrow{\mathrm{OE}}=\frac{3}{5}s\vec{a}+(1-s)\vec{c} \quad \text{……①}$$

一方で，点Fは OD 上にあるから，実数 k を用いて

$$\overrightarrow{\mathrm{OF}}=k\overrightarrow{\mathrm{OD}}=k\vec{a}+\frac{2}{3}k\vec{c} \quad \text{……②}$$

と表せる。

$\vec{a}$, $\vec{c}$ は1次独立であるから，①，②より

$$\begin{cases} \dfrac{3}{5}s=k \\ 1-s=\dfrac{2}{3}k \end{cases}$$

これを解いて　　$s=\dfrac{5}{7}$, $k=\dfrac{3}{7}$

よって，$\mathrm{CF}:\mathrm{FE}=\dfrac{5}{7}:\dfrac{2}{7}=5:2$ より

$$\frac{\mathrm{CF}}{\mathrm{CE}}=\frac{5}{7} \quad \cdots\cdots(\text{答})$$

◀解　説▶

≪平行四辺形と平面ベクトル≫

(1)　内積の定義を用いて求める。

(2)　$\overrightarrow{\mathrm{OC}}=\overrightarrow{\mathrm{AB}}$ を用いて，図形的に考えればよい。

(3)　点Eに関して成り立つ条件，つまり $\mathrm{CE}\perp\mathrm{OD}$ より等式 $\overrightarrow{\mathrm{CE}}\cdot\overrightarrow{\mathrm{OD}}=0$ が成り立つので，これを用いて r の値を求める。

(4)　点Fの位置をベクトルを用いて2通りに表せばよい。

Ⅳ　解答

(1)　$g(x)=-x^2+2x+2$ より

$$g'(x)=-2x+2$$

したがって，$g'(x)>0$ より

$$-2x+2>0 \qquad \therefore \quad x<1 \quad \cdots\cdots(\text{答})$$

(2)　$f'(g(x))>0$ のとき，与えられた増減表より

$$2<g(x)<5$$

$$\iff 2<-x^2+2x+2<5$$

$$\iff \begin{cases} -x^2+2x>0 \\ -x^2+2x-3<0 \end{cases}$$

$$\iff \begin{cases} x(x-2)<0 \\ (x-1)^2+2>0 \end{cases}$$

これを解いて　　$0<x<2$　……(答)

(3)　$h'(x)=f'(g(x))\cdot g'(x)$ より，$h'(x)=0$ のとき

$$f'(g(x))=0 \quad \text{または} \quad g'(x)=0$$

$\Longleftrightarrow g(x)=2$　または　$g(x)=5$　または　$g'(x)=0$

よって，(1)，(2)より　　$x=0,\ 1,\ 2$　……(答)

(4)　　$h(0)=f(g(0))=f(2)=-1$

　　　$h(2)=f(g(2))=f(2)=-1$

と，$h(x)$ の極大値が2であることから，$h(x)$ の増減は次のようになる。

x	…	0	…	1	…	2	…
$h'(x)$	－	0	＋	0	－	0	＋
$h(x)$	↘	-1	↗	2	↘	-1	↗

◀解　説▶

≪合成関数の増減≫

(1)　$g(x)$ の導関数を求め，不等式を解けばよい。

(2)　増減表から，$f'(x)>0$ となる x の値の範囲が $2<x<5$ であることがわかるので，このことを用いて $f'(g(x))>0$ が成り立つときの $g(x)$ に関する不等式をつくり，解く。

(3)　合成関数の微分法を用いて $h(x)$ を微分し，$h'(x)=0$ となるための条件を求める。$f'(g(x))=0$ となるための x の条件は，(2)と同様に考えればよい。

(4)　(3)の結果を利用して，増減表を書く。

物理

I　解答

(1) 1―③　2―⑤

(2) 3―②　4―⑧　5―④　6―①　7―⑧　8―⑤　9―①　10―②

◀解　説▶

≪力学的エネルギー保存，運動量保存≫

(1) 1．点Pと点Aにおける小物体の力学的エネルギー保存則より

$$\frac{1}{2}mv_1{}^2 = mgh_1 \qquad \therefore \quad h_1 = \frac{v_1{}^2}{2g}\,[\mathrm{m}]$$

2．点Pと点Fにおける小物体の力学的エネルギー保存則より

$$\frac{1}{2}mv_0{}^2 = mg(R+h_1) \qquad \therefore \quad h_1 = \frac{v_0{}^2}{2g} - R\,[\mathrm{m}]$$

(2) 3．外力とは小物体と台が，小物体と台以外から受ける力である。重力は，地球から受ける力なので外力である。また，台が床から受ける垂直抗力も外力である。ただし，床に働く力はこの物体系に働く力ではないので不適。

4．水平方向の運動量保存則を考えると

$$mv_0 = mV_2 + MV_2 \quad \cdots\cdots ①$$

また，力学的エネルギー保存則より

$$\frac{1}{2}mv_0{}^2 = \frac{1}{2}(m+M)V_2{}^2 + \frac{1}{2}mv_2{}^2 + mgR$$

5．点Qにおいて小物体の速度の鉛直成分は0なので，力学的エネルギー保存則より

$$\frac{1}{2}mv_0{}^2 = \frac{1}{2}mV_2{}^2 + \frac{1}{2}MV_2{}^2 + mg(R+h_2) \quad \cdots\cdots ②$$

①，②より V_2 を消去すると

$$h_2 = \frac{Mv_0{}^2}{2g(m+M)} - R\,[\mathrm{m}]$$

6．5の結果より

$$h_2=\frac{1}{1+\frac{m}{M}}\times\frac{{v_0}^2}{2g}-R\,〔\mathrm{m}〕$$

よって，h_2 は M の増加に対して単調増加である。また M が十分大きいとき $\frac{m}{M}\fallingdotseq 0$ とみなせるので，このとき

$$h_2\fallingdotseq\frac{{v_0}^2}{2g}-R\,〔\mathrm{m}〕$$

となり，これは h_1 に等しい。

7．水平右向きを正とした運動量保存則より

$$mv_0=MV_3-mv_3 \quad \cdots\cdots③$$

また，力学的エネルギー保存則より

$$\frac{1}{2}m{v_0}^2=\frac{1}{2}m{v_3}^2+\frac{1}{2}M{V_3}^2 \quad \cdots\cdots④$$

8・9．③，④より

$$v_3=\frac{M-m}{M+m}v_0\,〔\mathrm{m/s}〕,\quad V_3=\frac{2m}{M+m}v_0\,〔\mathrm{m/s}〕$$

10.　8，9の結果より

$$v_3+V_3=v_0\,〔\mathrm{m/s}〕$$

Ⅱ　解答

11―⑤　12―⑤　13―⑦　14―①　15―④　16―②
17―⑥　18―④　19―⑥　20―④

◀解　説▶

≪磁場中を回転するコイルの電磁誘導≫

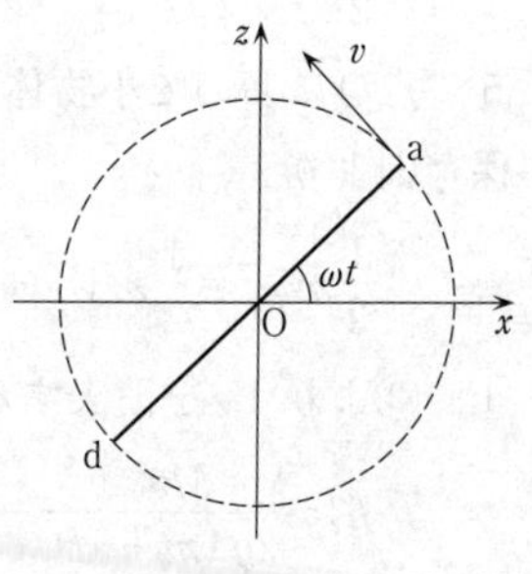

11.　辺 ab は y 軸を中心に，半径 $\frac{L}{2}$〔m〕，角速度 ω〔rad/s〕の等速円運動をしている。その速さを v〔m/s〕とすると

$$v=\frac{L}{2}\omega\,〔\mathrm{m/s}〕$$

12.　辺 ab の速度の z 成分を v_z〔m/s〕とすると

$$v_z=v\cos\omega t=\frac{L}{2}\omega\cos\omega t\,〔\mathrm{m/s}〕$$

13. 辺 ab の速度のうち，磁束密度に垂直な成分は v_z〔m/s〕であるから，辺 ab に生じる誘導起電力を V_{ab}〔V〕とすると

$$V_{ab}=v_zBL=\frac{BL^2}{2}\omega\cos\omega t\ \text{〔V〕}$$

14. 辺 bc の運動は，y 軸に対して対称であるから，辺 bc の中点を点 e としたとき，辺 be に生じる誘導起電力と辺 ec に生じる誘導起電力は常に逆向きで同じ大きさである。よって，辺 bc に生じる誘導起電力は 0V である。

15. 13，14 と同様に辺 cd，辺 da に生じる誘導起電力も計算し合計する。コイル全体に生じる誘導起電力を $V_{(t)}$〔V〕とすると

$$V_{(t)}=2V_{ab}=BL^2\omega\cos\omega t\ \text{〔V〕}$$

16. コイルに流れる電流を $I_{(t)}$〔A〕とすると，キルヒホッフの法則より

$$V_{(t)}-I_{(t)}R=0\qquad\therefore\quad I_{(t)}=\frac{BL^2\omega}{R}\cos\omega t\ \text{〔A〕}$$

17. 抵抗で消費される電力を $P_{(t)}$〔W〕とすると

$$P_{(t)}=\frac{{V_{(t)}}^2}{R}=\frac{(BL^2\omega)^2}{R}(\cos\omega t)^2\ \text{〔W〕}$$

18. コイルに生じる誘導起電力は a → b → c → d の向きが正であるので，時刻 $t=0$ s で z 軸の正の向きがコイルを貫く磁束の正の向きである。よって，時刻 t〔s〕において，コイルに垂直な磁束密度の成分は $-B\sin\omega t$〔T〕であり，コイルを貫く磁束を $\Phi_{(t)}$〔Wb〕とすると

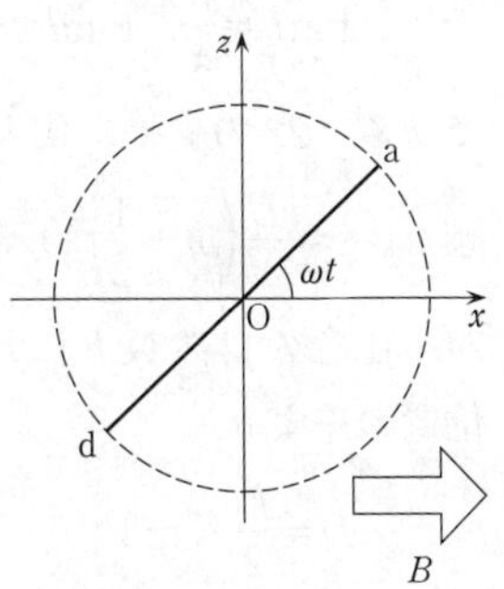

$$\Phi_{(t)}=-BL^2\sin\omega t\ \text{〔Wb〕}$$

19. 最初に $\Phi_{(t)}$〔Wb〕が最大となるとき

$$\sin\omega t=-1$$

となるので

$$\omega t=\frac{3}{2}\pi\qquad\therefore\quad t=\frac{3\pi}{2\omega}\ \text{〔s〕}$$

20. 15 の結果より，$V_{(t)}$〔V〕が変化する周期を T〔s〕とすると

$$T=\frac{2\pi}{\omega}\ \text{〔s〕}$$

Ⅲ 解答

(1) 21—⑥　22—⑥　23—⑤　24—②　25—③　26—⑥
27—③

(2) 28—④　29—②　30—②

◀解　説▶

≪光波の干渉（くさび型干渉）≫

(1) 21. 反射光は鉛直方向のみとみなせるので，光路差は $2d$〔m〕である。光波の反射において，屈折率の大きな媒質中を進む光が，屈折率の小さな媒質との境界で反射する場合，反射において位相のずれはなく逆の場合は位相が π〔rad〕だけずれる。空気の屈折率はガラスより小さいため，上のガラス板の下面での反射では位相がずれず，自由端型の反射となり，下のガラス板の上面での反射では位相が π〔rad〕ずれ，固定端型の反射となる。

22. 光路に固定端型の反射を1回だけ含むので，明線ができる条件は

$$2d=\left(m+\frac{1}{2}\right)\lambda$$

である。

23. 図Ⅲ−1より

$$\tan\theta=\frac{d}{x},\quad \tan\theta=\frac{t}{L}$$

である。22の結果に代入して整理すると

$$x=\frac{L}{2t}\left(m+\frac{1}{2}\right)\lambda\,〔\mathrm{m}〕$$

24. 任意の自然数 k に対して，$m=k$ の場合と $m=k+1$ の場合の明線の位置の差より

$$D=\frac{L\lambda}{2t}\,〔\mathrm{m}〕$$

25. 24の結果に与えられた λ〔m〕，L〔m〕，t〔m〕の値を代入すると

$$D=\frac{1.0\times10^{-1}\times6.0\times10^{-7}}{2\times2.0\times10^{-5}}=1.50\times10^{-3}\fallingdotseq1.5\times10^{-3}\,〔\mathrm{m}〕$$

26. 液体で満たすと光路差は n 倍になる。液体の屈折率はガラスより小さいので，反射における位相の変化は空気の場合と変わらない。
明線ができる条件は

$$2nd=\left(m+\frac{1}{2}\right)\lambda$$

27. 23, 26 の結果より $D'=\dfrac{L\lambda}{2nt}$〔m〕と求まる。

$$D'=\frac{1.0\times10^{-1}\times6.0\times10^{-7}}{2\times1.2\times2.0\times10^{-5}}=1.25\times10^{-3}\fallingdotseq1.3\times10^{-3}\text{〔m〕}$$

(2) 28. 21 と同様に考えると，下のガラス板の上面における反射も，上のガラス板の下面における反射も位相が π ずれる固定端型の反射である。

29. 固定端型の反射を 2 回含むので，明線ができる条件は

$$2\times1.2\times d'=m\lambda$$

30. 29 の結果と $\tan\theta=\dfrac{d'}{x'}$ より，23 と同様に考えると

$$x'=\frac{Lm\lambda}{2.4t}\text{〔m〕}$$

化学

◀先端理工学部▶

I **解答** 問1．① 問2． 2－④ 3－⑤
問3． 4－⑤ 5－④ 問4．④
問5． 7－④ 13－⑦ 問6．⑥ 問7．⑦ 問8．10－② 11－⑥
問9．① 問10．④

◀解 説▶

≪分子の構造≫

問2．それぞれの電子式における共有電子対は，以下の図の□で囲んだものである。

メタン H:C:H（上下にH）　アセチレン H:C⋮C:H

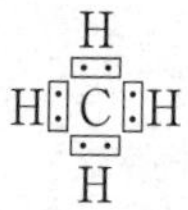

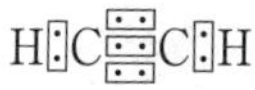

問4．分子として存在する間は，共有電子対は電気陰性度の大きな原子のほうにかたよって存在するが，完全に移行する，すなわちイオンになることはない。

問6．同じ周期の典型元素であれば，貴ガスを除いて周期表の右側にあるものほど電気陰性度が大きい。また，水素は非金属元素の中で電気陰性度が最小である。

問7．問6でみた電気陰性度の差について，9－Aのほうが9－Bよりも大きくなっている組合せを選べばよい。

問9．①が正四面体型，②が直線型，③と⑤が折れ線型の分子構造である。また④もヒドロキシ基における極性が打ち消されない。

II **解答** (1)問1．② 問2．① 問3．③ 問4．① 問5．⑤
(2)問6．② 問7．③ 問8．③ 問9．① 問10．⑥
問11．③ 問12．②

◀解　説▶

≪酸素・ケイ素の性質≫

(1)問 1．$2H_2O_2 \longrightarrow O_2+2H_2O$ の反応による。

問 2．塩基と反応するので酸性酸化物，酸と反応するので塩基性酸化物と呼ばれる。

問 3．CO_2，SiO_2，SO_3 が酸性酸化物，Na_2O，MgO が塩基性酸化物，Al_2O_3，ZnO が両性酸化物である。

問 4．水素イオンが 1 つ電離したあとの構造がより対称的で安定である順番を考えるとよい。

問 5．オゾンは強い酸化剤，すなわち相手を酸化しやすい物質である。

(2)問 6．質量で考えると，ケイ素が約 28％であり，これを上回るのは酸素の 47％のみである。

問 7．ケイ素・ダイヤモンドともに正四面体状の結晶構造をもつ。

問 9．ケイ素原子の酸化数が二酸化ケイ素中では＋4，単体では 0 なので二酸化ケイ素が還元されている。

問 10．$SiO_2+6HF \longrightarrow H_2SiF_6+2H_2O$ の反応による。

問 11．まず，水酸化ナトリウムの融解液に二酸化ケイ素を加えると $SiO_2+2NaOH \longrightarrow Na_2SiO_3+H_2O$ によりケイ酸ナトリウムが得られる。これに水を加えると水ガラスが生成する。

Ⅲ　解答

(1)問 1．①　問 2．④　問 3．⑥　問 4．②
問 5．5－②　6－①

(2)問 6．⑨　問 7．⑥　問 8．⑥　問 9．⓪

◀解　説▶

≪メタンハイドレートの結晶格子，状態変化，熱化学≫

(1)問 2．単位格子中に 46 個の水分子（分子量 18）と 8 個のメタン分子（分子量 16）を含むので

$$18\times46+16\times8=956$$

問 3．一辺が 1.2 nm，すなわち 1.2×10^{-7} cm の立方体なので

$$(1.2\times10^{-7})^3=1.72\times10^{-21}\fallingdotseq1.7\times10^{-21}\,[\mathrm{cm^3}]$$

問 4．問 2 より，結晶格子 1 mol の質量が 956 g であるとわかる。すなわち，結晶格子 1 個の質量は

$$956 \div (6.0\times10^{23}) = 1.59\times10^{-21} \fallingdotseq 1.6\times10^{-21}\,[\mathrm{g}]$$

である。よって，メタンハイドレートの密度は

$$1.6\times10^{-21} \div (1.7\times10^{-21}) = 0.941 \fallingdotseq 0.94\,[\mathrm{g/cm^3}]$$

問５．Ａの位置から状態図の右上にある「メタン（気）＋水」の領域へと状態変化させればメタンを取り出せる。そのためには，温度一定で圧力を下げる（図の上の方向への移動）か，圧力一定で温度を上げる（図の右の方向への移動）とよい。

⑵問６．式①に式②・③を代入する（状態は省略する）と

$$CO_2 - O_2 + 394\,\mathrm{kJ} + 2H_2O - O_2 + 572\,\mathrm{kJ} = CH_4 + 75\,\mathrm{kJ}$$

であり，これを整理すると

$$CH_4 + 2O_2 = CO_2 + 2H_2O + 891\,\mathrm{kJ}$$

であるので，メタンの燃焼熱は 891 kJ/mol である。

問７．メタンの分子量が 16 なので，1.0 g 燃焼させると

$$891 \div 16 = 55.6 \fallingdotseq 56$$

より，56 kJ の熱を生じる。

問８．メタン 1.0 g の燃焼により，メタンハイドレートを

$$55.6\times10^3 \div 420 = 132.3 \fallingdotseq 132\,[\mathrm{g}]$$

分解することができる。メタンハイドレートにおけるメタンの占める質量の割合が $\frac{128}{956}$ であることに注意すると，得られるメタンは

$$132\times\frac{128}{956} = 17.6 \fallingdotseq 18\,[\mathrm{g}]$$

問９．メタンハイドレート 1.0 g に含まれるメタンは $\frac{128}{956}$ g である。メタンの分子量が 16 であることを踏まえ圧力を P〔Pa〕とすると，状態方程式より

$$P\times0.10 = \left(\frac{128}{956}\div16\right)\times8.3\times10^3\times300$$

$$\therefore\ P = 2.08\times10^5 \fallingdotseq 2.1\times10^5\,[\mathrm{Pa}]$$

Ⅳ 解答

(1)問１．⑧　問２．③　問３．⑤　問４．⑧　問５．⑤　問６．⑧

(2)問７．⑦　問８．⑧　問９．②　問10．⑦　問11．⑥　問12．⑨

◀解　説▶

≪炭化水素の分子式の推定，芳香族化合物≫

(1)問１．二酸化炭素は分子量が 44 なので，$25.1 \div 44 = 0.57$〔mol〕発生した。また，水は分子量が 18 なので $11.9 \div 18 = 0.66$〔mol〕発生した。

問２．反応した水素の体積が 0.75L なので，反応した水素の物質量を n〔mol〕とすると，気体の状態方程式より

$$1.00 \times 10^5 \times 0.75 = n \times 8.3 \times 10^3 \times 300$$

$$\therefore \quad n = 0.0301 \fallingdotseq 3.0 \times 10^{-2} \text{〔mol〕}$$

問３．C_nH_{2n} １分子に水素１分子が付加すると C_nH_{2n+2} となる。

問４．問２・問３よりアルケンＢも付加した水素と同じ 3.0×10^{-2}mol 存在する。よって，アルケンＢの燃焼により二酸化炭素と水はともに $n \times 3.0 \times 10^{-2}$〔mol〕生じる。これを問１で求めた二酸化炭素と水の生成量からそれぞれ引けばよい。

問５．アルカンＡの燃焼により，二酸化炭素と水は物質量で考えると $m:(m+1)$ の比で生成する。これと問４より

$$(0.57 - n \times 3.0 \times 10^{-2}) : (0.66 - n \times 3.0 \times 10^{-2}) = m : m+1$$

である。さらに，$m = 9 - n$ を代入して整理すると $n = 4$，$m = 5$ が得られる。

問６．C_5H_{12} であるアルカンは枝分かれをもつものを含めると３種類考えられるが，選択肢の中ではペンタンのみが該当する。

(2)問７．ベンゼンの分子量は $12 \times 6 + 1 \times 6 = 78$ である。

問８．以下のような反応が起こる。

$$C_6H_6 + CH_2{=}CH{-}CH_3 \longrightarrow C_6H_5{-}CH(CH_3){-}CH_3$$

$$C_6H_5{-}CH(CH_3){-}CH_3 \xrightarrow{\text{酸化}} C_6H_5{-}C(CH_3)_2{-}O{-}O{-}H$$

$$\xrightarrow{\text{分解}} C_6H_5{-}OH,\quad CH_3{-}C({=}O){-}CH_3$$

$$CH_3-\underset{\substack{|\\OH}}{CH}-CH_3 \xrightarrow{\text{酸化}} CH_3-\underset{\substack{\|\\O}}{C}-CH_3$$

問9．以下のような反応が起こる。

$$C_6H_5-Cl + 2NaOH \longrightarrow C_6H_5-ONa + NaCl + H_2O$$

$$C_6H_5-ONa + HCl \longrightarrow C_6H_5-OH + NaCl$$

問10．以下のような反応が起こる。

$$C_6H_6 + HNO_3 \longrightarrow C_6H_5-NO_2 + H_2O$$

$$C_6H_5-NO_2 \xrightarrow{Sn,\ HCl} C_6H_5-NH_3Cl \xrightarrow{NaOH} C_6H_5-NH_2$$

問11．以下のような反応が起こる。

$$C_6H_6 + 3H_2 \longrightarrow C_6H_{12}\ (\text{環状 }(CH_2)_6)$$

$$C_6H_6 + 3Cl_2 \longrightarrow C_6H_6Cl_6\ (\text{各Cに H と Cl が1個ずつ結合した六員環})$$

問12．無水マレイン酸は以下の物質である。

$$C_4H_2O_3$$

O
O=C　　C=O
C=C
H　　H

◀農学部〈農学型〉▶

I　解答

(1)問1．⑧　問2．⑤　問3．③　問4．⑧　問5．⓪
(2)問6．③　問7．p―③　q―③　r―④　s―②
問8．④

◀解　説▶

≪物質量，濃度，化学反応の量的関係≫

(1)問1・問2．一粒ずつでは数えられない小さな粒子なので，6.02×10^{23} 個をまとめて1mol と扱う。

問3．①メタン（CH_4）の物質量は　$0.800\div4=0.200$〔mol〕

②水（H_2O）の物質量は　$0.400\div2=0.200$〔mol〕

③アンモニア（NH_3）3.60×10^{23} 個は 0.600mol に相当するので，水素原子の物質量は　$0.600\times3=1.80$〔mol〕

④二酸化炭素（CO_2）の物質量は　$0.400\div2=0.200$〔mol〕

⑤与えられた密度よりこのアルミニウムは 5.40g なので，物質量は

$$5.40\div27=0.200\text{〔mol〕}$$

⑥一酸化炭素（CO）の物質量は　$4.48\div22.4=0.200$〔mol〕

問4．$25.0\times0.3+35.0\times0.7=32.0$ である。

問5．「1L の濃硝酸に含まれる硝酸が何 mol であるか」がモル濃度にほかならない。1.00L の濃硝酸は密度より 1.50×10^3 g。質量パーセント濃度から硝酸（分子量 63）は $0.63\times1.50\times10^3$ g であるから

$$0.63\times1.50\times10^3\div63=15.0\text{〔mol〕}$$

(2)問6．銅や銀は希硝酸と反応すると無色の一酸化窒素を，濃硝酸と反応すると赤褐色の二酸化窒素を生じる。

問7．各原子に注目すると，以下の関係式が得られる。

$$\text{Cu}:p=q,\ \text{H}:8=2r,\ \text{N}:8=2q+s,\ \text{O}:3\times8=6q+r+s$$

これを解くと $r=4$，$q=p=3$，$s=2$ である。

問8．係数比より，物質量の比で考えると Cu：NO＝3：2 である。銅の原子量が 64 なので，銅 192g に対して一酸化窒素が 2mol 生じることがわかるので，銅が約 20g のとき一酸化窒素が約 0.2mol 生じる④のグラフが適当である。

Ⅱ **解答** ⑴問１．⑤　問２．③　問３．②　問４．③　問５．③
⑵問６．④　問７．①　問８．C―③　E―⑥
問９．③

◀解　説▶

≪電池と電気分解≫

⑴問１・問２・問４．それぞれの用語の定義に基づく。

問３．ダニエル型の電池では，一般に水溶液に含まれる陽イオンと同じ金属を極板に用いる。

問５．電極Bでは$Cu^{2+}+2e^{-} \longrightarrow Cu$の反応が生じる。よって，電子1 molが流れたとき銅（式量63.5）が0.5mol，すなわち31.8g析出する。

⑵問６．極板Dでは$Ag^{+}+e^{-} \longrightarrow Ag$の反応が生じる。銀の原子量が108なので析出した銀は0.100molであり，流れた電子も0.100molである。よって，流れた電気量は

$$9.65\times10^{4}\times0.100=9.65\times10^{3}\,[\mathrm{C}]$$

問７．この電気分解は60分，すなわち3.60×10^{3}秒かけて行われたので

$$9.65\times10^{3}\div(3.60\times10^{3})=2.680\fallingdotseq2.68\,[\mathrm{A}]$$

問８．極板C・Eはともに陽極なので電子を放出する酸化反応が生じる。極板はともに電子を放出しないので，水溶液中の物質が電子を放出する。

問９．極板Fでは$Cu^{2+}+2e^{-} \longrightarrow Cu$の反応が起こる。直列つなぎの電気分解なので，極板E・FでもDと同じ0.100molの電子が流れる。これより，Eでは塩化物イオンが0.100mol，Fでは銅イオンが0.0500mol消費されるので，塩化銅（Ⅱ）としては0.0500mol消費される。もともと0.100molの塩化銅（Ⅱ）が存在するので反応後は0.0500mol残っており濃度は0.500mol/Lである。

Ⅲ **解答** ⑴問１．③　問２．２―④　３―⑥　４―③　問３．②
⑵問４．④　問５．④　問６．⑧　問７．④
⑶問８．④　問９．９・10―③・④（順不同）　問10．④

◀解　説▶

≪炭素・ケイ素の性質≫

⑴問２．⑦は生石灰（CaO）・消石灰〔$Ca(OH)_2$〕の総称であるが，いずれも炭素の同素体ではない。

問 3．黒鉛の燃焼は $C+O_2 \longrightarrow CO_2$ だが，発生した CO_2 は $112 \div 22.4 = 5.00$〔mol〕であるので，燃焼させた黒鉛（式量 12.0）も 5.00 mol，すなわち 60.0 g である。

(2)問 4．$HCOOH \longrightarrow CO + H_2O$ による。

問 6．$CaCO_3 + 2HCl \longrightarrow CO_2 + H_2O + CaCl_2$ による。生成した二酸化炭素は水に溶けやすく空気より重いので下方置換で捕集する。

問 7．$Fe_2O_3 + 3CO \longrightarrow 2Fe + 3CO_2$ による。鉄（式量 56.0）は 0.200 mol 存在するので，二酸化炭素は 0.300 mol，すなわち 6.72 L 発生した。

(3)問 8．質量で考えても物質量で考えても酸素が最大である。

問 10．$SiO_2 + 2C \longrightarrow Si + 2CO$ によるので，一酸化炭素が 2.0 mol 生じる。気体の状態方程式より，発生する気体を V〔L〕とおくと

$$1.0 \times 10^5 \times V = 2.0 \times 8.31 \times 10^3 \times 2.2 \times 10^3$$

$$\therefore\ V = 3.656 \times 10^2 \fallingdotseq 3.66 \times 10^2\ \text{〔L〕}$$

Ⅳ　解答

(1)問 1．⑦　問 2．⑥　問 3．⑨　問 4．③

(2)問 5．5－⑦　6－④　7－①　問 6．⑧　問 7．②

◀解　説▶

≪アルコールの性質，$C_4H_{10}O$ の異性体≫

(1)問 1．以下の反応による。

$$C_6H_{12}O_6 \longrightarrow 2C_2H_5OH + 2CO_2$$

$$C_2H_4 + H_2O \longrightarrow C_2H_5OH$$

問 2．以下の反応による。

$$C_2H_5OH + CH_3COOH \longrightarrow CH_3-CH_2-O-\underset{\underset{O}{\|}}{C}-CH_3 + H_2O$$

問 3．ポリエチレンテレフタラートは以下の反応により生成する。

$$n\,HO-\underset{\underset{O}{\|}}{C}-C_6H_4-\underset{\underset{O}{\|}}{C}-OH + n\,HO-CH_2-CH_2-OH$$

$$\longrightarrow \left[\underset{\underset{O}{\|}}{C}-C_6H_4-\underset{\underset{O}{\|}}{C}-O-CH_2-CH_2-O\right]_n + 2n\,H_2O$$

問 4．油脂の加水分解は以下の反応による。

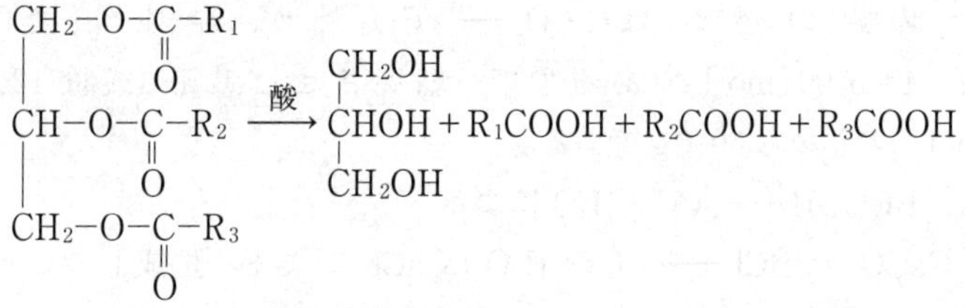

$$\begin{array}{l} CH_2-O-\underset{\|}{\overset{}{C}}-R_1 \\ \quad\quad\quad\ O \\ CH-O-\underset{\|}{C}-R_2 \xrightarrow{酸} \begin{array}{l}CH_2OH\\ CHOH\\ CH_2OH\end{array} + R_1COOH + R_2COOH + R_3COOH \\ \quad\quad\quad\ O \\ CH_2-O-\underset{\|}{C}-R_3 \\ \quad\quad\quad\ O \end{array}$$

（R_1，R_2，R_3 はアルキル基）

(2)問５．$C_4H_{10}O$ の異性体は以下の７種類である。うち，ナトリウムと反応するものは○をつけた４種類，ヨードホルム反応を示すものは△をつけた１種類（□で囲んだ部分による）である。

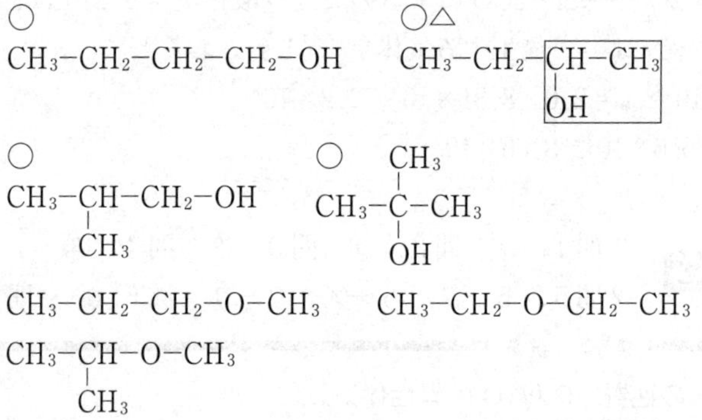

○ $CH_3-CH_2-CH_2-CH_2-OH$

○△ $CH_3-CH_2-\boxed{\underset{|}{CH}-CH_3 \atop OH}$

○ $CH_3-\underset{\underset{CH_3}{|}}{CH}-CH_2-OH$

○ $CH_3-\underset{\underset{OH}{|}}{\overset{\overset{CH_3}{|}}{C}}-CH_3$

$CH_3-CH_2-CH_2-O-CH_3$

$CH_3-CH_2-O-CH_2-CH_3$

$CH_3-\underset{\underset{CH_3}{|}}{CH}-O-CH_3$

問６．$C_4H_{10}O+6O_2 \longrightarrow 4CO_2+5H_2O$ によるので，二酸化炭素が 4.48L，すなわち 0.200mol 生じたとき水（分子量 18）は 0.250mol，すなわち 4.50g 生じる。

問７．①誤り。濃青色ではなく試験管の壁に銀が付着して銀色になる。③誤り。第一級アルコールの酸化で得られる。④誤り。アセトアルデヒドが酢酸の材料になる。⑤誤り。ホルムアルデヒドを含む水溶液をホルマリンという。

生物

I 解答

(1)問1．③

問2．解糖系：①　クエン酸回路：④　電子伝達系：⑥

問3．（設問省略）　問4．ⓒ―⑤　ⓔ―②　問5．④

(2)問6．④　問7．④　問8．⑤

◀解　説▶

≪代謝，呼吸，酵素≫

(1)問1．アデニンとリボースが結合したものをアデノシンと呼ぶ。ATPは，アデノシンに3分子のリン酸が結合した化合物である。

問4．1分子のグルコースから2分子のグリセルアルデヒドリン酸をつくる反応にはエネルギーが必要とされ，2分子のATPが消費される。また，1分子のグリセルアルデヒドリン酸から1分子のピルビン酸をつくる反応からはエネルギーが放出され，2分子のATPがつくられる。選択肢の文章が「グリセルアルデヒドリン酸1分子当たり」となっていることに注意する。

問5．NAD^+ は，H^+ を1つと e^- を2つ受け取ってNADHになるため，還元反応である。一方，グリセルアルデヒドリン酸からは電子が奪われるので酸化反応である。

(2)問6．過酸化水素にカタラーゼや酸化マンガン（Ⅳ）を加えると，過酸化水素は酸素と水に分解される。

問7．①誤文。無機触媒である酸化マンガン（Ⅳ）は熱に強いため，煮沸しても触媒の活性が落ちることはないが，カタラーゼはタンパク質でできていて熱に弱いため，煮沸すると変性して失活し，常温に戻しても活性は失われたままである。そのため，Eは気体が発生するが，Ⅰは気体が発生しない。

②誤文。カタラーゼの最適pHは中性付近であり，酸性やアルカリ性の条件下では活性が低下する。そのため，酸素が多く発生するのはFであり，GやHは，酸素の発生がほとんど見られない。

③誤文。酸化マンガン（Ⅳ）はpHの影響をほとんど受けないため，酸性

やアルカリ性の条件下でも活性が見られる。また，①で説明したように，熱にも強い。そのため，B，C，D，Eのどの試験管でも酸素の発生は同じ程度見られる。

④正文。カタラーゼは②で説明したように中性付近でよく働く。また，①で説明したように，熱に弱い。そのため，Fは酸素が発生するが，GとHは，酸素はほとんど発生せず，Iは酸素がまったく発生しない。

問8．①正文。酵素，無機触媒はともに触媒の一種であり，反応の前後で変化しないことが触媒の特徴である。

②正文。活性部位の立体構造が失われると酵素の活性は失われる。

③正文。酵素はその活性部位と結合する基質とのみ，反応する。この性質を基質特異性という。

④正文。トリプシンはすい液に含まれ，弱アルカリ性で働く。

⑤誤文。無機触媒は温度が高いほど反応速度が上昇するが，酵素は温度が高すぎると，変性して反応速度が低下する。

⑥正文。活性化エネルギーを低下させ，反応を促進するのが，触媒の特徴である。

Ⅱ　解答

問1．⑤　問2．③　問3．①・②・④　問4．①
問5．⑤　問6．(ア)―①　(イ)―①　問7．③　問8．④
問9．②　問10．①

◀解　説▶

≪窒素同化，共生≫

問2．【　4　】に該当するのはストロマであり，ここではカルビン・ベンソン回路の反応が起こる。よって，二酸化炭素から有機物が合成される③が正解となる。

問3．【　5　】に該当するのはアミノ基である。

①正文。ペプチド結合は，一方のアミノ酸のアミノ基ともう一方のアミノ酸のカルボキシ基間で1分子の水が取り除かれることで形成される。

②正文。アルカリ性の側鎖をもつアミノ酸にはリシンやアルギニン，ヒスチジンがあり，側鎖にはアミノ基が含まれる。

③誤文。光化学系Ⅱの反応中心クロロフィルは電子 e^- によって還元される。

④正文。アミノ酸が呼吸基質として使われる場合，まず，脱アミノ反応によりアミノ基が取り除かれて有機酸となり，その後クエン酸回路に入り，二酸化炭素と水に分解される。

⑤誤文。ミトコンドリアの膜間腔と内膜の間に水素イオンの濃度勾配を形成するのは電子伝達系であり，電子 e^- が伝達される際に放出されるエネルギーを使う。

問６．(ア)　アンモニウムイオンから亜硝酸イオンがつくられる反応の反応式は

$$2NH_4^+ + 3O_2 \longrightarrow 2NO_2^- + 4H^+ + 2H_2O$$

であり，亜硝酸イオンから硝酸イオンがつくられる反応の反応式は

$$2NO_2^- + O_2 \longrightarrow 2NO_3^-$$

であり，ともに酸素が消費される。この反応で放出されるエネルギーを用いて ATP が合成され，ATP は有機物の合成などに使われる。

(イ)　①誤文。緑色硫黄細菌は水の代わりに硫化水素を使って光合成を行うため，酸素ではなく硫黄が放出される。

②正文。硫化水素を酸化するとエネルギーが放出され，硫黄細菌はこのエネルギーを用いて有機物を合成する化学合成を行う。

③正文。シアノバクテリアは，光化学系ⅠとⅡをもつこと以外にも，クロロフィル a をもつことからも植物が行う光合成によく似ているとされる。

④正文。紅色硫黄細菌は光化学系Ⅱに似た光化学系をもち，緑色硫黄細菌は光化学系Ⅰに似た光化学系をもつ。

問７．必須アミノ酸はイソロイシン，トレオニン，トリプトファン，バリン，ヒスチジン，フェニルアラニン，メチオニン，リシン，ロイシンである。

問８．窒素分子を還元してアンモニウムイオンに変える働きは窒素固定であり，これを行う酵素はニトロゲナーゼである。

問９．①正文。根粒菌は炭酸同化ができない従属栄養生物であり，植物と共生関係にある間は植物から有機物を受け取る。

②誤文。根粒菌は主にマメ科植物と共生する。

③正文。水田の休閑期にマメ科植物であるゲンゲ（レンゲソウ）を植えて，共生している根粒菌に窒素固定を行わせ，これを漉き込んで肥料とすることがある。

④正文。マメ科植物の根に土中の根粒菌が侵入することで，根粒は形成される。

問10. ①「相利共生」とはいえない。カクレウオはナマコの腸に隠れることで捕食者から逃れるという利益を得ているが，ナマコには利益はないため，片利共生の関係である。

②マツタケはリン酸や窒素をアカマツに供給し，アカマツは光合成産物をマツタケに供給するため，相利共生の関係である。

③アブラムシはクロオオアリに栄養のある分泌物を供給し，クロオオアリはアブラムシをテントウムシから守るため，相利共生の関係である。

④イチジクはイチジクコバチに産卵場所を提供し，イチジクコバチはイチジクの花粉を媒介するため，相利共生の関係である。

III 解答

問1．①　問2．⑤　問3．③　問4．③　問5．②
問6．(ア)―③　(イ)―②　問7．5―②　6―⑥
問8．②

◀解　説▶

≪DNAの構造と半保存的複製，PCR法，遺伝情報の発現≫

問1．ヌクレオチド同士は，一方のヌクレオチドの糖に対して他方のヌクレオチドのリン酸が結合することで，ヌクレオチド鎖の骨格部分が形成される。このとき，各ヌクレオチドの塩基は長いヌクレオチド鎖から横に突き出たような形となる。

問2．2本のヌクレオチド鎖の向かい合う塩基同士は水素結合により結びついている。アデニンとチミン間では2つの水素結合が形成され，グアニンとシトシン間では3つの水素結合が形成される。

問4．2本のDNA鎖はAとT，CとGの塩基がそれぞれ相補的な対をなす。また，2本鎖DNAを構成する2本のDNA鎖の向きは逆であるため，5'末端―TCGCTAGA―3'末端のDNA鎖に相補的な塩基配列をもつDNA鎖は3'末端―AGCGATCT―5'末端となる。これを5'末端側から読んだものが正解である。

問5．DNAが複製される際，2本鎖DNAのそれぞれのDNA鎖に対して，それと相補的な塩基配列をもつDNA鎖が合成される。そのため，複製後の2本鎖DNAは複製前からあるDNA鎖と新しく合成されたDNA

鎖が組み合わさったものとなる。このような複製は半保存的複製と呼ばれ，メセルソンとスタールの研究により証明された。

問６．(ア)　PCR 法では３つの温度を設定し，この温度変化を繰り返すことで２種類のプライマーで挟まれた領域の DNA を増幅する。反応１（約 95℃）では２本鎖の DNA 間の水素結合が切れ，１本鎖の DNA となる。反応２（約 50～60℃）ではプライマーが１本鎖の DNA の相補的な位置に結合する。反応３（約 72℃）は耐熱性の DNA ポリメラーゼにより新しい DNA 鎖が複製される。

(イ)　鋳型となる２本鎖 DNA が一つあったとすると，PCR のサイクルの進行とともに DNA は次の図のように増幅される。図中の四角はプライマーを，矢印の向きは 5' 末端から 3' 末端の向きを示している。図を見てわかるように，３サイクル目が終了した時点では２種類のプライマーに挟まれた領域のみからなる２本鎖 DNA（破線枠内）は２つある。

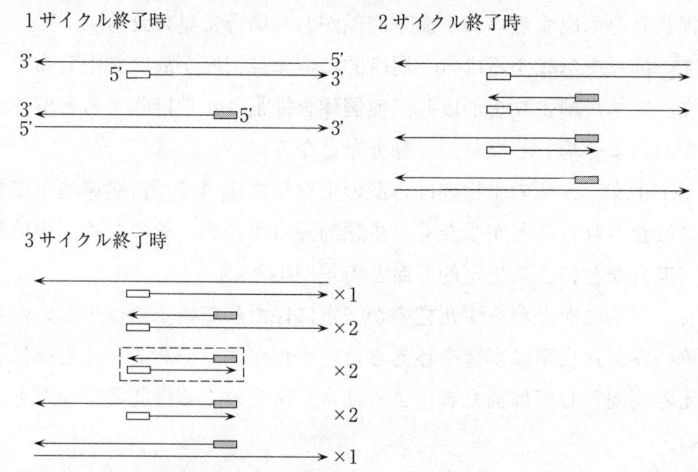

問８．①正文。原核細胞には核膜が存在しないため，DNA は細胞質基質に存在し，転写もそこで行われる。

②誤文。真核生物では複数のタンパク質からなる基本転写因子を介して RNA ポリメラーゼが DNA に結合するが，原核生物では転写の際に基本転写因子を必要としない。

③正文。スプライシングは真核生物で行われる。

④正文。原核細胞では転写途中の mRNA にリボソームが結合し，転写と

並行してタンパク質の合成が行われる。

Ⅳ 解答 問1．1－② 2－③
問2．②・③・④
問3．(i)－① (ii)－② (iii)－② (iv)－① (v)－② (vi)－②
問4．(ア)－③ (イ)－② 問5．④

◀解 説▶

≪個体群密度，生存曲線，齢構成≫

問2．①誤文。個体の密度が場所によって大きく異なることが多いのは集中分布である。集中分布は個体群が群れをつくる場合などに見られる。

②正文。各個体が他個体と関係なく散らばると，ランダム分布となる。風により種子が飛ばされる植物の分布などの例がある。

③正文。個体間で互いに近接しないような条件がある場合，一様分布となる。縄張りを形成する場合や競争関係がある場合に見られる。

④正文。群れを形成する場合，局所的に個体群密度が高い集中分布となる。

⑤誤文。アユが縄張りを形成し，他個体を縄張りから排除すると個体間の距離がおおよそ均一となり，一様分布となる。

問3．(i)正文。A型の生物種はC型の生物種に比べて，自然環境下で発育初期に被食されることが少なく，生態的寿命が長い。そのため，生態的寿命と，老衰などによる生理的寿命との差が小さい。

(ii)誤文。年齢にかかわらず死亡率が一定に保たれているのは正しいが，種内競争のみが死亡率に影響を与えるという点が誤りである。死亡率に影響を与える要因としては捕食者による捕食，餌をめぐる種間競争なども考えられる。

(iii)誤文。ミツバチなどの社会性昆虫の卵や幼虫・さなぎは巣内で仲間の昆虫に育てられるため，発育初期の死亡率が低いA型となる。

(iv)正文。C型の生物種は発育初期の死亡率が高いため，それを補うために産卵数が非常に多い。

(v)誤文。A型の生物種には哺乳類のほかに大型の鳥類や社会性昆虫が含まれる。

(vi)誤文。親が子を手厚く保護し，天敵が少ないのはA型の生物種である。

問4．(ア) 現在の2歳魚の個体数が5万個体であることから逆算して求める。1歳から2歳になるまでの死亡率が50％であることから1歳魚は5万÷(1−0.5)＝10万個体いたことがわかる。同様に，卵として生まれてから1歳になるまでの死亡率が99％であることから，卵は10万÷(1−0.99)＝1000万個であったことがわかる。

(イ)　個体群の大きさが維持されるためには，2歳魚になる雌が，同世代に生まれた卵の数だけ卵を産めばよい。現在5万個体いるなかの半数，2万5千個体の雌が1000万個の卵を産むことになるので，雌1個体あたり1000万÷2万5千＝400個の卵を産めばよい。

V　解答

(1)問1．②　問2．①・②　問3．②・④　問4．①
(2)問5．③　問6．⑦　問7．②　問8．③

◀解　説▶

≪森林の階層構造，ギャップ更新，バイオーム，遷移≫

(1)問2．①正文。ギャップが大きいと太陽光が林床に届きやすくなり，光強度が大きい環境での成長が早い陽樹が育ちやすい。

②正文。適度な頻度でギャップが生じることにより，安定した環境で見られる植物種と攪乱された環境で見られる植物種が森林内でパッチ状に混在することになり，多様性が高い状態となる。

③誤文。ギャップ形成の原因は台風などであるため，極相林かどうかにかかわりなくギャップは生じる。

問3．①誤文。常緑樹でも新しい芽が出る頃に落葉は起こるが，新しい葉が展開するため，落葉樹のように葉のない時期が見られない。

②正文。落葉樹は冬季や乾季など，光合成や成長に適当でない時期に落葉する。

③誤文。亜高山帯では常緑性の針葉樹が優占する。

④正文。硬葉樹林にはオリーブやコルクガシなどの常緑広葉樹が見られる。

問4．「光の減衰率は葉の空間密度と比例している」ことから，光の減衰率が大きい階層ほど葉の空間密度が大きいと考えられる。図1から各層における光の減衰率を求める。高木層の最も高い位置の明るさの値は図から読み取ると100％，最も低い位置の明るさの値は10％程度である。よって，100％の光が10％にまで減衰したのだから，減衰率は$\frac{100-10}{100}\times 100$

＝90〔%〕となる。また，亜高木層の最も高い位置の明るさの値は10％程度，最も低い位置の明るさの値は，横軸が対数軸であることに注意すると2％程度と読み取れる。よって，亜高木層の光の減衰率は $\frac{10-2}{10}\times100=80$〔%〕となる。低木層の最も低い位置の明るさの値は読み取りにくいが，0.6〜0.8％程度と考えられる。すると同様にして，光の減衰率は60〜70％程度となる。よって，光の減衰率は，高木層，亜高木層，低木層の順に小さくなるため，葉の空間密度の大小もこの順となる。

⑵問７．①正しい。酸素分子は呼吸のために根からも吸収している。

②誤り。植物は窒素固定を行うことができないため，窒素分子を吸収することはできない。

③・④・⑤正しい。リン酸イオン・硝酸イオン・カリウムイオンなどの土中にあるイオンは輸送体を通じて根から吸収される。

問８．土壌動物にはミミズの他にダニやトビムシが含まれ，落ち葉などの土壌中の有機物を細かくする役割をしている。菌類にはシイタケ・マツタケなどのキノコの仲間やカビの仲間が，細菌類には大腸菌や枯草菌が含まれる。菌類や細菌類は分解者として有機物を無機物に変える役割を担っている。

めて、いままで（父に）知られないでいらっしゃったのですね〞という意味。父は、娘の女君が継母からつらい仕打ちを受けていることを知りながら何もせず、落窪に押し込められていたことを申し訳なく思っているのである。女君は父のこの言葉に対して、〝（あなたを）そのように（情のない、ひどい人だと）は思っておりませんよ〞と言っている。

問三　「便なし」は、〝具合が悪い、不都合だ〞という意味。夫である男君は、女君に対して、〝父である中納言は、あなたの存在を都合の悪いものだと思っているようですよ。しばらくは、（ここにいることを）知られないようにしなさい〞と言っていたため、父に対して女君は〝今までどこにいるかを知らせないでいたのです〞と言っている。

問四　「え…じ」は、〝…することができない〞という意味。中納言は、愛らしい男の子を見て、〝本当に、世に並びないほど恐ろしい心の持ち主でも、（この男の子を）憎み申し上げることはできない〞と感じている。

問五　「おぼさむ」は、「思ふ」の尊敬語「おぼす」の未然形に婉曲の助動詞「む」が接続した形で、〝お思いになる（ような）〞の意味。〝（中納言が）お思いになったことなら（何でも）おっしゃってくださるのがやはりうれしく思えます〞と督の君が言っており、望みがあるなら自分に何でも言ってほしい、できるだけのことをしてあげたいと申し出ているのである。

問六　「あやしく思ふ」は、〝不思議に思う〞ということ。日が暮れ、中納言が退去するときに、男君は、中納言にも従者たちに対しても、非常に豪華な贈り物を引出物としてたくさんお与えなさった。それを見た中納言の従者たちは、〝（ここの家の者と、自分たちの主人とは）良くない仲だと思っていたのに、いったいどういうことなのだろうか〞と、不思議に思っているということである。

問七　①は、女君が中納言に対して今まで居場所を知らせなかった事情を説明している部分に合致する。③は、以前の督の君の対応で恥をかかされた理由がわからなかったが、女君から話を聞いてそれが自分のしたことの結果なのだと理解したと述べているため、合致する。④は、中納言は三歳の子には会えたが、この子の弟と女の子には会えなかったので合致する。②は、女君が「報復を考えていた」という記述はないので、これが正解となる。

③は「抽象的な思考や言明」について、「有用性を欠いた無意味なもの」とは述べていない。④は「エッセイやアフォリズムを好んで書く」のは精神科医全般ではなく、筆者自身についての説明であり、不適切である。②は「オクノフィル」について、本文の趣旨に沿って正しく説明しているので、これが正解である。

三

出典　『落窪物語』

解答

問一　②
問二　①
問三　④
問四　③
問五　④
問六　①
問七　②
問八　②

▲解　説▼

問一　a「恥づかしうて（＝恥ずかしく思って）」は、中納言の動作。b「つつみて（＝隠して）」は、女君の動作。c「思ひたまへし（＝思いました）」は、中納言の動作。「し」は過去の助動詞「き」の連体形であるから、「たまへ」は下二段活用である。「思ふ」という動詞に付いて、へりくだって〝存じます〟という意を表す。d「うち笑ひたまへば（＝お笑いになるので）」は中納言の動作。よって、正解はbの②。

問二　直前の、中納言の「つらきものに思ひおきて、今まで知られたまはざりける」は〝（父を）情のない者だと思い定

問四　傍線部直前「そのような精神科医」とは、「自分の精神医学の枠組みの全体を明らかにできない」（前段落）筆者自身のことであり、そんな自分は「何も書かないのが最高である」（傍線部直後）という。しかしその後に、断り切れなかったり内部の衝動に負けたりして書くというヴァレリーへの共感を示しているので、①は合致する。空欄Xの二段落後に「私が何も書かなかったら…無内容になっていたと思う」とあるので、②は合致する。その次の段落に、「症例報告」を書こうとすると、「自分がどう感じたか…自分の側のことも書こう」としてしまい、うまくまとめられないと述べられているので、③は合致。最終段落に「エッセイやアフォリズムしかありえないのかもしれない」とあるが、「得意である」とは述べられていない。よって、④は誤りであり、これが正解となる。

問五　空欄Xは、「何も書かないのが最高である」という言明についての筆者自身の評価である。だが実際には、筆者は「依頼原稿」を書いたり「自分を書かざるをえない場所に追い込んだ」りしている（空欄Xの次の段落）。そのため、「何も書かない」ということに憧れ、「恰好のよさ」があると感じていると捉えられるだろう。一方、空欄Yは自分の書いたものについての「ひそかな宛名」を、その人には「わかってほしい」という感情であり、これに合うのは「甘え」である。よって、正解は②。

問六　「曖昧な雲のようなもの」とは、傍線部の前で具体例を挙げながら述べられている「漠然とした仮説や疑問」を指す。筆者はこうした「萌芽状態の仮説や疑問」をとどめておくことが「治療には重要である」（傍線部と同じ段落）と考えている。よって、正解は④。

問七　「賃仕事」は、ここでは〝お金のために淡々とこなしている仕事〟のことである。同じ段落にあるように、翻訳の仕事における「雲」とは「こう訳したらどうだろう」「こういうイメージでいいのだろうか」などの仮説や疑問を指し、筆者はこのような「雲」をまつわりつかせながら翻訳を行っている。そして、「雲」が生じない翻訳は「まったくの賃仕事」で、やりがいや面白みを生じないと述べているのである。よって正解は①。

問八　①は「後者（＝世界の多様性に喜びを見出す学問）の方が広がりのある思考を展開できる」とは書かれていない。

問四　④
問五　②
問六　④
問七　①
問八　②

▲解　説▼

問一　傍線部直前の「それ」は、同段落冒頭から述べているように、知人の「生物学者」が自身のカビの研究について、「重要な学問分野だ」等と殊更に主張してくることを指している。しかし、傍線部直後にあるように、彼は学問のためというより「世界の多様性そのものに魅せられて」研究をしているのである。また、第二段落に、「理論物理学者」は「個物への興味を持つということ」が「理解できない」とあり、それと対象的な「生物学者」の〈個物への興味〉を押さえた④が正解となる。

問二　傍線部③のある段落に、「フィロバティズムの場合…対象はスキルを発揮するための道具にしかすぎず、いくらでも取り替えの利くもの」だと述べられている。これは、選択肢③「個別の対象に関心がない」ということの言い換えだと捉えられる。また、同じ段落の「日常からの超脱のスリル」は、選択肢③の後半「困難な状況に身を置き…非日常を味わおうとする」に合致する。

問三　空欄A・Bを含む段落では、前の段落で述べた「フィロバット」「オクノフィル」について、「精神病理の世界にも両方がある」ことを、具体例を挙げて説明している。Aは「自己」「他者」「世界」といった区別にこだわる「フィロバット」、Bはそれに反する「オクノフィル」。また、C・Dは筆者と自身の精神医学とのスタンスについて「自分にも見通せていない」「明確に…できない」とあるので、「私の前」（C）ではなく「私の背後」（D）にある、という文脈である。よって、正解は③。

る」ことであり、疑問に思うならば自身で確かめられると考えているからである。よって、正解は③。

問八　「反省的」とは、自分自身の考えや言動について、論理的であるか、誤りはないかなどを検証する態度を指す。このような態度と対比して挙げられているのは、「人間関係の多重的なリンクに依存」（傍線部⑤の次の文）するような信頼性の検証である。前者については、傍線部④とその後に「科学を職業にしている人たち」の態度として、自身がしっかりと理解できるように「きちんとステップを踏」みながら検証を行っていくことが説明されているので、正解は④である。

問九　①は「完全に科学を信頼しない状態にまで昂進してゆく」が第五・六段落と合致しない。③は「彼ら個々人の人柄が…人々が吟味した結果」が説明不足。「専門家集団への信頼」が、自分の身近な信頼できる人から「専門家集団」にまで「信頼形成のリンク」がつながることで生まれる、ということを説明できていない。④は「その人が心にもないことを言っていた」が誤り。科学に不信感を抱いたのは事実だが、「行動のレベル、生活のレベルでは…信頼をもちつづけている」（空欄A・Bのある段落）とある。②は、最後から三つ目の段落に「この探検隊の報告は…多くの研究書に引用されている…信頼できる」「引用している…文献のなかには、自分の恩師が教えてくれた文献も含まれている」「自分が直接見聞きした範囲にリンクが及ぶ」とあることや、その次の段落に「信頼性の重要な部分は、自分が直接知り合った人々の信頼性に根づいている」とあることに合致する。

二

出典　中井久夫『精神科医がものを書くとき』（ちくま学芸文庫）

解答

問一　④　問二　③　問三　③

かめることが難しいのが問題なのである。

問三　傍線部の前にあるように、「専門知」は自分で検証できるわけではない。そこで、それを語る人が信頼できる人物であるかどうかが問題となる、というのが傍線部である。語る人の信頼性が専門知の信頼性になる、というのだから正解は③。①は、「その知を生み出した」が不適。傍線部直前に「学問知や技術知がどんなに信頼できるものであっても、それにもとづいて語られたことを、すべての人が自分で検証できるわけではない」とあるように、「その知を生み出した」人に限定するのではなく、その知にもとづいて語る人たちの信頼性が問題となる。

問四　空欄Aは「医学的治療」について、空欄Bは「検査機械」について、それぞれ「科学に対して不信感を抱いたとしても…それへの信頼をもちつづけ」るために必要なものが入る。どちらも、それが正しく機能しており、間違いがないという性質、という内容が入ると考えられるので、Aには「正当性」、Bには「正確性」があてはまる。正解は④。

問五　傍線部「こうした」が指し示すのは、直前に述べた「会社」や「探検家」についての社会的な評価である。これらの評価は、「自分が直接見聞きした範囲にリンクが及ぶ」（傍線部を含む段落末尾）。そして、その身近な人々が自身にとって信頼できる人であるからこそ、「会社」や「探検家」といった「他人」にも信頼性が生まれるのである。よって、信頼が生まれる理由を述べている①が正解。

問六　空欄Xは、前の段落で論じた内容をもとにして話を進めているので、「このようにして」が入る。空欄Yは、「ほとんどの人はそれ（＝きちんとステップを踏んで確かめること）が実際にはできない」と述べたあと、「すべての科学的知識を実際に漏れなく自分で検証するのは、現実的には不可能」であることを付け加えているので、累加の接続詞「さらに」が入る。よって、正解は②。

問七　傍線部直前「専門知の信頼性が人間…の信頼性に依存しているという議論」に、傍線部「科学を職業にしている人たち」が「違和感を覚える」理由を問うている。彼らは、科学への信頼は「人間集団の信頼性」に拠るようなあいまいなものだとは考えていない。なぜなら、傍線部直後にあるように、それは「ステップを踏めば誰でも確かめられ

国語

一

出典　田口茂『現象学という思考――〈自明なもの〉の知へ』〈第一章「確かである」とはどういうことか？〉（筑摩書房）

解答

問一　ア―②　イ―③　ウ―③　エ―②

問二　④

問三　③

問四　④

問五　①

問六　②

問七　③

問八　④

問九　②

◀解　説▶

問二　傍線部①の状態になるのは、傍線部の前にある「自分で検証できないものをすべて疑い始めたら」であることを踏まえ、その理由は続く部分で具体的に説明されていることに注目する。自分の周囲に、一人では検証できないか、もしくは検証の大変な「専門知」がたくさんあるため、それらを疑い始めるときりがない、と述べられている。④の「多くの誤りが明るみに出され」という内容には言及されていない。誤りが実際にあるかどうかではなく、それを確

////////////////////// · memo · //////////////////////

2022年度

問題と解答

■一般選抜入試前期日程：1 月 29 日実施分

問題編

【文・経済・経営・法・政策・国際・社会・農〈文系型〉学部・短期大学部】

▶試験科目・配点

教　科	科　　　　　　目	配　点
外国語	コミュニケーション英語Ⅰ・Ⅱ・Ⅲ，英語表現Ⅰ・Ⅱ	100 点
選　択	日本史Ｂ，世界史Ｂ，政治・経済，「数学Ⅰ・Ⅱ・Ａ・Ｂ（数列，ベクトル）」から１科目選択	100 点
国　語	国語総合，現代文Ｂ，古典Ｂ（いずれも漢文を除く）	100 点

▶備　考

農学部の文系型入試は資源生物科学科，食料農業システム学科を対象とする。

• 文系型スタンダード方式（短期大学部を除く）

英語，選択科目，国語，各 100 点の 300 点満点。

• 文系型高得点科目重視方式（短期大学部を除く）

高得点１科目を２倍（200 点）+その他の２科目（各 100 点）の 400 点満点。

• 文系型国際学部独自方式

「国語と選択科目のどちらか高得点の科目」（100 点）と「英語」（400 点満点に換算）の２科目の合計点（500 点満点）で合否を判定する。

• 文系型短期大学部独自方式

社会福祉学科は「国語と選択科目のどちらか高得点の科目」（100 点）と「英語」（100 点）の２科目の合計点（200 点満点）で合否を判定する。

こども教育学科は「英語と選択科目のどちらか高得点の科目」（100 点）と「国語」（100 点）の２科目の合計点（200 点満点）で合否を判定

する。

- 共通テスト併用2科目方式（短期大学部を除く）

　英語，選択科目，国語のいずれか高得点1科目（100点）+共通テスト「高得点2科目」（200点）の300点満点。

- 共通テスト併用数学方式（経済学部のみ）

　英語（50点），数学（文系）（50点）+共通テスト「数学①②」（200点）の300点満点。

- 共通テスト併用リスニング方式（国際学部のみ）

　英語（200点満点に換算）+共通テスト「英語リスニング」（100点）の300点満点。

【先端理工学部〈理工型〉】

▶試験科目・配点

教　科	科　目	配　点
外国語	コミュニケーション英語Ⅰ・Ⅱ・Ⅲ，英語表現Ⅰ・Ⅱ	100 点
数　学	数学Ⅰ・Ⅱ・Ⅲ・A・B（数列，ベクトル）	100 点
理　科	環境生態工学課程：「物理基礎・物理」，「化学基礎・化学」，「生物基礎・生物」から１科目選択 ※生物は，生物基礎の「生物の多様性と生態系」，生物の「生態と環境」「生物の進化と系統」からの出題を含む。 その他の課程：「物理基礎・物理」，「化学基礎・化学」から１科目選択（ただし，配点セレクト理科重視方式では，化学は応用化学課程に限り選択可）	100 点

▶備　考

• 理工型スタンダード方式

英語，数学，理科，各 100 点の 300 点満点。

• 理工型配点セレクト数学重視方式／理工型配点セレクト理科重視方式

重視科目を２倍（200 点）+英語（100 点）+その他の科目（100 点）の 400 点満点。

• 共通テスト併用２科目方式

英語（100 点）+共通テスト「数学①②の高得点１科目」（100 点）と「理科②の高得点１科目」（100 点）の 300 点満点。

• 共通テスト併用３科目方式

英語，数学，理科（各 100 点）+共通テスト「数学①②・理科②の高得点３科目」（300 点）の 600 点満点。

【農学部〈農学型〉】

▶試験科目・配点

教　科	科　　　　　目	配　点
外国語	コミュニケーション英語Ⅰ・Ⅱ・Ⅲ，英語表現Ⅰ・Ⅱ	100点
理　科	「物理基礎・物理」，「化学基礎・化学」，「生物基礎・生物」から1科目選択（ただし，前期日程1/31は物理選択不可）	100点
国　語 または 数　学	「国語総合，現代文B，古典B（いずれも漢文を除く）」または「数学Ⅰ・Ⅱ・A・B（数列，ベクトル）」	100点

▶備　考

国語と数学の両方を受験した場合は，得点の高い方を自動選択する。

- 農学型スタンダード方式

英語，理科，国語または数学，各100点の300点満点。

- 農学型高得点科目重視方式

高得点1科目を2倍（200点）＋その他の2科目（各100点）の400点満点。

- 共通テスト併用2科目方式

英語（100点）＋共通テスト「外国語・国語・数学①②・理科①②から高得点2科目」（200点）の300点満点。

英語

（70分）

解答範囲は，解答番号 [1] から [35] までです。

I　次の英文を読んで，後の問い（問1～問15）に答えなさい。

Numbers are important in our lives. As you read this, you are likely aware of what time it is, how old you are, your weight, and so on. The particular numbers in our language impact everything from our schedules to our self-esteem. In a historical sense, however, number-focused people like us are unusual. For most of our species' approximately 200,000 years, ①we had no means of precisely representing quantities. What's more, the 7,000 or so languages that exist today vary dramatically in how they deal with numbers.

There are native people living along the Amazon river (②) language does not have numbers. Instead of using words for precise quantities, these "numberless" people rely on terms such as "a few" or "some." Without numbers, humans struggle to differentiate and remember quantities as low as four. In ③an experiment, a researcher placed nuts into a can one at a time, then removed them one by one. The person watching was asked to ④signal when all the nuts were gone. Responses suggested that numberless people have trouble keeping track of how many nuts remain in the can, even if there are only four or five in total.

⑤This and many other experiments have led to a simple conclusion: when people do not have number words, they struggle to make number distinctions that seem natural to someone like you or me. Those few languages that have no or almost no numbers demonstrate that number words are not universal.

These numberless people are mentally normal and well adapted to where they live. Yet they struggle with tasks that require a precise understanding of quantities. ⑥This is unsurprising. After all, without (⑦), how can someone really understand whether there are, say, seven or eight birds in a tree? Such seemingly straightforward things become blurry through numberless eyes.

In our culture, before learning the words for numbers, children cannot clearly describe amounts beyond three. We must be taught the numbers before we can consistently and easily recognize higher quantities. In fact, learning the exact meaning of number words is a difficult process that takes years. Initially, kids learn numbers much like they learn letters. They recognize that numbers are organized in a sequence, but have little awareness of what each individual number means. ⑧Numbers require much practice to master.

None of us, then, is really a "numbers person." We are not naturally able to describe quantities. Without ⑨the cultural traditions that teach us numbers from infancy, we would all struggle with even basic amounts. As we grow up, number words and written numerals transform our thinking. ⑩The process seems so normal that we think of it as a natural part of growing up, but it is not. Human brains come equipped with limited number instincts, and those must be developed with age.

Soon after birth, we can already tell the difference between two very different quantities — for instance, 10 and 20 things. (⑪) we are not the only species capable of doing that. ⑫Apes and monkeys can. In addition to this, birds can not only understand numbers to a certain degree, but actually improve their skills significantly when trained by animal researchers.

⑬Most human number systems rely on two key factors: the human talent for language and our tendency to focus on our hands and fingers. Not surprisingly, the bulk of the world's languages have number systems that are based on 5, 10 or 20. The word "five" in many languages comes from the word "hand." This focus on our hands — an indirect result of our walking upright — has led to numbers being a part of most cultures, but not all.

⑭Numberless cultures help us understand how numbers impact every aspect of our daily life. Consider what time it is. Your day is ruled by minutes and seconds, but these concepts are not real in any physical sense and do not exist for numberless people.

問1　下線部①の意味として，もっとも適切なものを一つ選びなさい。

解答番号 1

① Our number words did not mean anything at all.

② Our words did not have accurate meanings.

③ There was no precise way to pronounce number words.

④ There was no way to express numbers accurately.

問2　空所②に入れるのに，もっとも適切なものを一つ選びなさい。

解答番号 2

① which　② who　③ whose　④ whom

問3　下線部③ an experiment について，もっとも適切なものを一つ選びなさい。

解答番号 3

① 「数を持たない」人たちは，ナッツの総数が4つか5つなら理解できる。

② 研究者は，参加者に缶に入れたナッツを取り出すよう指示した。

③ 「数を持たない」人たちは，少ない量であれ，数の把握が困難である。

④ 研究者は，一度に複数のナッツを缶に入れて数の把握を調査した。

問4　下線部④ signal の意味として，もっとも適切なものを一つ選びなさい。

解答番号 4

① to request the researcher　② to prove to the researcher

③ to inform the researcher　④ to question the researcher

出典追記：'Anumeric' people : What happens when a language has no words for numbers?, The Conversation on April 26, 2017 by Caleb Everett

問5　下線部⑤ This で始まる段落の内容と一致するものを一つ選びなさい。

解答番号 [5]

① Languages in the world naturally have numbers.

② Number words do not exist everywhere in the world.

③ Numberless people naturally develop number distinctions.

④ Numerous languages have almost no number words.

問6　下線部⑥ This が指す内容として，もっとも適切なものを一つ選びなさい。

解答番号 [6]

① 「数を持たない」人たちは認知的な問題がみられないこと

② 「数を持たない」人たちは数を把握する作業が必要であること

③ 「数を持たない」人たちは数量の正確な把握に困難があること

④ 「数を持たない」人たちは居住する生活環境に適応していること

問7　空所⑦に入れるのに，もっとも適切なものを一つ選びなさい。

解答番号 [7]

① counting　② counted

③ to count　④ been counted

問8　下線部⑧の根拠として，もっとも適切なものを一つ選びなさい。

解答番号 [8]

① It is easy to recognize quantities greater than three.

② It takes effort to memorize numbers in a sequence.

③ It is impossible to exactly describe quantities.

④ It takes time to link every number with its meaning.

問9　下線部⑨ the cultural traditions について，本文の内容と一致しないものを一つ選びなさい。

解答番号 [9]

① 多くの数量を適切に処理できるようになる前に数を学んでおく。

② 数量を表現するという生まれもった能力を教育によって伸ばす。

③　文字を習得するのと同じように幼少期から数について教わる。

④　数を使いこなせるようになるために多くの練習が求められる。

問10　下線部⑩の意味として，もっとも適切なものを一つ選びなさい。

解答番号 10

①　年齢とともに数に習熟し思考が変化する過程は，人間の自然な成長だが，そうではないと考えることもできる。

②　年齢とともに数に習熟し思考が変化する過程は，とても自然な成長であるのに，当たり前の現象とはとらえられていない。

③　年齢とともに数に習熟し思考が変化する過程は，当たり前すぎて自然に生じる人間の成長だと思われがちだが，決してそうではない。

④　年齢とともに数に習熟し思考が変化する過程は，決して普通の現象ではないが，私たちは人間の成長の自然な一部だと考えている。

問11　空所⑪に入れるのに，もっとも適切なものを一つ選びなさい。

解答番号 11

①　Thus　②　But　③　Or　④　So

問12　下線部⑫の内容として，もっとも適切なものを一つ選びなさい。

解答番号 12

①　Apes and monkeys can understand different combinations of 10 and 20.

②　Apes and monkeys can learn to count accurately if trained carefully.

③　Apes and monkeys can identify the exact quantities of things.

④　Apes and monkeys can distinguish two very different quantities.

問13　下線部⑬ Most で始まる段落の内容と一致しないものを一つ選びなさい。

解答番号 13

①　We tend to focus on our hands because we walk on two legs.

②　The word “five” originates from the word “hand” in many

languages.

③ Our talent for language helped us develop number systems.

④ Most number systems avoid using units of five.

問14 下線部⑭ Numberless cultures で始まる段落の内容と一致しないものを一つ選びなさい。

解答番号 14

①「数を持たない」人たちにとって，数の概念は存在しないに等しい。

②「数を持たない」文化の影響は，私たちの日常生活にも見られる。

③ 私たちの一日は，分や秒によって支配されている。

④ 私たちは，数の概念を具体的に実感することができない。

問15 本文の内容と一致するものを一つ選びなさい。

解答番号 15

① Even numberless people can count up to 10.

② The number systems people use are standard and universal.

③ Some languages do not have a clear counting system.

④ Animals can be trained to recognize number systems.

Ⅱ　次の英文を読んで，後の問い（問１〜問５）に答えなさい。

①When people talk face to face, there is a "bubble of space" between them, and the size of this bubble varies from culture to culture. This space has been given different names. Sometimes it is called "conversational distance," sometimes "comfort zone," and sometimes "interpersonal distance." Generally, the space people keep between them when talking face to face can also tell us about their relationship and the situation. Space and intimacy go together. At the intimate level, people stand very close to each other and speak with very low voices. At the social level, people stand not too far apart and not too close, and use regular speaking voices. During small group discussions and meetings, the leader sits or stands where everyone in the group can see him or her. At the public level, as in making public speeches, the speaker stands at a distance and speaks with a louder voice than usual.

②The distance people keep between themselves when talking varies across cultures. In some societies, this distance is big. This means that when a person comes too close, and the "bubble of space" is pressured, the other person will feel uncomfortable. He or she will probably step back. In other societies, this distance is smaller. People feel comfortable standing closer to each other when talking face to face.

③It is believed that people from cold climates keep greater distances from each other when talking than people from warm climates. For example, it is common for people from Latin American cultures and the Arab world to stand quite close to each other during conversations. This is a sign of friendliness and familiarity. People in most Western countries stand farther away from a person when talking face to face. If someone tries to come too close, they will often move back. For them, standing too close can be considered rude or even aggressive. For example, for many Americans a comfortable distance is about an arm's length or up to about four feet. Standing closer than this is a sign of intimacy meaning the people are emotionally close to each other. Compared to most Americans, however, Japanese tend to stand farther away from one another especially in business and formal situations.

④<u>Imagine</u> when two men from different "space" cultures talk. A man from a small-space culture will think the other person standing at a distance is "cold" and unfriendly. He might continue to move closer to establish a friendly conversation, while the other moves back until he is pushed up against a wall. Of course, cultural differences do not explain everything about the way individuals behave. However, differences in the size of the "space bubble" can be one cause of intercultural problems in non-verbal communication. So it is wise to observe the bubble of space of people you are talking to, especially if they are from different cultural backgrounds.

問1　下線部① <u>When</u> で始まる段落の内容と<u>一致しないもの</u>を一つ選びなさい。

解答番号 [16]

① There is a connection between space and intimacy.
② When speaking in public, a softer voice is common.
③ Different cultures have different ideas of personal space.
④ You can guess people's relationship based on the bubble of space.

問2　下線部② <u>The distance</u> で始まる段落の内容と一致するものを一つ選びなさい。

解答番号 [17]

① The size of the space bubble in which a person feels comfortable is culturally different.
② A person usually feels comfortable if the distance from the other person is too great.
③ The interpersonal distance in conversation does not change from culture to culture.
④ If the size of the bubble is very large, people can talk face-to-face at a close distance.

出典追記：池口セシリア，八代京子『Beyond Boundaries Insights into Culture and Communication』金星堂

問3　下線部③ It で始まる段落の内容と一致しないものを一つ選びなさい。

解答番号 18

① Standing too close to the other person is often seen as rude in many Western countries.

② Compared to Americans, Japanese tend to need more space in formal situations.

③ There is a belief that people from warm climates tend to stand close to each other when talking.

④ Having a conversation at four or more feet apart is a sign of emotional closeness in America.

問4　下線部④ Imagine で始まる段落の内容と一致するものを一つ選びなさい。

解答番号 19

① A person from a small-space culture may step back when talking with a person from a large-space culture.

② A friendly conversation cannot be established without getting closer to the person you are talking with.

③ Observing the space bubble enables us to guess the temperature of a person you are talking to.

④ Some behaviors people have in conversation can be explained by cultural differences.

問5　本文の内容と一致するものを一つ選びなさい。

解答番号 20

① We can solve any intercultural problem by carefully observing a person from a different culture.

② The climate of a country is irrelevant to the size of its space bubble.

③ One cause of intercultural problems is different thinking about suitable interpersonal distance.

④ Intercultural problems are generally caused by rude and aggressive conversations.

Ⅲ

A　次の会話文を読んで，(　　　) 内に入れるのに，もっとも適切なものを一つ選びなさい。

(1) A: I'd like a dozen tulips, please.

B: Which colors do you want?

A: (　21　)

B: We have no blue tulips.

解答番号 [21]

① I don't think so.
② Any color except blue.
③ I don't want any red ones.
④ Any flowers are OK.

(2) A: How do we order our hamburgers?

B: On this tablet computer.

A: (　22　)

B: Sure, first press the "menu" button.

解答番号 [22]

① Can you show me how?
② Why can't we use a regular menu?
③ Isn't that the old menu?
④ Can't I just have my hamburger now?

(3) A: Why was Kayo late for today's class?

B: (　23　)

A: Oh, that explains it.

B: Yes, and the teacher won't mark her as late.

解答番号 [23]

① I have no idea.
② She woke up early this morning.

③ She has to take the fast bus.

④ There were delays on the JR Line.

(4) A: I've decided to go to a university in New York.

B: (　24　)

A: I've always wanted to live in a big city.

B: You'll have a good time there.

解答番号 24

① How come?

② What's your major?

③ I don't think so.

④ That's where it is.

(5) A: Is John coming out with us tonight?

B: I doubt it. (　25　)

A: Why?

B: The soccer final is on TV tonight.

解答番号 25

① He never watches TV.

② He'll be glued to the TV.

③ He can't watch soccer on TV.

④ He can watch TV on his mobile phone.

B　次の会話文を読んで，(　　　) 内に入れるのに，もっとも適切なものを下の選択肢①～⑧の中から一つずつ選びなさい。(同じものは一度しか使えません。)

解答番号は 26 から 30 までです。

A: Hi, Kana. (　26　)

B: My favorite YouTuber Rina Kawaguchi.

A: Isn't she the lady who gives cooking tips?

B: (　27　) Rina gives advice about beauty.

A: I see. What makes her videos so special?

B: It's the way she gives advice. (28)

A: Is she? I guess I should try watching her.

B: Yes, you should. (29)

A: How often does she make a video?

B: (30)

A: I'll try watching tonight. Thanks for your recommendation.

① Do you like her dishes?

② She's also very funny.

③ No, that's Saya Kawanishi.

④ You'll improve your cooking skills.

⑤ Whenever she wants.

⑥ What are you watching on your phone?

⑦ Whatever makeup she likes.

⑧ You'll enjoy her videos.

Ⅳ　[　　] 内の選択肢によって空所を埋め，日本文の意味を表す英文を完成するとき，○印の空所に入れるものは何ですか。その選択肢の番号をマークしなさい。（文頭にくる語も小文字で始めてあります。）

(1) 暇つぶしに本を持ってきてもいいよ。

解答番号 31

You ＿＿ ＿＿ ＿＿ ○ ＿＿ ＿＿ ＿＿ ＿＿ time.

[① book　② can　③ you　④ a　⑤ kill　⑥ to　⑦ bring　⑧ with]

(2) トムは今度の週末をどんな風に過ごすのだろう。

解答番号 32

I ＿＿ ＿＿ ＿＿ ○ ＿＿ ＿＿ ＿＿ ＿＿ on the weekend.

[① how　② to　③ plans　④ time　⑤ spend　⑥ his　⑦ Tom　⑧ wonder]

(3) 昨日までに数学の宿題を提出すべきだったのに。

解答番号 33

＿＿ ＿＿ ＿＿ ＿＿ ＿＿ ○ ＿＿ ＿＿ yesterday.

[① you　② homework　③ submitted　④ your　⑤ have　⑥ by　⑦ math　⑧ should]

(4) カナダに住む友人が海外の最新ニュースを彼に知らせた。

解答番号 34

His friend living ＿＿ ＿＿ ＿＿ ＿＿ ○ ＿＿ ＿＿ ＿＿ abroad.

[① in　② from　③ Canada　④ latest　⑤ him　⑥ news　⑦ the　⑧ told]

(5) ナンシーはその会議を次週まで延期しようと提案した。

解答番号 35

Nancy ____ ____ ____ __○__ ____ ____ ____ ____ .

[① next ② that ③ proposed ④ we ⑤ until ⑥ postpone ⑦ the meeting ⑧ week]

日本史

(60 分)

解答範囲は，解答番号 1 から 40 までです。

I　次の文章を読み，後の問い（問 1 ～問12）に答えなさい。

628年，推古天皇(①)が没すると，[1]が舒明天皇を擁立して専権をふるった。さらに[1]から大臣の地位を譲られた子の[2]は，643年，厩戸王（聖徳太子）(②)の子で有力な皇位継承候補であった山背大兄王を滅ぼし，権力の集中をはかった。しかし，舒明天皇の子である中大兄皇子らはこれに反発し，645年，[1]・[2]を滅ぼした(③)。

この直後，[3]の譲位により，新たに即位した[4]は，大王宮を飛鳥から[5]に移して政治改革を進めた(④)。『日本書紀』によれば，646年正月には，次のような政策方針が示されたとされている（改新の詔）。

> 其の一に曰く，昔在の天皇等の立てたまへる[6]の民，処々の[7]，及び，別には臣・連・伴造・国造(⑤)・村首の所有る[8]の民，処々の[9]を罷めよ。仍りて食封を大夫より以上に賜ふこと，各差有らむ。……
>
> 其の二に曰く，初めて京師を修め，畿内・国司・郡司(⑥)・関塞・斥候・防人(⑦)・駅馬・伝馬を置き，及び鈴契を造り，山河を定めよ。……
>
> （『日本書紀』）

この詔は，『日本書紀』編纂の際に大宝令の制度を参照して書きなおされた部分があるが，主要な部分は改革のプランとして提起されたものと考えられている。中国的な中央集権体制を整備するという方針はここに確立され，白村江の敗戦(⑧)以後に急速に具体化して，律令国家として結実することになる。

問1　下線部①の在位中（592～628年）におこった出来事（a～d）を，年代順に古いものから並べるとどうなりますか。適切なものを次のなかから１つ選びなさい。

解答番号 [1]

a　憲法十七条の制定　　b　冠位十二階の制定

c　『隋書』にみえる最初の遣隋使派遣　　d　小野妹子を遣隋使として派遣

① a→b→c→d　② a→c→b→d　③ b→a→c→d

④ b→c→d→a　⑤ c→d→b→a　⑥ c→b→a→d

問2　空欄 [1] ・ [2] にあてはまる語句の組み合わせとして，適切なものを次のなかから１つ選びなさい。

解答番号 [2]

① 1＝蘇我馬子　2＝蘇我蝦夷　② 1＝蘇我蝦夷　2＝蘇我馬子

③ 1＝蘇我馬子　2＝蘇我入鹿　④ 1＝蘇我蝦夷　2＝蘇我入鹿

⑤ 1＝蘇我馬子　2＝蘇我稲目　⑥ 1＝蘇我蝦夷　2＝蘇我稲目

問3　下線部②に関連して，法隆寺は厩戸王（聖徳太子）が創建した寺院とされています。現在，法隆寺に所蔵されている美術作品として，不適切なものを次のなかから１つ選びなさい。

解答番号 [3]

① 百済観音像　② 天寿国繡帳　③ 金堂壁画

④ 夢違観音像　⑤ 玉虫厨子

問4　下線部③の事件がおこった年の干支（十干十二支）をあらわす文字として，適切なものを次のなかから２つ選び，解答番号４の欄を使用して２つの番号をマークしなさい。

解答番号 [4]

① 己　② 乙　③ 壬　④ 庚

⑤ 寅　⑥ 辰　⑦ 巳　⑧ 申

問5　空欄 [3] ・ [4] にあてはまる語句の組み合わせとして，適切なものを次のなかから1つ選びなさい。

解答番号 [5]

① 3＝皇極天皇　4＝天智天皇　② 3＝斉明天皇　4＝天智天皇
③ 3＝皇極天皇　4＝天武天皇　④ 3＝斉明天皇　4＝天武天皇
⑤ 3＝皇極天皇　4＝孝徳天皇　⑥ 3＝斉明天皇　4＝孝徳天皇

問6　空欄 [5] にあてはまる語句として，適切なものを次のなかから1つ選びなさい。

解答番号 [6]

① 大　津　② 藤原京　③ 平城京
④ 難　波　⑤ 恭仁京

問7　下線部④に関して，この政治改革は大化改新といわれています。大化改新を進めた政権を構成する人物と，大化改新に当たって，その人物が任じられた地位の組み合わせとして，適切なものを次のなかから1つ選びなさい。

解答番号 [7]

① 中大兄皇子－太政大臣　② 中臣鎌足－左大臣
③ 蘇我倉山田石川麻呂－右大臣　④ 阿倍内麻呂－内臣
⑤ 観勒－国博士

問8　空欄 [6] ～ [9] にあてはまる語句の組み合わせとして，適切なものを次のなかから1つ選びなさい。

解答番号 [8]

① 6＝部　曲　7＝屯　倉　8＝子　代　9＝田　荘
② 6＝部　曲　7＝田　荘　8＝子　代　9＝屯　倉
③ 6＝部　曲　7＝子　代　8＝田　荘　9＝屯　倉
④ 6＝子　代　7＝部　曲　8＝屯　倉　9＝田　荘
⑤ 6＝子　代　7＝屯　倉　8＝部　曲　9＝田　荘
⑥ 6＝子　代　7＝田　荘　8＝屯　倉　9＝部　曲

問9　下線部⑤に関する記述として，不適切なものを次のなかから1つ選びなさい。

解答番号 9

① 臣の姓（カバネ）を与えられた豪族に，中臣氏がいる。

② 連の姓（カバネ）を与えられた豪族に，大伴氏がいる。

③ 伴造は，伴や，品部（部）の集団を統率した。

④ 国造の地位は，ヤマト政権に服属した地方豪族に与えられた。

問10　下線部⑥に関連して，改新の詔に見える「郡」は大宝令の制度を参照にして書きなおされた文字であり，本来は別の文字が用いられていたことが木簡の記載から明らかになっています。本来用いられていた文字として，適切なものを次のなかから1つ選びなさい。

解答番号 10

① 里　② 郷　③ 段　④ 評　⑤ 直

問11　下線部⑦に関連して，律令国家における防人に関する記述として，適切なものを次のなかから1つ選びなさい。

解答番号 11

① 郡司の子弟や畿内の有力農民から選抜された。

② 東北地方の平定に派遣された。

③ 1年の勤務で，故郷に帰れることになっていた。

④ 防人歌が『万葉集』におさめられている。

問12　下線部⑧に関して，白村江の戦いに勝利した国の組み合わせとして，適切なものを次のなかから1つ選びなさい。

解答番号 12

① 唐－高句麗　② 唐－新羅　③ 唐－百済

④ 隋－高句麗　⑤ 隋－新羅　⑥ 隋－百済

Ⅱ　次の文章を読み，後の問い（問１～問12）に答えなさい。

羽柴（豊臣）秀吉は，1582年に主君の織田信長①を本能寺において敗死させた明智光秀を［　1　］で破り，さらに翌年に［　2　］により柴田勝家を破って信長の事実上の後継者となった。同年，彼は［　3　］を政治的な拠点として築きはじめ，翌年には［　4　］とともに対抗した徳川家康と［　5　］で争うものの決着がつかず和睦した。秀吉はこれを機に，軍事力のみならず蔵入地を基盤とした経済力②や伝統的な権威も利用しながら全国的な支配を確立していった③。秀吉のおもな政策には検地（太閤検地）や兵農分離政策④などがある。これらの基本政策は次の江戸時代にも引き継がれた。

秀吉の死後に政治的な地位を高めた徳川家康⑤は，1603年に征夷大将軍の宣下を受けて江戸に幕府を開き，1605年には息子の秀忠に将軍職を譲って徳川家による政権世襲をはかった。しかし，秀吉の遺児の秀頼が依然権威を保っていたため，1615年に豊臣家を滅ぼし，以後，⑥幕府は大名を厳しく統制した。このような江戸幕府を中心とする幕藩体制の基本は，３代将軍の徳川家光の頃までには確立し，さらに幕府は，⑦朝廷や宗教に対する統制も強めた。

信長・秀吉の時代には，新しい支配者となった大名や，戦争・貿易などで大きな富を得た豪商らの気質と経済力が社会に反映され，国際的な文化交流も活発化した。この時期の文化は，⑧桃山文化と呼ばれ，戦国の争乱をおさめて富と権力を集中した統一政権のもとで，新鮮味のあふれる豪華・壮大で多彩なものとなった。

その後の⑨寛永期の文化は，桃山文化のなごりを伝えつつ，江戸と京都を中心として，⑩学問や建築などでも新たな展開を示した。

問１　下線部①の人物に関して述べた次の文Ｘ・Ｙについて，その正誤の組み合わせとして，適切なものを次のなかから１つ選びなさい。

解答番号［　13　］

Ｘ　石山（大坂）本願寺の蓮如を屈服させた。

Ｙ　安土城下町に楽市令を出して市座を廃し，自由な営業活動を認めた。

①　Ｘ＝正　Ｙ＝正　　②　Ｘ＝正　Ｙ＝誤

③　Ｘ＝誤　Ｙ＝正　　④　Ｘ＝誤　Ｙ＝誤

問2　空欄 [1] ・ [2] ・ [5] にあてはまる語句の組み合わせとして，適切なものを次のなかから1つ選びなさい。

解答番号 [14]

① 1＝賤ケ岳の戦い　2＝山崎の戦い
5＝小牧・長久手の戦い
② 1＝賤ケ岳の戦い　2＝小牧・長久手の戦い
5＝山崎の戦い
③ 1＝山崎の戦い　2＝賤ケ岳の戦い
5＝小牧・長久手の戦い
④ 1＝山崎の戦い　2＝小牧・長久手の戦い
5＝賤ケ岳の戦い
⑤ 1＝小牧・長久手の戦い　2＝賤ケ岳の戦い
5＝山崎の戦い
⑥ 1＝小牧・長久手の戦い　2＝山崎の戦い
5＝賤ケ岳の戦い

問3　空欄 [3] ・ [4] にあてはまる語句の組み合わせとして，適切なものを次のなかから1つ選びなさい。

解答番号 [15]

① 3＝伏見城　4＝伊達政宗　② 3＝大坂城　4＝伊達政宗
③ 3＝聚楽第　4＝伊達政宗　④ 3＝伏見城　4＝織田信雄
⑤ 3＝大坂城　4＝織田信雄　⑥ 3＝聚楽第　4＝織田信雄
⑦ 3＝伏見城　4＝前田利家　⑧ 3＝大坂城　4＝前田利家
⑨ 3＝聚楽第　4＝前田利家

問4　下線部②に関連して述べた次の文X・Yについて，その正誤の組み合わせとして，適切なものを次のなかから1つ選びなさい。

解答番号 [16]

X　秀吉は，堺の島井宗室や千利休をはじめとする豪商を統制下におき，政治・軍事などに彼らの経済力を活用した。

Y　秀吉は，佐渡・石見大森などの主要鉱山を支配下におき，同じ規格と品質の慶長金銀をつくらせた。

①　X＝正　Y＝正　　②　X＝正　Y＝誤
③　X＝誤　Y＝正　　④　X＝誤　Y＝誤

問5　下線部③に関する出来事（a～d）を，年代順に古いものから並べるとどうなりますか。適切なものを次のなかから1つ選びなさい。

解答番号　17

a　小田原攻め　　b　九州平定
c　秀吉の太政大臣就任　　d　四国平定

①　a→c→d→b　②　a→d→b→c　③　b→c→d→a
④　b→d→a→c　⑤　d→a→c→b　⑥　d→c→b→a

問6　下線部④に関連する記述として，不適切なものを次のなかから1つ選びなさい。

解答番号　18

①　年貢は収穫高の3分の1が一般的であった。
②　農民に田畑の所持を認める一地一作人の原則を確立した。
③　全国の土地の生産力を米の量で掌握するために，田畑の等級を定めた。
④　農民の一揆を防止するために農民から武器を没収した。

問7　下線部⑤の人物に関する記述として，適切なものを次のなかから1つ選びなさい。

解答番号　19

①　豊臣政権下では，北条氏滅亡後の関東で500万石の領地を支配した。
②　イギリスとの通商を求め，田中勝介（勝助）をメキシコ（ノビスパン）に派遣した。
③　開幕当初から評定所による合議制で幕政を進めた。
④　駿府で隠居後も大御所として幕府の実権を握り続けた。

問8　下線部⑥に関連する記述として，不適切なものを次のなかから1つ選びなさい。

解答番号 20

① 大名の居城以外の城を破壊するよう命じた。

② 徳川秀忠の代の武家諸法度は，徳川家康が南禅寺の金地院崇伝に文案を起草させたものである。

③ 大名の領知を確認する文書を発給し，将軍が全国の土地領有者であることを明示した。

④ 武家諸法度違反で処罰された大名に小西行長がある。

問9　下線部⑦に関する記述として，適切なものを次のなかから1つ選びなさい。

解答番号 21

① 明正天皇は，紫衣事件で幕府によって譲位させられた。

② 幕府は摂家と譜代大名から選ばれた武家伝奏を通じて朝廷統制をおこなった。

③ 幕府は寺院法度を出して，宗派ごとに，本山・本寺に末寺を組織させた。

④ 幕府が寺請制度による宗門改めを実施したことで，島原の乱がおこった。

問10　下線部⑧に関連して述べた次の文X・Yについて，その正誤の組み合わせとして，適切なものを次のなかから1つ選びなさい。

解答番号 22

X　1543年のスペイン人の来航を機に，西欧文化との接触がはじまったことで，この時代の文化は多彩なものとなった。

Y　建造物の内部を飾る濃絵などの障壁（障屛）画の作成がさかんとなったが，画題は旧来の宗教色が強いものが好まれた。

① X＝正　Y＝正　　② X＝正　Y＝誤

③ X＝誤　Y＝正　　④ X＝誤　Y＝誤

問11　下線部⑨に関する美術作品とその作者との組み合わせとして，適切なものを次のなかから1つ選びなさい。

解答番号 23

① 風神雷神図屛風－久隅守景

② 夕顔棚納涼図屛風－俵屋宗達

③　舟橋蒔絵硯箱－尾形光琳

④　八橋蒔絵螺鈿硯箱－本阿弥光悦

⑤　大徳寺方丈襖絵－狩野探幽

⑥　色絵藤花文茶壺－酒井田柿右衛門

問12　下線部⑩に関して，江戸時代初期の学問・文化・建築について述べた記述として，不適切なものを次のなかから１つ選びなさい。

解答番号 [24]

①　連歌から俳諧が独立して，松永貞徳の貞門俳諧が流行した。

②　朱子学の啓蒙につとめた藤原惺窩と，彼の子孫は代々儒者として幕府に仕えた。

③　徳川家康をまつった権現造の霊廟建築である日光東照宮が造営された。

④　茶室と庭園をたくみに調和させた数寄屋造の代表例として桂離宮がある。

Ⅲ　次の(1)・(2)の文章を読み，後の問い（問１～問16）に答えなさい。

(1)　日清戦争に勝利した日本は，下関条約によって，多額の賠償金を得るとともに，[1]・[2]・台湾の割譲を受けた。しかしこの割譲に対し，ロシアはフランス・ドイツを誘い，[1]を清国に返還するよう求めた（三国干渉）。日本はこの勧告をやむなく受諾したが，国内のロシアに対する敵意が増大していった。その一方で，日本は台湾の統治に力を注ぎ，[3]を初代総督に任命し，軍事力によって抗日抵抗運動を弾圧しながら支配を進めた。こうした日清戦争の勝利と三国干渉は，①国内の政治体制を大きく変化させ，その変化のなかで②日本政府は賠償金を活用し，軍備拡張を推進するとともに，金融・貿易などの制度を整備していった。

他方，③清国の弱体ぶりを知った欧米列強は，あいついで清国に勢力範囲を設定し，各地を租借していった。これら列強の侵略に対し，清国の民衆のなかで「扶清滅洋」の動きがひろまり，公使館を包囲する事件がおきた。④清国政府は，そうした民衆の動きに同調し，列国に宣戦布告したが，日本を含む連合軍に敗北し，北京議定書を結ぶことになった。この北清事変を契機として，ロシアは満州を事実上占領し，同地域の独占的権益を清国に承認させていく。それは，日本の韓国における権益をおびやかすものであった。そのため，日本政府内ではロシアと協調路線をとる案も出されたが，最終的にイギリスと同盟を結び⑤，ロシアの動きを牽制しようと試みた。しかし日露両国の関係は好転せず，国内世論がしだいに戦争へと傾く⑥なかで，開戦へと向かっていった。

問1　空欄［ 1 ］・［ 2 ］にあてはまる語句の組み合わせとして，適切なものを次のなかから1つ選びなさい。

解答番号［ 25 ］

① 1＝澎湖諸島　2＝山東半島　② 1＝澎湖諸島　2＝遼東半島
③ 1＝山東半島　2＝澎湖諸島　④ 1＝山東半島　2＝遼東半島
⑤ 1＝遼東半島　2＝澎湖諸島　⑥ 1＝遼東半島　2＝山東半島

問2　空欄［ 3 ］にあてはまる語句として，適切なものを次のなかから1つ選びなさい。

解答番号［ 26 ］

① 樺山資紀　② 西郷従道　③ 児玉源太郎
④ 乃木希典　⑤ 後藤新平

問3　下線部①に関して，日清戦争後から日露戦争開戦までの国内の政治体制に関する記述として，適切なものを次のなかから1つ選びなさい。

解答番号［ 27 ］

① 第3次伊藤博文内閣が提出した地租増徴案は，自由・進歩両党の支持を受け，可決された。
② 第1次大隈重信内閣は，すべての大臣が憲政党出身者であった。
③ 尾崎行雄の演説をきっかけに，憲政党は憲政党と立憲政友会とに分裂した。
④ 第2次山県有朋内閣は，陸・海軍大臣に現役の大将・中将しかなれないようにした。

問4　下線部②に関して述べた次の文X・Yについて，その正誤の組み合わせとして，適切なものを次のなかから1つ選びなさい。

解答番号 28

X　賠償金を準備金として，銀本位の貨幣制度を整えた。

Y　賠償金によって鎮台を師団に改組し，陸軍の軍備拡張をはかった。

① X＝正　Y＝正　　② X＝正　Y＝誤

③ X＝誤　Y＝正　　④ X＝誤　Y＝誤

問5　下線部③に関連して述べた次の文X・Yについて，その正誤の組み合わせとして，適切なものを次のなかから1つ選びなさい。

解答番号 29

X　ロシアは，大連に南満州鉄道株式会社を設置した。

Y　アメリカは中国分割に直接参与はしなかったが，列強各国の勢力範囲内での通商の自由を要求した。

① X＝正　Y＝正　　② X＝正　Y＝誤

③ X＝誤　Y＝正　　④ X＝誤　Y＝誤

問6　下線部④に関する記述として，適切なものを次のなかから1つ選びなさい。

解答番号 30

① 北清事変をきっかけに，朝鮮は清国から独立した。

② 清国は北京議定書によって，沙市や重慶など4港を開港させられた。

③ 義兵運動は，北清事変のきっかけとなった。

④ 清国は北京議定書によって，列国の公使館守護を目的とした駐兵を認めさせられた。

問7　下線部⑤に関する記述として，適切なものを次のなかから1つ選びなさい。

解答番号 31

① この同盟により，日英いずれかが他国と交戦したときは参戦することが義務づけられた。

② この同盟は，第4次伊藤博文内閣によって締結に至った。

③ この同盟により，韓国における日英両国の利益を相互に認め合うことが定められた。

④ この同盟により，日英両国が清国に持つ利益を相互に認め合うことが定められた。

問8　下線部⑥に関する記述として，適切なものを次のなかから1つ選びなさい。

解答番号 [32]

① 高山樗牛は雑誌『国民之友』で，対露強硬論を主張した。

② 非戦論を主張していた『万朝報』は，主戦論に転じていった。

③ 開戦後，樋口一葉は『明星』に反戦詩を発表した。

④ 幸徳秋水は，『国民新聞』で反戦論を唱えた。

(2) 日本とロシアは，満州・韓国の勢力分割をめぐって交渉をおこなっていた。だが，交渉は進展せず決裂した。そのため，1904年2月，両国はたがいに宣戦布告するとともに，日本が [4] と [5] のロシア艦隊を攻撃したことで，日露戦争⑦ははじまった。国際世論ではロシアの圧倒的有利とされていたが，1905年3月に南満州の [6] で勝利するなど，日本は戦局を優勢に進めていた。しかし，長期にわたる戦争は，日本の国力の許すところではなく，同年9月，セオドア=ローズヴェルト米大統領の斡旋により，日露両国は⑧ポーツマスで講和条約を締結した。

日露戦争に勝利した日本は，戦勝で得た大陸進出拠点の確保につとめ，桂太郎⑨首相とアメリカ陸軍長官タフトとの間で協定を結ぶなどして，韓国の保護国化に着手し，外交権・内政権をその手におさめていった。こうした日本の支配に対して，韓国国内では反日運動が高まり， [7] が，ハルビンで民族運動家 [8] によって暗殺される事件がおこった。日本は駐韓軍を増強するなどして，韓国併合条約を成立させ，韓国を植民地化した。さらに，日本は韓国の植民地化と並行して満州へ進出し，権益を独占しようとした。⑩こうした日本の満州進出は，日本と諸外国との関係に変化をもたらしていくことになった。

日露戦争後，日本政府は外債募集を拡大するとともに，各種増税をおこない，軍備拡張を中心とする政策を展開した。⑪その結果，政府の保護のもとに民間重工業が発達しはじめた。だが，⑫工場制工業の急速な勃興によって，公害や労働環境の問題が表面化したことで，各地で社会運動や労働争議が頻発し，政府はその対応に迫られることになった。

問9　空欄 [4] ～ [6] にあてはまる語句の組み合わせとして，適切なものを次のなかから1つ選びなさい。

解答番号 [33]

① 4＝仁　川　5＝大　連　6＝旅　順
② 4＝仁　川　5＝旅　順　6＝奉　天
③ 4＝釜　山　5＝仁　川　6＝旅　順
④ 4＝釜　山　5＝旅　順　6＝奉　天
⑤ 4＝大　連　5＝釜　山　6＝旅　順
⑥ 4＝大　連　5＝旅　順　6＝奉　天

問10　下線部⑦に関連する記述として，不適切なものを次のなかから1つ選びなさい。

解答番号 34

① 開戦直後，日本は韓国に日韓議定書を強要し，韓国国内での軍事行動の自由を確保した。
② 日本の戦費は，内外債に依存していた。
③ アメリカは日露両国に対し中立の立場をとり，日本からの経済支援要請に応じなかった。
④ 早期終戦が実現した要因の1つに，ロシア国内で革命運動がおこったことがある。

問11　下線部⑧に関して述べた次の文X・Yについて，その正誤の組み合わせとして，適切なものを次のなかから1つ選びなさい。

解答番号 35

X　日本はこの講和条約により，黄海での漁業権を得た。
Y　日本はこの講和条約により，長春・旅順間の鉄道とその付属利権を得た。

① X＝正　Y＝正　② X＝正　Y＝誤
③ X＝誤　Y＝正　④ X＝誤　Y＝誤

問12　下線部⑨の人物に関する記述として，適切なものを次のなかから1つ選びなさい。

解答番号 36

① 立憲同志会という新党の結成をめざした。
② 立憲政友会総裁をつとめた。

③　首相として，第３次日韓協約を締結した。

④　日本全権としてポーツマス講和条約に調印した。

問13　空欄 7 ・ 8 にあてはまる語句の組み合わせとして，適切なものを次のなかから１つ選びなさい。

解答番号 37

① 7＝伊藤博文　8＝孫　文　② 7＝山県有朋　8＝孫　文
③ 7＝伊藤博文　8＝高　宗　④ 7＝山県有朋　8＝高　宗
⑤ 7＝伊藤博文　8＝安重根　⑥ 7＝山県有朋　8＝安重根

問14　下線部⑩に関して述べた次の文X・Yについて，その正誤の組み合わせとして，適切なものを次のなかから１つ選びなさい。

解答番号 38

X　日本の南満州での権益をめぐって，ロシアとの関係が悪化した。
Y　アメリカで，日本人移民排斥の機運が高まった。

① X＝正　Y＝正　② X＝正　Y＝誤
③ X＝誤　Y＝正　④ X＝誤　Y＝誤

問15　下線部⑪に関連して，日露戦争終結から第一次世界大戦開戦までの産業界の動向として，適切なものを次のなかから１つ選びなさい。

解答番号 39

①　清国を追いこして世界第一位の生糸輸出国となった。
②　米の供給不足が品種改良や金肥の普及などにより解消された。
③　綿糸の生産量（生産高）が輸入量（輸入高）を上まわった。
④　重化学工業の生産額が軽工業を上まわった。

問16　下線部⑫に関連する日清戦争後の記述として，不適切なものを次のなかから１つ選びなさい。

解答番号 40

①　ロシアから帰国した高野房太郎は労働組合期成会を結成した。
②　工場法では少年の就業時間規則などが設けられたが，適用対象が雇用者15

人以上の工場に限られるなど，その内容には不備があった。

③　工場労働者の大半は繊維産業が占め，その多くは女性労働者であった。

④　政府は足尾銅山からの鉱毒被害への対策として，渡良瀬川流域の谷中村を廃村とし，住民を集団移住させた。

世界史

（60分）

解答範囲は，解答番号 [1] から [40] までです。

I　次の文(1)・(2)を読み，下の問い（問１～問13）に答えなさい。

(1)　世界史を人類が残してきた足跡の総体と考えてみよう。このとき，人類の誕生を約700万年前とみるならば，世界史の99％以上は文字による記録の存在しない先史時代①ということになる。考古学の成果によると，歴史時代よりはるかに長いこの時代において，人類は主に狩猟・採集生活を営んでいたらしい。その生活を支えたのが，人類の特性の一つとされる道具の使用である。なかでも石器の使用②とその改良は人類の食生活を豊かにすることに貢献した。石器を含む道具の制作と多様な食生活の実現による栄養状態の向上は，人類の知力を発達させる要因の一つになったといわれる。この知力の発達に伴い，人類は生活環境への適応能力を高めていった。

約240万年前から180万年前に出現したとされる [3] の段階に達すると，人類は [4] にとどまらず [5] へ生活地域を広げることとなった。生活地域の拡大は，人類が過酷な生活条件に直面する機会も増やしただろうし，その条件に対処したり対処の仕方を伝授したりする必要などから，もともと長かった養育期間もさらに引き延ばされただろう。ひょっとすると，人類が連帯して共同生活することの利点を実感した理由の一つも，そのあたりに求められるかもしれない。そうして共同生活の規模が大きくなっていく中で集落が形成されて定住が進む。これによってさらに生活の安定がもたらされ，人類は様々なものを生み出す技術の継承・発展も加速させることができた⑥。とりわけ農耕と牧畜⑦の開始は人類の生活の改善に貢献したのである。

問１　①について。先史時代に関する記述として誤っているものを，次の中から一つ選びなさい。

解答番号 [1]

① 洞窟内に絵を描いた。

② 埋葬の習慣が始まった。

③ 占星術が盛んになった。

④ 骨角器を作成した。

問2　②について。新石器時代から制作された石器として正しいものを，次の中から一つ選びなさい。

解答番号 [2]

① 磨製石器　② 礫石器

③ ハンドアックス（握斧）　④ 石核石器

⑤ 剥(剝)片石器

問3　空欄 [3] に入れるのに適当なものを，次の中から一つ選びなさい。

解答番号 [3]

① 新人　② 原人　③ 旧人

④ 猿人　⑤ 南人

問4　空欄 [4] ・ [5] に入れるのに適当な組み合わせを，次の中から一つ選びなさい。

解答番号 [4]

	空欄 [4]	空欄 [5]
①	北アメリカ	ユーラシア
②	南アメリカ	北アメリカ
③	ユーラシア	アフリカ
④	アフリカ	ユーラシア
⑤	オセアニア	アフリカ
⑥	ユーラシア	南アメリカ

問5　⑥について。それ以前とは異なり，この時期の人類に生じたとされる文化・

文明・社会に関する記述として誤っているものを，次の中から一つ選びなさい。

解答番号 5

① 貧富の格差が解消に向かった。

② 二十進法や六十進法などの記数法が確立した。

③ 言語を記録する手段として文字が発明された。

④ 役割別による職業の分化が進んだ。

問6 ⑦について。農耕と牧畜が開始されて以降の時期に関する記述として誤っているものを，次の中から一つ選びなさい。

解答番号 6

① 調理や貯蔵を目的とした土器の製作が盛んになった。

② 地球は今日に至るまで続く温暖な完新世に入った。

③ 生産経済から獲得経済へ移行したことで人口が飛躍的に増加した。

④ 冶金(やきん)術が発達し，青銅器や鉄器がつくられるようになった。

(2) 生活の改善によって集団が巨大化すると，大がかりな共同作業を伴う土木工事も可能になった。オリエントと呼ばれる地方では，大河の流域で灌漑農業が実現され，また集落間での交易も活発化する。これらによって得られる富の蓄積は集落への移住者をいっそう増やし，有力な集落の中から都市⑧が誕生した。各都市では多様化した住民を統治する仕組みが整備され，国家としての一体化が図られる。ただ，一体化はその反面として，都市間の競合を激化させ，様々な争いを引き起こす要因ともなった。絶え間ない一体化と抗争の動きは都市の内外を問わず，住民の間に支配・被支配の関係を打ち立てていく。それによって複数の都市国家を統一する領域国家の形成が促された。なかでも，高度な文明が発達したメソポタミアやエジプト⑨では，複雑で緊張した政治状況の連続から，多くの王朝が興亡を繰り返すことになる。

他方，古くからオリエントの影響を受けてきた東地中海沿岸では，エジプトとヒッタイト⑩の勢いが衰えると，独自の文明が開化した。クレタ（ミノア）文明に続く 11 文明の後，暗黒時代に陥った時期もあったとはいえ，前8世紀頃からこのギリシア世界の文明は装いを新たにし始める。ポリスと呼ばれる独立した都市国家が各地に建設され⑫，様々な政治制度や社会制度が実施されたのである。また，オリエントとは異なり，この地域では統一国家が形成されなかったものの，各地に建設された植民市との海上交易を通じて経済力も向上し，今日まで伝わる豊かな文化も数多く生み出された。しかし，オリエントから勢力を伸ばしてきた［ 13 ］との戦争を経て各都市間の対立が深まると，ポリス社会は変容していく。そして前4世紀には，すべてのポリスが新興の統一国家マケドニア⑭の支配下に置かれたのである。

問7 ⑧について。シュメール人の都市国家ウルクの王の冒険譚として知られる文学作品の名称として正しいものを，次の中から一つ選びなさい。

解答番号［ 7 ］

① 『デカメロン』　② 『ギルガメシュ叙事詩』

③ 『オデュッセイア』　④ 『叙情詩集』

⑤ 『イリアス』

問8 ⑨について。古代エジプトに関する記述として誤っているものを，次の中から一つ選びなさい。

解答番号［ 8 ］

① クフ王の治世にアマルナ美術が登場した。

② メンフィスは古王国時代の首都であった。

③ デモティック（民用文字）が使用された。

④ 新王国はヒクソスを追放して成立した。

問9 ⑩について。ヒッタイトに関する記述として正しいものを，次の中から一つ選びなさい。

解答番号［ 9 ］

① アッシリア王国に滅ぼされた。

② バビロン第1王朝（古バビロニア王国）を滅ぼした。

③ ミタンニ王国に服属した。

④ イスラエル王国を征服した。

問10 空欄［ 11 ］に入れるのに適当なものを，次の中から一つ選びなさい。

解答番号［ 10 ］

① パルテノン ② ミケーネ ③ フェニキア
④ オルメカ ⑤ クノッソス

問11 ⑫について。古代ギリシアに関する記述として誤っているものを，次の中から一つ選びなさい。

解答番号 11

① フェイディアスは「アテナ女神像」を製作した。
② テミストクレスはサラミスの海戦の勝利に貢献した。
③ アイスキュロスは『アガメムノン』を著した。
④ ペイシストラトスはペロポネソス戦争でアテネを指導した。

問12 空欄 13 に入れるのに適当なものを，次の中から一つ選びなさい。

解答番号 12

① セレウコス朝シリア ② メディア
③ ササン朝ペルシア ④ パルティア
⑤ アケメネス（アカイメネス）朝ペルシア

問13 ⑭について。マケドニアの王子アレクサンドロス（のちのアレクサンドロス大王）の教育係を務めた哲学者として正しいものを，次の中から一つ選びなさい。

解答番号 13

① プロタゴラス ② ゼノン ③ プラトン
④ アリストテレス ⑤ エピクロス

Ⅱ　次の文(1)・(2)を読み，下の問い（問1〜問13）に答えなさい。

(1) 14世紀のなかば，宋代に起源を持つ民間の宗教結社①が中心となり，元に対する大規模な反乱を引き起こした。貧農出身の朱元璋はこの反乱に身を投じて頭角をあらわすと，やがて各地の有力者や知識人などの協力を得て長江下流域を支配下におき，1368年に即位し，［　2　］に都を定めた。明の成立である。初代皇帝となった朱元璋は「洪武」という元号にちなみ，一般に洪武帝とよばれることが多い。

明が軍隊を北上させると，元の皇帝は大都を放棄してモンゴル高原へと退いた。こうして新たに中華の支配者となった洪武帝は，儒教と農民を基盤とする体制の実現を目指し，元末以来の混乱した社会の立て直しに取り組んだ。社会面では，父母への孝順などを説いた六諭を発布して民衆の教化を図るとともに，里甲制の実施などによって財政基盤を整えた③。一方，政治面では，元代に政務の中枢を担っていた中書省とその長官である丞相を廃止し，六部をはじめとする中央官庁や地方官を皇帝に直属させる集権体制を整備した。また，朱子学④を重視して官学として位置づけ，これに基づいて官僚の選抜試験を実施した。

洪武帝が亡くなると，その孫の建文帝が跡を継いで即位した。建文帝が諸王の勢力削減を図るなか，これに反発した燕王は兵を挙げて建文帝政権を討ち，自ら帝位についた。第三代の永楽帝である。永楽帝は都を自らの本拠地⑤に移すとともに，積極的な対外政策を展開した。北に向かっては，自らモンゴル高原に遠征し，また中国東北地域の女真人を従えた。一方，南に向かっては，ベトナムを一時的に占領したほか，［　6　］の宦官である鄭和に命じて艦隊をインド洋方面に派遣した。これは複数回実施され，その艦隊の一部は［　7　］にまで達した。この遠征によって南海諸国の明に対する朝貢が促されたが，これは一時的なものにとどまった。

問1　①について。この宗教結社として正しいものを，次の中から一つ選びなさい。

解答番号［　14　］

① 白蓮教　② 太平道　③ 五斗米道
④ 全真教　⑤ 回教

問2　空欄［　2　］に入れるのに適当なものを，次の中から一つ選びなさい。

解答番号［　15　］

① 広州 ② 臨安（杭州） ③ 金陵（南京）
④ 揚州 ⑤ 泉州

問3 ③について。このときに整備されたものとして正しいものを，次の中から二つ選び，解答番号16の欄を使用して二つの番号をマークしなさい。

解答番号 16

① 魚鱗図冊 ② 本草綱目 ③ 農政全書
④ 賦役黄冊 ⑤ 永楽大典

問4 ④について。朱子学の成立の経緯に関する記述として正しいものを，次の中から一つ選びなさい。

解答番号 17

① 唐の周敦頤にはじまり，北宋の朱熹によって大成された。
② 北宋の周敦頤にはじまり，南宋の朱熹によって大成された。
③ 南宋の周敦頤にはじまり，元の朱熹によって大成された。
④ 元の周敦頤にはじまり，明の朱熹によって大成された。

問5 ⑤について。永楽帝の本拠地に移された明の新たな都に関する記述として正しいものを，次の中から一つ選びなさい。

解答番号 18

① シルクロードの東の起着点であり，かつて隋や唐がここに都を置いた。
② 長江の下流域に位置し，かつて南宋がここに都を置いた。
③ 南中国と北中国を結ぶ物流拠点であり，かつて北宋がここに都を置いた。
④ 現在は中華人民共和国の首都となっている。

問6 空欄 6 ・ 7 に入れるのに適当な組み合わせを，次の中から一つ選びなさい。

解答番号 19

	空欄 6	空欄 7
①	マニ教徒	アフリカ東海岸
②	マニ教徒	アフリカ西海岸
③	イスラーム教徒	アフリカ東海岸
④	イスラーム教徒	アフリカ西海岸
⑤	キリスト教徒	アフリカ東海岸
⑥	キリスト教徒	アフリカ西海岸

(2) 16世紀に入ると，貿易統制を是とする明の対外政策そのものが動揺をきたすようになる。モンゴル高原では［ 8 ］が一大勢力となって明への侵入を繰り返し，一方，東南の沿岸部では［ 9 ］による密貿易や略奪などが激化した。これらは「北虜南倭」と総称され，商業活動が国際的に発展するなかで，貿易の利益を求める人々が，明の貿易統制を打ち破るべく，行動を先鋭化させたものであった。

また，西アジアやヨーロッパなどに輸出された陶磁器や生糸などの代価として，銀が大量に明に流入するようになると，これが明国内の貨幣経済と商品生産を促す一方で，物価の高騰や貧富格差の拡大など各種の問題を引き起こした。銀に基づく経済が社会に浸透していくなか，明の政府は税制を改め，各種の税や徭役を一括して銀で納付する［ 10 ］を施行した。

万暦帝の初期，⑪<u>政府は軍事費の増大などによって打撃を受けた国家財政の立て直しを図るが，その中央集権的な色あいの強い改革がかえって反発をまねき</u>，後に繰り広げられた党争とあいまって政治の混乱をきたした。

中国東北部では女真を統合したヌルハチが［ 12 ］を建て，彼を継いだホンタイジは内モンゴルのチャハル部を従えて国号を清と改め，チンギス=ハン以来の大ハンの位を継承した。1644年，明が李自成によって滅ぼされると，明の武将であった呉三桂の寝返りもあり，清は南下して李自成を打倒し，中華を支配下に置いた。

清の康熙帝は三藩の乱を鎮圧し，⑬<u>台湾の鄭氏政権</u>をくだして支配を安定させ，また勢力を拡大させる［ 14 ］との間にネルチンスク条約を結んだ。雍正帝も同国との間にキャフタ条約を締結し，これらの条約によって両国の境界と貿易に関わる取り決めが定められた。雍正帝を継いだ乾隆帝の時代に⑮<u>清の領域</u>は最大となり，最盛期を迎えた。

問7 空欄 [8]・[9] に入れるのに適当な組み合わせを，次の中から一つ選びなさい。

解答番号 [20]

	空欄 [8]	空欄 [9]
①	ティムール	前期倭寇
②	ティムール	後期倭寇
③	アルタン＝ハン	前期倭寇
④	アルタン＝ハン	後期倭寇

問8 空欄 [10] に入れるのに適当なものを，次の中から一つ選びなさい。

解答番号 [21]

① 地銀　② 一条鞭法　③ 両税法
④ 丁税　⑤ 地丁銀制

問9 ⑪について。万暦帝を補佐し，この改革を主導した人物として適当なものを，次の中から一つ選びなさい。

解答番号 [22]

① 徐光啓　② 張居正　③ 宋応星　④ 董其昌　⑤ 王守仁

問10 空欄 [12] に入れるのに適当なものを，次の中から一つ選びなさい。

解答番号 [23]

① 後梁　② 後晋　③ 後漢　④ 後金　⑤ 後周

問11 ⑬について。台湾の鄭氏政権に関する記述として誤っているものを，次の中から一つ選びなさい。

解答番号 [24]

① 鄭成功はイギリスから台湾を奪い，ここを拠点に反清活動を展開した。
② 鄭成功は明の国姓「朱」を名乗ることが許され，「国姓爺」の異名を得た。
③ 清は遷界令を公布して鄭氏政権の活動の封じ込めを図った。
④ 鄭氏政権は康熙帝の時代に清に降伏した。

問12　空欄 [14] に入れるのに適当なものを，次の中から一つ選びなさい。

解答番号 [25]

① ムガル帝国　② ロシア　③ コーカンド=ハン国
④ サファヴィー朝　⑤ ブハラ=ハン国

問13　⑮について。清はその領域のうちモンゴル，青海，チベット，新疆などを非直轄地として扱ったが，これらの地を統括するために設置された中央官庁として適当なものを，次の中から一つ選びなさい。

解答番号 [26]

① 都護府　② 軍機処　③ 理藩院　④ 藩鎮　⑤ 緑営

Ⅲ　次の文(1)〜(3)を読み，下の問い（問1〜問14）に答えなさい。

(1) 1789年から1799年にかけて，絶対王政のフランスで，旧制度（アンシャン=レジーム）①を大きく変える革命②が起こった。革命が始まってから激しい政治闘争が繰り広げられたが，革命の終結を望む穏健派が主導するかたちで1795年憲法（共和国第3年憲法）③が成立した。しかし，社会不安は継続し，混乱を収束させる力を持った指導者として，ナポレオン=ボナパルトに期待が寄せられるようになった。

ナポレオンは1799年11月に政府を打倒し，事実上の独裁政権を樹立した。1804年5月，ナポレオンは国民投票によって，圧倒的な支持とともに皇帝に就任した。

問1　①について。旧制度（アンシャン=レジーム）に関する記述として誤っているものを，次の中から一つ選びなさい。

解答番号 [27]

① 貴族が第一身分，聖職者が第二身分に属していた。
② 第一身分と第二身分は広大な土地と重要官職を占有していた。
③ 人口の9割以上は第三身分であった。
④ 第三身分の中には富をたくわえる者も存在した。

問2　②について。フランス革命初期の指導者として活躍し，『第三身分とは何か』

を著した人物として正しいものを，次の中から一つ選びなさい。

解答番号 28

① ラ＝ファイエット　② ロベスピエール　③ マラー
④ ミラボー　⑤ シェイエス

問3　③について。1795年憲法（共和国第3年憲法）に関する記述として誤っているものを，次の中から一つ選びなさい。

解答番号 29

① 制限選挙制が復活した。
② カトリックが国教とされた。
③ 二院制の議会が成立した。
④ 5人の総裁からなる総裁政府が樹立された。

(2)　1806年，ヨーロッパ大陸の大部分を支配下においたナポレオンは，大陸封鎖令④を発し，イギリスとの通商を全面的に禁止することをヨーロッパの諸国に強制した。イギリスの経済に打撃を与え，大陸をフランスの市場として確保するねらいがあったためである。彼は兄をスペイン王の地位につけるなどして，その勢力は絶頂期を迎えた。その一方，ナポレオンの制圧下にあったヨーロッパの諸国では外国の支配に反対して民族意識が成長した。まず，1808年5月，スペインで反乱が勃発した⑤。

1813年，ヨーロッパの諸国は解放戦争を起こし，[6]の戦い（諸国民戦争）でナポレオンを倒し，1814年にはパリを占領した。その結果ナポレオンは退位し，[7]が王位についた。1815年3月，ナポレオンは皇帝に復位したが，同年6月に[8]の戦いで敗れ，セントヘレナ島に流された。

問4　④について。大陸封鎖令はどの都市で発せられましたか。正しいものを，次の中から一つ選びなさい。

解答番号 30

① パリ　② モスクワ　③ ベルリン
④ ローマ　⑤ マドリード

問5　⑤について。この反乱を描いた画家として正しいものを，次の中から一つ選びなさい。

解答番号 31

① ムリリョ　② ダヴィッド　③ ベラスケス
④ ゴヤ　⑤ エル=グレコ

問6　空欄 6 ・ 8 に入れるのに適当な組み合わせを，次の中から一つ選びなさい。

解答番号 32

	空欄 6	空欄 8
①	ライプツィヒ	ワーテルロー
②	ライプツィヒ	アウステルリッツ
③	ワーテルロー	ライプツィヒ
④	ワーテルロー	アウステルリッツ
⑤	アウステルリッツ	ライプツィヒ
⑥	アウステルリッツ	ワーテルロー

問7　空欄 7 に入れるのに適当なものを，次の中から一つ選びなさい。

解答番号 33

① ルイ14世　② ルイ16世　③ ルイ18世
④ ルイ=ナポレオン　⑤ シャルル10世

(3)　19世紀後半， 9 や 10 がアフリカ内陸部を探検したことをきっかけとして，フランスやイギリスをはじめとするヨーロッパの大国は，この地域に次第に興味を示すようになった。1880年，コンゴ地域をめぐりヨーロッパ諸国が対立したため，1884年から1885年にかけて，アフリカの植民地化の原則が定められた。その後，ヨーロッパ列強はアフリカに押し寄せ，結果的にその大部分の分割が進んだ。

フランス⑪は，1881年に 12 を保護国化した後，サハラ砂漠地域を占領し，アフリカを横断してアフリカ大陸北東部に位置する 13 と連結することを試みた。この結果，フランスは縦断政策を標榜するイギリス⑭と衝突し，1898年にファショダ事件が起こったが，フランスが譲歩することによって問題は解決された。その後両国は接近し，1904年に英仏協商が締結された。

20世紀初頭には，アフリカ全土は，エチオピア帝国と［15］を除いて，ヨーロッパ列強の支配下となり，植民地化された。その多くが独立を達成するのは，20世紀後半になってからであった。1960年には一斉に17の新興独立国が誕生し，この年は⑯「アフリカの年」と呼ばれることとなった。

問8　空欄［9］・［10］に入れるのに適当な組み合わせを，次の中から一つ選びなさい。

解答番号［34］

	空欄［9］	空欄［10］
①	リヴィングストン	ヘディン
②	リヴィングストン	スタンリー
③	スコット	リヴィングストン
④	スコット	スタンリー
⑤	ヘディン	スタンリー
⑥	ヘディン	スコット

問9　⑪について。1880年代から1900年代初めにかけて，フランスでは共和派と右翼・王党派との激しい政治的争いがありました。その争いに関する記述として誤っているものを，次の中から一つ選びなさい。

解答番号［35］

① ドレフュス事件が起こった。
② 審査法が制定された。
③ 政教分離法が成立した。
④ ブーランジェ事件が起こった。

問10　空欄［12］に入れるのに適当なものを，次の中から一つ選びなさい。

解答番号［36］

① チュニジア　　② エリトリア　　③ エジプト

④　モロッコ　　⑤　カメルーン

問11　空欄 13 に入れるのに適当なものを，次の中から一つ選びなさい。

解答番号 37

①　カイロ　　②　ケープタウン　　③　タンジール
④　アガディール　　⑤　ジブチ

問12　⑭について。縦断政策を推進したイギリスに関する記述として誤っているものを，次の中から一つ選びなさい。

解答番号 38

①　トランスヴァール共和国とオレンジ自由国を併合した。
②　ウラービー運動を鎮圧し，エジプトを保護下に置いた。
③　スーダンで起こったマフディー運動を最終的に制圧した。
④　ゴードンの指導でケープ植民地から周辺に侵攻した。

問13　空欄 15 に入れるのに適当なものを，次の中から一つ選びなさい。

解答番号 39

①　チャド　　②　リベリア　　③　ギニア
④　リビア　　⑤　ナイジェリア

問14　⑯について。「アフリカの年」以前に独立した国として正しいものを，次の中から一つ選びなさい。

解答番号 40

①　アンゴラ　　②　ジンバブエ　　③　アルジェリア
④　ガーナ　　⑤　モザンビーク

政治・経済

（60分）

解答範囲は，解答番号［ 1 ］から［ 40 ］までです。

Ⅰ　次の(1)・(2)の文章を読み，下の問い（問1～問14）に答えなさい。

(1)　国家については，観察する角度によっていろいろな面があらわれるといえる。

たとえば，国家の一定のはたらきを政治とよぶことがあるが，この角度からは，国家は政治権力の担い手として見ることができる。［ A ］はこの政治権力を形式と内容から分析し，支配の正当性を類型化した。［ A ］によれば，［ B ］的支配とは［ B ］的権威や慣習による支配で，君主制などが典型例としてあげられる。これに対し，［ C ］的支配は非凡な能力や資質を持った者による支配であるとされる。また，国家として認められるための三要素として，領域・国民・主権があるといわれることがあるが，この角度からは，国家は法的な存在として見ることができる。領域に関連して，国連海洋法条約によれば，領海は基線から［ D ］海里以内で定めることができ，排他的経済水域は基線から［ E ］海里以内で設定することができる。また，領海は排他的経済水域に［ F ］とされている。主権の概念については，①フランスの思想家ボーダンが提唱したものといわれている。

他方で，法についてはいろいろな観点から分類することができるといわれている。

国際法と国内法の分類はその一つである。②国際法と国内法においては，立法機関や司法機関そして行政機関など法に関係する機関のあり方に違いがある。また，国内法についてはさらに詳細な定義・分類があり，③基本的な六つの法典を意味する六法，実体法と手続法，そして公法と私法といった定義・分類などがある。このうち，私法については④私的自治の原則が存在するといわれることがある。法についてはその特徴として強制力があげられることがあり，⑤刑罰などがその典型例である。

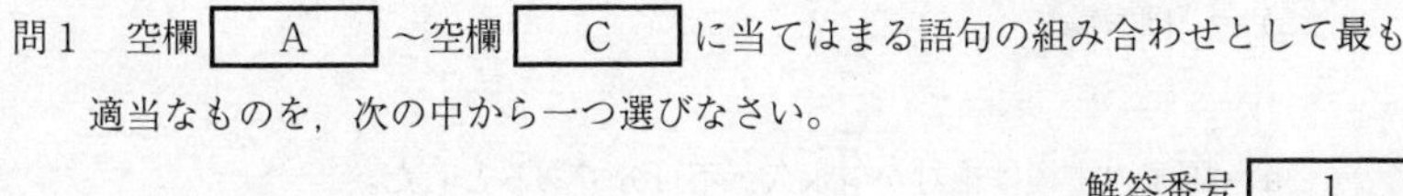

問1　空欄 A ～空欄 C に当てはまる語句の組み合わせとして最も適当なものを，次の中から一つ選びなさい。

解答番号 1

① A＝マックス＝ウェーバー　B＝伝統　C＝カリスマ
② A＝マックス＝ウェーバー　B＝合法　C＝伝統
③ A＝マックス＝ウェーバー　B＝カリスマ　C＝合法
④ A＝ミルトン＝フリードマン　B＝伝統　C＝カリスマ
⑤ A＝ミルトン＝フリードマン　B＝合法　C＝伝統
⑥ A＝ミルトン＝フリードマン　B＝カリスマ　C＝合法
⑦ A＝サン＝ピエール　B＝伝統　C＝カリスマ
⑧ A＝サン＝ピエール　B＝合法　C＝伝統
⑨ A＝サン＝ピエール　B＝カリスマ　C＝合法

問2　空欄 D ～空欄 F に当てはまる語句の組み合わせとして最も適当なものを，次の中から一つ選びなさい。

解答番号 2

① D＝10　E＝240　F＝含まれる
② D＝10　E＝240　F＝含まれない
③ D＝10　E＝200　F＝含まれる
④ D＝10　E＝200　F＝含まれない
⑤ D＝12　E＝240　F＝含まれる
⑥ D＝12　E＝240　F＝含まれない
⑦ D＝12　E＝200　F＝含まれる
⑧ D＝12　E＝200　F＝含まれない

問3　下線部①について。ボーダンが主権論を展開した著書として正しいものをあ～う から選び，その内容をａ～ｃから選んだときの組み合わせとして最も適当なものを，次の中から一つ選びなさい。

解答番号 3

あ＝『国富論』
い＝『統治二論（市民政府二論）』

う＝『国家論』

a＝国家の主権は絶対かつ永久・不可分であるとした。

b＝国家の主権は国民の信任にもとづくとした。

c＝国家の主権は国民の自然権を守るためにあるとした。

① あ・a　② い・a　③ う・a
④ あ・b　⑤ い・b　⑥ う・b
⑦ あ・c　⑧ い・c　⑨ う・c

問4　下線部②について。立法機関，司法機関，行政機関に関連する記述ア～ウから，国際法における法に関係する機関のあり方についての記述として正しいものをすべて選んだものとして最も適当なものを，次の中から一つ選びなさい。

解答番号 4

ア　一般的な立法機関は存在しないが，国家などの合意で条約が成立することがある。

イ　一般的な司法機関として裁判所があり，一方当事者の訴えにより強制的に管轄が発生する。

ウ　一般的な行政機関は存在しないが，一部の機能を国際機関が補完することがある。

① ア　② イ　③ ウ
④ ア・イ　⑤ ア・ウ　⑥ イ・ウ　⑦ ア・イ・ウ

問5　下線部③について。六法，実体法と手続法に関連する記述として最も適当なものを，次の中から一つ選びなさい。

解答番号 5

① 六法のうち刑法は手続法であり，刑事事件に関する手続を一般的に定める法である。

② 六法のうち民法は手続法であり，民事事件に関する手続を一般的に定める法である。

③　六法に含まれる手続法として，三つの法律が実体法に対応して定められている。

④　六法に含まれない手続法として，行政事件訴訟法や行政手続法などが定められている。

問6　下線部④について。私的自治の原則に関する記述として最も適当なものを，次の中から一つ選びなさい。

解答番号 6

①　私的自治の原則とは，コーポレート - ガバナンスの原則ともいい，企業の意思決定のしくみに関する原則である。

②　私的自治の原則とは，私人間の権利義務関係について，その自由な意思にまかせ国家は干渉しないとする原則である。

③　私的自治の原則とは，地方公共団体が団体として自律的な政治をおこなうという原則である。

④　私的自治の原則とは，地方公共団体の政治を住民自身またはその代表者がおこなうという原則である。

問7　下線部⑤について。日本における刑罰に関する記述として最も適当なものを，次の中から一つ選びなさい。

解答番号 7

①　最高裁判所の判例には，尊属殺について一般の殺人よりも重い刑罰を定めた規定が憲法に違反するとしたものがある。

②　最高裁判所の判例には，死刑について定めた規定が残虐な刑罰にあたるとして憲法に違反するとしたものがある。

③　刑法には刑罰の種類として懲役（ちょうえき）刑が定められており，一回の刑事裁判で下される有期懲役刑の長さは100年以上になることがある。

④　刑法には刑罰の種類として禁錮（きんこ）刑が定められており，禁錮刑では刑務所内での労働が義務とされている。

(2)　大日本帝国憲法下では女性は選挙権①の保障について争いがあったなど法令上も低い地位にあった。②日本国憲法の14条は平等原則を定め，差別のある社会を否定した。

性別を理由とした不合理な差別扱いも憲法で明示的に禁止された。しかし憲法でそう定められたからといって現実の差別扱いがただちになくなったわけではない。憲法制定後も女性に対する不合理な差別は存在した。

1981年に最高裁は，ある自動車メーカーの就業規則において定年を男性は［　A　］歳で女性は［　B　］歳とする女性若年定年制がとられていたことを［　C　］と判断した。2015年には最高裁は，③女性のみに6か月の再婚禁止期間を定めた民法733条1項（当時）を不合理な差別扱いと判断した。

また④「男性は仕事，女性は家事・育児」という例のような「男らしさ，女らしさ」についての人々の意識を背景に社会の中でも女性差別は存続してきた。

社会におけるそうした男女差別を解消するべく，1985年には男女雇用機会均等法が制定され女性の社会進出を促した。⑤この法律は，1997年に改正され，職場での女性に対する許されない言動の防止義務を事業主に課した。

さらに現行の民法750条は，婚姻の際に夫婦いずれか一方の姓を選択すべきことを定めているが，多くの夫婦が夫の姓を選択しているという現実がある。そうした現実を解消するべく⑥選択的夫婦別姓制度を導入するために民法を改正すべきとの意見もある。

問8　下線部①について。選挙権に関する記述として最も適当なものを，次の中から一つ選びなさい。

解答番号［　8　］

① 1925年の衆議院議員総選挙では，直接国税10円以上を納めた満25歳以上の男子のみに選挙権が与えられていた。

② 1925年の衆議院議員総選挙では，納税額にかかわらず満25歳以上の男女に選挙権が与えられていた。

③ 1946年の衆議院議員総選挙では，納税額にかかわらず満20歳以上の男女に選挙権が与えられていた。

④ 1946年の衆議院議員総選挙では，納税額にかかわらず満18歳以上の男女に選挙権が与えられていた。

問9　下線部②について。憲法14条に，それによって差別をしてはならない理由として明記されたものとして最も適当なものを，次の中から一つ選びなさい。

解答番号 [9]

① 住所　② 出身地　③ 非嫡出子　④ 民族
⑤ 信条　⑥ 身体障害　⑦ 病気　⑧ 国籍

問10 空欄 [A] ～空欄 [C] に当てはまる数字や語句の組み合わせとして最も適当なものを，次の中から一つ選びなさい。

解答番号 [10]

① A＝55　B＝50　C＝不合理な差別扱い
② A＝65　B＝55　C＝不合理な差別扱い
③ A＝65　B＝60　C＝不合理な差別扱い
④ A＝55　B＝50　C＝合理的理由のある区別扱い
⑤ A＝65　B＝55　C＝合理的理由のある区別扱い
⑥ A＝65　B＝60　C＝合理的理由のある区別扱い

問11 下線部③について。女性の再婚禁止期間についての2015年の最高裁判決に関する記述として最も適当なものを，次の中から一つ選びなさい。

解答番号 [11]

① 再婚禁止期間は母体を保護するためのものであるが，期間は３か月で十分であるとした。
② 再婚禁止期間は生まれてくる子が前の夫の子か後の夫の子か分からなくなるのを避けるためのものであるが，期間は３か月で十分であるとした。
③ 再婚禁止期間は母体を保護するためのものであるが，期間は100日で十分であるとした。
④ 再婚禁止期間は生まれてくる子が前の夫の子か後の夫の子か分からなくなるのを避けるためのものであるが，期間は100日で十分であるとした。

問12 下線部④について。「男らしさ，女らしさ」などについての社会的につくられた性差をあらわす語句として最も適当なものを，次の中から一つ選びなさい。

解答番号 [12]

① マイノリティ　② ＬＧＢＴ
③ ポジティブ‐アクション　④ イクメン
⑤ ジェンダー　⑥ ワーク‐ライフ‐バランス

問13　下線部⑤について。1997年の改正男女雇用機会均等法で事業主に課された義務として最も適当なものを，次の中から一つ選びなさい。

解答番号 13

① パワー - ハラスメントを防止する義務
② マタニティ - ハラスメントを防止する義務
③ セクシャル - ハラスメントを防止する義務
④ ドメスティック - バイオレンスを防止する義務
⑤ アカデミック - ハラスメントを防止する義務
⑥ レイシャル - ハラスメントを防止する義務

問14　下線部⑥について。選択的夫婦別姓制度に関する記述として最も適当なものを，次の中から一つ選びなさい。

解答番号 14

① 選択的夫婦別姓制度とは，婚姻後も夫婦がそれぞれに婚姻前の姓を通称として使用できる制度である。
② 選択的夫婦別姓制度とは，婚姻時に夫婦が合意した場合に婚姻後も夫婦ともに婚姻前の姓を維持できる制度である。
③ 選択的夫婦別姓制度とは，婚姻時に夫婦が合意した場合に婚姻後に新しい姓をつくることができる制度である。
④ 選択的夫婦別姓制度とは，すべての夫婦がそれぞれに婚姻後も婚姻前の姓を維持する制度である。

Ⅱ　次の(1)・(2)の文章を読み，下の問い（問1〜問13）に答えなさい。

(1)　ＧＤＰ（国内総生産）は，国民経済の量的な大きさを示す指標であり，一定期間（普通は1年間）に一国内で新たに生産された付加価値の総計を意味する。ＧＤＰをみる上では，それが生産量の変動のみを反映しているか否かに注意を払わねばならない。当該年の市場価格に従って算出された名目ＧＤＰ①は，生産量の変動に加えて，物価の変動まで反映してしまう。この名目ＧＤＰから物価の変動の影響を除いた指標が実質ＧＤＰである。経済活動の規模が拡大することを経済成長という。経済成長を示す指標として，通常は実質経済成長率が使われる②。

1950年代半ばから1970年代初めまで，日本は年平均実質経済成長率10％前後という高度経済成長③をとげた。1971年にニクソン‐ショック④，1973年に第一次石油危機がおき，日本経済は調整を迫られることになった。日本の高度経済成長は終わり，実質経済成長率が約4％の安定成長の時代に入った。1980年代後半，バブル経済が発生し，日本経済は平成景気（バブル景気）に沸いた⑤。しかし1990年代⑥にはいるとバブル経済は崩壊し，以降，日本は，長期にわたり停滞することとなった。景気回復をはかるために，日本銀行は様々な金融政策を実施した⑦。

問1　下線部①について。2019年の日本の名目ＧＤＰの金額に一番近い金額として最も適当なものを，次の中から一つ選びなさい。

解答番号　15

①　5兆6000億円　　②　56兆円　　③　560兆円
④　5600兆円　　⑤　5京6000兆円

問2　下線部②について。次の表は，ある国の2010年と2011年の名目ＧＤＰとＧＤＰデフレーターを示したものである。この国の2011年の実質ＧＤＰと2011年の実質経済成長率に関する記述として最も適当なものを，次の中から一つ選びなさい。

解答番号　16

	名目ＧＤＰ	ＧＤＰデフレーター
2010年	5600億円	100
2011年	6060億円	101

① 実質ＧＤＰは6060億円以上であり，実質経済成長率は８％以上である。

② 実質ＧＤＰは6060億円以上であり，実質経済成長率は８％未満である。

③ 実質ＧＤＰは6060億円未満であり，実質経済成長率は８％以上である。

④ 実質ＧＤＰは6060億円未満であり，実質経済成長率は８％未満である。

問３　下線部③について。高度経済成長期の好景気ア～エを年代が古い順に並べたものとして最も適当なものを，次の中から一つ選びなさい。

解答番号 17

ア　いざなぎ景気　　イ　岩戸景気

ウ　オリンピック景気　　エ　神武景気

① ア→イ→エ→ウ

② ア→エ→ウ→イ

③ イ→ア→エ→ウ

④ イ→エ→ウ→ア

⑤ エ→ア→イ→ウ

⑥ エ→イ→ウ→ア

問４　下線部④について。ニクソン‐ショックに関する記述として最も適当なものを，次の中から一つ選びなさい。

解答番号 18

① ニクソンによって日本に派遣されたドッジの指導の下で，日本では厳しい財政引き締め政策（ドッジ‐ライン）がとられた。

② ニクソンによって日本に派遣されたシャウプはシャウプ勧告をおこない，日本の税制を直接税（所得税）中心主義に転換させた。

③ プラザ合意が成立し，ドル高が是正された。

④ ドル危機を背景に，アメリカは金・ドル交換を停止した。

問５　下線部⑤について。平成景気（バブル景気）に沸いた日本経済に関連する記述として最も適当なものを，次の中から一つ選びなさい。

解答番号 19

① 実質経済成長率が10%を上回る年があった。

② ほぼ完全雇用の状況にあり，失業率が0.5%を下回る年があった。

③ 消費全体に広く薄く課税する消費税が導入された。

④ 機動的な財政政策を行うため，戦後はじめて赤字国債が発行された。

問6　下線部⑥について。1990年代におきた出来事に関する記述として最も適当なものを，次の中から一つ選びなさい。

解答番号 20

① フリー・フェア・グローバルをかかげた日本版金融ビッグバンがおこなわれた。

② 日本は，狂乱物価とよばれるはげしいインフレとスタグフレーションを経験した。

③ アメリカでリーマン‐ショックがおこり，世界金融危機が発生した。

④ G7によって，ドルの急落を抑えるためにルーブル合意がかわされた。

問7　下線部⑦について。日本銀行の金融政策の出来事A～Cを年代が古い順に並べたものとして最も適当なものを，次の中から一つ選びなさい。

解答番号 21

A　日本銀行は，ゼロ金利政策をはじめて導入した。

B　日本銀行は，マイナス金利政策をはじめて導入した。

C　日本銀行は，量的緩和政策をはじめて導入した。

① A→B→C　② A→C→B　③ B→A→C

④ B→C→A　⑤ C→A→B　⑥ C→B→A

(2)　企業とは，生産活動をおこなう経済主体である。企業には，国や地方公共団体が出資し，経営する公企業①や，民間が出資し，経営する私企業などがある。さらに，②私企業は，個人が自己の財産を用いて自ら経営にあたる個人企業と，株式会社，合名会社，合資会社，合同会社などの法人企業に大別することができる。なかでも株式会社は，最も代表的な企業形態の一つである。

株式会社は株式を発行し，これによって集めた資本金③で設立・運営される。特に証券取引所に上場④している株式会社は，より多くの資金を効率的に集めることができる。株式会社の目的は，事業を通じて利益をあげることにある。利益とは，一定期間における売上高から生産などにともなう費用を差し引いたものになる。なお，株式会社の一定期間の利益を算定する計算書のことを損益計算書⑤という。また，利益は株主に対して分配されることもある。

企業は，自らの活動が社会におよぼす影響についても配慮する必要がある。このため，企業は法令遵守（ a ）を徹底させ，利害関係者に対して，企業の社会的責任を果たさなければならない。地域社会におけるボランティア活動などの慈善事業（ b ）や，芸術・文化への支援活動（ c ）などをおこなうことも，企業の社会的責任の一つである。

問8　下線部①について。公企業に関する記述として最も不適当なものを，次の中から一つ選びなさい。

解答番号 22

① 造幣局は，公企業である。
② 日本政策金融公庫は，公企業である。
③ 国民生活センターは，公企業である。
④ 農業協同組合は，公企業である。

問9　下線部②について。私企業の形態別分類に関する後の問い(ア)・(イ)に答えなさい。

(ア) 次の図は，2016年現在における企業数の形態別構成比を示したものである。図中のA〜Cに当てはまる語句の組み合わせとして最も適当なものを，次の中から一つ選びなさい。

解答番号 23

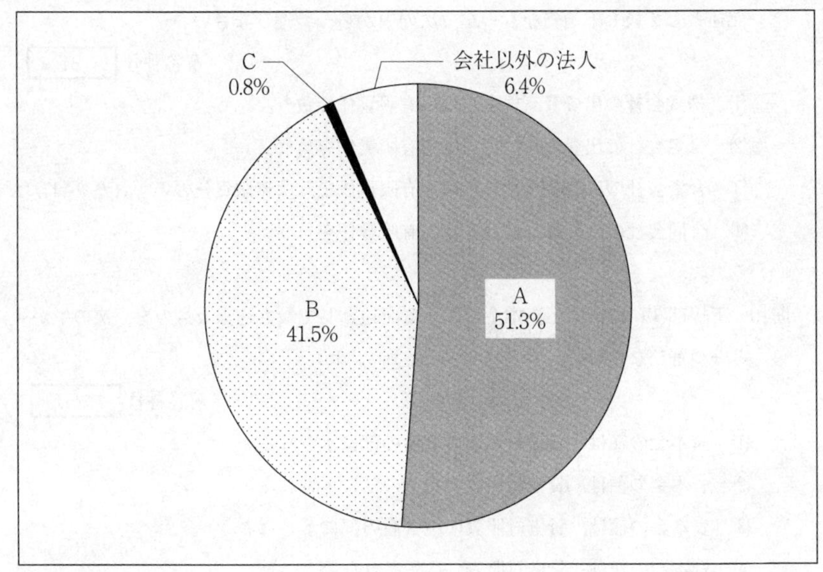

資料：「平成28年経済センサス活動調査」より作成

注：「株式会社など」には，株式会社のほかに，有限会社，相互会社が含まれている。

① A＝個人企業　B＝株式会社など
C＝合名会社・合資会社・合同会社

② A＝個人企業　B＝合名会社・合資会社・合同会社
C＝株式会社など

③ A＝株式会社など　B＝個人企業
C＝合名会社・合資会社・合同会社

④ A＝株式会社など　B＝合名会社・合資会社・合同会社
C＝個人企業

⑤ A＝合名会社・合資会社・合同会社　B＝株式会社など
C＝個人企業

⑥ A＝合名会社・合資会社・合同会社　B＝個人企業
C＝株式会社など

(イ)　株式会社，合名会社，合資会社，合同会社それぞれの出資者の責任に関する記述として最も不適当なものを，次の中から一つ選びなさい。

解答番号 24

① 株式会社の出資者（株主）は，有限責任を負う。

② 合名会社の出資者（社員）は，有限責任を負う。

③ 合資会社の出資者（社員）は，有限責任または無限責任のいずれかを負う。

④ 合同会社の出資者（社員）は，有限責任を負う。

問10 下線部③について。資本金に関する記述として最も適当なものを，次の中から一つ選びなさい。

解答番号 25

① 資本金の額は，貸借対照表の資産の部に示される。

② 資本金の額は，貸借対照表の負債の部に示される。

③ 資本金の額は，貸借対照表の純資産の部に示される。

④ 資本金の額は，貸借対照表には示されない。

問11 下線部④について。次の図は，市場区分別の上場会社数の推移を示したものである。図中のD～Fに当てはまる語句の組み合わせとして最も適当なものを，次の中から一つ選びなさい。

解答番号 26

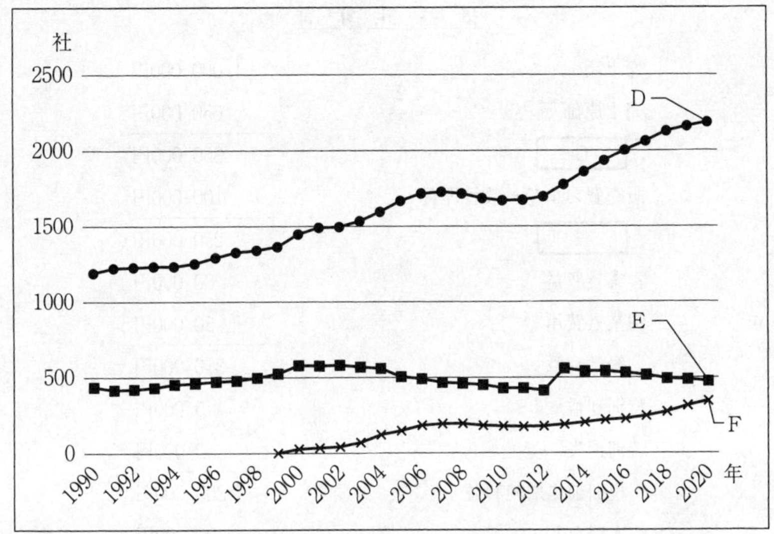

資料：日本証券取引所グループ資料より作成

① D＝東証第一部　E＝マザーズ　F＝東証第二部

② D＝東証第一部　E＝東証第二部　F＝マザーズ

③ D＝マザーズ　E＝東証第一部　F＝東証第二部

④ D＝マザーズ　E＝東証第二部　F＝東証第一部

⑤ D＝東証第二部　E＝マザーズ　F＝東証第一部

⑥ D＝東証第二部　E＝東証第一部　F＝マザーズ

問12　下線部⑤について。次の損益計算書における空欄［ G ］～空欄［ I ］に当てはまる語句の組み合わせとして最も適当なものを，次の中から一つ選びなさい。

解答番号［ 27 ］

損　益　計　算　書

売上高	1,000,000円
売上原価	650,000円
[G]	350,000円
販売費および一般管理費	100,000円
[H]	250,000円
営業外収益	80,000円
営業外費用	30,000円
経常利益	300,000円
特別利益	5,000円
特別損失	2,000円
税引前当期純利益	303,000円
法人税など	90,000円
[I]	213,000円

① G＝営業利益　H＝売上総利益　I＝当期純利益
② G＝営業利益　H＝当期純利益　I＝売上総利益
③ G＝当期純利益　H＝営業利益　I＝売上総利益
④ G＝当期純利益　H＝売上総利益　I＝営業利益
⑤ G＝売上総利益　H＝当期純利益　I＝営業利益
⑥ G＝売上総利益　H＝営業利益　I＝当期純利益

問13　空欄 [a] ～空欄 [c] に当てはまる語句の組み合わせとして最も適当なものを，次の中から一つ選びなさい。

解答番号 [28]

① a＝メセナ　b＝フィランソロピー　c＝コンプライアンス
② a＝メセナ　b＝コンプライアンス　c＝フィランソロピー
③ a＝コンプライアンス　b＝メセナ　c＝フィランソロピー
④ a＝コンプライアンス　b＝フィランソロピー　c＝メセナ
⑤ a＝フィランソロピー　b＝メセナ　c＝コンプライアンス
⑥ a＝フィランソロピー　b＝コンプライアンス　c＝メセナ

Ⅲ　次の(1)・(2)の文章を読み，下の問い（問1～問12）に答えなさい。

(1)　日本の公害問題は，高度経済成長期に深刻化した。全国でさまざまな産業公害が発生し，なかでも水俣病，新潟水俣病，四日市ぜんそく，イタイイタイ病は四大公害①として知られている。公害は，人の健康や生活環境に対して被害をおよぼし，一度生じた被害は金銭で完全に償われるものではない。そこで，公害を未然に防止するために，環境権②が主張されるようになった。しかし，日本の環境保全についての基本理念が定められている環境基本法③において，環境権は明文化されていない。

2011年3月の東日本大震災による福島第一原子力発電所の事故は，世界原発史上に残る甚大な被害を出している。石油危機以降，石油にかわるエネルギー源④の一つとして，原子力発電が着目されてきたが，原子力発電所の事故は，エネルギー利用のあり方を見直すきっかけとなった。エネルギーをめぐる動向⑤は多岐にわたるが，太陽光や風力，水力などの再生可能エネルギーが，新しいエネルギー源として期待されている。

国際的には，温室効果ガス削減に向けた枠組みとしてパリ協定⑥が採択されている。地球環境の保全に向けて，今後どのように必要なエネルギーをまかなっていくのかが問われている。

問1　下線部①について。次の表は，四大公害訴訟の概要を示したものである。表中のA～Dに当てはまる語句の組み合わせとして最も適当なものを，次の中から一つ選びなさい。

解答番号　29

	水俣病	イタイイタイ病	新潟水俣病	四日市ぜんそく
被害地域	熊本県水俣湾周辺	富山県神通川流域	新潟県阿賀野川流域	三重県四日市市周辺
原因	工場排水の中の有機水銀	鉱山から流出したカドミウム	工場排水の中の有機水銀	工場からの亜硫酸ガス
被告	A	B	C	D

①　A＝昭和電工　B＝三菱油化ほか　C＝チッソ　D＝三井金属鉱業

② A＝昭和電工 B＝三井金属鉱業 C＝チッソ
D＝三菱油化ほか
③ A＝三井金属鉱業 B＝チッソ C＝三菱油化ほか
D＝昭和電工
④ A＝三井金属鉱業 B＝昭和電工 C＝三菱油化ほか
D＝チッソ
⑤ A＝チッソ B＝三菱油化ほか C＝昭和電工
D＝三井金属鉱業
⑥ A＝チッソ B＝三井金属鉱業 C＝昭和電工
D＝三菱油化ほか
⑦ A＝三菱油化ほか B＝チッソ C＝三井金属鉱業
D＝昭和電工
⑧ A＝三菱油化ほか B＝昭和電工 C＝三井金属鉱業
D＝チッソ

問2 下線部②について。環境権に関連する記述として最も不適当なものを，次の中から一つ選びなさい。

解答番号 30

① 大阪空港公害訴訟で最高裁は，環境権を認めたものの訴えを却下した。
② 環境権の一部として，日照権・眺望権・静穏権などが主張されている。
③ 環境権の根拠は，日本国憲法第13条（幸福追求権），第25条（生存権）に求められる。
④ 知る権利やプライバシーの権利，環境権は新しい人権とよばれている。

問3 下線部③について。環境基本法で明文で規定されている公害（いわゆる典型七公害）として最も適当なものを，次の中から一つ選びなさい。

解答番号 31

① 交通渋滞 ② 地球温暖化 ③ 騒音
④ 酸性雨 ⑤ オゾン層破壊

問4　下線部④について。次の図は，2017年における各国の一次エネルギー供給構成を示したものである。図中のa～cに当てはまる国名の組み合わせとして最も適当なものを，次の中から一つ選びなさい。

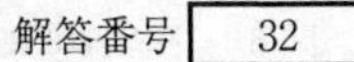
解答番号 32

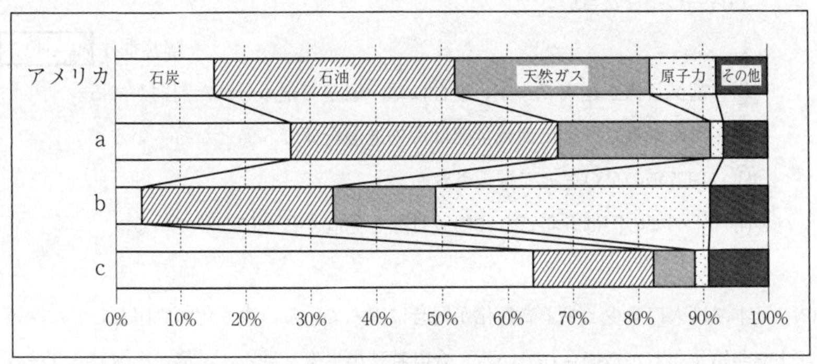

資料：『世界国勢図会　2020／21年版』より作成

① a＝中国　b＝フランス　c＝日本
② a＝中国　b＝日本　c＝フランス
③ a＝日本　b＝フランス　c＝中国
④ a＝日本　b＝中国　c＝フランス
⑤ a＝フランス　b＝中国　c＝日本
⑥ a＝フランス　b＝日本　c＝中国

問5　下線部⑤について。エネルギーをめぐる動向に関する記述として最も不適当なものを，次の中から一つ選びなさい。

解答番号 33

① アメリカなどでは，新たな資源であるシェールガスを採掘する技術が実用化されている。
② 福島第一原子力発電所事故を契機として，ドイツやイタリアでは原子力発電の廃止や脱原発を決定した。
③ 再生可能エネルギーによって発電した電力を，一定期間電力会社に買い取らせる制度が日本でも実現している。

④　コンピュータで電力需要を把握し，効率的に電気を送るためのシステムとして，コージェネレーションの開発が進められている。

問6　下線部⑥について。パリ協定に関する記述として最も適当なものを，次の中から一つ選びなさい。

解答番号 34

①　削減目標を達成できない場合には，協定で定められた罰則がある。

②　温室効果ガス排出削減目標は，先進国全体で５％となっている。

③　1997年のＣＯＰ３で採択された。

④　すべての国は５年ごとに削減目標を見直すことになっている。

(2)　日本では人口減少と少子高齢化が同時に進んでいる。少子化の原因として，晩婚化や非婚化などが指摘されている。合計特殊出生率①を見ると，第一次ベビーブーム（1947～49年）時には最大4.54であったものが，第二次ベビーブーム（1971～74年）時では同2.16となった。この値はさらに低下し，2005年には1.26と史上最低を記録した。その後，若干の回復を見せたとはいえ，2020年の合計特殊出生率は，現在の日本の人口を将来にわたって維持する水準にはいたっていない。

一方で，生活水準の向上や医療の進歩，社会保障制度の整備などから，平均寿命はのびており，高齢者数が増加するだけでなく，一人暮らしの高齢者や高齢者のいる世帯数②も増えている。人口の高齢化を反映して死亡数は増加傾向にあり，同時に少子化が進展していくことで，日本の人口はさらに減少していくことが見込まれている。

少子化対策③として，例えば，認定こども園の普及・促進による子育て支援などが進められている。また高齢社会に対応④するために，介護保険制度や後期高齢者医療制度による介護・医療制度改革などが進められている。少子高齢化が進行していくなか，少ない現役世代で多くの高齢者を支えること⑤について様々な課題が指摘されている。

人口減少は国内需要を減少させたり，労働力不足をおこしたりすることで，経済成長に大きな影響を与える恐れがあるとされる。日本の高度経済成長期は，［あ］が相対的に多くなる［い］の状態になっていたとされる。しかし1990年代後半より［あ］は減少傾向に転じており，現在の日本は［う］の状態になっているとされる。人口が減少することを前提に，どのような社会を構築していくのか，今後の日本にとって大きな課題となっている。

問 7　下線部①について。次の図は1970～2015年のアメリカ，韓国，ドイツ，日本，フランスの合計特殊出生率の推移を示したものである。図中のA～Cに当てはまる国名の組み合わせとして最も適当なものを，次の中から一つ選びなさい。

解答番号 35

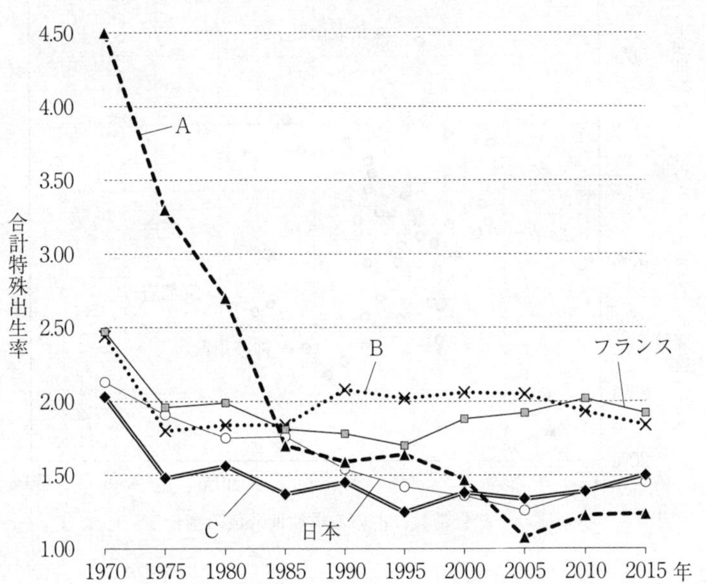

資料：国立社会保障・人口問題研究所「人口統計資料集　2021年版」より作成

① A＝アメリカ　B＝韓国　C＝ドイツ

② A＝アメリカ　B＝ドイツ　C＝韓国

③ A＝韓国　B＝アメリカ　C＝ドイツ

④ A＝韓国　B＝ドイツ　C＝アメリカ

⑤ A＝ドイツ　B＝アメリカ　C＝韓国

⑥ A＝ドイツ　B＝韓国　C＝アメリカ

問8 下線部②について。次の図は日本における2015年の総世帯数に占める単独世帯（一人暮らしの世帯）数の割合と，単独世帯数に占める65歳以上世帯数の割合を，都道府県別に示している。また，図中のE～Gは，東京都，滋賀県，秋田県のいずれかを示している。E～Gに当てはまる都県名の組み合わせとして最も適当なものを，次の中から一つ選びなさい。

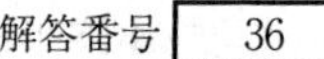
解答番号 36

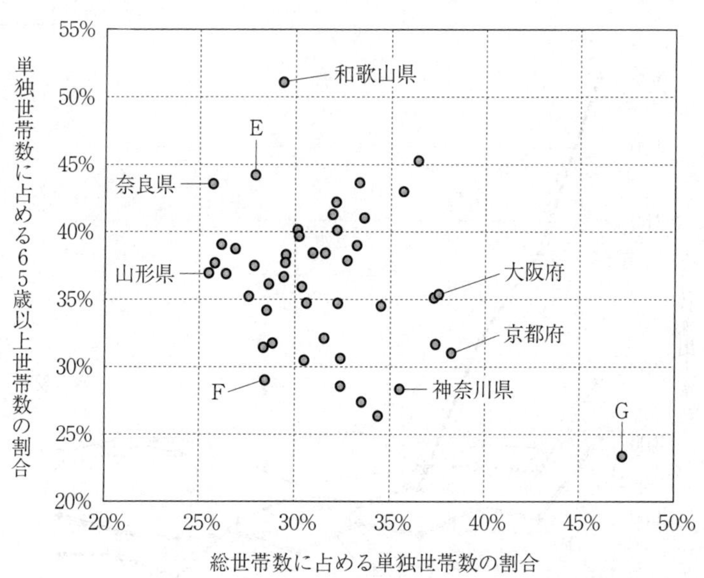

資料：「平成27年国勢調査」より作成

① E＝東京都 F＝滋賀県 G＝秋田県
② E＝東京都 F＝秋田県 G＝滋賀県
③ E＝滋賀県 F＝東京都 G＝秋田県
④ E＝滋賀県 F＝秋田県 G＝東京都
⑤ E＝秋田県 F＝東京都 G＝滋賀県
⑥ E＝秋田県 F＝滋賀県 G＝東京都

問９　下線部③について。少子化対策や子育て支援に対する取り組みに関する記述として最も不適当なものを，次の中から一つ選びなさい。

解答番号 37

① 居住地域の平均所得金額に応じて支給額が決まる児童手当のほかに，出産祝金や入学祝金などを独自に支給して子育てを支援する地方自治体がある。

② 保護者の就労の有無にかかわらず利用できる認定こども園は，新たに設置されるだけでなく，既存の幼稚園や保育所を活用して設置される場合もある。

③ 2003年に制定された少子化社会対策基本法では，雇用環境の整備，地域社会における子育て支援体制の整備などを基本的施策として定めている。

④ 2009年に改正された育児・介護休業法では，３歳までの子を養育する労働者に対して短時間勤務制度を導入することが事業主に義務化された。

問10　下線部④について。高齢化する社会に対する取り組みに関する記述として最も適当なものを，次の中から一つ選びなさい。

解答番号 38

① 基礎年金制度は，国民年金を全員加入の基礎年金とし，自営業者や学生などが加入する厚生年金保険を，公務員の加入する共済年金に一元化した。

② 後期高齢者医療制度は，高齢者の医療需要の増大や国民健康保険の財政の悪化から，被保険者を60歳以上に限定した。

③ 公的介護保険制度は，20歳以上の国民から保険料を徴収し，一定の要件のもとで介護サービスを利用できることを保障している。

④ 高年齢者雇用安定法は，定年引き上げ，継続雇用制度の導入，定年の定めの廃止などの措置を講じることを事業主に求めている。

問11　下線部⑤について。次の表は日本およびケニア，タイ，バングラデシュのいずれかについて，65歳以上人口１人に対する15～64歳人口の人数を，1985年と2015年について示したものである。また次の図は，日本およびケニア，タイ，バングラデシュのいずれかについて，2015年の人口ピラミッドを示したものである。表中のカ～クおよび図中のＪ～Ｌの組み合わせとして最も適当なものを，次の中から一つ選びなさい。

解答番号 39

表　65歳以上人口１人に対する15～64歳人口の人数

国	1985年	2015年
日本	6.7人	2.3人
カ	15.4人	6.7人
キ	17.6人	12.9人
ク	17.9人	26.9人

資料：国連「World Population Prospects 2019」より作成

図　人口ピラミッド（2015年）

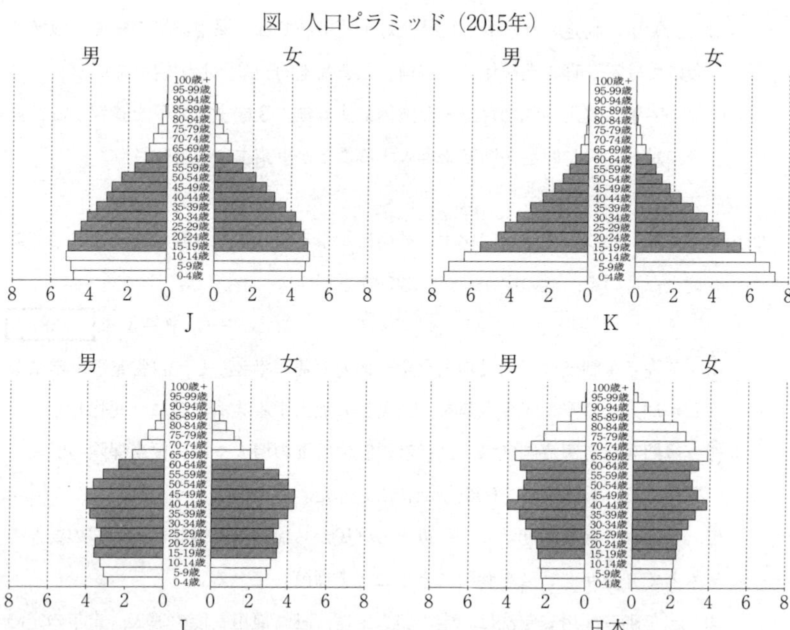

資料：国連「World Population Prospects 2019」より作成
注：横軸は総人口に占める割合（%）

① カ＝J　キ＝K　ク＝L

② カ＝J　キ＝L　ク＝K

③ カ＝K　キ＝J　ク＝L

④ カ＝K　キ＝L　ク＝J

⑤ カ＝L　キ＝J　ク＝K

⑥ カ＝L　キ＝K　ク＝J

問12　空欄［あ］～空欄［う］に当てはまる語句の組み合わせとして最も適当なものを，次の中から一つ選びなさい。

解答番号［40］

① あ＝老年人口　い＝人口爆発　う＝人口ボーナス
② あ＝老年人口　い＝人口オーナス　う＝人口ボーナス
③ あ＝老年人口　い＝人口ボーナス　う＝人口オーナス
④ あ＝生産年齢人口　い＝人口爆発　う＝人口ボーナス
⑤ あ＝生産年齢人口　い＝人口オーナス　う＝人口ボーナス
⑥ あ＝生産年齢人口　い＝人口ボーナス　う＝人口オーナス
⑦ あ＝年少人口　い＝人口爆発　う＝人口ボーナス
⑧ あ＝年少人口　い＝人口オーナス　う＝人口ボーナス
⑨ あ＝年少人口　い＝人口ボーナス　う＝人口オーナス

数学

◀数学Ⅰ・Ⅱ・A・B▶

(60分)

Ⅰ 次の問いに答えなさい。ただし，$\log_{10}2=0.301$，$\log_{10}3=0.477$ とする。

(1) $\log_{10}\dfrac{16}{27}$ を求めなさい。

(2) $2^{4n+1}<3^{3(n-1)}$ となる最小の自然数 n を求めなさい。

Ⅱ $0\leqq\theta<2\pi$ とする。このとき，次の問いに答えなさい。

(1) $\sqrt{3}\sin^2\theta+(1+\sqrt{3})\sin\theta\cos\theta+\cos^2\theta=0$ を解きなさい。

(2) $\sqrt{3}\sin^2\theta+(1+\sqrt{3})\sin\theta\cos\theta+\cos^2\theta<0$ を満たす θ の範囲を求めなさい。

Ⅲ　縦 60 cm，横 30 cm の長方形の厚紙の四隅からそれぞれ一辺の長さが x cm の正方形を切り取り，ふたのない直方体の箱を作る（下図を参照）。箱の容積を $V(x)$ とするとき，次の問いに答えなさい。

(1)　$V(x)$ を求めなさい。

(2)　x が変化するとき，$V(x)$ の最大値を求めなさい。

(3)　箱の容積が 4000 cm^3 となる x の値をすべて求めなさい。

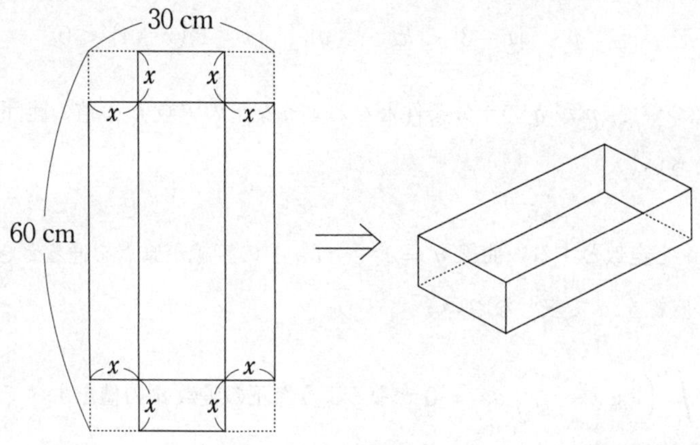

◀数学Ⅰ・Ⅱ・Ⅲ・A・B▶

（90 分）

Ⅰ　次の問いに答えなさい。

(1)　実数 x に関する 2 つの条件

$$p\ :\ |x-3|<k, \qquad q\ :\ (x-1)(x-4)<0$$

について, p が q の十分条件となるような正の実数 k の値の範囲を求めなさい。

(2)　a を定数とする。曲線 $y=x^2+ax+1$ の接線が原点を通るとき, 接点の座標を a で表しなさい。

(3)　$\displaystyle\int_1^a\left(\log x-\frac{1}{x}\right)dx=0$ となるような正の実数 a の値をすべて求めなさい。

Ⅱ　n を自然数とする。さいころを n 回投げて, 出た目の数すべての積を X_n とする。

(1)　X_n が 5 で割り切れる確率を n で表しなさい。

(2)　X_n が 2 でも 5 でも割り切れない確率を n で表しなさい。

(3)　X_n が 10 で割り切れる確率を n で表しなさい。

Ⅲ　三角形 OAB において, OA= 3, OB= 2 である。辺 OA を 2 : 1 に内分する点を P, 辺 OB の中点を Q とする。$\overrightarrow{\mathrm{OA}} = \vec{a}$, $\overrightarrow{\mathrm{OB}} = \vec{b}$ として, 次の問いに答えなさい。

(1) $\overrightarrow{\mathrm{PQ}}$ を $\vec{a}$ と $\vec{b}$ で表しなさい。

(2) $\angle\mathrm{AOB} = \theta$ とする。点 R が, A を通り辺 OB に平行な直線上を動くとき, 内積 $\overrightarrow{\mathrm{PQ}}\cdot\overrightarrow{\mathrm{OR}}$ の値が R の位置によらず一定となるような θ と, そのときの $\overrightarrow{\mathrm{PQ}}\cdot\overrightarrow{\mathrm{OR}}$ の値を求めなさい。

Ⅳ　媒介変数 θ を用いて次のように表される曲線 C を考える。

$$x = 1 - \frac{1}{2\cos\theta}, \qquad y = \frac{\tan\theta}{2}$$

ただし, $-\frac{\pi}{2} < \theta < \frac{\pi}{2}$ とする。

(1) C と x 軸および y 軸との交点の座標をそれぞれ求めなさい。

(2) 媒介変数 θ を消去して, x と y の関係式を求めなさい。また, C の概形を描きなさい。

(3) C と x 軸および y 軸で囲まれた図形を, x 軸のまわりに 1 回転してできる回転体の体積を求めなさい。

物理

（先端理工学部 90 分）
（農学部〈農学型〉 60 分）

(注)　先端理工学部は大問Ⅰ・Ⅱ・Ⅲを解答。農学部〈農学型〉は大問Ⅰは必答問題，大問ⅡとⅢは選択問題で，どちらかを解答すること。

先端理工学部の解答範囲は，解答番号［1］から［30］までです。農学部〈農学型〉の解答範囲は，大問Ⅱを選択した場合，解答番号［1］から［20］までです。大問Ⅲを選択した場合，解答番号［1］から［10］および［21］～［30］までです。

Ⅰ　次の文章を読んで，後の問い（問1～問10）に答えなさい。

図Ⅰ－1に示すように，質量 m [kg] の真っ直ぐな棒が，支持台A，Bを支点として水平に置かれている。支持台Aは床に固定されており，支持台Bは床上を一定速度で水平に移動させることができる。なお，棒の下面は水平で，棒と支持台は接着されておらず，棒と支持台の間の静止摩擦係数と動摩擦係数をそれぞれ μ，μ'（ただし，$\mu > \mu'$），重力加速度の大きさを g [m/s^2] とする。

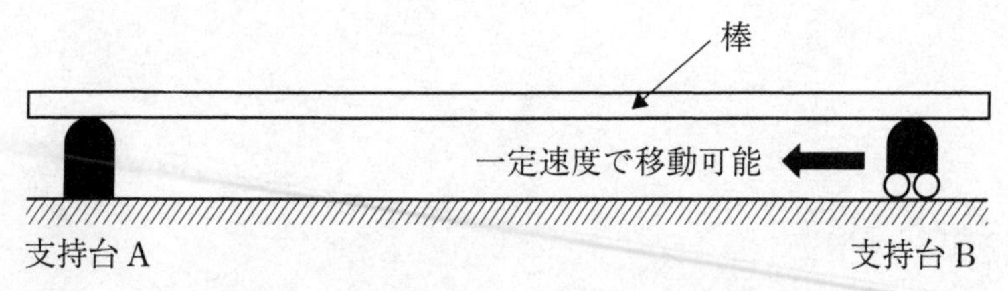

図Ⅰ－1

(1)　図Ⅰ−2に示すように，最初，支持台Bは静止しており，支持台A，Bの上に棒を置いたときの支点A，B間の長さを l_0 [m]，支点Aから棒の重心 G までの長さを x_G [m] とし，支点A，Bから受ける垂直抗力の大きさをそれぞれ N_a，N_b [N] とすると，鉛直方向の力のつり合いを表す式は【　1　】と書くことができ，重心 G 回りの力のモーメントのつり合いを表す式は【　2　】と書くことができる。これらより，支点Aから受ける垂直抗力の大きさ N_a は【　3　】，支点Bから受ける垂直抗力の大きさ N_b は【　4　】と表すことができる。

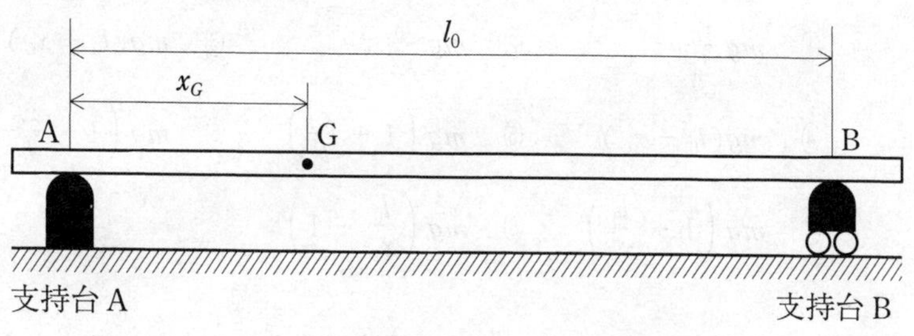

図Ⅰ−2

問1　空所【　1　】に当てはまる最も適当なものを，次の中から一つ選びなさい。

解答番号　1

① $N_a + N_b = 0$　　② $N_a - N_b = 0$

③ $N_a + N_b - mg = 0$　　④ $2N_a + N_b - mg = 0$

⑤ $N_a + 2N_b - mg = 0$　　⑥ $2N_a + 2N_b - mg = 0$

⑦ $N_a(l_0 - x_G) - N_b x_G - mg = 0$

⑧ $N_a x_G + N_b(l_0 - x_G) - mg = 0$

問2　空所【　2　】に当てはまる最も適当なものを，次の中から一つ選びなさい。

解答番号 【 2 】

① $-N_a x_G + N_b l_0 = 0$　② $-N_a l_0 + N_b x_G = 0$

③ $-mgx_G + N_b l_0 = 0$　④ $mg(l_0 - x_G) - N_a l_0 = 0$

⑤ $mg(l_0 - x_G) - N_b l_0 = 0$　⑥ $-N_a(l_0 - x_G) + N_b l_0 = 0$

⑦ $-N_a(l_0 - x_G) + N_b x_G = 0$　⑧ $-N_a x_G + N_b(l_0 - x_G) = 0$

問3　空所【 3 】に当てはまる最も適当なものを，次の中から一つ選びなさい。

解答番号 【 3 】

① $mg\frac{x_G}{l_0}$　② $mg\frac{l_0}{x_G}$　③ $mg(l_0 + x_G)$

④ $mg(l_0 - x_G)$　⑤ $mg\left(1 + \frac{x_G}{l_0}\right)$　⑥ $mg\left(1 - \frac{x_G}{l_0}\right)$

⑦ $mg\left(1 + \frac{l_0}{x_G}\right)$　⑧ $mg\left(\frac{l_0}{x_G} - 1\right)$

問4　空所【 4 】に当てはまる最も適当なものを，次の中から一つ選びなさい。

解答番号 【 4 】

① $mg\frac{x_G}{l_0}$　② $mg\frac{l_0}{x_G}$　③ $mg(l_0 + x_G)$

④ $mg(l_0 - x_G)$　⑤ $mg\left(1 + \frac{x_G}{l_0}\right)$　⑥ $mg\left(1 - \frac{x_G}{l_0}\right)$

⑦ $mg\left(1 + \frac{l_0}{x_G}\right)$　⑧ $mg\left(\frac{l_0}{x_G} - 1\right)$

(2)　次に，支持台Bを一定速度で左方向にゆっくりと移動させたところ，図I－3に示すように，支持台Aと棒は滑らず，支持台Bと棒が滑りながら支持台Bが移動し，支点Aからの長さ l_1 [m] の位置B′まで移動した後，今度は支持台Bと棒が滑らず一体となって，支持台A上を棒が滑って移動した。支持台Bが位置B′に来る直前の支点A，B′ から受ける垂直抗力の大きさをそれぞれ N_a'，N_b' [N] とすると，棒に沿った方向の力のつり合いを表す式は【　5　】と書くことができる。この式と重心 G 回りの力のモーメントのつり合い式を考えることにより，l_1 を x_G，μ，μ' を用いて【　6　】と表すことができる。支持台Bが位置B′ まで移動した後，さらに，支持台Bを一定速度で左方向にゆっくりと移動させると，図Ⅰ－4に示すように，支持台Aによる棒の支点が，棒の重心 G までの長さ d_G [m]，支点B′ からの長さ l_2 [m] の位置A′ まで移動し，その後，支持台Aと棒は滑らなくなり，再び支持台Bと棒が滑り出した。棒が位置 A′ で止まる直前の支点A′，B′ から受ける垂直抗力の大きさをそれぞれ N_a''，N_b'' [N] とすると，棒に沿った方向の力のつり合いを表す式は【　7　】と書くことができる。この式と重心 G 回りの力のモーメントのつり合いを考えることにより，l_2 を l_1，x_G，μ，μ' を用いて【　8　】と表すことができる。

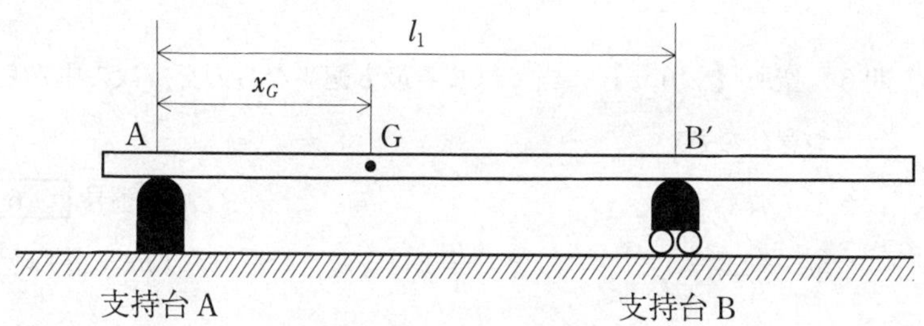

図Ⅰ－3

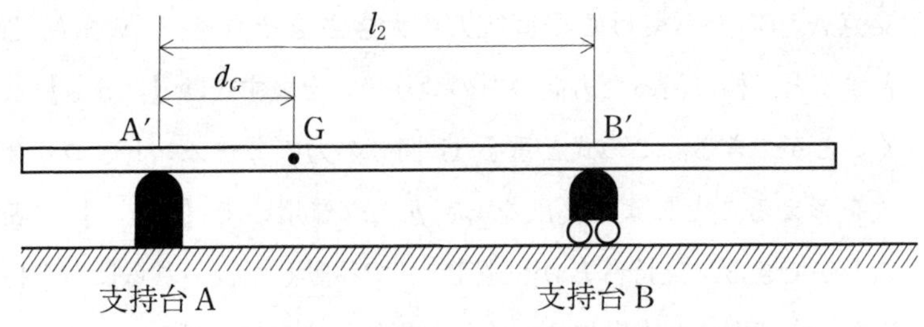

図 I － 4

問5　空所【　5　】に当てはまる最も適当なものを，次の中から一つ選びなさい。

解答番号 [5]

① $N_a' - N_b' = 0$　　② $N_a' + N_b' - mg = 0$

③ $\mu N_a' - \mu' N_b' - mg = 0$　　④ $\mu' N_a' - \mu N_b' - mg = 0$

⑤ $\mu N_a' + \mu' N_b' = 0$　　⑥ $\mu' N_a' + \mu N_b' = 0$

⑦ $\mu N_a' - \mu' N_b' = 0$　　⑧ $\mu' N_a' - \mu N_b' = 0$

問6　空所【　6　】に当てはまる最も適当なものを，次の中から一つ選びなさい。

解答番号 [6]

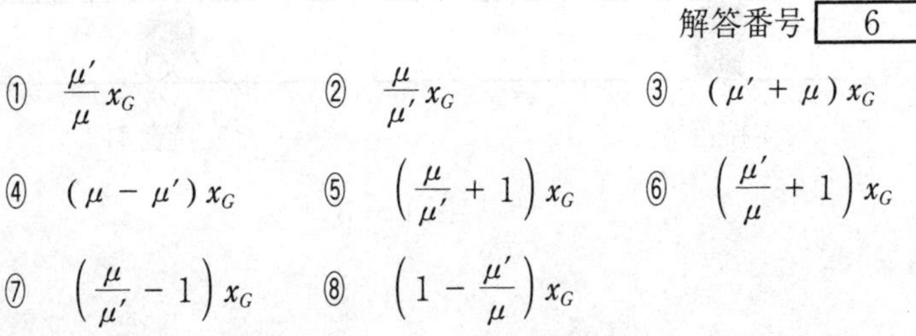

① $\dfrac{\mu'}{\mu} x_G$　　② $\dfrac{\mu}{\mu'} x_G$　　③ $(\mu' + \mu) x_G$

④ $(\mu - \mu') x_G$　　⑤ $\left(\dfrac{\mu}{\mu'} + 1\right) x_G$　　⑥ $\left(\dfrac{\mu'}{\mu} + 1\right) x_G$

⑦ $\left(\dfrac{\mu}{\mu'} - 1\right) x_G$　　⑧ $\left(1 - \dfrac{\mu'}{\mu}\right) x_G$

問7　空所【　7　】に当てはまる最も適当なものを，次の中から一つ選びなさい。

解答番号 [7]

① $N_a'' - N_b'' = 0$　　② $N_a'' + N_b'' - mg = 0$

③ $\mu N_a'' - \mu' N_b'' - mg = 0$　　④ $\mu' N_a'' - \mu N_b'' - mg = 0$

⑤ $\mu N_a'' + \mu' N_b'' = 0$　　⑥ $\mu' N_a'' + \mu N_b'' = 0$

⑦ $\mu N_a'' - \mu' N_b'' = 0$　　⑧ $\mu' N_a'' - \mu N_b'' = 0$

問8　空所【　8　】に当てはまる最も適当なものを，次の中から一つ選びなさい。

解答番号 8

① $\dfrac{\mu'}{\mu}(l_1 + x_G)$　　② $\dfrac{\mu}{\mu'}(l_1 + x_G)$

③ $\dfrac{\mu'}{\mu}(l_1 - x_G)$　　④ $\dfrac{\mu}{\mu'}(l_1 - x_G)$

⑤ $\left(\dfrac{\mu}{\mu'} - 1\right)(l_1 + x_G)$　　⑥ $\left(\dfrac{\mu'}{\mu} + 1\right)(l_1 + x_G)$

⑦ $\left(\dfrac{\mu}{\mu'} - 1\right)(l_1 - x_G)$　　⑧ $\left(\dfrac{\mu'}{\mu} + 1\right)(l_1 - x_G)$

(3)　支持台Aの位置から棒の重心 G までの長さを D，支持台Aの位置から支持台Bの位置までの長さを L として，(1)(2)のように両支持台を近づける動作を続けると，D と L の関係は【　9　】のようなグラフとして表すことができる。支持台A，Bを近づける動作を続けることで最終的に両支持台は重心位置に来るが，重心の位置 x_G は，支持台A，Bを近づける動作を行ったときに測定した支持台A，Bによる棒の支点間の長さ l_1，l_2 を用いて【　10　】で求めることができる。

問9　空所【　9　】に当てはまる最も適当なものを，次の中から一つ選びなさい。

解答番号 9

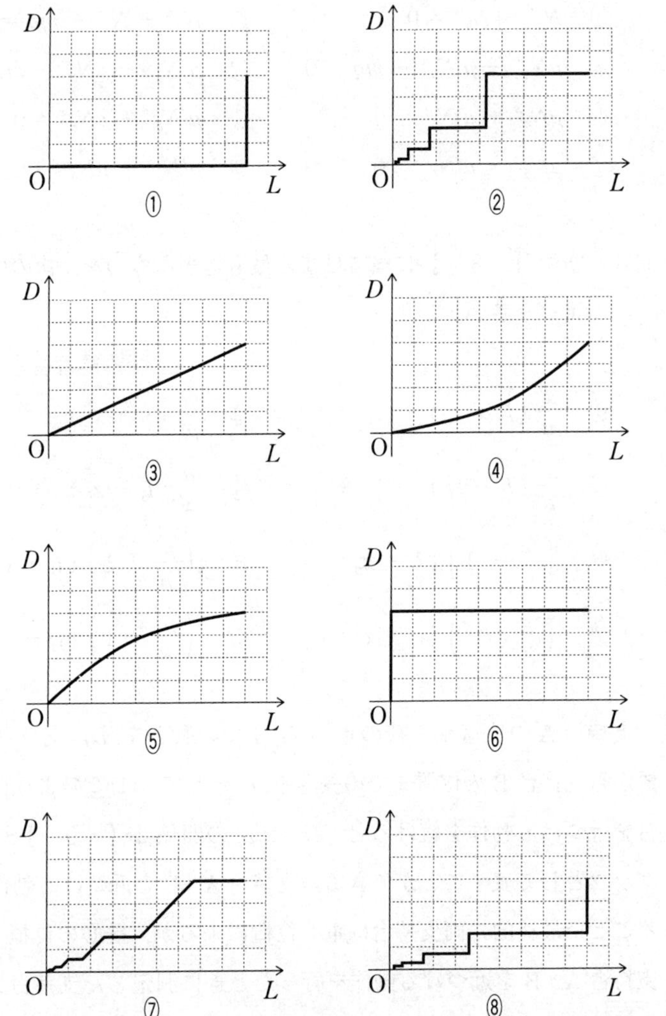

問10　空所【　10　】に当てはまる最も適当なものを，次の中から一つ選びなさい。

解答番号 10

① $\dfrac{l_1}{l_1 + l_2}$　　② $\dfrac{l_2}{l_1 + l_2}$　　③ $\dfrac{{l_1}^2}{l_1 + l_2}$　　④ $\dfrac{{l_2}^2}{l_1 + l_2}$

⑤ $\dfrac{l_1 + l_2}{l_1^2}$　⑥ $\dfrac{l_1 + l_2}{l_2^2}$　⑦ $\dfrac{l_1}{l_1^2 + l_2^2}$　⑧ $\dfrac{l_2}{l_1^2 + l_2^2}$

Ⅱ 次の(1)～(6)の文章を読んで，(1)の文章については後の問い（問１）に，(2)の文章については後の問い（問２）に，(3)の文章については後の問い（問３）に，(4)の文章については後の問い（問４）に，(5)の文章については後の問い（問５）に，(6)の文章については後の問い（問６）に，それぞれ答えなさい。なお，電池の内部抵抗は無視できるものとする。

(1) 図Ⅱ－１のように，電圧 V [V] の電池と抵抗値 R [Ω] の抵抗を接続したところ，抵抗に電流 I [A] が流れた。【11－A】により，V [V] と R [Ω] と I [A] のあいだには，【11－B】の関係が成り立ち，$R = 100\,\Omega$ のとき，V [V] と I [A] の関係を表すグラフは，【11－C】となる。

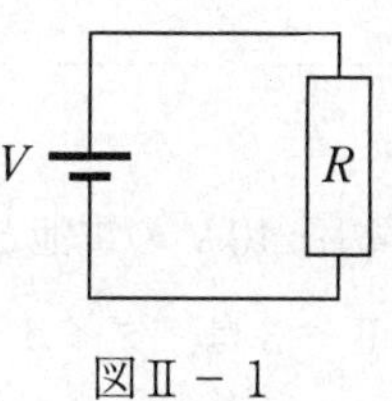

図Ⅱ－１

問１　空所【11－A】，【11－B】，【11－C】に当てはまる組合せとして最も適当なものを，次の中から一つ選びなさい。

解答番号 11

	【11－A】	【11－B】	【11－C】
①	オームの法則	$V = I / R$	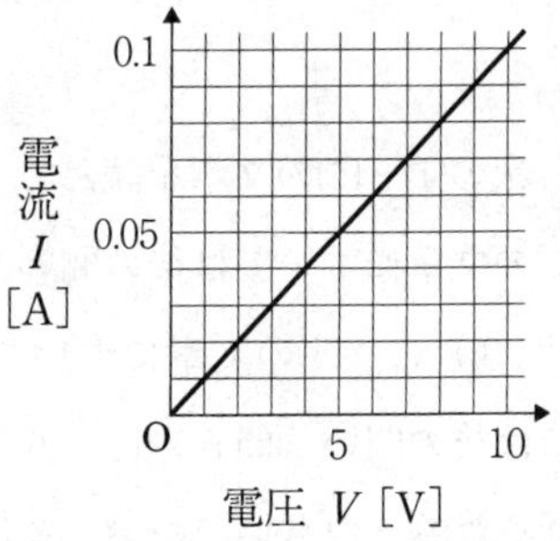 電流 I [A]　0.1　0.05　O　5　10　電圧 V [V]
②	オームの法則	$I = V / R$	
③	クーロンの法則	$V = I / R$	
④	クーロンの法則	$I = V / R$	
⑤	オームの法則	$V = I / R$	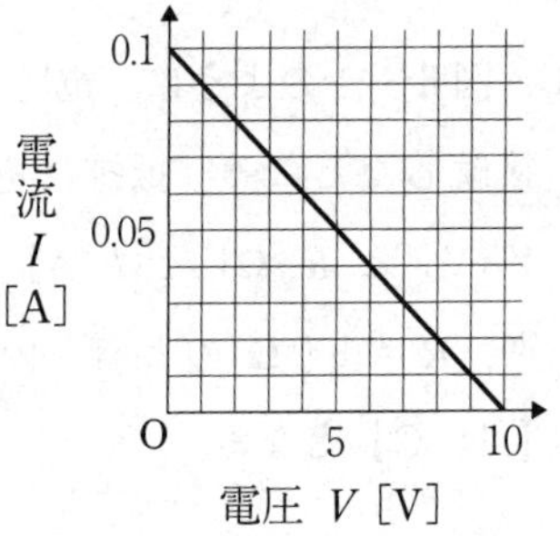 電流 I [A]　0.1　0.05　O　5　10　電圧 V [V]
⑥	オームの法則	$I = V / R$	
⑦	クーロンの法則	$V = I / R$	
⑧	クーロンの法則	$I = V / R$	

(2)　図Ⅱ－2のように，電圧 10 V の電池と抵抗値 100 Ω の抵抗とダイオードを接続した。図Ⅱ－3は，ダイオードにかかる電圧 V [V] と流れる電流 I [A] の関係を表すグラフである。図Ⅱ－2のダイオードを流れる電流 I [A] を求めるために，図Ⅱ－3に，ダイオードにかかる電圧 V [V] と抵抗を流れる電流 I [A] の関係を重ねて表したグラフは，【12－A】となり，ダイオードにかかる電圧は $V =$【12－B】となり，流れる電流は $I =$【12－C】となる。

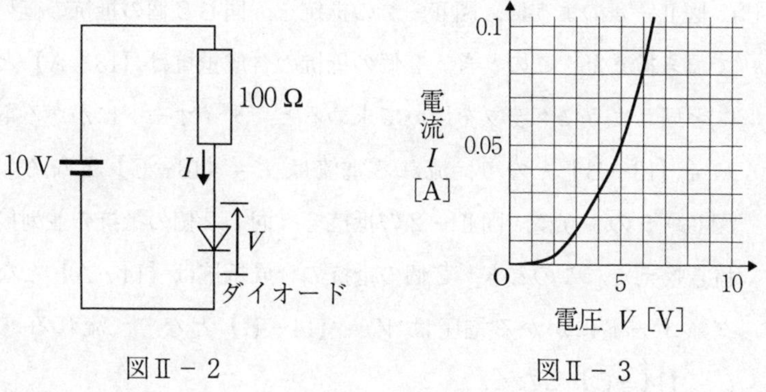

図Ⅱ－2　　図Ⅱ－3

問2　空所【12－A】,【12－B】,【12－C】に当てはまる組合せとして最も適当なものを，次の中から一つ選びなさい。

解答番号 12

	【12－A】	【12－B】	【12－C】
①	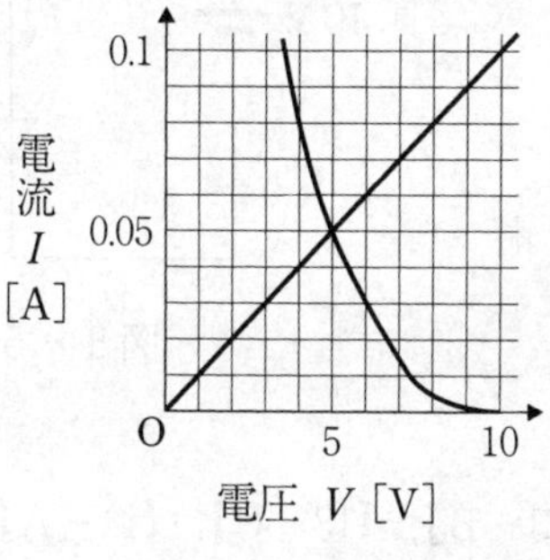	2 V	0.05 A
②		2 V	0.07 A
③		5 V	0.05 A
④		5 V	0.07 A
⑤	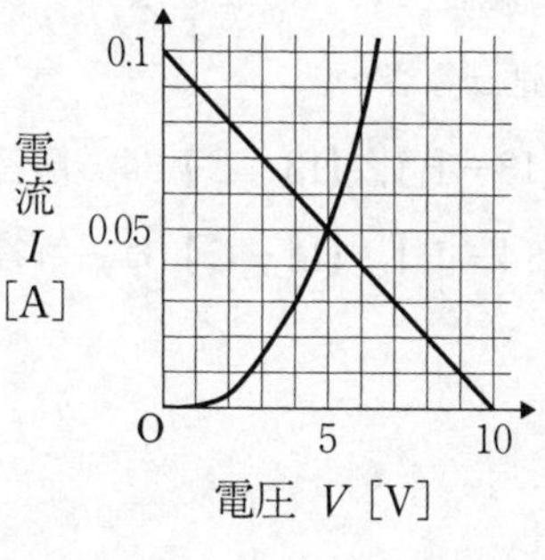	2 V	0.05 A
⑥		2 V	0.07 A
⑦		5 V	0.05 A
⑧		5 V	0.07 A

(3) 図Ⅱ－4のように，図Ⅱ－2の抵抗を，同じ2個の抵抗の直列接続で置き換えた。このとき，2個の抵抗の合成抵抗は【13－A】となり，(2)と同じようにグラフを用いて求めると，ダイオードにかかる電圧は V =【13－B】となり，流れる電流は I =【13－C】となる。また，図Ⅱ－5のように，図Ⅱ－2の抵抗を，同じ2個の抵抗の並列接続で置き換えた。このとき，2個の抵抗の合成抵抗は【14－A】となり，ダイオードにかかる電圧は V =【14－B】となり，流れる電流は I =【14－C】となる。

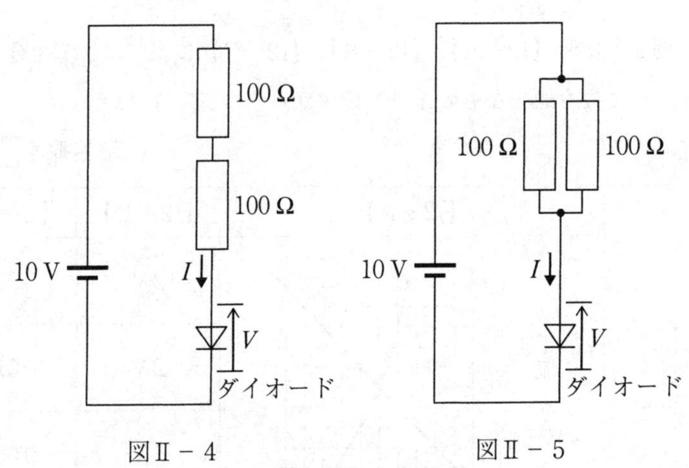

図Ⅱ－4　　図Ⅱ－5

問3 空 所【13－A】，【13－B】，【13－C】，【14－A】，【14－B】，【14－C】に当てはまる組合せとして最も適当なものを，次の中からそれぞれ一つずつ選びなさい。

空所【13－A】，【13－B】，【13－C】は，解答番号 13

空所【14－A】，【14－B】，【14－C】は，解答番号 14

	【13－A】,【14－A】	【13－B】,【14－B】	【13－C】,【14－C】
①	50 Ω	4 V	0.03 A
②	50 Ω	4 V	0.08 A
③	50 Ω	6 V	0.03 A
④	50 Ω	6 V	0.08 A
⑤	200 Ω	4 V	0.03 A
⑥	200 Ω	4 V	0.08 A
⑦	200 Ω	6 V	0.03 A
⑧	200 Ω	6 V	0.08 A

(4)　NMOS トランジスタは，制御電圧により電圧と電流の関係が変わる非直線抵抗である。図Ⅱ－6のように，電圧 10 V の電池と抵抗値 100 Ω の抵抗と NMOS トランジスタを接続した。図Ⅱ－7は，図Ⅱ－6に示す NMOS トランジスタの制御電圧 V_{IN} [V] ごとの，NMOS トランジスタにかかる電圧 V [V] と流れる電流 I [A] の関係を表すグラフである。なお，制御電圧がかかる電極には，電流は流れない。$V_{IN} = 0$ V のとき，$V =$ 【15－A】となり，$I =$ 【15－B】となり，抵抗と NMOS トランジスタが消費する消費電力の和は【15－C】となる。$V_{IN} = 10$ V のとき，$V =$ 【16－A】となり，$I =$ 【16－B】となり，抵抗と NMOS トランジスタが消費する消費電力の和は【16－C】となる。

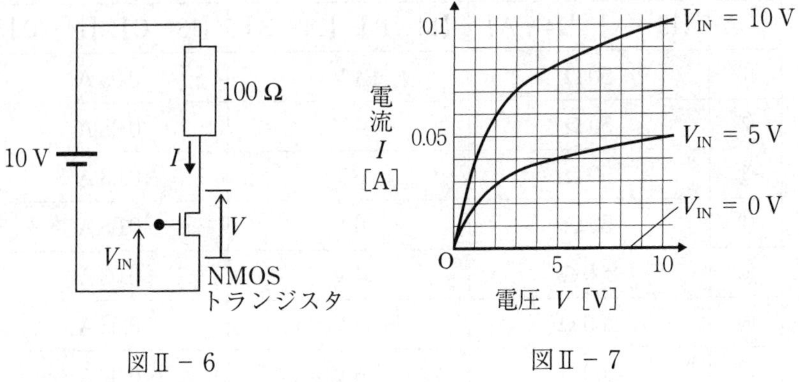

図Ⅱ－6　　図Ⅱ－7

問4　空所【15－A】,【15－B】,【15－C】,【16－A】,【16－B】,【16－C】に当てはまる組合せとして最も適当なものを，次の中からそれぞれ一つずつ選びなさい。

空所【15－A】,【15－B】,【15－C】は，解答番号 15

空所【16－A】,【16－B】,【16－C】は，解答番号 16

	【15－A】,【16－A】	【15－B】,【16－B】	【15－C】,【16－C】
①	3 V	0 A	0 W
②	3 V	0 A	0.7 W
③	3 V	0.07 A	0 W
④	3 V	0.07 A	0.7 W
⑤	10 V	0 A	0 W
⑥	10 V	0 A	0.7 W
⑦	10 V	0.07 A	0 W
⑧	10 V	0.07 A	0.7 W

(5) PMOSトランジスタは，NMOSトランジスタとは異なるが，やはり制御電圧により電圧と電流の関係が変わる非直線抵抗である。

図Ⅱ－8のように，電圧 10 V の電池と NMOS トランジスタと PMOS トランジスタを接続した。図Ⅱ－9は，図Ⅱ－8において，制御電圧 V_{IN} [V] ごとの，NMOS トランジスタにかかる電圧 V [V] と PMOS トランジスタを流れる電流 I [A] の関係を表すグラフである。図Ⅱ－7と図Ⅱ－9を用いて求めると，$V_{IN} = 0$ V のとき，$V =$【17－A】となり，$I =$【17－B】となり，NMOS トランジスタと PMOS トランジスタが消費する消費電力の和は【17－C】となる。$V_{IN} = 5$ V のとき，$V =$【18－A】となり，$I =$【18－B】となり，NMOS トランジスタと PMOS トランジスタが消費する消費電力の和は【18－C】となる。$V_{IN} = 10$ V のとき，$V =$【19－A】となり，$I =$【19－B】となり，NMOS トランジスタと PMOS トランジスタが消費する消費電力の和は【19－C】となる。

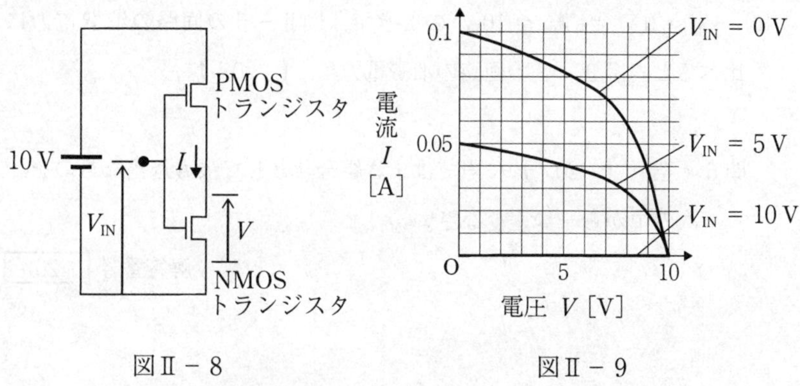

図Ⅱ－8　　図Ⅱ－9

問5　空所【17－A】，【17－B】，【17－C】，【18－A】，【18－B】，【18－C】，【19－A】，【19－B】，【19－C】に当てはまる組合せとして最も適当なものを，次の中からそれぞれ一つずつ選びなさい。

空所【17－A】，【17－B】，【17－C】は，解答番号 17

空所【18－A】,【18－B】,【18－C】は，解答番号 18

空所【19－A】,【19－B】,【19－C】は，解答番号 19

	【17－A】,【18－A】,【19－A】	【17－B】,【18－B】,【19－B】	【17－C】,【18－C】,【19－C】
①	0 V	0 A	0 W
②	0 V	0 A	0.4 W
③	5 V	0.04 A	0 W
④	5 V	0.04 A	0.4 W
⑤	10 V	0 A	0 W
⑥	10 V	0 A	0.4 W
⑦	10 V	0.04 A	0 W
⑧	10 V	0.04 A	0.4 W

(6)　$V_{IN} = 0\,V$ と $V_{IN} = 10\,V$ のときで，図Ⅱ－6の回路の消費電力に比べると，図Ⅱ－8の回路の消費電力は，【　20　】。

問6　空所【　20　】に当てはまる組合せとして最も適当なものを，次の中から一つ選びなさい。

解答番号 20

	$V_{IN} = 0\,V$ のとき	$V_{IN} = 10\,V$ のとき
①	同じ	同じ
②	同じ	小さい
③	同じ	大きい
④	小さい	同じ
⑤	小さい	小さい
⑥	小さい	大きい
⑦	大きい	同じ
⑧	大きい	小さい
⑨	大きい	大きい

Ⅲ 次の文章を読んで，後の問い（問１～問10）に答えなさい。

図Ⅲ－１のように，１モルの単原子分子の理想気体の圧力 P［Pa］と温度 T［K］を，外部から加える熱と仕事を調整し，A→B→C→D→Aの経路に沿って変化させた。A→BおよびC→Dの過程では温度と圧力が比例関係になるように変化させ，B→CおよびD→Aの過程では圧力を一定に保ちながら変化させた。状態Aにおける圧力を P_A［Pa］，体積を V_A［m^3］，温度を T_A［K］とする。ただし，気体定数を R［J/(mol·K)］とする。

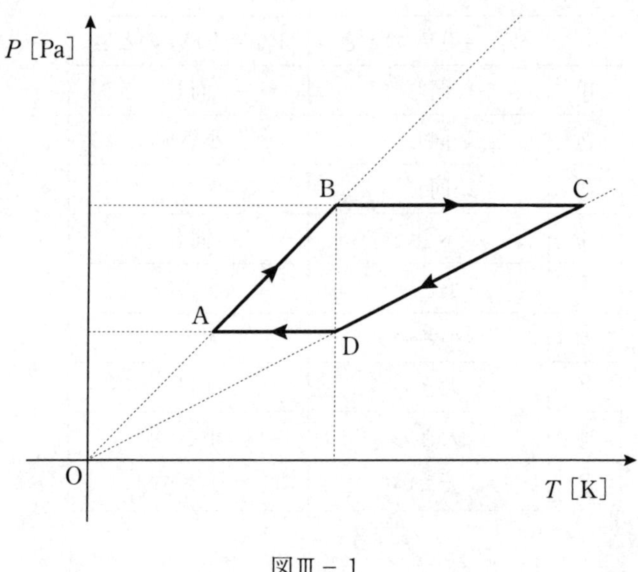

図Ⅲ－1

A→B の過程は【　21　】である。状態 B における圧力を P_B [Pa]，体積を V_B [m^3]，温度を T_B [K] とする。$P_B = 2P_A$ が成り立つとき，V_A を用いると V_B は【22－A】と書くことができ，内部エネルギーの変化は気体定数 R と温度 T_A を用いて【22－B】[J] と書くことができる。この過程で，気体が外部にした仕事は【23－A】[J] となり，気体が外部から吸収した熱は【23－B】[J] となる。

B→C の過程は【　24　】である。状態 C における圧力を P_C [Pa]，体積を V_C [m^3]，温度を T_C [K] とする。$T_C = 2T_B$ が成り立つとき，V_C は V_B を用いて【　25　】と表現できる。この過程で，気体が外部にした仕事は気体定数 R と温度 T_B を用いて【　26　】[J] となり，気体が外部から吸収した熱は【　27　】[J] となる。

このサイクル全体で，外部から吸収した熱は【　28　】[J] となり，

1サイクルで外部にした正味の仕事は【　29　】[J] となる。また，このサイクルを P-V 図であらわすと【　30　】となる。

問1　空所【　21　】に当てはまる最も適当なものを，次の中から一つ選びなさい。

解答番号 21

① 定積（等積）過程　　② 等温過程

③ 等圧過程　　④ 断熱過程

問2　空所【22－A】，【22－B】に当てはまる組合せとして最も適当なものを，次の中から一つ選びなさい。

解答番号 22

	【22－A】	【22－B】
①	$\frac{1}{2}V_A$	$\frac{1}{2}RT_A$
②	V_A	$\frac{1}{2}RT_A$
③	$2V_A$	$\frac{1}{2}RT_A$
④	$\frac{1}{2}V_A$	$\frac{3}{2}RT_A$
⑤	V_A	$\frac{3}{2}RT_A$
⑥	$2V_A$	$\frac{3}{2}RT_A$
⑦	$\frac{1}{2}V_A$	$\frac{5}{2}RT_A$
⑧	V_A	$\frac{5}{2}RT_A$
⑨	$2V_A$	$\frac{5}{2}RT_A$

問3　空所【23－A】,【23－B】に当てはまる組合せとして最も適当なものを，次の中から一つ選びなさい。

解答番号 23

	【23－A】	【23－B】
①	0	$\frac{1}{2}RT_A$
②	RT_A	$\frac{1}{2}RT_A$
③	$2RT_A$	$\frac{1}{2}RT_A$
④	0	$\frac{3}{2}RT_A$
⑤	RT_A	$\frac{3}{2}RT_A$
⑥	$2RT_A$	$\frac{3}{2}RT_A$
⑦	0	$\frac{5}{2}RT_A$
⑧	RT_A	$\frac{5}{2}RT_A$
⑨	$2RT_A$	$\frac{5}{2}RT_A$

問4　空所【　24　】に当てはまる最も適当なものを，次の中から一つ選びなさい。

解答番号 24

①　定積（等積）過程　　②　等温過程

③　等圧過程　　④　断熱過程

問5　空所【　25　】に当てはまる最も適当なものを，次の中から一つ選びなさい。

解答番号 25

① $\frac{1}{2}V_B$　② V_B　③ $\frac{3}{2}V_B$　④ $2V_B$

⑤ $\frac{5}{2}V_B$　⑥ $3V_B$　⑦ $\frac{7}{2}V_B$　⑧ $4V_B$

問6　空所【 26 】に当てはまる最も適当なものを，次の中から一つ選びなさい。

解答番号 26

① 0　② $\frac{1}{2}RT_B$　③ RT_B　④ $\frac{3}{2}RT_B$

⑤ $2RT_B$　⑥ $\frac{5}{2}RT_B$　⑦ $3RT_B$　⑧ $\frac{7}{2}RT_B$

問7　空所【 27 】に当てはまる最も適当なものを，次の中から一つ選びなさい。

解答番号 27

① 0　② $\frac{1}{2}RT_B$　③ RT_B　④ $\frac{3}{2}RT_B$

⑤ $2RT_B$　⑥ $\frac{5}{2}RT_B$　⑦ $3RT_B$　⑧ $\frac{7}{2}RT_B$

問8　空所【 28 】に当てはまる最も適当なものを，次の中から一つ選びなさい。

解答番号 28

① $\frac{5}{2}RT_A$　② $2RT_A$　③ $\frac{7}{2}RT_A$　④ $4RT_A$

⑤ $\frac{9}{2}RT_A$　⑥ $5\mathrm{R}T_A$　⑦ $\frac{11}{2}RT_A$　⑧ $6RT_A$

⑨ $\frac{13}{2}RT_A$

問9 空所【 29 】に当てはまる最も適当なものを，次の中から一つ選びなさい。

解答番号 29

① $\dfrac{1}{2}RT_A$　② RT_A　③ $\dfrac{3}{2}RT_A$　④ $2RT_A$

⑤ $\dfrac{5}{2}RT_A$　⑥ $3RT_A$　⑦ $\dfrac{7}{2}RT_A$　⑧ $4RT_A$

⑨ $\dfrac{9}{2}RT_A$

問10 空所【 30 】に当てはまる最も適当なものを，次の中から一つ選びなさい。

解答番号 30

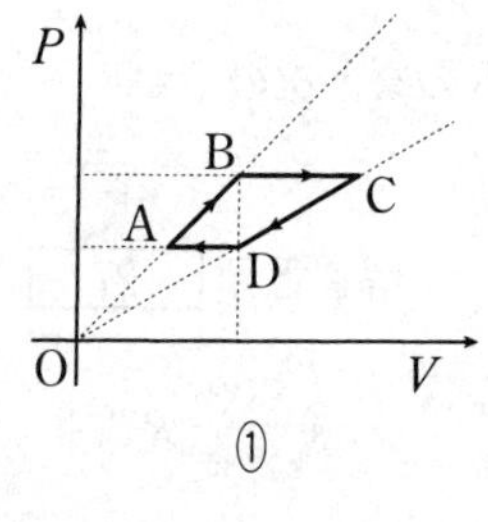

①

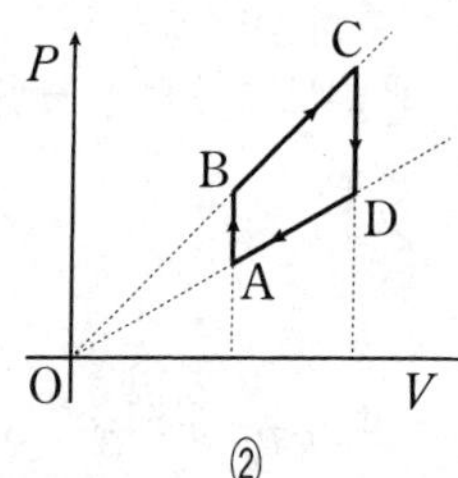

②

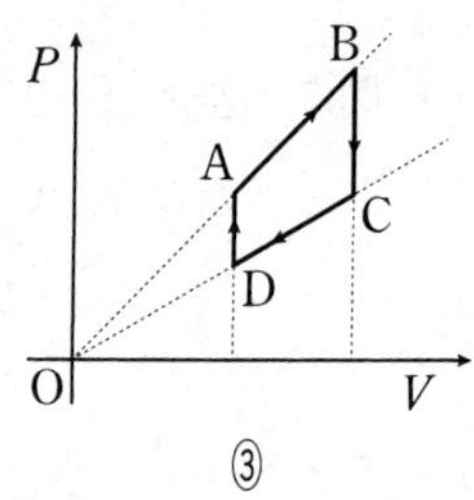

③

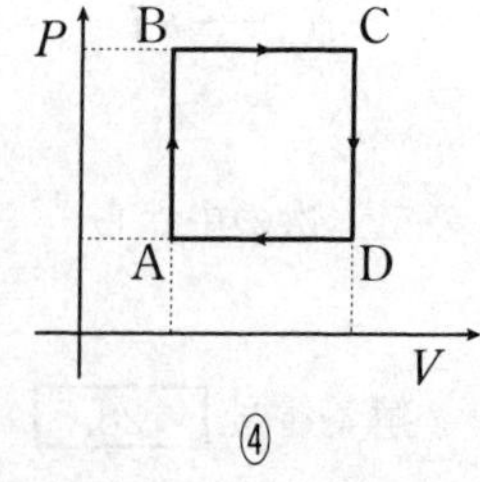

④

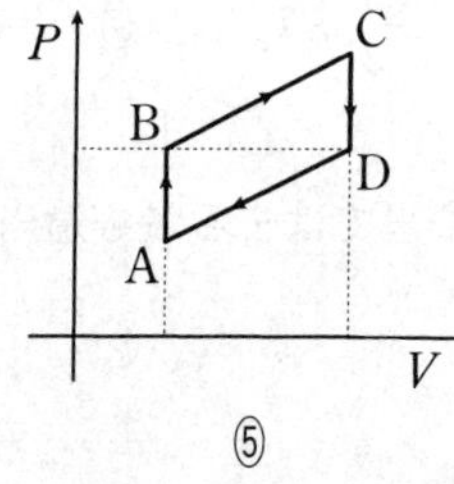

⑤

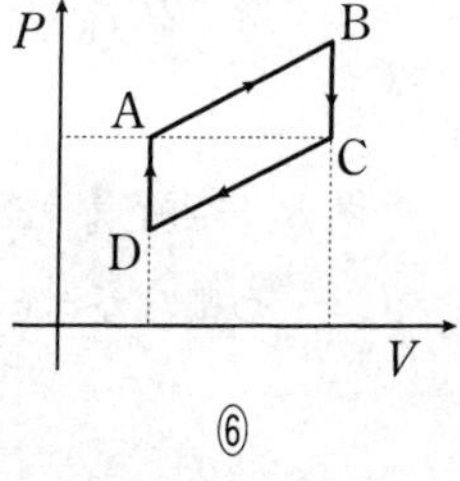

⑥

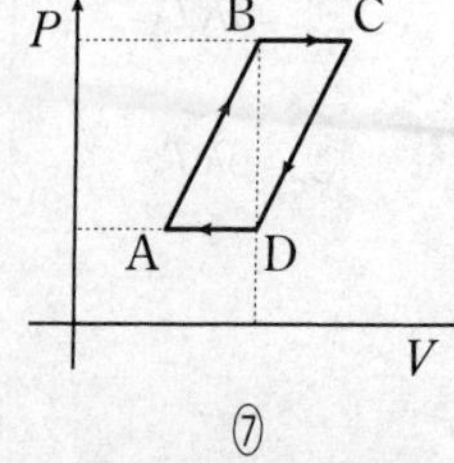

⑦

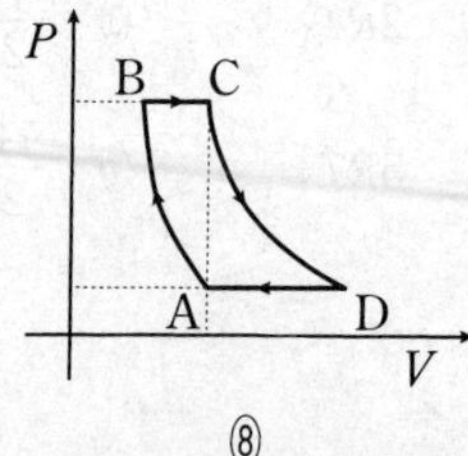

⑧

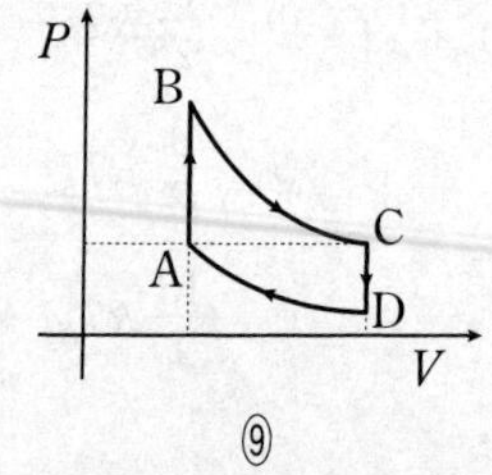

⑨

化学

◀先端理工学部▶

(90分)

解答範囲は，解答番号 [1] から [50] までです。

大問Ⅰの解答範囲は，解答番号 [1] から [15] までです。

Ⅰ　次の文章を読んで，後の問い（問1～問9）に答えなさい。

鉄や亜鉛などの金属に希硫酸を作用させると，無色無臭の気体Aが発生する。この気体Aはすべての気体の中で最も軽く，水の電気分解によっても得られる。この気体Aは【　1　】であり，高温下で酸化銅(Ⅱ)のような金属の酸化物を【　2　】することができる。このとき，銅原子の酸化数は反応前後で【　3　】。

酸化マンガン(Ⅳ)に濃塩酸を加えて加熱すると，空気より重い黄緑色の刺激臭のある気体Bが発生する。この気体Bは，工業的には塩化ナトリウム水溶液の電気分解で製造される。気体Bは【　4　】であり，【　4　】を含む容器内に加熱した銅線を入れると，激しく反応して銅は【　5　】される。このとき，銅原子の酸化数は反応前後で【　6　】。

気体Aと気体Bとの混合気体に強い光を照射すると，爆発的に反応して気体Cが生成する。この気体Cは，塩化ナトリウムに濃硫酸を加えて加熱しても発生する。気体Cは【　7　】である。【　7　】の水溶液に硝酸銀水溶液を加えると【　8　】色沈殿が生じるが，この沈殿は過剰のアンモニア水を加えると錯イオンである【　9　】を生成して溶解する。

硫化鉄(Ⅱ)に希硫酸を作用させると，空気より重い無色の腐卵臭のある気体Dが発生する。この気体Dは【　10　】であり，【　10　】の水溶液と過酸化水素の水溶液とを混合すると，【　11　】。

石灰石に希塩酸を加えると，無色無臭の気体Eが発生する。この気体Eは【　12　】であり，水に少し溶けて，その水溶液は【　13　】を示す。

気体A～Eのうち，一般的に水上置換で捕集する気体は気体【　14　】であり，気体分子が極性を持たないのは，気体【　15　】である。

問1　空所【　1　】，【　4　】，【　7　】，【　10　】，【　12　】に当てはまる最も適当なものを，次の中からそれぞれ一つずつ選びなさい。

空所【　1　】は，解答番号 [1]
空所【　4　】は，解答番号 [2]
空所【　7　】は，解答番号 [3]
空所【　10　】は，解答番号 [4]
空所【　12　】は，解答番号 [5]

① H_2　② O_2　③ Cl_2　④ Br_2　⑤ HCl
⑥ HBr　⑦ SO_2　⑧ H_2S　⑨ CO_2　⓪ NH_3

問2　空所【　2　】，【　5　】に当てはまる最も適当なものを，次の中からそれぞれ一つずつ選びなさい。ただし，同じ選択肢を何度選んでもよい。

空所【　2　】は，解答番号 | 6 |

空所【　5　】は，解答番号 | 7 |

① 加水分解　② 還元　③ 酸化

④ 中和　⑤ 電離　⑥ 励起

問3　空所【　3　】，【　6　】に当てはまる最も適当なものを，次の中からそれぞれ一つずつ選びなさい。ただし，同じ選択肢を何度選んでもよい。

空所【　3　】は，解答番号 | 8 |

空所【　6　】は，解答番号 | 9 |

① －2から－1に増加する　② －2から0に増加する

③ －1から0に増加する　④ 0から＋2に増加する

⑤ ＋2から0に減少する　⑥ ＋2から＋1に減少する

⑦ ＋1から0に減少する　⑧ 0から－2に減少する

⑨ 変化しない

問4　空所【　8　】に当てはまる最も適当なものを，次の中から一つ選びなさい。

解答番号 | 10 |

① 青　② 黄　③ 黒　④ 白

⑤ 赤褐　⑥ 橙　⑦ 緑

問5　空所【　9　】に当てはまる最も適当なものを，次の中から一つ選びなさい。

解答番号 | 11 |

① $[Ag(OH)_2]^-$　② $[Ag(OH)_4]^{3-}$　③ $[Ag(NH_3)_2]^+$

④　$[Ag(NH_3)_4]^+$　⑤　$[Ag(H_2O)_2]^+$　⑥　$[Ag(H_2O)_4]^+$
⑦　$[AgCl_2]^-$　⑧　$[AgCl_4]^{3-}$

問6　空所【　11　】に当てはまる最も適当なものを，次の中から一つ選びなさい。

解答番号 12

①　硫黄が生成して水溶液が白濁する
②　酸化銀が生成して褐色の沈殿を含む水溶液となる
③　酸素が発生する
④　水酸化鉄(Ⅱ)が生成して緑白色の沈殿を含む水溶液となる
⑤　水酸化鉄(Ⅲ)が生成して赤褐色の沈殿を含む水溶液となる
⑥　二酸化炭素が発生する
⑦　反応は起こらず，気体Dと過酸化水素の混合溶液となる
⑧　硫化銀が生成して黒色の沈殿を含む水溶液となる

問7　空所【　13　】に当てはまる最も適当なものを，次の中から一つ選びなさい。

解答番号 13

①　強い酸性　②　弱い酸性　③　中性
④　弱い塩基性　⑤　強い塩基性

問8　空所【　14　】に当てはまる最も適当なものを，次の中から一つ選びなさい。

解答番号 14

①　A　②　B　③　C　④　D
⑤　E　⑥　AとB　⑦　BとC　⑧　CとD
⑨　DとE　⓪　BとE

問9　空所【 15 】に当てはまる最も適当なものを，次の中から一つ選びなさい。

解答番号 15

① AとBとC　② AとBとD　③ AとBとE
④ AとCとD　⑤ AとCとE　⑥ AとDとE
⑦ BとCとD　⑧ BとCとE　⑨ BとDとE
⓪ CとDとE

大問Ⅱの解答範囲は，解答番号 16 から 26 までです。

Ⅱ 次の (1) および (2) の文章を読んで，(1) の文章については後の問い（問1～問4）に，(2) の文章については後の問い（問5～問7）に，それぞれ答えなさい。

必要であれば，原子量および定数は次の値を用いなさい。

H = 1.0，O = 16，Cl = 35.5，Cu = 64，Ag = 108

ファラデー定数　$F = 9.65 \times 10^4$ C/mol

気体定数　$R = 8.3 \times 10^3$ Pa・L/(K・mol)

(1)　炭酸ナトリウムはガラス製造の原料として多量に使用されている物質である。工業的には【 1 】とも呼ばれるアンモニアソーダ法により大量に製造されている。この方法では，まず①塩化ナトリウムの飽和水溶液にアンモニアを十分吸収させてから【 2 】を吹き込み，比較的溶解度の小さい【 3 】を沈殿させる。②生成した沈殿をろ別し焼くことにより炭酸ナトリウムが得られる。このとき，生成する【 2 】は回収され再利用される。不足する【 2 】は③炭酸カルシウムを熱分解することによりおぎなう。④炭酸カルシウムの熱分解により生成した酸化カルシウムは水と反応させて水酸化カルシウムとし，①の反応で生成した【　4　】と反応させてアンモニアを発生させ，このアンモニアを回収して①の反応に使用する。

問１　空所【　1　】に当てはまる最も適当なものを，次の中から一つ選びなさい。

解答番号 16

①　オストワルト法　　②　クメン法
③　接触法　　④　ソルベー法
⑤　テルミット反応　　⑥　ハーバー・ボッシュ法

問２　空所【　2　】に当てはまる最も適当なものを，次の中から一つ選びなさい。

解答番号 17

①　一酸化炭素　　②　塩素　　③　酸素
④　水素　　⑤　窒素　　⑥　二酸化炭素
⑦　二酸化窒素

問３　空所【　3　】に当てはまる最も適当なものを，次の中から一つ選びなさい。

解答番号 18

①　亜硝酸ナトリウム　　②　塩化アンモニウム
③　塩化カルシウム　　④　水酸化カルシウム
⑤　生石灰　　⑥　ソーダ石灰
⑦　炭酸水素カルシウム　　⑧　炭酸水素ナトリウム

問4　空所【　4　】に当てはまる最も適当なものを，次の中から一つ選びなさい。

解答番号 19

① 塩化アンモニウム
② 硝酸アンモニウム
③ 水酸化カルシウム
④ 炭酸カルシウム
⑤ 炭酸水素ナトリウム
⑥ 炭酸ナトリウム
⑦ 硫酸アンモニウム

(2)　図1のように，電解槽Ⅰに硝酸銀水溶液，電解槽Ⅱに塩化銅(Ⅱ)水溶液を入れて電気分解の実験を行う。電極A，Bには白金を，電極C，Dには炭素棒を用いる。電極Aには電源の正極を，電極Dには電源の負極を接続し，電極BとCを導線で接続して電気分解を行った。このとき，電極Aでは【　5　】し，電極Bでは【　6　】する。一方，電極Cでは【　7　】し，電極Dでは【　8　】する。いま，3.0 Aの電流を27分間通電したところ，電極Bの質量は【　9　】。また，電極Dの質量は【　10　】。また，電極Cからは標準状態（0℃，1.013×10^5 Pa）で【　11　】Lの気体が発生した。ただし，流れた電気量はすべて電気分解に使われたものとし，発生した気体は理想気体とみなせるものとする。

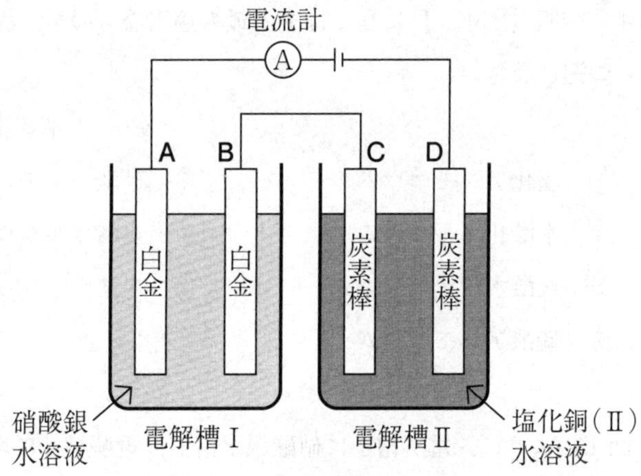

図1 電気分解実験

問5 空所【 5 】～【 8 】に当てはまる最も適当なものを，次の中からそれぞれ一つずつ選びなさい。

空所【 5 】は，解答番号 20

空所【 6 】は，解答番号 21

空所【 7 】は，解答番号 22

空所【 8 】は，解答番号 23

① 塩化物イオンが還元されて塩素が発生

② 塩化物イオンが酸化されて塩素が発生

③ 銀イオンが還元されて銀が析出

④ 銀イオンが酸化されて銀が析出

⑤ 水が酸化されて酸素が発生

⑥ 水が還元されて酸素が発生

⑦ 水が酸化されて水素が発生

⑧ 水が還元されて水素が発生

⑨ 銅(Ⅱ)イオンが還元されて銅が析出

⓪ 銅(Ⅱ)イオンが酸化されて銅が析出

問6　空所【　9　】,【　10　】に当てはまる最も適当なものを，次の中からそれぞれ一つずつ選びなさい。ただし，同じ選択肢を何度選んでもよい。

空所【　9　】は，解答番号 24

空所【　10　】は，解答番号 25

① 0.80 g 減少した　② 0.80 g 増加した

③ 1.6 g 減少した　④ 1.6 g 増加した

⑤ 2.7 g 減少した　⑥ 2.7 g 増加した

⑦ 3.2 g 減少した　⑧ 3.2 g 増加した

⑨ 5.4 g 増加した　⓪ 変化しなかった

問7　空所【　11　】に当てはまる最も適当なものを，次の中から一つ選びなさい。

解答番号 26

① 0.050　② 0.14　③ 0.28　④ 0.56　⑤ 0.80

⑥ 0.89　⑦ 1.12　⑧ 1.78　⑨ 2.24　⓪ 4.48

大問Ⅲの解答範囲は，解答番号 27 から 38 までです。

Ⅲ 次の (1) ～ (3) の文章を読んで，(1) の文章については後の問い（問1～問3）に，(2) の文章については後の問い（問4，問5）に，(3) の文章については後の問い（問6～問9）に，それぞれ答えなさい。

必要であれば，原子量および定数は次の値を用いなさい。

H = 1.0，C = 12，O = 16

ベンゼンのモル凝固点降下　K_f = 5.12 K・kg/mol

(1) 一般に，不揮発性の溶質を溶かした溶液の凝固点は純粋な溶媒の凝固点よりも低くなる。この現象を凝固点降下といい，純粋な溶媒と溶液との凝固点の差を凝固点降下度という。凝固点降下度は，濃度の低い溶液では溶質の種類によらず，溶液の質量モル濃度に比例する。濃度が 1 mol/kg のときの溶液の凝固点降下度を，モル凝固点降下（K_f で表す）という。この値は溶媒に固有の値である。

ベンゼン 100 cm^3（密度 0.88 g/cm^3）にショウノウ $C_{10}H_{16}O$（防虫剤によく用いられていた）3.04 g を溶かして，凝固点を測定したところ，純粋なベンゼンよりも凝固点が低下した。このときのベンゼンの質量は【　1　】g であり，溶かしたショウノウの質量モル濃度は【　2　】mol/kg となる。このときの凝固点降下度は【　3　】K になる。

問1　空所【　1　】に当てはまる最も適当なものを，次の中から一つ選びなさい。

解答番号 27

① 33	② 43	③ 52	④ 61	⑤ 72
⑥ 88	⑦ 97	⑧ 100	⑨ 114	⓪ 127

問2　空所【　2　】に当てはまる最も適当なものを，次の中から一つ選びなさい。

解答番号 28

① 0.056　② 0.072　③ 0.12　④ 0.16　⑤ 0.23
⑥ 0.32　⑦ 0.41　⑧ 0.48　⑨ 0.54　⓪ 0.62

問3　空所【　3　】に当てはまる最も適当なものを，次の中から一つ選びなさい。

解答番号 29

① 0.56　② 0.72　③ 1.2　④ 1.6　⑤ 2.3
⑥ 3.2　⑦ 4.1　⑧ 4.8

(2)　図1は二酸化炭素の状態図である。二酸化炭素が（ア）の温度・圧力領域にあるとき，（イ）の領域にあるとき，（ウ）の領域にあるとき，二酸化炭素はそれぞれ
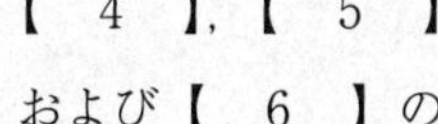
【　4　】,【　5　】および【　6　】の状態にある。また，Tで示した温度・圧力の点を【　7　】と呼び，Aで示した温度・圧力の点を【　8　】と呼ぶ。

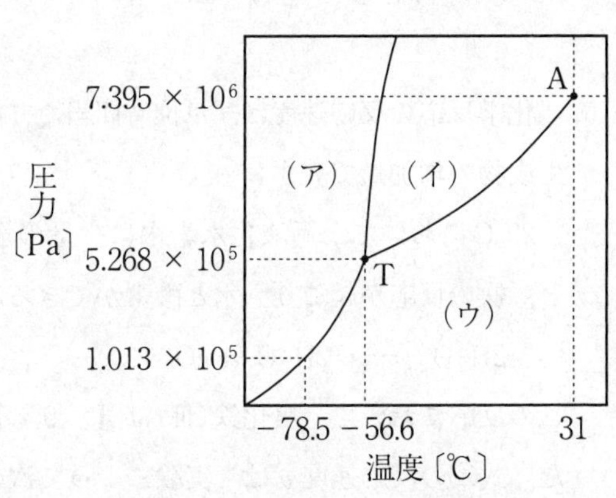

図1　二酸化炭素の状態図

問4　空所【　4　】～【　6　】に当てはまる最も適当なものを，次の中からそれぞれ一つずつ選びなさい。ただし，同じ選択肢を

何度選んでもよい。

空所【 4 】は，解答番号 30

空所【 5 】は，解答番号 31

空所【 6 】は，解答番号 32

① 液体 ② 気体 ③ 固体

問5 空所【 7 】，【 8 】に当てはまる最も適当なものを，次の中からそれぞれ一つずつ選びなさい。

空所【 7 】は，解答番号 33

空所【 8 】は，解答番号 34

① 凝固点 ② 三重点 ③ 転移点 ④ 軟化点

⑤ 沸点 ⑥ 融点 ⑦ 臨界点

(3) 化学反応の反応速度は，単位時間当たりの反応物の減少量，または生成物の増加量で表す。

20℃において，過酸化水素水に少量の塩化鉄(Ⅲ)水溶液を加えると，次の反応が起こり，水と酸素ができる。

$$2H_2O_2 \longrightarrow 2H_2O + O_2 \quad ①$$

この反応において，塩化鉄(Ⅲ)は【 9 】として作用している。また，式①の反応速度 v は，実験によって次のように表されることが分かっている。

$$v = k[H_2O_2] \quad ②$$

つまり反応速度 v は過酸化水素水の濃度 $[H_2O_2]$ に比例する。このときの比例定数 k を反応速度定数と呼ぶ。反応速度が式②のように表せる反応では，放射性同位体と同じく，最初の量に関係なく，反応物が元の半分の量になる時間が一定となる。その時間 τ（タウ）を【 10 】という。つまり，式①で表される反応も【 10 】を持つ。

いま，濃度の分からない過酸化水素水 100 mL に少量の塩化鉄(Ⅲ)水溶液を加えて，発生した酸素を【　11　】で捕集した。最初の反応速度から半分の速度になった時間を τ とする。その間に発生した酸素は 0 ℃，1.013×10^5 Pa において 2.24 L であった。このことから，最初の過酸化水素水の濃度は【　12　】mol/L であることが分かる。

問6　空所【　9　】に当てはまる最も適当なものを，次の中から一つ選びなさい。

解答番号 35

① 塩橋　② 酸化剤　③ 還元剤　④ 錯塩
⑤ 触媒　⑥ 置換基　⑦ 転写　⑧ 複塩
⑨ 補因子　⓪ 溶媒

問7　空所【　10　】に当てはまる最も適当なものを，次の中から一つ選びなさい。

解答番号 36

① 塩橋　② 半減期　③ 平衡状態
④ 置換基　⑤ 律速段階　⑥ 励起状態

問8　空所【　11　】に当てはまる最も適当なものを，次の中から一つ選びなさい。

解答番号 37

① 下方置換　② 上方置換　③ 水上置換

問9　空所【　12　】に当てはまる最も適当なものを，次の中から一つ選びなさい。

解答番号 38

① 0.10　② 0.20　③ 0.30　④ 0.50　⑤ 1.0
⑥ 1.5　⑦ 2.0　⑧ 3.0　⑨ 4.0　⓪ 5.0

大問Ⅳの解答範囲は，解答番号 [39] から [50] までです。

Ⅳ 次の (1) および (2) の文章を読んで，(1) の文章については後の問い（問１～問６）に，(2) の文章については後の問い（問７～問12）に，それぞれ答えなさい。

必要であれば，原子量は次の値を用いなさい。

H = 1.0，C = 12，O = 16，K = 39，I = 127

(1) ここに，炭素原子と水素原子のみからなる炭化水素化合物 **A** がある。化合物 **A** は二重結合を一つ持つことが分かっており，常温・常圧下において気体である。化合物 **A** に水を付加させたところ，化合物 **B** と化合物 **C** が生成した。化合物 **B** と化合物 **C** は互いに構造異性体の関係にあり，生じた量は化合物 **B** の方が化合物 **C** よりも多かった。また，化合物 **B** は不斉炭素原子を一つ持つが，化合物 **C** は不斉炭素原子を持っていなかった。11.1 mg の化合物 **B** を完全燃焼させたところ，26.4 mg の二酸化炭素と 13.5 mg の水が生じた。これらのことから，化合物 **B** と化合物 **C** の分子式は【　1　】であり，化合物 **B** の構造式は【　2　】であり，化合物 **C** の構造式は【　3　】であることが分かる。したがって，化合物 **A** の構造式は【　4　】であることが分かる。

化合物 **B** にヨウ素と水酸化ナトリウム水溶液を加えて温めると，ヨードホルムの黄色沈殿が生じる。ヨードホルムの分子式は【　5　】である。化合物 **C** に硫酸酸性の二クロム酸カリウム水溶液を加えておだやかに酸化すると化合物 **D** が生じ，この化合物 **D** を過マンガン酸カリウムの硫酸酸性水溶液でさらに酸化するとカルボキシ基を持つ化合物**E**が生じた。化合物**E**の分子量は【　6　】である。

問1　空所【　1　】に当てはまる最も適当なものを，次の中から一つ選びなさい。

解答番号 39

① C_2H_4O　② C_2H_6O　③ C_3H_6O　④ C_3H_8O
⑤ C_4H_8O　⑥ $C_4H_{10}O$　⑦ $C_5H_{10}O$　⑧ $C_5H_{12}O$

問2　空所【　2　】に当てはまる最も適当なものを，次の中から一つ選びなさい。

解答番号 40

① $CH_3-C(=O)-H$

② CH_3-CH_2-OH

③ $CH_3-CH_2-C(=O)-H$

④ $CH_3-CH(OH)-CH_3$

⑤ $CH_2=CH-CH(OH)-CH_3$

⑥ $CH_3-CH(OH)-CH_2-CH_3$

⑦ $CH_2=CH-CH(OH)-CH_2-CH_3$

⑧ $CH_3-CH(OH)-CH_2-CH_2-CH_3$

⑨ $CH_3-CH_2-CH_2-CH_2-OH$

問3　空所【　3　】に当てはまる最も適当なものを，次の中から一つ選びなさい。

解答番号 41

①
CH_3-OH

②
CH_3-CH_2-OH

③
$CH_3-C(=O)-CH_3$

④
$CH_3-CH_2-CH_2-OH$

⑤
$CH_3-CH_2-CH(OH)-CH_3$

⑥
$CH_3-CH_2-CH_2-CH_2-OH$

⑦
$CH_3-CH_2-CH(OH)-CH_2-CH_3$

⑧
$CH_3-CH_2-CH_2-CH_2-CH_2-OH$

問4　空所【　4　】に当てはまる最も適当なものを，次の中から一つ選びなさい。

解答番号 42

①
$CH_2=CH-CH_3$

②
$CH_2=C(CH_3)-CH_3$

③
$CH_2=CH-CH_2-CH_3$

④
$CH_3-CH=CH-CH_3$

⑤
$CH_3-CH=CH-CH_2-CH_3$

⑥
$CH_2=CH-CH_2-CH_2-CH_3$

⑦
$CH_3-CH=C(CH_3)-CH_3$

⑧
$CH_2=CH-CH(CH_3)-CH_3$

問5　空所【　5　】に当てはまる最も適当なものを，次の中から一つ選びなさい。

解答番号 43

① CH_3I　② CH_2I_2　③ CHI_3　④ CI_4

⑤ CH_3Cl　⑥ CH_2Cl_2　⑦ $CHCl_3$　⑧ CCl_4

問6　空所【　6　】に当てはまる最も適当なものを，次の中から一つ選びなさい。

解答番号 44

① 56　② 74　③ 78　④ 80

⑤ 82　⑥ 88　⑦ 102　⑧ 114

(2)　自然界に豊富に存在する糖類は生体と関連が深い。多糖であるデンプンは穀類に含まれ，グリコーゲンは動物の肝臓や筋肉に含まれる。デンプンやグリコーゲンを構成する単糖は【7－A】である。また，多糖であるセルロースは植物の細胞壁の主成分であり，植物体の30～50％を占めるといわれている。セルロースを構成する単糖は【7－B】である。デンプンの一つの種類としてアミロースがあり，アミロースは【7－A】が【　8　】個で1回転するようならせん構造をとっている。このらせん構造は分子内の水素結合によって保持されている。セルロースは，【7－B】が糖の環平面の上下の向きを交互に変えながら【　9　】を形成しているため，分子全体では直線状構造をとっている。

セルロースは，分子内のヒドロキシ基を化学的に処理することで化成品として利用される。例えば，セルロースを無水酢酸と反応させてセルロースの全てのヒドロキシ基をアセチル化すると，トリアセチルセルロースが生成する。トリアセチルセルロースの示性式は【　10　】で表される。例えば，243 g のセルロースに含まれるヒドロキシ基すべてをアセチル化するために少なくとも必要な無水酢酸は

【　11　】gであり，すべてのヒドロキシ基が完全にアセチル化された場合に生成するトリアセチルセルロースは【　12　】gである。トリアセチルセルロースは比較的燃えにくいので，写真フィルムや磁気記録テープなどに用いられる。

問7　空所【7－A】，【7－B】に当てはまる組合せとして最も適当なものを，次の中から一つ選びなさい。

解答番号 45

	【7－A】	【7－B】
①	α-グルコース	β-グルコース
②	α-グルコース	フルクトース
③	β-グルコース	α-グルコース
④	β-グルコース	フルクトース
⑤	スクロース	マルトース
⑥	スクロース	ラクトース
⑦	スクロース	フルクトース
⑧	ラクトース	α-グルコース
⑨	ラクトース	β-グルコース

問8　空所【　8　】に当てはまる最も適当なものを，次の中から一つ選びなさい。

解答番号 46

① 1　② 2　③ 3　④ 4　⑤ 5
⑥ 6　⑦ 10　⑧ 11　⑨ 12

問9　空所【　9　】に当てはまる最も適当なものを，次の中から一つ選びなさい。

解答番号 47

① アミド結合　② イオン結合　③ エステル結合
④ 金属結合　⑤ グリコシド結合　⑥ 三重結合
⑦ 二重結合

問10　空所【　10　】に当てはまる最も適当なものを，次の中から一つ選びなさい。

解答番号 48

① $\mathrm{-\!\!\left[C_6H_4O_2(OCOCH_3)_3\right]\!\!-_n}$　② $\mathrm{-\!\!\left[C_6H_5O_2(OCOCH_3)_3\right]\!\!-_n}$

③ $\mathrm{-\!\!\left[C_6H_6O_2(OCOCH_3)_3\right]\!\!-_n}$　④ $\mathrm{-\!\!\left[C_6H_7O(OCOCH_3)_3\right]\!\!-_n}$

⑤ $\mathrm{-\!\!\left[C_6H_7O_3(OCOCH_3)_3\right]\!\!-_n}$　⑥ $\mathrm{-\!\!\left[C_6H_7O_2(OCOCH_3)\right]\!\!-_n}$

⑦ $\mathrm{-\!\!\left[C_6H_7O_2(OCOCH_3)_2\right]\!\!-_n}$　⑧ $\mathrm{-\!\!\left[C_6H_7O_2(OCOCH_3)_3\right]\!\!-_n}$

問11　空所【　11　】に当てはまる最も適当なものを，次の中から一つ選びなさい。

解答番号 49

① 153　② 170　③ 292　④ 309
⑤ 350　⑥ 401　⑦ 453　⑧ 459

問12　空所【　12　】に当てはまる最も適当なものを，次の中から一つ選びなさい。

解答番号 50

① 288　② 432　③ 450　④ 495
⑤ 545　⑥ 750　⑦ 945　⑧ 990

◀農学部〈農学型〉▶

（60 分）

解答範囲は，解答番号 [1] から [44] までです。

I　次の(1)および(2)の文章を読んで，(1)の文章については後の問い（問 1 ～問 4 ）に，(2)の文章については後の問い（問 5 ～問 9 ）に，それぞれ答えなさい。

必要であれば，原子量は次の値を用いなさい。

H = 1.0，C = 12，O = 16，Na = 23，Ca = 40

(1)　物質の量を数値で表すために，質量，物質量，体積などが用いられる。

問 1　質量や物質量に関する記述のうち最も適当なものを，次の中から一つ選びなさい。

解答番号 [1]

① 質量数 12 の炭素原子の相対質量は，12 g である。

② 相対質量は，各元素の同素体ごとに異なる値で定められる値である。

③ 粒子の数にアボガドロ定数をかけると，物質量となる。

④ 標準状態の酸素 1 L に含まれる原子の粒子数と分子の粒子数は，ほぼ等しい。

⑤ アボガドロの法則は，混合気体にも当てはまる。

問 2　以下の物質(ア)～(エ)のうち，その相対質量が式量として表されるものはいくつありますか。最も適当なものを，次の中から一つ選びなさい。

解答番号 [2]

(ア) アルミニウム　　(イ) 水酸化物イオン

(ウ) 塩化カリウム　　(エ) アンモニウムイオン

① 0 個　② 1 個　③ 2 個　④ 3 個　⑤ 4 個

問3　以下の物質(ア)〜(エ)を物質量の大きいものから並べた順序として最も適当なものを，次の中から一つ選びなさい。

解答番号 | 3 |

(ア)　水分子 1.5×10^{24} 個　　(イ)　黒鉛 48 g

(ウ)　炭酸水素ナトリウム 126 g　　(エ)　オゾン分子 1.2×10^{24} 個

① (ア) ＞ (イ) ＞ (ウ) ＞ (エ)　　② (エ) ＞ (ア) ＞ (イ) ＞ (ウ)

③ (イ) ＞ (ア) ＞ (ウ) ＞ (エ)　　④ (イ) ＞ (ア) ＞ (エ) ＞ (ウ)

⑤ (ウ) ＞ (エ) ＞ (ア) ＞ (イ)　　⑥ (ウ) ＞ (イ) ＞ (ア) ＞ (エ)

問4　以下の気体(ア)〜(エ)が標準状態において同じ質量で存在するとき，その体積が大きいものから並べた順序として最も適当なものを，次の中から一つ選びなさい。

解答番号 | 4 |

(ア)　二酸化炭素　　(イ)　酸素　　(ウ)　オゾン　　(エ)　エタン

① (ア) ＞ (イ) ＞ (ウ) ＞ (エ)　　② (エ) ＞ (イ) ＞ (ア) ＞ (ウ)

③ (イ) ＞ (ア) ＞ (ウ) ＞ (エ)　　④ (イ) ＞ (ア) ＞ (エ) ＞ (ウ)

⑤ (ウ) ＞ (エ) ＞ (ア) ＞ (イ)　　⑥ (ウ) ＞ (ア) ＞ (イ) ＞ (エ)

(2)　三角フラスコに 2.0 mol/L の塩酸 45 mL が入っている。この三角フラスコに，炭酸カルシウムの粉末を1回に 1.0 g ずつ加えて十分に反応させる。その操作を，加えた炭酸カルシウムが反応せずに残るまで，繰り返し行った。

問5　反応によって発生する気体として最も適当なものを，次の中から一つ選びなさい。

解答番号 | 5 |

① 水素　　② 塩素　　③ 塩化水素

④ 酸素　　⑤ アンモニア　　⑥ 二酸化炭素

問6　反応が終了するのは，何回目に炭酸カルシウムの粉末を加えたときですか。

最も適当なものを，次の中から一つ選びなさい。

解答番号 6

① 1回目　② 2回目　③ 3回目　④ 4回目　⑤ 5回目
⑥ 6回目　⑦ 7回目　⑧ 8回目　⑨ 9回目　⓪ 10回目

問7　反応が終了するまでに発生した気体の物質量は何 mol ですか。最も適当なものを，次の中から一つ選びなさい。

解答番号 7

① 2.3×10^{-2}　② 4.5×10^{-2}　③ 6.0×10^{-2}　④ 9.0×10^{-2}
⑤ 2.3×10^{-1}　⑥ 4.5×10^{-1}　⑦ 6.0×10^{-1}　⑧ 9.0×10^{-1}

問8　反応が終了したときに残った未反応の炭酸カルシウムは何 g ですか。最も適当なものを，次の中から一つ選びなさい。

解答番号 8

① 0.15　② 0.25　③ 0.50　④ 0.75　⑤ 0.80　⑥ 1.0

問9　炭酸カルシウムの代わりに，アルミニウムの粉末を加えた場合に発生する気体は何ですか。最も適当なものを，次の中から一つ選びなさい。

解答番号 9

① 水素　② 塩素　③ 塩化水素
④ 酸素　⑤ アンモニア　⑥ 二酸化炭素

Ⅱ　次の(1)〜(3)の文章を読んで，(1)の文章については後の問い（問１〜問４）に，(2)の文章については後の問い（問５〜問８）に，(3)の文章については後の問い（問９〜問11）にそれぞれ答えなさい。

必要であれば，原子量および定数は次の値を用いなさい。

H = 1.0，N = 14，O = 16

気体定数：$R = 8.3 \times 10^3$ Pa・L/(K・mol)

(1)　理想気体は，温度が一定のとき，一定物質量の気体の体積 V が圧力 P に反比例する。この関係は，【　1　】の法則と呼ばれる。それを式で表すと，k_1 を定数としたとき，$V = \dfrac{k_1}{P}$ となる。また，圧力が一定のとき，一定物質量の気体の体積 V は，温度が１K 上下するごとに，０℃における体積 V_0 の $\dfrac{1}{273}$ 倍ずつ増減する。この関係は，【　2　】の法則と呼ばれる。すなわち，圧力が一定のとき，一定物質量の気体の体積は，絶対温度 T に比例することを意味している。それを式で表すと，k_2 を定数としたとき，$V = k_2T$ となる。これら二つの法則をⓐまとめて一つの式で表すことができる。したがって，理想気体の場合，物質量，絶対温度，圧力が決まれば，その気体の体積は気体の状態方程式から求めることができる。

しかし，ⓑ実在気体の体積を実際に測定すると，気体の状態方程式から求めた気体の体積からわずかにずれることが多い。この理由は，理想気体では，分子自身の【　3　】がなく，また分子間力が働かないと想定するからである。

問１　空所【　1　】，【　2　】に当てはまる人名として最も適当なものを，それぞれ次の中から一つずつ選びなさい。

空所【　1　】の解答番号 [10]

空所【　2　】の解答番号 [11]

① アボガドロ　② シャルル　③ ヘス

④ アレニウス　⑤ ザイツェフ　⑥ ボイル

⑦ オストワルト　⑧ ヘンリー　⑨ ラウール

⓪ ルシャトリエ

問２　下線部ⓐを表す式として最も適当なものを，次の中から一つ選びなさい。ただし，k_3 は定数を表している。

解答番号 12

① $V = k_3 TP$　② $V = \dfrac{k_3 T}{P}$　③ $V = \dfrac{k_3 P}{T}$

④ $V = \dfrac{1}{k_3 TP}$　⑤ $V = k_3 T + P$　⑥ $V = k_3 P + T$

問3　空所【　3　】に当てはまる語句として最も適当なものを，次の中から一つ選びなさい。

解答番号 13

① 温度　② 質量　③ 体積　④ 圧力　⑤ 価電子

問4　下線部ⓑについて，実在気体の体積が理想気体の体積に近づくのはどのような場合ですか。最も適当なものを，次の中から一つ選びなさい。

解答番号 14

① 圧力が低く，温度が低い場合。　② 圧力が低く，温度が高い場合。
③ 圧力が高く，温度が低い場合。　④ 圧力が高く，温度が高い場合。

(2)　下図のように，温度によって内容積が変化しない耐圧容器A，Bがコックのついた細管で連結されており，27℃に保たれている。容器A，Bの体積は，それぞれ3.0 L，2.0 Lである。コックを閉じた状態で，容器Aには窒素，容器Bには水素をそれぞれ封入した。このとき容器A，Bの圧力はそれぞれ 1.0×10^5 Pa，3.0×10^5 Paであった。なお，各気体の混合のみでは化学反応は起こらないものとする。

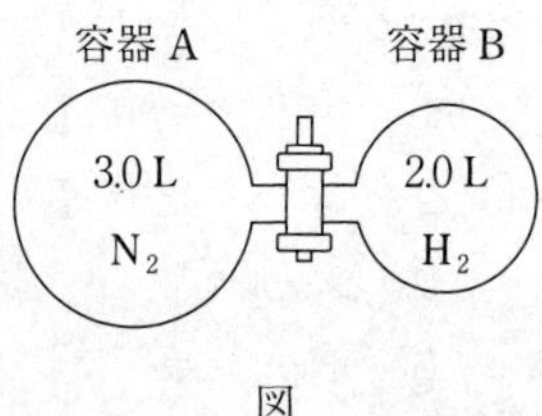

図

問5　容器A内の窒素の物質量〔mol〕として最も適当なものを，次の中から一つ選びなさい。

解答番号 15

① 0.060　② 0.12　③ 0.18　④ 0.60　⑤ 1.2　⑥ 1.8

問 6　容器 A 内の窒素の質量〔g〕として最も適当なものを，次の中から一つ選びなさい。

解答番号 16

① 1.2　② 1.5　③ 1.7　④ 2.4　⑤ 3.0　⑥ 3.4

問 7　コックを開いて気体を混合させた後の窒素と水素の分圧〔Pa〕として最も適当なものを，次の中からそれぞれ一つずつ選びなさい。

窒素の分圧の解答番号 17

水素の分圧の解答番号 18

① 1.2×10^4　② 1.8×10^4　③ 3.6×10^4　④ 6.0×10^4
⑤ 1.2×10^5　⑥ 1.8×10^5　⑦ 3.6×10^5　⑧ 6.0×10^5

問 8　混合気体の全圧〔Pa〕として最も適当なものを，次の中から一つ選びなさい。

解答番号 19

① 1.2×10^4　② 1.8×10^4　③ 3.0×10^4　④ 6.0×10^4
⑤ 1.2×10^5　⑥ 1.8×10^5　⑦ 3.0×10^5　⑧ 6.0×10^5

(3)　内容積が 16.6 L の密閉容器に水が 3.6 g 入っており，温度は 87 ℃に保たれている。このとき，容器内部の圧力は【4 − A】Pa であり，液体の水が【4 − B】。次に容器を冷却して温度を 27 ℃にすると，容器内の圧力は【5 − A】Pa であり，液体の水が【5 − B】。結果として，温度変化により生じた液体の水の重量は【　6　】g である。なお，水の蒸気圧は，27 ℃で 3.6×10^3 Pa，87 ℃で 6.0×10^4 Pa とし，液体として存在する水の体積は無視できるものとする。

問 9　空所【4 − A】,【4 − B】に当てはまる数値と語句の組合せとして最も適当なものを，次の中から一つ選びなさい。

解答番号 20

	【4 − A】	【4 − B】
①	3.5×10^3	存在する
②	3.5×10^3	存在しない
③	3.5×10^4	存在する
④	3.5×10^4	存在しない
⑤	3.6×10^3	存在する
⑥	3.6×10^3	存在しない
⑦	3.6×10^4	存在する
⑧	3.6×10^4	存在しない

問10 空所【5 − A】,【5 − B】に当てはまる数値と語句の組合せとして最も適当なものを，次の中から一つ選びなさい。

解答番号 21

	【5 − A】	【5 − B】
①	3.6×10^3	存在する
②	3.6×10^3	存在しない
③	4.8×10^3	存在する
④	4.8×10^3	存在しない
⑤	3.0×10^4	存在する
⑥	3.0×10^4	存在しない
⑦	6.0×10^4	存在する
⑧	6.0×10^4	存在しない

問11 空所【 6 】に当てはまる数値として最も適当なものを，次の中から一つ選びなさい。

解答番号 22

① 0.0 ② 0.22 ③ 0.43 ④ 3.2 ⑤ 3.4 ⑥ 3.6

Ⅲ　次の⑴および⑵の文章を読んで，⑴の文章については後の問い（問１～問４）に，⑵の文章については後の問い（問５～問９）に，それぞれ答えなさい。

⑴　銅は人類が古くから慣れ親しんだ金属である。歴史を振り返れば，紀元前4000年頃以降には，【１－Ａ】との合金である【１－Ｂ】をつくる技術が開発され，その加工品は石器に代わる武器や農具のほか，銅像などの美術工芸品として使われるようになった。

銅の単体は，天然に存在することもあるが，多くは黄銅鉱（主成分 $CuFeS_2$）から取り出されている。まず，溶鉱炉に黄銅鉱，ケイ砂，石灰石，コークスを入れて強熱し，硫化銅(Ⅰ)を得る。その後，硫化銅(Ⅰ)を転炉に移し，空気を吹き込みながら加熱すると，純度が99％ほどの粗銅が得られる。

$$p\ CuFeS_2 + q\ O_2 \longrightarrow r\ Cu_2S + s\ Fe_2O_3 + 6SO_2 \qquad \cdots (ア)$$

次に，粗銅板を【２－Ａ】，薄い純銅板を【２－Ｂ】に用いて，約0.3～0.4Ｖの低電圧で硫酸銅(Ⅱ)の希硫酸溶液を電気分解すると，純度が99.99％以上の純銅を得ることができる。このように電気分解を応用して金属の単体を得る操作を【２－Ｃ】という。なお電気分解後には，ⓐ粗銅板からはがれ落ちた沈殿が観察される。

問１　空所【１－Ａ】,【１－Ｂ】に当てはまる物質の組合せとして最も適当なものを，次の中から一つ選びなさい。

解答番号　23

	【１－Ａ】	【１－Ｂ】
①	亜鉛	黄銅
②	スズ	黄銅
③	ニッケル	黄銅
④	亜鉛	青銅
⑤	スズ	青銅
⑥	ニッケル	青銅
⑦	亜鉛	白銅
⑧	スズ	白銅
⑨	ニッケル	白銅

問2 反応式(ア)の係数 p ～ s に当てはまる数値として最も適当なものを，次の中からそれぞれ一つずつ選びなさい。ただし，同じ選択肢を何度選んでもよい。

p の解答番号 24
q の解答番号 25
r の解答番号 26
s の解答番号 27

① 1　② 2　③ 3　④ 4　⑤ 5
⑥ 6　⑦ 7　⑧ 8　⑨ 9

問3 空所【2－A】～【2－C】に当てはまる語句の組合せとして最も適当なものを，次の中から一つ選びなさい。

解答番号 28

	【2－A】	【2－B】	【2－C】
①	陽極	陰極	電解精錬
②	陰極	陽極	電解精錬
③	陽極	陰極	溶融塩電解（融解塩電解）
④	陰極	陽極	溶融塩電解（融解塩電解）

問4 粗銅板に含まれていた不純物が，Ag，Au，Fe，Ni，Zn であるとするとき，下線部ⓐの沈殿に含まれる金属の組合せとして最も適当なものを，次の中から一つ選びなさい。

解答番号 29

① Ag，Au，Fe　② Au，Fe，Ni　③ Fe，Ni，Zn
④ Ag，Ni，Zn　⑤ Ag，Au，Zn　⑥ Ag，Au
⑦ Au，Fe　⑧ Fe，Ni　⑨ Ag，Ni
⓪ Ag，Zn

(2) 遷移元素の単体やその化合物は，美しい色を呈するものが多い。クロム Cr の単体は銀白色の光沢を持つ金属で，空気中で不動態をつくりやすいことで知られるが，その酸化物イオンである【3－A】は，【3－B】と反応して鮮やかな黄色の，また【3－C】と反応して赤褐色の沈殿を形成する。鉄 Fe の単体は灰白色の光沢を持つ金属で，【　4　】とは不動態をつくり反応しないことで知られるが，イオン化した【5－A】を含む水溶液は淡緑色を呈し，【5－B】を含む水溶液は黄褐色を呈する。また【5－A】の検出には【5－C】水溶液が，【5－B】の検出には【5－D】水溶液が用いられ，共に濃青色の沈殿を生じる。

問5　遷移元素の特徴に関する記述のうち最も適当なものを，次の中から一つ選びなさい。

解答番号 30

① 周期表で2～10族に属する。
② 典型元素と比べて，単体は密度が小さく，融点の高いものが多い。
③ 金属以外の元素も含まれる。
④ 同一周期の隣り合う元素どうしで似た性質を示す。
⑤ 単体は強い還元作用を示す。

問6　空所【3－A】～【3－C】に当てはまる物質の組合せとして最も適当なものを，次の中から一つ選びなさい。

解答番号 31

	【3－A】	【3－B】	【3－C】
①	CrO_4^{2-}	Ag^+	Pb^{2+}
②	CrO_4^{2-}	Pb^{2+}	Ag^+
③	$Cr_2O_7^{2-}$	Ag^+	Pb^{2+}
④	$Cr_2O_7^{2-}$	Pb^{2+}	Ag^+

問7　空所【　4　】に当てはまる物質として最も適当なものを，次の中から一つ選びなさい。

解答番号 32

① 塩酸　② 希硫酸　③ 濃硝酸
④ 水酸化ナトリウム水溶液　⑤ アンモニア水　⑥ 硫化水素

問8　空所【5－A】～【5－D】に当てはまる物質の組合せとして最も適当なも

のを，次の中から一つ選びなさい。

解答番号 [33]

	【5－A】	【5－B】	【5－C】	【5－D】
①	Fe^{2+}	Fe^{3+}	$K_3[Fe(CN)_6]$	$K_4[Fe(CN)_6]$
②	Fe^{3+}	Fe^{2+}	$K_3[Fe(CN)_6]$	$K_4[Fe(CN)_6]$
③	Fe^{2+}	Fe^{3+}	$K_4[Fe(CN)_6]$	$K_3[Fe(CN)_6]$
④	Fe^{3+}	Fe^{2+}	$K_4[Fe(CN)_6]$	$K_3[Fe(CN)_6]$
⑤	Fe^{2+}	Fe^{3+}	$K_3[Fe(CN)_6]$	KSCN
⑥	Fe^{3+}	Fe^{2+}	$K_3[Fe(CN)_6]$	KSCN
⑦	Fe^{2+}	Fe^{3+}	KSCN	$K_3[Fe(CN)_6]$
⑧	Fe^{3+}	Fe^{2+}	KSCN	$K_3[Fe(CN)_6]$

問９　色の変化により，物質の存在を検出する物質の一つに，硫酸銅(Ⅱ)無水塩がある。検出される物質として最も適当なものを，次の中から一つ選びなさい。

解答番号 [34]

①　Cu^+　　②　Cu^{2+}　　③　$[Cu(NH_3)_4]^{2+}$　　④　H_2O

⑤　O_2　　⑥　NH_3　　⑦　Cl_2

Ⅳ　次の(1)〜(3)の文章を読んで，(1)の文章については後の問い（問１〜問４）に，(2)の文章については後の問い（問５〜問７）に，(3)の文章については後の問い（問８，問９）に，それぞれ答えなさい。

(1)　アルコールは【１－Ａ】を持つので，分子間で【１－Ｂ】を生じる。また，【２－Ａ】と反応して気体の【２－Ｂ】が発生する。

問１　空所【１－Ａ】，【１－Ｂ】に当てはまる語句の組合せとして最も適当なものを，次の中から一つ選びなさい。

解答番号　35

	【１－Ａ】	【１－Ｂ】
①	カルボキシ基	水素結合
②	カルボキシ基	イオン結合
③	カルボニル基	水素結合
④	カルボニル基	イオン結合
⑤	アルデヒド基	水素結合
⑥	アルデヒド基	イオン結合
⑦	ヒドロキシ基	水素結合
⑧	ヒドロキシ基	イオン結合

問２　空所【２－Ａ】，【２－Ｂ】に当てはまる物質の組合せとして最も適当なものを，次の中から一つ選びなさい。

解答番号　36

	【２－Ａ】	【２－Ｂ】
①	ナトリウム	水素
②	ナトリウム	酸素
③	マグネシウム	水素
④	マグネシウム	酸素
⑤	鉄	水素
⑥	鉄	酸素
⑦	銅	水素
⑧	銅	酸素

問3　アルコールとその分類に関する記述として**誤っている**ものを，次の中から一つ選びなさい

解答番号 [37]

① メタノールは，一価のアルコールである。

② グリセリンは，三価のアルコールである。

③ 1-ブタノールは，第二級のアルコールである。

④ 2-メチル-1-プロパノールは，第一級のアルコールである。

⑤ エタノールは，一価のアルコールである。

問4　アルコールに関する記述として最も適当なものを，次の中から一つ選びなさい。

解答番号 [38]

① 分子量が同じ程度のエーテルよりも，融点や沸点が低い。

② 濃硫酸を160～170℃に加熱しながらエタノールを加えると，ジエチルエーテルが生じる。

③ 濃硫酸を130℃程度に加熱しながらエタノールを加えると，エチレンが生じる。

④ エタノールは，飲料（酒類）に利用される。

⑤ エーテルはアルコールと比べて，分子間力が大きい。

(2)　炭化カルシウムと【3－A】が反応するとアセチレンが生成する。赤熱した鉄にアセチレンを触れさせると【3－B】が生じる。また，硫酸水銀 $HgSO_4$ を触媒として，アセチレンと【4－A】を付加させると，【4－B】を生じるが不安定なため新たな化合物に変化する。その反応性はフェーリング液の還元などにより確認することができる。また，アセチレンの性質として，【5－A】の【5－B】であり，燃焼熱が【5－C】ことがあげられる。

問5　空所【3－A】，【3－B】に当てはまる物質の組合せとして最も適当なものを，次の中から一つ選びなさい。

解答番号 [39]

	【3－A】	【3－B】
①	塩酸	エチレン
②	塩酸	ベンゼン
③	酢酸	エチレン
④	酢酸	ベンゼン
⑤	水	エチレン
⑥	水	ベンゼン
⑦	水酸化ナトリウム	エチレン
⑧	水酸化ナトリウム	ベンゼン

問6 空所【4－A】,【4－B】に当てはまる物質の組合せとして最も適当なものを，次の中から一つ選びなさい。

解答番号 40

	【4－A】	【4－B】
①	塩酸	塩化ビニル
②	塩酸	ビニルアルコール
③	酢酸	塩化ビニル
④	酢酸	ビニルアルコール
⑤	水	塩化ビニル
⑥	水	ビニルアルコール
⑦	水酸化ナトリウム	塩化ビニル
⑧	水酸化ナトリウム	ビニルアルコール

問7 空所【5－A】～【5－C】に当てはまる語句の組合せとして最も適当なものを，次の中から一つ選びなさい。

解答番号 41

	【5－A】	【5－B】	【5－C】
①	無色・無臭	液体	大きい
②	無色・無臭	気体	大きい
③	無色・無臭	液体	小さい
④	有色・無臭	気体	小さい
⑤	有色・無臭	液体	小さい
⑥	有色・無臭	気体	大きい

(3)　分子式が同じで構造式が互いに異なる4つのエステル(ア)～(エ)がある。

(ア)：$H-COO-CH_2-CH_2-CH_3$　　(イ)：$CH_3-CH_2-COO-CH_3$

(ウ)：$CH_3-COO-CH_2-CH_3$　　(エ)：$H-COO-CH(CH_3)_2$

これら4つのエステルのうち，【6－A】を加水分解して得られたカルボン酸は，【6－B】を分解して得られたカルボン酸と同一であった。また，【6－A】から得られたアルコールはヨードホルム反応を示したが，【6－B】から得られたアルコールは示さなかった。【　7　】を加水分解すると，得られたカルボン酸に含まれる炭素数は，得られたアルコールに含まれる炭素数より多かった。

問8　空所【6－A】，【6－B】に当てはまるエステルとして最も適当なものを，次の中からそれぞれ一つずつ選びなさい。

【6－A】の解答番号　42

【6－B】の解答番号　43

①　(ア)　　②　(イ)　　③　(ウ)　　④　(エ)

問9　空所【　7　】に当てはまるエステルとして最も適当なものを，次の中から一つ選びなさい。

解答番号　44

①　(ア)　　②　(イ)　　③　(ウ)　　④　(エ)

生物

（先端理工学部 90分
農学部〈農学型〉 60分）

（注）　先端理工学部はⅠ～Ⅴを，農学部〈農学型〉はⅠ～Ⅳをそれぞれ解答すること。

設問はⅠからⅤまでです。

Ⅰ　次の文章を読んで，後の問い（問１～問８）に答えなさい。

私たちは，常に細菌やカビ，ウイルスなどにさらされており，これらの中には体内に侵入して病気を引き起こすものも含まれる。さまざまな有害な体外環境の変動や病原体などから身体を守る仕組みを総称して生体防御といい，そのなかで，病原体などに対する生体防御機構を免疫という。

ヒトの身体では，まず，ⓐ物理的・化学的防御によって病原体が体内に侵入することを防いでいる。しかし，これだけでは防御しきれず，病原体が体内に侵入してきた場合は，ⓑ食細胞が食作用により排除する。これを【　1　】免疫と呼ぶ。

さらに高度な仕組みとして，Ｂ細胞やⓒＴ細胞が認識した病原体などの特定の異物（抗原）を特異的に排除する【　2　】免疫がある。【　2　】免疫は，【　3　】免疫と【　4　】免疫に大別され，Ｂ細胞が主体となる【　4　】免疫では，抗原を捉えたＢ細胞がその抗原を取り込み，断片を【　5　】に提示する。すでに同一抗原によって活性化した【　5　】がＢ細胞による抗原情報を認識すると，Ｂ細胞を活性化させる。活性化したＢ細胞は増殖し，ⓓ抗体を多数分泌する形質細胞に分化する。また，活性化されたＢ細胞の一部は【　6　】として体内に残る。

予防接種は免疫の仕組みを応用したもので，ⓔワクチンを接種して病気を防ぐ。一方で，免疫反応が，外界からの異物に対してではなく，自分自身の正常な細胞・組織に対して起こることがまれにある。これによって発症する病気は，ⓕ自己免疫疾患（自己免疫病）と呼ばれる。

問1 文章中の空所【 1 】～【 6 】に当てはまる語句として最も適当なものを，次の中からそれぞれ一つずつ選びなさい。

空所【 1 】は，解答番号 [1]
空所【 2 】は，解答番号 [2]
空所【 3 】は，解答番号 [3]
空所【 4 】は，解答番号 [4]
空所【 5 】は，解答番号 [5]
空所【 6 】は，解答番号 [6]

① キラーT細胞 ② ヘルパーT細胞 ③ 樹状細胞
④ 記憶細胞 ⑤ 血小板 ⑥ 抗原抗体複合体
⑦ 体液性 ⑧ 適応（獲得） ⑨ 自然
⓪ 細胞性

問2 文章中の下線部ⓐ「物理的・化学的防御」のヒトにおける例として最も適当なものを，次の中から一つ選びなさい。

解答番号 [7]

① 強酸性の尿を排泄する。
② 唾液中には，リゾチームが含まれている。
③ 腸内を無菌状態に維持している。
④ 気管では，繊毛の動きによって口から肺の方向への流れをつくっている。
⑤ 皮膚表面をアルカリ性に保っている。
⑥ 消化管内を角質層で覆っている。

問3 文章中の下線部ⓑ「食細胞」の組合せとして最も適当なものを，次の中から一つ選びなさい。

解答番号 [8]

① 赤血球，マクロファージ，血小板
② マクロファージ，好中球，樹状細胞
③ 好中球，B細胞，ナチュラルキラー細胞
④ 樹状細胞，血小板，マスト細胞（肥満細胞）

⑤ ナチュラルキラー細胞，赤血球，マスト細胞（肥満細胞）

問4 文章中の下線部ⓒ「T細胞」が成熟する器官として最も適当なものを，次の中から一つ選びなさい。

解答番号 9

① 胸腺 ② ひ臓 ③ 骨髄 ④ リンパ節 ⑤ 消化管

問5 文章中の下線部ⓓ「抗体」の説明として最も適当なものを，次の中から一つ選びなさい。

解答番号 10

① 抗体は，4本のポリペプチドからなる。
② 抗体は，3ヶ所の抗原結合部位を持つ。
③ ひとつのB細胞がつくる抗体には，複数種類の可変部がみられる。
④ 抗体は食細胞による食作用には影響しない。
⑤ 抗体は，免疫グロブリンという炭水化物でできている。

問6 未分化なB細胞が分化する過程で，V，D，J遺伝子群のDNAの切断とつなぎ合わせが起こる。この過程で，それぞれの遺伝子断片が一つずつ集められ，抗体の可変部のアミノ酸配列を指定する塩基配列が形成される。H鎖のV遺伝子が40種類，D遺伝子が23種類，J遺伝子が6種類あり，L鎖の可変部の遺伝子においても295通りのV遺伝子とJ遺伝子の組合せがあるとすると，最大で，およそ何種類の遺伝子のパターンをつくることができるか。最も適当なものを，次の中から一つ選びなさい。ただし，各遺伝子断片の再編成のみを考慮し，突然変異は起こらないものとして考える。

解答番号 11

① 360 ② 730 ③ 5,800 ④ 20,000
⑤ 12,000 ⑥ 41,000 ⑦ 1,600,000 ⑧ 3,300,000

問7 文章中の下線部ⓔ「ワクチン」は，さまざまな病原体に対して開発されている。特に乳児は，病気を防ぐために多種のワクチンを接種することが推奨されている。表1のようなスケジュールで病原体A，B，Cに対するワクチンを接種した乳児の血液中の病原体Cに対する抗体濃度の変化を表すものとして最も適当なものを，選択肢の中から一つ選びなさい。なお，同じ月齢で複数種類のワクチンを打つ場合は同時に接種するものとする。

解答番号 12

表1　乳児のワクチン接種スケジュール

ワクチン	生後2か月	生後3か月	生後4か月
A	○	○	○
B	×	○	○
C	○	×	○

○：接種する　　×：接種しない

選択肢

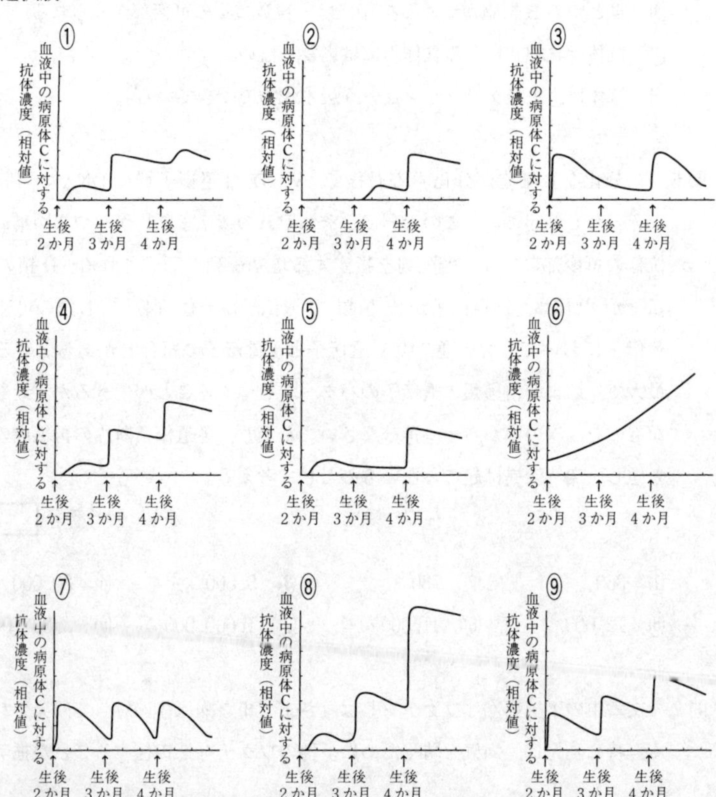

問8　文章中の下線部ⓕ「自己免疫疾患」として最も適当なものを，次の中から一つ選びなさい。

解答番号 13

① 花粉症　② エイズ　③ 関節リウマチ
④ 破傷風　⑤ ぜんそく

Ⅱ 次の（1）および（2）の文章を読んで，（1）の文章については後の問い（問1〜問3）に，（2）の文章については後の問い（問4〜問6）に，それぞれ答えなさい。

（1） DNAは，2本のヌクレオチド鎖が互いに【 1 】向きになり，内側に突き出た塩基どうしが【 2 】結合して全体にねじれた二重らせん構造をしている。ヌクレオチド鎖の構成単位はヌクレオチドであり，【 3 】と糖と塩基からなる。

DNAの複製では，もとのDNAの2本のヌクレオチド鎖がそれぞれ鋳型鎖となって，相補的な塩基配列を持つヌクレオチド鎖が新しくつくられる。こうして複製されたDNAはもとのDNAと同じ塩基配列を持ち，このような複製方式を【 4 】複製という。この複製では，まず，DNAヘリカーゼと呼ばれる酵素が，2本鎖DNA上を進みながら，DNAの二重らせんをほどいていく。次に，DNAポリメラーゼがほどかれた鎖を鋳型として新たなヌクレオチド鎖を形成する。DNAポリメラーゼは【 5 】→【 6 】方向にだけヌクレオチド鎖を伸長する。そのため，2つの鋳型の一方では，開裂が進む方向と新たな鎖の伸長方向が一致するが，他方では一致しない。その結果，連続して合成される鎖が【 7 】鎖，ⓐ不連続に合成される鎖が【 8 】鎖であり，【 8 】鎖ではDNAリガーゼによってDNA断片が連結されて鎖が完成する。

問1　文章中の空所【 1 】〜【 4 】に当てはまる語句として最も適当なものを，次の中からそれぞれ一つずつ選びなさい。

空所【 1 】は，解答番号 14
空所【 2 】は，解答番号 15
空所【 3 】は，解答番号 16

空所【　4　】は，解答番号 17

① 半保存的　② 同じ　③ 共有　④ 水素
⑤ リン酸　⑥ クエン酸　⑦ 逆　⑧ 保存的
⑨ ピルビン酸　⓪ ペプチド

問2　文章中の空所【　5　】～【　8　】に当てはまる語句の組合せとして最も適当なものを，次の中から一つ選びなさい。

解答番号 18

	【　5　】	【　6　】	【　7　】	【　8　】
①	5′	3′	リーディング	ラギング
②	5′	3′	ラギング	リーディング
③	3′	5′	リーディング	ラギング
④	3′	5′	ラギング	リーディング

問3　文章中の下線部ⓐ「不連続に合成される鎖」の連結を繰り返しながら伸長する不連続複製機構を考案した研究者として最も適当なものを，次の中から一つ選びなさい。

解答番号 19

① ワトソン　② 岡崎令治　③ メセルソン
④ クリック　⑤ スタール

（2）PCR法（ポリメラーゼ連鎖反応法）は，微量な試料からDNAの特定の領域を短時間で増幅する方法である。この方法では，ⓑDNAポリメラーゼ，相補的プライマーと呼ばれる2種類の短い1本鎖DNA，4種類のヌクレオチド，増幅したい領域を含む2本鎖DNAを含む反応液を調製し，ⓒ3段階の温度変化を繰り返すことによって目的のDNA領域を増幅させる。PCR法は電気泳動法と組合せて作物の品種判別などに利用される。

問4　文章中の下線部ⓑ「DNAポリメラーゼ」に関して，PCR法で用いられる

DNAポリメラーゼの特徴として最も適当なものを，次の中から一つ選びなさい。

解答番号 20

① RNAを鋳型にしてDNAを合成できる。
② 補酵素を必要とする。
③ 高温条件下で失活しにくい。
④ 切断したDNAを結合できる。

問5　文章中の下線部ⓒ「3段階の温度変化を……を増幅させる」に関して，目的のDNA領域を1000倍以上に増幅するには，3段階の温度変化を最低何回以上繰り返せばよいか。最も適当なものを，次の中から一つ選びなさい。ただし，増幅効率は100％とする。

解答番号 21

① 5回　② 10回　③ 50回　④ 100回

問6　トマトの品種A，B，Cは，図1に示すように，DNA中のある領域Zに塩基配列X，Yを共通して持っており，その間にある塩基対の数が品種ごとに異なる。A，B，Cいずれかの品種に該当する3つの植物1，2，3について，PCR法と電気泳動法を組合せて比較を行った（図2）。図1と図2を参考にして，次の小問（(ア)，(イ)）にそれぞれ答えなさい。

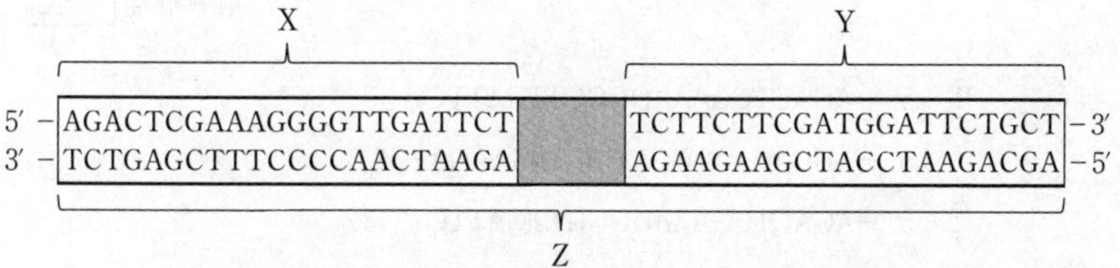

図1　トマトの領域ZにおけるDNA配列の模式図
Aはアデニン，Cはシトシン，Gはグアニン，Tはチミンをそれぞれ示す。

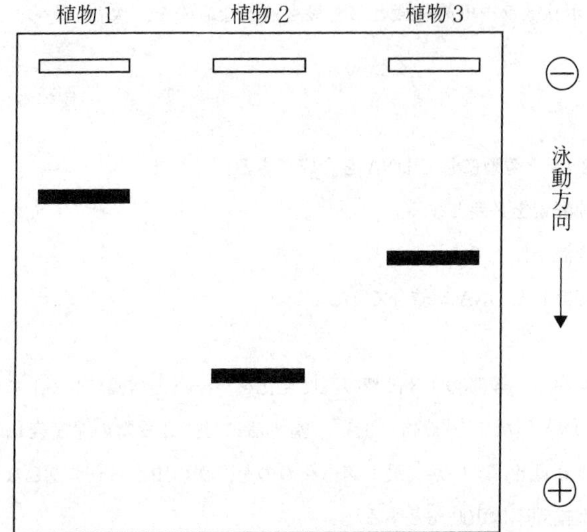

図 2　PCR による増幅産物の電気泳動図

PCR 法で 3 つの植物 1，2，3 の DNA の領域 Z を増幅し，各増幅産物に対して電気泳動を行った。

▭ は各増幅産物を注入した位置，▬ は同一時間電気泳動した後のバンドの位置を示す。

（ア）プライマーは増幅させたい領域の 3′ 末端部分にそれぞれ相補的に結合するよう設計されている。領域 Z を PCR で増幅するためのプライマーの組合せとして最も適当なものを，次の中から一つ選びなさい。

解答番号 22

① 5′ －AGACTCGAAAGGGGTTGATTCT－3′
　 5′ －AGCAGAATCCATCGAAGAAGA－3′

② 5′ －AGACTCGAAAGGGGTTGATTCT－3′
　 5′ －TCTTCTTCGATGGATTCTGCT－3′

③ 5′ －AGAATCAACCCCTTTCGAGTCT－3′
　 5′ －AGCAGAATCCATCGAAGAAGA－3′

④ 5′ －TCTGAGCTTTCCCCAACTAAGA－3′
　 5′ －TCTTCTTCGATGGATTCTGCT－3′

⑤ 5′ －AGAATCAACCCCTTTCGAGTCT－3′

5′ − TCTTCTTCGATGGATTCTGCT − 3′

（イ）　図１の灰色で示した領域の塩基対の数は品種Ａで150 塩基対，品種Ｂで300 塩基対，品種Ｃで450 塩基対であった。その場合，図２の電気泳動図中の植物１の品種はＡ，Ｂ，Ｃのうちどれか。次の中から最も適当なものを一つ選びなさい。

解答番号 23

①　A　　②　B　　③　C

Ⅲ　次の（１）～（３）の文章を読んで，（１）の文章については後の問い（問１～問３）に，（２）の文章については後の問い（問４）に，（３）の文章については後の問い（問５，問６）に，それぞれ答えなさい。

（１）　植物は，生育場所の環境に応じて形態などを変化させながら，成長や生殖を行っている。種子植物の場合，その生活は，ⓐ種子の発芽→成長→開花→ⓑ種子や果実の形成→落果と進行していく。この間，環境の変化を刺激として受容し，受容した刺激はⓒ信号物質に変換されて伝達され，刺激に対する応答が起こる。

問１　文章中の下線部ⓐ「種子の発芽」について，次の小問（(ア)，(イ)）に，それぞれ答えなさい。

（ア）　発芽に光が必要な種子を光発芽種子という。光発芽種子の発芽に関わっている光受容体として最も適当なものを，次の中から一つ選びなさい。

解答番号 24

①　カロテン　　②　キサントフィル　　③　クロロフィル
④　クリプトクロム　　⑤　フィトクロム　　⑥　フォトトロピン

（イ）　光発芽種子について，光以外の発芽条件が満たされている状態で，①～⓪に示すように光照射条件を設定した。ここで用いた昼白色蛍光灯は，波長400〜780 nmの光を発光するタイプであった。このうち，光発芽種子が発芽する条件を，次の中からすべて選び，解答番号 25 の欄を使用して，選んだすべての番号をマークしなさい。

解答番号 25

① 種子に昼白色蛍光灯の光を連続して当てた。
② 種子に緑色光（波長500 nm）を連続して当てた。
③ 種子に赤色光（波長660 nm）を連続して当てた。
④ 種子に遠赤色光（波長730 nm）を連続して当てた。
⑤ 種子に昼白色蛍光灯の光を当てた後，遠赤色光（波長730 nm）を当てた。
⑥ 種子に緑色光（波長500 nm）を当てた後，遠赤色光（波長730 nm）を連続して当てた。
⑦ 種子に赤色光（波長660 nm）を当てた後，遠赤色光（波長730 nm）を連続して当てた。
⑧ 種子に遠赤色光（波長730 nm）を当てた後，昼白色蛍光灯の光を連続して当てた。
⑨ 種子に遠赤色光（波長730 nm）を当てた後，緑色光（波長500 nm）を連続して当てた。
⓪ 種子に遠赤色光（波長730 nm）を当てた後，赤色光（波長660 nm）を連続して当てた。

問2　文章中の下線部ⓑ「種子や果実の形成」について，イチゴの食用部分はイチゴの花のどの部位が成長したものか。最も適当なものを，次の中から一つ選びなさい。

解答番号 26

① がく片　② 花床　③ 花弁　④ 子房
⑤ 胚珠　⑥ やく

問3　文章中の下線部ⓒ「信号物質」について，植物が合成する信号物質である植物ホルモンにはさまざまなものがある。植物ホルモンに関する記述のうち最も適当なものを，次の中から一つ選びなさい。

解答番号 [27]

① 種子の休眠には，アブシシン酸と呼ばれる植物ホルモンが重要な役割を果たしている。種子の形成に伴ってアブシシン酸の濃度が低下すると，種子は休眠に入る。

② 植物ホルモンの一つにオーキシンがあるが，これは単独の化合物の名称ではなく，同様な作用を示す物質群を指す名称である。

③ ジベレリンやオーキシンは，茎や根の伸長成長を促進する効果があり，ジベレリンやオーキシンの濃度が高くなるにつれて促進効果は大きくなる。

④ 秋まきコムギにみられるように，発芽後に一定期間短日条件にさらされることにより花芽形成が誘導される現象を春化という。春化にはサイトカイニンが関わっている。

⑤ 植物は，植食性昆虫などによって葉や茎が損傷を受けると，捕食者が持つタンパク質分解酵素を直接に阻害する物質であるジャスモン酸を合成するなどの応答を示す。

（2） 植物の落果は【　1　】の基部に形成される離層と呼ばれる細胞層で起きる。通常，離層付近では【　2　】濃度が高く，【　3　】濃度が低いが，落果期になると【　2　】濃度が低下し，【　3　】濃度が高くなる。その結果，離層の細胞壁間の接着を緩める酵素の合成が促され，落果が起こる。

問4　文章中の空所【　1　】～【　3　】に当てはまる最も適当な語句を，次の中からそれぞれ一つずつ選びなさい。

空所【　1　】は，解答番号 [28]
空所【　2　】は，解答番号 [29]
空所【　3　】は，解答番号 [30]

① がく片　② 果柄　③ 子房　④ 葉柄
⑤ 葉脈　⑥ オーキシン　⑦ エチレン　⑧ サイトカイニン
⑨ ジベレリン　⓪ ジャスモン酸

（3）「刺激に対する応答」の一つに，刺激の方向に対して一定の方向に植物が屈曲する現象があり，このような性質を屈性という。植物の芽ばえを地面に水平に置くと，茎は上に向かって屈曲し，根は下に向かって屈曲する。これは，植物体内でのオーキシンの移動により，茎や根の断面の上側と下側においてオーキシン濃度に違いが生じることに起因している。茎では【　4　】でオーキシン濃度が高まり，【　5　】の成長が促進されて上に向かって屈曲する。一方，根では【　6　】でオーキシン濃度が高まり，【　7　】の成長が抑制されて下に向かって屈曲する。

植物体内でのオーキシンの移動には，オーキシンを取り込むタンパク質とオーキシンを排出するタンパク質が関わっている。これらのタンパク質は【　8　】に存在し，オーキシンを取り込むタンパク質を【　9　】，オーキシンを排出するタンパク質を【 10 】という。幼葉鞘や茎ではオーキシンは先端部から基部へと移動することが知られているが，これは【 11 】が偏って分布していることに起因していると考えられている。

問5　文章中の空所【　4　】～【　7　】に当てはまる語句の組合せとして最も適当なものを，次の中から一つ選びなさい。

解答番号　31

	【 4 】	【 5 】	【 6 】	【 7 】
①	上側	上側	上側	上側
②	上側	下側	上側	下側
③	上側	上側	下側	上側
④	上側	下側	下側	下側
⑤	下側	上側	上側	上側
⑥	下側	下側	上側	下側
⑦	下側	上側	下側	上側
⑧	下側	下側	下側	下側

問6　空所【　8　】～【　11　】に当てはまる語句として最も適当なものを，次の中からそれぞれ一つずつ選びなさい。ただし，同じ選択肢を何度選んでもよい。

空所【　8　】は，解答番号 32
空所【　9　】は，解答番号 33
空所【　10　】は，解答番号 34
空所【　11　】は，解答番号 35

① 核膜　② 細胞質基質　③ 細胞壁　④ 細胞膜
⑤ AUX1（AUXタンパク質）　⑥ IAA（インドール酢酸）
⑦ PIN（PINタンパク質）

Ⅳ 次の（1）～（3）の文章を読んで，（1）の文章については後の問い（問1～問3）に，（2）の文章については後の問い（問4～問7）に，（3）については後の問い（問8～問11）に，それぞれ答えなさい。

（1） 地球上には，学名を持つ生物種は，現在までに約180万種存在するといわれているが，未だ学名がついていない生物種が数千万種～1億種いるとも推定されている。1735年，スウェーデンの【　1　】は「自然の体系」を著し，今日まで続く分類学の基礎を築いた。彼は生物分類の基本単位である種の名前のつけかたについて【　2　】の採用と生物を階層のあるグループに類別する分類（ⓐ）の体系を確立した。イネの学名は *Oryza sativa* であるが，“*Oryza*” は属名で，“*sativa*” は【　3　】を示し，この2語の組合せで学名が表現されている。

問1　文章中の空所【　1　】に当てはまる人物名として，最も適当なものを次の中から一つ選びなさい。

解答番号 36

① リンネ　② アリストテレス　③ ダーウィン
④ ウォレス　⑤ メンデル　⑥ ビードル
⑦ ド　フリース　⑧ フィルヒョー　⑨ フック
⓪ シュワン

問2　文章中の空所【　2　】，【　3　】に当てはまるものとして，最も適当なものを次の中からそれぞれ一つずつ選びなさい。

空所【　2　】は，解答番号 37

空所【　3　】は，解答番号 38

① 二名法　② 標準和名　③ 和名　④ 自然分類
⑤ 人為分類　⑥ 種小名　⑦ 英名　⑧ 系統
⑨ 系統分類

問3　文章中の下線部ⓐ「階層の……分類」は，現在も採用されている分類の階層を示しているが，この階層の上位の分類階級には界やさらに上のドメインが存在する。この階層のうち，属から界までの順番を正しく示しているものとして最も適当なものを次の中から一つ選びなさい。

解答番号 39

① 属，目，門，綱，科，界　② 属，科，綱，門，目，界
③ 属，門，科，目，綱，界　④ 属，綱，目，科，門，界
⑤ 属，目，綱，門，科，界　⑥ 属，科，門，綱，目，界
⑦ 属，門，綱，目，科，界　⑧ 属，綱，門，科，目，界
⑨ 属，目，科，門，綱，界　⓪ 属，科，目，綱，門，界

(2)　生物は長い間，植物界と動物界に二分する二界説によって分類されていた。その後，【　4　】は多細胞生物が単細胞生物から進化してきたと考え，単細胞生物を原生生物界とし，生物を三分する三界説を提唱した。さらにその後，【　5　】は生物を五分する五界説を提唱し，マーグリスらによって，改変が重ねられた。近年，核酸の塩基配列を基にした系統関係から，ウーズは界よりも上位の分類階級であるドメインを設定し，生物を三ドメインに分ける説を提案した。次ページの図1のA～Eは五界説に基づいた分類を示し，動物界，植物界，菌界，原生生物界および原核生物界のいずれかの界を示す。また，各界に属する生物の名称として一般名または和名を示す。

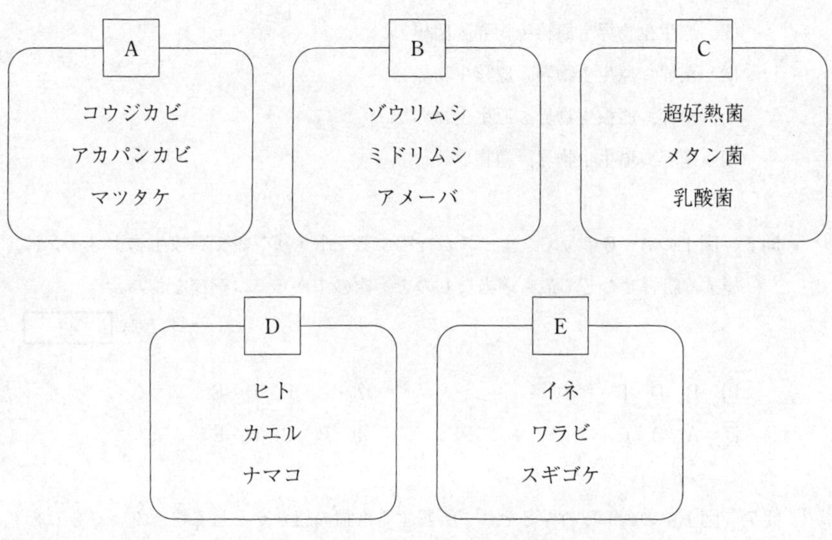

図 1．五界説によるグループ

問 4　文章中の空所【　4　】,【　5　】に当てはまる人物名として最も適当なものを，次の中からそれぞれ一つずつ選びなさい。

空所【　4　】は，解答番号 [40]

空所【　5　】は，解答番号 [41]

① ホイッタカー　② ヘッケル　③ アレン
④ オパーリン　⑤ 木村資生　⑥ ミラー
⑦ メセルソン

問 5　五界説で図中の A～C を示す界の組合せとして最も適当なものを，次の中から一つ選びなさい。ただし，A，B，C の順とする。

解答番号 [42]

① 原核生物界，原生生物界，菌界
② 植物界，原生生物界，原核生物界
③ 原核生物界，菌界，原生生物界
④ 原生生物界，菌界，原核生物界
⑤ 植物界，原核生物界，原生生物界

⑥ 原生生物界，原核生物界，菌界

⑦ 菌界，原生生物界，原核生物界

⑧ 菌界，原核生物界，原生生物界

⑨ 菌界，原生生物界，植物界

問6 図1のA～Eのうち，ウーズが提唱する三ドメイン説で真核生物ドメインに属する組合せとして最も適当なものを，次の中から一つ選びなさい。

解答番号 43

① B，D，E ② A，B，D，E

③ A，B，C ④ B，C，D，E

問7 図1中のA～Eの界とそれに所属する生物の組合せとして誤っているものを次の中から一つ選びなさい。ただし，界，生物の順とする。

解答番号 44

① A，粘菌類 ② B，ケイ藻類 ③ C，高度好塩菌

④ D，ミミズ ⑤ E，ソテツ ⑥ A，クモノスカビ

⑦ D，プラナリア ⑧ E，サクラ

（3）植物の生殖に関する以下の問いに答えなさい。

問8 植物の体細胞の核相を2nで表すと，被子植物および裸子植物の胚乳の核相はそれぞれどのように表されるか，次の中から最も適当なものを一つずつ選びなさい。ただし，同じ選択肢を何度選んでもよい。

被子植物は，解答番号 45

裸子植物は，解答番号 46

① 1/4n ② 1/3n ③ 1/2n ④ n ⑤ 3/2n

⑥ 2n ⑦ 5/2n ⑧ 3n ⑨ 4n

問9 被子植物の子房の内部に形成されるもので，植物の生活環においてシダ植物の胞子および前葉体に相当するものを次の中から一つずつ選びなさい。

胞子に相当するものは，解答番号 [47]

前葉体に相当するものは，解答番号 [48]

① 胚珠　② 胚のう母細胞
③ 胚のう細胞　④ 葯（やく）
⑤ 花粉四分子のそれぞれの細胞　⑥ 精細胞
⑦ 胚のう　⑧ 卵細胞
⑨ 成熟した花粉

問10　シダ植物の減数分裂はどの過程で起こるか，最も適当なものを次の中から一つ選びなさい。

解答番号 [49]

① 受精卵から胞子体が形成される過程
② 胞子のうで胞子が形成される過程
③ 胞子から前葉体が形成される過程
④ 精子が卵細胞まで遊泳する過程
⑤ 前葉体から精子や卵細胞が形成される過程

問11　有胚乳種子を形成する植物を次の中からすべて選び，解答番号 [50] の欄を使用して，選んだすべての番号をマークしなさい。

解答番号 [50]

① クリ　② トウモロコシ　③ ソラマメ　④ オオムギ
⑤ カキ　⑥ ナズナ

V　次の（1）および（2）の文章を読んで，（1）の文章については後の問い（問1）に，（2）の文章については後の問い（問2～問4）に，それぞれ答えなさい。

（1）　生態系は複数種の生物の集まりである生物群集と周囲の大気・土壌などから構成されている。生物群集と大気・土壌はお互いに影響を及ぼしあっており，その相互のやり取りが生態系を特徴づける原動力である。生物群集を構成する生物をエネルギー獲得方法の違いから分けると，大きく生産者と消費者に分類できる。生産者は無機物から有機物を合成する【　1　】栄養生物で，光合成を行う植物などが含まれる。一方，消費者は有機物を体外から取り込んで栄養源とエネルギー源とする【　2　】栄養生物で，動物や多くの菌類・細菌類などが含まれる。消費者の中でも，有機物を無機物に変換する過程に深く関わる生物を特に【　3　】という。また，生物群集を構成する生物を異種個体群間の関係からみると，さまざまな相互関係が存在する。例えば，カエルとバッタの関係では，バッタを食べるカエルを【　4　】者，食べられる方のバッタを【　5　】者という。大型樹木の幹や枝の中に根をはって生活するヤドリギと樹木の共生関係では，ヤドリギは樹木に負の影響を与えるため【　6　】者と呼ばれ，樹木の方は【　7　】と呼ばれる。菌類や細菌類には，【　3　】として働く種も【　6　】者として他の種と関係を持つ種も含まれており，全体として多様な機能を持つ生物群である。

問1　空所【　1　】～【　7　】に当てはまる語句として最も適当なものを書きなさい。ただし，同じ番号の空所の語句は（2）の文章と図1中でも使われている。

（2）　近年の研究により，湖の生態系における有機物とエネルギーの収支には，光合成を行う植物プランクトンに【　6　】するツボカビなどの菌類が重要な役割を果たしていることが分かってきた。植物プランクトンが生産した有機物は，菌類と動物プランクトンに摂食され，同化される。動物プランクトンは菌類も摂食することができる。図1は植物プランクトン，植物プランクトンに【　6　】する菌類，植物プランクトンと菌類をともに摂食する動物プランクトンに関する物質生産と消費を模式的に表したものである。

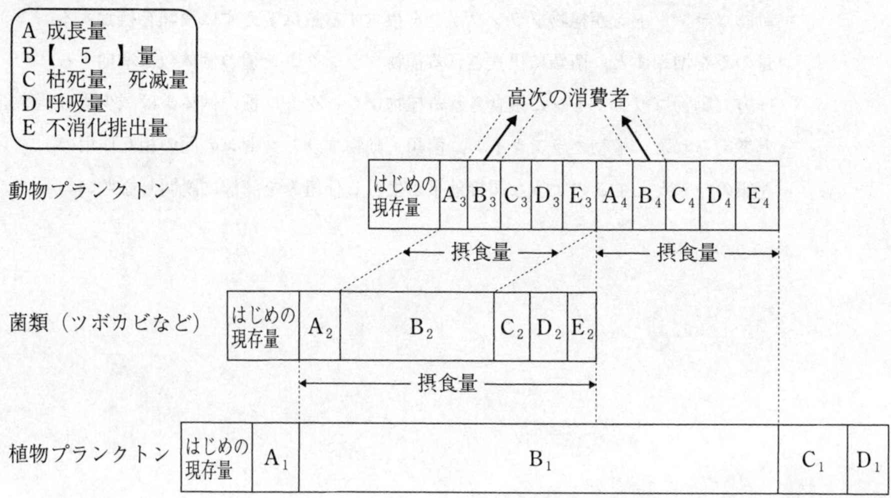

図１．湖における物質生産と消費の模式図
（枠の大きさが各項目の実際の量を表しているのではない。）

問２　植物プランクトンの総生産量・純生産量，菌類の同化量，動物プランクトンの生産量として適切な表現を図中の文字を用いて数式で表現しなさい。例えば，動物プランクトンの摂食量は以下の数式で表すことができるので参考にすること。ただし，消費者の生産量とは生産者の純生産量に相当する。

［動物プランクトンの摂食量］

$$= A_3 + B_3 + C_3 + D_3 + E_3 + A_4 + B_4 + C_4 + D_4 + E_4$$

問３　動物プランクトンの生産量のうち，菌類の摂食に由来する量はどれだけか？図１中の文字を用いて数式で表現しなさい。その量をもとに植物プランクトンの総生産量のうち菌類の摂食を通じて動物プランクトンの生産量に貢献する割合を 100 分率（%）で求めるための計算式を図中の文字を用いて数式で表現しなさい。ただし，消費者の生産量とは生産者の純生産量に相当する。

問４　図１中において物質生産を担う植物プランクトンは，実際には複数の種が集まる群集である。この植物プランクトン群集で動物プランクトンに摂食される種と菌類に摂食される種は異なり，互いに競争関係にあることが知られている。

動物プランクトンが植物プランクトンを摂食する量は変えずに菌類を摂食する量のみを増やすと，菌類に摂食される植物プランクトン種の個体数は増加する一方，動物プランクトンに摂食される植物プランクトン種の個体数は減少すると考えられる。植物プランクトン，菌類，動物プランクトンの間の相互作用の連鎖の結果としてこのような間接効果が生じる仕組みを簡潔に説明しなさい。

④　作者

問七　この文章の内容に明らかに合致しないものを一つ選びなさい。

解答番号　27

①　狭衣の中将は、帝の仰せを逃れられそうもないので、横笛をいかにも初心者らしく扱って、わざわざ人の聞かないような耳慣れない曲を一曲だけ演奏し、止めてしまった。

②　帝は、「今夜はやはりこれまで聞かなかった無念さを晴らすほど、たっぷり聞きたいものだ」と仰せになり、狭衣の中将に横笛の演奏をさせようとなさった。

③　月も早々に沈み、御前の灯籠の火が昼間のように明るいので、皇太后宮の姫宮のお顔はますます光り輝くようで、狭衣の中将の横笛の音も雲の上まで響きわたった。

④　夜空の星が月と同じように明るく空一面に光り輝き、狭衣の中将の笛と同じ調子で、さまざまな楽器の音色が空から聞こえた。

問八　『狭衣物語』を説明したものとして最も適当なものを一つ選びなさい。

解答番号　28

①　『狭衣物語』は平安時代前期に成立した歌物語の一つで、『伊勢物語』に強い影響を及ぼした作品である。

②　『狭衣物語』は平安時代後期に成立した作り物語の一つで、『源氏物語』の多大な影響が認められる作品である。

③　『狭衣物語』は鎌倉時代前期に成立した歌物語の一つで、『大和物語』と同じく和歌に関わる物語を収めた作品である。

④　『狭衣物語』は鎌倉時代後期に成立した作り物語の一つで、『竹取物語』と同じく非現実性の強い伝奇的な作品である。

③ 狭衣の中将は、これまで独自に学んだ横笛の奏法を書き留めてきたが、父大臣にそれを見せて誤りを正すようなことはしなかった。そのため、宮中で演奏するには問題点が多いだろうということ。

④ 狭衣の中将は、父大臣が演奏なさったものをたまたま聞き覚えていただけで、きちんと教えを受けたわけではなかった。そのため、間違ったところが多いだろうということ。

問五 傍線部④「わびつつ吹き出でたまへる笛の音」の解釈として最も適当なものを一つ選びなさい。

解答番号 25

① 今は亡き大臣を偲(しの)びながら吹き鳴らしなさる笛の音

② 狭衣の中将に非礼を詫(わ)びながら吹き鳴らしなさる笛の音

③ 気が進まぬながらも吹き鳴らしなさる笛の音

④ 皇太后宮の姫宮たちに気遣いをしながら吹き鳴らしなさる笛の音

問六 傍線部⑤「我はこの世のこともおぼえず」とありますが、ここにいう「我」は誰のことですか。最も適当なものを一つ選びなさい。

解答番号 26

① 帝

② 狭衣の中将

③ 皇太后宮の姫宮

② b　めづらかに
③ c　ばかりに
④ d　鳴るべきにや

問三　傍線部②「音に聞きつれど」の解釈として最も適当なものを一つ選びなさい。

解答番号 23

① 狭衣の中将の横笛の演奏がすばらしいことは噂には聞いていたが
② 狭衣の中将の人柄のすばらしいことは誰でも知っているけれど
③ その横笛の音色は以前にも聞いたことはあったのだが
④ 耳慣れない短い曲のすばらしさに魅了されながらも

問四　傍線部③「いかにひがごと多くはべらむ」とは、どのようなことを言っているのですか。最も適当なものを一つ選びなさい。

解答番号 24

① 父大臣は、自分の横笛の奏法が独学によるものであったため、狭衣の中将にそれを積極的に教えようとはしなかった。その結果、狭衣の中将の横笛の演奏は悪評が多いものになったのだろうということ。
② 父大臣は、狭衣の中将の意見をよく聞いてくれる人ではあったが、きちんと教えるということはなかった。その結果、狭衣の中将は何かと問題の多い人物になってしまったのだろうということ。

（注）○笛に申して、「いかに。仕ふまつるまじきか」と＝横笛を受け持った狭衣の中将に申しつけて、「どうなのか。あくまでも横笛を聞かせまいというつもりか」と。　○調子＝演奏の前に楽器の調子を整えるために演奏される短い曲。　○上＝帝のこと。　○大臣＝狭衣の中将の父親のこと。　○皇太后宮の姫宮＝ここでは帝の后のこと。○内＝帝のこと。　○九重＝宮中の異称。　○見入れきこゆる物やあらむ＝狭衣の中将に取り憑き中す魔物が現れるのではないか。　○雲のはたて＝雲の果て。　○御笛の同じ声に＝狭衣の中将が奏でる笛の音と同じ調子で。○中将の君＝狭衣の中将。　○天稚御子＝天の世界に住む童子で、とくに音楽と縁が深い者とされる。　○角髪＝元服前の少年の結髪の形。　○糸遊のやうなる薄き衣＝天の世界の人が着る羽衣。

問一　空欄　A　を補うのに最も適当なものを一つ選びなさい。

解答番号　21

① 参らまし
② 参らざらまし
③ とく参らむ
④ とく往なむ

問二　傍線部①「うひうひしげに」の「に」と文法的に同じものを文章中の波線部a～dの中から一つ選びなさい。

解答番号　22

① a　昼のやうなるに

とて、「虚言(そらごと)はいとうたてあり。大臣の笛の音にも似ず。世の常ならぬ音は誰(たれ)伝へけむ」とあさませたまふ。過ぎぬる方、御耳慣れざりつらむ、いとうらめしきを、「今宵(こよひ)はなほ恨み解くばかり」とあながちなる御けしきのかたじけなさも、いとわびし。皇太后宮の姫宮など、みな上の局(つぼね)におはします。心にくき御辺りに何事も耳慣らされたてまつらじと思ふ方さへいとどむつかしきに、心遣ひもいとどせられたまひて、まめやかに苦し。

月もとく入りて、御前の灯籠(とうろ)の火ども昼のやうなるに[a]、容貌(かたち)はいとど光るやうにて、柱に寄りゐて、④わびつつ吹き出(い)でたまへる笛の音、雲の上まで澄みのぼるを、内(うち)、東宮(とうぐう)をはじめたてまつりて、さぶらふ人々、すべて九重の内の人、聞き驚き、涙落とさぬはなし。五月雨の空、ものむつかしげなるに、見入れきこゆる物やあらむ、とまでゆゆしうあはれにて、誰も御覧ず。大臣見ば、ましてめづらかに[b]いまいましく思はむと、我が御心地にも劣らせたまはず、御袖もしほたるばかりに[c]なりたまひぬ。

宵過ぐるままに、笛の音いとど澄みのぼりて、雲のはたてまでもあやしう、そぞろ寒く、もの悲しきに、稲妻のたびたびして、雲のたたずまひ、例ならぬを、雷(かみ)の鳴るべきに[d]やと見ゆるを、星の光ども、月に異ならず輝(かかや)きわたりつつ、御笛の同じ声に、さまざまの物の音ども空に聞こえて、楽(がく)の音いとおもしろし。帝、東宮をはじめたてまつりて、いかなることぞ、とあさましう思しめし、騒がせたまふに、中将の君、もの心細くなりて、いたう惜しみたまふ笛の音をやや残すことなく吹き澄まして、

稲妻の光に行かむ天の原はるかに渡せ雲のかけ橋

と、音のかぎり吹きたまへるは、げに、月の都の人もいかでか聞き驚かざらむ。楽の声、いとど近くなりて、紫の雲たなびくと見るに、天稚御子(あめわかみこ)、角髪(みづら)結ひて、言ひ知らずをかしげに香ばしき童(わらは)にて、ふと降りゐたまふと見るに、糸遊(いとゆふ)のやうなる薄き衣を中将の君にうち掛けたまふと見るに、⑤我はこの世のこともおぼえず、めでたき御ありさまもいみじうなつかしければ、この笛を吹き、帝の御前にさし寄りて、参らせたまふ。

（『狭衣物語』による）

① 筆者は、戦後の炭坑の若者を自分たちとは違う存在だとみなす昔からの坑夫たちの言葉に耳を傾け、彼らが地下の世界をいかに生きてきたかを捉えようとしている。

② 筆者は、客観的な歴史のみを重視するのではなく、個々人の生を大切にする立場から、過酷な環境で働き、新たな精神を開拓した坑夫たちの歴史を捉えなおそうとしている。

③ 筆者は、日本の近代化にあっても伝統として残り続けた農民的精神的自然観が、いかにして坑夫たちの精神に流れ込み、固有の感性が確立されたかを探ろうとしている。

④ 筆者は、独自の共同性をつくりあげていった坑夫たちの生き方の内に、近代や国家というものを当たり前のものとする態度を相対化する視点を見いだそうとしている。

〔三〕 この文章は『狭衣物語』の一節で、五月雨(さみだれ)の夜の所在なさを慰めるために、帝(みかど)が主人公の狭衣の中将に横笛の独奏を命ずるところから始まります。これを読んで後の問いに答えなさい。

笛に申して、「いかに。仕(つか)ふまつるまじきか」とたびたび御けしきまめやかなれば、かくと知らましかば、［A］、とわびしけれども、逃(のが)るまじき夜なれば、①うひうひしげに取りなして、ことに人知らず耳慣れぬ調子一つばかりを吹きたてて止(や)みぬるを、上(うへ)をはじめたてまつりて、②音(おと)に聞きつれど、いとかばかりの音(ね)とは思(おぼ)しめさざりつるに、今まで聞かせたまはぬことの恨めしさをさへ仰せられて、めでたういみじと思しめされたるさま、こちたし。「またはさらにおぼえはべらず。これなむ、大臣(おとど)、おのおの学(まね)ばれしを聞き留(とど)めてはべりしかど、はかばかしう教へらるることも候(さふら)はざりしかば、③いかにひがごと多くはべらむ」

③ 地下労働者たちを収奪してきた日本の歴史と社会状況を客観的に把握したうえで、そこから彼らの内的世界や精神史についてもまっとうに評価していくこと。

④ 地下労働者たちの内的世界や精神史をありったけの想像力を駆使して捉えなおし、それを客観的な状況に対するまっとうな判断と一致させること。

問七　傍線部⑤「宇宙に落ちた塵を追うようなもの」とありますが、その説明として最も適当なものを一つ選びなさい。

解答番号 19

① 日本が豊かになり、不自由なく暮らせるようになった時代に、坑夫をとりまく状況を詳細に調べあげ、長い炭坑の歴史を丹念に振り返ったとしても無意味にしか思えないということ。

② 二百年にも及ぶ炭坑の歴史に終止符が打たれつつあるなか、はるか昔の坑夫の生活状況や炭坑が発展した要因を正確に知ることは、想像を絶するほど困難な作業になるだろうということ。

③ 石炭が時代遅れになり、エネルギーのあり方や使い方が根本から問われている時代に、かつての坑夫の思いを丹念にたどることは、困難だが極めて有意義な作業になるだろうということ。

④ 自然環境との関係を含めて、人間の生き方が問われつつある時代に、坑夫が自らの精神をいかに形成したかを問うことは、極めて困難であるとともに、一見すると無意味に思えるということ。

問八　この文章の趣旨を説明したものとして、明らかにふさわしくないものを一つ選びなさい。

解答番号 20

問五　傍線部③「同情という言葉の質は生まれかわっていた」とありますが、その説明として最も適当なものを一つ選びなさい。

解答番号 17

① 坑夫たちははじめ、もらってきた古着を引き裂くなど、同情はまっぴらだと感じていたが、個々の寄付に込められた思いを理解することで、同情を助け合いの精神として捉えるようになったということ。

② 坑夫たちははじめ、苦しい生活をしながらも、同情はまっぴらだという心情から仲間の内だけで助け合いをして生きていたが、実はその助け合いこそが同情であると気がついたということ。

③ 炭坑の長い歴史のなかで、同情の意味が、誰に対しても無条件に自分の賃金や持ち物を差し出すような、何の見返りも求めない、献身的な自己犠牲へと変わっていったということ。

④ 炭坑の苦しい生活のなかで、同情の意味が、一般的な慈善活動などで示されるものではなく、困っている仲間を損得感情ぬきで、全身で支えるような助け合いへと変わっていったということ。

問六　傍線部④「それを私たちはおろそかにして」とありますが、「それ」が指示する内容として、最も適当なものを一つ選びなさい。

解答番号 18

① 地下労働者が近代日本形成の被害者であることを強く意識し、炭坑の歴史を収奪の歴史として、彼らをとりまく社会状況とともに客観的に把握すること。

② 地下労働者を近代日本形成における単なる被害者とみなすのではなく、まずは彼らの内的世界を知る努力をしたうえで、収奪の歴史と社会的状況を捉えなおすこと。

② 炭坑の機械化が徹底される以前の坑夫たちが、死と隣り合わせに開拓していった精神。
③ 虐げられてきた坑夫たちが持つ、完全な被害意識と底抜けの開放性が奇妙に共存した精神。
④ 助け合って生きてきた坑夫たちに見られる、何も拒絶しない無限の包容力を特徴とする精神。

問三　空欄 Ⅰ を補うのに最も適当なものを一つ選びなさい。
解答番号 15

① 「昔のタンコモンはよかった」という、郷愁
② 「みんな国のせいじゃ」という、怒り
③ 「死んでも死にきれん」という、うめき
④ 「いっそ死なせてくれんか」という、叫び

問四　空欄 A と B を補うのに最も適当な組み合わせを一つ選びなさい。
解答番号 16

① A　生活必需品と消費者　B　人間性信頼
② A　与える者と与えられる者　B　想像と創造
③ A　道具と使用者　B　民主主義
④ A　対等な人間同士　B　近代的合理性

て加勢していた」　○「……食いぶちだけ、……持っとったばい」＝「……食いぶちだけ、その家で食わしてもらうんだ。そうしなければ、掘り賃をみな渡すのだからそれが仁義だ。わしも食わなければならないだろ。わしは三か月だったけど、半年も一年も加勢する者もいた。見殺しにするような雰囲気は昔の炭坑にはなかった。同情心はみんな腹いっぱい持っていたんだ」　○藩制期＝ここでは江戸時代から明治初年頃までを指す。　○プロレタリアート＝資本主義社会における賃金労働者。　○川筋気質＝ここでは、遠賀川などの流域に住み石炭採掘などに関わる人々の気質を指す。

問一　傍線部①「消え失せさせたいしろもの」とありますが、「消え失せさせたい」のはなぜですか。その理由を説明したものとして最も適当なものを一つ選びなさい。

解答番号 13

① 地下労働としての炭坑は、国家の進めているエネルギー革命を阻害する邪魔なものであったから。
② 地下労働としての炭坑は、古くから働く坑夫たちにとって人間性の破壊の象徴でしかなかったから。
③ 地下労働としての炭坑は、長く筑豊に住む筆者には前近代的な過去の遺物にしか思えなかったから。
④ 地下労働としての炭坑は、近代日本の出発点にある無惨な収奪を思い出させるものであったから。

問二　傍線部②「ヤマの精神」の説明として最も適当なものを一つ選びなさい。

解答番号 14

① 活発な組合活動やサークル活動の内に見られる、坑夫特有の人間的で民主的な精神。

炭を採掘する鉱山やその産業のこと。ここでは炭鉱と同義に用いられている。〇エネルギー革命＝主要なエネルギー源が急激に転換すること。ここでは一九六〇年代の石炭から石油への転換を指す。〇露天掘＝坑道を掘らずに地表近くの石炭を採掘する方法。〇納屋制度＝かつての炭鉱で採用されていた雇用の仕組み。鉱業所が直接坑夫を雇用するのではなく、納屋頭がその生活を含めて坑夫を管理していたが、しばしば不当な扱いがなされていたとされる。〇「戦争のあとタンコウモンも……おらんばい」＝「戦争のあと坑夫も面白みがなくなった。誰も彼も会社員のような顔つきになってしまった。もう切れば血の噴くような人間は存在しない。刃物のような人間は金のわらじを履いて探し［根気強く探し回るという意味］たっていないよ」〇ヤマ＝炭坑および鉱山のこと。〇「……わしらゲザイニンは……なんも知らんが……」＝「……わしらゲザイニン［かつて使われた坑夫の蔑称］は機械に抱かれて石炭を出したのとわけがちがう。今の坑夫は乳母付きだよ。機械でできた乳母が付いているからヤマを捨てたってなんとも思っていない。最初から、あの者たちは、ヤマの人間とはちがっていた。わしらはおてんとさまの下のことは、なにも知らないが……」〇「金のわらじ……探しあてきらん」＝「金のわらじを履いて探しても地上には探しあてることができない」〇黒い羽根運動＝閉山が相次ぐなか、炭鉱の失業者を助けるために展開された慈善活動。〇現象させる＝ここでは、はっきりさせる、現れさせるといった意味。〇「……ほんとうにみじめなもんじゃった、……加勢しよった」＝「……ほんとうにみじめなものだった、昔は。労働組合もなかったから死んでも金も出ない。けがしても補償もない。だから、食えない者がいると話し合って、講座［頼母子講のこと。民衆の互助的な金融組織。頼母子も同じ］をした。頼母子だ。そして掛け金を一番先に、その家にやってたな。それでも食えない者がいる。そのときは、誰か身軽な者が食いぶちだけその家で食わしてもらって、一か月でも二か月でも半年でも、その家がどうやらこうやら食えるようになるまで、自分の賃銭はみなその家にやっ

プロレタリアートの意識も生まれていなかった頃、地面の下に閉ざし、つぎつぎとそのあとを追った人々の無償な生涯は、いつの時代のどのような輝やかしい生涯に比しても、比類なく重い。それは、やはり精神の開拓者の役を果しているからである。肉体による労働だけを手段として。人間の生存の極限的情況のなかで、人間的に生きることを共同の生活指針としてプロレタリアートの基本的感性を生誕させているからである。

人々はあげて「国家」を新しい共同概念にせんとしていた近代日本の初期に、村々から個々に追われ、世上のその新思潮と断たれ、それまでの自然観——神々と共存するその農民的精神的自然——から一挙に物質としての自然に直面し、共に在る何ものもなく、八方破れの状態でとにもかくにも或る固有の感性を確立している。

それはたとえば私のような小市民が、国家の概念を生まれながらに呼吸したり、近代をなにげなく身につけたりした過程とは確実に別種の精神の流れである。それは川筋気質などといわれるもののなかにもこめられているが、実はもっとなまなましく試行錯誤にみちていたことだろう。私の一回きりの生涯の出発点で、はやくもそれは、無言の批判者としてそこに在る。こうして坑夫と二重に自分を感じてしまうことが私を歩かせてしまう。

そして地下労働を、生産合理化の故に世界から消滅させる文明に対して、それを［B］の無力ともいえる一点から、潰滅させたい思いにさそわれる。それは人類への絶望に近い思いかも知れず、あるいは人間の創造力への予感なのかも知れない。

（森崎和江『奈落の神々——炭坑労働精神史』による）

（注）　○筑豊＝福岡県の地域名。遠賀川流域に広がる筑豊炭田はかつて石炭の主要な産地の一つであった。　○ボタ山＝石炭を採掘する際に出る不要な岩石や粗悪な石炭などを積み上げてできた山。　○カンラク＝陥落のこと。ここでは採掘によって沈んだ場所に水が溜まってできた沼や池を指す。　○炭坑＝石炭を採掘するための坑道、および石

れらの集積がおのずから現象している姿であった。

しかし、たとえば私をはじめ地上の歴史および文化だけで養われた者たちは、地下労働者の精神史を感じとる力量に乏しい。それはありったけの想像力を働かしても、せいぜい、近代日本形成のいわば被害の極点的人間の数代を描くほかない。勿論（もちろん）それは一面ではまっとうな判断だと、私も思う。

けれども社会的な存在としての客観的な状況にまっとうな判断を持つことと、その存在の人間的内容、あるいはその集団の内的世界の全過程の評価とは、同一であってはならない。いや実は、その後者をまっとうに知る方法を開拓することで、その前者を確立すべきだと私は思う。④それを私たちはおろそかにして、近代国家形成の中核である権威権力との関係を、いつも類型的にとらえがちなのである。

筑豊炭田百年、いや藩制期の採炭年数を加えるならば二百年におよぶ炭坑の歴史に、終止符が打たれた。やがては地下労働としての採炭法も、ガス化したものの採取等にかわって世界から去るだろう。いや、エネルギーの地下埋蔵物への依存には限界があって、それはもう計算ずみであるといっていい。残されているのは、人間の生存をおびやかさぬ質をもつエネルギーの開拓である。というよりも、そのように人為化していく環境そのものの限界を、どう越えるかが、すべての人間に残されているテーマであると思う。

このように地球全体が、国家や体制を越えて、人間の生き方そのものを問うかのようにきしみをあげている時に、日本の石炭鉱業の草わけ時代に坑夫がたどった痛みを思いみるなど、⑤宇宙に落ちた塵（ちり）を追うようなものだろう。たとえ今日のこの現状が、その草創期の坑夫の血のにじむ内部操作を、二重三重の犠牲にして成り立ったもののなれのはてだとしても。

しかし私はいつどのような時代であれ、人は一回きりの生涯を持つものだという素朴な事実を大切に思う。その生涯を、初期

坑労働者は、誰でも必要とする品であった。が、私は、彼らやその家族が、表現しがたい心情に頬をぴくつかせつつ拒否するのを何度もみた。子供に着せたくて、母親がそっと手にして帰ってきたズボンなどを、父親が目ざとく見つけて、血相替えて引き裂くことなど、常であった。

炭坑住宅の近くに住んでいる私は友人たちと、贈られてきた古着を道路にひろげて、一円とか五十銭とかで売ることにした。すぐに売り切れた。かっぱらわれることもあった。しかし私たちの方法は、黒い羽根運動ではなくなっていて、それは［A］の関係、あるいは町の生産品とヤマの炭坑夫の心情との関係をいくらか現象させることができたようで、どうにか古着は違った質となって消え去ることができた。

それは同情はまっぴらだ、という市民的心情とは質が違っていた。私は老いた坑夫から次のような話を聞かされた。

「……ほんとうにみじめなもんじゃった、昔は。労働組合もなかったから死んでも金も出ん。けがしても手当もなか。だから、食えんもんが居ると話し合うて、講座をしよった。頼母子たい。そして掛け金を一番はないに、その家にやりよったな。それでも食えんもんがいる。そんときは、誰か身軽なもんが食いぶちだけその家で食わしてもろうて、一カ月でも二カ月でも半年でも、その家がどうやらこうやら食えるようになるまで、自分の賃銭はみなその家にやって加勢しよった。（中略）」

他人の家族の窮状をみかねて、体まるごとくれてやるような助け合いにも行っていたのである。その想像を絶した思いやりは、私には理解することが不可能なほどの生き方であった。「……食いぶちだけ、その家で食わしてもらうとたい。そうせな、掘り賃みな渡すとじゃからそれが仁義たい。わしも食わなならんじゃろ。わしゃ三カ月だったけど、半年も一年も加勢する者もおったばい。見殺しにするげなふうは昔のタンコにゃなかった。同情心はみんな腹いっぱい持っとったばい」

こうした歴史に支えられて、③同情という言葉の質は生まれかわっていたのである。私は心がふるえる思いできいたが、この一例のように、生活の基本的部分が地下労働のながい歴史のなかで、独特のものとして生みだされていたのである。明朗さは、そ

「……わしらゲザイニンは機械に抱かれて石（石炭）出したのとわけがちがう。今のタンコモンは乳母が付いとるからヤマを捨てたってなんとも思うとらん。はじまりから、あれたちは、ヤマの人間とはちごうとった。わしらはおてんとさんの下のこたあ、なんも知らんが……」

それはひょっとすれば、私が地下に描きえなかった人間——おそらく地下労働集団によってはじめて開拓され、そこにおいて共同のものとなって存在していた或る精神——の滅亡を恐れる声だったのではあるまいか。それだけが坑夫にとって、人間と呼びたい「金のわらじ履いても地面の上にゃ探しあてきらん」精神ではなかったのか。

そう思ってみれば、地下労働者ことに明治・大正期の坑夫は誰もが、百パーセントの被害意識の所有者というわけではなかった。むしろ私などには共感できない底抜けの開放性をもっていた。それは死でいろどられた地下労働を知らぬ者には手のとどかぬ明朗さであった。おそろしいばかりの明るさを持った人々だと、そんなふうに私たち地上ぐらしの仲間は話し合ったりした。ゆきどまりを知らぬ抱擁力と同時に、微塵をも通さぬ拒絶を縒りあわせた精神の縄が、彼らの心底にある墓標をとりまいてでもいるかのように感じられる。

そして、やっと、ヤマと称された炭坑がなくなるよろこびを、悲痛な、二度めの死——その外圧による圧殺——として **Ⅰ** に似たものにかえさせていた。

「誰でもいい、誰か坑内で働いておれば、いつかはなんとかなるじゃろうけど、誰も彼も居らんごとなるなら、死んだもんは浮かばれん……」

全面閉山がしのび寄っていた頃、不況下の炭坑に黒い羽根運動が舞いこんだ。炭坑の人々に何らかの支援をしよう、という主旨であった。お金や使いふるしの衣類などが、捨て場を求めえたように送られてきた。血を売って生活をたてるしかなかった炭

〔二〕 左の文章を読んで、後の問いに答えなさい。なお、方言が多用される箇所については、共通語にしたものを注に記しています。また、文中の傍点は原文についているものです。

私が筑豊(ちくほう)に住んで十数年経(た)った。煙をあげていたボタ山は削りとられてカンラクを埋めた。埋められたカンラクの上を今——一九七三年、新幹線の工事が進められている。国家近代化のエネルギー資源であった石炭は、炭坑の人々が夜八時には灯(あかり)を消していたのをテレビが夜ふかしさせはじめた六二、三年頃から、エネルギー革命と称する石炭政策による合理化で、一〇年を経ずして、この広大な筑豊炭田地帯からたったひとつの露天掘(ろてんぼり)を残して消えた。

地下労働としての炭坑など、①消え失(う)せさせたいしろもの以外ではなかった。無惨としかいいようのない収奪は、その草創期から最後まで収奪の質をかえつつ続いた。それは徹底した人間性破壊であった。そのことによって近代日本は開花したといって過言ではない。

戦後、炭坑は労働様式が変化して機械の導入が徹底し、納屋制度はなくなって民主化していた。組合活動は活発であり、かつて付近の農村から軽んじられていた風潮は逆転したかのように、うたごえやサークルや政治運動が農村部を指導する按配(あんばい)でひろがった。けれどもそのなかで、明治・大正・昭和初期の坑夫は「戦争のあとタンコウモンもつまらんごとなった。誰も彼も会社員のげなつらになってしもうた。もう切れば血の噴くげな人間はおりはせん。切れもん(刃物)のげな人間は金のわらじ履いて探したっておらんばい」とよく話した。

戦後の近代的な炭坑の若者はそれを老人のくりごとと聞き流していたし、私にもよくわからなかった。が、閉山がうちつづき、②もはやヤマの精神を受けとめる誰も確実にいなくなることがはっきりした頃、その言葉は悲痛なひびきをふくんだ。それは生(な)身で地下を体験した者の二度めの死のようなひびきとなった。

解答番号 11

① 差別語のような語彙については、その暴力性や野蛮さゆえに、編纂者が責任をもって削除することが文明国に共通の方針として確立しているから。

② 辞書の権威を文明国の証として過信することは、いわゆる標準語を絶対視する態度につながり、方言や外来語の使用を敬遠する姿勢を招きかねないから。

③ 取捨選択を行うことは、あることばが表立っては定義されないままになるという結果を伴うが、それは文明国としての限界を自ら告白することと同義であるから。

④ 文明国の権威のもと、載録に関する判断を下すことは、期せずしてことばに対し価値のあるなしの裁定をも下す、という重大な結果をもたらすから。

問九　この文章の内容に合致するものを一つ選びなさい。

解答番号 12

① 記述的立場の流行を多数決主義が支えているように、辞書編纂の歴史は、その時々の政治的、社会的状況を反映している。

② どのような立場であれ、ことばの載録や解釈に関しては、その前提や規準について十分に熟慮することが望ましい。

③ 規範的立場と記述的立場の間には、共通の方向性や課題よりも、ことばの載録に関する方針の相違点の方が多い。

④ ことばの使用実態を幅広くふまえ、言語使用に関する一定の規範を示すことは、文明国としてなすべき義務の一つといえる。

③　専門家を自認し、辞書の規範性を重視しているはずの編纂者が、流行や現状の変化に合わせてことばの規準を安易に変更している。

④　ことばを仕事の糧としている職業人がそれぞれに勝手な語法を広めるだけでなく、その使用法や意味を十分吟味すべき専門家がこれを黙認している。

問七　傍線部⑤「これはこれで、『こだわり』に思えるのだが」を説明したものとして、最も適当なものを一つ選びなさい。

解答番号 10

①　ことばの生きたつかい手の立場から辞書と距離をとってきたはずの加藤に対し、いまさら「こだわる」の語釈に異論を唱えるのはおかしい、と不満を示している。

②　「こだわる」という語を肯定的に使う風潮に反して、この語を使わないのが一番だと切り捨てる加藤への違和感を表明しつつ、規範的立場の弱点を確認している。

③　「こだわる」のはよくないと考えてきた加藤が表明している違和感や不満に対し、それ自体がこだわりを否定できない姿勢の表れでは、とアイロニカルに応じている。

④　ことばを使用する側の事情を尊重している割には、新聞記者やレポーターが好む用例は認めない加藤に対し、不思議に思いながらその矛盾点を指摘している。

問八　傍線部⑥「選択されることのもつ意味と、選択されないことのもつ意味の大きさに気づかねばならない」とありますが、その理由として最も適当なものを一つ選びなさい。

る効果を発揮するから。

④　かがみは社会および自分を映し出すことで、社会人である自分の現状をまんべんなく記述する「うつわ」としての役割を果たすから。

問五　傍線部③「異教徒断罪のための宗教裁判のような効果」の説明として、最も適当なものを一つ選びなさい。

解答番号 8

①　辞書に規定された意味や用法が日常に浸透し、一般大衆の価値観まで形成する効果。

②　辞書に規定された意味や用法以外は受け入れないとする権威主義が、そのまま認められる効果。

③　辞書に規定された意味や用法を無条件に受け入れた結果、考え方が極端になる効果。

④　辞書に規定された意味や用法が多数派の支えとなり、排外主義的な政治思想をもたらす効果。

問六　傍線部④「このあたりの事情はじつのところ珍妙なのである」とありますが、加藤秀俊が「珍妙」に感じた「事情」の説明として、明らかに合致しないものを一つ選びなさい。

解答番号 9

①　個々人の好みや先入見を強く反映した「用例」が、いかにも広く認められたことばの使い方の一例であるかのように辞書に採用されている。

②　自分にとってはいいかげんとしか思えない「用例」が氾濫するのみならず、編纂者がこれを辞書の伝統的なあり方を一新する民主的な方法として尊重している。

という姿勢。

③ あることばについて、その意味や使用の絶対的な規準を厳密に設けず、むしろ生きたことばとしての多様な在りようを許容し、これを重視する姿勢。

④ 意味や使い方が正しいかそうでないかは、そのことばを現実に用いている人それぞれの好みや価値観に委ねてもよい、と考える姿勢。

問三 空欄 [A] を補うのに最も適当なものを一つ選びなさい。
解答番号 [6]

① 裁量権　② 永住権　③ 参政権　④ 市民権

問四 傍線部②「かがみとは、まず鏡であることによって鑑（規準）となりうる」とありますが、見坊がこう考える理由として、最も適当なものを一つ選びなさい。
解答番号 [7]

① かがみは現状の自分を映し出すことで、人が己れ自身と向き合い、あまり意識しないでいたことばづかいや語釈などを反省するきっかけとなるから。

② かがみは現状の社会を映し出すことで、社会における各人の役割を明らかにし、なすべき仕事をそれぞれが模索するきっかけを与えるから。

③ かがみはことばの使用状況を映し出すことで、規範的立場とはやや異なる仕方で、ことばの客観的な姿を使用者に伝え

解答番号 1 〜 4

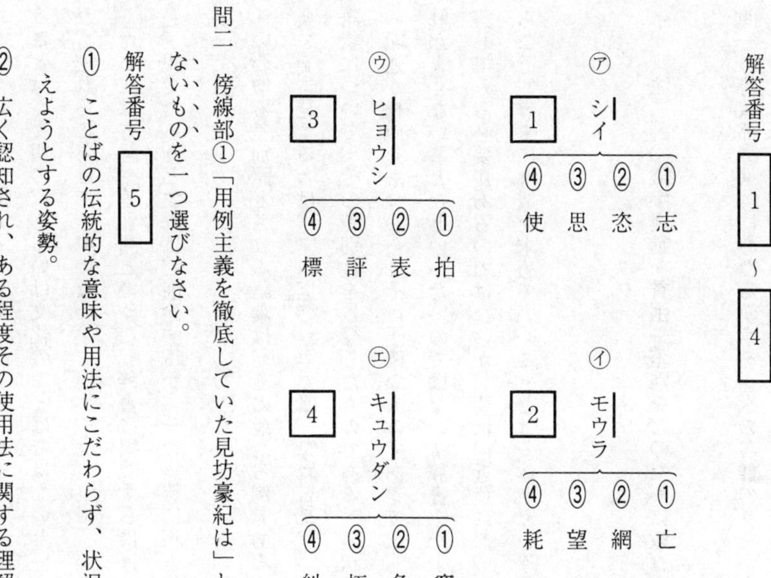
(ア) シイ 1
① 志　② 恣　③ 思　④ 使

(イ) モウラ 2
① 亡　② 網　③ 望　④ 耗

(ウ) ヒョウシ 3
① 拍　② 表　③ 評　④ 標

(エ) キュウダン 4
① 窮　② 急　③ 朽　④ 糾

問二　傍線部①「用例主義を徹底していた見坊豪紀は」とありますが、見坊の用例主義を説明したものとして、明らかに合致しないものを一つ選びなさい。

解答番号 5

① ことばの伝統的な意味や用法にこだわらず、状況に応じて現れるイレギュラーな語法にも目を配り、実態を総合的に捉えようとする姿勢。

② 広く認知され、ある程度その使用法に関する理解が成立していることばであれば、どんな語や用法であれ公平に扱う、

準としての辞書であるとすれば、辞書にはすべての単語を載録することなどできない相談であるので、そこに記載されないということは、文明の、あるいは文化のことばではないという烙印を押すことでもある。それは、記述的立場であれ規範的立場であれ、逃れることはできていない。

たとえば方言や差別語といった、辞書に掲載するにはいささかの手続きが必要とされる語彙のあつかいである。権威たろうとし、規範たろうとすれば、削除するか、その語釈に相当程度気配りすることが要請される。それは記述的立場であっても同様である。

いわゆる差別語とされる語彙は、その最たる例であろう。たとえば、雑誌『部落解放』に掲載された「識字運動から〝国語辞典〟を告発する」は、『広辞苑　第二版』、『広辞林』、『新明解国語辞典』、『三省堂国語辞典』などでの被差別部落関連の語彙の語釈について、その差別性を告発したものである。語釈の差別性がㇳキュウダンされるべきは当然としても、そのなかには、辞書の記述が権威をもつからこそ、正確なものであってほしいという願いもまた、こめられているのではないだろうか。（中略）それがよくないことだといいたいのではない。辞書をたよりとし、そこに規範があると無条件に設定していくことを、いま一度考察してみる必要があるのではないか。要は、近代において辞書編纂がもった意味体系のなかにどっぷりつかってしまっているからこそ、辞書に権威を求めていくこととは一体どういうことなのかを問いなおさねばならないのである。

（安田敏朗『辞書の政治学――ことばの規範とはなにか』による）

（注）　○識字運動＝貧困や差別などのために教育を受ける機会を得られなかった人が、文字の読み書きを学ぶ運動。

問一　傍線部㋐～㋓にあたる漢字を、次の各群のうちから一つずつ選びなさい。

わたしは「こだわる」のはよくないことだ、とまなんできた。安易に妥協するのはよくない。なんでも辞書に相談、というのは正論にみえてときには③異教徒断罪のための宗教裁判のような効果をもつ。

それに④このあたりの事情はじつのところ珍妙なのである。そもそも、ことばの意味を追加したり削除したりという辞書編纂の専門家たちが根拠となさるのは「用例」である。いや、ちゃんとした「用例」ではなく勝手につくった「文例」もおおい。「こだわる」のはいいことだ、と思いこんだ新聞記者やリポーター諸氏がその奇妙な「用例」をあちこちにバラまいてくれたおかげで、こんどは辞書の編纂者が「ごく新しい用法」というのでこれを追認なさったのである。

加藤はこうした「現状追認主義」と「多数決主義」に反対し、要は自らがつかわなければいいのだ、というややⓊヒョウシぬけした結論にいたる。ことばをつかうのは生きた人間であるという立場はわかりやすく、辞書との距離のとり方を明確に示しており、ひとつの指標にはなるのであるが、そうした加藤にあっても、辞書に、自らが使用している「こだわる」とは異なる意味が載録されると、違和感をもってしまうのである。要は規範を示すのが辞書であるという立場である。⑤これはこれで、「こだわり」に思えるのだが。

辞書とはある語彙体系がもつ意味の基準を示したものである。しかしながら、あくまでも基準であって、それは複数あってもかまわないものであり、標準とはまた異なる意味あいをもつ。ところが、この基準が、標準視されることで規範化されていく。基準が規範となることを正当化していく根拠のひとつに、辞書編纂を文明の証（あかし）とみることも当然あげられるだろう。

また注意すべきは、辞書に何を載録するかを確定することは、何を載録しないかを確定することでもある点である。もちろん辞書の収録語数には限界があるから、取捨選択がなされるのは当然である。そのなかで⑥選択されることのもつ意味と、選択されないことのもつ意味の大きさに気づかねばならない。モウラするのが文明であるとすれば、そしてそれを体現するのが文明国標

ず鏡であることによって鑑(かがみ)(規準)となりうるのである。

辞書＝かがみ論は、辞書＝規準論と対立するものではない。辞書＝規準論が当然前提とするはずの問題点を自覚的に把握し、補強しようとするものである。

つまり、「かがみ＝鏡＝鑑」ということである。

見坊はまた以下のようにも述べている。

（中略）辞書はまた、その当時の社会で広く認められかつ使用されていることばの総体の目録であることが望ましい、と私は思う。その辞書にのっていることばにはすべて現実に使用された証拠があり、逆にその辞書にのっていないことばは、一般の人が使用または接触する機会のない特殊なことばだった、ということが言えるような辞書があってよいと思う。

「その当時の社会で広く認められかつ使用されている」という基準をどこに設置するのかが、編者の判断にかかってしまうというシイ性を完全には排除できないものの、規範を意識しつつも、使用実態という要素を加味している点が特徴的である。そしてここでも注意したいのは、「ことばの総体の目録」であることを理想としている点である。辞書モウラ観は健在なのである。

ともあれ、使用実態からの意見となると、個人差があらわれてくるであろう。たとえば社会学者加藤秀俊は、日本語の「つかい手」の立場から、『なんのための日本語』（二〇〇四年）をあらわしたが、そこでは用例主義の辞書への違和感が示されている。「こだわる」の語釈について、

切り捨てることによって編者の見識を示すことはしない。妥当な処理を施すことによって両者を適切に位置づけようとするのが、辞書＝かがみ論である。（中略）

辞書といううつわを通して、編集当時の言語状況の全体をできるかぎりまんべんなくひとびとに知らせたい、という態度が、辞書＝かがみ論の根底にある。

見坊のいう「規準」を規範と同義と考えると、「辞書＝かがみ論」は記述的な立場であるとみることができる。こうした辞書観に対しての批判は当然生じる。たとえばこの部分を引用し、

〔見坊は〕新語を辞書に採用することを、「ことばに［A］を与える」という言い方で得意になっておられる向きがある。あたかも目覚めたる門番であるかのようにテレビ・雑誌・新聞・放送に絶えず注意を向け、新しいことばを収集しておられる努力には敬服するが、新しさをねらって本来の辞書のあるべき姿を逸脱してはならないであろう。

と批判する者もいる。「本来の辞書のあるべき姿」を追究することが、いつごろどのようにして発生してきたのかという考察なしに、辞書規範論を徹底させている議論である。辞書は規範だけを載録すればよいという規範的立場からすれば、こうした記述的立場は排除される。しかし編纂（へんさん）の主義にかかわらず、辞書に載録されること自体のもつ意味を考えねばならない。

見坊の主張は典型的な記述的立場ではあるのだが、「かがみ」であるということは、以下の議論になる。

かがみはものをあるがままに映し出すものであり、そのことを手がかりとして人は己（おの）れの形を正しうる。②かがみとは、ま

国語

（六〇分）

解答範囲は、解答番号 1 から 28 までです。

〔一〕 左の文章を読んで、後の問いに答えなさい。

①用例主義を徹底していた見坊豪紀は三省堂の『明解国語辞典』（一九四三年）、同改訂版（一九五二年）、『三省堂国語辞典』（一九六〇年）などを編集しているが、著書『辞書をつくる』で以下のような議論を展開している。

辞書とは何か。いろいろの観点がありうるが私にとって辞書とは、かがみである。

辞書はことばの規準を示すもの、というのが正統的な辞書観であると思われる。辞書＝規準論によれば、正しくない語形・語法・意味用法は、すべてばっさり切り捨てる、という事態が起こりがちである。そういう考え方はじゅうぶん成り立つ。ところが辞書＝かがみ論のばあいは、そうはならない。この立ち場では、上品な形も上品でない形も、正しい意味も正しくない意味も、それが客観的にはっきり存在すると認められたとき、どちらも公平な取り扱いを受ける。正しくない方を

解答編

英語

I **解答**　1—④　2—③　3—③　4—③　5—②　6—③
7—①　8—④　9—②　10—③　11—②　12—④
13—④　14—②　15—③

◆全　訳◆

≪数の概念を持たない言語の存在について≫

数字は私たちの生活において重要である。この文を読んでいると，今何時なのか，あなたが何歳なのか，あなたの体重がどれだけなのかなど意識することになるだろう。私たちの言語における特定の数字は，私たちの予定から自己評価まであらゆることに影響を与えている。しかし，歴史的な観点によると，私たちのように数字を重視する人間は珍しい。私たち人類のおよそ20万年間に及ぶ歴史の大半では，正確に数量を表す手段を持ってこなかったのである。さらに言えば，今日存在する7,000近くの言語では数の扱い方が劇的に異なる。

数を持たない言語を使っているアマゾン川流域に住んでいる原住民が存在する。正確な数量を表す語を使う代わりに，これらの「数を持たない」人たちは「少しの」や「いくらかの」といった言葉に頼っている。数を持たなければ，4ほどの少ない数量でも識別したり記憶したりするのが困難である。ある実験で，研究者は1つずつナッツを缶に入れて，その後1つずつ取り出した。参加者はナッツがすべて取り出されたら知らせるように依頼を受けた。反応を見ると，「数を持たない」人たちは，たとえ総数が4つか5つであっても缶の中にどれだけのナッツが残っているのか把握するのが困難だとわかった。

この実験や他の多くの実験によってすっきりとした結論が出た。すなわち，数を表す語を持たなければ，あなたや私のような者には当然と思われるような数の区別も困難だとわかった。数を全くまたはほとんど持たないごく少数の言語の存在は，数を表す語は普遍的なものではないことを示している。

これらの，数を持たない人々には認知的な問題はなく居住する生活環境にうまく適応しているが，数量の正確な把握を要求する課題は困難だ。このことは驚くべきことではない。結局，数を数えずに，たとえば木に鳥が7羽いるのか8羽いるのか，どうやって実際にわかるだろうか。このような一見わかりやすい物事も，数を持たない人々の目にはぼやけたものになるのである。

私たちの文化では，数を表す語を習得する前なら，子どもたちは3を超える量をはっきりとらえることができない。私たちはそれより多くの数量を一貫してたやすく処理できるようになる前に数を学んでおけなければいけない。実際，数を表す語が持つ正しい意味を学ぶことは，数年かかる難しい過程である。最初に，子どもたちは文字を習得するのと同じように数について教わる。子どもたちは，数は連続して構成されていると認識するが，それぞれの数字が何を意味しているのかはほとんど知らない。数を使いこなせるようになるには，多くの練習が求められる。

したがって，実際には「数を持つ人々」は存在しないのである。私たちは生まれつき数量を表現することができるわけではない。幼少期から数について教わる文化的伝統がなければ，私たちはみんな基本的な数量でさえ把握するのに苦労するだろう。年齢とともに数を表す語や数詞に習熟すると思考が変化する。その過程は当たり前すぎて自然に生じる人間の成長だと思われがちだが，決してそうではない。人間の脳は限られた数を把握する生まれもった能力を持っているが，年齢とともにそれらの本能は教育によって伸ばされなければならない。

生まれてすぐに，私たちは2つの大きく異なる数量，たとえば10個と20個のような数量をすでに区別できる。しかし，私たちはそのような能力を持つ唯一の種ではない。類人猿やサルもできる。この事実に加えて，鳥もある程度の数を理解するだけでなく，動物研究者に訓練を受ければ実際にその能力を著しく伸ばすこともできる。

ほとんどの数を扱う方式は，人間の言語能力と手指を重視する傾向という2つの重要な要素に頼っている。世界の言語の大部分には5や10や20に基づいた数を扱う方式があることは驚くべきことではない。多くの言語では「5」を表す語は「手」を表す語に由来している。この手を重視していること（それは直立歩行ができるようになったことの副産物である）から，ほとんどの文化の一部となっている数が生まれたが，すべての文化に数が生まれたわけではない。

数を持たない文化は，どのように数が私たちの日常生活のあらゆる面に影響を与えているのかを理解する手助けとなる。今，何時なのか考えてみよう。あなたたちの一日は分や秒によって支配されているけれど，これらの概念を具体的に実感することはできないし，数を持たない人々にとっては存在しないものなのである。

◀解　説▶

1．下線部①の意味は「正確に数量を表す手段を持たなかった」である。There was no way to *do*「～する手段がなかった」 accurately「正確に」より，同じ意味となる④が正解。

2．native people を先行詞とし，language につなげるためには空所には所有格の関係代名詞の③ whose が入る。意味は「数を持たない言語を使っているアマゾン川流域に住んでいる原住民」となる。

3．第2段第4～6文（In an experiment, … five in total.）の実験と結果を読めば，数を持たない人たちは，少ない量であれ，数の把握が困難であることがわかる。したがって，③が正解。

4．signal「合図する」なので，③の「研究者に知らせる」が適切である。

5．第3段最終文（Those few languages …）を読めば，数を表す語は世界中の至る所にあるわけではないことがわかる。したがって，②が正解。

6．This の内容は前の文がカギとなる。第4段第2文（Yet they struggle …）を読めば，「数を持たない」人たちは数量の正確な把握に困難があることがわかる。したがって，③が正解。

7．without *doing* で「～することなしに，～せずに」という意味である。without は前置詞なので，後には名詞または動名詞が入る。したがって，①が正解。

8．第5段第3文（In fact, learning …）を読めば，すべての数字を意味と結びつけるには時間がかかるとわかる。したがって，④が正解。It takes time to *do*「～するのに時間がかかる」 link *A* with *B*「*A* を *B* と結びつける」

9．①は第5段第2文（We must be …），③は同段第4文（Initially, kids learn …），④は同段最終文（Numbers require much …）とそれぞれ同じ内容である。よって②が正解。

10. The process「その過程」とは，前の文（As we grow up, …）の内容をまとめると「年齢とともに数に習熟し思考が変化する過程」だとわかる。so ～ that S V「大変～なのでSはV」 think of *A* as *B*「*A*を*B*とみなす」 but it is not の後は a natural part of growing up が省略されていると考える。したがって，③が正解。

11. 空所の前の文（Soon after birth, …）の内容と空所の後（we are not …）の内容から考えると，逆接の内容になっているため，②の「しかし」が正解。① Thus「このように，したがって」 ③ Or「または」 ④ So「だから」

12. 下線部⑫の can の後には第7段第1文（Soon after birth, …）の中の tell the difference between two very different quantities が省略されている。tell the difference＝distinguish「区別する」 したがって，④が正解。

13. ①は第8段最終文（This focus on …），②は同段第3文（The word "five" …），③は同段第1文（Most human number systems …）とそれぞれ内容が一致。④は同段第2文（Not surprisingly, the bulk …）の内容に反する。したがって，④が正解。

14. 最終段最終文（Your day is …）の内容に，①・③・④は合致。同段第1文（Numberless cultures help …）を読めば，②は一致しないとわかる。したがって，②が正解。

15. 第3段最終文（Those few languages …）を読めば，③の「はっきりとした数を数える方式を持たない言語が存在する」ことが書かれている。したがって，③が正解。

Ⅱ **解答** 16―② 17―① 18―④ 19―④ 20―③

◆全　訳◆

≪面と向かって会話をするときに心地よい空間とは？≫

人が面と向かって会話をするときは，彼らの間に「泡状の空間」が存在して，その泡の大きさは文化によって異なる。この空間には様々な名前が与えられてきた。時にはその空間は「会話距離」や「快適区域」や「対人距離」と呼ばれる。一般的に，面と向かって会話をするときに保たれる空間を見れば，その人との人間関係や置かれている状況もわかる。空間と親密さには関連性がある。親密な段階では，互いにかなり近づき，とても小さい声で話す。社交的な段階では，離れ過ぎず近づき過ぎずの距離を保ち，声は日常の大きさで話す。小さな集団での討論や会合では，議長は集団の誰もが見えるような位置に身を置く。公的な段階，すなわち公衆に向けて演説をするようなときには，演説者は少し離れた位置に立ち，いつもより大きな声を出して話す。

会話をするときに保つ距離は文化によって異なる。この距離が大きい社会もある。つまり，人が近づき過ぎると「泡状の空間」が圧力を受け，相手は不快に感じるということだ。おそらく相手は後ろに下がるだろう。この距離が他に比べて小さい社会もある。そこでは，面と向かって会話をするときに，人々は互いに近づくと心地よく感じる。

寒い気候から来た人々は暖かい気候から来た人々より距離を大きくとって会話をすると信じられている。たとえば，ラテンアメリカ文化やアラブ世界から来た人々が互いにかなり近づいて会話をするのはよく知られている。これは好意や親しさの表れである。ほとんどの西洋文化では，面と向かって会話をするときにはそれより大きな距離をとる。もし誰かが過度に近づこうとすると，たいてい相手は後ろに下がる。彼らにとって，近づき過ぎることは無礼または攻撃的だとさえ考えられる可能性がある。たとえば，多くのアメリカ人にとって心地よい距離とはだいたい腕の長さまたはせいぜい4フィート（約120cm）までの距離をさす。この距離より近づけば，互いに感情的に近い状態であるという親密さを表す。しかし，ほとんどのアメリカ人と比較すると，日本人は特に仕事や公式の状況で互いに大きな距離をとる傾向が強い。

「空間」に関する考え方が異なる文化から来た二人が話す場面を想像しよう。小さな空間をよしとする文化から来た人は，距離をとって話す相手のことを「冷たく」て友好的でないと考えるだろう。その人は友好的な会話をするために近づこうとし続けるかもしれないが，一方，相手は壁に押しつけられるまで後ろに下がるだろう。もちろん，文化の違いは個人の行動方法のすべてを説明するわけではない。しかし，「泡状の空間」の大きさの違いは，非言語的コミュニケーションにおいて異文化間の問題を引き起こす一因になる可能性がある。したがって，特に二者が異なる文化的背景を持つ場合，話す相手の泡状の空間がどれだけの大きさなのか観察するのは賢明なことだ。

◀解　説▶

16. ②は第 1 段最終文（At the public level, …）の内容に反しているので，②が正解。①は同段第 5 文（Space and intimacy …）の内容に，③は同段第 1 文（When people talk …）の内容に，④は同段第 4 文（Generally, the space …）の内容に一致。

17. 第 2 段第 1 文（The distance people …）の内容に一致するので，①が正解。

18. ④は第 3 段第 7・8 文（For example, for … to each other.）の内容に反しているので，④が正解。①は同段第 4 ～ 6 文（People in most Western … or even aggressive.）の内容に，②は同段最終文（Compared to most Americans, …）の内容に，③は同段第 1 文（It is believed …）の内容に一致。

19. 最終段第 4・5 文（Of course, cultural differences … in non-verbal communication.）を読めば，「会話における行動はすべてではないが，文化の違いによって説明することができることもある」とわかる。したがって，④が正解。

20. 最終段第 5 文（However, differences in …）を読めば，「異文化間の問題を引き起こす原因の 1 つは個人間の適切な距離に関する考え方の違いである」とわかる。したがって，③が正解。

III　解答

A．21―②　22―①　23―④　24―①　25―②

B．26―⑥　27―③　28―②　29―⑧　30―⑤

◆全　訳◆

A．21. A：チューリップを 12 本下さい。

B：何色がいいですか。

A：青以外なら何色でもいいですよ。

B：こちらには青色のチューリップはありません。

22. A：どうやってハンバーガーを注文したらいいですか。
B：このタブレットコンピュータを使って下さい。
A：どうやってしたらいいのか教えてくれますか。
B：わかりました。まず「メニュー」ボタンを押して下さい。

23. A：なぜカヨは今日の授業に遅れたのですか。
B：JR で遅延があったのです。
A：ああ，なるほどそれでわかりました。
B：そうです。先生は彼女を遅刻扱いしないでしょう。

24. A：ニューヨークの大学に行くことに決めたよ。
B：どうして？
A：ずっと大都市に住みたいと思っていたから。
B：それならそこで楽しめるでしょう。

25. A：ジョンは今夜私たちと一緒に出かけるだろうか。
B：それはどうかな。テレビに釘付けになるだろうね。
A：どうして？
B：今夜サッカーの決勝戦がテレビで放映されるから。

B．≪好きなユーチューバー≫

A：こんにちは，カナ。携帯電話で何を見ているの？
B：私のお気に入りのユーチューバーのカワグチリナよ。
A：彼女って料理の秘訣を教えてくれる女性のことかしら。
B：いいえ，それはカワニシサヤよ。リナは美容法のアドバイスをするの。
A：わかったわ。彼女の動画は何が特色なの？
B：彼女のアドバイスのやり方だね。それに加えて彼女はとても面白いの。
A：そうなの？　私も彼女の動画を見てみるべきね。
B：そう，見るべきよ。彼女の動画なら楽しめるわ。
A：どのぐらいの頻度で彼女は動画を作っているの？
B：彼女の気の向くときに。
A：私も今夜見てみるわ。勧めてくれてありがとう。

◀解　説▶

A．21．買いたい花の色を尋ねている発言を受けたAの返答の後に，Bが青色について言及している。Aは青色について話していると推測できる。したがって②が正解。

22. Aの発言を受けて，Bがコンピュータの使い方を説明しているので，Aは使い方を尋ねていると推測できる。したがって，①が正解。

23. Aからカヨの遅刻の理由を尋ねられていて，その後で遅刻扱いにならないと付け加えているので，正当な遅刻理由だと推測できる。したがって，JRの遅延を伝えている④が正解。delay「遅延」

24. Bの発言を受けて，Aが理由を説明しているので，Bは理由を尋ねていると推測できる。したがって，①が正解。How come? = Why?

25. 最後のBの発言から，Bはジョンが外出せずに家でテレビを見るつもりだと伝えていると推測できる。したがって，②が正解。be glued to「～に釘付けになる」

B. 26. Aの発言を受けて，カナがお気に入りのユーチューバーについて話している。したがって，Aはカナに「携帯電話で何を見ているのか」を尋ねていると推測できるので⑥が正解。

27. 空所の直後で自分のお気に入りのユーチューバーは料理の秘訣ではなく，美容法のアドバイスをしているのだと伝えていることから，別の人物の名前を伝える発言がふさわしい。したがって，③が正解。

28. 空所の次のAの発言から，カナはリナの動画の魅力を伝えていると推測できる。したがって，②が正解。

29. カナはAにリナの動画を勧めていると推測できる。したがって，⑧が正解。

30. 動画の頻度を尋ねているので，⑤が正解。whenever S V「SがVするときはいつでも」

Ⅳ　**解答**　31―①または③※　32―③　33―⑦　34―⑦　35―⑥

※31については，①と③の二つを正答にする対応が取られたことが大学から公表されている。

◀解　説▶

完成した文は以下のとおり。

31. (You) can bring a <u>book</u> with you to kill (time.) または (You) can bring with <u>you</u> a book to kill (time.)

bringの後にすぐに目的語がきてもよいし，bringと目的語の間にwith

you を挿入することも可能なので解答は2つある。kill time「時間をつぶす，暇をつぶす」

32. (I) wonder how Tom plans to spend his time (on the weekend.)

I wonder how S V「どうやってSはVするのだろうか（疑問に思う）」 plan to *do*「〜しようと計画する」 spend「〜を過ごす」

33. You should have submitted your math homework by (yesterday.)

should have *done*「〜すべきだったのに（後悔・非難を表す）」 submit「〜を提出する」

34. (His friend living) in Canada told him the latest news from (abroad.)

his friend living in Canada「カナダに住む彼の友人」は，現在分詞が後ろから前の名詞を修飾する。from abroad「海外から」

35. (Nancy) proposed that we postpone the meeting until next week (.)

propose that S (should) *do* は「Sは〜しようと提案する」という意味で，that 節の中は仮定法現在を使う。イギリスでは should を入れることが多い。

日本史

Ⅰ 解答

1 －⑥　2 －④　3 －②　4 －②・⑦　5 －⑤　6 －④
7 －③　8 －⑤　9 －①　10－④　11－④　12－②

◀解　説▶

≪律令国家の形成≫

1．c．『隋書』にみえる最初の遣隋使派遣（600 年）→ b．冠位十二階の制定（603 年）→ a．憲法十七条の制定（604 年）→ d．小野妹子を遣隋使として派遣（607 年）。

3．②が誤り。現在隣接する中宮寺に所蔵されている。

7．③が正解。中大兄皇子が皇太子，中臣鎌足が内臣，阿倍内麻呂が左大臣にそれぞれ任じられている。国博士に任じられたのは，高向玄理・僧旻。観勒は暦法を伝えた百済僧。

9．やや難。①誤文。中臣氏は連を与えられた。

11．④が正解。①誤文。防人は主に東国の兵士から選ばれた。②誤文。九州防衛のために設置。③誤文。3 年交代であった。

Ⅱ 解答

13－③　14－③　15－⑤　16－④　17－⑥　18－①
19－④　20－④　21－③　22－④　23－⑤　24－②

◀解　説▶

≪豊臣政権～江戸幕府成立期の政治と文化≫

13．X．誤文。蓮如ではなく顕如（光佐）。Y．正文。

16．X．誤文。島井宗室は堺ではなく博多の豪商。Y．誤文。慶長金銀ではなく天正大判。

17．d．四国平定（1585 年）→ c．秀吉の太政大臣就任（1586 年）→ b．九州平定（1587 年）→ a．小田原攻め（1590 年）。四国平定が最初であること，または小田原攻めが最後であることを知っていれば，正解できる。

18．①誤文。当時の年貢は二公一民であった。

19．④が正解。①誤文。500 万石ではなく 250 万石。②誤文。イギリスではなくスペイン。③誤文。評定所は最高司法機関。

20. ④誤文。小西行長ではなく福島正則。ともに豊臣秀吉に登用された大名であるが，小西行長は関ヶ原の戦い（1600 年）で西軍に属して刑死。

21. ③が正解。①誤文。紫衣事件（1627〜1629 年）では，幕府に抗議した後水尾天皇が明正天皇（徳川秀忠の子和子の娘）に譲位している。

22. X．誤文。スペイン人ではなくポルトガル人。Y．誤文。狩野永徳『唐獅子図屏風』に代表されるように宗教色はない。また，都市や庶民の生活・風俗を題材とした風俗画もさかんであった。

24. ②誤文。藤原惺窩ではなく，惺窩の門人林羅山の子孫。

III 解答

⑴ 25−⑤　26−①　27−④　28−④　29−③　30−④　31−④　32−②

⑵ 33−②　34−③　35−③　36−①　37−⑤　38−③　39−①　40−①

◀解　説▶

≪日露戦争前後の政治・外交・社会≫

⑴ 27. ④が正解。①誤文。第 3 次伊藤博文内閣は超然内閣である。②誤文。陸海軍大臣は憲政党出身者ではない。③誤文。憲政党（旧自由党系）と憲政本党（旧進歩党系）に分裂した。

28. X．誤文。銀本位制ではなく金本位制。Y．誤文。鎮台から師団への改組は日清戦争前の 1888 年。

29. X．誤文。南満州鉄道株式会社を設置したのは日本で日露戦争後の 1906 年。Y．正文。

30. ④が正解。①誤文。日清戦争での清敗北を受け 1897 年大韓帝国と改めた。②誤文。沙市や重慶など 4 港を開港させられたのは北京議定書（1901 年）ではなく下関条約（1895 年）。③誤文。義兵運動は朝鮮半島で起こった日本の植民地化に対する抵抗運動。北清事変（1900〜01 年）のきっかけとなったのは義和団事件（1900 年）。

31. ④が正解。①誤文。厳正中立を守るとされた。②誤文。第 1 次桂太郎内閣である。③誤文。韓国においては日本の利益を承認した。

32. ②が正解。①誤文。高山樗牛は『太陽』。『国民之友』は徳富蘇峰。③誤文。樋口一葉ではなく与謝野晶子。④誤文。幸徳秋水は堺利彦とともに『平民新聞』を発行。『国民新聞』は徳富蘇峰。

⑵ 34. ③誤文。アメリカは日本寄りの立場をとり，外債を購入し，ポー

ツマス講和会議を仲介した。

35. X．誤文。黄海ではなく沿海州とカムチャツカの漁業権。Y．正文。

36. ①が正解。②誤文。③誤文。第1次西園寺公望内閣である。④誤文。ポーツマス講和条約に調印したのは小村寿太郎。

38. X．誤文。日露戦争後は日露協約を4度にわたり結んだように協調関係を築いた。Y．正文。

39. ①が正解。1909 年のことである。②誤文。都市人口の増加により米は供給不足であった。③誤文。日清戦争前の 1890 年。④誤文。昭和恐慌後の 1938 年。

40. ①誤文。高野房太郎はロシアではなくアメリカから帰国。

世界史

I 解答

(1) 1－③　2－①　3－②　4－④　5－①　6－③
(2) 7－②　8－①　9－②　10－②　11－④　12－⑤
13－④

◀解　説▶

≪人類の拡大と古代オリエント・ギリシア≫

(1)1．③誤文。占星術はシュメールで始まってバビロニアで盛んになった。

3．②正解。人類の進化の過程として，新人は約20万年前に，旧人は約60万年前に，猿人は約700万年前にそれぞれ出現した。

5．①誤文。階級社会が成立したことで，貧富の差が生じた。

6．③誤文。生産経済から獲得経済に移行したのではなく，獲得経済から生産経済に移行することで人口が飛躍的に増加した。

(2)8．①誤文。クフ王ではなく，アメンホテプ4世（イクナートン）の時代にアマルナ美術が登場した。

9．②正文。①誤文。ヒッタイトを滅ぼしたのは，アッシリア王国ではなく，「海の民」の侵入や内紛などで滅びたとされる。③誤文。ミタンニ王国がヒッタイトに服属した。④誤文。イスラエル王国を滅ぼしたのは，ヒッタイトではなくアッシリア王国。

11．④誤文。ペロポネソス戦争は前431年に始まり，前404年に終わった。一方，ペイシストラトスは，前6世紀半ば以降のアテネの僭主で時期がくい違う。

II 解答

(1) 14－①　15－③　16－①・④　17－②　18－④
19－③
(2) 20－④　21－②　22－②　23－④　24－①　25－②　26－③

◀解　説▶

≪明～清代の中国≫

(1)14．①正解。②太平道は後漢時代の張角が創始した宗教結社。③五斗米道は，後漢時代の張陵が創始した宗教結社。④全真教は，金代の道士である王重陽が創始した道教教団の一派。⑤回教は，中国におけるイスラーム教の呼称のひとつ。

17. ②正文。①・③・④誤文。周敦頤は唐ではなく北宋の，朱熹は北宋ではなく南宋の儒学者。

18. ④正文。①誤文。隋や唐が都をおいたのは長安。②誤文。南宋が都をおいたのは臨安（杭州）。③誤文。北宋が都をおいたのは開封。

19. ③正解。イスラーム教徒の宦官である鄭和は，永楽帝の命を受けて南海諸国遠征を開始し，その別動隊はアフリカ東海岸にまで達した。

(2) 23. ④正解。①・②・③・⑤誤り。後梁，後晋，後漢，後周はそれぞれ五代のひとつ。

24. ①誤文。鄭成功は，イギリスからではなくオランダから台湾を奪った。

25. ②正解。清の康熙帝は，1689年にロシアのピョートル1世とネルチンスク条約を締結し，国境を定めた。

III 解答

(1) 27―①　28―⑤　29―②

(2) 30―③　31―④　32―①　33―③

(3) 34―②　35―②　36―①　37―⑤　38―④　39―②　40―④

◀解　説▶

≪フランス革命とナポレオン戦争，アフリカの植民地化≫

(1) 27. ①誤文。第一身分に属していたのは聖職者，第二身分に属していたのは貴族。

29. ②誤文。1795年憲法（共和国第3年憲法）ではカトリックを国教としたのではなく，政教分離が定められた。

(2) 30. ③正解。大陸封鎖令は，イギリスを経済封鎖するためにナポレオンが1806年に発布した勅令。

31. ④正解。ナポレオンの侵攻に対して抵抗する市民の姿を，ゴヤは「1808年5月3日」に描いた。

32. ①正解。ライプツィヒの戦い（諸国民戦争）は，プロイセン・オーストリア・ロシアがナポレオンを破った1813年の戦い。この戦いに敗北したナポレオンはフランス皇帝を退位した。ワーテルローの戦いは，イギリス・プロイセン・オランダが復位したナポレオンを破った1815年の戦い。この戦いでは，ウェリントンが総司令官となった。

33. ③正解。ルイ 18 世は，ライプツィヒの戦い（諸国民戦争）に敗北したナポレオンが退位した後に即位したブルボン朝の国王。法の前の平等など，革命の成果を部分的に定着させる中道政治を行った。

⑶ 34. ②正解。リヴィングストンは，イギリスの宣教師で探検家。ナイル川の水源を探検中に消息を絶ったが，アメリカ人の新聞記者で探検家のスタンリーに発見された。

35. ②誤文。審査法は，1673 年にイギリスで制定された。

36. ①正解。フランスはチュニジアを 1881 年に保護国とした。これに不満をもつイタリアは，ドイツ・オーストリアとともに三国同盟を結んだ。

38. ④誤文。ケープ植民地から周辺に侵攻したのは，ゴードンではなくローズ。

39. ②正解。アフリカ分割の結果，エチオピア帝国とリベリアを除くアフリカの国々はヨーロッパ列強の植民地となった。

政治・経済

I　**解答**　(1)1—①　2—⑧　3—③　4—⑤　5—④　6—②　7—①

(2)8—③　9—⑤　10—①　11—④　12—⑤　13—③　14—②

◀解　説▶

≪民主政治の基本原理，両性の平等≫

(1)1．①が適当。マックス=ウェーバーは，支配の正統性を伝統的支配・カリスマ的支配・合法的支配の3つの純粋型に分類した。カリスマ的支配とは，例えばナポレオンのような非凡な資質をもつ指導者に人々が人格的に帰依する関係で，熱狂的な服従，独裁的支配を生みやすい。近代社会は合理的に制定された規則に従い，規則内の支配者の命令に服従すべきだとする合法的支配に基づいて運用されるべきだとされ，そこから近代的で合理的な官僚制の分析が進められた。

4．⑤が適当。ア．国連総会も立法機関ではなく，各主権国家が条約を締結するというかたちで締結国すべてを拘束する国際法となる場合もある。イ．国際司法裁判所は，当事国双方の合意で裁判が始まる。ウ．基本的には各主権国家に実質的な行政行為は任せるが，途上国などで実質的効果のある行為ができない場合に，それを補完するように活動する場合もある。国連難民高等弁務官事務所（UNHCR）の活動や世界保健機関（WHO）により途上国に派遣された医療従事者の活動などは報道されることもあるのでわかりやすい例だろう。ア・ウが正しい記述。

5．④が適当。六法は，憲法，民法，商法，刑法，民事訴訟法，刑事訴訟法。裁判を行うために法廷で従わなければならない手続き・方法・慣行を定めている民事訴訟法や不動産登記法，刑事訴訟法などが手続法で，行政事件訴訟法，行政手続法も手続法に当たる。①・②実体法というのは，市民および団体の権利・義務と責任を規定する法律で，民法・商法・会社法，刑法などが実体法である。③六法中の手続法は民事訴訟法と刑事訴訟法の2つである。

6．②が適当。私人間の権利義務の関係を成立させるには，一切個人の自主的決定に任せ，国家が干渉してはならないとする原則が私的自治の原則である。近代私法の三大原則の一つ。①コーポレート・ガバナンス（企業統治）とは，企業は経営者のものではなく資本を投下している株主のものという考えから，企業経営を監視する仕組みのこと。③地方公共団体が自律的な決定・運営を行うことは「団体自治の原則」。④住民自身またはその代表者が地方公共団体の政治を行うことは「住民自治の原則」。

7. ①が適当。1973年に尊属殺重罰規定違憲の最高裁判決が出ている。②アムネスティ・インターナショナルの死刑廃止の運動など論争はあるが，判例にはない。また，1989年に国連総会で採択された市民および政治的権利に関する国際規約の第2選択議定書に随意項目として死刑廃止が含まれている。③有期刑の上限は1月以上20年以下。懲役刑や禁錮刑の加重があっても最大30年以下と刑法に定められている。④禁錮刑は懲役刑とは異なり，刑務所に入り自由が奪われるだけの刑罰。過失犯に適用される。

⑵ 11. ④が適当。再婚禁止期間訴訟は，家庭内暴力を受けて離婚した女性が，民法733条の「女性は離婚や結婚取り消しから6カ月を経た後でなければ再婚できない」という規定について訴えたもの。2015年最高裁は100日を超える部分は違憲とした。①・③のように母体保護のためではなく，生まれてくる子の父親が誰か明確にするためであり，期間も①・②の3カ月ではなく100日と判決で示された。

14. ②が適当。夫婦共に婚姻後も結婚前の姓を維持でき，夫婦いずれかの姓に統一するか否かは結婚時に選べるという制度。①通称ということではなく，戸籍上の姓とする。③新しい姓をつくるのではなく，夫婦いずれかの姓を選ぶ。④「すべての夫婦が」ではない。任意である。

Ⅱ　解答

⑴ 15−③　16−④　17−⑥　18−④　19−③　20−①　21−②

⑵ 22−④　23−①　24−②　25−③　26−②　27−⑥　28−④

◀解　説▶

≪日本経済の歩み，企業≫

⑴ 16. ④が適当。実質GDPは名目GDP÷GDPデフレーター×100より求めることができる。よって，2011年の実質GDPは6060億円÷101×100＝6000億円となる。

実質経済成長率（%）は（n 年度GDP－（n－1）年度GDP）÷（n－1）年度GDP×100より求めることができる。よって，(6000億円－5600億円)÷5600億円×100≒7.14%が2011年の実質経済成長率となる。

18. ④が適当。第二次世界大戦後の国際経済秩序は，アメリカの圧倒的な金保有量に裏付けられたドルによる国際決済システムに支えられていた。しかし，東西冷戦下で各国に軍事援助を続け，輸入の増加に加えて多国籍企業が海外投資を活発化させた。その結果，金保有の激減があり，1971年に米大統領が金・ドル交換停止を発表した（ニクソン・ショック）。①ドッジ・ラインは1949年に来日したGHQ財政顧問による財政引き締め政策。②1949年シャウプによる税制改革で直接税中心主義，累進課税制度が導入され，激しいインフレは収束したが，安定恐慌が起こった。③1985年先進5カ国蔵相中央銀行総裁会議（G5）で，各国協調してドル高の是正をはかることで合意した（プラザ合意）。

19. ③が適当。1989年4月1日に初めて消費税が導入された。平成景気（バブル景気）の時期は，1986年12月から91年2月。①バブル期の実質経済成長率は4～6%であった。②この期間の失業率は，2.1～2.8%。④赤字国債は1975年から恒常的に発行された。

20. ①が適当。日本版金融ビッグバンは1996年から始まった大規模金融制度改革。「護送船団方式」を崩壊させるような改革が2001年にかけて実施され，第二期改革は2002年以降に，銀行業・保険業・証券の各代理業解禁などの規制緩和が進行した。②狂乱物価とは，1970年代半ば，特に1974年の日本の異常な物価高騰を指す。③リーマン・ショックは2008年に起きている。④ルーブル合意は1987年。

21. ②が正解。A．ゼロ金利政策は，1999年2月から実施され，2000年8月に解除。その後2001年3月から再び実施されている。C．2001年3月から量的緩和政策を実施している。これは主に民間金融機関から手形や国債を買い取って民間金融機関の使用できる預金残高を増やすもの。B．2016年2月からマイナス金利政策が始められ，日本銀行が銀行からの預金の一部にマイナス0.1%の金利をつけることで企業などの投資増加の効果を期待したもの。

(2) 25. ③が適当。貸借対照表では表左側の企業がもっている財産である「資産（流動資産＋固定資産）」と，表右側の「負債（流動負債＋固定負債)」＋「純資産（資本金＋利益剰余金)」の数値が一致する。純資産の数値が，「自己資本」に当たる。流動資産の流動負債に対する割合で支払い能力が判断できるし，固定資産の純資産に対する割合で長期的な安全性が，純資産と資産から求められる自己資本比率が高ければ安全性が高いことがわかる。そうした判定の役に立つものが貸借対照表である。

27. ⑥が適当。右側の数値を計算すれば，「売上高」－「売上原価」＝「G」となり，Gは売上に関わる項目名と判断できる。また，「G」－「販売費および一般管理費」＝「H」と右の数値から判断でき，下の項目が「営業外」とあるので，Hが「営業利益」とわかる。

Ⅲ 解答

(1) 29―⑥　30―①　31―③　32―③　33―④　34―④

(2) 35―③　36―⑥　37―①　38―④　39―⑤　40―⑥

◀解　説▶

≪環境問題，人口問題≫

(1) 30. ①が不適当。1981 年最高裁は環境権や人格権に触れないまま差し止め請求を却下した。

31. ③が適当。騒音に，大気汚染，水質汚濁，土壌汚染，振動，地盤沈下，悪臭を加えて「典型七公害」と呼ぶこともある。

32. ③が適当。石炭が極端に多いのが中国。フランスは原子力発電がエネルギー供給源として多くを占める特徴がある。

33. ④が不適当。発電装置の廃熱を回収して給湯や暖房に利用するシステムをコージェネレーションという。①シェールガスは，頁岩層から採取されるものだが，2000 年代以降新しい採掘技術が確立し，実用化されている。② 2011 年にドイツ，スイスに続きイタリアにおいても国民投票で「脱原発」が決まった。原子炉解体を進め自然エネルギーを重視したドイツでは無風時や天候に恵まれない時の電力不足を補うため，フランスの原発からの買電とロシアからの天然ガス購買にエネルギー源を依存することになった。③再生可能エネルギーを電力会社に買い取らせる固定価格買取制度（FIT）が日本でもある。ただしこの義務化年限が終了すると，家庭にとって買電収入は大幅低下の傾向を見せることが話題となっている。

34. ④が適当。京都議定書はアメリカの離脱があり，中国，インド，ブラジルなど経済発展にともない排出量が増加している新興国は対象外であった。そのためすべての国が参加する新たな国際枠組みとしてパリ協定が2015年に採択された。すべての国が協力できるよう，削減目標は，各国が国内で最大限の努力と思える目標を設定し国連に提出することになっている。参加しやすくしている仕組みだが，世界の平均気温上昇を産業革命前より1.5℃は下げるという目標には及ばないため，5年毎に削減目標を再提出して，目標に近づこう，希望を後の世につなごうということになっている。そのため当然，①罰則はない。②目標設定は，世界全体で2℃，少なくとも1.5℃に平均気温上昇を抑えること。③1997年はCOP3で京都議定書が採択された年。

⑵ 36. ⑥が適当。横軸右寄りのGは単身世帯の割合が45％を超えており，突出して高い。しかし，Gは単身世帯の中の高齢化率においては他府県に比べて突出して割合が低い。このことからGが東京都であると判断できる。EとFとは単身世帯率においては同程度であるが，高齢化率において差があり，E，Fはそれぞれ45％程度，30％を下回る程度となっている。ここからEが秋田県，Fが滋賀県と判断できる。

37. ①が不適当。児童手当は3歳までは1人あたり月額15,000円，中学生まで10,000円。所得制限が設定されているが，居住地域による支給額の差はない。②認定こども園は，保護者の就労の有無に関わりなく利用できることに特徴がある。③少子化対策として雇用環境の改善・整備のための施策が定められた。④2009年改正では3歳までの子を養育する労働者について，短時間勤務制度（1日6時間）を設けることを事業主の義務とした。

39. ⑤が適当。グラフの灰色の部分の面積と上部の白い部分の面積を比べてみれば，「65歳以上人口1人に対する15～64歳人口の人数」の見当がつく。L<J<Kであろう。ということで，カ＝L，キ＝J，ク＝Kと対応すると判断できる。経済発展の度合に応じるように富士山型から日本のようなつぼ型に移行していくものと考えれば，K→J→L→日本のように人口ピラミッドが変化していくと推測できる。ケニア→バングラデシュ→タイと推定できるだろう。

40. ⑥が適当。人口オーナスという用語がわかれば正解を導きやすいだろう。生産年齢人口（15～64歳）が従属人口（14歳以下と65歳以上人口）を上回る状態を人口ボーナスといい，逆に従属人口が生産年齢人口を上回る状態を人口オーナスという。人口ボーナス期には，労働力が豊富で，教育費や医療費などの社会保障費が抑えられるため，経済が拡張しやすいとする指摘がある。

数学

◀数学Ⅰ・Ⅱ・A・B▶

Ⅰ **解答** (1)　$\log_{10}\dfrac{16}{27}=\log_{10}16-\log_{10}27=\log_{10}2^4-\log_{10}3^3$

$=4\log_{10}2-3\log_{10}3=4\times0.301-3\times0.477$

$=1.204-1.431=-0.227$　……(答)

(2)　$2^{4n+1}<3^{3(n-1)}$

両辺の常用対数をとると

$(4n+1)\log_{10}2<3(n-1)\log_{10}3$

$4n\log_{10}2+\log_{10}2<3n\log_{10}3-3\log_{10}3$

$\log_{10}2=0.301$，$\log_{10}3=0.477$を代入し，n について整理すると

$(4\log_{10}2-3\log_{10}3)n<-0.301-3\times0.477$

$-0.227n<-1.732$

よって　$n>\dfrac{1.732}{0.227}=7.6\cdots$

これより，与えられた不等式を満たす最小の自然数 n の値は

8　……(答)

◀解　説▶

≪対数の計算，指数不等式の解法≫

(1)　対数の性質から，$\log_{10}\dfrac{16}{27}=\log_{10}2^4-\log_{10}3^3=4\log_{10}2-3\log_{10}3$ を用いるとよい。

(2)　与えられた不等式の両辺の常用対数をとる。また，(1)と同様に対数の性質を用いて変形すると，n についての1次不等式の解法にもちこめる。

Ⅱ 解答

(1)　$\theta=\dfrac{\pi}{2},\ \dfrac{3}{2}\pi$ のとき，(左辺)$=\sqrt{3}$ となるので

$$\theta \neq \frac{\pi}{2},\ \frac{3}{2}\pi$$

よって　$\cos\theta \neq 0$

このとき，両辺を $\cos^2\theta$ で割ると

$$\sqrt{3}\tan^2\theta+(1+\sqrt{3})\tan\theta+1=0$$

これより　$(\sqrt{3}\tan\theta+1)(\tan\theta+1)=0$

よって　$\tan\theta=-\dfrac{1}{\sqrt{3}},\ -1$

したがって，$0\leqq\theta<2\pi$ より

$$\theta=\frac{3}{4}\pi,\ \frac{5}{6}\pi,\ \frac{7}{4}\pi,\ \frac{11}{6}\pi \quad \cdots\cdots(\text{答})$$

(2)　(1)と同様に式を変形すれば $(\sqrt{3}\tan\theta+1)(\tan\theta+1)<0$ となる。

したがって，$-1<\tan\theta<-\dfrac{1}{\sqrt{3}}$ となり，$0\leqq\theta<2\pi$ より，(左辺)<0 となる θ の範囲は

$$\frac{3}{4}\pi<\theta<\frac{5}{6}\pi,\ \frac{7}{4}\pi<\theta<\frac{11}{6}\pi \quad \cdots\cdots(\text{答})$$

◀解　説▶

≪三角方程式・三角不等式の解法≫

(1)・(2)ともに左辺の式変形がポイントである。いろいろ公式が存在するが，基本関係のひとつ $\tan\theta=\dfrac{\sin\theta}{\cos\theta}$ が想起できれば解きやすい。$\cos\theta\neq0$ を確認して両辺を $\cos^2\theta$ で割るとよい。後半は $\tan\theta$ についての 2 次方程式，2 次不等式にもちこめる。あとは丁寧に計算して角の大きさをおさえる。

Ⅲ 解答

(1)　ふたのない直方体の箱を作るには

$0<x,\ 60-2x>0,\ 30-2x>0$ つまり

$$0<x<15 \quad \cdots\cdots①$$

であることが必要である。

このとき　$V(x)=(60-2x)(30-2x)x$

$$=4x^3-180x^2+1800x \quad \cdots\cdots(\text{答})$$

(2)　$V'(x)=12x^2-360x+1800=12(x^2-30x+150)$

$V'(x)=0$ のとき　$x=15\pm\sqrt{15^2-150}=15\pm5\sqrt{3}$

①に注意して増減表をつくる。

x	0	$\cdots$	$15-5\sqrt{3}$	$\cdots$	15
$V'(x)$		$+$	0	$-$	
$V(x)$		↗	極大 かつ最大	↘	

増減表から $V(x)$ は $x=15-5\sqrt{3}$ のとき極大，かつ最大値 $V(15-5\sqrt{3})$ をとる。

ここで，$f(x)=x^2-30x+150$ とすると

$$f(15-5\sqrt{3})=0$$

整式の除法を用いて

				4	-60		
1	-30	150	)	4	-180	1800	0
				4	-120	600	
					-60	1200	0
					-60	1800	-9000
						-600	9000

$$V(x)=f(x)\cdot(4x-60)-600x+9000$$

$$V(15-5\sqrt{3})=-600\times(15-5\sqrt{3})+9000=3000\sqrt{3}\quad\cdots\cdots(答)$$

(3)　$4x^3-180x^2+1800x=4000$ を解く。

$$x^3-45x^2+450x-1000=0\quad\cdots\cdots②$$

方程式②の解の 1 つは　$x=10$

したがって　$(x-10)(x^2-35x+100)=0$

これより　$x=10$ または $x=\dfrac{35\pm\sqrt{825}}{2}=\dfrac{35\pm5\sqrt{33}}{2}$

ここで，$784<825<841$ から　$28<\sqrt{825}<29$

よって，①より $\dfrac{35+5\sqrt{33}}{2}$ は不適。

したがって，題意を満たすすべての値は　$x=10,\ \dfrac{35-5\sqrt{33}}{2}$　……(答)

◀解　説▶

≪直方体の体積，3 次関数の最大値，3 次方程式の解法≫

(1)　ふたのない直方体を作るとき，x に制約が伴うことに注意したい。

(2)　x の変域に注意して $V(x)$ の増減を調べるとよい。

(3)　対象の 3 次方程式は解の 1 つが 10 であることがわかれば，組立除法を用いて 2 次方程式の解法に帰着できる。なお無理数の式の値は「整式の除法」を用いると扱いやすい場合が多い。

◀数学Ⅰ・Ⅱ・Ⅲ・A・B▶

Ⅰ **解答** (1) 条件 p, q の真理集合を P, Q とする。p が q の十分条件となるためには，P, Q の包含関係が $P \subset Q$ となればよい。

p：$|x-3|<k$ を解くと，$k>0$ より

$$-k<x-3<k \qquad 3-k<x<3+k$$

q：$(x-1)(x-4)<0$ を解くと　$1<x<4$

これより

$$1 \leqq 3-k \text{ かつ } 3+k \leqq 4$$

となればよい。

これを解いて　$k \leqq 2$ かつ $k \leqq 1$

ここで，$k>0$ に注意して，求める k の値の範囲は $0<k \leqq 1$ となる。

……(答)

(2) 接点の座標を $(x_0,\ x_0{}^2+ax_0+1)$ とおくとき，この点での接線の方程式は

$y'_{x=x_0}=2x_0+a$ より　$y-(x_0{}^2+ax_0+1)=(2x_0+a)(x-x_0)$　……①

接線①が原点を通るとき　$-(x_0{}^2+ax_0+1)=(2x_0+a)(-x_0)$

これを整理すると　$x_0{}^2=1$　$x_0=\pm 1$

このとき，接点の y 座標は　$2\pm a$　(複号同順)

以上より，求める接点の座標は $(1,\ 2+a)$，$(-1,\ 2-a)$ となる。

……(答)

(3) $\displaystyle\int_1^a\left(\log x-\frac{1}{x}\right)dx=0 \quad (a>0)$

$$\Big[x\log x-x\Big]_1^a-\Big[\log x\Big]_1^a=0$$

$$a\log a-a-(-1)-(\log a-0)=0$$

$$(a-1)\log a-(a-1)=0$$

$$(\log a-1)(a-1)=0$$

よって　$a=e,\ 1$　($a>0$ を満たす)　……(答)

◀解　説▶

≪小問3問≫

小問3問の構成は(1)「条件」と真理集合の包含関係，不等式の解法，(2)放物線の接線が原点を通るときの接点の座標，(3)定積分の計算。なお，$(x\log x-x)'=\log x$ は準公式のように取り扱うとよい。

II

解答 (1)　出た目のすべての積 X_n が5で割り切れるのは，出た目の少なくとも1つが5となるときである。

したがって，余事象の定理から　$1-\left(\dfrac{5}{6}\right)^n=\dfrac{6^n-5^n}{6^n}$　……(答)

(2)　X_n が2でも5でも割り切れないのは，出た目に1，3の目のみ含むときである。

よって　$\left(\dfrac{2}{6}\right)^n=\dfrac{1}{3^n}$　……(答)

(3)　事象 A，B を次のようにおく。

A：X_n が2の倍数，B：X_n が5の倍数

このとき，X_n が10で割り切れる確率は $P(A\cap B)$ と表される。

ここで，確率の加法定理から

$$P(A\cap B)=P(A)+P(B)-P(A\cup B)\quad\cdots\cdots①$$

である。

また，$P(\overline{A}\cap\overline{B})=P(\overline{A\cup B})=1-P(A\cup B)$ と(2)から

$$\frac{1}{3^n}=1-P(A\cup B)\qquad\therefore\quad P(A\cup B)=1-\frac{1}{3^n}$$

①より

$$P(A\cap B)=\left\{1-\left(\frac{3}{6}\right)^n\right\}+\frac{6^n-5^n}{6^n}-\left(1-\frac{1}{3^n}\right)$$

$$=\frac{6^n-5^n-3^n+2^n}{6^n}\quad\cdots\cdots(答)$$

◀解　説▶

≪確率の計算，余事象の定理，確率の加法定理≫

「確率の加法定理」「余事象の定理」を十分に使いこなせる力量が問われている。併せて $P(\overline{A}\cap\overline{B})=P(\overline{A\cup B})=1-P(A\cup B)$ といった集合に関するド・モルガンの法則の活用も問われている。

III **解答** (1)　$\overrightarrow{PQ}=\overrightarrow{OQ}-\overrightarrow{OP}=\frac{1}{2}\vec{b}-\frac{2}{3}\vec{a}$　……(答)

(2)　点 R が A を通り辺 OB に平行な直線上を動くことから，$\overrightarrow{OR}=\vec{a}+t\vec{b}$ (t : 実数) を満たす実数 t が存在する。このとき

$$\overrightarrow{PQ}\cdot\overrightarrow{OR}=\left(-\frac{2}{3}\vec{a}+\frac{1}{2}\vec{b}\right)\cdot(\vec{a}+t\vec{b})$$
$$=-\frac{2}{3}|\vec{a}|^2+\left(-\frac{2}{3}t+\frac{1}{2}\right)\vec{a}\cdot\vec{b}+\frac{1}{2}t|\vec{b}|^2$$

ここで，$|\vec{a}|=3$，$|\vec{b}|=2$，$\vec{a}\cdot\vec{b}=3\times2\times\cos\theta=6\cos\theta$ を代入して t について整理する。

$$\overrightarrow{PQ}\cdot\overrightarrow{OR}=-\frac{2}{3}\times9+(-4t+3)\cos\theta+2t$$
$$=(-4\cos\theta+2)t+3\cos\theta-6\quad\cdots\cdots①$$

(点 R の位置にかかわらず $\overrightarrow{PQ}\cdot\overrightarrow{OR}$ が一定) $\Longleftrightarrow$ (①式が t の値にかかわらず一定) となる。

したがって　$-4\cos\theta+2=0$　$\cos\theta=\frac{1}{2}$

となり，$0<\theta<\pi$ から

$$\theta=\frac{\pi}{3}\quad\cdots\cdots(答)$$

このとき，①式は一定値 $3\times\frac{1}{2}-6=-\frac{9}{2}$ をとる。　……(答)

◀解　説▶

≪定ベクトルに平行な直線のベクトル方程式，内積の値が動点の位置にかかわらず一定となる条件≫

(1)　内分点の位置ベクトルに関する問題である。

(2)　点 R が A を通り辺 OB に平行な直線上を動くことから $\overrightarrow{OR}=\vec{a}+t\vec{b}$ を満たす実数 t が存在することに着目したい。このときの内積 $\overrightarrow{PQ}\cdot\overrightarrow{OR}$ の値を求める。また，(点 R の位置にかかわらず $\overrightarrow{PQ}\cdot\overrightarrow{OR}$ が一定) $\Longleftrightarrow$ ($\overrightarrow{PQ}\cdot\overrightarrow{OR}$ の式の値が t の値にかかわらず一定) が成り立つ。

Ⅳ　解答

(1)　$x=1-\dfrac{1}{2\cos\theta},\ y=\dfrac{\tan\theta}{2}$

$y=0$ とおくと　$\tan\theta=0$

$-\dfrac{\pi}{2}<\theta<\dfrac{\pi}{2}$ より　$\theta=0$

このとき　$x=\dfrac{1}{2}$

$x=1-\dfrac{1}{2\cos\theta}=0$ を解いて　$\cos\theta=\dfrac{1}{2}$

$-\dfrac{\pi}{2}<\theta<\dfrac{\pi}{2}$ より　$\theta=-\dfrac{\pi}{3},\ \dfrac{\pi}{3}$

このとき　$y=\dfrac{1}{2}\tan\left(\pm\dfrac{\pi}{3}\right)=\pm\dfrac{\sqrt{3}}{2}$　(複号同順)

以上より，曲線 C と x 軸および y 軸との交点の座標は

$$\left(\frac{1}{2},\ 0\right),\ \left(0,\ -\frac{\sqrt{3}}{2}\right),\ \left(0,\ \frac{\sqrt{3}}{2}\right)\ \cdots\cdots(\text{答})$$

(2)　$\dfrac{1}{\cos\theta}=-2(x-1)$，$\tan\theta=2y$ を関係式 $1+\tan^2\theta=\dfrac{1}{\cos^2\theta}$ に代入すると

$$1+4y^2=4(x-1)^2$$

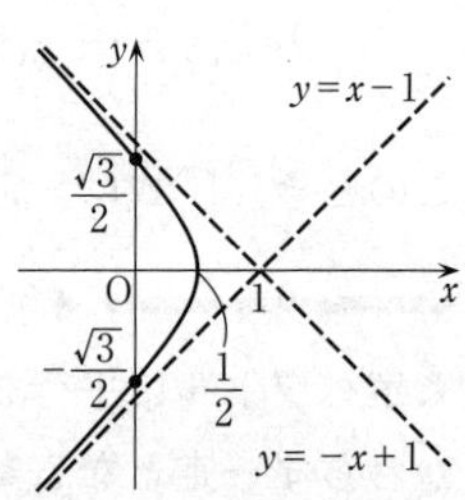

これより　$\dfrac{(x-1)^2}{\left(\frac{1}{2}\right)^2}-\dfrac{y^2}{\left(\frac{1}{2}\right)^2}=1$　……(答)

を得る。

このとき，$-\dfrac{\pi}{2}<\theta<\dfrac{\pi}{2}$ より

$$0<\cos\theta\leqq 1\quad すなわち\quad x\leqq\frac{1}{2}$$

となり，曲線 C の概形は右図の実線部分となる。

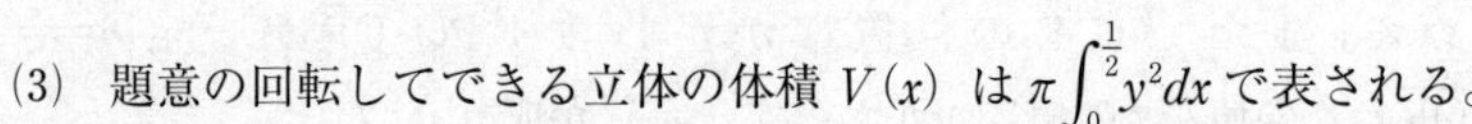

(3)　題意の回転してできる立体の体積 $V(x)$ は $\pi\displaystyle\int_0^{\frac{1}{2}}y^2dx$ で表される。

このとき，(2)より $y^2=(x-1)^2-\dfrac{1}{4}$ となるので

$$V(x)=\pi\int_0^{\frac{1}{2}}\left\{(x-1)^2-\frac{1}{4}\right\}dx$$

$$=\pi\left[\frac{1}{3}(x-1)^3-\frac{1}{4}x\right]_0^{\frac{1}{2}}$$

$$=\pi\left\{\frac{1}{3}\left(-\frac{1}{2}\right)^3-\frac{1}{8}-\left(-\frac{1}{3}\right)\right\}$$

$$=\frac{1}{6}\pi \quad \cdots\cdots(答)$$

◀解　説▶

≪２次曲線の媒介変数表示，媒介変数の消去，回転体の体積計算≫

(1)　三角方程式の解法が問われている。

(2)　関係式 $1+\tan^2\theta=\dfrac{1}{\cos^2\theta}$ を用いて，媒介変数 θ の消去を図るとよい。

また，$-\dfrac{\pi}{2}<\theta<\dfrac{\pi}{2}$ から x の変域をきちんとおさえることが肝要である。

(3)　(2)で得られた関係式から，回転体の体積は

$\pi\displaystyle\int_0^{\frac{1}{2}}y^2dx=\pi\int_0^{\frac{1}{2}}\left\{(x-1)^2-\frac{1}{4}\right\}dx$ となる。

物理

I　解答

(1) 1－③　2－⑧　3－⑥　4－①
(2) 5－⑦　6－⑥　7－⑧　8－⑧
(3) 9－⑦　10－③

◀解　説▶

≪力のモーメント≫

(1) 1．棒にはたらく力は図のようになる。棒に垂直な方向の力のつり合いより

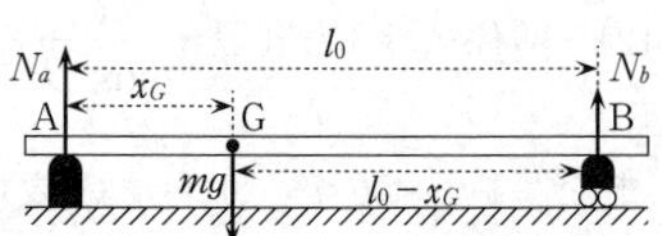

$$N_a+N_b-mg=0 \quad \cdots\cdots①$$

2．反時計回りを正とした重心G回りの力のモーメントのつり合いより

$$-N_a x_G+N_b(l_0-x_G)=0 \quad \cdots\cdots②$$

3．①，②より N_b を消去すると

$$-N_a x_G+(mg-N_a)(l_0-x_G)=0 \qquad \therefore \quad N_a=mg\left(1-\frac{x_G}{l_0}\right)〔\mathrm{N}〕$$

4．①と3の結果より

$$mg\left(1-\frac{x_G}{l_0}\right)+N_b-mg=0 \qquad \therefore \quad N_b=mg\frac{x_G}{l_0}〔\mathrm{N}〕$$

(2) 5．支持台A上を棒が動く直前，支点Aでの摩擦力は最大摩擦力となり，支点Bでの摩擦力は動摩擦力である（右図）。水平右向きを正として，棒に沿った方向の力のつり合いより

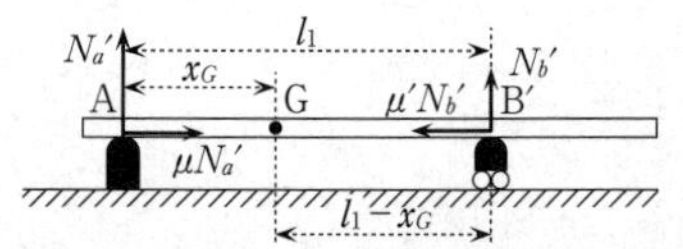

$$\mu N_a'-\mu' N_b'=0 \quad \cdots\cdots③$$

6．反時計回りを正とした重心G回りの力のモーメントのつり合いより

$$-N_a' x_G+N_b'(l_1-x_G)=0 \quad \cdots\cdots④$$

③，④より N_b' を消去すると

$$-N_a' x_G+\frac{\mu N_a'}{\mu'}(l_1-x_G)=0$$

$N_a' \neq 0$ より　　$l_1=\left(\frac{\mu'}{\mu}+1\right)x_G〔\mathrm{m}〕$

7．支持台B上を棒が動く直前の支点Aでの摩擦力は動摩擦力であり，支点Bでの摩擦力は最大摩擦力である（右図）。水平右向きを正として，棒に沿った方向の力のつり合いより

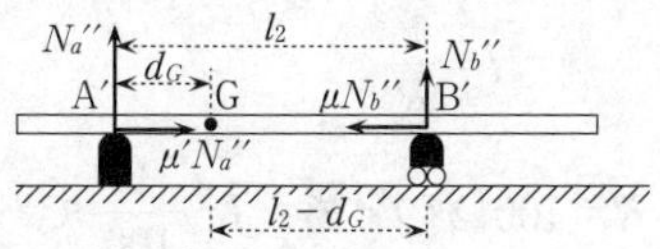

$$\mu' N_a'' - \mu N_b'' = 0 \quad \cdots\cdots ⑤$$

8．重心G回りの力のモーメントのつり合いより

$$-N_a'' d_G + N_b''(l_2 - d_G) = 0 \quad \cdots\cdots ⑥$$

⑤，⑥より N_b'' を消去すると

$$-N_a'' d_G + \frac{\mu' N_a''}{\mu}(l_2 - d_G) = 0$$

$N_a'' \neq 0$ より　$l_2 = \left(\dfrac{\mu}{\mu'} + 1\right) d_G \quad \cdots\cdots ⑦$

棒が支持台A上をすべっている間，GB′ 間の距離は一定なので

$$l_1 - x_G = l_2 - d_G \quad \cdots\cdots ⑧$$

⑦，⑧より d_G を消去し，l_2 を求める。

$$l_2 = \left(\frac{\mu}{\mu'} + 1\right)(l_2 - l_1 + x_G) \qquad \therefore \quad l_2 = \left(\frac{\mu'}{\mu} + 1\right)(l_1 - x_G)\,〔\mathrm{m}〕$$

(3) 9．支持台Bが左に移動するとき，支持台Aは移動しないことから，D は一定で L は減少する。支持台Aが右に移動するとき，支持台Bは移動しないことから，D と L は同じ値だけ減少する。したがって，グラフは⑦となる。

10．6・8の結果より $\left(\dfrac{\mu'}{\mu} + 1\right)$ を消去すると

$$l_2 = \frac{l_1}{x_G}(l_1 - x_G) \qquad \therefore \quad x_G = \frac{l_1{}^2}{l_1 + l_2}\,〔\mathrm{m}〕$$

II 解答

(1) 11―②　(2) 12―⑦　(3) 13―⑤　14―④
(4) 15―⑤　16―④
(5) 17―⑤　18―④　19―①　(6) 20―②

◀解　説▶

≪非線形抵抗≫

(1) 11．オームの法則より

$$I=\frac{V}{R}$$

$R=100\,\Omega$ のとき，$I=\dfrac{V}{100}$ である。

(2) 12. キルヒホッフの法則より

$$10=100I+V \quad \cdots\cdots①$$

図Ⅱ－3に①のグラフを描き込むと，右図のようになり，交点の値から，ダイオードにかかる電圧は5V，流れる電流は0.05Aとなる。

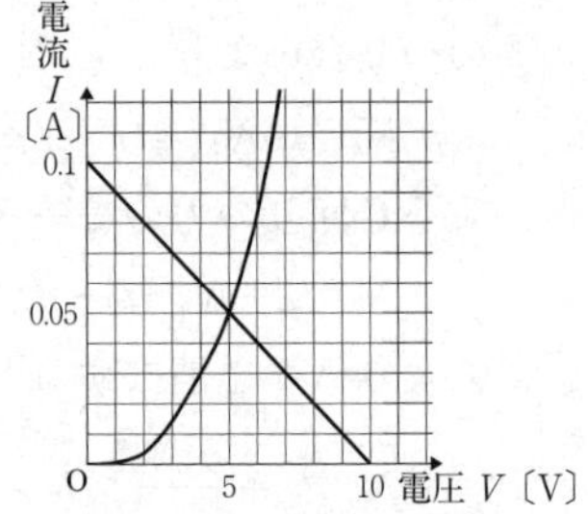

(3) 13. 抵抗が直列接続されているとき，合成抵抗は200Ωとなる。キルヒホッフの法則より

$$10=200I+V \quad \cdots\cdots②$$

図Ⅱ－3に②のグラフを描き込むと，右図のようになり，交点の値から，ダイオードにかかる電圧は4V，流れる電流は0.03Aとなる。

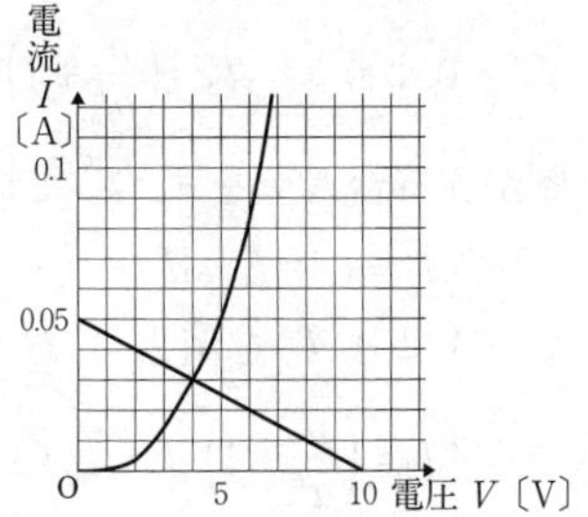

14. 13と同様にして，抵抗が並列接続されているときを考えると，合成抵抗は50Ωである。キルヒホッフの法則より

$$10=50I+V \quad \cdots\cdots③$$

図Ⅱ－3に③のグラフを描き込むと，右図のようになり，交点の値から，ダイオードにかかる電圧は6V，流れる電流は0.08Aとなる。

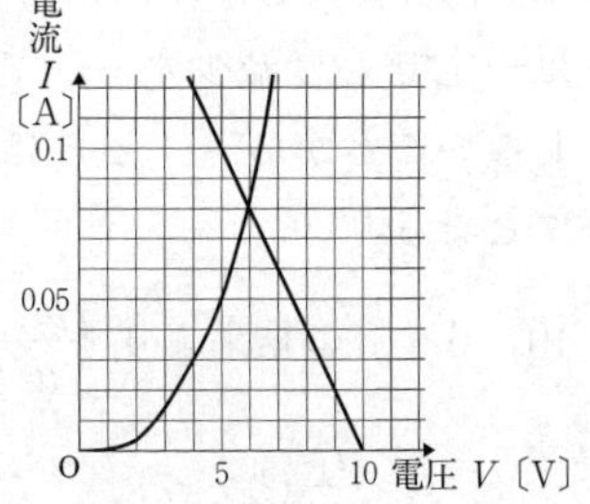

(4) 15. キルヒホッフの法則より

$$10=100I+V \quad \cdots\cdots④$$

図Ⅱ－7に④のグラフを描き込むと，右図のようになり，$V_{IN}=0$Vのグラフとの交点の値から，NMOSトランジスタにかかる電圧は10V，流れる電流は0Aとなる。

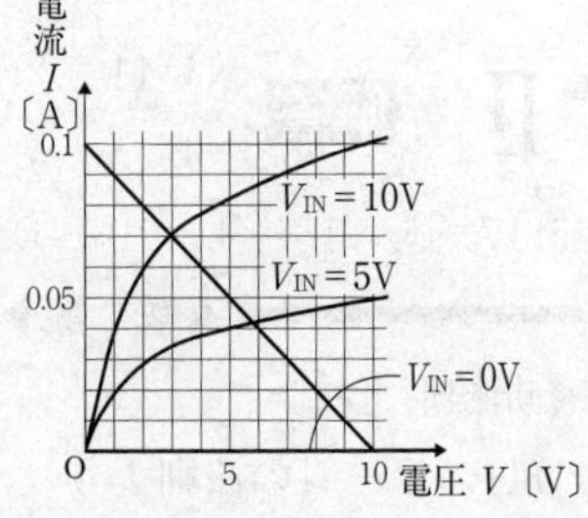

このとき，回路に電流は流れないので，抵抗とトランジスタの消費電力の和は 0W である。

16. ④のグラフと $V_{IN}=10V$ のグラフとの交点の値から，NMOS トランジスタにかかる電圧は 3V，流れる電流は 0.07A となる。このとき，抵抗とトランジスタの消費電力の和は，抵抗にかかる電圧 7V より

$7\times0.07+3\times0.07=0.7$〔W〕

(5) 17. PMOS トランジスタ，NMOS トランジスタを流れる電流は等しい。$V_{IN}=0V$ のとき，図Ⅱ－7 と図Ⅱ－9 を重ねたグラフは右図のようになり，交点の値から，NMOS トランジスタにかかる電圧と回路を流れる電流はそれぞれ 10V，0A となる。このとき，回路に電流は流れないので，2 つのトランジスタの消費電力の和は 0W である。

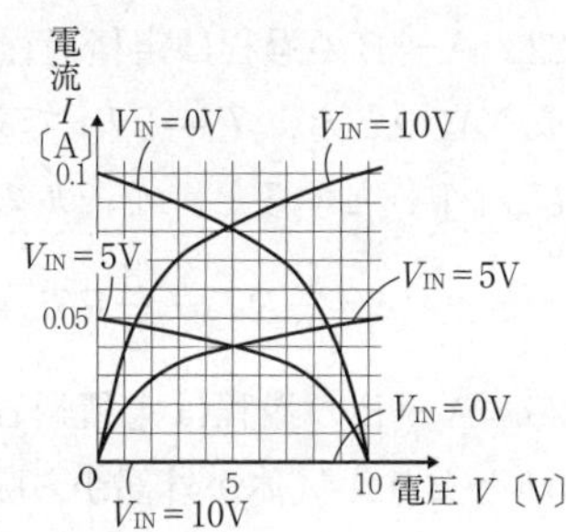

18. $V_{IN}=5V$ のとき，グラフの交点の値から，NMOS トランジスタにかかる電圧と回路を流れる電流はそれぞれ 5V，0.04A となる。

PMOS トランジスタにかかる電圧は

$10-5=5$〔V〕

なので，2 つのトランジスタの消費電力の和は

$0.04\times5\times2=0.4$〔W〕

19. $V_{IN}=10V$ のとき，グラフの交点の値から，NMOS トランジスタにかかる電圧と回路を流れる電流はそれぞれ 0V，0A となる。このとき，回路に電流は流れないので，2 つのトランジスタの消費電力の和は 0W である。

(6) 20. $V_{IN}=0V$ のとき，図Ⅱ－6，図Ⅱ－8 の回路の消費電力は 15－C，17－C より，いずれも 0W である。一方，$V_{IN}=10V$ のとき，図Ⅱ－6，図Ⅱ－8 の回路の消費電力は 16－C，19－C より，それぞれ 0.7W，0W である。

Ⅲ 解答

21—①　22—⑤　23—④　24—③　25—④　26—③
27—⑥　28—⑨　29—②　30—④

◀解　説▶

≪気体の状態変化≫

21. 温度と圧力が比例関係になるように変化した場合，ボイル・シャルルの法則より体積は一定である。よって，A→Bの過程は定積過程である。

22. A→Bの過程は定積過程なので，$V_A=V_B$ である。また，$P_B=2P_A$ が成り立つとき，$T_B=2T_A$ である。このとき，内部エネルギーの変化量を U_{AB}〔J〕とすると，1モルの単原子分子理想気体であることから

$$U_{AB}=\frac{3}{2}RT_B-\frac{3}{2}RT_A=\frac{3}{2}RT_A〔J〕$$

23. A→Bの過程は定積過程なので，このとき気体が外部にした仕事は0Jとなり，気体が外部から吸収した熱を Q_{AB}〔J〕とすると，熱力学第一法則より

$$Q_{AB}=U_{AB}=\frac{3}{2}RT_A〔J〕$$

24. 図Ⅲ－1より，B→Cの過程は等圧過程である。

25. B→Cの過程は等圧過程なので，シャルルの法則より，温度が2倍になると体積は2倍となる。よって

$$V_C=2V_B$$

26. B→Cの過程で気体が外部にした仕事を W_{BC}〔J〕とし，Bでの状態方程式を用いると

$$W_{BC}=P_B(V_C-V_B)=P_B(2V_B-V_B)=P_BV_B=RT_B〔J〕$$

27. B→Cの過程で吸収した熱を Q_{BC}〔J〕とすると，熱力学第一法則より

$$Q_{BC}=W_{BC}+\frac{3}{2}R(T_C-T_B)=RT_B+\frac{3}{2}R(2T_B-T_B)=\frac{5}{2}RT_B〔J〕$$

28. C→D，D→Aの過程では熱を外部へ放出することから，このサイクルで外部から吸収した熱は

$$Q_{AB}+Q_{BC}=\frac{3}{2}RT_A+\frac{5}{2}RT_B=\frac{13}{2}RT_A〔J〕$$

29. C→Dの過程は定積過程なので，気体が外部にした仕事は0である。

D→Aの過程で気体が外部にした仕事を W_{DA}〔J〕とし，Aでの状態方程式を用いると

$$W_{DA}=P_A(V_A-V_D)=P_A(V_A-V_C)=-P_AV_A=-RT_A$$

したがって，1サイクルで外部にした正味の仕事は

$$W_{BC}+W_{DA}=RT_B-RT_A=RT_A\text{〔J〕}$$

30. A→B，C→Dの過程が定積過程，B→C，D→Aの過程が等圧過程であることに注意するとグラフは④となる。

化学

◀先端理工学部▶

I 解答　問1．1—①　4—③　7—⑤　10—⑧　12—⑨
問2．2—②　5—③　問3．3—⑤　6—④
問4．④　問5．③　問6．①　問7．②　問8．①　問9．③

◀解　説▶

≪各種気体の発生と性質≫

問1．文章中で示された反応に基づく化学反応式は以下のとおりである。

気体A（H_2）：$Fe + H_2SO_4 \longrightarrow FeSO_4 + H_2$　（Fe を Zn に変えても同じ）
$2H_2O \longrightarrow 2H_2 + O_2$

気体B（Cl_2）：$MnO_2 + 4HCl \longrightarrow Cl_2 + MnCl_2 + 2H_2O$
$2NaCl + 2H_2O \longrightarrow Cl_2 + H_2 + 2NaOH$

気体C（HCl）：$H_2 + Cl_2 \longrightarrow 2HCl$
$NaCl + H_2SO_4 \longrightarrow HCl + NaHSO_4$

気体D（H_2S）：$FeS + H_2SO_4 \longrightarrow H_2S + FeSO_4$

気体E（CO_2）：$CaCO_3 + 2HCl \longrightarrow CO_2 + H_2O + CaCl_2$

問2．2．酸化銅(Ⅱ)が $CuO + H_2 \longrightarrow Cu + H_2O$ のように還元される。

5．銅が $Cu + Cl_2 \longrightarrow CuCl_2$ のように酸化される。

問3．3．CuO（+2）から Cu（0）に変化した。

6．Cu（0）から $CuCl_2$（+2）に変化した。

問4．$HCl + AgNO_3 \longrightarrow AgCl + HNO_3$ によって AgCl の白色沈殿が得られる。

問6．$H_2S + H_2O_2 \longrightarrow S + 2H_2O$ により水溶液が硫黄により白濁する。

問8．水に溶けにくい気体を水上置換で捕集する。CO_2 は空気と混ざることを避けるために下方置換ではなく水上置換で捕集することもありうるが，A・Eという組み合わせがないので①に確定。

問9．2原子分子の単体であるA・Bは結合にも分子全体としても極性がない。Ｅは結合には極性があるが，直線型分子なので結合の極性が打ち消され，分子全体としては極性をもたない。

Ⅱ 解答

(1)問１．④　問２．⑥　問３．⑧　問４．①

(2)問５．５−⑤　６−③　７−②　８−⑨

問６．９−⑨　10−④　問７．④

◀解　説▶

≪ソルベー法，電気分解≫

(1)問１〜問４．問題文中の①〜④における反応式は以下のとおりである。

①：$H_2O + NaCl + NH_3 + CO_2 \longrightarrow NaHCO_3 + NH_4Cl$

②：$2NaHCO_3 \longrightarrow Na_2CO_3 + CO_2 + H_2O$

③：$CaCO_3 \longrightarrow CO_2 + CaO$

④：$CaO + H_2O \longrightarrow Ca(OH)_2$

$Ca(OH)_2 + 2NH_4Cl \longrightarrow 2NH_3 + 2H_2O + CaCl_2$

(2)問５．電池の負極側につながるＢ・Ｄでは電子を受け取る還元反応，正極側につながるＡ・Ｃでは電子を放出する酸化反応が起こる。それを踏まえると，Ａ〜Ｄで生じる反応を示す電子を含む反応式は下のとおりである。

電極Ａ：$2H_2O \longrightarrow O_2 + 4H^+ + 4e^-$

電極Ｂ：$Ag^+ + e^- \longrightarrow Ag$

電極Ｃ：$2Cl^- \longrightarrow Cl_2 + 2e^-$

電極Ｄ：$Cu^{2+} + 2e^- \longrightarrow Cu$

問６．3.0Ａの電流を 27 分通電すると，電子は

$3.0 \times 27 \times 60 \div 96500 = 5.036 \times 10^{-2} \fallingdotseq 5.04 \times 10^{-2}$〔mol〕

流れる。Ｂでは銀が 5.04×10^{-2} mol 生じるので，これは

$5.04 \times 10^{-2} \times 108 = 5.44 \fallingdotseq 5.4$〔g〕

である。またＤでは銅が 2.52×10^{-2} mol 生じるので，これは

$2.52 \times 10^{-2} \times 64 = 1.61 \fallingdotseq 1.6$〔g〕

である。

問７．Ｃでは塩素が 2.52×10^{-2} mol 生じるので，標準状態での体積は

$2.52 \times 10^{-2} \times 22.4 = 0.564 \fallingdotseq 0.56$〔L〕

である。

Ⅲ 解答

⑴問1．⑥ 問2．⑤ 問3．③
⑵問4． 4―③ 5―① 6―②
問5． 7―② 8―⑦
⑶問6．⑤ 問7．② 問8．③ 問9．⑨

◀解 説▶

≪凝固点降下，状態変化，反応速度≫

⑴問1．体積と密度が与えられているので

$0.88\times100=88$〔g〕

問2．ショウノウの分子量が152なので，3.04gのショウノウは0.020molである。よって，ショウノウのベンゼン溶液の質量モル濃度は

$$0.020\div\frac{88}{1000}=0.227\fallingdotseq0.23\text{〔mol/kg〕}$$

問3．凝固点降下度は

$5.12\times0.227=1.16\fallingdotseq1.2$〔K〕

⑵問4．一般に，低温・高圧の条件で固体，高温・低圧の条件で気体になる。

問5．気体・液体・固体が共存しうる温度・圧力を三重点，これ以上の温度・圧力では液体と気体の区別がつかない状態になる温度・圧力を臨界点という。

⑶問6．反応前後で自身は変化しておらず，活性化エネルギーを下げることで反応速度を高めている触媒である。

問8．酸素は水に溶けにくい気体なので水上置換で捕集する。

問9．標準状態で2.24Lの酸素は0.10molである。反応式①より，0.10molの酸素が発生するときには0.20molの過酸化水素を消費しているとわかる。この時間が半減期に相当することから，もともとは0.20molの倍の0.40molの過酸化水素が存在していたといえる。100mLの過酸化水素水であるので，はじめの濃度は

$0.40\div0.10=4.0$〔mol/L〕

Ⅳ 解答

⑴問1．⑥ 問2．⑥ 問3．⑥ 問4．③ 問5．③ 問6．⑥
⑵問7．① 問8．⑥ 問9．⑤ 問10．⑧ 問11．⑧ 問12．②

◀解　説▶

≪アルケンとアルコールの性質，糖類≫

(1)問１．Ｂに含まれる炭素原子は$26.4\times\frac{12}{44}=7.2$mg，水素原子は$13.5\times\frac{2}{18}=1.5$mgであり，酸素原子は$11.1-7.2-1.5=2.4$mgである。これより組成比は

$$C:H:O=\frac{7.2}{12}:\frac{1.5}{1}:\frac{2.4}{16}=4:10:1$$

である。また，Ｂは二重結合を１つもつ炭化水素に水分子１つが付加した物質なので酸素原子は１つだけ存在する。よって分子式は$C_4H_{10}O$である。

問２～問４．Ａに水分子１つが付加してＢが生じたことから，Ａの分子式はC_4H_8である。これより，Ａの構造式は下のア～ウの３通りが考えられる。また，Ｂの構造式は下のエ～キの４通りが考えられる（不斉炭素原子には○をつけている）。このうち，アからはエ・オが，イからはオが，ウからはカ・キが生じる。

ア：$CH_2=CH-CH_2-CH_3$　　イ：$CH_3-CH=CH-CH_3$

ウ：$CH_2=C\genfrac{}{}{0pt}{}{\diagup CH_3}{\diagdown CH_3}$

エ：$\underset{\displaystyle OH}{\underset{|}{C}}H_2-CH_2-CH_2-CH_3$　　オ：$CH_3-\underset{\displaystyle OH}{\underset{|}{Ⓒ}}H-CH_2-CH_3$

カ：$\underset{\displaystyle OH}{\underset{|}{C}}H_2-\underset{\displaystyle CH_3}{\underset{|}{C}}H-CH_3$　　キ：$CH_3-\overset{\displaystyle CH_3}{\overset{|}{\underset{\displaystyle OH}{\underset{|}{C}}}}-CH_3$

不斉炭素原子の条件から，Ｂがオ，Ｃがエであり，Ａはアであるとわかる。

問６．ＤとＥはそれぞれ以下の物質である。

Ｄ：$CH_3-CH_2-CH_2-\underset{\displaystyle O}{\underset{\|}{C}}-H$　　Ｅ：$CH_3-CH_2-CH_2-\underset{\displaystyle O}{\underset{\|}{C}}-OH$

Ｅの分子式は$C_4H_8O_2$なので分子量は88である。

(2)問９．β-グルコース分子どうしがつくる結合の名称を問われているので，グリコシド結合となる。

問10．セルロースの分子式は$(C_6H_{10}O_5)_n$であるが，セルロースのうち２

位，3位，6位の炭素原子にヒドロキシ基が1つずつ結合しているので，それを明記すると［$C_6H_7O_2(OH)_3$］$_n$となる。このヒドロキシ基が全てアセチル化されたのがトリアセチルセルロースなので，

［$C_6H_7O_2(OCOCH_3)_3$］$_n$である。

問11．セルロースの分子量は$162n$であることと，1molのセルロースを完全にアセチル化するのに無水酢酸（分子量102）が$3n$〔mol〕必要であることから

$$243\times\frac{1}{162n}\times3n\times102=459\text{〔g〕}$$

問12．トリアセチルセルロースの分子量が$288n$であることと，セルロースの物質量とトリアセチルセルロースの物質量が同じであることから

$$243\times\frac{1}{162n}\times288n=432\text{〔g〕}$$

◀農学部〈農学型〉▶

I

解答

(1)問1．⑤　問2．⑤　問3．④　問4．②

(2)問5．⑥　問6．⑤　問7．②　問8．③　問9．①

◀解　説▶

≪物質量，化学反応の量的関係≫

(1)問1．①誤り。相対質量は単位をもたない値である。②誤り。同素体ではなく同位体ごとに定められる。③誤り。粒子数をアボガドロ定数で割ると物質量となる。④誤り。酸素原子の粒子数は酸素分子の粒子数の2倍である。

問2．分子ではない物質の相対質量を式量として表すので，選択肢の物質全てが式量で示すべき物質に該当する。

問3．(ア)：$1.5\times10^{24}\div(6.0\times10^{23})=2.5$〔mol〕

(イ)：$48\div12=4.0$〔mol〕

(ウ)：式量が84なので　$126\div84=1.5$〔mol〕

(エ)：$1.2\times10^{24}\div(6.0\times10^{23})=2.0$〔mol〕

問4．標準状態における体積は，物質量が大きいほうが大きくなる。したがって，同じ質量で比べると分子量が小さいほうが物質量が大きくなるので体積も大きくなる。分子量は(ア)が44，(イ)が32，(ウ)が48，(エ)が30である。

(2)問5．$CaCO_3+2HCl \longrightarrow CO_2+H_2O+CaCl_2$ という反応である。

問6～問8．塩酸は $2.0\times\frac{45}{1000}=0.090$ mol ある。また，炭酸カルシウム（式量100）は，1回につき0.010mol加えている。反応式より，炭酸カルシウム0.010molに対し塩酸が0.020mol反応するので，4回目までは完全に反応し，5回目で塩酸がなくなる。この5回目は，塩酸が0.010mol残っている状態なので，炭酸カルシウムは0.0050mol反応し，0.0050mol，すなわち0.50g残ることになる。このとき，二酸化炭素は0.045mol発生する。

問9．$2Al+6HCl \longrightarrow 3H_2+2AlCl_3$ という反応である。

Ⅱ　**解答**　(1)問1．1―⑥　2―②　問2．②　問3．③
問4．②

(2)問5．②　問6．⑥　問7．窒素：④　水素：⑤　問8．⑥

(3)問9．⑧　問10．①　問11．④

◀解　説▶

≪気体の状態方程式，混合気体，飽和蒸気圧≫

(1)問2．圧力に反比例し，絶対温度に比例することを示した式は②である。

問3．気体分子が自由に動けるのは，他の気体分子が存在しない場所であることによるものである。

問4．圧力が低い状態は気体分子の密度が低い状態であるので分子自身の体積の影響が小さくなる。また，高温であれば，分子間力の影響が小さくなる。

(2)問5．状態方程式より，物質量を n〔mol〕とおくと

$$1.0\times10^5\times3.0=n\times8.3\times10^3\times300$$

$$\therefore\quad n=0.120\text{〔mol〕}$$

問6．窒素の分子量は28なので

$$28\times0.120=3.36\fallingdotseq3.4\text{〔g〕}$$

問7．ボイルの法則より，窒素については体積が $\dfrac{5.0}{3.0}$ 倍になるので圧力は $\dfrac{3.0}{5.0}=0.60$ 倍になる。また，水素は体積が $\dfrac{5.0}{2.0}$ 倍になるので圧力は $\dfrac{2.0}{5.0}=0.40$ 倍になる。

問8．全圧は分圧の和になるので，$6.0\times10^4+1.2\times10^5=1.8\times10^5$ Pa である。

(3)問9．3.6gの水（分子量18）は0.20molである。この水が全て気体であると仮定し，状態方程式より圧力を P_1〔Pa〕とすると

$$P_1\times16.6=0.20\times8.3\times10^3\times360$$

$$\therefore\quad P_1=3.6\times10^4\text{〔Pa〕}$$

これは87℃の飽和蒸気圧よりも低いので，実際に取りうる値である。すなわち，3.6gの水全てが気体として存在しており，液体の水は存在していないとわかる。

問10．3.6gの水が全て気体であると仮定し，状態方程式より圧力をP_2〔Pa〕とすると

$$P_2 \times 16.6 = 0.20 \times 8.3 \times 10^3 \times 300$$

$$\therefore \quad P_2 = 3.0 \times 10^4 \text{〔Pa〕}$$

これは27℃の飽和蒸気圧よりも高いので，このような蒸気圧は取りえない。すなわち，このときの蒸気圧は飽和蒸気圧である3.6×10^3Paとなり，液体の水が存在している。

問11．27℃のとき，水蒸気がn〔mol〕存在するとおくと

$$3.6 \times 10^3 \times 16.6 = n \times 8.3 \times 10^3 \times 300$$

$$\therefore \quad n = 2.4 \times 10^{-2} \text{〔mol〕}$$

であり，これは0.432gである。よって，液体の水は

$$3.6 - 0.432 = 3.168 \fallingdotseq 3.2 \text{〔g〕}$$

Ⅲ　解答

(1)問1．⑤　問2．p—④　q—⑨　r—②　s—②
問3．①　問4．⑥

(2)問5．④　問6．②　問7．③　問8．①　問9．④

◀解　説▶

≪銅の精錬，遷移元素の性質≫

(1)問1．銅の合金としては，黄銅（亜鉛），青銅（スズ），白銅（ニッケル）が知られている。このうち，美術工芸品によく用いられるのは青銅である。

問2．各原子が左右両辺で等しいことより，以下の式が成り立つ。

$$\text{Cu}: p = 2r, \quad \text{Fe}: p = 2s, \quad \text{S}: 2p = r + 6, \quad \text{O}: 2q = 3s + 12$$

これを解くと，〔解答〕の値が得られる。

問3．粗銅を溶解させた上で，粗銅から生じた銅イオンを純銅上に析出させるので，粗銅板を陽極，純銅板を陰極に用いる。

問4．銅よりイオン化傾向の小さな金属は溶出せず陽極泥として沈殿する。この中では，金と銀がそれにあてはまる。

(2)問5．①誤り。3～11族（12族を含めることもある）である。②誤り。密度が大きい。③誤り。金属元素だけである。⑤誤り。これはアルカリ金属やアルカリ土類金属など，典型元素である金属の単体である。

問6．酸性条件では$Cr_2O_7^{2-}$，塩基性条件ではCrO_4^{2-}となるが，Ag^+や

Pb^{2+} と沈殿をつくるのは塩基性条件のときである。

問７．Fe や Al は不動態をつくるので濃硝酸とは反応しにくい。

問８．色の条件より，５－Aが Fe^{2+}，５－Bが Fe^{3+} である。そして，Fe^{2+} は $K_3[Fe(CN)_6]$ と，Fe^{3+} は $K_4[Fe(CN)_6]$ と反応してともに濃青色沈殿をつくる。

問９．水と反応して青色の硫酸銅(Ⅱ)五水和物になる。

Ⅳ　解答

(1)問１．⑦　問２．①　問３．③　問４．④
(2)問５．⑥　問６．⑥　問７．②
(3)問８．６－A：④　６－B：①　問９．②

◀解　説▶

≪アルコールの性質，アセチレンの性質，エステルの構造≫

(1)問１．アルコールはヒドロキシ基をもつ物質であり，このヒドロキシ基を用いて分子間で水素結合を結ぶことができる。

問２．２－Aに与えられた物質の中では，ナトリウムとだけ反応しうる。このとき，水素を発生する。

問３．③誤り。1-ブタノールは第一級のアルコールである。

問４．①・⑤誤り。水素結合により，エーテルよりアルコールのほうが分子間力が大きくなり，その結果融点・沸点も高くなる。②・③誤り。130～140℃でジエチルエーテル，160～170℃でエチレンが生じる。

(2)問５．それぞれ，以下の反応である。

$$3-A：CaC_2+2H_2O \longrightarrow C_2H_2+Ca(OH)_2$$

$$3-B：3C_2H_2 \longrightarrow C_6H_6$$

問６．４－Aに与えられた物質とアセチレンの反応だが，塩酸とは塩化ビニル，酢酸とは酢酸ビニル，水とはビニルアルコールが生じ，水酸化ナトリウムとは反応しない。このうち，ビニルアルコールは不安定で直ちにアセトアルデヒドに変化するので，⑥が正解となる。

(3)問８・問９．与えられたエステルを加水分解すると，それぞれ以下の物質が得られる。

(ア)：H−C(=O)−OH　　$CH_2(OH)-CH_2-CH_3$

(イ)：$CH_3-CH_2-C(=O)-OH$　　$HO-CH_3$

(ウ)：$CH_3-C(=O)-OH$　　$CH_2(OH)-CH_3$

(エ)：$H-C(=O)-OH$　　$CH_3-CH(OH)-CH_3$

これより，同じカルボン酸である組は(ア)・(エ)である。このうち，(エ)のほうのアルコールはヨードホルム反応を示すが(ア)のほうは示さない。またカルボン酸の炭素数がアルコールの炭素数より多いのは(イ)である。

生物

I

解答　問1．1―⑨　2―⑧　3―⓪　4―⑦　5―②
6―④

問2．②　問3．②　問4．①　問5．①　問6．⑦　問7．⑤
問8．③

◀解　説▶

≪ヒトの生体防御，遺伝子の再編成，ワクチン接種と抗体量の変化≫

問2．①・⑤誤文。ヒトの尿はふつう弱酸性である。また，皮膚表面や口・鼻・膣などは弱酸性に保たれ，病原体の繁殖を抑制している。ヒトの身体で強酸性の環境を保っているのは胃であり，体外から食物と一緒に取り込んだ細菌や菌を殺菌したり，ウイルスを不活性化したりしている。

②正文。ヒトの唾液・鼻水・涙などには酵素のリゾチームが含まれ，細菌の細胞壁を分解して細菌の侵入を防ぐ。

③誤文。ヒトの腸内には大腸菌や乳酸菌など多種多様な細菌が生息し腸内フローラを形成している。

④誤文。ヒトの気管に入ってきた異物は繊毛の働きにより肺から口の方向へ運ばれ，体外へ排出される。

⑥誤文。ヒトの死細胞からなる角質層は皮膚の最外層にあり，病原体の侵入を防ぐ。消化管内の表面には角質層がないが，粘膜で覆われており，病原体の付着や侵入を防いでいる。

問4．ヒトの血球は骨髄にある造血幹細胞に由来する。T細胞（Tリンパ球）の前駆体が胸腺（Thymus）へ移動して成熟すると，分化してT細胞になる。

問5．①正文。⑤誤文。抗体は4本のポリペプチドがジスルフィド結合でつながった，Y字型の構造をした免疫グロブリンというタンパク質である。

②・④誤文。抗体には，H鎖とL鎖からなる可変部が2カ所あり，抗原抗体反応により2カ所とも抗原と結合して大きな沈殿物が形成され，マクロファージなどの食作用により分解される。

③誤文。B細胞が骨髄で分化するときに遺伝子の再編成（再構成）が起き，

各Ｂ細胞がもつ可変部をコードする遺伝子は１種類となる。

問６．Ｂ細胞が分化する過程で，Ｈ鎖の 40 種類のＶ遺伝子，23 種類のＤ遺伝子，６種類のＪ遺伝子，および，Ｌ鎖のＶ遺伝子とＪ遺伝子の 295 種類の組合せから１つずつ集められ再編成されるので，その種類は $40\times23\times6\times295=1,628,400$ 種類となる。これに突然変異が加わり，数億種類の抗体をつくることができるといわれている。

問７．互いに異なる病原体Ａ，Ｂ，Ｃのワクチン接種では，それぞれの病原体に対する抗体が産生され，Ｂ細胞の記憶細胞もそれぞれの病原体に対応する種類のものが残る。したがって，病原体Ｃのワクチンを生後２か月で接種すると，血液中の病原体Ｃに対する抗体濃度が上昇し，同時にこの病原体Ｃに対する記憶細胞が残る。さらに生後４か月で２回目の接種を行うと，記憶細胞が素早く反応するので，血液中の抗体濃度は１回目よりも短時間で上昇し，かつその値も高くなる。なお，本設問では交差反応についてふれておらず，また抗原抗体反応は特異的であるため，他の病原体ＡとＢのワクチン接種やこれらに対応する記憶細胞は関係ないと考えてよい。

問８．自己免疫疾患には，③関節リウマチ，１型糖尿病，潰瘍性大腸炎などがある。①花粉症は即時型アレルギー，②エイズは HIV（ヒト免疫不全ウイルス）による後天性免疫不全症候群，破傷風は嫌気性細菌の破傷風菌による化膿など，⑤ぜんそくは気管支の炎症による呼吸困難である。

Ⅱ　解答

⑴問１．１－⑦　２－④　３－⑤　４－①
問２．①　問３．②
⑵問４．③　問５．②　問６．㈠－①　㈡－③

◀解　説▶

≪DNA の構造と半保存的複製，PCR 法，DNA 断片の電気泳動による解析≫

⑴問２・問３．細胞内における DNA の複製では，DNA ヘリカーゼにより複製開始点（複製起点）から２本鎖がほどかれつつ，それぞれの鎖を鋳型として DNA ポリメラーゼによりヌクレオチド鎖が合成される。１本の鋳型鎖について，複製開始点からほどける方向が片方側は 3′→5′ 方向であるが，その反対側は 5′→3′ 方向である。DNA ポリメラーゼは新しい DNA 鎖を 5′→3′ 方向に伸長させていくので，前者に対しては，ほどける

方向に連続したヌクレオチド鎖（リーディング鎖）が合成される。しかし，後者に対しては，2本鎖がある程度ほどけてから，ほどける方向とは逆方向に不連続なヌクレオチド鎖（ラギング鎖）が合成される。このラギング鎖の断片は，発見者の岡崎令治にちなんで，岡崎フラグメントとよばれている。

⑵問4．PCR法では，各段階の反応を効率よく起こすために約95℃→約60℃→約72℃を1サイクルとする温度操作を行う。DNAポリメラーゼは酵素でありタンパク質でできているため，ヒトなどの一般的な動物がもつものでは熱変性して失活する。したがって，PCR法では耐熱性のある好熱菌のものなどを使用する。

問5．DNA断片の複製を1回行うと，目的のDNA領域の数は2倍になる。したがって，DNA断片を1000倍以上に増幅するためには，$2^9=512$，$2^{10}=1024$より，PCRの3段階の温度変化を10回以上繰り返せばよい。

問6．(ア)DNAポリメラーゼがヌクレオチドを結合してDNA鎖を伸長させる反応を開始するためには，鋳型鎖の3′末端側に相補的な塩基配列をもつ短いRNA鎖またはDNA鎖が結合している必要がある。この短いヌクレオチド鎖をプライマーという。図1の各鋳型鎖に対応する2種類のDNAプライマーは，下図のようになる。

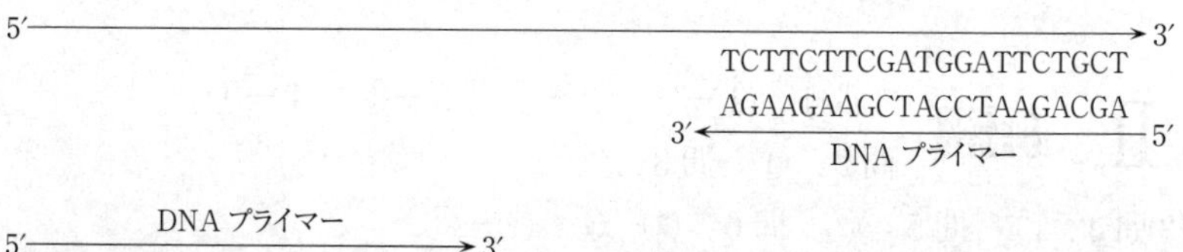

(イ)DNAのヌクレオチドを構成するリン酸は，水溶液中で電離してH^+を放出するので，DNAは負に帯電している。したがって，電気泳動法によりゲルにDNA断片を注入し電圧をかけると，DNA断片は陽極に移動していく。このとき，短い断片ほどゲルの網目構造をくぐり抜けやすく泳動距離が長くなる。よって，DNA断片の灰色領域は，450塩基対で最も長い品種Cが泳動距離の短い植物1，150塩基対で最も短い品種Aが泳動距離の長い植物2，これらの中間の長さである300塩基対の品種Bが植物3である。

Ⅲ　解答

(1)問1．(ア)—⑤　(イ)—①・③・⑧・⓪

問2．②　問3．②

(2)問4．1—②　2—⑥　3—⑦

(3)問5．⑧　問6．8—④　9—⑤　10—⑦　11—⑦

◀解　説▶

≪光発芽種子，植物ホルモン≫

(1)問1．(ア)光発芽種子では，光受容体のフィトクロムによって発芽が調節されている。フィトクロムには赤色光吸収型のP_R型と遠赤色光吸収型のP_{FR}型があり，P_R型は赤色光を吸収するとP_{FR}型になり，P_{FR}型は遠赤色光を吸収するとP_R型になる。

$$P_R\text{型} \underset{\text{遠赤色光}}{\overset{\text{赤色光}}{\rightleftarrows}} P_{FR}\text{型}$$

赤色光や，赤色光を含む白色光・太陽光などを光発芽種子のフィトクロムが吸収するとP_{FR}型となり，発芽が促進される。

(イ)光発芽種子では，水・酸素・温度などの光以外の発芽条件が満たされている状態で，照射する光の波長を変えたとき，最後に照射する光が赤色光でフィトクロムがP_{FR}型となれば発芽が促進され，最後に照射する光が遠赤色光であればフィトクロムがP_R型となり発芽が抑制される。ここで用いた昼白色蛍光灯の波長は400〜780nmであり，波長660nmの赤色光を含むので，赤色光を照射したときと同じ効果がある。また，ここで用いた緑色光の波長は500nmであり，フィトクロムに吸収されないので，照射しても発芽の促進も抑制も誘導されない。したがって，赤色光の効果によって発芽するのは，昼白色蛍光灯を照射した①，赤色光を照射した③，最後に昼白色蛍光灯を照射した⑧，最後に赤色光を照射した⓪である。

問2．花構造のがく片・花弁・おしべ・めしべは，花托（花床）についている。イチゴの食用部分は種子から分泌されたオーキシンにより花托が成長したものであり，その表面に多数の果実が埋まっている。

問3．①誤文。アブシシン酸は，種子の休眠を促進する。

②正文。オーキシンは植物ホルモンとして最初に発見されたものであり，植物の成長を促進する物質の総称である。天然にはインドール酢酸（IAA）があり，また合成されたものにはナフタレン酢酸，2,4-Dなど

がある。

③誤文。植物の栄養器官によってオーキシン濃度に対する反応性が異なり，伸長成長が最も促進される最適なオーキシン濃度がある。その濃度は低い順に，根＜芽＜茎となっている。

④誤文。秋まきコムギは，秋にまいて吸水し発芽した種子が一定期間の冬の低温にさらされ，その後，適切な日長条件（長日条件）になると花芽形成が誘導される。

⑤誤文。葉や茎が植食性昆虫に食害を受けると，植物の葉の師管でシステミンが合成され，システミンの作用によりジャスモン酸が合成される。ジャスモン酸は昆虫のタンパク質分解酵素の阻害物質の合成を促進し，阻害物質を摂食した昆虫はタンパク質の消化不良を起こすので，それ以上葉を食べなくなる。

(3)問５・問６．植物の芽ばえを地面に水平に置くと，根冠にあるコルメラ細胞の中のアミロプラストが重力に従って下側に移動し，PIN タンパク質が下側の細胞膜に配置するので，PIN タンパク質に排出されるオーキシンは下側の方が多くなり，オーキシン濃度は植物体の下側で高くなる。高濃度のオーキシンにより，茎の下側の細胞は上側の細胞よりも成長が促進され，その結果，茎は上の方に屈曲する。根では，高濃度のオーキシンが細胞の成長を抑制するので，根の下側の細胞は上側の細胞よりも成長が抑制され，その結果，根は下の方に屈曲する。

Ⅳ　解答

(1)問１．①　問２．２―①　３―⑥　問３．⓪

(2)問４．４―②　５―①　問５．⑦　問６．②

問７．①

(3)問８．被子植物：⑧　裸子植物：④　問９．胞子：③　前葉体：⑦

問10．②　問11．②・④・⑤

◀解　説▶

≪生物の分類法，植物の生殖≫

(1)問１・問２．スウェーデンのリンネは「自然の体系」を著し，生物を分類する上で基本単位となる種を，属名と種小名からなる二名法により種名（学名）として命名することを確立した。

(2)問５．図１のAのカビやキノコは菌界，Bの動物プランクトンは原生生物界，Ｃの超好熱菌や乳酸菌などは原核生物界，Ｄのヒトなどは動物界である。Ｅは植物界であり，イネは種子植物門，ワラビはシダ植物門，スギゴケはコケ植物門である。

問６．ウーズが提唱する三ドメイン説では，原核生物が細菌ドメイン（バクテリア）と古細菌ドメイン（アーキア）に分けられ，他はすべて真核生物ドメイン（ユーカリア）に分類される。Ｃの原核生物のうち超好熱菌とメタン菌は古細菌ドメインに属し，極限状態の場所に生息する。そして，Ｃの乳酸菌は細菌ドメインに属する。なお，rRNA の塩基配列の比較から，古細菌ドメインは細菌ドメインよりも真核生物ドメインと近縁であるとしている。

問７．①粘菌類は，Ｂの原生生物界に所属する。よって，この組合せは誤り。

(3)問８．植物の生殖において被子植物は重複受精を行い，花粉管に運ばれた２つの精細胞のうち１つの精細胞（n）は卵細胞（n）と受精して受精卵（２n）となり，もう１つの精細胞（n）は２つの極核をもつ中央細胞（$n+n$）と受精して胚乳をつくる細胞（$3n$）になる。重複受精を行わない裸子植物では，受精を行う前から胚のうの細胞（n）が体細胞分裂を行ってすでに胚乳（n）を形成している。

問９．植物の生活環において，胞子に相当するものは減数分裂して生じた細胞である。被子植物の子房の内部では胚のう母細胞（$2n$）が減数分裂して胚のう細胞（n）が生じるので，胚のう細胞は胞子に相当する。また，シダ植物の胞子（n）は発芽して前葉体（n）となる。前葉体は単相の配偶体であり，体細胞分裂によって造卵器では卵細胞，造精器では精子が形成される。被子植物において，胚のうは単相の配偶体であり体細胞分裂によって卵細胞を形成するので，前葉体に相当する。

問10．シダ植物では生活の本体である胞子体（$2n$）に胞子のう（$2n$）が形成され，減数分裂により胞子（n）が形成される。

問11．被子植物であるブナ科の①クリ，マメ科の③ソラマメ，アブラナ科の⑥ナズナでは重複受精によって胚乳核（$3n$）が形成されるが，胚乳が退化して栄養分を胚の子葉に蓄え，無胚乳種子となる。

V 解答

(1)問1．1．独立　2．従属　3．分解者　4．捕食　5．被食　6．寄生　7．宿主（寄主）

(2)問2．[植物プランクトンの総生産量] $=A_1+B_1+C_1+D_1$

[植物プランクトンの純生産量] $=A_1+B_1+C_1$

[菌類の同化量] $=A_2+B_2+C_2+D_2$

[動物プランクトンの生産量] $=A_3+B_3+C_3+A_4+B_4+C_4$

問3．菌類の摂食に由来する動物プランクトンの生産量：$A_3+B_3+C_3$

菌類の摂食を通じて動物プランクトンの生産量に貢献する割合：

$$\frac{A_3+B_3+C_3}{A_1+B_1+C_1+D_1}\times 100\,[\%]$$

問4．動物プランクトンによる菌類の摂食量が増えると，菌類の個体数が減少して菌類による摂食量が減少するので，菌類に摂食される植物プランクトン種の個体数が増加する。さらに，植物プランクトンの中で種間競争が起こり，動物プランクトンに摂食される植物プランクトンが減少する。

◀解　説▶

≪生態系における異種個体群間の関係，物質生産≫

(2)問2．植物の総生産量は，一定期間で光合成により合成した有機物の総量である。純生産量は，総生産量から呼吸量を引いたものである。菌類は広義の消費者であり，その同化量は摂食量から不消化排出量を引いたものである。したがって

[植物プランクトンの総生産量] $=A_1+B_1+C_1+D_1$

である。また，上の栄養段階における記号を用いると

[植物プランクトンの総生産量]

$=A_1+(A_2+B_2+C_2+D_2+E_2)+(A_4+B_4+C_4+D_4+E_4)+C_1+D_1$

のように様々な表し方が考えられるが，本設問に指示された参考にする数式に準拠すると，求める有機物量はその栄養段階の記号を用いるのがふさわしい。

問4．動物プランクトンが摂食する植物プランクトンと菌類のうち，摂食量を菌類の方だけ増やすと，菌類の個体数が減少し，菌類が摂食する量が減少するので，菌類に摂食される植物プランクトン種の個体数が増加する。動物プランクトンが植物プランクトンを摂食する量は変わらないので，動物プランクトンに摂食される植物プランクトン種の個体数は変わらず，菌

類に摂食される植物プランクトン種の個体数が相対的に多くなる。競争関係にあるこれらの植物プランクトン種のうち個体数の多い方が繁殖し，個体数がより少ない動物プランクトンに摂食される植物プランクトン種が競争に負けてその個体数が減少する。

問六　あまりの笛の音の美しさに、「月の都の人」も感動したのであろうか、天から降りてきた「天稚御子」が言いようもないほど芳しい香りをさせながら薄い衣を中将にお掛けになったので、中将自身も、この世のこととも思えないと感じた、ということである。

問七　二段落目の初め「容貌（かたち）はいとど光るやうにて…」以下傍線部④までは笛を吹いている狭衣中将の様子を描写した部分なので、③「皇太后宮の姫宮のお顔はますます光り輝くようで」は誤り。

問四　④
問五　③
問六　②
問七　③
問八　②

◀解　説▶

問一　直前に「…ましかば」があることに着目する。反実仮想を意味し、「…ましかば、…まし」で〝もし…だったなら、…だろうに〟という意味を表す。ここでは実際には中将は参内しているのだから、〝もしこのようであると知っていたら、参内しませんでしたのに〟という意味になる。

問二　「うひうひしげなり」という形容動詞の連用形の活用語尾。同じものは形容動詞「めづらかなり」の連用形活用語尾であるb。

問三　「音（おと）に聞く」は、〝噂に聞く〟という意味。帝は、狭衣中将の横笛の腕前がすばらしいことを噂で聞いていたけれど、これほどまでにすばらしいとは思っておられなかった、ということである。

問四　「ひがごと」は〝間違い〟の意味。横笛の腕前を評価され、今まで聞かせなかったことが恨めしいほどだと言われた狭衣中将が、「大臣、おのおの…（＝父の大臣が、一つ一つ習得され（て演奏し）たのを聞いておりましたが、しっかりと教えられることもございませんでしたので、どれほど間違いが多いことでしょう）」と謙遜している部分である。

問五　「わびつつ」は上二段動詞「わぶ」の連用形に〝…ながら〟という意の接続助詞「つつ」が結びついたもの。「わぶ」はここでは〝当惑する〟の意で、帝に強く望まれて、気が進まぬながらも柱に寄りかかって笛を吹いている狭衣中将の様子を表す。

問四　Aは、黒い羽根運動の中で施しとして古着を贈られるのではなく、たとえ安くとも売られているものを購入（または窃盗）するということなので、「生活必需品と消費者」。Bは、直後の「人類への絶望」に着目。「人間性信頼」を無力化させるという点において、絶望を感じている。

問五　直前の「こうした歴史」の内容を捉える。「同情はまっぴらだ」という市民的心情とは違い、「食えんもんが居る」と、「講座」の掛け金をやったり、「自分の賃銭はみなその家にやっ」たりして、彼らを助けたのである。「一般的な慈善活動」ではなく、「全身で支えるような助け合い」とする④が正解。

問六　「後者をまっとうに知る」「前者を確立すべきだ」の内容をさらに前文にさかのぼって捉える。「前者」は「社会的な存在としての…判断を持つ」、後者は「その存在（炭坑夫）の人間的内容…全過程の評価」を指す。よって、炭坑夫の「内的世界」を知り、「歴史と社会的状況を捉えなおす」とする②が正解。③は前者と後者が反対である。

問七　「宇宙に落ちた塵」という比喩表現は、見つけることが困難であることを表すと同時に、見つけようとしているものに大きな価値がないことも意味する。両者を押さえているのは④。①は「困難」である点を押さえていない。②は「発展した要因」が誤り。③は「極めて有意義な作業」が誤り。

問八　③は「伝統として残り続けた…確立された」が、最後から三つ目の段落の「世上のその新思潮と断たれ…共に在る何ものもなく」という記述に合致しない。

三

出典　『狭衣物語』〈巻一〉

解答

問一　②

問二　②

問三　①

辞書の前提や基準を考察する必要があると述べている②が正解。④の「文明国として…義務」は本文で触れていない。

二

出典　森崎和江『奈落の神々——炭坑労働精神史』（平凡社ライブラリー）

解答

問一　④
問二　②
問三　③
問四　①
問五　④
問六　②
問七　④
問八　③

◀解　説▶

問一　「地下労働としての炭坑」がどのようなものであったのかを捉える。筆者はこれを「無惨としかいいようのない収奪」「徹底した人間性破壊」であり、「そのことによって近代日本は開花した」と述べている。これに合う選択肢は④。②は「坑夫たちにとって」としている点が誤り。

問二　「機械に抱かれて石（石炭）出した」炭坑夫にはなくなった、「明治・大正・昭和初期の坑夫」たちがもつ精神である。①は、後の世代についての説明である。③は「百パーセントの被害意識の所有者というわけではなかった」、④は「微塵をも通さぬ拒絶を縒りあわせた精神」に反する。

問三　続く会話文中に「死んだもんは浮かばれん」とあることに着目する。これに合う選択肢は③。

世間に知らしめることを意味する。よって、〝限られた一部のものだったが、広く認められて一般化する〟という意味の「市民権」があてはまる。

問四　「ことば」という観点から捉えていない②・④は除外できる。傍線部は直前の一文を言い換えており、「鑑（基準）となりうる」とは、「人は己れの形を正しうる」ことであると気づきたい。よって、「映し出す」ものとして「自分」を押さえた①が正解。他は「映し出す」対象が誤っている。

問五　比喩内容を正しく捉える。辞書に規定されていない意味・用法が「異教徒」にあたる。これを〈辞書にない用法である〉ということを根拠に断罪することを「宗教裁判」と呼んでいるのだから、正解は②。③は、「断罪」の内容に触れていない。

問六　引用の直前に「用例主義の辞書への違和感」とある。加藤は傍線部の直後で、「用例」を根拠とする編纂者たちが、「新聞記者やリポーター諸氏」の「奇妙な『用例』」を、「ごく新しい用法」として「追認」することを批判している。①・③・④は以上に合致する。②は「辞書の伝統的なあり方を一新する民主的な方法として尊重」が本文にない。

問七　「こだわる」という語釈について加藤は、「『こだわる』のはよくないことだ」という考えによって、「『こだわる』のはいいことだ、と思いこんだ…『用例』をあちこちにバラまいて…追認」することを批判している。しかし筆者は、加藤のこの批判こそ「『こだわる』のはよくないことだ」という考えに「こだわり」をもっているのではないか、と皮肉っているのである。

問八　「選択」とは、辞書に載録することばの取捨選択のことである。筆者は辞書に載録されないということは、そのことばに「文明の、あるいは文化のことばではないという烙印を押すことでもある」と指摘しているので、「ことばに対し価値のあるなしの裁定をも下す」とした④が正解。①・②・③は、「意味」の内容を正しく押さえていない。

問九　筆者は差別語を例にとって「そこ（辞書）に規範があると無条件に設定」することを再考察する必要性について論じている。これは「記述的立場であれ規範的立場であれ」同じである、と指摘しているのだから、立場にかかわらず、

国語

一

出典 安田敏朗『辞書の政治学――ことばの規範とはなにか』〈第二章　文化としての辞書　5　規範と記述のあいだ〉（平凡社）

解答

問一　㋐―②　㋑―②　㋒―①　㋓―④
問二　④
問三　④
問四　①
問五　②
問六　②
問七　③
問八　④
問九　②

◀解　説▶

問二　「辞書とは、かがみである」の意図を正しく捉える。「客観的にはっきり存在すると認められ」ることがことばの意味を認める要件とされている。④の「ことばを現実に用いている人それぞれの好みや価値観に委ねてもよい」は、この客観性を欠いているため不適切。

問三　「新語を辞書に採用する」の言い換えであることに着目する。これは、新しいことばを一般的なことばとして広く

//////////////////// · memo · ////////////////////

//////////////////// · memo · ////////////////////

/////////////////// · memo · ///////////////////

//////////////////// · memo · ////////////////////

/////////////////// · memo · ///////////////////

//////////////////// · memo · ////////////////////

//////////////////// · memo · ////////////////////

教学社 刊行一覧

2025年版 大学赤本シリーズ

374大学556点
全都道府県を網羅

国公立大学(都道府県順)

全国の書店で取り扱っています。店頭にない場合は，お取り寄せができます。

1 北海道大学(文系－前期日程)
2 北海道大学(理系－前期日程) 医
3 北海道大学(後期日程)
4 旭川医科大学(医学部〈医学科〉) 医
5 小樽商科大学
6 帯広畜産大学
7 北海道教育大学
8 室蘭工業大学／北見工業大学
9 釧路公立大学
10 公立千歳科学技術大学
11 公立はこだて未来大学 総推
12 札幌医科大学(医学部) 医
13 弘前大学 医
14 岩手大学
15 岩手県立大学・盛岡短期大学部・宮古短期大学部
16 東北大学(文系－前期日程)
17 東北大学(理系－前期日程) 医
18 東北大学(後期日程)
19 宮城教育大学
20 宮城大学
21 秋田大学 医
22 秋田県立大学
23 国際教養大学 総推
24 山形大学 医
25 福島大学
26 会津大学
27 福島県立医科大学(医・保健科学部) 医
28 茨城大学(文系)
29 茨城大学(理系)
30 筑波大学(推薦入試) 医 総推
31 筑波大学(文系－前期日程)
32 筑波大学(理系－前期日程) 医
33 筑波大学(後期日程)
34 宇都宮大学
35 群馬大学 医
36 群馬県立女子大学
37 高崎経済大学
38 前橋工科大学
39 埼玉大学(文系)
40 埼玉大学(理系)
41 千葉大学(文系－前期日程)
42 千葉大学(理系－前期日程) 医
43 千葉大学(後期日程) 医
44 東京大学(文科) DL
45 東京大学(理科) DL 医
46 お茶の水女子大学
47 電気通信大学
48 東京外国語大学 DL
49 東京海洋大学
50 東京科学大学(旧 東京工業大学)
51 東京科学大学(旧 東京医科歯科大学) 医
52 東京学芸大学
53 東京藝術大学
54 東京農工大学
55 一橋大学(前期日程)
56 一橋大学(後期日程)
57 東京都立大学(文系)
58 東京都立大学(理系)
59 横浜国立大学(文系)
60 横浜国立大学(理系)
61 横浜市立大学(国際教養・国際商・理・データサイエンス・医〈看護〉学部)
62 横浜市立大学(医学部〈医学科〉) 医
63 新潟大学(人文・教育〈文系〉・法・経済科・医〈看護〉・創生学部)
64 新潟大学(教育〈理系〉・理・医〈看護を除く〉・歯・工・農学部) 医
65 新潟県立大学
66 富山大学(文系)
67 富山大学(理系) 医
68 富山県立大学
69 金沢大学(文系)
70 金沢大学(理系) 医
71 福井大学(教育・医〈看護〉・工・国際地域学部)
72 福井大学(医学部〈医学科〉) 医
73 福井県立大学
74 山梨大学(教育・医〈看護〉・工・生命環境学部)
75 山梨大学(医学部〈医学科〉) 医
76 都留文科大学
77 信州大学(文系－前期日程)
78 信州大学(理系－前期日程) 医
79 信州大学(後期日程)
80 公立諏訪東京理科大学 総推
81 岐阜大学(前期日程) 医
82 岐阜大学(後期日程)
83 岐阜薬科大学
84 静岡大学(前期日程)
85 静岡大学(後期日程)
86 浜松医科大学(医学部〈医学科〉) 医
87 静岡県立大学
88 静岡文化芸術大学
89 名古屋大学(文系)
90 名古屋大学(理系) 医
91 愛知教育大学
92 名古屋工業大学
93 愛知県立大学
94 名古屋市立大学(経済・人文社会・芸術工・看護・総合生命理・データサイエンス学部)
95 名古屋市立大学(医学部〈医学科〉) 医
96 名古屋市立大学(薬学部)
97 三重大学(人文・教育・医〈看護〉学部)
98 三重大学(医〈医〉・工・生物資源学部) 医
99 滋賀大学
100 滋賀医科大学(医学部〈医学科〉) 医
101 滋賀県立大学
102 京都大学(文系)
103 京都大学(理系) 医
104 京都教育大学
105 京都工芸繊維大学
106 京都府立大学
107 京都府立医科大学(医学部〈医学科〉) 医
108 大阪大学(文系) DL
109 大阪大学(理系) 医
110 大阪教育大学
111 大阪公立大学(現代システム科学域〈文系〉・文・法・経済・商・看護・生活科〈居住環境・人間福祉〉学部－前期日程)
112 大阪公立大学(現代システム科学域〈理系〉・理・工・農・獣医・医・生活科〈食栄養〉学部－前期日程) 医
113 大阪公立大学(中期日程)
114 大阪公立大学(後期日程)
115 神戸大学(文系－前期日程)
116 神戸大学(理系－前期日程) 医
117 神戸大学(後期日程)
118 神戸市外国語大学 DL
119 兵庫県立大学(国際商経・社会情報科・看護学部)
120 兵庫県立大学(工・理・環境人間学部)
121 奈良教育大学／奈良県立大学
122 奈良女子大学
123 奈良県立医科大学(医学部〈医学科〉) 医
124 和歌山大学
125 和歌山県立医科大学(医・薬学部) 医
126 鳥取大学 医
127 公立鳥取環境大学
128 島根大学 医
129 岡山大学(文系)
130 岡山大学(理系) 医
131 岡山県立大学
132 広島大学(文系－前期日程)
133 広島大学(理系－前期日程) 医
134 広島大学(後期日程)
135 尾道市立大学 総推
136 県立広島大学
137 広島市立大学
138 福山市立大学 総推
139 山口大学(人文・教育〈文系〉・経済・医〈看護〉・国際総合科学部)
140 山口大学(教育〈理系〉・理・医〈看護を除く〉・工・農・共同獣医学部) 医
141 山陽小野田市立山口東京理科大学 総推
142 下関市立大学／山口県立大学
143 周南公立大学 新 総推
144 徳島大学 医
145 香川大学 医
146 愛媛大学 医
147 高知大学 医
148 高知工科大学
149 九州大学(文系－前期日程)
150 九州大学(理系－前期日程) 医
151 九州大学(後期日程)
152 九州工業大学
153 福岡教育大学
154 北九州市立大学
155 九州歯科大学
156 福岡県立大学／福岡女子大学
157 佐賀大学 医
158 長崎大学(多文化社会・教育〈文系〉・経済・医〈保健〉・環境科〈文系〉学部)
159 長崎大学(教育〈理系〉・医〈医〉・歯・薬・情報データ科・工・環境科〈理系〉・水産学部) 医
160 長崎県立大学 総推
161 熊本大学(文・教育・法・医〈看護〉学部・情報融合学環〈文系型〉)
162 熊本大学(理・医〈看護を除く〉・薬・工学部・情報融合学環〈理系型〉) 医
163 熊本県立大学
164 大分大学(教育・経済・医〈看護〉・理工・福祉健康科学部)
165 大分大学(医学部〈医・先進医療科学科〉) 医
166 宮崎大学(教育・医〈看護〉・工・農・地域資源創成学部)
167 宮崎大学(医学部〈医学科〉) 医
168 鹿児島大学(文系)
169 鹿児島大学(理系) 医
170 琉球大学 医

2025年版　大学赤本シリーズ

国公立大学 その他

171 〔国公立大〕医学部医学科 総合型選抜・学校推薦型選抜※ 医 総推
172 看護・医療系大学〈国公立 東日本〉※
173 看護・医療系大学〈国公立 中日本〉※
174 看護・医療系大学〈国公立 西日本〉※
175 海上保安大学校／気象大学校
176 航空保安大学校
177 国立看護大学校
178 防衛大学校 総推
179 防衛医科大学校（医学科） 医
180 防衛医科大学校（看護学科）

※ No.171～174の収載大学は赤本ウェブサイト（http://akahon.net/）でご確認ください。

私立大学①

北海道の大学（50音順）

201 札幌大学
202 札幌学院大学
203 北星学園大学
204 北海学園大学
205 北海道医療大学
206 北海道科学大学
207 北海道武蔵女子大学・短期大学
208 酪農学園大学（獣医学群〈獣医学類〉）

東北の大学（50音順）

209 岩手医科大学（医・歯・薬学部） 医
210 仙台大学 総推
211 東北医科薬科大学（医・薬学部） 医
212 東北学院大学
213 東北工業大学
214 東北福祉大学
215 宮城学院女子大学 総推

関東の大学（50音順）

あ行（関東の大学）

216 青山学院大学（法・国際政治経済学部－個別学部日程）
217 青山学院大学（経済学部－個別学部日程）
218 青山学院大学（経営学部－個別学部日程）
219 青山学院大学（文・教育人間科学部－個別学部日程）
220 青山学院大学（総合文化政策・社会情報・地球社会共生・コミュニティ人間科学部－個別学部日程）
221 青山学院大学（理工学部－個別学部日程）
222 青山学院大学（全学部日程）
223 麻布大学（獣医、生命・環境科学部）
224 亜細亜大学
226 桜美林大学
227 大妻女子大学・短期大学部

か行（関東の大学）

228 学習院大学（法学部－コア試験）
229 学習院大学（経済学部－コア試験）
230 学習院大学（文学部－コア試験）
231 学習院大学（国際社会科学部－コア試験）
232 学習院大学（理学部－コア試験）
233 学習院女子大学
234 神奈川大学（給費生試験）
235 神奈川大学（一般入試）
236 神奈川工科大学
237 鎌倉女子大学・短期大学部
238 川村学園女子大学
239 神田外語大学
240 関東学院大学
241 北里大学（理学部）
242 北里大学（医学部） 医
243 北里大学（薬学部）
244 北里大学（看護・医療衛生学部）
245 北里大学（未来工・獣医・海洋生命科学部）
246 共立女子大学・短期大学
247 杏林大学（医学部） 医
248 杏林大学（保健学部）
249 群馬医療福祉大学・短期大学部
250 群馬パース大学 総推
251 慶應義塾大学（法学部）
252 慶應義塾大学（経済学部）
253 慶應義塾大学（商学部）
254 慶應義塾大学（文学部） 総推
255 慶應義塾大学（総合政策学部）
256 慶應義塾大学（環境情報学部）
257 慶應義塾大学（理工学部）
258 慶應義塾大学（医学部） 医
259 慶應義塾大学（薬学部）
260 慶應義塾大学（看護医療学部）
261 工学院大学
262 國學院大學
263 国際医療福祉大学 医
264 国際基督教大学
265 国士舘大学
266 駒澤大学（一般選抜T方式・S方式）
267 駒澤大学（全学部統一日程選抜）

さ行（関東の大学）

268 埼玉医科大学（医学部） 医
269 相模女子大学・短期大学部
270 産業能率大学
271 自治医科大学（医学部） 医
272 自治医科大学（看護学部）／東京慈恵会医科大学（医学部〈看護学科〉）
273 実践女子大学 総推
274 芝浦工業大学（前期日程）
275 芝浦工業大学（全学統一日程・後期日程）
276 十文字学園女子大学
277 淑徳大学
278 順天堂大学（医学部） 医
279 順天堂大学（スポーツ健康科・医療看護・保健看護・国際教養・保健医療・医療科・健康データサイエンス・薬学部） 総推
280 上智大学（神・文・総合人間科学部）
281 上智大学（法・経済学部）
282 上智大学（外国語・総合グローバル学部）
283 上智大学（理工学部）
284 上智大学（TEAPスコア利用方式）
285 湘南工科大学
286 昭和大学（医学部） 医
287 昭和大学（歯・薬・保健医療学部）
288 昭和女子大学
289 昭和薬科大学
290 女子栄養大学・短期大学部 総推
291 白百合女子大学
292 成蹊大学（法学部－A方式）
293 成蹊大学（経済・経営学部－A方式）
294 成蹊大学（文学部－A方式）
295 成蹊大学（理工学部－A方式）
296 成蹊大学（E方式・G方式・P方式）
297 成城大学（経済・社会イノベーション学部－A方式）
298 成城大学（文芸・法学部－A方式）
299 成城大学（S方式〈全学部統一選抜〉）
300 聖心女子大学
301 清泉女子大学
303 聖マリアンナ医科大学 医
304 聖路加国際大学（看護学部）
305 専修大学（スカラシップ・全国入試）
306 専修大学（前期入試〈学部個別入試〉）
307 専修大学（前期入試〈全学部入試・スカラシップ入試〉）

た行（関東の大学）

308 大正大学
309 大東文化大学
310 高崎健康福祉大学
311 拓殖大学
312 玉川大学
313 多摩美術大学
314 千葉工業大学
315 中央大学（法学部－学部別選抜）
316 中央大学（経済学部－学部別選抜）
317 中央大学（商学部－学部別選抜）
318 中央大学（文学部－学部別選抜）
319 中央大学（総合政策学部－学部別選抜）
320 中央大学（国際経営・国際情報学部－学部別選抜）
321 中央大学（理工学部－学部別選抜）
322 中央大学（5学部共通選抜）
323 中央学院大学
324 津田塾大学
325 帝京大学（薬・経済・法・文・外国語・教育・理工・医療技術・福岡医療技術学部）
326 帝京大学（医学部） 医
327 帝京科学大学 総推
328 帝京平成大学 総推
329 東海大学（医〈医〉学部を除く－一般選抜）
330 東海大学（文系・理系学部統一選抜）
331 東海大学（医学部〈医学科〉） 医
332 東京医科大学（医学部〈医学科〉） 医
333 東京家政大学・短期大学部 総推
334 東京経済大学
335 東京工科大学
336 東京工芸大学
337 東京国際大学
338 東京歯科大学
339 東京慈恵会医科大学（医学部〈医学科〉） 医
340 東京情報大学
341 東京女子大学
342 東京女子医科大学（医学部） 医
343 東京電機大学
344 東京都市大学
345 東京農業大学
346 東京薬科大学（薬学部） 総推
347 東京薬科大学（生命科学部） 総推
348 東京理科大学（理学部〈第一部〉－B方式）
349 東京理科大学（創域理工学部－B方式・S方式）
350 東京理科大学（工学部－B方式）
351 東京理科大学（先進工学部－B方式）
352 東京理科大学（薬学部－B方式）
353 東京理科大学（経営学部－B方式）
354 東京理科大学（C方式、グローバル方式、理学部〈第二部〉－B方式）
355 東邦大学（医学部） 医
356 東邦大学（薬学部）

2025年版　大学赤本シリーズ

私立大学②

357 東邦大学（理・看護・健康科学部）
358 東洋大学（文・経済・経営・法・社会・国際・国際観光学部）
359 東洋大学（情報連携・福祉社会デザイン・健康スポーツ科・理工・総合情報・生命科・食環境科学部）
360 東洋大学（英語〈3日程×3カ年〉）
361 東洋大学（国語〈3日程×3カ年〉）
362 東洋大学（日本史・世界史〈2日程×3カ年〉）
363 東洋英和女学院大学
364 常磐大学・短期大学 総推
365 獨協大学
366 獨協医科大学（医学部） 医

な行（関東の大学）

367 二松学舎大学
368 日本大学（法学部）
369 日本大学（経済学部）
370 日本大学（商学部）
371 日本大学（文理学部〈文系〉）
372 日本大学（文理学部〈理系〉）
373 日本大学（芸術学部〈専門試験併用型〉）
374 日本大学（国際関係学部）
375 日本大学（危機管理・スポーツ科学部）
376 日本大学（理工学部）
377 日本大学（生産工・工学部）
378 日本大学（生物資源科学部）
379 日本大学（医学部） 医
380 日本大学（歯・松戸歯学部）
381 日本大学（薬学部）
382 日本大学（N全学統一方式－医・芸術〈専門試験併用型〉学部を除く）
383 日本医科大学 医
384 日本工業大学
385 日本歯科大学
386 日本社会事業大学 総推
387 日本獣医生命科学大学
388 日本女子大学
389 日本体育大学

は行（関東の大学）

390 白鷗大学（学業特待選抜・一般選抜）
391 フェリス女学院大学
392 文教大学
393 法政大学（法〈I日程〉・文〈II日程〉・経営〈II日程〉学部－A方式）
394 法政大学（法〈II日程〉・国際文化・キャリアデザイン学部－A方式）
395 法政大学（文〈I日程〉・経営〈I日程〉・人間環境・グローバル教養学部－A方式）
396 法政大学（経済〈I日程〉・社会〈I日程〉・現代福祉学部－A方式）
397 法政大学（経済〈II日程〉・社会〈II日程〉・スポーツ健康学部－A方式）
398 法政大学（情報科・デザイン工・理工・生命科学部－A方式）
399 法政大学（T日程〈統一日程〉・英語外部試験利用入試）
400 星薬科大学 総推

ま行（関東の大学）

401 武蔵大学
402 武蔵野大学
403 武蔵野美術大学
404 明海大学
405 明治大学（法学部－学部別入試）
406 明治大学（政治経済学部－学部別入試）
407 明治大学（商学部－学部別入試）
408 明治大学（経営学部－学部別入試）
409 明治大学（文学部－学部別入試）
410 明治大学（国際日本学部－学部別入試）
411 明治大学（情報コミュニケーション学部－学部別入試）
412 明治大学（理工学部－学部別入試）
413 明治大学（総合数理学部－学部別入試）
414 明治大学（農学部－学部別入試）
415 明治大学（全学部統一入試）
416 明治学院大学（A日程）
417 明治学院大学（全学部日程）
418 明治薬科大学 総推
419 明星大学
420 目白大学・短期大学部

ら・わ行（関東の大学）

421 立教大学（文系学部－一般入試〈大学独自の英語を課さない日程〉）
422 立教大学（国語〈3日程×3カ年〉）
423 立教大学（日本史・世界史〈2日程×3カ年〉）
424 立教大学（文学部－一般入試〈大学独自の英語を課す日程〉）
425 立教大学（理学部－一般入試）
426 立正大学
427 早稲田大学（法学部）
428 早稲田大学（政治経済学部）
429 早稲田大学（商学部）
430 早稲田大学（社会科学部）
431 早稲田大学（文学部）
432 早稲田大学（文化構想学部）
433 早稲田大学（教育学部〈文科系〉）
434 早稲田大学（教育学部〈理科系〉）
435 早稲田大学（人間科・スポーツ科学部）
436 早稲田大学（国際教養学部）
437 早稲田大学（基幹理工・創造理工・先進理工学部）
438 和洋女子大学 総推

中部の大学（50音順）

439 愛知大学
440 愛知医科大学（医学部） 医
441 愛知学院大学・短期大学部
442 愛知工業大学 総推
443 愛知淑徳大学
444 朝日大学 総推
445 金沢医科大学（医学部） 医
446 金沢工業大学
447 岐阜聖徳学園大学 総推
448 金城学院大学
449 至学館大学 総推
450 静岡理工科大学
451 椙山女学園大学
452 大同大学
453 中京大学
454 中部大学
455 名古屋外国語大学 総推
456 名古屋学院大学 総推
457 名古屋学芸大学 総推
458 名古屋女子大学 総推
459 南山大学（外国語〈英米〉・法・総合政策・国際教養学部）
460 南山大学（人文・外国語〈英米を除く〉・経済・経営・理工学部）
461 新潟国際情報大学
462 日本福祉大学
463 福井工業大学
464 藤田医科大学（医学部） 医
465 藤田医科大学（医療科・保健衛生学部）
466 名城大学（法・経営・経済・外国語・人間・都市情報学部）
467 名城大学（情報工・理工・農・薬学部）
468 山梨学院大学

近畿の大学（50音順）

469 追手門学院大学 総推
470 大阪医科薬科大学（医学部） 医
471 大阪医科薬科大学（薬学部） 総推
472 大阪学院大学 総推
473 大阪経済大学 総推
474 大阪経済法科大学 総推
475 大阪工業大学 総推
476 大阪国際大学・短期大学部 総推
477 大阪産業大学 総推
478 大阪歯科大学（歯学部）
479 大阪商業大学 総推
480 大阪成蹊大学・短期大学 総推
481 大谷大学 総推
482 大手前大学・短期大学 総推
483 関西大学（文系）
484 関西大学（理系）
485 関西大学（英語〈3日程×3カ年〉）
486 関西大学（国語〈3日程×3カ年〉）
487 関西大学（日本史・世界史・文系数学〈3日程×3カ年〉）
488 関西医科大学（医学部） 医
489 関西医療大学 総推
490 関西外国語大学・短期大学部 総推
491 関西学院大学（文・法・商・人間福祉・総合政策学部－学部個別日程）
492 関西学院大学（神・社会・経済・国際・教育学部－学部個別日程）
493 関西学院大学（全学部日程〈文系型〉）
494 関西学院大学（全学部日程〈理系型〉）
495 関西学院大学（共通テスト併用日程〈数学〉・英数日程）
496 関西学院大学（英語〈3日程×3カ年〉） 新
497 関西学院大学（国語〈3日程×3カ年〉） 新
498 関西学院大学（日本史・世界史・文系数学〈3日程×3カ年〉） 新
499 畿央大学 総推
500 京都外国語大学・短期大学 総推
502 京都産業大学（公募推薦入試） 総推
503 京都産業大学（一般選抜入試〈前期日程〉）
504 京都女子大学 総推
505 京都先端科学大学 総推
506 京都橘大学 総推
507 京都ノートルダム女子大学 総推
508 京都薬科大学 総推
509 近畿大学・短期大学部（医学部を除く－推薦入試） 総推
510 近畿大学・短期大学部（医学部を除く－一般入試前期）
511 近畿大学（英語〈医学部を除く3日程×3カ年〉）
512 近畿大学（理系数学〈医学部を除く3日程×3カ年〉）
513 近畿大学（国語〈医学部を除く3日程×3カ年〉）
514 近畿大学（医学部－推薦入試・一般入試前期） 医 総推
515 近畿大学・短期大学部（一般入試後期） 医
516 皇學館大学 総推
517 甲南大学 総推
518 甲南女子大学（学校推薦型選抜） 新 総推
519 神戸学院大学 総推
520 神戸国際大学 総推
521 神戸女学院大学 総推
522 神戸女子大学・短期大学 総推
523 神戸薬科大学 総推
524 四天王寺大学・短期大学部 総推
525 摂南大学（公募制推薦入試） 総推
526 摂南大学（一般選抜前期日程）
527 帝塚山学院大学 総推
528 同志社大学（法、グローバル・コミュニケーション学部－学部個別日程）

2025年版　大学赤本シリーズ

私立大学③

529 同志社大学(文・経済学部－学部個別日程)
530 同志社大学(神・商・心理・グローバル地域文化学部－学部個別日程)
531 同志社大学(社会学部－学部個別日程)
532 同志社大学(政策・文化情報〈文系型〉・スポーツ健康科〈文系型〉学部－学部個別日程)
533 同志社大学(理工・生命医科・文化情報〈理系型〉・スポーツ健康科〈理系型〉学部－学部個別日程)
534 同志社大学(全学部日程)
535 同志社女子大学 総推
536 奈良大学 総推
537 奈良学園大学 総推
538 阪南大学 総推
539 姫路獨協大学 総推
540 兵庫医科大学(医学部) 医
541 兵庫医科大学(薬・看護・リハビリテーション学部) 総推
542 佛教大学 総推
543 武庫川女子大学 総推
544 桃山学院大学 総推
545 大和大学・大和大学白鳳短期大学部 総推
546 立命館大学(文系－全学統一方式・学部個別配点方式)／立命館アジア太平洋大学(前期方式・英語重視方式)
547 立命館大学(理系－全学統一方式・学部個別配点方式・理系型3教科方式・薬学方式)
548 立命館大学(英語〈全学統一方式3日程×3カ年〉)
549 立命館大学(国語〈全学統一方式3日程×3カ年〉)
550 立命館大学(文系選択科目〈全学統一方式2日程×3カ年〉)
551 立命館大学(IR方式〈英語資格試験利用型〉・共通テスト併用方式)／立命館アジア太平洋大学(共通テスト併用方式)
552 立命館大学(後期分割方式・「経営学部で学ぶ感性+共通テスト」方式)／立命館アジア太平洋大学(後期方式)
553 龍谷大学(公募推薦入試) 総推
554 龍谷大学(一般選抜入試)

中国の大学(50音順)

555 岡山商科大学 総推
556 岡山理科大学 総推
557 川崎医科大学 医
558 吉備国際大学 総推
559 就実大学 総推
560 広島経済大学
561 広島国際大学 総推
562 広島修道大学
563 広島文教大学 総推
564 福山大学／福山平成大学
565 安田女子大学 総推

四国の大学(50音順)

567 松山大学

九州の大学(50音順)

568 九州医療科学大学
569 九州産業大学
570 熊本学園大学
571 久留米大学(文・人間健康・法・経済・商学部)
572 久留米大学(医学部〈医学科〉) 医
573 産業医科大学(医学部) 医
574 西南学院大学(商・経済・法・人間科学部－A日程)
575 西南学院大学(神・外国語・国際文化学部－A日程／全学部－F日程)
576 福岡大学(医学部医学科を除く－学校推薦型選抜・一般選抜系統別日程) 総推
577 福岡大学(医学部医学科を除く－一般選抜前期日程)
578 福岡大学(医学部〈医学科〉－学校推薦型選抜・一般選抜系統別日程) 医 総推
579 福岡工業大学
580 令和健康科学大学 総推

医 医学部医学科を含む
総推 総合型選抜または学校推薦型選抜を含む
DL リスニング音声配信　新 2024年 新刊・復刊

掲載している入試の種類や試験科目，収載年数などはそれぞれ異なります。詳細については，それぞれの本の目次や赤本ウェブサイトでご確認ください。

akahon.net
赤本　検索

難関校過去問シリーズ

出題形式別・分野別に収録した
「入試問題事典」
20大学 73点
定価2,310～2,640円(本体2,100～2,400円)

先輩合格者はこう使った!
「難関校過去問シリーズの使い方」

61年，全部載せ!
要約演習で，総合力を鍛える

東大の英語
要約問題 UNLIMITED

国公立大学

東大の英語25カ年[第12版] 改
東大の英語リスニング20カ年[第9版] DL 改
東大の英語 要約問題 UNLIMITED
東大の文系数学25カ年[第12版] 改
東大の理系数学25カ年[第12版] 改
東大の現代文25カ年[第12版] 改
東大の古典25カ年[第12版] 改
東大の日本史25カ年[第9版] 改
東大の世界史25カ年[第9版] 改
東大の地理25カ年[第9版] 改
東大の物理25カ年[第9版] 改
東大の化学25カ年[第9版] 改
東大の生物25カ年[第9版] 改
東工大の英語20カ年[第8版] 改
東工大の数学20カ年[第9版] 改
東工大の物理20カ年[第5版] 改
東工大の化学20カ年[第5版] 改
一橋大の英語20カ年[第9版] 改
一橋大の数学20カ年[第9版] 改
一橋大の国語20カ年[第6版] 改
一橋大の日本史20カ年[第6版] 改
一橋大の世界史20カ年[第6版] 改
筑波大の英語15カ年 新
筑波大の数学15カ年 新
京大の英語25カ年[第12版]
京大の文系数学25カ年[第12版]
京大の理系数学25カ年[第12版]
京大の現代文25カ年[第2版]
京大の古典25カ年[第2版]
京大の日本史20カ年[第3版]
京大の世界史20カ年[第3版]
京大の物理25カ年[第9版]
京大の化学25カ年[第9版]
北大の英語15カ年[第8版]
北大の理系数学15カ年[第8版]
北大の物理15カ年[第2版]
北大の化学15カ年[第2版]
東北大の英語15カ年[第8版]
東北大の理系数学15カ年[第8版]
東北大の物理15カ年[第2版]
東北大の化学15カ年[第2版]
名古屋大の英語15カ年[第8版]
名古屋大の理系数学15カ年[第8版]
名古屋大の物理15カ年[第2版]
名古屋大の化学15カ年[第2版]
阪大の英語20カ年[第9版]
阪大の文系数学20カ年[第3版]
阪大の理系数学20カ年[第9版]
阪大の国語15カ年[第3版]
阪大の物理20カ年[第8版]
阪大の化学20カ年[第6版]
九大の英語15カ年[第8版]
九大の理系数学15カ年[第7版]
九大の物理15カ年[第2版]
九大の化学15カ年[第2版]
神戸大の英語15カ年[第9版]
神戸大の数学15カ年[第5版]
神戸大の国語15カ年[第3版]

私立大学

早稲田の英語[第11版] 改
早稲田の国語[第9版] 改
早稲田の日本史[第9版] 改
早稲田の世界史[第2版] 改
慶應の英語[第11版] 改
慶應の小論文[第3版] 改
明治大の英語[第9版] 改
明治大の国語[第2版] 改
明治大の日本史[第2版] 改
中央大の英語[第9版] 改
法政大の英語[第9版] 改
同志社大の英語[第10版]
立命館大の英語[第10版]
関西大の英語[第10版]
関西学院大の英語[第10版]

DL リスニング音声配信
新 2024年 新刊
改 2024年 改訂

いつも受験生のそばに──赤本

大学入試シリーズ＋α
入試対策も共通テスト対策も赤本で

入試対策
赤本プラス

赤本プラスとは，**過去問演習の効果を最大にする**ためのシリーズです。「赤本」であぶり出された弱点を，赤本プラスで克服しましょう。

大学入試 すぐわかる英文法 DL
大学入試 ひと目でわかる英文読解
大学入試 絶対できる英語リスニング DL
大学入試 すぐ書ける自由英作文
大学入試 ぐんぐん読める 英語長文〔BASIC〕DL
大学入試 ぐんぐん読める 英語長文〔STANDARD〕DL
大学入試 ぐんぐん読める 英語長文〔ADVANCED〕DL
大学入試 正しく書ける英作文
大学入試 最短でマスターする 数学Ⅰ・Ⅱ・Ⅲ・A・B・C
大学入試 突破力を鍛える最難関の数学
大学入試 知らなきゃ解けない 古文常識・和歌
大学入試 ちゃんと身につく物理
大学入試 もっと身につく 物理問題集（①力学・波動）
大学入試 もっと身につく 物理問題集（②熱力学・電磁気・原子）

入試対策
英検® 赤本シリーズ

英検®（実用英語技能検定）の対策書。
過去問集と参考書で万全の対策ができます。

▶過去問集（2024年度版）
英検®準1級過去問集 DL
英検®2級過去問集 DL
英検®準2級過去問集 DL
英検®3級過去問集 DL

▶参考書
竹岡の英検®準1級マスター DL
竹岡の英検®2級マスター CD DL
竹岡の英検®準2級マスター CD DL
竹岡の英検®3級マスター CD DL

CD リスニングCDつき　DL 音声無料配信
新 2024年新刊・改訂

入試対策
赤本プレミアム

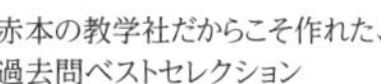

赤本の教学社だからこそ作れた、
過去問ベストセレクション

東大数学プレミアム
東大現代文プレミアム
京大数学プレミアム〔改訂版〕
京大古典プレミアム

入試対策
赤本メディカルシリーズ

過去問を徹底的に研究し，独自の出題傾向をもつメディカル系の入試に役立つ内容を精選した実戦的なシリーズ。

〔国公立大〕医学部の英語〔3訂版〕
私立医大の英語〔長文読解編〕〔3訂版〕
私立医大の英語〔文法・語法編〕〔改訂版〕
医学部の実戦小論文〔3訂版〕
医歯薬系の英単語〔4訂版〕
医系小論文 最頻出論点20〔4訂版〕
医学部の面接〔4訂版〕

入試対策
体系シリーズ

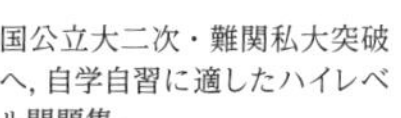

国公立大二次・難関私大突破へ，自学自習に適したハイレベル問題集。

体系英語長文　体系世界史
体系英作文　体系物理〔第7版〕
体系現代文

入試対策
単行本

▶英語
Q&A即決英語勉強法
TEAP攻略問題集 CD
東大の英単語〔新装版〕
早慶上智の英単語〔改訂版〕

▶国語・小論文
著者に注目！ 現代文問題集
ブレない小論文の書き方 樋口式ワークノート

▶レシピ集
奥薗壽子の赤本合格レシピ

入試対策　共通テスト対策
赤本手帳

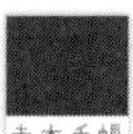

赤本手帳（2025年度受験用）プラムレッド
赤本手帳（2025年度受験用）インディゴブルー
赤本手帳（2025年度受験用）ナチュラルホワイト

入試対策
風呂で覚えるシリーズ

水をはじく特殊な紙を使用。いつでもどこでも読めるから，ちょっとした時間を有効に使える！

風呂で覚える英単語〔4訂新装版〕
風呂で覚える英熟語〔改訂新装版〕
風呂で覚える古文単語〔改訂新装版〕
風呂で覚える古文文法〔改訂新装版〕
風呂で覚える漢文〔改訂新装版〕
風呂で覚える日本史〔年代〕〔改訂新装版〕
風呂で覚える世界史〔年代〕〔改訂新装版〕
風呂で覚える倫理〔改訂版〕
風呂で覚える百人一首〔改訂版〕

共通テスト対策
満点のコツシリーズ

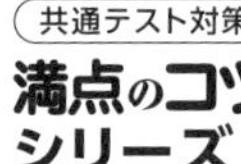

共通テストで満点を狙うための実戦的参考書。
重要度の増したリスニング対策は
「カリスマ講師」竹岡広信が一回読みにも
対応できるコツを伝授！

共通テスト英語〔リスニング〕満点のコツ〔改訂版〕新 DL
共通テスト古文 満点のコツ〔改訂版〕新
共通テスト漢文 満点のコツ〔改訂版〕新

入試対策　共通テスト対策
赤本ポケットシリーズ

▶共通テスト対策
共通テスト日本史〔文化史〕

▶系統別進路ガイド
デザイン系学科をめざすあなたへ

2025年版　大学赤本シリーズ　No. 554
龍谷大学（一般選抜入試）

編　集　教学社編集部
発行者　上原 寿明
発行所　教学社
〒606-0031
京都市左京区岩倉南桑原町56
電話　075-721-6500
振替　01020-1-15695
印　刷　太洋社

2024年6月25日　第1刷発行
ISBN978-4-325-26612-9
定価は裏表紙に表示しています

- 乱丁・落丁等につきましてはお取替えいたします。
- 本書に関する最新の情報（訂正を含む）は，赤本ウェブサイトhttp://akahon.net/の書籍の詳細ページでご確認いただけます。
- 本書は当社編集部の責任のもと独自に作成したものです。本書の内容についてのお問い合わせは，赤本ウェブサイトの「お問い合わせ」より，必要事項をご記入の上ご連絡ください。電話でのお問い合わせは受け付けておりません。なお，受験指導など，本書掲載内容以外の事柄に関しては，お答えしかねます。また，ご質問の内容によってはお時間をいただく場合がありますので，あらかじめご了承ください。
-
- 本シリーズ掲載の入試問題等について，万一，掲載許可手続等に遺漏や不備があると思われるものがございましたら，当社編集部までお知らせください。